王仁博士 研究

왕인박사 연구

박광순·임영진·정성일 편저

왕인박사 표준 영정

영암 성기동 왕인박사 유허비

영암 성기동 왕인묘 전경

영암 성기동 傳왕인박사 탄생지

영암 성기동 성천

영암 월출산 왕인박사상

영암 월출산 책굴

영암 성기동 상대포

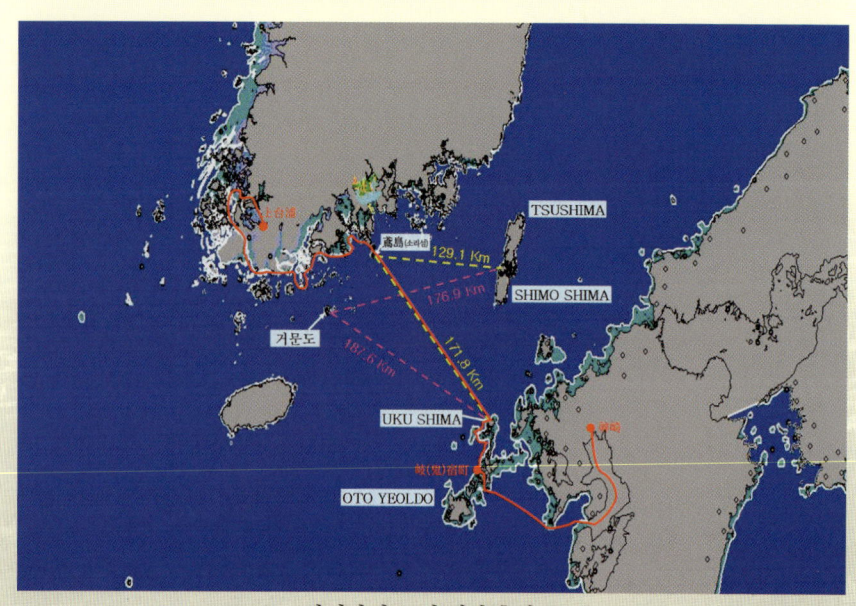

왕인박사 도일 뱃길 추정도

일본 오도열도 岐(鬼)宿町(와니가 머문 곳)에 있는 '와니천의 다리'

일본 오도열도 출토
영산강식 평저유공소호

영암 만수리고분 출토
영산강식 평저유공소호

일본 神崎市 왕인신사와 「왕인박사상륙전승지」 기념비

일본 枚方市 傳왕인묘

일본 枚方市 傳왕인묘 사적 지정 60년 기념 김대중 대통령 친서(1998. 5. 9)

왕인박사 기념주화
(한국조폐공사)

일본 東京 上野公園의 왕인박사 비

일본 岡山 千狗山고분 출토 영산강식 개배(岡山大學博物館)

鳥足文とよばれるこの種のタタキ木を殘す土器は，朝鮮半島のなかでも南西部の現在の全羅道あたりに多くみられるもので，この地にやってきた人々の故郷が百濟地域であったことを示すものと考えられます。

일본 河內湖 주변 近つ飛鳥博物館의 전시품과 그 설명문

(해석) 조족문이라 불리우는 이런 종류의 타날무늬를 남기고 있는 토기는 한반도 중에서도 남서부, 현재의 전라도 주변에서 많이 보이는 것으로, 이곳(가와치호)에 온 사람들의 고향이 백제지역이었음을 나타내는 것으로 생각된다.

王仁博士 研究

왕인박사 연구

책을 펴내며

해마다 봄이 오면 월출산 아래 성기동(聖基洞)에는 국내외에서 수많은 사람들이 모여 들어 왕인박사를 추모하며 한마당 축제를 벌인다. 올해도 어김없이 '왕인문화축제'가 성황리에 거행되었다. 때맞추어 '백리길 벚꽃'도 만개하여 분위기를 더욱 고조시켜 주었다. 그러나 화사한 꽃들보다도 금년의 축제를 더욱 의미 있게 한 것은, 여러 나라의 대사들이 참여하여 왕인박사의 국제교류정신을 창달한, 문자 그대로 국제적인 행사가 되었다고 하는 점이다. 게다가 왕인박사를 둘러싼 한일 간의 역사인식에 대한 학술행사가 열려 왕인박사의 학문 전수를 통한 국제교류라는 참모습을 느낄 수 있게 하였다.

한반도와 일본열도 사이에는 선사시대부터 여러 면의 교류가 있었다는 사실은 널리 잘 알려져 있다. 그중에서도 가장 대표적인 사건을 두 가지만 든다면, 하나는 기원전 3세기로 추정되는 금속문화와 도작문화의 전수요, 다른 하나는 5세기 초 왕인박사가 논어와 천자문을 전수하여 일본의 문명화와 국가 형성에 크게 기여한 사실이 아닌가 생각한다. 이들 두 가지 사실 중에서도 굳이 하나만 든다면 왕인박사의 문자 전수와 그를 통한 일본어의 문자화 작업에 기여한 공로라 할 것이다. 이러한 사실은 오늘날 일본의 대표적 지식인들이 모여 토론을 거듭해서 뽑은 『일본의 역사를 만든 101인』(講談社, 1995)의 첫머리에 왕인박사를 세운 것을 보면 쉽게 이해할 수 있다. 그러나 왕인박사에 관하여 아직 밝혀지지 않은 부분이 적지 않으며, 그로 인하여 왕인박사를 부정적으로 보는 이가 없지 않는 것도 사실이다.

(사)왕인박사현창협회와 부설 왕인문화연구소는 왕인박사의 실존 여부와 그가 기여한 업적을 밝혀 나가기 위해 1973년에 창립된 이래, 국내에서는 성기동(聖基洞)과 상대포(上台浦) 일대를 비롯한 영산강 유역에 전해오는 유적과 유물, 구비전승, 각종 문헌자료들을 집성하는 한편, 일본학자들의 협력을 얻어 일본에 남아있는 문헌자료와 유적·유물, 지명 등 광범한 분야에 걸쳐 조사, 연구를 거듭해오고 있다. 한편, 심포지엄과 연찬회 등, 수 차례의 토론회를 가져 정보의 공유에도 힘써 오고 있다. 지난 4월 초에도 벚꽃이 만발한 영암 성기동에서 '왕인박사를 둘러 싼 한국과 일본의 역사인식'이라는 주제를 가지고 한일관계사학회와 공동으로 조촐하지만 내실 있는 학술강연회를 가진 바 있다.

주지하는 바와 같이 왕인박사와 관련된 문제들은, 첫째 그는 과연 실존 인물인지? 실존 인물이라면 도대체 어디서 태어난 것인가 하는 탄생지의 문제, 둘째 그가 도일(왜)한 연대는 언제이며 일본에 전했다고 하는 천자문은 어떠한 종류의 것이었는지 하는 문제, 셋째 그는 어떤 경로(항로)를 거쳐 일본으로 건너갔는지 하는 도일경로에 관한 문제, 넷째 그는 과연 어떤 일을 했으며 그것이 한일 양국의 문화발전과 상호교류에 어떠한 역할을 하였고 현대인들은 그를 어떻게 평가하고 있는지 하는 문제 등 일일이 들자면 끝이 없다.

그동안 이와 같은 문제들에 대해 나름대로 견해를 내 놓은 연구자들은 적지 않다. 대충 헤아려보아도 30명은 족히 넘을 듯하다. 그중에는 안타깝게도 이미 타계하여 고인이 된 분도 계신다. 1973년 왕인박사현창협회와 부설 왕인문화연구소를 설립하여 연구를 주도해온 분들은 거의 유명을 달리하신 것이 아닌가 생각한다. 더욱 안타까운 것은 그분들이 남긴 옥고마저도 점차 일실(逸失)되어 가고 있다는 사실이다.

작년 12월에는 왕인박사현창협회와 부설 왕인문화연구소의 창립 40주년을 앞두고 그간 발표된 왕인박사 관련 연구 성과 가운데 앞에서 지적한 문제들의 해명에 다소나마 도움이 될 수 있을 것으로 생각되는 16편의 글을 모아 『왕인박사 연구』를 출판한 바 있다. 내부적으로 왕인박사현창협회 회원들의 공부를 위해 한정판으로 출판한 것이다.

그러나 기왕에 책으로 엮었으니 보다 많은 분들이 접할 수 있도록 하는 것이 좋겠다는 의견들이 있었다. 게다가 금년 4월에 열린 학술행사에서 왕인박사에 대한 부정적인 인식을 바꿀 수 있는 중요한 사실들이 새로 알려지게 되었다. 지금까지 왕인박사를 언급한 최초의 우리 문헌은 한치윤의 『해동역사(海東繹史)』(1814~1823)로 알려져 있었지만 그보다 약 2세기 전, 조선통신사 종사관 남용익(南龍翼)의 『부상록(扶桑錄)』「문견별록(聞見別錄)」(1655.6~1656.2)에 왕인박사를 언급한 기사가 보이고, 이어 신유한(申維翰)의 『해유록(海遊錄)』(1719~1720), 조엄(趙曮)의 『해사일기(海槎日記)』(1763~1764), 기타 이덕무(李德懋)를 비롯한 실학파들의 문헌에도 왕인박사가 언급되어 있음이 밝혀지게 된 것이다.

이 책은 작년 연말 출판된 『왕인박사 연구』에 위와 같은 내용을 보완한 것이며 다섯 장과 부록으로 편성되어 있다. 제1장은 왕인박사 연구의 현대적 의의, 제2장은 고대 영산강유역의 역사·지리적 환경, 제3장은 왕인박사의 탄생지에 대한 고찰, 제4장은 왕인박사의 도일에 관한 고찰, 제5장은 왕인박사의 업적과 위상, 부록은 왕인박사 및 고대 한일 관계사를 연구하고자 하는 연구자들을 위해 정리한 왕인박사 관련 연구자료 목록이다.

    그러나 이로써 왕인박사에 관한 문제들이 모두 해명된 것은 아니다. 아직 해명되지 못한 부분들이 오히려 더 많을 것임은 두말할 필요가 없을 것이다. 특히 왕인박사 후예들의 활동상에 대해서는 거의 알지 못하고 있는 실정이므로 앞으로도 꾸준히 조사, 연구를 거듭해 나가야 할 것이며, 이 졸저가 왕인박사 연구에 일조가 되었으면 하는 마음 간절하다. 본시 역사 연구는 노(勞)는 많고 과(果)는 적은 연구 분야라고 한다. 서둘지 않고 차근차근 정진해 나가면 언젠가는 왕인박사의 탄생지를 비롯한 여러 가지 의문점들이 하나하나 밝혀질 것이라고 생각된다.

    이 책이 나오기까지에는 많은 분들의 지원과 헌신이 밑거름이 되었다. 흩어진 자료들을 발굴하고 집성하고 분석해서 옥고를 써주신 집필자 여러분들의 헌신적인 노고와 어려운 재정난 속에서도 물심양면으로 격려해주신 전라남도와 영암군, (사)왕인박사현창협회 전석홍 회장님께 진심으로 감사를 드린다. 또한 요즘처럼 활자 매체가 홀대받는 상황 속에서도 선선하게 출판을 맡아주신 주류성의 최병식 사장님과 편집부 여러분의 노고에 대해서도 각별한 감사를 드린다. 아울러 초창기부터 왕인박사 현창사업에 헌신해 오시다가 이미 유명을 달리하신 선배 여러분들의 노고에 감사드리며 거듭 명복을 빈다.

2013년 4월

저자를 대표하여   박 광 순 적음

차례

Ⅰ. 서장 - 왕인박사 연구의 현대적 의의 |박광순| 19

Ⅱ. 고대 영산강유역의 역사·지리적 환경
1. 왕인문화의 역사적 배경 |이을호| 43
2. 고대 영산강유역의 지리적 환경 |김경수| 47
3. 고대 영산강유역의 고고학적 환경 |임영진| 76
4. 고대 영산강유역의 역사적 배경 |강봉룡| 108

Ⅲ. 왕인박사의 탄생지에 대한 고찰
1. 영암 구림의 향풍 |김정호| 167
2. 왕인박사와 관련된 구비 전설 |김영원| 184
3. 왕인박사에 대한 문헌적 고증 |류승국| 218
4. 왕인박사 탄생지에 대한 고고학적 검토 |임영진| 236

Ⅳ. 왕인박사의 일본 진출에 관한 고찰

1. 왕인박사의 도일 시기와 경로 | 박광순 | 263
2. 한반도의 서남해안과 일본 규슈 북서부 간의 조류·해류와 바람 | 형광석 | 303
3. 표류사에서 본 영암과 규슈 서북부지역 | 정성일 | 323
4. 일본 출토 영산강유역 관련 고고학 자료의 성격 | 武末純一 | 382
5. 일본 畿內지역 마한계 고고학 자료의 성격 | 서현주 | 505

Ⅴ. 왕인박사의 업적과 위상

1. 왕인박사가 전수한 『천자문』 등에 관하여 | 박광순 | 541
2. 왕인박사의 업적과 일본에서의 위상 | 정성일 | 570
3. 왕인박사에 대한 국내에서의 관심과 위상 | 김정호 | 604

〈부록〉 왕인박사 관련 연구자료 목록 | 정성일 | 631

I. 서장 - 왕인박사 연구의 현대적 의의

박 광 순

왕인박사 연구의 현대적 의의*
– 현황과 과제 –

I. 머리말

　고대 영산강유역과 일본(왜)과의 문물교류는 일찍부터 광범하게 이루어졌음이 다방면의 연구를 통해서 차츰 밝혀지고 있다. 그러나 아직도 해명되지 않는 부분이 너무나도 많다. 오늘 우리가 이러한 연구를 계속하는 목적은 그러한 해명되지 못한 분야를 구명하여, 한일 간의 역사를 바르게 이해하고, 그 과정에서 왕인(王仁)박사의 실존여부와 그 역할을 밝히는데 있다.

　고대 한일교류는 여러 면에서 이루어졌지만 가장 상징적인 사례는 왕인박사의 도일(도왜)과 문화전파라 생각된다. 그러나 왕인의 경우에도 미처 밝혀지지 않는 부분이 너무도 많다. 본장에선 그간의 왕인연구의 과정과 현황을 개관한 연후에, 앞으로의 과제에 대해서 살펴봄으로써 왕인연구가 갖는 현대적 의의를 살펴보고자 한다.

---

* 이 글은 필자가 2008년 11월, (사) 왕인박사현창협회가 '고대 영산강 유역과 일본의 문물교류'를 주제로 개최한 심포지엄에서 발표한 '왕인 연구의 현황과 과제'를 수정·보완한 것이다.

왕인은 주지하는 바와 같이 5세기 초(AD 405. 백제 전지왕 2년), 일본 응신천황(應神天皇)의 초청으로『논어』와『천자문』을 가지고 도왜(渡倭), 일본문화의 기틀을 닦고 일본의 국가형성에 크게 기여함으로써 일본에선「학문의 시조(文首, 書首)」라 추앙받는 인물이다. 이러한 사실은『고사기(古事記)』와『일본서기(日本書紀)』『속일본기(續日本記)』등에 뚜렷이 기록되어 있을 뿐 아니라, 전후(1976) 일본의 교육사 관계 전문가들이 총망라되어『세계교육사대계』를 간행하면서『일본교육사Ⅰ』을 제1권으로 편찬한 바 있는데, 그 서두에 "아국에서 문자를 가르치고, 문자를 가지고 실시된 교육은, 한자가 도래한 후의 일임은 틀림이 없다.『고사기』에 의하면 응신천황 15년(285)에 조선의 백제에서 박사 왕인이 내일(來日)하여『논어』와『천자문』을 조정에 헌상하고, 황자 우지노와까이랏고(菟道稚郞子)가 그에 관하여 공부하였다고 한다"[1]고 서술함으로써 일본의 교육은 왕인박사의 문화 전수로부터 비롯되었음을 뚜렷이 밝히고 있다.

근자(1995년)에도 일본의 각계 전문가 5인이 토론을 거듭하여 선정한『일본사(日本史)를 만든 101인(人)』중, 그 첫머리에 왕인박사를 꼽고 있으며,[2] 또한 2006년에 발간된 북해도대학의 오시마(大島正二) 교수의『한자전래(漢字伝來)』에도 왕인이 한적(漢籍)을 전수(傳受)하였음을 긍정적으로 기술하고 있다.[3]

---

1) 梅根悟 監修, 世界教育史研究會編, 1976,『世界教育史大系Ⅰ-日本教育史Ⅰ』, 講談社, 13쪽.
2) 伊藤光晴 외, 1995,『日本史をつくった101人』, 講談社, 8쪽 및 21쪽.
3) 大島正二, 2006,『漢字傳來』, 岩波新書, 23쪽. 뿐만이 아니다. 2009년 12월에 출간된『古代の人物① 日出づる國の誕生』(清文堂)에서 前田晴人 씨는『續日本紀』에 나오는 眞道의 上表文에서 "辰孫王이 서적과 儒風을 처음 전한 것"처럼 얘기한 것

그러나 불행스럽게도 우리 측 문헌에 왕인이라는 인물이 등장하는 것은 훨씬 훗날, 곧 17세기 통신사들의 사행일기(槎行日記)에서 처음으로 나타난다. 현제까지 알려진 바로는 효종대의 문신 남용익(南龍翼)이 정사 조형(趙珩)의 종사관으로 일본을 다녀오면서 기록한『부상록(扶桑錄)』「문견별록(聞見別錄)」에 "을사년에 백제가 왕자 왕인(王仁)을 보냈다(乙巳百濟遣王子王仁)"[4]고 적은 게 최초가 아닌가 한다. 하지만 거기에는 왕인을 왕자로 보고 있을 뿐 아니라, 보냈다고 하는 사실 이외는 별다른 언급은 없다. 그보다 약 70년 후, 통신사로 일본을 다녀온 신유한(申維翰)의『해유록 하 부문견잡록(海遊錄 下 附聞見雜錄)』에는 좀 더 구체적으로 왕인을 언급하고 있다. 즉 "일본에는 옛적에 글자가 없었는데 백제의 왕이 문사 왕인과 아직기 등을 보내어 비로소 글을 가르쳐 주었다(倭國舊無文字 百濟王遣文士王仁阿直岐等 始敎文學)"[5]고 하여, 왕인이 일본에 최초로 문자를 가르쳤음을 밝히고 있어 주목된다. 또한 신유한보다 40여년 뒤, 통신사로 다녀 온 조엄(趙曮)의『해사일기 5(海槎日記 5)』에도 "백제인 왕인과 아직기는 어느 때 들어갔는지 알 수 없으나 일본에서 처음으로 서적을 가르쳤으며---"라 적고 있다. 아마도 당시 일본의 식자들과의 대화에서는 왕인박사가 잦은 화제가 되었던 모양이다.

18세기 말~19세기에 들어서면, 이덕무(李德懋)를 비롯한 이규경(李圭景; 五洲衍文長箋散稿), 이유원(李裕元; 林下筆記) 등 실학자들도 왕인을 언급하고 있다. 이들은 모두 한치윤의『해동역사(海東繹史)』와 마찬가지로

은 왕인박사의 소전을 교묘하게 盜竊하고 있다(위의 책, 38쪽)고 밝히고 있다.
4) 남용익 저, 이영무 역(1975),『海行摠載』, 재)민족문화추진회, 11쪽(원문 1쪽).
5) 신유한 씀, 김찬순 옮김, 2004,『해유록: 조선선비 일본을 만나다』, 보리, 343쪽.

데라지마료안의『화한삼재도회(和漢三才圖會)』를 전거하고 있는 듯하다.
이덕무는 그의 시문집『청장관전서(靑莊館全書)』의『청비록(淸脾錄)』과『청령국지(蜻蛉國志)』에서 다섯 차례나 왕인을 언급하고 있다. 한치윤의『해동역사』는 이미 널리 알려져 있음으로 여기에서는 부연하는 일은 삼가기로 하겠다.

그러나 무엇보다도 우리의 주목을 끄는 것은 추사의 다음 기사가 아닌가 한다. 우리나라 제일의 서예가요 금석학의 대가인 김정희는 그의 시문집『완당전집』「잡지」(『阮堂全集』「雜識」. 1868)에서 "일본 문자의 연기(緣起)는 백제의 왕인(王仁)으로부터 시작되었으며, 그 나라 글은 그 나라의 일컫는 바에 의하면 황비씨(黃備氏)가 제정했다고 한다. 그때는 중국과 통하지 못하고 무릇 중국에 관계되는 서적은 모두 우리나라에 의지했다. 지금 족리대학(足利學所)에 보존된 고경(古經)은 바로 당나라 이전의 구적(舊蹟)이다. 일찍이『상서(尙書)』를 번조(翻雕)한 것을 얻어 보았는데 제·양(齊 梁)의 금석과 더불어 글자의 체가 서로 동일하며 또 신라 진흥왕비의 글자와도 같으니, 이는 필시 왕인시대에 얻어갔던 것으로서 지금 천년이 지난 나머지에도 고스란히 수장되어 있다. 이는 진실로 천하에 없는 것이다."[6] 이와 같이 추사는 일본문자가 왕인으로부터 시작되었고, 당시 족리하교(중세 일본의 아시가가에 있던 고등교육기관. 일명「坂東의 大學」이라고도 칭하였음. 1872년까지 존속. 그 시설의 일부는 사적으로 현존함)에 보존되어 있는 천여 년 전의 고경(특히『尙書』)들을 검증한 바에 의하면 글씨체가 제·양나라의 금석들과 같고 또한 우리나라 신라의 진흥왕비의 글자와도 같으니, 이는 필시 왕인시대에 얻어간 것이라 하여, 왕인이 실존인물이요 또한 그 시

---

6) 김정희 저, 신호열 편역,『阮堂全集』卷八「雜識」, (재)민족문화추진회, 365쪽.

대에 고경들이 건너갔음을 확실히 단정하고 있다.

「전근대 왕인(王仁)전승의 형성과 수용」이라는 글을 쓴 김선희(전 고려대 연구교수)는 추사가 왕인을 역사적 실존인물로 인식하고, 구체적 유물 검증을 통해 왕인을 파악하고자 한 첫 사례라는 점에서 의의를 갖는다고 말하고 있다.[7]

도대체 왕인은 어디서 태어나서 어느 포구를 통해 일본으로 건너갔는지, 확연하게 밝혀진 바가 없다. 그리하여 일부 문헌사학자들은 왕인의 실존자체를 부인하거나, 성기동(聖基洞) 유적복원사업을 '지역영웅화'사업이라 폄하하고 있는 것도 사실이다.

그러나 위에 든 일본의 『기기(記紀)』를 비롯한 여러 문헌과 일본의 규슈 및 가와찌(河內)를 중심으로 기내(畿內)의 도처에 남아 있는 왕인관계 유적과 유물, 그리고 영암의 현지(구림)에 전해오는 구비전승은 왕인이 실존 인물이며, 그가 5세기 초에 문자와 경전, 그리고 여러 기술자를 대동하고 건너가 일본의 문화, 나아가서 일본이라는 국가형성의 기틀을 닦는데 결정적인 역할을 하였다는 것을 뚜렷이 말해주고 있다.

한편 우리나라에서도 그간 잠자고 있던 영산강유역의 고고학적인 연구와 발굴사업이 진전됨에 따라 일찍부터(청동기시대~) 우리고장(영산강유역)에 왕인을 배출할 만한 문화와 지리적 여건이 갖추어져 있었고, 더욱 구림 상대포(鳩林 上台浦)는 오래도록 우리나라에서 밖으로 나가는 중요한 관문이었다는 사실이 점차 밝혀지고 있다.[8] 또한 위에서 말한 바와 같이 이

---

7) 김선희, 2011, 「전근대 왕인(王仁)전승의 형성과 수용」, 동아시아일본학회, 『日本文化硏究』第39輯, 63쪽.
8) 이중환, 『택리지』, 89~90쪽 및 이 책 제2장(강봉룡)과 제2장(김경수) 참조.

덕무나 한치윤과 같은 쟁쟁한 학자들이 비록 전재(轉載)의 형식이기는 하지만 왕인을 인정하는 글을 남기고 있으며, 추사는 일본에 남아 있는 오랜 고경(古經, 특히 『尚書』)의 검증을 통해서 왕인의 실체를 밝히고 있다.

타편 왕인이 전수한 천자문이 왕인이 도일하기 훨씬 전에 위나라의 종요(鍾繇)가 찬(撰)한 「천자문」(二儀日月로 시작)의 전문을 채집하는 등, 문헌적인 자료도 하나 둘, 발견되어 집적되어 가고 있는 중이다. 바꾸어 말하면 왕인에 관한 본격적인 연구는 이제 겨우 시작되었다고 할 수 있다.

이 작은 글에선 국내외의 왕인연구 현황을 개관한 후에 앞으로 해명되어야 할 과제와 연구방향들을 고찰함으로써 왕인연구가 지니고 있는 현대적 의의를 나름대로 규정해보고자 한다.

II. 왕인연구의 경과와 현황

다음에는 왕인연구의 현황을 한국과 일본으로 나누어 고찰하되, 먼저 한국의 동향을 살펴 본 후, 일본 쪽을 살펴보도록 하겠다.

1. 한국에서의 왕인연구의 개관

우리나라에서 왕인에 관한 기사가 처음 보이는 것은 위에서도 언급한 바와 같이 17세기 통신사들의 「사행일기」나 『문견록』이다. 이어서 18세기에 들어오면 이덕무를 비롯한 실학자들의 지지(地志), 19세기 초에는 한치윤의 『해동역사(海東繹史)』(1810년대)로 이어지는데, 한치윤은 이덕무와 마찬가지로 일본의 데라지마료야스(寺島良安)의 『화한삼재도해(和漢三才圖解)』를 전거하여 왕인을 보다 자세히 적고 있다. 20세기에 들어와서는 1928

년에 간행된 현채(玄采)의 『반만년조선역사(半萬年朝鮮歷史)』에서 왕인을 읽을 수 있다. 그는 왕인이 일본 문자(万葉假名)의 창안에 기여하였다면 그것은 '백제이두'(百濟吏讀)가 그 바탕이 되었을 것이라는 사실을 강하게 시사하고 있다. 이어서 이병연(李秉延)의 『조선환여승람(朝鮮寰輿勝覽)』이 1939년에 발간되어, 그 영암군편의 명소(名所)란에서 "성기동 군서이십리, 백제고이왕시 박사왕인생어차(聖基洞 郡西二十里 百濟古爾王時 博士王仁 生於此)"라 하여 왕인의 영암탄생을 뚜렷이 기술하고 있다. 아마 이 기사는 왕인이 영암 성기동에서 탄생하였다는 것을 문자로 기록한 최초의 문헌이라는 점에서 주목할 만하나, 다만 그 책이 나온 것이 근자의 일이요, 또한 그 사료의 신빙성을 문제 삼는 이가 없지 않는 게 문제라 하겠다. 하지만 그가 공주(公州) 출신이요, 당시는 일제가 왕인의 탄생지를 부여(扶餘)로 비정하고 그곳에 현창시설을 크게 벌이고 있던 시기였다. 이러한 상황에도 불구하고 일부의 사람들이 왕인의 구림 탄생설을 일제의 날조라 주장하는 것은 당시의 상황을 잘 모르는데서 연유한 오해라 생각된다.

　광복 후에 최초로 왕인문제를 다룬 글은 1953년, 구림의 학생들(대표 崔在律. 현 전남대 명예교수)이 펴낸 『향토지,「시의 마을」구림(鳩林)』에 실린 「구림과 왕인(鳩林과 王仁)」으로 생각된다. 이 글의 의의는 두 가지라 할 수 있겠는데, 그 하나는 광복 후에 최초로 왕인문제를 다루었다는 점이요, 다른 하나는 왕인박사의 탄생지라 전해지는 구림의 현지에서 나서 자란 젊은 학도들에 의하여 간행되었다는 사실이라 할 수 있다. 다만 이 글의 말미에 인용한 『동국여지승람』은 『조선환여승람 (朝鮮寰輿勝覽)』을 잘못 적은 것으로 짐작한다.

　왕인에 관한 본격적인 연구는 1970년대에 들어서 시작된다. 1971년 이병도(李丙燾) 박사가 「백제학술 및 기술의 일본전파」(충남대학교 백제연구

소,『백제연구』2)를 발표한 다음해인, 1972년에는 김창수(金昌洙) 씨가 15회에 걸쳐 중앙일보에 「백제의 현인 박사왕인의 위업―일본에 심은 한국의 얼」을 발표한다. 김선생은 이 글을 토대로 다듬어 1975년, 『박사왕인(博士王仁) : 일본에 심은 한국』이라는 최초의 왕인에 관한 단행본을 출간하였고, 3년 후인 1978년에는 그 일어판(『博士王仁―日本に植えつけた韓國文化―』, 成甲書房)을 내놓음으로써 우리나라에서의 왕인 연구를 선도함과 동시에 왕인박사 현창사업의 계기를 마련하였다고 평가할 수 있을 것이다.

1973년에 「왕인박사현창협회」가 창립되어 다음해 12월에는 『왕인박사 유적지종합조사보고서』를 발간한다. 동 『보고서』에는 이선근 박사의 「왕인박사유적에 대한 종합조사보고의 의의」를 비롯하여 류승국, 김영원, 이은창, 김정업, 임해림, 박찬우 선생 등이 집필한 7편의 논문과 임영배 교수 등이 작성한 「왕인박사유적지의 도판 및 실측도」가 실려 있다. 위의 논저는 대체로 왕인박사의 탄생지를 영암 구림의 성기동(聖基洞)으로 비정하고 있다는데 특색이 있다.

1976년에는 전라남도에 의하여 성기동 일대가 전라남도 문화재기념물(제20호)로 지정되었고, 1985년에는 왕인묘(王仁廟)의 기공과 유적지의 확장·정비사업이 시작된다. 동시에 연구사업이 계속되어 1986년에는 왕인문화연구소, 전라남도, 영암군이 공동으로 『영암왕인유적의 현황』을 출간한다. 같은 해에 김철준 교수의 「영암왕인유적설에 대한 비판―왕인유적지 사적 지정에 대한 문화재위원회 제출 소견문」이 발표된다. 지금까지의 논저들이 왕인박사의 영암탄생설을 긍정적으로 보고 있는데 반하여, 김교수의 '소견문'은 제목이 시사하는 바와 같이 부정적인 입장을 밝히고 있다. 한편 작가 문순태의 『소설 왕인박사』가 출간된 것도 이 해였다. 소설 속의 주인공 왕인이 탄생한 곳을 영암으로 설정한 것은 더 말할 나위가 없다.

1990년대에 들어오면 왕인관계 연구 논저의 출간은 수적으로 증가한다. 여기에서 그것들을 일일이 다 소개할 수는 없으나 대표적인 것만을 들어보면, 1990년에 간행된「삼봉 김영원교수 사학총론간행위원회」의『삼봉 김영원교수사학논총(三峰金永元敎授史學叢論)』을 효시로 하여, 홍상규 씨의『왕인』(웅진문화, 1991), 영암교육청의『왕인박사탐구』(1996), 김정호 씨의『왕인전설과 영산강문화』(영암군. 왕인박사탄생지고증위원회, 1997) 등을 들 수 있다.

2000년대에 들어오면 왕인 연구에 두 가지의 새로운 경향이 나타난다. 하나는 젊은 문헌사학자 쪽에서 왕인의 존재자체를 부인하거나, 혹은 왕인의 존재는 인정하면서도 영암탄생설은 부인하는 글들이 나타난다는 점인데, 그들 가운데는 왕인박사의 영암탄생설은 일제가 날조한 것이라 주장하는 이도 없지 않다.

그에 관련된 논저를 들어보면, 김병인의「왕인의 '지역영웅화'과정에 대한 문헌사적 검토」(『한국사연구』115, 2001), 문안식의「왕인의 도왜와 상대포의 해양교류사적 위상」(『한국고대사연구』31, 2003), 이근우의「비판적으로 읽는 백제와 왜의 교류 : 왕인은 실존 인물일까?」(『문화와 나』, 2007) 등을 들 수 있을 것이다.

일제는 제2차 대전 말기에 내선일체(內鮮一體)를 내세우며, 조선인을 전쟁터에 동원키 위해서 왕인박사를 내세워 악용한 게 사실이다. 대표적인 사례는 '왕인회(王仁會)'가 주동하여 도쿄 우에노(上野)공원에 세운 '박사왕인비'라 할 것이다. 일제는 거기에 멈추지 않고 왕인박사의 탄생지를 충남 부여로 비정하고, 그곳 '부여신궁' 안에 '왕인박사비'(높이 15척, 너비 5척, 두께 2척, 재료는 山梨縣産 화강암)를 세우기로 결정하였을 뿐 아니라(每日申報 1940. 8. 8일자), 부여에 약 2천 평의 '왕인공원'을 조성하기로 결정하고 충청남도 토목과에서 공사를 맡아 8월에 착수, 다음 해 4월에 준공토록 결정한 바 있었다(每日申報 1942.8.5).[9] 이와 같이 일제는 왕인박사를 내선일체에 악용한 바 있었으나, 그러한 운동의 어디에도 영암을 거론한 일이 없었음은 당시의 신문을 면밀히 살피면 쉽게 알 수 있다. 다시 말하면 왕인박사의 영암탄생설은 어디까지나 일제강점기 훨씬 이전부터 현지에 전해오는 구비전승과 극히 제한적이지만 문헌자료에 의거하고 있음을 알아야 할 것이다.

다른 하나의 경향은 고고학 쪽에서 비록 간접적이기는 하지만 왕인문제를 다루기 시작하고 있다는 점이다. 고고학의 연구로는 임영진 교수의 『백제의 영역변천』(주류성, 2006), 「분주토기를 통해서 본 5-6세기 한일관계 일면」(『고문화』 67, 2006)을 비롯하여 박순발 씨의 「4-6세기 영산강유역의 동향」(『제9회 백제연구 국제학술대회 발표논문집』, 1998), 김낙중 씨의 「5-6세기 영산강유역 정치체의 성격」(『백제연구』 32, 2000) 등을 들 수 있다.

이상에서 70년대로부터 오늘에 이르기까지의 왕인에 관련된 연구개황을 살펴보았다. 여기에서 잠깐 지난 5년간, 우리 연구소가 추진해온 연구의 성과를 평가해보기로 하겠다. 첫째로 들 수 있는 성과는 왕인이 지참한 천자문이 3세기 초에 만들어진 「종요의 천자문」이라는 사실을 재확인하고 그 전문(全文)을 채집하였다는 점을 들 수 있다. 그간 우리 학계에선 왕인의 도일 이전에 천자문이 있었는지를 놓고 논란이 있었고, 6세기 초 무렵에 만들어진 「주흥사(周興嗣)의 천자문」만을 고집하는 쪽에서는 왕인의 도일시기가 5세기 초임을 들어, 왕인의 존재마저 부인해 왔다. 만들어지지

---

9) 정성일, 2011, 「일제강점기 왕인박사 '추모운동'의 전말」, (사)왕인박사현창협회, 『聖基洞』 제4호, 35~42쪽.

도 않는 천자문을 가지고 갔다는 것은 있을 수 없는 일이요, 나아가 왕인의 존재 자체가 의문이라는 것이다. 그러나 우리 연구팀은 왕희지가 봉칙서(奉勅書)한 「종요의 천자문」의 전문을 확인·채집하고 그것이 만들어졌다고 하는 기록(宋史 李至傳)과 전래의 과정에 관한 기록을 확인함과 동시에, 그 원본은 현재 중국 고궁박물관에 보관중이며, 거기에는 68자의 결자가 있는데 그것은 「영가(永嘉)의 난」 중에 낙양에서 남경으로 피난하던 중, 비와 폭서로 인한 훼손 때문이라는 사실 등을 모두 문헌을 통해서 확인하였다.[10] 뿐만 아니라 그에 관한 국내외의 긴 논쟁을 정리하고 지금은 대체로 왕인박사는 위나라 종요가 찬한 천자문을 일본에 전하였다는데 이론을 제기하는 이가 없음을 밝힌 바 있다.

둘째로 들 수 있는 성과는 고대영산강유역의 고고학자료(예, 새발자욱무늬 토기 등)가 왕인의 활동 무대였던 일본의 기나이(畿內)지방에서 집중적으로 보이는 한편, 일본특유의 묘제(예, 長鼓墳, 前方後圓墳)가 우리고장에서만 발견되는 현상 등을 다각도로 확인하여 일찍부터 두 지역 간에 활발한 교류가 이루어졌고, 특히 이러한 흐름은 일본의 고분시대(3세기 후반~6세기)에는 직접적인 것이 된다는 점을 밝혀, 그 시기가 왕인이 도일해서 활동한 시기와 거의 일치한다는 점을 시사해 준 것은 주목할 만하다고 믿는다(임영진, 「왕인박사 논의에 대한 고고학적 연구」, 武末純一, 「일본출토 영산강유역 관련 고고학 자료의 성격」 참고).

셋째로, 왕인의 도일경로가 이른바 3세기 '왜인전의 길=대마도 우회로'가 아니라, 9세기 엔닌(圓仁)의 귀로나 1666년 탈출한 하멜의 탈출로와 비슷한 '여수반도의 동남단→오도열도→아리아께해 항로'를 거쳐 도일하였다

---

10) 박광순 외, 2008, 『王仁과 千字文』, (사)왕인박사현창협회, 한출판사.

는 '직항로'일 개연성이 매우 크다는 사실을 밝힌 점이라 하겠다. 다시 말하면 4세기 말~ 5세기 초, 백제에서 일본으로 가는 항로에 관하여 보다 사실에 가까운 항로를 추정하였다는 점을 들 수 있다. 이에 관하여는 이 책의 제4장에서 자세히 밝힐 것이므로 여기에서는 그 지적에만 그치기로 하겠다.

넷째로 그간 여기 저기 흩어져있던 왕인 관련 연구 자료들을 모아, 언어별, 연대별로 분석·정리함으로써 다음 연구자가 쉽게 활용할 수 있게 하였다는 점도 하나의 성과라 할 수 있다. 지난 5년간에 수집·정리한 왕인관련 연구 자료는 총 334건, 그중 우리말 자료가 227건(단행본 88, 논문 139)으로 일본어판 107건(단행본 44, 논문 66)보다 훨씬 많다(이 책의 말미에 실은「왕인관련 연구자료 목록」참고). 그러나 이 밖에도 수집되지 못한 자료들이 상당수 있을 것으로 생각한다.

여기에서 이들 자료들에 대하여 굳이 잠정적이나마 평가를 내린다면, 그 간 이들 연구 결과물들을 통해 많은 사실들이 해명되었음에도 불구하고, 아직도 해결되어야 할 과제들이 오히려 더 많다는 사실이다. 그러한 과제들이 어떤 것인지에 대해서는 제3절로 미루고, 다음에는 일본에서의 왕인 연구의 현황을 살펴보도록 하겠다.

2. 일본에서의 왕인연구의 개관

일본에서 왕인에 관한 기사를 읽을 수 있는 고문헌은『고사기(古事記)』(712),『일본서기(日本書紀)』(720),『속일본기(續日本記)』(757?) 등을 들 수 있다. 그러나 왕인의 행적과 업적 등을 다룬 최초의 논저(論著)는 1908년 데라지마(寺嶋彦三郞)가 편찬한『문학시조 박사왕인(文學始祖 博士王仁)』(特志發行事務所)이 아닌가 한다. 이 책은 왕인분(王仁墳)의 확장·정비를 계기로 발간되었는데, 왕인박사의 공적과 그의 초상을 처음으로 소개한 것이라는 데 의의가 있다. 사실은 그에 앞서 19세기 말 정한론(征韓論)이 대두하자, 도사(土佐 ; 현 高知)의 이와무라(岩村英俊)라는 한 지사(志士)가 "왕인(王仁)"이라는 한시를 지어 옛 스승 왕인박사의 은혜를 잊지말 것을 경고한 적은 있었지만, 왕인의 공적 등을 다룬 책자의 발간은 데라지마의 이 소책자가 효시가 아닌가 한다. 필자의 과문 탓인지 모르겠다.

이어서 1933년 나까야마(中山久四郞. 동양사학. 문학박사) 교수의 「박사왕인에 대하여」(博士王仁に就きて)라는 논문이 전문 학술지인 『역사교육(歷史敎育)』에 실리게 된다. 나까야마는 우에노공원의 「박사왕인비」 건립을 주창한 중요한 멤버의 한 사람이다. 비가 건립되자 그는 축가를 작사하기도 하였다. 그러나 전전(戰前)에 발간된 왕인에 관한 논저 중 가장 주목할 만한 것은 1943년, 동경대학의 이노우에(井上光貞) 교수가 쓴 「왕인의 후예 씨족과 그 불교-상대불교와 귀화인의 관계에 대한 일고찰」(王仁の後裔氏族と其の佛敎-上代佛敎と歸化人との關係に就ての一考察)이 아닌가 한다. 이 논문은 동경대학 사학회에서 발간하는 『사학잡지(史學雜誌)』 54-9에 개재되었는데, 거기에서 우리는 왕인의 후예들의 분파와 그들의 활동상 및 근거지 등을 알 수 있다. 1940년에는 동경 우에노공원에 「박사왕인비(博士王仁碑)」가 세워졌음은 이미 지적한 바와 같거니와, 그에 관하여 와다니베(渡邊秀雄)가 「박사왕인의 비에 대하여」라는 해설 논문을 『바다를 건너서』라는 책에 싣고 있다. 그 후 전쟁이 일어나자 한동안 왕인연구는 잠잠해진다.

전후 왕인연구가 다시 활기를 뛰게 되는 것은 1965년 국교가 정상화 된 후의 일이다. 1966년에는 오가다(尾形裕康)의 『아국에서의 천자문의 교육사적 연구(我國に於ける千字文の敎育史的硏究)』가 간행되어, 그간 많은 논쟁을 일으켰던 왕인이 전수한 천자문이 종요가 찬한 것이라는데 일응 결말을 지었고, 이어서 1973년에는 재일교포 김달수(金達壽) 씨의 「왕인과 후루이찌 고분군의 수수거기」(「王仁と古市古墳群の謎」,『現代の眼』, 1973)가 발표되었다. 같은 해에 이병도 박사의 일본어 논문 「왕인과 일본문화」(「王仁と日本文化」,『アジア公論』제2권 제12호, 1973)가 발표되었고, 다음해에는 같은 잡지에 김영원 교수의 「박사왕인에 관한 고찰-구비전설을 중심으로」(「博士王仁に關する考察—口碑傳說を中心に」)와 이은창(李殷昌) 교수의 「왕인박사의 연구-영암의 유적조사를 중심으로」(「王仁博士の硏究-靈岩の遺跡地調査を中心に」)가 함께 발표된다. 이들 세 논문은 일본에서 일본어로 출간되었다는 공통점을 가지고 있다.

그러나 전후 일본에서 왕인박사의 공적을 널리 알리는 데는 김창수 씨의 『박사왕인-일본에 심은 한국문화』(『博士王仁—日本に植えつけた韓國文化—』, 1978, 成甲書房)가 큰 구실을 한 것으로 생각한다. 위에서 이미 말한 바와 같이 김씨는 우리나라에서도 왕인연구의 불씨를 지핀 사람이다. 그는 1975년에 같은 이름의 책을 한국에서 출간하였는데 그걸 일본어로 번역, 도쿄에서 출간해서 일본인들로 하여금 왕인을 다시 인식케 하였다는데 그 의의가 있다할 것이다.

순수한 일본인에 의한 논저는 1976년 일본의 교육사학자들이 대거 참여하여 세계교육사를 정리하는 방대한 총서를 발간하면서, 그 제1권을 『일본교육사Ⅰ』이라 제목을 달고 있는데, 그 서두에서 왕인박사를 언급하고 있음은 위에서 언급한 바와 같다. 한편 1983년 도쿄에 있는 「박사왕인회(博士王仁會)」에서 『왕인(王仁)』이라는 책자를 내놓았다. 이 책을 주목하는 이유는, 첫째로 전후, 1980년대 초까지도 왕인을 추모하는 모임이 일본의 수도에서 활동하고 있었다는 점이요, 둘째로 거기에는 우에노공원의 「박사왕인비」의 건립추진경위 등의 자료를 담고 있다는 점이다. 1990년대에 들어

와서도 일본인의 논저가 계속되는데, 1991년에는 오끼(大木衛)라는 서울에 와 있던 한 연구자가 「일본문화에 공헌한 한국문화의 궤적-백제의 선진문화를 도입한 왕인박사와 그 주변」(「日本文化に貢獻した韓國文化の軌跡-百濟の先進文化を導入した王仁博士とその周辺」)이라는 글을 한국국제문화협회의 『계간 코리아나』에 발표하고 있다. 1995년에는 이또(伊東光晴: 경제학) 교수 등, 다섯 사람[五味文彦(일본사학자), 丸谷才一(소설가), 森 毅(수학자), 山崎正和(극작가)]의 저명한 지식인들이 모여 토론을 거듭해서 '일본사를 만든 101인'을 골라 강담사(講談社)에서 『日本史をつくった101人』이라는 책을 펴내고 있음은 위에서 언급한 바 있거니와, 그 첫머리에 왕인박사를 세우고 있다.

현재까지 우리 연구팀이 수집한 일본어판 자료는 총 107건, 그중 단행본이 41건, 논문 등이 66건으로 한국어판의 약 절반수준에 머물고 있음은 위에서 잠깐 언급한 바와 같다.

그런데 90년대 후반부터 2000년대에 들어오면 왕인연구에 하나의 새로운 지평이 열리고 있다. 그것은 고고학(考古學) 쪽에서 비록 간접적이기는 하지만 왕인박사문제를 다루기 시작하게 되었다고 하는 사실이다. 고고학자들은 왕인을 직접 주제로 하지 않고, 영산강유역의 발굴을 통한 고대일본(왜)과의 문화적 공통성과 그 교류상을 구명하는 가운데, 고대 영산강유역은 교류의 중요한 관문이었으며, 왕인을 탄생시킬 수 있는 높은 문화수준을 지니고 있었음을 간접적으로 말해주고 있는 점은 한국의 경우와 비슷하다. 대표적인 학자를 든다면 다께스에(武末純一), 요시이(吉井秀夫), 오다께(大竹弘之), 시라이(白井克也), 아즈마(東湖), 모리(森浩一) 씨 등, 일일이 거명할 수 가 없을 정도이다.

특히 빼놓을 수 없는 사실은 그간 백제, 혹은 백제계로 일괄해오던 오던 유물들을 백제계와 마한계로 나누고, 마한계를 다시 '집단A'와 '집단B'로 나누어, '집단A'는 양이부호(兩耳付壺)나 거치문토기(鋸齒紋土器) 및 이중구연토기(二重口緣土器)를 만들거나 사용하던 집단을, '집단 B'는 조족문토기(鳥足紋土器), 평저(平底)의 유공광구소호(有孔廣口小壺) 등을 만들거나 사용하던 집단[11]을 지칭하는데, 영산강유역은 대표적인 '집단B'라 할 수 있다. 이와 같이 마한, 특히 영산강유역의 유물(토기)들을 따로이 구분해 냄으로써 왕인 연구에 새로운 지평을 열게 된 것이 아닌가 한다.

예컨대 시부야가쿠(澁谷 格) 씨가 규슈의 아리아께 연안의 습지를 개발한 도래인의 조상을 구체적으로 영산강유역의 사람들로 추정하고 있는 것[12]이나 지카쓰아쓰카(近つ飛鳥) 박물관이 왕인박사와 그 일행이 가와찌(河內), 셋쓰(攝津), 이즈미(和泉) 등지에서 오진대왕(應神大王)을 도와 '일본의 대국화와 문명화'에 기여한 도래인들의 고향을 역시 현 전라도로 비정[13] 하는 등, 구체적인 지명을 거론하기 시작한 사실들은 모두 위와 같은 고고학의 연구 성과가 반영된 일이라 생각할 수 있다.

---

11) 白井克也, 2002, 「土器からみた地域間交流-日本出土の馬韓土器・百濟土器」, 森浩一 他, 『檢證 古代日本と百濟』, 大巧社, 130쪽.

12) 澁谷格, 2006, 「有明海と榮山江」, 日韓交流史理解促進事業實行委員會, 『日韓交流史理解促進事業調査研究報告書』, 48쪽.

13) 近つ飛鳥博物館, 2006, 『河內湖周辺に定着した渡來人-5世紀の渡來人の足跡』, 8쪽.

Ⅲ. 앞으로의 연구과제

위에서 필자는 왕인박사 연구는 이제 시작이요, 따라서 앞으로 해결되어야 할 과제들이 많다는 사실을 지적한 바 있다. 이제부턴 왕인연구가 해결해야 할 문제들을 살펴보기로 하자.

1. 연구주제와 연구방법의 문제

왕인과 관련해서 구명되어야할 과제는 대체로, (1) 왕인은 실존인물인가, 만일 그렇다면 어디서 태어나서 어떻게 성장하였는가? (2) 어느 포구에서 출항하여 어떤 경로를 통해 도왜(일)하였는가? (3) 일본에서의 활동무대와 내용은 어떠했으며, 그의 확실한 묘소는 과연 어디인가? (4) 그의 후손들은 어떻게 분파되었으며, 현황은 어떠한지? 등이라 하겠다. 이 중 왕인이 실존인물이며 천자문 등을 가지고 도일하였다는 사실은 그 간의 연구를 통하여 어느 정도 확인되었다고 생각한다. 이제 나머지 중요한 과제는 탄생지와 출항 및 기항지의 문제가 아닐 수 없다.

하지만 이러한 과제들의 구명은 결코 쉬운 일이 아니다. 1600여 전의 일이요, 더구나 우리나라 문헌사료가 극히 부족하고, 일본 측 자료에도 신빙성의 문제가 남아 있기 때문이다. 그렇다고 좌절하고 포기해서는 아니 된다. 기록된 문헌이 없다는 것, 자체만으로 과거의 사실자체가 부정되는 것은 아니다. 만일 기록된 문헌에 의거해서만이 역사가 서술될 수 있는 것이라면, 우리의 전근대사회에는 서민생활사는 존재하지 않을지도 모른다. 따라서 이들 난제를 해결하기 위해서는 문헌사학을 위시하여 고고학, 해양사학, 향토사학 및 구비전승분야를 포함하는 관련 제 분야의 학제적 연구가 지속적으로 이루어져야 한다. 지금까지는 타 분야와의 협업이 원만했다고 말할 수는 없다. 동시에 일본 쪽의 연구기관 및 학자와의 제휴도 절대로 필요하다.

2. 연구지원체제의 구축

이러한 연구가 원활이 이루어지기 위해서는 젊은 연구자의 양성과 지속적인 재정지원이 긴요하다. 이를 위해서는 연구지원체제가 제도적으로 마련되어 왕인박사 문제는 물론 고대사 전반에 관한 연구를 유발(誘發)하고 지원하는 역할을 해야 할 것이다.

이렇게 하여 젊은 연구자가 양성되고 그들을 중심으로 지속적으로 연구자료를 수집·발굴해서 집적해 나간다면 언젠가는 반드시 보다 신빙성 있는 사료가 발견될 것이요, 그러면 왕인은 신화의 세계에서 역사의 실존인물로 자리매김할 것으로 믿는다.

Ⅳ. 맺음말 - 왕인연구의 현대적 의의

일부 항간에는 무엇 때문에 한국에 기여한 일도 별로 없는 왕인을 연구해야 하는가에 관해서 의문을 가지고 있는 사람이 없지 않다. 역사연구는 반드시 기여도를 따져서 이루어지는 것만은 아니다. 그러나 연구에는 나름대로 그 의의가 있어야 한다. 다시 말하면 왕인 연구의 현대적 의의는 어디 있는 것일까? 이에 관한 소견을 몇 마디 말함으로써 맺음말에 가름하고자 한다.

첫째, 무엇보다도 먼저 들 수 있는 의의는 우리나라 고대사, 특히 백제사와 호남지역 고고학의 발전에 크게 기여하게 될 것이라는 사실이다. 필자는 그 방면의 전문가가 아니어서 단정적으로 말할 수는 없지만 백제사와 호남지역의 고고학은 상대적으로 뒤떨어져 있는 것으로 알고 있다. 왕인 연구를 위한 인재양성과 지속적인 연구는 이러한 낙후성을 극복하는데 크게 기여할 것이다.

둘째로, 향토사학의 수준도 높아져 바른 향토사 이해에 기여하게 될 것이다. 왕인의 영암탄생설이 사실(史實)로서 정립된다면 왕인현창사업의 의의가 제고될 것임은 물론, 아울러 지역민의 자긍심도 높아져 애향하는 마음이 절로 깊어질 것이다.

셋째로, 바른 한일관계사 정립에 기여할 것이다. 왕인의 진실이 밝혀진다면 정치적 목적에 악용되는 사례도 없어질 것이요, 그렇게 되면 왕인은 진정한 한일교류의 가교가 될 것으로 생각한다.

본래 "역사연구는 노고는 많고 성과는 적은 학문"이라 한다. 왕인 연구는 이제 겨우 시작의 단계에 있다. 그 성과에 너무 급급하지 말고 지속적으로 연구가 이루어질 수 있도록 많은 분들의 관심과 지원이 모아지길 바라며, 이 작은 책자가 그 일에 일조가 되기를 바라 마지않는다.

II. 고대 영산강유역의 역사·지리적 환경

1. 왕인문화의 역사적 배경 • 이을호

2. 고대 영산강유역의 지리적 환경 • 김경수

3. 고대 영산강유역의 고고학적 환경 • 임영진

4. 고대 영산강유역의 역사적 배경 • 강봉룡

1. 왕인문화의 역사적 배경

　지금까지 왕인박사의 역사적 실존을 확인하는 자료로서는 주로 고사기나 일본서기와 같은 일본의 문헌에 근거하고 있다. 그러나 우리나라 기록으로는 18세기 후반의 저술인 해동역사에 '왕인자 백제인야'라는 기록을 효시로 삼고있다. 어쨌든 화이건 왕인이건 간에 285~405 A.D년 사이에 한반도에서 오경박사(五經博士)·역박사(易博士)·역박사(曆博士)·노반박사(鑢盤博士)·와박사(瓦博士)·조사박사(造寺博士)·채약사(採藥士)를 비롯한 수많은 기술인을 대동하고 일본에 건너가 그들의 새로운 문화 곧 아스카문화를 건설한 것만은 역사적 사실로서 너무도 소연하다. 일본 근대 고학파를 대표하는 적생조래(荻生徂來)는 이 점에 대하여 다음과 같이 술회한 바 있다.

　　왕인씨가 있은 연후에 백성들은 처음으로 문자를 알게 되었고 황비씨가 있은 연후에 경예가 처음으로 전하게 되었고 관원씨가 있은 연후에 문사를 독송하게 되었고 성와씨가 있은 연후에 사람들은 비로소 천과 성을 말하게 되었으니 이 사군자야말로 세세학궁에 호시해도 좋을 것이다.

　이 사군자의 본명을 열거하면 왕인·길비진비(吉備眞備)·관원도진(菅原

道眞)·등원성와(藤原醒窩)로서 왕인을 필두로 하고 있다. 그러한 의미에서 왕인이야말로 문맹에서 눈을 뜨게 한 일본문화의 개척자라 이르는데 있어서 조금도 이의가 없다.

그러나 문제는 왕인의 사적 기록이 『삼국유사』나 『삼국사기』 등의 백제편에 나타나 있지 않다가 겨우 상기 『해동역사』에 나타나 있고 게다가 그의 영암 출생설을 뒷받침하는 기록들도 정사보다도 조선환여승람과 같은 지리서에 수록되어 있을 따름이라는 점에서 실증적 사료로서의 약점을 안고 있는 것이 사실이다. 그러나 우리는 이 시점에서 몇 가지 문제를 분명히 해 둘 필요가 있다.

첫째 왕인이란 인물은 적어도 285~405년간에 백제 영역 그 어느 곳에서 태어나 일본으로 건너갔다는 사실을 확인해야 할 것이다. 이 근원적인 사실마저도 부정적인 입장을 취하고 있는 학자들이 없지 않기 때문이다.

둘째 왕인의 출생지가 백제 영역 내에 있을 것이라는 상정 아래 가장 유력한 곳을 비록 가설로라도 일차적으로 이를 비정해 둘 필요가 있다. 그러한 의미에서 영암은 문헌상으로나 구비전설으로나 지역적 특수성으로 보나 일차적으로 받아드릴 조건을 갖추고 있는 것으로 여겨진다. 지금까지 문헌(『호남지』 등)뿐만 구비전설(왕인 등) 마저도 영암을 제외하고는 왕인 탄생지로서 비정될 만한 곳은 한 군데도 없다.

셋째로 문제가 되는 것은 적어도 왕인이 인솔하고 간 많은 문화담당 지식인들이 집단적으로 그 지역문화의 한 계층을 형성하고 이 영암지역에서 살았던 흔적을 찾아내야 하는 과제를 안고 있는 것이다. 결국 왕인이란 당시 그 지역문화의 정상에 지나지 않고 사실인즉 왕인을 정상으로 하는 저변문화는 보다 더 폭넓게 깔려 있었을 것임에 틀림이 없었을것이다. 그러므로 이제 우리는 그것을 찾아내야 할 것이다. 우리가 영암일대에 깔려있는 고문화의 유적을 중요시하는 소이가 여기에 있다.

넷째 실로 소위 왕인문화의 역사적 배경을 이룩하고 있는 것으로 추정되는 영암일대의 고문화의 유적의 중요성은 왕인문화의 실존을 증명하기 위해서 뿐만 아니라 지금까지 버려진 전남일대를 뒤덮고 있는 고문화의 성격 규명을 위해서도 모름지기 우리는 눈을 크게 뜨고 이를 지켜보지 않을 수 없다. 그것은 고대 백제문화 형성과정과 그의 성격규명을 위해서도 가장 중요한 의미를 간직하고 있기 때문이다. 어느 지역에서나 또는 어느 시대에 있어서나 문화의 형성은 토착문화와 외래문화와의 조화에 의하여 이루어지는 것이 하나의 공식으로 되어 있다고 한다면, 적어도 노령이남에 있어서의 전남의 고문화는 역사적 연대로는 백제 건국 초기 한성시대이기 때문에 적어도 토착문화의 원형을 간직한 것으로 추정할 수밖에 없다. 그러므로 왕인은 적어도 백제문화의 초기와는 관계없이 소위 토착 고문화를 배경으로 하여 실존했을 가능성을 배제할 수 없을 것이다. 우리들이 왕인문화의 역사적 배경으로써 전남의 고문화를 추적하는 소이가 여기에 있다.

다섯째 그러나 이제 우리는 왕인문화의 역사적 배경으로서의 전남의 고문화라는 소승적 입장에서 벗어나 소위 백제문화의 기초가 되는 토착문화의 원형으로서의 전남의 고문화를 보는 대승적 입장이 바람직하다고 이르지 않을 수 없다. 근래에 와서 이 지역에서 발굴 조사되는 주거지 옹관묘 등의 자료들은 우리들에게 새로운 지식을 안겨주는 까닭이 여기에 있다. 그러한 의미에서 이 지역에서 산출된 왕인문화야말로 전남 고문화의 구심이요 동시에 핵심을 이루고 있다는 사실을 밝힘으로써 비로소 왕인박사의 영암 탄생설은 그의 확고한 기반을 다져놓게 될 것이다. 그러므로 근래에 와서 고대 마한시대 목지국의 위치를 기산에서 남하하여 나주일대로 비정하려는 일설을 우리는 주의 깊게 지켜보지 않을 수 없다.

이제 왕인문화의 역사적 배경은 겨우 그의 단서를 찾아내려는 단계에 올라 있을 따름이다. 단적으로 말해서 이 지역에서 얻어낸 그 옛날의 금동관의 주인공을 찾아 내게 되는 날 비로소 왕인문화의 정체는 분명하게 되리라는 사실을 확신하면서 우리는 우리 전남 고문화의 정리를 위하여 한 걸음 한 걸음 정진할 따름이다.

본고는 본 협회의 초대 왕인문화연구소장이시던 이 박사께서 1986년 왕인문화연구소가 발간한 『영암왕인유적의 현황』에 발표하신 글을 일부 한자만 한글로 바꾸어 전재한 것이다. - 편집자

2. 고대 영산강유역의 지리적 환경
- 상대포를 중심으로 -

Ⅰ. 머리말

영산강 명칭은 고려·조선시대 조운창에서 유래되었다. 대한민국 강 가운데 규모는 4대강에 미치지 못하지만, 여러 면에서 그 위상을 유지해왔다. 특히 농경사회에서 생산력은 각종 자료에서 확인되고 있다.

영산강 유역의 1~2천년 전 고대사회 즉 마한·백제·통일신라·후백제 때 흔적은 전성기 모습을 보여주고 있다. 그중에서도 영암 구림일대의 학산천(서호만) 상대포를 중심으로 펼쳐진 문화는 당시 최선진 사회의 이면을 직시해준다. 고대 중국·일본과 교류의 장이 되었던 '구림(상대)포구'는 어떤 연유로 무역항의 자리매김이 되었을까. 그 입지의 지리적인 환경을 살펴보는 것이야말로 다른 분야보다 가장 우선할 연구이다.

영산강을 주제로 한 성과물은 그간 많이 발표되었다.[1] 필자도 1980년대 '수운(水運)'을 시작으로 '경관변화'까지 역사지리적인 방법으로 연구하

---

1) 김종일, 1993, 「영산강 하도변화에 관한 지형학적 연구」, 전남대학교 박사학위논문 ; 범선규, 2001, 「영산강 지형과 토지이용」, 고려대학교 박사학위논문; 변남주, 2010, 「전근대 영산강 유역 포구의 역사지리적 고찰」, 목포대학교 박사학위논문.

고, 답사안내를 해왔다.[2] 지난해 목포로부터 나주까지 80여개 포구와 나루를 탐사하고, 결과를 내놓은 바 있다.[3] 금년에는 담양부터 하류로 내려가면서 답사를 진행하고 있는 중이다.

이번 글은 출판된 문헌에 기고한 내용을 바탕으로 최근 탐구한 것을 더해 영산강의 지형 개관과 수운, 구림일대의 고대 지리환경, 상대포 주변 포구 네 곳을 소개한다.

Ⅱ. 영산강의 지형 개관과 수운

1. 영산강 유역의 지형

고을의 진산(鎭山)이 많은 배후산지, 구릉지, 충적단구, 범람원, 갯벌로 나눠 풀이한다. 배후산지는 해발고도가 대략 50m 이상으로 분수계를 따라서는 높은 산지가 병풍처럼 연결되고, 들과 강쪽으로 치달리는 곳은 우뚝 솟아 오른 잔구성산지(똑뫼)로 보인다.

전자는 동쪽 울타리를 이룬 유역내 최고봉인 무등산(1187m)과 계당산(580m)를 포함, 남쪽 월출산(809m)·삼계봉(504m), 북쪽 추월산(731m)·임암산(626m), 서쪽 태청산(593m)·승달산(318m)이 상징적이다. 후자는 나주 금성산(452m)·가야산이 대표적이며, 담양 담주산·삼인산, 장성 불대산·성산, 화순 예성산·해망산, 광주 어등산·용진산, 함평 기산·속금산, 무

---

2) 김경수, 1987,「영산강 수운연구」, 고려대학교 석사학위논문; 김경수, 2000,「영산강 유역의 경관변화 연구」, 전남대학교 박사학위논문.
3) 김경수, 2011,『영산강 포구와 나루 연구』, 광주민속박물관.

안 오룡산·인의산, 영암 은적산·태산봉이 본보기다.

구릉지는 야산을 비롯하여 등성이·언(둔)덕·까끔·동산으로 불리는 해발 20~50m 정도로 주변 땅들에 견주는 높이가 10~30m쯤 차이가 나서 섬처럼 보이기도 하지만 파랑 같다. 대체로 화강암이 깊이 풍화된 적색토양이 기본이다. 특히 나주 남부와 영암 북부에 걸쳐 펼쳐진 언덕에 탁월하며, '남도황토흙'이라고 칭한다.

충적단구는 빙하성 해면운동과 관련된 쌓인 층이 있는 곳으로 배후 구릉지와 강쪽 범람원 사이에 분포한다. 대개 과수원으로 개발되거나 관개가 이뤄져 논이 되었다. 도로공사 때 구석기유물이 발견된 사례도 있다.

범람원은 주로 홍수 때 협곡 윗부분에 퇴적된 지형이다. 모래와 실트가 많은 흙으로 이뤄진 높드리 땅인 자연제방은 배수가 잘되면서 보수력이 좋고, 걸찬 곳이어서 일찍이 농경지로 개발되었다. 유로변경이 만든 '우각(하적)호'는 배수지 역할을 했다. 직강공사로 형성된 곳도 있는데 낚시터로 알려진 곳이 많다. 이 땅들은 영산강의 특징인 곡창지대를 형성한 밑바탕이 되었고, '나주평야'는 대표적인 예다.

갯벌(干潟地)은 해발고도 5m 이하로 주변 내륙지역에서 흘러나간 흙이 쌓여 간조 때만 나타난 점토질 땅을 말한다. 썰물 때 각종 물고기와 조개잡이가 성했고, 조수에 잠기는 시간이 줄어든 곳에는 염생식물이 자란다. 이 널따란 땅은 둑을 쌓아 농경지로 만들었다.

2. 영산강 하류 지형

영산강 하류의 영산내해(지중해) 주변에 돌출한 지형은 여러 능선과 작은 만(灣)을 형성하고 있다. 지질구조는 중생대 화산암과 흑운모편마암, 흑운모화강암, 신생대 충적층으로 구성되어 있다[4]. 충적층은 후빙기(後氷期)

때부터 주로 풍화에 약한 흑운모화강암이 침식되어 형성된 것이다. 2천3백년 전쯤부터는 농경을 위해 산림을 제거하면서 한층 토사 유출이 많았다[5].

무안군 일로읍 망월리에서 시추된 조사자료에 의하면 퇴적층은 크게 니질층, 패각층, 사질층으로 분류되었고 23m 시추한 결과 심도 22m 지점에 기반암이 분포하고 있었다.[6] 몽탄면 양장리 일대 해발 10m 정도인 지점에서 보링된 시료에서는 다량의 유기물을 포함하고 있는 퇴적층의 층상구조가 발견되었다.[7]

이상과 같은 연구결과물과 함께 개략토양도[8]에 나타나는 해안저습성 토양의 분포와 1:5,000지형도상의 기반암 분포를 종합하여 분석해 본 결과, 영산내해 주변이 과거에 조수의 영향을 받았던 범위는 6,000년 B.P 얼마간은 해발 10m 정도까지 미쳤고, 석기시대 이후는 10m 이하로 점점 내려가다 고대사회로 들어오면서 농경사회가 되면서 5m 정도에 이른 것으로 여겨진다.

---

4) 15만 한국지질도 무안도폭, 국립지질조사소, 1971년과 1:25만 한국지질도, 1973년.
5) 김연옥은 화분분석(花粉分析)을 통해 특히 서기 100년 이후에 더욱 많은 토사가 쌓인 것을 밝혀냈다. 화분다이아그램에 지표 2.7m를 경계로 낙엽·광엽수림의 꽃가루가 갑자기 줄고 벼·쑥·부들속 따위의 초본 꽃가루가 늘어가고 있음이 나타났다(자료: 김연옥, 1985, 『한국의 기후화 문화』, 이화여자대학교출판부, 354쪽).
6) 은(殷)고요나, 1998, 「영산강유역의 제4기 퇴적층의 퇴적환경과 지화학적 연구」, 전남대학교 박사학위논문, 27~30쪽.
7) 위현정, 1997, 「영산강 하류 유역에 분포하는 유기물층에 관한 연구」, 전남대학교 석사학위논문, 5~6쪽. 연구 결과에서 사면퇴적물로 추정되는 적황색의 기저역층, 중부 실트층, 흑색유기물층, 객토층이 각각 분포하고 있다.
8) 1971년 농촌진흥청 식물환경연구소가 발행한 1:5만 지도이다. 최영준은 해안사질토양, 간석지토양, 배수불량한 해성식질 내지 미사질토양 등을 간척지 토양을 추적할 수 있는 자료로 활용했다(자료: 최영준, 1997, 「강화지역의 해안 저습지 간척과 경관의 변화」, 『국토와 민족생활사』, 한길사, 181쪽).

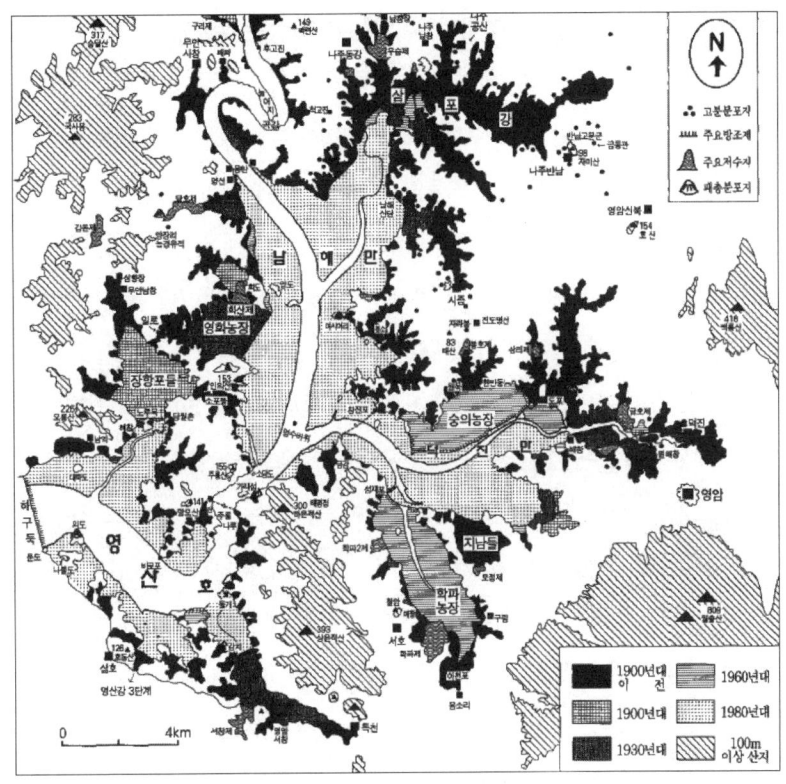

〈그림 1〉 영산강 하류 영산호 일대 간석지 개간과정
(1900년대 이전은 조수가 미치는 범위이며, 구림마을 서편도 바다였다.)

    여기에 조차를 고려하면 영산내해 주변에 분포하고 있는 간석지의 범위는 대략 해발 5~10m 정도로 추정해볼 수 있다(그림1). 이와 같이 과거의 자연환경에 대한 전반적인 이해는 영광의 와탄천과 낙동강 저습지 유적에서도 확인되었다.[9]

---

9) 조화룡은 와탄천 연구를 통해 후빙기 해진 극상기에 조수가 1910년대보다 2~3km 더 내륙쪽인 영광읍 양평리까지 전진했던 것을 보링 주상도를 통해 밝혔다. 해발

과거의 조수 영향권을 추적할 수 있는 자료로는 발굴된 유물유적의 분포 분석을 통해 가능하다.[10] 청동기 시대의 환경으로는 고인돌을 지표로 삼아 볼 수 있다. 무안 일로읍 구정리 253번지 일명 바윗등에 위치한 고인돌은 서쪽 장항포들과 동쪽 소포들의 사이 협착부에 다리처럼 놓여있다. 이 고인돌은 영산강 유역에 분포한 4,218기 중 최저면에 위치하고 있는 것으로 여겨져 청동기 시대의 조수의 범위는 5m정도로 추정된다. 또한 영암군 도포면 봉호리 봉호저수지 바로 윗편에 있는 전방후원형인 자라봉 고분은 마한시대의 무덤유적으로 여겨지고 있는데 해발고도 6.8m상에 입지하고 있다. 당시 바로 무덤 밑까지 조수가 도달한 것으로 보인다.

바닷물과 뱃터 그리고 제방과 들이름에 묻어있는 지명(地名)도 조수 영향권을 파악할 수 있는 중요한 자료이다. 지명은 명명(命名)된 시대의 지역 경관을 잃고 있어도 원래의 위치에 존속하고 있으면 잃어버린 유형의 경관을 어떤 의미로는 머물게 하고 있고, 그것이 복원의 실마리도 된다.[11] 무안

8m의 지표의 지하 1~2m에서 청회색의 갯벌 퇴적물이 분포했다(자료: 한국지형학회 12권1호, 2005, 77~90쪽). 윤선의 김해 장유면 수가리 기동마을에 대한 연구에 따르면 바닷가에 쌓인 이 패총의 순패층은 1천7백년 전 무렵엔 바닷물에 잠겨졌으며, 그 때의 해수면의 높이는 현재보다 6.5m 정도 높았다. 현재보다 해수면이 6.5m 높으면, 김해평야와 삼각주는 없어지게 된다. 대동면 예안리 들판에 마산이라는 작은 동산이 있다. 이 동산의 남쪽 암벽 해발고도 약 6m 되는 높이에 큰 구멍이 뚫려 있다. 이 구멍은 조사한 결과 해식동임이 확인되었고, 이 해식동 높이를 따라 암벽에 정선(해수가 닿았던 선)의 흔적이 있음이 밝혀졌다. 그러므로 지금부터 약 1천7백년 전 전후 즉 3~4세기경에는 현재 삼각주와 김해평야가 있는 곳에 해수가 들어와 내만(內灣)을 이루고 있었음을 알 수 있다(자료: 부산라이프신문사, 1992, 『부산의 역사와 자연』, 41~43쪽).

10) 조수(潮水)가 도달하는 곳은 침수되어 고인돌과 고분을 조성할 수 없기 때문에 분포하는 묘제 중 해발고도가 최저에 있는 것을 주목할 만하다.

'구언안들'과 '새언안'과 함께 광활한 내해와 감조하천의 하폭을 상징하는 호수의 이름이 여러 곳에 남아 있어 과거 영산내해 주변의 조수영향권과 더불어 간석지 및 간척지를 알려줌으로써 영산강 하류의 특징을 대변하고 있다.[12] 아울러 조수권에서만 발견되는 매향비(埋香碑)[13]가 영암 서호면 엄길리에 암각되어 있고, 무안군 일로면 월암리에도 침향(沈香)을 했다는 구절이 있는 바위가 무선국터에 있었다고 전한다.[14]

　　고대의 자연환경을 추적해본 결과, 서기 기원전후 조수가 미치는 범위는 해발 5m 내외로 추정해 볼 수 있다. 따라서 10m 이상의 구릉지(丘陵地)나 곡간충적지(谷間沖積地)에서만 농사를 짓던 사람들은 하천 부유물과 퇴적물 유입이 증가함으로써 하상(河床)보다 높아져 조수의 영향을 받지 않는 노출간석지(露出干潟地)에 주목하게 되었다. 영산강 하류에서도 이러한 곳이 어로채집 공간에서 농경지로 일찍이 개간되어 간다.[15]

---

11) 鏡味明克, 1992,「地名のなりたちから地域性をさぐる」,『景觀から地域像をよむ』, 愛知大學綜合鄕土硏究所, 104쪽.
12) 영산강 하류에는 湖자가 붙은 수역이 많다. 沙湖, 錦湖, 西湖, 唐湖, 淸湖, 龍湖, 梨湖, 壯湖, 山湖, 月湖, 白湖, 羊湖, 東湖, 三湖, 麥湖, 등이 있다.
13) 내세에 미륵불의 세계에 태어날 것을 염원하면서 향나무를 갯벌에 묻고 세우는 비석으로 불가에서는 매향의 최적지로 산곡수와 해수가 만나는 지점이라고 전한다. 지금까지 발견되었던 매향비가 바닷물이 유입하는 내만에 입지한 것으로 보아 이를 뒷받침해주고 있다. 영산강 하류지역에서는 1980년대 영암군 서호면 엄길리 철암산 기슭의 속칭 '글자바위'에 매향 사실이 암각된 것이 발견되었다. 이 지역은 은적산 계곡에서 흐르는 물이 서호로 유입하는 곳으로 매향시기는 1344년으로 밝혀졌다. 우리나라에서 발견된 매향비는 대부분 여말선초의 시대의 전환기에 세워졌다(자료: 이해준, 1983,「매향신앙과 그 주도집단의 성격」).
14) 제보, 1999년 5월 이만섭(75), 일로읍 월암1리.
15) 이 지역의 해면공간(海面空間)은 지금의 영산호 수면공간(水面空間)보다 6배나 넓

3. 영산강 수운

지구상에서 생명 있는 것은 모두 그 삶의 원천을 물에 두고 있다. 따라서 물은 땅의 어머니이고 우주의 근원이라고 일컬어졌다. 탈레스는 물은 만물의 근원이라고 했으며 중국의 관자 역시 물은 모든 물건의 근본이며 모든 생명의 바탕이라고 했다. 사람도 맨 처음 삶터로 꾸민 곳이 물이 있는 곳, 곧 물가이다. 옹기종기 시냇가의 양지쪽에 보금자리를 틀고 물 속에서 조개, 가재(石蟹), 물고기 등 먹을거리를 구했다. 차츰 무리가 많아지면서 큰 물가로 옮겨 농사짓기를 시작하게 되고 문명이 싹튼다. 그 본보기로 황하, 갠지스, 티그리스·유프라테스, 나일 강변을 꼽고 있다.

사람들은 물을 단순히 마시며, 물 속에서 식량을 구하고 낟알(穀)을 얻기 위해 끌어대는 차원을 넘어 물고기처럼 물과 강속에 몸을 맡기고 길로 삼게 되었다. 어쩌면 인간은 수상동물이었을지도 모른다. 다만 도구를 사용하는 것이 사람과 동물의 차이점이므로 탈 것, 곧 배를 착안해 낸 것이다. 그것도 우연한 기회에 말이다. 팽덕청(彭德淸)이 1988년에 쓴 『중국선보(Ships of China)』에 따르면 사람이 배를 탄 것은 인류의 기원과 거의 같이 한다고 나와 있다. 물가에서 어로채집을 하다가 빠졌는데, 어떤 떠있는 물체를 붙잡아 목숨을 구한다. 여기서 배의 역사가 시작된다. 그러다가 양이나 소의 가죽을 비롯하여 뗏목, 대나무 등 무엇이나 물에 뜨는 것은 배로 삼게 되었다.

이후 배는 사람들의 공간이동에 있어 매우 중요한 도구가 되었다. 이를 뒷받침할 만한 것을 알아보자. 1973년 중국 절강성에서 캐낸 유물 중에는

은 215㎢ 정도로 확대해 볼 수 있고 영산내해(榮山內海)로 칭할 만하다. 1910년대 이전까지 오랜 기간에 걸쳐 영산내해가 72㎢ 정도가 매립되어 143㎢로 축소되었다.

7천년 전에 사용된 배 모양 그릇(陶器)이 있었다. 우리나라에서도 1971년 경남 울주군 태화강 상류에서 발견된 바위그림에 배 3척이 새겨져 있었고, 1993년 섬진강 동복천 상류인 화순 남면 사수리 대전마을의 구석기 유적에서도 배 모양의 좀돌날이 발굴된 바 있다. 나아가 갑골문자를 살펴보니 배를 뜻하는 주(舟)자와 선(船)자가 있다. 이 글자 중에서 '船'자를 풀어보면 舟는 배고, 口는 운행자(水手), 八은 강가(河岸)란 의미를 각각 담고 있었다. 즉, 뱃길(水運)의 의미를 지닌 글자이다. 사실 도로와 철도 같은 근대육상교통수단이 등장하기 전에는 장소이동에 있어 오솔길이나 수로 즉 뱃길에 의존했다. 특히 뱃길은 천연교통로 구실을 맡아 짐을 옮기는데 있어 절대적이었다. 나아가 뱃길은 각종 사상과 정보를 담아 흐르게 함으로써 지역통합에 매우 중요한 역할을 했다.

뱃길(水運)에 대하여 그 중요성을 강조한 것을 본다. 이중환(1690~1756)은 『택리지』에 다음 내용을 기록해 두었다.

> 물자를 옮기고 바꾸는 방법은 신농(神農) 성인(聖人)이 만든 법이다. 만약 이러한 법이 없다면 재물이 생길 수 없다. 그러나 물자를 옮기는데 있어서 말이 수레보다 못하고 수레는 배보다 못하다.

우리나라는 3면이 바다이고 만조 때는 바닷물이 내륙수로(江)를 따라 거슬러 올라가기 때문에 하천과 바닷길을 통한 운송시스템을 주로 이용했다. 특히 강은 자연적 조건들이 악화되어 불리했음에도 국가의 간선 역할을 했다. 정약용(1762~1836)은 이러한 현상에 대해 『경세유표』에 다음과 같이 적고 있다.

우리나라는 3면을 바다가 둘렸고 록수(압록강)·살수(청천강)·패수(대동강)·저수(예성강)·대수(임진강)·열수(재령강)·사비수(금강)·열수(영산강)·잔수(섬진강)·한수(한강)·람수(낙동강)가 씨로 되어서 강과 바다에 큰배, 작은 배는 천으로 만으로 헤아리게 된다. 무릇 곡식, 생선, 소금, 제목, 땔감 따위를 다 배로 운반한다. 나라에는 수레가 없고 암소가 홀레 붙이고 망아지가 치달리는 풍속도 없다. 모든 일용 백물의 운반을 배가 아니면 메어 나르는 이 두 방법 뿐이니 배의 쓰임이 이와 같이 전적이고 긴요했던 것이다.

영산강은 하류가 남해만(南海灣)으로 '영산지중해'로 칭할 정도로 수로 이용(조운창·대굴포영·갯벌장)과 어장촌 기능이 타 지역보다 우세한 곳이다. 뱃길이 활발했던 시기의 선인들의 글과 기록을 예시해 본다.

1583년 김성일(1538~1593)은 "금강 물 조수 머리 바다에 접해 있네(錦水潮頭接海流)/영산진 강물은 수심 깊어 천척인데(榮山津水深千尺)"란 시를 지었다. 이형진(1802~1866)은 "금강(영산강)은 금성에서부터 흘러 수십리 먼 길에 이르러 주즙(舟楫)을 담을 수 있고, 또 들에 물을 댈 수 있다."라고 기록했다. 이지헌(1840~1898)은 "강두석(江頭石)을 거쳐 지름길로 제민창의 서쪽에 이르니 강에 가득 조선(漕船)이 들어차 있고 닻들이 강가에 연이어 드러나 있으며, 큰 배 작은 배가 마(麻)처럼 모여 있는 것이 일대 장관이었다."라고 적었다.

이상에서 본 바와 같이 강과 바다는 식량을 생산하는 젖줄로뿐만 아니라 영양분을 운반하는 핏줄 같은 역할을 해 온 것을 알 수 있다. 따라서 영산강도 그동안 전남의 젖줄로써만 일컬어 졌으나 숱한 사연과 애환이 깃들어 있는 남도의 핏줄로서 몫을 지적할 필요가 있다. 더욱이 하천을 중심으로 펼쳐지는 생활권 연구와 더불어 삶터에 대한 현실적이며 통합적인 고찰이 절실하다. 이는 늘 숙제로 남아있는 영산강 유역에 대한 문화모체를 캐내는 열쇠라고 여긴다.

Ⅲ. 지역의 고대 지리환경

1. 구림(鳩林)과 서호(西湖)만 지역의 지리

구림은 남녘 월출산에서 뻗어온 주지봉 자락에 있다. 우리나라 지형은 일반적으로 경사가 급한 배후산지에서 평야로 나서는 곳은 완만한 구릉이 연결하고 있다. 이 고도가 낮은 산록에는 취락이 들어선다. 구림의 경우도 하늬바람을 막아주는 이 구릉에 자리 잡고 있다(그림2).

언덕의 주위 땅에 시냇물을 대서 논을 일구고 동산에서 땔감을 얻고, 계곡에서 굴러온 조약돌을 주어 집을 지었다. 냇가에서 주운 갯돌로 만든 죽담과 집들이 구림마을에는 많

〈그림 2〉 구림일대의 지형도
(해발 5~10m 구간은 조수 영향권이었다.)

다. 주지봉 남동쪽 도갑리에서 발원한 도갑천(군서천)은 구림의 젖줄이다. 죽정마을 앞을 돌아 북쪽으로 내린 물은 곧 구림교 밑 '숫돌바위'라고 부른 암반을 타고 서쪽으로 흐른다. 이 한 굽이에서 간죽정 앞 두 굽이까지는 1.2km쯤 된다. 여기서 남쪽으로 굽이 돈 개울은 300m 떨어진 회사정을 안고 다시 서류(西流)한다. 도기박물관으로 개조된 옛 구림중학교 앞을 막 지나면 왕인박사가 일본으로 떠날 때 배를 탔던 상대포(上臺浦)에 이른다.

상대포 건너편 '상대까끔'이란 언덕에는 호은정(湖隱亭)이 있다. 죽정에서 서호정까지는 20~30m 높이로, 신흥동에서 양장리 언머리까지는 10~20m 높이의 언덕이 달리고 있다. 대부분 화강암이 풍화된 것으로 적황색을 띠고 있다. 간혹 일정한 높이에 조약돌이 박혀 있기도 한다. 소나무가 덮여 있던 이곳은 배수가 잘되어 일찍이 경작지로 개척되었다. 지금은 방풍림 역할을 위해 일부만 띄엄띄엄 남아 있어 솔섬같이 보인다.

주민의 제보에 따르면 구림 일대에 옹관묘들이 있었으나 개간과 경지정리로 없어졌다고 한다.[16] 특히 성기동 입구와 주변 논에 많이 있었다고 한다. 약 1500년 전에는 이곳까지 바닷물이 드나들었을 것으로 보인다.[17] 당시는 공간이동에 있어 운송수단으로 배를 주로 이용하였다. 때문에 뱃길목은 중요한 중심지가 되었고 지금도 많은 유적들이 발견되고 있다.

구림의 서편도 '서호(西湖)'라는 바다였다. 내륙 깊숙이 조수가 미치는 곳으로 일찍이 갯가에 사람들이 살기 시작했던지 장천리에는 선사주거지가 있고, 엄길리 철암에는 매향비까지 있다.[18] 일제 초기까지 몽해리 아천

---

16) 향토문화진흥원, 1992, 『왕인과 도선의 마을 구림』, 51쪽.
17) 임춘택, 1998, 「왕인박사 일대기와 후기 마한사」, 영암문화원, 159쪽.
18) 목포대박물관, 1999, 『영암군 문화유적분포지도』, 178쪽.

포까지 젓배들이 오르내리던 서호(구림)만은 지금부터 50년 전에 성재리와 양장리를 잇는 둑이 축조되면서 호수와 대규모 간척답으로 바뀌기 시작하였다.

2. 구림 상대포구

영암군 군서면 서구림리 793번지 일대에 있던 포구이다. 1910년대 일제에 의해 제작된 최초 지적도인 『지적원도(1,200분의1)』 793번지는 임야로 국유지였으며, 바로 서편 797번지 임야는 현기봉(玄基奉), 동편 792번지 논은 최병률(崔秉律) 소유였다. 현 상대포지로 꾸며진 곳에 설치된 정자터는 831번지로 최원묵(崔元黙) 논이었다. 현재 새로 꾸며진 상대포 복원

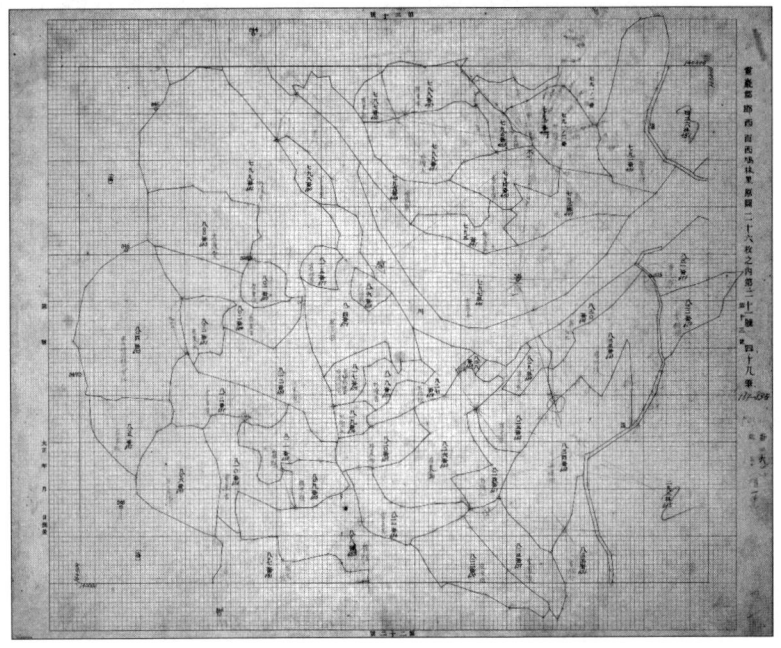

그림 3. 1910년대 상대포 일대 지적도
(793번지 일대가 상대포구 터이며, 현재 호수로 되어 있다.)

터 바로 서편 799~800번지, 804~807번지를 따라 바다(潮水)였음이 표시되어 있다. 남송정마을에서 포구로 접근하는 길이 830~831번지에 이르고 있다(그림3).

구림(鳩林)은 천년이 넘는 역사를 지닌 동네이고, 상대포(上臺浦)는 고대 무역항으로 알려졌다. 구림은『신증동국여지승람(1530년)』영암군 고적 '최씨원(崔氏園)'에 처음 기록되어 있다. 담헌 이하곤(李夏坤, 1677~1724)은「두타초」에 1722년 11월 29일 다음과 같이 적고 있다.[19]

"옛날 구림(鳩林) 기생은 새우젓을 먹고, 도갑사 중들은 미음을 먹었다. 지금 도갑사가 쇠퇴한 것이 이와 같을 뿐 아니라, 구림 또한 볼 것이 없습니다."라고 했다. 그 중 골계와 호쾌한 담화가 이와 같다. 또 북으로 2리 못 미쳐 서있는 돌에 국장생(國長生) 3자가 새겨져 있고, 동쪽에 서있는 돌 하나에는 황장생(皇長生)이라 새겨져 있다. 모두 도선(道詵)이 한 것이나, 끝내 그 무슨 뜻인지 알 수가 없다. 성기동(聖基洞)은 그 남쪽에 있다. 세상에 전해오기를 도선이 이곳에서 출생했다고 한다. 소위 최씨원이 과연 이곳인가? 혹 일컬어지기를 그 어머니가 큰 오이를 먹고 도선을 낳았기 때문에 상서롭지 못하다고 여겨 그를 대숲 가운데 버리니, 비둘기가 와서 그를 날개로 덮어주었다고 이름이 구림이 되었고 한다. 그렇다면 최씨원이 마땅히 구림 안에 있었을 것 같다. 또 서쪽으로 1리를 가니 정자가 물가에 임해 있으나 자못 퇴폐하였다. 이곳으로부터 구림리(鳩林里)가 된다. 남북으로 두 개의 언덕이 호수에

---

19) 이하곤·이상주 역, 2003,『18세기 초 호남기행』, 이화문화출판사.

닿아 있다. 모두 엇갈려 감싸 안으로 향하고 있어 사람이 벌려 받
들고 있는 것 같다. 가운데로 맑은 시내가 흐른다. 월출산에서 발
원하여 어느 곳에서는 좁아졌다가 또 어느 곳에서는 넓어졌다 하
며 회사정(會社亭)의 왼쪽에 닿는다. 물길을 둥글게 파놓아 물이
많이 고여 있다. 마을의 집들이 물을 중심으로 양쪽으로 나뉘어 즐
비하게 늘어서 있는데, 서로 마주 보고 있다. 고목과 대나무 수목
사이에 누각이 가려져 있어 정말 그림 같다. 회사정에 오르니, 앞에
평평한 호수와 월출산의 여러 봉우리가 그 뒤로 펼쳐져 있어, 비취
색이 주렴에 가득 스며든다. 노송 10여 그루가 사면에 늘어서 있
다. 줄기와 가지가 구불구불한 것이 규룡과 같아, 폭염의 여름엔
아름다울 것이라 생각된다. 벽에 백헌(白軒)과 택당(澤堂)의 시판
이 걸려있는데, 나머지는 이루 다 기록할 수가 없다. 조윤신(曺潤
身)과 함께 서호정(西湖亭)에 이르니, 정자는 폐해진지 오래고 다
만 유허지만 남아있다. 저녁 조수물이 비로소 밀려오고, 호수 빛은
하늘에 잇닿아 서남쪽의 모든 산들이 아득하며, 아름답고 빼어나
서 멀리 바라보니 이곳의 형승은 대략 명성호(明聖湖)와 같으며,
월출산은 영취산과 같다(이상주 역 - 필자윤문).

이중환(李重煥)은 『택리지』 팔도총론에 "나주 서남쪽은 영암군인데, 월
출산 아래에 자리 잡고 있다. 월출산은 대단히 맑고 뛰어나 이른바 화성이
하늘에 오르는 산세이다. 남쪽에는 월남촌, 서쪽에는 구림촌(鳩林村)이 있
는데, 모두 신라 때 이름난 촌락이다. 이 지역은 서남해가 서로 맞닿는 곳
에 위치하여 신라에서 당나라로 들어갈 때는 모두 이 고을 바다에서 배로
출발하였다."고 적었다.

1789년 『호구총수』에 서종면 구림(鳩林)이 기록되어 있고, 1872년께 『전라도지도』 중 「영암군지도」에 구림과 함께 서쪽 물길의 수심(水深)이 3장(丈)으로 표기되어 있다. 1899년 일본 군용비도로 작성된 5만분의 1 「지형도」에도 구림 바로 서편이 바다로 그려져 있다(그림4). 1914년 행정구역개편

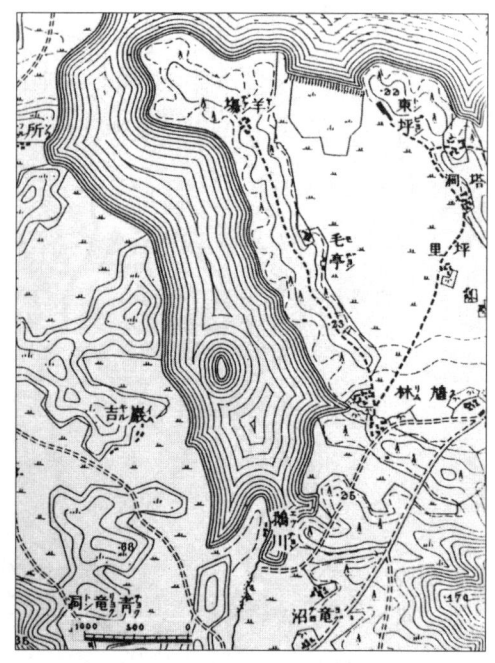
그림 4. 1899년 제작된 5만분 1지형도(축척 숫자단위는 m임)
(자료 : 남영우 편, 『구한말지형도』, 성지문화사)

때 군서면 동구림리와 서구림리가 되었다.

공식적인 문헌에 등장한 '상대포'는 한글학회가 펴낸 『한국지명총람』 영암군 군서면 서구림리에 "배척골 서쪽에 있는 마을로 백제 때부터 중국, 일본 등지와 해상 교통의 요지였음."이라고 기록되어 있다. 이와 더불어 "중대포와 하대포는 상대포 아래쪽 마을이며, 배척굴(골)은 남송정 남쪽에 있는 마을로 옛날 이곳까지 배가 닿았으며, 돌정재(고개)는 배척골 북쪽에 있는 고개로 백제 때 학자 왕인박사가 일본으로 떠나면서 이곳에서 고향인 구림을 돌아보곤 하였다."고도 적혀 있다.

1970년 국립건설연구소가 발행한 기본지형도를 바탕으로 농촌진흥청 식물환경연구소에서 이듬해 펴낸 5만분 1 『개략토양도』를 보면 학산천 옛

서호만 일대는 해안저습지성 토양(해안 평탄지에 분포한 토양 중 Fma:회백색 및 충적토 배수약간불량 미사식양질 또는 식질, Fmb:충적토 및 회색토 배수약간불량 사암질 또는 미사사양질, Fmc: 염류토 배수약간불량 또는 불량 미사사암질 또는 식질, Fmd: 충적토 및 회색토 배수불량 또는 매우 불량 미사식양질 또는 식질)이다. 이 중 큰 갯골쪽은 Fmc이고, 상대포 서편 중앙은 Fmd, 구릉지와 가까운 곳은 Fma가 분포한다. 대략 해발 5m 등고선까지 조수(潮水)가 미친 구역임을 알 수 있다.

이상과 같은 문헌을 토대로 보면 구림 상대포는 고대로부터 19세기까지 포구 역할을 지니고 있음을 알 수 있다.

고고학과 금석문 자료는 오래된 뱃터였음을 뒷받침에 주고 있다. 신라 때 조성된 도기요지(국가사적338호)와 786년 정원이년명(貞元二年銘,전라남도 문화재자료181호) 빗돌에 새겨진 매향(埋香)과 관련된 내용은 구림 포구로 상대를 짐작케 해준다. 현재 상대포 복원터로 조성된 곳에서 서쪽으로 약 3km거리인 서호면 엄길리 철암산 치마(글자)바위에도 1344년 매향 흔적이 새겨져 있다(보물1309호). 그릇 가마터는 뱃길로 수송할 포구가 근접해야 유리하고, 매향흔적은 바닷물이 드나드는 곳임을 입증하는 유적이다.

월출산 제사유적에서는 신라 때 것으로 보이는 철제마가 출토되었다. 월출산에서 내려다 볼 때 바다로 나가는 길목인 구림포구인 상대를 배경으로 안전 항해와 풍요를 기원하는 '철마신앙'으로 해석하고 있다. 백제 무왕 때 승려 혜현(惠現)의 행적이 월출산에 전해진 것이 확인되었다. 혜현은 월출산을 관음의 상주처로 정하여 수행했다. 관음신앙은 해상활동을 하는 사람들과 관련되니 상대포를 연상하는 풀이가 가능하다.[20]

---

20) 조세인, 2009, 「영암 구림의 '상대포'와 해양신앙」, 목포대학교 석사학위 논문.

백제 근초고왕 때 왕인(王仁)을 비롯하여 도선국사(827~898), 최지몽(崔知夢907~987)이 구림일대의 인물로 전한다. 고려 명종 때 김극기(金克己)는 "해상(海商) 100명이 옛날 바다를 넘어갈 때 산 위의 신광(神光)을 아득히 바라보았어라."고 표현했다. 지금까지 상대포를 직접 언급한 고문헌(古文獻)은 전하지 않지만, 앞에 언급한 자료를 통해서 영암고을의 외항(外港)이자 구림의 관문(關門)터로 추정이 가능하다.

영암군에서는 최근 서구림리 789-2번지 일대 58,943㎡ 규모로 최근 '상대포역사공원'을 조성했다. 신흥동 정원이년명비는 776-7번지에 비각을 지어 옮겨놓았다. 목포~영암 간 새도로가 상대포구터 바로 앞으로 지나가고 있다. 상대포구는 구림역사천의 목이 되는 곳이다. 앞으로 확연한 자료를 발굴하여 그 진가를 더 높이도록 학계, 관계, 주민들의 지속적인 관심이 있어야겠다.

Ⅳ. 상대포 주변 포구

1. 성재리(무송동)포

영암군 서호면 성재리 17번지 일대 무송동마을 동편 학파농장 수문 북쪽이 포구로 목포, 영산포, 덕진포로 수 많은 배들이 오갔다. 지적원도에 따르면 포구터에는 12번지와 17번지에 대지로 김창준(金昌俊)과 양인범(梁仁範) 토지였고, 근처에 각 3필지도 소유했다. 서용채(79세)의 제보에 따르면 무송동 동편 선창터에는 여객선 표를 관리한 김용관, 종선을 운영한 박영양(폼바구)·김달샘·김맹권, 배씨 주막(횟집), 모정마을 출신 김용단(사진관), 한수복, 죽물양반 이병찬이 살았다. 어장배는 뜰망배를 가진 이봉기

(처 홍종실), 개매기를 한 이용대와 이병문이 있었다. 현재 하귀봉 어촌계장을 비롯하여 10여대의 내수면어업에 임한 배들이 정박해 있다. 주로 붕어·잉어가 잡히고, 장어와 민물숭어도 어획되고 있다. 가을에는 민물새우가 큰 소득원이 되어 하루 출어하여 보통 40~50만 원 정도 올리고 있다.

　선창터로 접어드는 수문 서편 구릉지에 학파농장사무소가 있었다. 1993년 6월 화재로 골격만 남아 있다가 최근 철거되었고, 2008년 11월 17일 연주현씨 영암문중이 주관하여 옛 수문터 곁에 100여 평의 무송동공원을 조성하고, 1957년 세운 현준호 빗돌 이축 제막식을 가졌다. 현재 금강마을 출신 김상열이 학파농장토지 일부를 인수하고, 2층집을 짓고 살고 있다. 포구의 남서쪽에 성재(聖才)마을이 위치한다. 2006년 발행된 『영암의 땅이름』에 따르면 400여년 전 장흥군 관산읍 옥당리에서 전주이씨 대남이 입향하여 집성촌을 이뤘고, 촌명 연원은 성인(聖人)이 태어날 곳이라는 의미로 붙였다고 한다. 1789년 『호구총수』에 '성재동(聖才洞)'이 기록되어 있다.

　성재리 포구 본 동네는 무송동(눌고지)으로 현준호와 관련된 곳이다. 현준호(玄俊鎬1889~1950)는 학산면 학계리 117번지에서 현기봉(玄基奉 1888~1924)과 남평문씨 사이 둘째 아들로 태어났다(형 용호는 백부 기동께 양자로 갔으며, 성재 남쪽 남하동마을은 龍鎬의 호를 따 지었음). 1930년 보성, 영암, 무안, 해남 등 각지에 있는 7천 섬 논을 한데 모아 1만섬을 내는 곳을 물색 고향인 서호강을 염두해 두었다. 먼저 미암 춘동리 간척사업에 착수 1935년 완성하여 96.6㏊를 확보하여 경험을 쌓은 뒤, 1939년부터 합명회사로 학파농장(鶴波農場)을 설립 조성했다. 아버지 호를 딴 학파제방은 썰물 때 유속이 빨라 성공 가능성이 희박하였으나 1943년 4월 착공하여 이듬해 5월 1.2㎞의 제방을 완공했다. 이후 1954년까지 35~40% 정도의 공사공정을 보이다가 1959년 102㏊ 규모의 제1호 저수지를 완공하고

1961년 준공검사를 받았다. 이 때 간척지 주변에는 9개 마을이 신설되었고 1,100세대 5천여 명이 생계를 간척농지에 의존케 되었다. 토지규모는 논 662ha, 밭 13.7ha, 대지 9.7ha, 구거 68.4ha, 도로 4.2ha, 유지 164ha, 잡종지 378평, 제방 4ha, 임야 1.4ha 등 총 927.5ha(2,782,548평)에 달했다.[21]

경작농가는 1989년을 기준으로 721세대로서 호당 평균 2,755평의 간척답을 임차하고 있었다. 농장시설로는 102ha 규모의 제1호 저수지와 30ha 규모의 제2호 저수지, 양수장 4개소, 관리사무소 1동이 있으며, 소장 부소장 각 1인과 직원 3인이 농장관리업무를 담당하고 있었다. 14.3ha의 직영답을 설치하여 책임자 1인과 상용인부 4인이 이앙기 4대 콤바인 2대 트랙터 1대 등 대농구를 구비하고 경작하면서 신품종 적응시험 및 종자 기술 등의 보급을 하기도 하며 임차료 산정 때 수확량 기준으로 활용하기도 했다.

관리사무소에서는 저수지 등 시설의 관리 임차료 수납과 판매 등의 업무를 관장했다. 수납 임차료는 주로 정부 수매에 내며 시장에도 조곡 상태로 판매되었다. 임차료 판매 대금은 서울에 있는 본사에 송금했고, 농장 운영경비는 매월 본사로부터 송금 받았다.

농가유형별 경작 상태를 580호를 대상으로 보면 먼저 자작겸 임차농의 경우 자작지 320,000평, 농장소유 임차지 490,000평, 육답임차지 32,000평, 소내작지 43,000평 등으로 조사되었다. 이 농장의 원래 임차료는 3대 7로서 1,200평 1필지 당 벼 5~6섬 정도였으나, 전대임차료는 한 필지 당 10~11석으로서 연 생산량의 50~60%에 달했다.[22]

---

21) 손정연, 1977, 『무송 현준호』, 전남매일출판국.
22) 박석두, 1989, 『민간소유 대규모 간척농지의 소유 및 이용실태에 관한 조사연구』, 한국농촌경제연구원, 87~90쪽.

이와 같이 이 농장은 매우 복잡한 운영구조를 갖고 있었다. 결국 1995년 280여만 평에 달하는 학파농장의 30년간 끌어온 소작문제가 타결되어 800세대의 소작농에게 평당 6,500원에 분양되었다.

서호 성재포구 수문 곁 둔덕에는 옛 학파농장을 관리했던 건물의 잔재와 무송의 공적비가 남아 있었으나, 최근 수문 일부와 공적비만 남고 사라졌다. 근처에서 낚시를 즐기는 강태공은 민간소유의 대농장에 대해 복잡한 사회문제가 야기되어 이 일대의 현대사가 얼마나 쓰라렸는지 알기 어렵다. 대규모 간척사업의 준공 즉시 사업자에게 소유권을 아무런 제한 없이 대규모 농지소유를 합법적으로 인정하는 결과 초래된 역사를 제대로 추적하고 정리해야 한다.

2. 지남포

영암군 군서면 동호리 1013·1014번지와 군서면 양장리 210번지에 있던 포구이다. 1915년 지적원도를 보면 동호·양장 간 제방흔적이 보이고, 1917년 지형도에 둑이 그려져 있다. 동호리 1013번지는 동호리 소속의 임야, 1014번지 밭은 최영집(崔榮集) 소유였다. 양장리 210번지는 논으로 문창인(文昌仁) 땅으로 현재는 1660-1번지로 정리되어 있다. 바로 서편 211·234번지가 조극환(曺克煥) 소유 대지가 있는 것으로 보아 포구터로 짐작되며, 근처 236번지 동편이 바다였다. 1910년대 조수(潮水)가 들어온 곳은 경지정리 이전 지적 번지로 보면 동호리 1013번지에서 남쪽으로 1011·1019·1007·1008번지 논, 서쪽으로 994·993·992·990·998번지 논·양장리 1·2·170·171번지 논, 북쪽으로 172·209·210번지 논으로 연결되는 필지이다.

고려 때는 동호리 지남마을에 '진남향(鎭南鄕)'이 있었고, 1540년경에는 선산임씨 임구령(1501~1562)이 지남둑을 건설하면서 인척으로 연결된 여러 성씨들이 구림동계와 영암향약의 주도세력으로 성장했다. 대체로 이러한 과정들은 경제력과 인력동원 능력을 지닌 유력토족층(有力土族層)을 중심으로 진행되었다. 다시 말하면 사족적 배경에 기반을 둔 중심 촌락들(洞·里)은 신분과 경제적으로 보다 하위에 있던 주변의 자연촌(村·谷·亭·坪)들을 자연적인 생활과 경제 공동체로서 공존하며 통합하고 있었다. 사실상 16~17세기 재지사족(在地士族)의 촌락지배는 대부분 제언과 보의 축조로 인한 농지의 확대를 경제적 기반으로 하고 있었다.[23]

지남제는 해발 5~10m의 구릉을 연결한 둑으로 속칭 '지남들'로 불려지고 있다. 동변마을 최석진(2000년 77세) 씨에 따르면 원둑에는 임구령의 빗돌이 있었고, 65년 전 백중사리 때 둑이 터져 개보수를 했는데 높이 두 질 반쯤이고 둑 위로는 손수레가 다닐 수 있게 길이 나 있었다고 한다.

지남둑은 1999년 새로 경지정리가 되면서 옛 모습이 사라졌다. 양장리 234번지 최석준씨 집 어귀 언머리 양수장 곁에 있는 심의철(沈宜哲)군수(1881~1882재임) 제방수리공적비 만이 남아있다. 바로 이 제방의 수축으로 천여 두락의 농토가 새롭게 조성된 것이 구림 열두동네의 대촌이 형성된 직접적인 기틀이었다. 1789년 간행된 『호구총수』에 따르면 이곳 서시·서종면을 합해 517호에 2,285명이 살고 있었다.

영암읍 바로 서쪽의 조수구역도 간척되어 마을이 형성되었다. 조수는 회문리 앞까지 드나들어 성뫼를 경계로 월곡리 주암까지 밀물이 들어왔다. 신마산의 박종수(2000년 67세) 씨는 마을 앞 담암들과 무내미들까지 바다였다고 증언했다. 낙안마을 조성수(2000년 65세) 씨도 동네 앞에 포구에는 목포에서 들어온 중선배들이 대여섯 척이 있었고, 일본인 효도우(兵頭)의

---

[23] 이해준, 1996, 『조선시기 촌락사회사』, 민족문화사, 288~290쪽.

간척지 농장이 있었다고 제보해 주었다.

3. 아천포

영암군 서호면 몽해리 202번지 일대 학산천변에 일제지형도에 아천포장(牙川浦場)이 표기되어 있다. 바로 남쪽 198번지와 460번지 일대 김병호 돼지축사(현 홍성희 소축사)가 있던 곳이 아천포구터로 전해지고 있다. 포구터 부근의 1910년대 토지 소유자를 보면 198번지 밭·199번지 대지는 기타무라(北村雄吉), 200·210번지 대지는 하시가와(觜川友次郎), 201·202·214번지 대지는 나카오(中尾摠七), 211번지 대지는 김정봉(金鼎奉)이었다. 202번지가 임야에서 대지로 전환된 점으로 보아 시장터로 추정된다.

구림의 서편은 '서호(西湖)'라는 바다로 거슬러 오르면 '아시냇개'로 부른다. 1789년 『호구총수』에는 '鴉川', 1911년 『조선지지자료』에는 '鵝川'으로 기록되어 있으며, 별명으로 '탈천포'도 전한다. 일제 초기까지 몽해리 아천포까지 젓배들이 오르내리던 서호(구림)만은 현준호가 지금부터 70년 전에 성재리와 양장리를 잇는 둑을 축조하면서 호수와 대규모 간척답으로 바뀌기 시작했다. 현준호가 태어난 곳은 아천포에서 남쪽으로 5km 거리인 학산면 학계리 광암마을로 가학산 자락 망월천의 상류이다.

영암서 구림을 지나 학산쪽으로 4km를 더가면 서호면 화송리 화소가 나온다. 이 마을서 1.5km 거리로 바라보이는 곳에 몽해라는 마을이 있다. 예날 이곳은 '구음평(九音坪)' 또는 '꿈바다', '굼바대' 등으로 불렀다. 지금은 들이 되었지만 얼마 전까지도 영암만 바닷물이 이곳까지 넘실거렸다. 이곳을 '꿈바다'라 부르게 된 것은 김완(金完) 장군(1577~1635)이 태어난 전설 때문이다. 김완은 김극조(1534~1591년)와 어머니 천안전씨 사이에서 태어났다. 천안전씨는 김완을 임신할 때 영암만 바닷물이 그의 치마폭으로 몰려드는 꿈을 꾸었다. 이 때문에 꿈바다가 된 것이다. 화소는 지형전설에 알맞게 마치 학이 알을 품고 있듯이 높이 3m, 넓이 10여 평의 알섬 일곱 개가 마을 앞 5백m 간격으로 있었으나 1973년 경지정리 때 다 없어지고 한 개만 남아있다[24].

군서면 모정리 모정마을에 위치한 '원풍정'에는 12개의 기둥이 있고, 각 기둥마다 그쪽 방향의 풍경을 묘사한 주련이 걸려 있다. 서호만 일대의 풍광을 잘 반영한 듯하여 소개한다.

〈願豊亭 十二景 (원풍정 십이경)〉
指南夜雨(지남야우)- 지남들녘에 내리는 밤비,
德津歸帆(덕진귀범)- 덕진포로 돌아오는 범선,
西湖白石(서호백석)- 서호의 흰 돌(백의아),
雅川明沙(아천명사)- 아천포의 맑은 모래,
鳩林朝烟(구림조연)- 구림마을의 아침밥 짓는 연기,
岬寺暮鍾(갑사모종)- 도갑사에서 들려오는 석양의 늦은 종소리,
仙掌牧笛(선장목적)- 선장에서 들려오는 목동의 피리소리,
月山返照(월산반조)- 월산의 되돌아오는 불빛,
蓮塘秋月(연당추월)- 연당의 가을 달,
鶴嶺歸雲(학령귀운)- 학고개의 돌아가는 구름,
龍江漁火(용강어화)- 용강(영산강) 어선의 불빛,
隱跡晴嵐(은적청람)- 은적산의 맑은 날에 아른거리는 아지랑이.

---

24) 영암문화원, 2002년, 『영암의 전설』, 121~122쪽.

4. 영암 해창

영암군 군서면 해창리 197번지 원해창(元海倉)마을에는 포구와 도포로 건너는 나루가 있었다. 1910년대 197번지 대지는 신사명(申四明) 땅이었고, 바로 길 건너 남쪽과 서편 196번지와 198번지는 다카하시다네오(高橋種夫) 소유였다. 최근 국립해양문화재연구소 자료에 조운창인 장흥창의 위치를 밀성박씨세장산 일대로 추정했다.[25]

영암이 월출산의 북녘인데도 읍터로 꾸며진 것은 역리의 범바웃등(58m)으로 내려선 좌청룡이 안산(案山) 역할까지 함께 하고, 덕진만이 열려 있어 교통이 편리했기 때문이다. 영암읍을 감도는 영암천 유역의 들은 해발고도가 10m 미만으로 질펀하다. 조선 후기까지만 해도 조수가 도달하여 수심이 3m나 되는 바다길이 형성되었다.

고려 때 덕진만에는 국가에 세곡을 모아 바치는 조운창(漕運倉)이 설치되기도 했다. 『고려사』 식화지(食貨志)에 보면 고려는 국초에 13개 조창 중 전남에 4창을 설치했다. 그중 두 개가 영산강 유역에 설치되었는데 나주 금강안의 치을포(置乙浦)에 설치된 해릉창(海陵倉)과 영암 해창리 신포(薪浦)의 장흥창(長興倉)이었다. 성종 때 통진포(通津浦)와 조동포(潮東浦)로 개칭된 이 창에는 각각 1천 석을 적재할 수 있는 초마선 6척이 배치되어 있었다.

장흥창(조동포)은 단순한 창고가 아니라 행정구획의 하나로서 독자적인 영역과 주민, 치소와 지배기구 등을 갖고 있었던 것으로 여겨진다. 따라서 조세미의 수납과 보관 및 조운 총책임자인 판관을 비롯하여 실무책임자로 향리인 색전(色典), 나무를 다루는 초공(梢工), 물길을 보는 수수(水手), 허드레 일을 보는 잡인(雜人)들이 거주하고 있었던 것으로 추정된다.

---

25) 국립해양문화재연구소, 2009, 『고려뱃길로 세금을 걷다(조운)』, 57쪽.

아직까지 장흥창터가 정확하게 어디인지는 밝혀지지 않았다(해남군 마산면 맹진포 설도 있음). 대략 덕진나루에서 해창교 사이 갯가의 둔덕에 자리 잡았을 것으로 짐작된다. 그중 유력시되는 곳이 군서면 원해창 마을이다. 이 동네 198번지에서 50년간 장어식당을 운영해온 송길자 여인에 따르면 138번지 정낙중 씨 집터가 일제 때 곡수창고터였고, 포구에는 현준호 씨가 선주이며 목포에 사는 조희경 씨가 선장인 영암호가 통항했다고 한다. 일제 강점기에 이곳 포구와 주변 토지는 이 마을 196번지에 주소를 둔 다카하시와 도포의 하라다(原田治) 소유가 많았다. 이곳은 영암은 물론 강진, 해남, 장흥 등지의 상인들이 몰려드는 곳으로 1960년대까지만 해도 영암의 문호이자 외항의 역할을 했었다.

덕진강변은 여러 개의 고분이 분포한다. 금강리 옥주봉(47m)기슭에 자리한 금강리 제주양씨(濟州梁氏) 집성촌인 금산마을 뒤 구릉지의 고분군을 비롯하여 송평리와 망호리 후정 갯가에 자리 잡고 있다. 근처에는 토기를 구운 점등까지 있어 아직 발굴은 되지 않았지만 많은 유물이 묻혀 있을 것으로 짐작된다.

오랜 세월이 지나면서 흙모래가 덮이고 갯물이 미치지 못한 곳은 조금씩 경작지로 개척되었으나 대규모의 간척 논은 일제강점기 때 본격적으로 형성되었다. 지적자료에 따르면 강 남쪽인 송평리 일대의 갈대밭은 동척(東拓)농장이 개간하였다. 이곳 939번지에서 1250번지에 이르는 312필지 100㏊ 정도가 300~900평으로 구획되어 소작으로 경작되었다. 송평리의 동쪽 지역인 663번지 4,503평 잡종지는 1918년 6월 개간되어 망호리 217번지에 주소를 둔 구와노(桑野綱太郎)의 소유하였고, 송평저수지 옆 856번지는 현기봉(준호) 토지였다가 1929년 동척으로 소유권이 이전되었다. 망호리 원우들 개간지인 982번지 16,761평도 망호정 이원우 소유였다가 1923년 동척으로 이전되었다. 배날이 마을 서편의 평개들 1028번지 8,641평의 경우는 호은정 강원호 토지였다가 1922년 삼호면 용당리 니시무라(西村)에게 소유권이 이전되고 7개월 뒤 동척 땅이 되었다. 망호리 부춘정 마을의 포구 주변으로도 일본인 히라다(平田)과 다가와(田川)농장이 있었고, 덕진교 곁에는 쿄우도구(行德)의 땅이 있었다. 강 북쪽의 덕진면 용산리와 장선리 일대 60ha 정도의 개간지는 일본 야마구찌(山口)현에 주소를 둔 사사키(佐佐木秋生)와 영암읍내 회문리 거주 효도가즈오(兵頭一雄)의 공동 소유지였다가 1940년대 효도 자식들에게 소유권이 이전되었다. 덕진리 내촌앞들은 후지나카(藤中)농장, 금강리 금산앞들도 아오다(靑田)농장이 있었다.[26] 장선리 앞들의 개논들의 경우는 광복후까지 양정하씨가 150두락 정도를 개간했다. 1980년대 하구둑 건설 전까지만 해도 동네 앞 갯벌 속에서는 운지리, 모치, 짱둥이, 장어 등이 잡혔다.[27]

　이밖에도 숭어, 고막, 맛, 새우, 재첩, 석화 등 어족자원이 풍부했던 곳이다. 이 때문에 동네 부녀자들은 물론 어린 아이들까지 바닷가에 나가 반나절만 고생해도 짭짤한 수입을 올릴 수 있어 큰 소득원이 됐다.

　1966년 이전에는 나룻배로 왕래했으나, 그해 해창다리가 준공됨으로써 바닷길이 편리해졌다. 교량의 노후화로 기존의 다리는 철거되고 1990년대 새다리가 건설됐다. 조선시대 세미(稅米)를 쌓는 곳집인 해창은 창말, 창촌이라고 불리는 어항이었다.

　목포~영암해창 수로에는 1962년 영암호와 1965년 진풍호가 운항되었으며, 인진호는 1968년 9월 6일부터 1일 2회 운항되었다. 해운항만청 목포

---

26) 제보, 1990년 10월 양동준(72세) 영암군 덕진면 금강리 750번지.
27) 제보, 1999년 11월 임석봉(71세) 영암군 덕진면 금농촌.

해무과의 자료를 보면 인진호는 13톤급이고, 배 길이는 13.2m이며, 엔진은 소구발동기 20마력짜리였다. 목포에서는 30~40명이 승·하선했으며 각 기항지는 5~10명이 승·하선했다.

인진호는 3~11월 목포에서 해창과 서호를 번갈아 가면서 1일2회 운항했고, 오전 7시40분 서호를 출발하여 신학·봉소·태백·정금(주룡)·매월·비로촌을 경유 목포에 10시10분 도착했다. 다시 11시40분 목포를 출발하여 해창에는 오후 1시36분 도착했다. 이어 1시40분 해창을 출발하여 4시20분 목포에 도착하고, 4시30분에 다시 출발하여 7시에 서호에 도착했다. 그러나 1976년 8월 영산강유역 종합개발사업의 결과 영산강 하류의 여객선은 폐업했다. 영산강 2단계사업계획으로 고대부터 2,000년 이상을 이어온 영산강의 선박통항은 사실상 끊겼다.

V. 마무리말

2011년 9월 22일 영산강 국제학술심포지엄에서 정수일 한국문명교류연구소장은 기조 강연인 〈영산강과 동아시아의 문명교류 그 이해와 평가〉에서 영산강문화특징을 "해양문화의 성격이 짙고, 다양하며, 창의적 융합성이 강한 문화"라고 했다.

고대 구림을 중심으로 펼쳐진 높은 문화경관을 지칭한 듯하다. 비록 화석경관이긴 하나, 지금 구림에는 포구 복원과 한옥촌이 꾸며져 있다. 왕인유적지와 도기박물관도 있어 상당한 규모로 가꾸었다.

이제 진정한 영산강 문화의 본질을 인지하고, 교육하여 과거 수준 높은 문화를 되살리고, 홍보하는 프로그램 마련이 절실하다. 아울러 일본·중국과의 역사의식 문제를 가지고, 갈등을 일어나고 있다. 고대 왕인과 통했던 고장에서라도 그러한 부정적인 면을 덜게 하는 방안도 세웠으면 한다.

그중 영산강에 대한 역사지리적인 연구와 자료를 집대성하고, 교육하는 '영산강 연구소' 설치를 제안하다. 지금이야말로 '영산강 알기'가 절실할 때이다. 영산강 속성을 알아내야 시행착오 없는 '영산강 살리기'가 되겠다.

사람들은 자연을 '환경', '생태', '자연환경', '환경생태'로 인식하고 있다. 모두 인간의 논리로 해석한 것이다. 자연 속에는 인간을 포함하여 수많은 생명체가 살아가고 있다. 사람의 손이 닿으면 자연의 질서는 벗어나기 마련이다. 최근 또 구림지역을 포함 영산강도 수술대에 올랐다. 강을 따라 각종 시설물을 설치하는 것이 개발사업의 주체가 된다. 이른바 '저탄소녹색성장과 일자리 창출'로 지역경제를 살리는 묘안이라는 것이다. 고대 구림 일대에서 녹여낸 슬기를 거울삼아 모두 아끼고 싶고, 찾고픈 장소로 거듭 나길 기원한다.

사람마다 개성이 있듯이 터에도 '텃세(土性)'가 존재한다. 명의(名醫)는 각 환자의 체질 특성을 잘 파악하고 치료한다. 영산강은 조수향성(潮水鄕性)을 지녔었으니 그 회복이 최상이다.

3. 고대 영산강유역의 고고학적 환경*

I. 머리말

영산강유역의 마한 사회는 4세기 중엽 백제 근초고왕에 의해 병합되었다는 것이 일반적인 견해이다. 이는 『일본서기』「신공기」49년조에 나오는 정복 활동이 백제에 의해 이루어진 것으로 본 견해로서 「신공기」49년조 침미다례 관련 기사[1]를 백제가 영산강유역의 마한 사회를 완전히 병합한 것으로 이해하고, 백제 근초고왕 24년(369년)에 영산강유역의 마지막 마한 사회가 해체되었다는 전제 아래, 5세기대까지 영산강유역에서 이루어졌던 토착 옹관묘의 발전은 백제의 간접지배 아래에서 나타난 지역적 특징이며, 백제가 공주로 천도한 5세기 후엽경부터 중앙에서 파견된 관리에 의해 백제 석실묘가 도입되었다는 것으로 요약된다.

그러나 이와 같은 결론 도출 과정에 있어 결정적인 역할을 하였던 『일

---

* 이 글은 『백제학보』 6호(2011. 9)에 수록된 「3~5세기 영산강 유역권 토착세력의 성장 배경과 한계」를 수정·보완한 것이다.

1) 『日本書紀』「神功紀」49年 3月條 : 平定 比自㶱 南加羅 㖨國 安羅 多羅 卓淳 加羅 七國 仍移兵 西廻至古奚津 屠南蠻忱彌多禮 以賜百濟 於是 其王肖古及王子貴須 亦領軍來會 時比利辟中布彌支半古四邑 自然降服.

본서기」「신공기」 49년조에 등장하는 투항 소국들이 전북지역에 국한된 것이라는 새로운 해석이 나오고,[2] 영산강유역에서 나타나는 초기 석실묘의 피장자들이 기존의 옹관 세력자일 가능성이 제기되는 한편[3] 구조적으로 백제 석실묘와는 전혀 다르다는 사실이 확인됨으로써[4] 그와 같은 견해에 대해 의문이 제기되기 시작하였다. 고고학적으로 보면 백제와 병행하는 기간 동안 영산강유역에서 성행하였던 대형 옹관묘는 영산강유역이 문화적으로 백제와 구분되고 있었음을 말해줄 뿐만 아니라 정치적으로도 그러했을 가능성을 말해주고 있다.

영산강유역의 마한 사회가 백제에 병합된 시기나 과정에 대해 적지 않은 논란이 계속되는 이유는 마한은 진한·변한과 함께 삼한을 구성하였지만 진한이 신라로, 변한이 가야로 발전한 것과는 달리 마한은 고구려계 유이민에 의해 건국되었던 백제에 의해 북쪽으로부터 병합되어 나감으로써 상대적으로 복잡한 역사를 갖게 되었기 때문이라고 할 수 있다.

문헌기록을 보면 마한사회는 고조선의 준왕이 남천하였던 기원전 2세기초에 이미 존재하고 있었다는 것을 알 수 있다. 그러나 마한의 구체적인 출범 시기는 문헌기록에 남아있지 않기 때문에 고고학적으로 살펴볼 수밖에 없으며 세형동검문화와 관련되어 있을 가능성이 높다고 본다. 이후 마한 사회는 경기, 충청, 전라 지역을 기반으로 발전하여 왔으며 중국의 사서에는 3세기대의 마한 사회가 54개 소국으로 구성되었던 것으로 기록되어 있다.[5]

---

2) 이영식, 1995,「백제의 가야 진출 과정」,「한국고대사논총」 7.
3) 임영진, 1990,「영산강유역 석실분의 수용 과정」,「전남문화재」 3.
4) 임영진, 1997,「전남지역 석실봉토분의 백제계통론 재고」,「호남고고학보」 6.

현재 우리는 이 54개 소국들의 위치를 정확하게 알지 못하고 있지만 고고학적으로는 한강유역권, 아산만권, 금강유역권, 영산강유역권, 남해안권이 서로 구분되는 지역적, 문화적 특징들을 가지고 있었음을 알 수 있다.[6]

영산강유역권에서는 청동기시대에 지석묘가 성행하는 가운데 기원전 2세기경부터 화순·함평 등지에서 볼 수 있듯이 세형동검과 다뉴세문경 등 새로운 청동기가 등장하고, 영암에서는 청동기 제작에 사용되었던 다양한 용범들이 나오기도 하였다. 이와 같은 새로운 청동기는 기존의 비파형동검 문화에서는 찾아보기 어려운 것으로서 아산만권을 중심으로 시작되었던 새로운 청동기문화의 파급을 말해주는 것으로 추정된다. 이후 광주 신창동 유적을 통해 볼 수 있듯이 벼농사가 본격화되었으며 점차 금강유역권과 상통하는 분구묘들이 보급되어 나갔다. 분구묘는 초기에는 목관이 사용되다가 점차 옹관으로 대체되어 나갔다.

영산강유역권에서 유행하였던 옹관묘는 당시 백제 중심지역의 묘제인 적석총이나 석곽묘, 석실묘와는 전혀 다른 묘제이면서 규모에 있어서나 출토유물에 있어 백제에 못지않은 면모를 보여주고 있기 때문에 일찍부터 발생 배경과 변화 과정에 큰 관심이 주어졌으며,[7] 점차 분구 구조에 대한 연

---

5) 『後漢書』 「東夷傳」 韓傳 : 馬韓在西 有五十四國.
6) 임영진, 2010, 「묘제를 통해 본 마한의 지역성과 변천과정」, 『백제학보』 3.
7) 성낙준, 1983, 「영산강유역의 옹관묘 연구」, 『백제문화』 15; 서성훈, 1987, 「영산강유역 옹관묘의 일고찰」, 『삼불김원용교수정년퇴임기념논총 I』, 일지사; 이정호, 1996, 「영산강유역 옹관묘의 분포와 변천과정」, 『한국상고사학보』 22; 김낙중, 2007, 「영산강유역 대형옹관묘의 성립과 변천 과정」, 『영산강유역 대형 옹관 연구 성과와 과제』, 국립나주문화재연구소; 오동선, 2008, 「호남지방 옹관묘의 변천」, 『호남고고학보』 30.

구[8]와 사회 성격이나 사회 구조에 대한 연구가 이루어지게 되었다.[9]

출토유물에 대한 연구는 주로 토기류를 중심으로 이루어지고 있다.[10] 금속유물에 대해서도 연구가 이루어지고 있지만[11] 주로 5~6세기대의 석실분에서 출토된 유물에 집중되어 있을 뿐 3~5세기대의 옹관묘 출토품에 대한 연구는 그다지 활발하지 못한 편이다. 그 이유는 이 시기에 해당하는 금

---

8) 강인구, 1984, 『삼국시대 분구묘 연구』, 영남대출판부; 이성주, 2000, 「분구묘의 인식」, 『한국상고사학보』 32; 임영진, 2002, 「영산강유역권의 분구묘와 그 전개」, 『호남고고학보』 16.

9) 최몽룡, 1986, 「고고학적 측면에서 본 마한」, 『마한·백제문화』 9; 임영진, 1992, 「영산강유역 백제시대 묘제의 변천 배경」, 『고문화』 40·41; 김주성, 1997, 「영산강유역 대형옹관묘 사회의 성장에 대한 시론」, 『백제연구』 27; 강봉룡, 1999, 「영산강유역 고대사회와 나주」, 『나주지역 고대사회의 성격』, 나주시·목포대박물관; 성낙준, 2000, 「영산강유역 옹관고분의 성격」, 『지방사와 지방문화』 3-1; 이현혜, 2000, 「4~5세기 영산강유역 토착세력의 성격」, 『역사학보』 166; 전덕재, 2000, 「삼국시기 영산강유역의 농경과 사회변동」, 『지방사와 지방문화』 3-1; 이영철, 2001, 「영산강유역 옹관묘 사회의 구조 연구」, 경북대학교 석사학위논문; 김낙중, 2009, 『영산강유역 고분 연구』, 학연문화사; 임영진, 2010, 「침미다례의 위치에 대한 고고학적 고찰」, 『백제문화』 43.

10) 성낙준, 1988, 「영산강유역 옹관고분 출토 토기에 대한 일고찰」, 『전남문화재』 창간호, 전라남도; 임영진, 2003, 「한국 분주토기의 기원과 변천」, 『호남고고학보』 17; 서현주, 2006, 『영산강유역 고분 토기 연구』, 학연문화사; 이영철, 2007, 「호형분주토기의 등장과 시점」, 『호남고고학보』 25; 윤온식, 2008, 「2~4세기대 영산강유역 토기의 변천과 지역단위」, 『호남고고학보』 29; 강은주, 2009, 「영산강유역 단경호의 변천과 배경」, 『호남고고학보』 31.

11) 신대곤, 1997, 「나주 신촌리 출토 관·관모 일고」, 『고대연구』 5; 박보현, 1998, 「금동관으로 본 나주 신촌리 9호분 을관의 연대」, 『백제연구』 28; 이종선, 1999, 「나주 반남면 금동관의 성격과 배경」, 『나주지역 고대사회의 성격』, 나주시·목포대박물관; 김상민, 2007, 「영산강유역 삼국시대 철기의 변화상」, 『호남고고학보』 27.

속유물들은 철기류가 위주이면서도 그 종류와 수량이 그다지 많지 않기 때문이라고 할 수 있다. 3~5세기대 영산강유역권에서 출토된 철기류가 그다지 많지 않은 것은 박장 때문이라고 할 수 있지만 보다 근본적인 이유는 당시 영산강유역권의 철기가 다른 지역에 비해 성용되지 못하였기 때문이라고 할 수 있다.

철기는 청동기 사회를 변화시켜 새로운 사회로 발전하게 하는데 있어 가장 핵심적인 유물로서 철제 무기를 바탕으로 한 절대 권력의 성장과 직결되어 있는 만큼 철기류는 영산강유역권뿐만 아니라 다른 지역 고대사회의 발전 과정을 이해하는데 있어서도 대단히 중요한 자료이다.

이 글에서는 3~5세기 영산강유역권 토착 마한 세력의 성장 과정을 철기를 중심으로 조명해 보고자 한다. 또한 지석묘 사회 이후 1~2세기대에 별다른 발전이 이루어지지 못하다가 3세기대부터 본격적으로 발전하기 시작하였던 배경에 대해서도 자연환경의 변화 문제를 중심으로 살펴보고자 한다.

II. 3~5세기 영산강유역권 마한 세력의 성장과 그 배경

1. 3~5세기 영산강유역권 마한 세력의 성장

영산강유역권의 지석묘 사회 이후의 변화를 보면, 늦어도 기원전 1세기경에는 방형계 분구묘가 사용되기 시작하였던 것으로 추정된다.[12] 기원후

---

12) 임영진, 2001, 「1~3세기 호남지역 고분의 다양성」, 『동아시아 1~3세기의 주거와 고분』, 국립문화재연구소.

1~2세기 동안에는 크게 두드러진 세력의 존재를 확인하기 어렵지만 화천·왕망전·오수전 등의 한대 화폐들은 해로를 통한 낙랑이나 중국과의 교류 사실을 말해주고 있다.[13] 3세기 전엽경부터는 대형 옹관묘가 사용되기 시작하여 6세기초까지 지속되었다.

영산강유역권의 옹관은 3세기 전엽경에 구연부가 넓은 옹관이 고막천

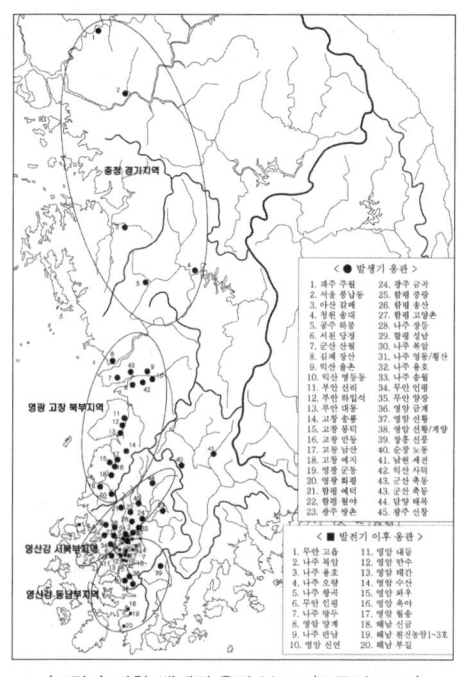

〈그림 1〉 마한·백제권 옹관 분포도(오동선 2008)

상류지역에서 등장하여 점차 구연부가 축약되고 동체가 세장하는 한편 대형화되어 영산강 중류지역에서 유행하였다. 특히 발생기의 초기 옹관은 고막천 상류지역을 비롯한 고창 등 영산강 서북부의 제형 고분에서 시작되어 영광·고창지역과 영산강 동남부로 확산되었던 것으로 추정된다.[14] 구체적인 발생 배경에 있어서는 목관묘 단계에서 추가장에 의한 다장이 이루어지는 과정에서 기존의 목관이 썩고 시신이 훼손되는 상황을 목격하게 됨에 따라 시신이 훼손되지 않는 방법으로 일상용의 대형 항아리를 사용하기 시

---

13) 김경칠, 2009, 『호남지방의 원삼국시대 대외교류』, 학연문화사.
14) 오동선, 2008, 「호남지역 옹관묘의 변천」, 『호남고고학보』 30.

작하였을 것이라고 추정된다.[15] 옹관의 장법에 대해서는 광주 신창리 옹관묘를 근거로 유아나 소아의 사체를 그대로 격납한 것이라고 본 견해,[16] 옹관의 규모를 토대로 세골장의 가능성을 고려해 볼 필요가 있다는 견해,[17] 영암 만수리 2호분 1호 옹관에서 두개골·대퇴골·경골 등이 신전장 형태로 발굴된 것을 토대로 대형 옹관에는 시신을 직접 넣었으며 세골장의 가능성은 낮다고 본 견해[18] 등이 있다.

영산강유역권에서 대형 옹관을 매장주체로 하여 발전하였던 분구묘는 범마한권의 공통적인 묘제로서 같은 시기 진한이나 변한 지역의 봉토묘와는 뚜렷이 구분되는 특징을 가지고 있다. 분구묘와 봉토묘는 외형적으로는 큰 차이가 없지만 봉토묘는 매장주체시설이 지하의 토광에 안치되고 그 위를 봉토로 덮는데 반해 분구묘는 매장주체시설이 지상에 성토된 분구 중간에 안치된다는 점에서 내부적으로 양자는 큰 차이가 있다.[19] 분구묘는 분구 주위에 주구를 갖추고 있다는 점에서도 다르다. 주구는 고분의 둘레에 설치되어 묘역을 구분하는 역할을 하고 있지만 원래는 분구 성토에 필요한 흙을 채취하기 위한 것이었다.

분구묘와 봉토묘는 매장된 인원 수에 있어서도 차이가 크다. 분구묘에서는 추가장에 의한 다장이 성행하였지만 봉토묘는 기본적으로 단장묘이며 다장일 경우에는 순장에 의한 것이 대부분이다. 분구묘의 특징인 추가

---

15) 임영진, 1996, 「전남 고대묘제의 변천」, 『전남의 고대묘제』, 전라남도·목포대박물관.
16) 김원용, 1964, 「신창리 옹관묘지」, 서울대학교고고인류학총간 1.
17) 김정배, 1969, 「한국의 옹관해석에 대한 소고」, 『고문화』 5·6합집.
18) 성낙준, 1983, 「영산강유역의 옹관묘 연구」, 『백제문화』 15.
19) 이성주, 2000, 「분구묘의 인식」, 『한국상고사학보』 32.

장에 의한 다장은 범마한권에서 찾아볼 수 있지만 영산강유역권에서 가장 흔히 찾아볼 수 있다. 영산강유역권은 낮은 구릉을 중심으로 농경이 발전한 지역으로서 노동집약적인 농경의 특성상 공동체적인 성격이 강했기 때문에 가족을 중심으로한 혈연공동체적인 강한 유대 속에서 다장이 성행하였던 것으로 추정되는데, 나주 복암리 3호분 옹관 출토 2구의 인골에 대한 유전자 분석 결과 모계가 동일한 친족으로 밝혀진 사실[20]은 이를 이해하는 데 참고가 된다.

　　분구묘는 원래 목관이 위주가 되면서 단장으로 출발하였는데 영산강유역권에서는 추가장이 보편적으로 이루어지면서 분구가 수평적으로 확장됨으로써 제형(사다리꼴) 분구묘가 성행하였다. 제형 분구묘는 점차 옹관이 중심이 되면서 방형이나 원형 분구묘로 변화하는데 이는 당시의 우주관과 관련되어 있다.[21] 고대에는 천원지방 사상이 일반적이었고 고구려, 백제, 신라, 가야에서 모두 방형 고분들이 성행하다가 점차 원형 고분으로 바뀌었는데 영산강유역권에서도 그러한 경향을 따랐을 것으로 생각된다. 한편 불규칙한 제형 고분이 정형화된 방형과 원형 고분으로 바뀌게 됨에 따라 수평적인 추가장이 불가능해지고 수직적인 추가장이 이루어질 수밖에 없었다.[22]

　　영산강유역의 분구묘는 방형, 제형, (장)방형, 원형 등으로 평면형태가 변화해 나가는 한편 목관, 목곽, 옹관, 석실 등으로 매장주체시설이 변하고 있다. 따라서 영산강유역 분구묘의 변천에 있어서는 평면형태와 함께 매장

---

20) 이규식·정용재·한성희·이명희·한면수·최동호, 2001, 「나주 복암리 3호분 옹관 인골의 유전자 분석」, 『나주복암리 3호분(분석)』, 국립문화재연구소·전남대학교 박물관·나주시.
21) 성낙준, 1997, 「옹관고분의 분형」, 『호남고고학보』 5, 46쪽.
22) 임영진, 1997, 「영산강유역의 이형분구 고분 소고」, 『호남고고학보』 5, 29쪽.

주체시설의 변화를 반영할 필요가 있다. 이 두 가지 변수는 서로 명확하게 구분되는 조합을 이루지는 않지만 전체적인 변화의 흐름을 보면 방형목관분구묘-제형목곽분구묘-(장)방대형옹관분구묘-원형석실분구묘로 대별해 볼 수 있다.[23] 5세기 4/4분기부터는 원형석실분구묘와 함께 장고형석실분구묘가 축조되었으며 6세기 2/4분기부터는 백제의 석실봉토묘가 파급되었다.

방형목관분구묘는 충남 서부에서 전북 서부에 이르는 지역에서 많이 조사되었고 영산강유역에서 알려진 자료는 상대적으로 많지 않다. 이러한 차이는 단순한 지역적 차이라기 보다는 시간적 차이

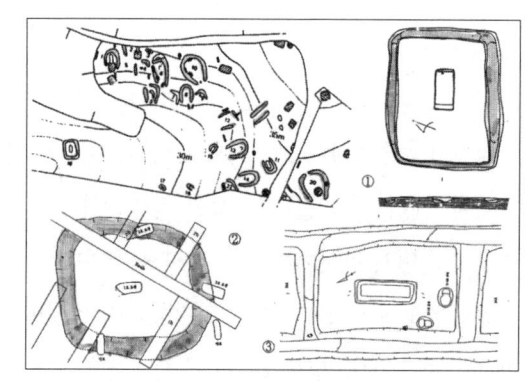

〈그림 2〉 방형목관분구묘
(①영광군동 ②무안인평 ③함평순촌)

를 반영하는 것으로 생각되는데 영산강유역권에서는 기원전 1세기경에 시작되어 3세기대까지 이어졌던 것으로 추정된다. 유적의 입지는 낮고 편평한 구릉 정상부가 일반적이며 장축 방향은 일정하지 않다. 주구의 규모는 한변의 길이가 10m 내외이다. 매장주체시설이 조사된 예가 드물며 알려진 부장품은 많지 않지만 이중구연호, 단경호, 철도자, 옥 등의 부장품이 있다.

제형목곽분구묘는 2세기경에 시작되어 4세기대까지 계속되며 분구가 수평적으로 확장되면서 추가장에 의한 다장이 이루어진다. 낮고 편평한 구

---

23) 임영진, 2002, 「영산강유역권의 분구묘와 그 전개」, 『호남고고학보』 16.

릉지대의 정상부와 경사면에 입지하며 지역별 결집이 이루어지는 경향을 보여주면서 규모는 방형의 경우보다 커서 길이가 30m를 넘는 것도 적지 않다. 목곽이 중심이지만 그 주변이나 주구에 목관이나 옹관이 안치된 예도 있다. 부장품으로는 이중구연호와 양이부호가 많고 유공광구소호와 경배가 출현하며 철도자

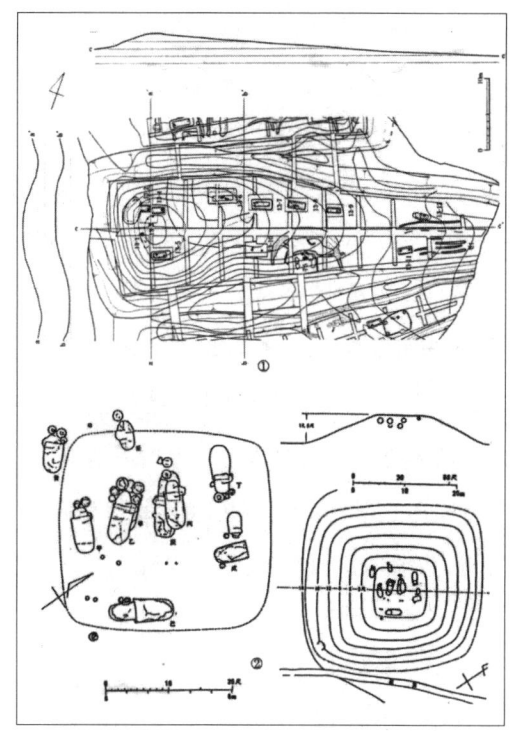

〈그림 3〉 제형목곽분구묘와 (장)방대형옹관분구묘
(①함평만가촌, ②나주신촌리9호)

외에도 철모가 부가된다. 주구에서는 제사 후 폐기되었다고 추정되는 유물들이 출토되는 경향이 보인다.

　(장)방대형옹관분구묘는 3세기 초부터 시작되었는데 초기에는 목관이나 목곽 주변에 생활용 옹기를 이용하여 추가장되다가 점차 전용 옹관이 중심 매장주체가 되었다. 추가장이 지속되면서 분구가 기존의 수평적 확장에서 벗어나 수직적으로 확장됨에 따라 분구 고대화가 이루어지고 금동관, 금동신발, 환두대도 등 본격적인 위세품들이 출토되는 한편 방대형 분구에 장엄 효과를 내기 위한 분주토기가 배치되기도 하고, 주구에서는 제사 후

폐기되었다고 추정되는 유물들이 흔히 출토된다. 나주 반남지역을 중심으로 지역간 위계 차이가 두드러지는데 이는 백제의 건국 이후 영산강유역의 정치적 결집도가 높아짐에 따라 나타난 현상으로 추정된다. 나주 반남지역을 정점으로 담양~광주권, 함평 월야권, 화순 능주권, 함평~무안권, 나주 다시권, 영암권, 해남권 등지에도 상당한 규모의 고분군을 축조하는 세력이 대두되기 시작하였다.

원형석실분구묘는 5세기 4/4분기에 들어 영산강유역의 중심지인 나주 일대를 둘러싼 외곽 지역에서 먼저 나타나고, 나주에서는 복암리 3호분 '96 석실과 같이 영산강식 석실 내부에 옹관이 들어가는 예도 나온다. 원형석실분구묘는 영산강식 석실이 매장주체가 되었지만 입지를 비롯한 제반 특징에 있어 (장)방대형옹관분구묘의 전통을 유지하고 있다. 마구류와 무기류의 출토가 두드러지는 한편 방제경, 발형기대 등 새로운 유물들이 부장되며 주구에서 제사와 관련된 유물들이 출토된다. 기존의 중심지인 나주 반남지역 주변의 여러 지역에서도 그에 버금가는 규모의 고분들이 축조되며 특히 나주 복암리 일대가 새로운 중심지로 부상하기 시작한다. 5~6세기의 전환기에 영산강유역권에서 나타났던 이와 같은 변화는 한성백제의 몰락과 웅진백제 초기의 혼란 등 백제의 정치적 변화와 관련되어 나타난 현상으로 추정된다.

장고형석실분구묘는 장고분, 장고형고분, 전방후원형

〈그림 4〉 광주 월계동 장고분

고분 등 다양하게 불리고 있으며 원형석실분구묘와 공존한다. 주구를 갖추고 있다는 점과 매장시설이 지상의 분구에 위치한다는 점에서 기존의 분구묘들과 상통한다. 그러나 이러한 유형의 고분들은 일본열도에서 먼저 시작된 것이라는 점에서 기존의 분구묘들과 동일한 선상에서 발전 과정을 논하기는 어렵다. 그동안 이 고분의 피장자나 축조배경 등에 대해서는 다양한 논의들이 이루어진 바 있지만 일본식 고분인 장고분들이 영산강유역권에서만 나타나는 이유는 당시 이 지역이 백제에 병합되지 않았기 때문이라고 보는 점에서는 의견이 일치하고 있다.

〈표 1〉 영산강유역권의 분구묘 변천과 그 배경(임영진 2002)

구분	기원전후-2c말	2c말 - 4c중엽	4c중엽 - 5c말	5c말 - 6c초
방형목관분구묘	══════─────			
제형목곽분구묘	──══════──			
(장)방대형옹관분구묘			──══════───	
원(대)형석실분구묘 장고형석실분구묘				──══════
분구규모	저분구 (저분구묘)	중분구 (분구고분)	고분구 (분구고총)	고분구 (분구고총)
분구형태	방형	제형	(장)방대형	원(대)형
중심매장주체	목관	목곽	전용옹관	석실
매장방식	단장-다장	다장(수평적)	다장(수직적)	합장
제사(주구내)	미상	소규모	성행	약화
분포 특징	다지역 산재	다핵 중심권	다핵 계층화	다핵 계층화 이완
사회 통합도	(소국)분립	권역별 통합 (권역별 중심지)	유역권 통합 (대중심지 등장)	통합 이완 (권역별 부중심)
변천 배경	분구묘 파급	백제의 건국과 아산만권 병합에 따른 권역별 결집	백제의 금강유역권 병합에 따른 영산강유역권의 통합 대응	백제의 사비 천도에 연계된 병합

2. 3~5세기 영산강유역권 마한 세력의 성장 배경

영산강유역권에서 3~5세기대에 걸쳐 대형 옹관을 사용하는 분구묘가 크게 발전하였던 배경은 무엇일까? 영산강유역권은 청동기시대 지석묘의 밀집도가 매우 높은 지역이자 삼국시대 대형 옹관묘와 영산강식 석실묘의 분포지역으로서 오랫동안 문화적 동질성을 유지하였던 지역이다. 따라서 청동기시대 이후의 사회 변화는 주민의 교체와 같은 외부적인 변화에 기인하는 것이 아니라 내부적인 변화에 따른 것일 가능성이 높다고 보아야 할 것이다. 내부적인 변화에 있어서는 3세기부터 본격적인 발전을 가능하게 하였던 몇 가지 요인들을 중심으로 하나 하나 살펴보는 작업이 필요할 것이며 가장 먼저 자연환경의 변화를 살펴볼 필요가 있다. 자연환경의 변화를 이해하는데 있어서는 해수면 변화에 대한 검토가 필수적인데 최근에 이루어진 한반도 주변의 해수면 변화에 대한 연구 성과를 보면 다음과 같다.

한반도의 홀로세 초기 해수면은 7,000 B.P.경에 현재 수준에 이른 다음 몇 차례 승강을 반복하였는데 6,500~5,500 B.P., 3,500~2,800 B.P., 1,500~700 B.P.경에는 현재보다 1~1.5m 높았고 2,000 B.P. 전후경에는 현재

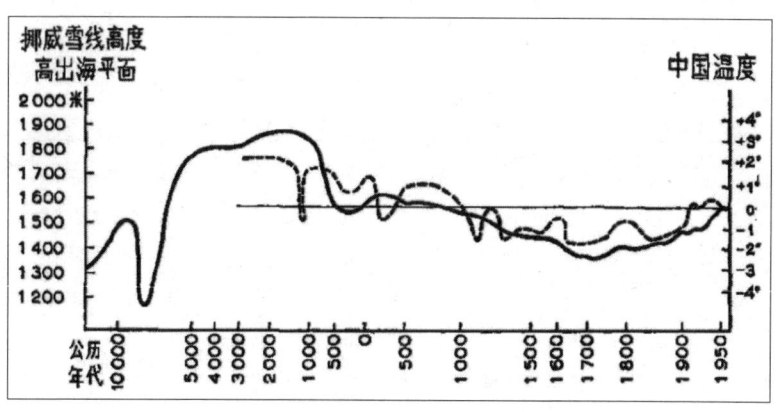

〈그림 5〉 노르웨이 설선의 변화와 중국 기온의 변화(蘭可禎 1972)

보다 1~2m가 낮았다.[24] 또한 경기도 일산지역의 평균고조위 해수면은 7,000 B.P.경에 해발 4.5m의 현수준까지 상승하였고, 5,000 B.P.경에는 5.5m에 이른 후 3,200 B.P.까지 유지되다가 점차 하강한 다음, 다시 상승하여 1,800 B.P.경에는 5.8m까지 상승하였고, 점차 낮아져서 현수준에 이르렀다.[25] 최근 이루어진 김해만 일대의 해수면 변화 내용을 보면, 이 일대는 3,500 B.P.경에 해발 1.9m에 달하였다가 소폭 하강한 다음 다시 상승하여 1,800 B.P.경에 해발 2.6m에 이르렀다.[26] 고대 영산강유역권에 대해서는 영산강 본류 인접지역인 나주 다시면 가흥리의 분석 결과[27]가 참고된다. 해발 3m의 충적지에서 지표하 6m 지점까지 굴착하여 얻어진 분석 결과를 보면, 이 일대는 1,500±90 B.P.경에 영산강의 유로에 해당하였거나 배후습지를 이루고 있었다.

이상과 같은 조사 연구 성과를 종합해 보면, 고대 한반도 일대의 해수면은 기원전후경의 얼마간은 지금보다 낮았다가 서서히 상승하여 3~5세기를 거치면서 최고조에 도달한 다음 상당 기간 지속되었을 가능성이 높다고 볼 수 있을 것이며, 영산강유역권도 그러한 범주에서 크게 벗어나지 않았을 것으로 추정해 볼 수 있을 것이다.[28]

---

24) 최광희, 2009, 「홀로세의 해안사구 형성과 해수면 변화」, 서울대 박사학위논문, 148~154쪽.
25) 황상일, 1998, 「일산 충적평야의 홀로세 퇴적환경변화와 해면변동」, 『대한지리학회지』 33-2, 143~163쪽.
26) 경남고고학연구소, 2007, 「김해 율하 택지개발사업지구내 발굴조사 약보고서」.
27) 安田喜憲 外, 1980, 「韓國における環境變遷史と農耕の起源」, 『韓國における環境變遷史』.
28) 임영진, 2011, 「나주 복암리 일대의 고대 경관」, 『호남문화재연구』 10, (재)호남문화재연구원.

한반도 일대의 해수면이 기원전후경에 현재보다 1~2m 가량 낮았다는 점을 고려해 보면, 지석묘 밀집권이었던 영산강유역권에서 기원전후경부터 지석묘의 축조가 중지되는 데에는 기후의 한냉화가 적지 않은 배경이 되었을 가능성이 높다고 볼 수 있다. 광주 신창동유적을 통해 기원전 1세기대의 작물 가운데 벼가 차지하였던 비중이 상당히 컸다는 것을 알 수 있는데[29] 자포니카형 벼는 생육기간의 최적 온도인 섭씨 22도에서 1도가 낮으면 수확량이 7% 감소하고, 1도가 높으면 5% 감소하기 때문에[30] 기원전 후경의 기후 한냉화는 농경에 기반을 두었던 당시 사회의 발전을 크게 위축시켰을 것으로 보인다.

일반적으로 지석묘를 비롯한 거석기념물들은 농경을 배경으로한 혈연 공동체 사회에서 활발하게 축조되었다는 점을 감안하여 보면[31] 영산강유역권 지석묘 사회의 변천 배경에는 이와 같은 환경 변화로 인한 농업 생산력의 변화가 숨어있을 가능성을 배제하기 어려울 것이다. 한냉화에 따른 농업 생산력의 저하로 인해 지석묘 사회에 큰 변화가 초래되었을 가능성에 대해서는 전남 남해안지역에서 지석묘 사회에 이어 원삼국시대에 패총이 성행하였던 점을 통해서도 알 수 있다.

우리나라 패총의 형성 배경에 대해서는 여러 가지 견해가 제시되어 있는데 선사시대의 패총들은 그 입지와 생계 방식에 따라 크게 3가지로 구분되고 있다.[32] 첫째는 정주형 패총으로서 주거지·노지·무덤 등의 유구와 함

---

29) 조현종, 2010, 「광주 신창동 저습지유적과 한반도 도작문화」, 『신창동유적의 의의와 보존』, 국립광주박물관.
30) 박홍규 외, 2006, 「아열대와 온대 기후 하에서 벼 생육 비교」, 『한국농림기상학회지』 8-2, 한국농림기상학회.
31) 임영진, 1999, 「유럽 거석문화 연구 현황」, 『한국선사고고학보』 6.

께 다양한 인공유물과 자연유물이 출토되는 패총, 둘째는 계절적 패총으로서 주거지·노지 등의 유구는 확인되지만 출토유물들이 다양하지 못하며 특히 자연유물에 있어서는 포유류는 찾아보기 어렵고 패류와 특정 어류가 많이 출토되는 패총, 셋째는 특수 목적의 패총으로서 유구는 확인되지 않고 출토유물이 다양하지 못할 뿐만 아니라 패총의 입지 환경과는 관계없는 동물 유체가 확인되는 패총이다. 원삼국시대 패총의 형성 배경은 선사시대와 다를 가능성이 높으며 그에 대한 견해 역시 다양하지만 크게 2가지로 나누어 볼 수 있다.[33] 첫째는 사회적 긴장상태, 어로와 교역활동, 이주 등 인문적 요인에 비중을 둔 견해, 둘째는 기후를 비롯한 자연환경 요인에 비중을 둔 견해이다. 이 두 가지 견해는 상대적으로 어디에 더 큰 비중을 두는가에 따라 구분될 뿐 어느 한 가지 요인에 기인한다고 보는 것은 아니다.

원삼국시대에는 철제 농기구를 이용한 상당한 수준의 농경이 이루어졌음에도 불구하고 패총들이 성행하였던 근본적인 원인은 기후 한냉화에 따른 농경의 어려움에 있었을 가능성이 높을 것이다.[34] 연평균 기온이 섭씨 1도 낮아지면 식물의 성장기는 3~4주 가량 지연되고, 곡물 경작의 한계 고도는 500피트 정도 낮아지기 때문에 연평균 기온이 섭씨 1도 정도만 하강하더라도 농업 경제에는 큰 영향을 끼친다.[35] 한반도 농경문화의 전개에 있어, 청동기시대 농경에서 원삼국시대 농경으로의 전환이 자연스럽지 못

---

32) 최종규, 2010, 「우리나라 신석기·청동기시대 패총」, 『한국의 조개더미 유적』, 한국문화재조사기관협회.
33) 서현주, 2010, 「초기철기~삼국시대 패총에 대한 고찰」, 『한국의 조개더미 유적』, 한국문화재조사기관협회.
34) 서현주, 2000, 「호남지역 원삼국시대 패총의 현황과 형성 배경」, 『호남고고학보』 11.
35) 나종일, 1982, 「17세기 위기론과 한국사」, 『역사학보』 94·95, 447쪽.

하고 다소 단절적인 모습을 나타내는 것에 대해 환경의 급격한 변화에 대처하고 생산성을 증대시킬 수 있는 능력의 한계에서 비롯되었다고 본 견해는[36] 기후의 한냉화 뿐만 아니라 농업 기술의 수준 역시 사회 발전에 큰 영향을 끼치는 것을 말해준다.

3세기에 들어오면, 해수면의 상승을 통해 추정되는 바와 같이 온화한 환경의 도래로 인하여 농업 생산성이 증대되기 시작하면서 침체되었던 사회가 새로운 발전을 시작하였을 가능성이 높다. 해수면 상승을 통해 유추되는 기후 온난화가 반드시 농업 생산성의 증대를 야기한다고 단언하기는

〈그림 6〉 김해만 해수면 상승 시뮬레이션(국립해양조사원)

어렵다. 그러나 고고학 자료를 통해 알 수 있는 영산강유역권의 본격적인 발전 시기가 기후 온난화로 인한 해수면 상승 시기와 병행하는 것은 서로 무관한 현상이라고 보기 어려울 것이다.

영산강유역권의 분구묘 사회는 4~5세기대에 본격적으로 발전하게 되

---

36) 안승모, 2010, 「한반도 농경문화의 흐름」, 『신창동유적의 의의와 보존』, 국립광주박물관, 41쪽.

는데 이는 지속되는 온난화에 기인하는 바가 적지 않았을 것으로 추정된 다. 나주 가흥리 일대가 1,500±90 B.P.경에 영산강의 유로에 해당하였거 나 배후습지를 이루고 있었던 점과 중국에서 5세기대부터 평균기온이 지 금보다 1℃ 가량 상승하였다는 점[37] 등은 당시 영산강유역권이 지금보다 온난하였을 가능성이 높았음을 말해준다. 따라서 당시 영산강은 강이라기 보다는 내해라 부를 수 있을 만큼 넓고 깊어서 상류지역까지 항해가 가능 하였을 것이고[38] 육로보다 훨씬 편리한 교통로로 이용되면서 영산강유역 권의 본격적인 발전에 기여하였을 것으로 추정된다.

이와 같은 상황은 나주 복암리 일대에서 조사된 고고학 자료를 통해 보 다 구체적으로 살펴볼 수 있다. 앞에서 언급하였듯이 나주 가흥리 일대의 평야지대는 5세기대에 영산강의 유로였거나 배후습지에 해당하였던 것으 로 보이는데 인접한 복암리 고분군 주변지역의 삼국시대 문화층은 주로 산 록에서 조사되고 있고 고분군보다 낮은 지대에서는 고려시대 문화층부터 조사되고 있다.[39] 따라서 복암리 일대의 평야지대는 삼국시대부터 통일신 라시대까지 주거 공간으로는 부적합하였음을 알 수 있을 것이며 그 까닭은 영산강의 수위 상승에 있을 것으로 생각된다. 즉 당시 영산강 유로는 복암 리와 가흥리 사이에 형성되어 있는 저지대까지 걸쳐있고 풍부한 수량을 유 지하였던 것으로 보이는 것이다. 영산강의 중류지역에 위치한 나주 복암리 일대는 영산강의 수위 상승에 따라 5세기 후엽경부터 내륙 수운의 중심지 가 될 수 있었으며 이와 같은 지리적 잇점을 살림으로써 영산강유역권의

---

37) 蘭可禎, 1972,「中國五千年氣候變遷的初步硏究」,『考古學報』1972-1, 中國社會科學院考古硏究所.
38) 김경수, 1995,『영산강 삼백오십리』, 향지사.

교통과 물류의 중심지이자 정치적 중심지로 부상할 수 있었던 것으로 추정된다.[40]

Ⅲ. 3~5세기 영산강유역권 마한 세력의 성장 한계

3~5세기는 영산강유권에서 새로운 발전이 이루어진 역동적인 시기였으며 그 배경에는 자연환경의 변화가 자리잡고 있었을 가능성이 높다. 이 시기의 환경 변화는 영산강유역권에 국한되었던 것이 아니라 한반도 전지역에 걸친 것이었고 새로운 환경 속에서 농경이 발전하면서 철제 농기구를 비롯한 다양한 철기류가 성용되었다.

그러나 3~5세기 영산강유역권의 철기류는 다른 지역에 비해 종류에 있어서나 수량에 있어 그다지 많지 못하다. 농공구류는 철낫·철도자·철부 등이 보이는데, 철낫은 무덤이든 주거지이든 거의 공통적으로 1점 정도씩 출토되는 특징을 보여주고 있다. 철도자는 15㎝ 내외의 것이 많지만 상당한 폭을 가지고 있어 용도에 따라 다양한 크기로 사용되었던 것으로 추정된다. 철부는 생활유적과 매장유적에서 이른 시기부터 늦은 시기까지 고르게 출토되는 편이다.

무기류로는 철도·철모·철촉 등이 보이는데, 철도는 제형목곽분구묘 단계에서 환두도와 함께 출현하며 방형옹관분구묘 단계에서는 장식대도가

---

39) 국립나주문화재연구소, 2010, 「나주 복암리유적 5차 발굴조사 자문위원 회의자료」.
40) 임영진, 2011, 「나주 복암리 일대의 고대 경관」, 『호남문화재연구』 10, (재)호남문화재연구원.

나타난다. 철모는 방형목관분구묘 단계에서부터 꾸준히 출토되고 있다. 철촉은 무경촉은 확인되지 않고 있으며 길이도 10㎝ 내외로 비교적 짧은 편이다. 3세기 말경부터는 일부 철촉의 길이가 10㎝ 이상으로 길어지기 시작하며, 4세기 후반대가 되면 미늘형과 도자형 등 새로운 형식의 철촉과 함께 길이가 15㎝ 이상으로 길어진 것들도 나타나고 있다.

그 밖의 철기로는 철정이 있는데 4세기경부터 부장되고 있다. 판상의 주조철부나 대형 철정은 출토되지 않고 소형의 철정이 부장되며 영남지역과 비교하면 부장된 무덤의 수도 극히 적은 편이며 부장된 수량도 적은 편이다.[41] 금강유역 출토품과 전체적인 형태와 두께가 얇은 점은 유사하지만 약간 세장한 편이며 극소형의 철정이 확인되는 점이 특징이다.

영산강유역권 철기의 시기적인 변화를 보면, 방형목관분구묘 단계에서는 도자·낫·도끼 가운데 한 두 종류가 한 두점 정도 부장되고 간혹 철모가 추가되기도 한다. 제형목곽분구묘 단계는 함평이나 영암 등 영산강 본류권과 서해안 인접 지역에서 도자가 기본을 이루면서 낫과 도끼도 함께 부장된 예가 증가한다. 함평 만가촌고분군에서는 소형철부와 철끌이 부장된 예도 보인다. 철모는 전체적인 비율은 낮지만 부장된 예가 상당수 확인된다. 대도도 등장하는데 소환두이거나 목제 병부가 부착되며 출토 비율은 조사된 고분의 수를 감안하면 매우 낮고 수량에 있어 한 점이 기본을 이룬다. 철촉도 나타나는데 역시 한두 점 정도씩 부장될 뿐이다. 이 단계의 또 다른 특징으로는 철정의 부장을 들 수 있는데 영광·함평·영암·해남 등지의 고분에서 확인된다.

방형옹관분구묘 단계가 되면 나주 반남 일대가 중심지가 된다. 이 단계

---

41) 박선미, 2011, 「한반도 출토 덩이쇠의 성격과 의미」, 『백산학보』 89.

는 영산강유역권 분구묘의 최성기이며 부장 철기에 있어서도 큰 변화를 보이게 된다. 기본적으로는 이전 단계까지 부장되어오던 도자·낫·도끼 등의 부장이 지속되지만 도자의 부장이 거의 빠짐없이 이루어지면서 나주 반남면이나 다시면에서는 환두도자도 나타나는 점이 전 단계와 다른 점이다. 낫의 출토는 급격히 줄어들며 반남면이나 다시면의 대형옹관에서 출토된 예는 거의 없다. 무기류에서는 대도 부장 예가 급증하며[42] 장식대도가 등장하는 점도 큰 특징이다. 장식대도는 금동제품이 부장되는 최상급의 무덤에서 출토된다. 철촉도 전 단계와는 달리 수 십점씩 일괄로 부장된다. 그러나 기경구나 토목구는 찾아보기 어렵다.

　3~5세기대 영산강유역권의 철기류와 다른 지역의 철기류를 비교해 보면, 영산강유역권에는 기경구가 매우 적다는 점을 알 수 있다. 당시 한강유역에서는 주조괭이를 비롯한 철제 농기구가 4세기대 이후 급증하는 양상을 보이며,[43] 영남지역에서도 다호리유적에서부터 따비나 괭이 등의 철제 농기구가 출토되기 시작하여 4세기 이후가 되면 급증한다. 따라서 이들 지역에서는 최소한 4세기 이후가 되면 따비나 괭이의 철기화가 상당히 진행되었음을 알 수 있다. 특히 영남지역에서는 3세기 이후의 목곽묘와 수혈식 석곽묘에서 U자형삽날과 쇠스랑이 출토되고 있는

〈그림 7〉 광주 신창동유적 출토 각종 목기

---

42) 김신혜, 2009, 「마한·백제권 철도의 변천」, 『호남고고학보』 33.

점이 주목된다. 김해 양동리와 울산 하대, 포항 옥성리 고분에서는 U자형 삽날과 쇠스랑이 주로 대형묘에서 출토되고, 주조괭이와 쇠낫 등의 농기구는 소형묘에서 발견되는 등 철기의 소유가 계층에 따라 차등화 되었음을 알 수 있다.[44]

당시 철기의 제작은 대단히 전문적인 작업이었기 때문에 철기의 생산과 보급을 관장하는 세력에게 새로운 권력기반을 제공하였을 것이며, 생산도구의 철기화는 영남지역 진·변한 사회를 계층화, 위계화시켜 나가는데 있어 중요한 역할을 하였을 것이다.[45] 영남지역에서 철기가 발달하고 이를 관장하는 정치세력이 성장할 수 있었던 것은 철기제작에 필요한 선진 기술을 가진 세력이 있었기 때문일 것인데, 위만조선 후기의 사회혼란 속에서 고조선계 유민들이 경주 일원으로 내려왔을 가능성이 높다.[46]

영산강유역권에서는 영남지역과는 다른 양상이 전개되었다. 영산강유역권에서는 5세기대까지 영남지역에서 보편적으로 출토되는 주조괭이나 U자형삽날·쇠스랑 등의 철제농기구가 거의 출토되지 않고 있다. 이는 신라나 백제에 비하여 이러한 철제 농기구들이 널리 보급되지 못하였던 사정을 반영하고 있을 것이다.[47] 그러나 다른 한편으로는 광주 신창동유적을 통해 알 수 있듯이 이 지역에서는 일찍부터 목제농기구가 발전하였기 때문에

---

43) 이남규, 2002, 「한성 백제기 철기문화의 특성」, 『백제연구』 36, 70쪽.
44) 김재홍, 2001, 「신라 중고기 촌제의 성립과 지방사회구조」, 서울대학교 박사학위논문, 38~39쪽.
45) 이현혜, 1991, 「삼국시대 농업기술과 사회발전」, 『한국상고사학보』 8, 69쪽.
46) 최병현, 1992, 『신라고분연구』, 일지사, 93쪽.
47) 전덕재, 2000, 「삼국시기 영산강유역의 농경과 사회변동」, 『지방사와 지방문화』 3-1, 48쪽.

상대적으로 철제농기구의 사용이 부진하였을 가능성이 높다고 판단된다.

    목제 도구는 재료를 구하거나 제작함에 있어 특별한 기술상, 조직상의 제약이 없으므로 큰 세력의 역할이 필요하지 않았을 것이다. 따라서 이와 같은 환경에서는 교역을 비롯한 경제활동의 범위도 일정 규모 이상으로 확대될 필요가 없었을 것이며 이를 관장하는 세력 역시 크게 성장하기 어려웠을 것으로 보인다. 이는 철기가 사용된다고 하더라도 철기의 사용과 보급이 그 사회의 기술 수준과 농경 방식에 따라 서로 다른 결과를 가져올 수 있다는 것을 보여주는 것이라고 생각된다.

    영산강유역권의 분구묘 가운데 철기 부장량이 많은 나주 반남과 다시의 옹관묘에서는 도자나 대도가 수점씩 부장되고, 금동관·금동신발·장식대도와 같은 권위의 상징물들이 부장되는 등 권력의 집중화 현상이 나타나고 있다. 그러나 영남지역과 비교해 보면 철기의 사용이 영산강유역권 분구묘 사회의 권력집중과 계층분화를 촉진하는 중요한 계기로 작용하였다고 보기는 어려울 것이다.

Ⅳ. 3~5세기 영산강유역권 마한 세력의 성격

    3~5세기 영산강유역권 옹관묘 사회의 역사고고학적 성격에 대해서는 일찍부터 많은 견해가 제시된 바 있다. 마한시대부터 계속된 토착적인 지방호족 사회라는 견해,[48] 마한의 제 소국, 특히 금동관이 출토되는 고분은 마한 맹주국인 목지국의 수장묘라고 보는 견해,[49] 다양한 분구 형태와 장

---

48) 김원용, 1963, 「영암 내동리 옹관묘」, 『울릉도』, 국립박물관고적조사보고서 4.

법, 마구·동경·삼족토기 등 백제의 특징적인 유물들이 보이지 않는다는 점에서 마한 소국의 지배층으로 보는 견해,[50] 한강유역의 마한 지배층에 의한 가락동식 묘제가 남천함으로써 이룩된 것이라는 견해,[51] 伯濟가 百濟로 성장하면서 마한 제소국을 잠식하는 과정에서 끝까지 남았던 소국의 지배층으로 보는 견해[52] 등 다양하게 표현되고 있지만 마한과 관련된 세력으로 보는 점은 공통적이다.

보다 구체적으로는, 서울·충청지역에서는 백제의 건국과 발전으로 인해 토착세력이 발전하지 못한데 반해 영산강유역에서는 백제의 영향권 밖에서 독자적인 정치체가 성장하면서 권력의 규모에 걸맞는 토착묘제의 대형화가 이루어졌다는 견해,[53] 5세기 중엽경 영산강유역 양식의 토기문화가 완성되는 것은 영산강유역 세력이 나주 반남을 중심으로 정치적 통합을 달성하였기 때문인 것으로 보는 견해,[54] 영산강유역은 4세기부터 금관가야를 정점으로 하는 낙동강 하류역과 긴밀한 정치 연합을 형성하였던 것으로 보는 견해[55] 등이 있다. 또한 마한이나 백제가 아닌 다른 정치 세력으로서『진서』장화전에 등장하는 신미국으로 보는 견해,[56] 왜로 보는 견해,[57] 백제·마

---

49) 최몽룡, 1986,「고고학적 측면에서 본 마한」,『마한·백제문화』9.
50) 성낙준, 1983,「영산강유역의 옹관묘 연구」,『백제문화』15.
51) 안춘배, 1985,「한국의 옹관묘에 관한 연구」,『부산여대논문집』18.
52) 서성훈·성낙준, 1988,『나주 반남 고분군』, 국립광주박물관.
53) 임영진, 1992,「영산강유역 백제시대 묘제의 변천 배경」,『고문화』40·41.
54) 박순발, 2000,「4-6세기 영산강유역의 동향」,『백제사상의 전쟁』, 서경문화사.
55) 신경철, 2000,「고대의 낙동강, 영산강, 그리고 왜」,『한국의 전방후원분』, 충남대출판부.
56) 강인구, 1984,『삼국시대 분구묘 연구』, 영남대출판부.
57) 이덕일·이희근, 1999,『우리 역사의 수수께끼』, 김영사.

한·왜가 아닌 독자적인 문화를 갖는 토착집단으로 보는 견해[58] 등도 있다.

영산강유역 옹관묘 사회의 구조에 대해 이현혜는 영산강유역에 5~6개의 소국을 상정하고 상하관계가 아닌 상호협력과 경쟁을 바탕으로한 수평적 결속관계에 머무른 연맹체로 규정하였다.[59] 필자는 대형 옹관묘가 등장하기 이전인 2세기 말까지는 저분구묘 사회가 분산되어 소국들을 형성하고 있었으며, 4세기 중엽까지는 백제의 건국과 아산만권 병합에 자극되어 소권역별 통합이 이루어졌으며, 5세기 말까지는 백제의 금강 하류권 병합에 따라 반남지역을 중심으로 통합 대응이 이루어지면서 계층 사회를 형성하였으나 점차 통합력이 약화되고 다핵 사회를 이루었던 것으로 본 바 있다.[60]

영산강유역권이 백제에 병합된 역사적 사실에 대해 다양한 견해들이 제기되고 있는 것은 문헌기록이 부족하기 때문이다. 일반적으로는 4세기 후반 백제 근초고왕대의 군사적 정복에 의한 것으로 보고 있다. 그러나 그렇게 본다면 영산강유역권에서는 오히려 백제에 병합된 이후부터 대규모 옹관묘가 발전하게 된 셈이기 때문에 병합시기와 과정에 대해 다른 각도에서 살펴볼 필요성이 제기되어 왔다. 특히 1990년대 이후 조사되기 시작하였던 장고분으로 인하여 영산강유역권의 백제 병합시기와 과정에 대한 문제는 영산강유역권과 백제의 관계를 넘어 동북아시아의 국제 관계를 논하는데 중요한 문제로 부각되었고, 고고학계뿐만 아니라 역사학계에서도 활발한 논의가 이루어지게 되었다.

4세기 후반 근초고왕 정복설의 핵심을 이루는『일본서기』 신공기 49년

---

58) 최성락, 2000,「전남지역 고대문화의 성격」,『국사관논총』 91.
59) 이현혜, 2000,「4-5세기 영산강유역 토착세력의 성격」,『역사학보』 166.
60) 임영진, 2002,「영산강유역권의 분구묘와 그 전개」,『호남고고학보』 16.

조의 침미다례에 대해서는 오래 전부터 다양한 견해가 나오고 있다. 1970년대에 이병도는 이 기사를 근초고왕의 마한 잔읍 경략과 왜국에 대한 우호 친선 관계 내지 왜 사신이 백제 도읍에 이르는 전라도 방면의 교통로 확보를 암시하는 설화로 파악하였다.[61] 천관우는 당시 백제에 복속된 지역은 전남과 전북이었고 백제가 섬진강유역을 넘어 가야 지역으로 진출하여 반 지배하에 두었던 것으로 파악하였다.[62]

1980년대에 이기동은 백제 근초고왕이 마한 세력을 병합하였지만 영산강유역의 마한 잔여 세력은 백제에 정복된 이후에도 쉽사리 지역성이 극복되지 않았기 때문에 백제가 전 영역에 대해 통일된 지배망을 구축하기는 어려웠다고 하였다.[63] 노중국은 목지국이 3세기 중엽경에 백제에 병합된 후 나머지 마한 소국들은 영산강유역의 신미국(침미다례)을 중심으로 연맹체를 이루고 있다가 근초고왕대에 해체되었다고 보았다.[64] 이현혜는 370년경 백제-가야-왜로 이어지는 새로운 교역 루트의 개척을 반영하는 것으로 파악하였다.[65]

1990년대에는 다양한 견해들이 쏟아져 나오기 시작하였다. 김현구는 백제 근초고왕이 한반도 서남부를 정복하고 가야 제국과 상하관계를 맺게 된 역사적 사건이며, 이 전쟁에 참여하였던 백제인의 후손들이 일본으로 이주 또는 망명함으로써 그 조상들의 업적이 야마토 정권의 업적으로 바뀌게 되었다고 보았다.[66] 이도학은 금강 이남지역은 369년에 백제에 복속되

---

61) 이병도, 1976, 「근초고왕척경고」, 『한국고대사연구』, 박영사.
62) 천관우, 1977, 「복원 가야사(중)」, 『문학과 지성』 8-3.
63) 이기동, 1996, 「백제사회의 지역공동체와 국가권력」, 『백제연구』 26.
64) 노중국, 1987, 「마한의 성립과 변천」, 『마한·백제문화』 10.
65) 이현혜, 1988, 「4세기 가야사회의 교역체계의 변천」, 『한국고대사연구』 1.

없으나 영산강유역은 5세기 말 이전까지도 백제의 전면적인 직접지배를 받지 않았다고 보았다.[67] 이근우는 『남제서』, 『양직공도』 등에 보이는 백제의 영토 관련 기사를 검토하여 전라도 지역에 대한 정벌이 근초고왕대에 이루어졌다고 하더라도 영역적인 지배로 이어진 것이 아니었고, 근초고왕대에는 금강 이남의 충남·전북 일대를 병합하여 점지배·간접지배하였다고 보았다.[68] 이영식은 충남과 전북 일대의 마한 세력과 전북 지역의 가야 세력에 대한 일시적인 군사 행동이 반영된 것이며, 백제가 전남지역에 적극적으로 진출하기 시작한 것은 475년에 고구려로부터 큰 타격을 받아 웅진으로 천도한 이후일 것으로 보았다.[69] 김기섭은 5세기 중엽의 사실을 각색한 것이며 5세기 당시 백제가 실제로 병합한 지역적 범위는 전남과 전북의 서해안 일대에 불과한 것으로 보았다.[70]

1990년대 후반대에 연민수는 신공기 49년조의 신라에 대한 정벌담, 가야7국의 평정기사, 백제와의 국교성립 기사 등은 픽션이거나 후대 백제측의 현실과 기대감이 표출된 것이라고 보았다.[71] 김태식은 4세기 후반에 백제가 왜와의 안정적인 교역체계를 모색하기 위하여 임나가야와 침미다례에 교역 거점을 설치한 사건으로 이해하였다.[72] 박현숙은 근초고왕대에 백

---

66) 김현구, 1991, 「『신공기』 가라 칠국 평정에 관한 일고찰」, 『사총』 39.
67) 이도학, 1991, 「백제 집권국가 형성과정 연구」, 한양대학교 박사학위논문.
68) 이근우, 1997, 「웅진시대 백제의 남방경역에 대하여」, 『백제연구』 27.
69) 이영식, 1995, 「백제의 가야진출과정」, 『한국고대사논총』 7.
70) 김기섭, 2000, 『백제와 근초고왕』, 학연문화사
71) 연민수, 1996, 「일본서기 신공기의 사료비판」, 『일본학』 15; 2003, 「임나일본부재론」, 『고대한일관계사』, 혜안.
72) 김태식, 1996, 「백제의 가야지역 관계사」, 『백제의 중앙과 지방』, 충남대 백제연구소.

제가 마한지역을 점령하였지만 익산 중심의 금강 유역은 직접통치(담로제)를 실시하였던 반면 영산강유역은 간접 또는 의례적인 지배복속 관계를 유지하다가 동성왕과 무령왕의 공략 과정을 거쳐 성왕대에 이르러 백제 중앙에 편입되었다고 보았다.[73] 김영심은 근초고왕대부터 백

〈그림 8〉 나주 신촌리 9호분 출토 금동관

제는 해안을 통한 교두보적 거점 확보 방식으로 차령·금강 이남 지역을 지배해 나갔는데 영산강유역은 직접적인 지배영역으로 포함시키지 못하다가 동성왕대에 이르러 지배영역화한 것으로 보았다.[74] 김주성은 영산강유역은 근초고왕대의 일시적인 군사적 점령으로 정기적인 공납 수행을 요구당하였기 때문에 친백제적이기도 하고 반백제적이기도 하면서 자체적인 성장을 도모하였던 것으로 보았다.[75] 강봉룡은 신공기 기사는 백제가 4세기 후반에 왜와 함께 가야 지역에 군사적 위협을 가하여 백제-가야-왜로 연결되는 국제 교역망을 결성하였던 사건으로 보면서 영산강유역은 6세기 초까지 연맹체를 유지해 나갔다고 하였다.[76] 유원재는 노령산맥 이남 지역은 근초고왕대에 백제 영역으로 포함되었으나 백제 중앙정부의 여건이 허락되지 못했기 때문에 상당 기간 반독립적인 상태에 머물러 있었던 것으로 파

---

73) 박현숙, 1997, 「백제 지방통치체제 연구」, 고려대학교 박사학위논문.
74) 김영심, 1997, 「백제 지방통치체제 연구」, 서울대학교 박사학위논문.
75) 김주성, 1997, 「영산강유역 대형옹관묘 사회의 성장에 대한 시론」, 『백제연구』 27.
76) 강봉룡, 1997, 「5-6세기 영산강유역 옹관묘사회의 해체」, 『제18회 학술대회』, 한국상고사학회.

악하였다.[77]

2000년대에는 논쟁이 다소 소강상태에 들어갔다. 전덕재는 웅진 천도 이후 한강유역의 상실에 따른 인적, 물적 자원을 보충하려는 의도에서 영산강유역의 영역화 작업에 적극 관심을 기울이기 시작하다가 6세기 중반 경에 백제 영역으로 재편한 것으로 보았다.[78] 정재윤은 전북 일원은 영역화하였지만 다른 지역은 영역확장이 아니라 백제-가야-왜로 이어지는 교역 거점을 확보하여 경제적 이익을 취하고 배후 세력을 확보하는 것이 목적이었다고 보았다.[79] 필자는 고고학적 관점에서 침미다례를 전남 남해안의 고흥반도 지역으로 보는 한편 6세기 초의『양직공도』에 나열되어 있는 백제 부용국들을 감안하여[80] 영산강유역을 중심으로한 마지막 마한권은 반독자적인 세력권이었을 것으로 보았다. 또한 설사『일본서기』신공기 49년조의 관련 기사가 4세기 근초고왕대의 사건이었다고 하더라도 그것은 신라 가야 7국의 경우와 마찬가지로 일회성 강습에 불과하였다고 보아야 할 것이며,[81] 신라·가야와 마찬가지로 여전히 기존의 세력을 유지해 나갔을 것이기 때문에 금동관과 금동신발은 더 이상 백제와 대립하지 않도록 회유하는 목적으로 제공되었을 가능성이 높을 것으로 보았다.[82]

---

77) 유원재, 1998,「백제의 영역변화와 지방통치」,『한국상고사학보』28.
78) 전덕재, 2000,「삼국시기 영산강유역의 농경과 사회변동」,『지방사와 지방문화』3-1.
79) 정재윤, 2009,「백제의 섬진강유역 진출에 대한 고찰」,『백제와 섬진강』, 백제학회·전북문화재연구원.
80) 旁小國有叛波卓多羅前羅斯羅止迷麻連上己文下枕羅等附之.
81) 이기동, 1996,「백제사회의 지역공동체와 국가권력」,『백제연구』26.
82) 임영진, 2010,「침미다례의 위치에 대한 고고학적 고찰」,『백제문화』43.

V. 맺음말

　고대 영산강유역권은 서해안을 포함하여 영산강수계권의 저평한 구릉지대에서 농경을 기반으로 발전하였다. 지석묘 사회를 거쳐 기원후 1~2세기 동안 위축되었던 농업공동체 사회는 3세기초부터 온화해지는 자연환경의 변화 속에서 발전이 촉진되었다. 3~4세기대에는 영산강 하류의 영암 시종지역에서 중심 세력이 부상하다가 4~5세기대에는 영산강 중류권에 해당하는 삼포강 남안의 나주 반남지역을 중심으로 보다 대규모로 통합된 세력이 자리잡게 되었다.

　영산강유역에서는 다른 지역과는 달리 분구묘로 대표되는 가족묘가 성행하였는데 이는 당시 이 지역이 혈연공동체적 유대가 강한 사회였음을 말해줄 것이다. 영산강유역권이 다른 지역에 비해 혈연공동체적인 유대가 강하였던 것은 저평한 구릉지대를 중심으로 발전하였던 노동집약적인 농경 때문이었을 것으로 추정된다.

　영산강유역권에는 다른 지역에 비해 철제농기구의 출토 예가 매우 드문 편인데 이는 철제농기구 대신 목제농기구가 널리 사용되었기 때문이다. 이 지역은 비교적 부드러운 황토로 이루어진 낮은 구릉지대에서 농경이 이루어짐으로써 목제농기구만으로도 충분한 경작이 가능하였던 것이다. 목제농기구는 제작에 있어 특정 기술이나 재료 공급에 큰 문제가 없기 때문에 개인적인 필요에 의해 개별적으로 제작되고 사용될 수 있었다. 이로 인해 영산강유역에서는 영남지역과 달리 철제농기구를 비롯한 다양한 철기가 성행하지 못하였던 것으로 추정된다.

　3~5세기 영산강유역권에서는 철제농기구 대신 목제농기구가 발전하였고 농경을 기반으로한 혈연공동체 사회가 발전하였는데 이는 결국 철기

의 제작과 분배를 통한 권력과 부의 집중, 계층분화의 수준이 다른 지역에 미치지 못하게 된 중요한 원인으로 작용하였을 것으로 추정된다. 이에따라 무력과 부의 집중을 바탕으로 한 강력한 단일 세력으로 통합된 사회를 이룰 수 없었으며 당연히 그 발전에는 한계가 있을 수밖에 없었다. 이 지역에서 조사된 3~5세기대의 고고학 자료 가운데 강력한 무기를 가진 군대의 존재와 성곽의 존재를 입증하는 자료를 찾아보기 어려운 것은 그와 같은 이유 때문일 것으로 판단된다.

영산강유역권의 옹관묘 사회가 성곽을 가지고 있었을 것이라는 추정은 일찍부터 자연스럽게 이루어졌고 그 실체를 찾기 위한 노력들이 진행되어 왔다. 나주 다시면 신풍리 회진토성이 대표적인 예로서 1975년에 백제 초의 성곽으로 비정되었고,[83] 1984년에 측량이 이루어진 바 있으며,[84] 1993년에 시굴조사가 이루어진 바 있다.[85] 그러나 1999년, 구조적인 점에서 백제에 해당할 가능성보다는 통일신라에 해당할 가능성이 더 높다는 연구 성과가 나왔고[86] 2006년 이후에는 국립나주문화재연구소에 의해 연차적인 발굴조사가 이루어지면서 통일신라 때 축조되었음이 밝혀지게 되었다.

영산강유역권에서 가장 많은 고분들이 밀집되어 있는 나주 반남면 일대에서 이 고분들과 병행하는 시기의 성곽을 찾기 위한 노력이 진행되었지만 이 일대에서는 성곽의 흔적을 찾아내기가 어려웠다. 인접한 자미산성이 주목되어 왔지만 산성이라는 점과 가용 면적이 좁다는 점 등이 문제로 제

---

83) 최몽룡, 1975, 『전남고고학지명표』, 97쪽.
84) 윤무병, 1984, 『목천토성』, 도면 22.
85) 임영진·조진선, 1995, 『회진토성Ⅰ』, (재)백제문화개발연구원·전남대학교박물관.
86) 서정석, 1999, 「나주 회진토성에 대한 검토」, 『백제문화』 28, 73쪽.

기되어 오다가, 1999년의 본격적인 조사에서 통일신라 때 축조된 것으로 보았다.[87] 2003년에는 반남면 신촌리 성내마을에서 새로 확인된 토성이 시굴조사되었는데 이 역시 인근의 고분들과는 무관한 통일신라 말~고려 초에 해당하는 것으로 확인되었다.[88]

고대국가에 대한 규정은 연구자에 따라 다양하지만 고고학적으로 가장 중요한 요소로는 성곽과 고분군을 들 수 있다. 영산강유역권에서는 대규모 고분군을 여러 지역에서 찾아볼 수 있지만 아직까지 어느 지역에서도 고분군과 직결되는 성곽을 찾지 못하고 있는 것은 본격적인 국가로 발전하지 못하였던 고대 영산강유역권의 사회성격을 암시해 준다고 할 수 있을 것이다.

---

87) 목포대박물관·나주시, 2000, 『자미산성』, 53쪽.
88) 전남대학교박물관·나주시, 2005, 『나주 신촌리 토성』, 52쪽.

4. 고대 영산강유역의 역사적 배경
- 영산강유역 고대사회 신미제국과 백제·왜 -

Ⅰ. 낙랑·대방군의 해상교역 주도와 거점포구들

 동아시아 해상교역이 활성화되기 시작한 것은 漢이 위만조선을 멸하고 그 중심지인 대동강 하류역에 낙랑군을 설치하면서부터였다. 원래 漢은, 국경 밖 오랑캐의 침략을 막아주고 남쪽 君長들의 천자 알현을 방해하지 않는다는 약속을 조건부로 하여 위만조선을 外臣國으로 공인해 준 바 있었다. 그러나 위만조선은 이 약속을 지키지 않았으며, 남쪽 여러 나라의 천자 알현을 방해했다.[1] 그리하여 한은 B.C.109년에 위만조선을 공격하여 1년 만에 멸망시키고, 여기에 낙랑군을 설치하여 남쪽 韓·倭와의 교역 중개역을 맡게 하였다. 이로써 동아시아 국제교역은 아연 활기를 띠기 시작했다. 한반도와 일본 규슈 및 관서지방에 이르는 연안의 교역항로를 따라서 貨泉·大泉 및 五銖錢 등의 고대 중국 화폐가 발견되고 있는 것은, 낙랑군 설치 이후 동아시아 국제교역이 얼마나 활성화되었는가를 반영하는 것이다.
 그런데 이후 낙랑군에 대한 漢의 통제력이 약화되고 남쪽의 '韓濊'의 세

---
1) 『史記』 卷105 朝鮮列傳.

력이 강성해지면서, 2세기 후반경에는 낙랑군의 민들이 韓國으로[2] 대거 유입되는 상황이 벌어지게 되자,[3] 한때 낙랑군의 위상과 역할은 위협을 받게 되었다. 이에 요동지역에서 독자세력을 구축해오던 공손씨는 3세기 초에 낙랑군의 남부에 대방군을 별도로 설치하여 강력한 對韓 통제정책을 추진해 나갔다. 이로부터 '옛 백성들이 다시 돌아오고, 倭와 韓은 대방군에 소속하게 되었다'고 자위하고 있다.[4] 그런데 이후 얼마 안되어 238년에는 공손씨가 魏에게 토멸되어, 낙랑과 대방군에 대한 관할권은 魏에게로 돌아갔다.

魏는 낙랑과 대방을 통해 韓·倭를 강력하게 통제함과 동시에 중국의 선진문물을 보급하는 교량역할을 활발하게 전개해 갔다. 『三國志』에는 魏 관할 하의 낙랑·대방군으로부터 출발하여 왜의 여인국인 邪馬臺國에 이르는 연안항로가 자세히 기술되어 있는데, 이는 당시 동아시아 해상교역이 크게 활성화되고 있었음을 반영하는 바이다. 그 路程은 다음과 같다.

郡→韓國→(남행)→(동행)→狗邪韓國→(渡一海)→對馬國→(渡一海)→一大國→(渡一海)→末盧國→伊都國→奴國→不彌國→投馬國→邪馬臺國[5]

---

2) 여기에서 '한국'이란 목지국의 영도 하에 충청도 일원의 소국들이 세력결집을 강화해 가고 있던 마한연맹체를 지칭하거나, 혹은 마한연맹체를 대표하는 목지국을 지칭하는 것으로 보인다.
3) 『三國志』魏書 東夷傳 韓條, 「桓·靈之末 韓濊强盛 郡縣不能制 民多流入韓國」.
4) 『三國志』魏書 東夷傳 韓條, 「建安中 公孫康 分屯有縣以南荒地爲帶方郡 … 是後倭韓遂屬帶方」.
5) 『三國志』魏書 東夷傳 倭人條.

여기에서 韓國은 충청도 일원의 마한연맹체를 영도하고 있던 아산만 인근의 목지국을, 狗邪韓國은 낙동강유역 변한 12국을 영도하고 있던 김해지역의 금관국을 지칭하는 것이겠으므로, 아산만과 김해지역에는 동아시아 주요 거점포구가 있었다고 할 수 있다. 당시 군(낙랑·대방군)을 출발한 선박들은 아산만과 김해지역에 개설된 거점 포구들을 경유하고 현해탄을 건너서 對馬島의 對馬國과 壹岐島의 一大國을 거친 다음에, 규슈의 末盧國에 상륙하였으며, 다시 여기에서 몇 개 소국을 거쳐서 女主 卑彌呼가 다스리는 邪馬臺國에 이르렀던 것이니, 당시 동아시아 연안항로는 크게 활성화되어 있었음을 알 수 있다.

그런데 魏의 對韓·對倭 정책은 차이가 있었다. 먼저 魏는 倭 女主 卑彌呼에게 倭國 사회의 외교적 대표권을 공인해 줌으로써, 그 영도력을 후원해 주었다. 즉 238년에 위 황제는 대방태수에게 명하여 왜의 여주 卑彌呼에게는 「親魏倭王」의 작호와 이를 공인하는 金印紫綬를 전하게 하였으며, 卑彌呼의 사신들에게는 率善中郎將·率善校尉 등의 작호와 이를 공인하는 銀印靑綬를 내렸다. 이러한 爵號와 印綬 혹은 衣幘 등은 낙랑·대방을 통한 對魏交易權을 공인해 주는 의미가 있는 것이었다. 卑彌呼의 사신들은 대방군 관리의 안내를 받아 위의 천자를 직접 알현하기도 하고, 대방군을 통해 간접적으로 알현하기도 하면서 적극적인 對魏交易을 전개할 수 있었다. 그리고 그녀는 이를 통해 확보한 선진문물을 그 영도 하에 있던 여러 소국의 지배층들에게 과시하거나 분급해 줌으로써, 그의 영도력을 강화해 갈 수 있었다.[6]

---

[6] 『三國志』 魏書 東夷傳 倭人條에 의하면, 238년에 魏 황제가 왜 사신을 통해 卑彌呼에게 내린 詔書에서 하사품을 열거하면서 "이 모든 것들을 너희 나라 사람들에

그러나 위는 낙랑·대방군과 맞닿아 있던 한국사회, 곧 마한연맹체에[7] 대해서는 오히려 분열정책을 펴나갔다. 처음에는 위가 낙랑과 대방군을 통해서 마한의 맹주국인 목지국의 신지에게 특별히 우대함을 표시하는 길다란 명칭의 작호를 내리고, 여타 소국 및 읍락의 장들에게는 外率善·邑君·歸義侯·中郎將·都尉·伯長 등의 작호를 내려주어, 목지국 신지의 영도권을 공인해 주는 듯했다.[8] 그러나 점차 낙랑군과 대방군을 통해 한반도 남부 소

게 보여 국가[魏 황실]가 너를 어여삐 여겨 정중히 너에게 好物을 내렸다는 것을 알게하라"고 敎示한 구절이 보이는데, 이는 卑彌呼가 중국의 하사물을 통해 그의 영도권을 강화했고, 위 황실도 이를 용인했음을 시사해 준다.

7) 마한연맹체는 목지국의 영도 하에 충청지역의 소국들이 결집한 연맹체를 말하는 것인데, 흔히 '마한'이라 통칭되었다. 즉 290년대에 백제에게 병탄당한 그 마한으로서, 이후 백제의 영역으로 편제되면서 해체되었고, 웅진천도를 계기로 백제의 핵심지역으로 떠오르게 된다(주 2, 33 참조).

8) 『三國志』魏書 東夷傳 韓條에 전하는 「辰王治月支國 臣智或加優呼臣雲遣支報安邪踧支濆臣離兒不例拘邪秦支廉之號 其官有率善·邑君·歸義侯·中郎將·都尉·伯長」의 구절에 대해 다양한 견해가 제기된 바 있다. 특히 최근에 제기된 견해에 의하면, 臣智란 삼한의 소국 중에서 비교적 큰 소국의 우두머리를 지칭하는 것으로 보고, 이들에게 각각 優呼를 가한 것으로 이해하고 있는데, 이를 그대로 따르기는 어렵다. 왜냐하면 '臣智'라는 용어는 당시 한국 사회에서 '長帥' 혹은 '渠帥' 중에서 최강자를 지칭하는 것으로 통용되었고, 더욱이 윗 구절에 나오는 臣智는 '辰王治月支國'에 바로 이어 나오므로 月支國(목지국)의 왕으로서의 신지를 지칭하는 것으로 보는 것이 자연스러울 것으로 여겨지기 때문이다. 이는 후술하듯이 246년경에 대방군 기리영을 공격한 신지 역시 목지국의 왕을 지칭하는 것으로 보아야 하는 것과 같은 맥락이다(주 19 참조). 따라서 위의 臣智는 月支國(목지국)의 辰王으로, '臣雲~之號'는 魏가 목지국왕인 신지에 加한 優呼로 보는 것이 타당하다. 그렇다면 '臣智~之號'의 ~부분은 당시 삼한 소국의 유력국을 열거하여 목지국왕이 이들을 통솔하고 있음을 표시한 것으로 이해할 수 있을 것이다. 그렇다면 위의 구절은 魏가 신지에게 특별한 '優呼'를 加하고, 여타 소국 혹은 읍락의 장들에게는

국들에 대해 무차별적으로 印綬와 衣幘을 사여하는 물량공세를 펼침으로써, 한국 사회의 분열을 조장하고 목지국 臣智 중심의 세력 결집 현상을 차단하고자 하였다. 이것이 도를 넘어 피지배층인 下戶層에게까지 衣幘이 배포되기도 하였으며, 급기야 인수와 의책을 착용하는 자가 천여 명에 이르렀다고 전한다.[9] 낙랑·대방군을 통해서 행한 魏의 마한연맹체에 대한 분열 책동이 얼마나 극렬했던가를 보여주는 바이다.

魏가 마한에 대해 분열정책을 폈던 것은, 목지국을 중심으로 이루어지고 있던 마한의 세력결집 강화가 그에 인접한 낙랑군과 대방군의 존립에 위협이 되리라는 것을, 앞 시기 2세기 후반경에 일어난 '군현민들이 韓國으로 대거 유입되는'[10] 경험을 통해서 잘 알고 있었기 때문이었다. 그리하여 마한연맹체의 맹주국이었던 목지국은 한·왜의 대중국 교역을 중개하는 역할을 제대로 펴지 못했고, 그 역할은 온전히 낙랑·대방군의 몫으로 돌아갔다.

이처럼 낙랑·대방군이 동아시아 해상교역을 주도하던 3세기까지 서남해안에는 어떤 포구들이 있었을까? 우선 아산만(한국)과 김해 일대(구야한국)에 주요 거점포구들이 있어 활성화되고 있었음을 알 수 있다.[11] 이밖에도 많은 포구들이 분포해 있었을 것이다. 이는 화천이나 오수전 등 중국의

率善 이하 諸官號를 내린 것으로 해석할 수 있다. 이는 위가 邪馬臺國의 卑彌呼에게는 '親魏倭王'이라는 특별한 작호를 내리고, 그의 사신들(여타 소국 혹은 읍락의 장)에게는 率善中郎將·率善校尉 등의 관호를 내린 것과 대응되는 것이다. 그렇다면 적어도 초기엔 魏의 對韓國, 對倭國 정책은 目支國의 臣智와 邪馬臺國의 卑彌呼의 현실적인 맹주권을 각각 인정하는 바탕 위에서 취해졌다 할 것이다.

9) 『三國志』魏書 東夷傳 韓條, 「景初中 明帝 … 諸韓國臣智加賜邑君印綬 其次與邑長 其俗好衣幘 下戶詣君朝謁 皆假衣幘 自服印綬衣幘千有與人」.
10) 주 3) 참조.
11) 주 5) 참조.

고대 화폐가 서해와 남해안의 요소요소에서 발견되고 있음을 통해서 알 수 있다. 중국 고대 화폐가 발견된 곳으로는 해남 군곡리 패총(화천), 고흥 거문도(오수전 980점), 제주 산지항(오수전·대천·화천), 사천 늑도(반량전), 의창 다호리(오수전), 창원 성산패총(오수전), 김해 회현리 패총(화천) 등을 들 수 있겠는데,[12] 이들 지점들은 당시 중국 화폐로 결제하는 국제교역이 행해진 주요 거점으로 보아 좋을 것이다. 이중 해남 군곡리 패총과 사천의 늑도 유적의 존속 기간이 낙랑군의 존속 기간과 일치하는 것으로 나타나고 있어 특히 주목된다.

먼저 군곡리 패총은[13] B.C. 3세기 말엽부터 A.D. 4세기 전반경까지 장기간에 걸쳐 조성된 것으로 밝혀졌는데, 낙랑군이 설치되기 1세기 전에 조성되기 시작하여 낙랑군의 축출과 함께 폐기되어 낙랑군과 운명을 같이 한 것으로 파악된다. 군곡리 패총에서는 출토된 유물 중에서 화천, 복골, 골제 뒤꽂이, 철기류 등은 중국과의 문물교류를, 토제 곡옥, 복골, 각골, 토기류 등은 일본과의 문물교류를 반영한다. 그리고 화천, 복골, 토제 곡옥 등은 김해의 회현리 패총에서도 출토된 바 있고, 복골, 단면삼각형구연토기, 토기뚜껑, 고배 등은 사천 늑도 유적에서도 출토된 유물이라는 점을 염두에 둘 때, 군곡리 일대는 낙랑군이 주도하는 동아시아 해상교역의 주요 거점 포구가 있었다고 할 것이다.

늑도 유적 역시 B.C. 3세기에서 A.D. 3세기까지 조성된 유적으로서 낙랑군의 존속 기간과 대체로 일치한다. 이곳에서는 중국 한무제 5년(B.C.

---

12) 崔夢龍, 1989, 「상고사의 서해 교섭사 연구」, 『國史館論叢』 3, 20~21쪽; 池健吉, 1990, 「南海岸地方 漢代貨幣」, 『昌山金正基博士華甲紀念論叢』, 535쪽.
13) 최성락, 1987~89, 『海南郡谷里貝塚』 I~Ⅲ, 목포대박물관.

108년)에 주도된 반량전을 위시하여 야요이계토기, 회백색 연질의 낙랑토기를 포함한 다양한 토기들과 석기류, 방추차, 골제첨기, 골촉, 소도자, 녹각제 도자병, 환두도자, 그리고 65점에 달하는 복골 등이 출토되었다.[14] 이는 늑도가 군곡리와 함께 동북아 해상교역의 중요한 거점 포구였음을 보여주는 것이다.

이밖에 최근 고분발굴이 이루어진 고흥반도의 동남부에도[15] 거점포구가 있었던 것으로 보이는데, 이에 대해서는 후술하기로 한다.

II. 백제의 성장과 마한 및 신미제국의 대응

1. 백제의 성장과 마한의 쇠퇴

앞에서 살폈듯이 동아시아 국제 교역에서 마한의 소외·고립 상황은 낙랑·대방군의 견제와 분열·고립화 정책의 산물이었다. 따라서 막다른 길목에 다다르게 된 마한은 결국 낙랑·대방에 대한 도발행위를 일으켰다. 246년경에 마한이 감행한 대방군 岐離營 공격 사건이 그것이었다. 이 사건은 마한 목지국이 퇴락하고 그 대신 그의 복속국이던 백제국이 부상하는 계기가 되었다는 점에서 역사적 의미가 크다. 이와 관련된 몇몇 기사를 비교해 보면서 그 사건의 내막을 간추려 보자.

---

14) 김재현, 2004, 「삼한시대 복골연구-사천 늑도유적과 해남 군곡리패총을 중심으로-」, 동아대학교 대학원 고고미술사학과 석사학위논문).
15) 주 75) 참조.

가) 魏의 幽州刺史 毋丘儉이 樂浪太守 劉茂와 帶方太守 弓
遵과 함께 고구려를 치므로 (고이)왕은 그 틈을 타서 左將
眞忠을 보내어 낙랑을 쳐서 邊民을 빼앗았다. 劉茂가 듣
고 노하매 왕이 侵討를 받을까 두려워하여 民口를 돌려주
었다.[16]

나) 2월에 幽州刺史 毋丘儉이 고구려를 쳤다. 5월에 濊貊을
쳐서 깨뜨리니 韓那奚 등 수십국이 각각 種落을 거느리고
투항하였다.[17]

다) 部從事 吳林은 낙랑이 본래 韓國을 통치했다는 이유로 辰
韓의 8국을 분할하여 낙랑에 주려 하였다. 그때 통역하는
관리가 말을 옮기면서 틀리게 설명한 부분이 있어, 臣智가
韓을 격분시켜[18] 분연히 帶方郡의 崎離營을 공격하였다.
이때 (대방)태수 弓遵과 낙랑태수 劉茂가 군사를 일으켜

---

16) 『三國史記』 卷24 百濟本紀2 古爾王 13年條.
17) 『三國志』 卷4 齊王芳紀 正始 7年條.
18) 밑줄 친 '신지가 한을 격분시켜'는 '臣智激韓'이란 구절을 번역한 것이다. 흔히 이 구절을 '臣智激韓忿'으로 끊어 읽어, 한문 어법상 맞지 않은 것으로 간주되곤 하나, 忿은 뒤에 붙여 '분공대방군기리영'으로 읽어 '분연히 대방군 기리영을 공격하였다'로 번역하면 자연스러워진다. 이에 대해 최근에 '臣智激韓'이 宋本에 '臣幘沾韓'으로 기재되어 있는 것을 근거로 마한 소국의 하나인 '臣濆沽國'을 지칭하는 것으로 보려는 견해가 최근 호응을 얻고 있는 듯하다(尹龍九, 「三韓의 對中 交涉과 그 性格」, 『國史館論叢』 85, 101~107쪽; 임기환, 2000, 앞 논문, 21쪽; 權五榮, 2001 「백제국에서 백제로의 전환」, 『역사와 현실』 40, 34~35쪽). 이는 일견 일리가 있다고 여겨지나, 몇 가지 중대한 문제가 걸려 있어 현재로선 따르기 힘들다. 이에 대해서는 주 25)를 참조.

그를 쳤는데, 弓遵은 전사하였지만 2郡이 결국 韓을 멸하였다.[19]

　가)와 나) 기사는 幽州刺史 毌丘儉이 낙랑·대방군의 태수와 함께 고구려를 공격하여 환도성을 함락시킨 것을 배경으로 하는 동일 사건의 기사이며, 이에 대한 이견은 없다. 그리고 다) 기사 역시 앞의 두 기사와 같은 사실을 반영하는 것으로 보는 견해가 일반적이었다. 이는 나) 기사의 '韓那奚'에 관칭된 '韓'을 다) 기사의 韓과 동일시하고, 나) 기사에 나오는 '韓那奚' 등 수십국이 (毌丘儉 軍에) 투항했다'는 기록을 다)의 '2郡이 한을 멸하였다'는 기록과 동일시한 데에서 비롯한 것이나, 필자는 다)의 기사는 별개의 사건을 반영하는 것으로 보아야 한다고 생각한다.

　먼저 나) 기사는 고구려의 동천왕이 242년에 낙랑·대방군을 견제하기 위해서 낙랑·대방의 대중국 통로인 서안평(압록강 하구)을 공격한 것에 대한 보복으로, 244년에[20] 魏의 幽州刺史 毌丘儉이 낙랑·대방군의 태수들과 함께 고구려를 공격하여 환도성을 함락시켜 대승을 거둔 사건을 말한다. 당

---

19) 『三國志』 卷30 魏書 東夷傳 韓條.
20) 毌丘儉의 고구려 공격 시기에 대해서 『三國志』 魏書 東夷傳 高句麗條에는 正始 5년(244)으로, 同 齊王芳紀에는 正始 7년(246)으로 각기 다르게 되어 있다. 또한 『三國史記』 高句麗本紀와 百濟本記에서는 후자의 紀年에 따라 각각 東川王 20년조와 古爾王 13년조에 입록하고 있다. 그러나 毌丘儉의 고구려 공격 사건은 242년 고구려 서안평 공격에서 촉발되어진 것이라 하겠으므로 244년설이 타당하다고 여겨지며, 실제 즙안현 판석령에서 발견된 毌丘儉의 紀功碑 斷片에 의하면 '五年復遣寇六年五月旋師'라 하여 正始 5년(244)에 침공하여 그 이듬해에 회군한 것으로 되어 있다(李丙燾, 1977, 『譯註 三國史記』, 을유문화사, 263쪽의 주 6 참조).

시 고구려 東川王은 남옥저로 피난하였고 毋丘儉軍이 그를 뒤쫓아 전선이 멀리 동해안까지 확대되는 양상을 띠었으므로[21] '韓那奚 등 수십국'이란 그 전선에 연접한 세력을 지칭하는 것으로 보는 것이 자연스럽다. 따라서 나) 기사의 韓那奚는 다) 기사에 나오는 남쪽 한국 사회의 韓과 동일시 될 수 없다.

반면 다)의 사건은 吳林이 韓의 8개 소국에 대한 모종의 권리를 樂浪郡에 귀속시키려 한 것에 대한 韓 소국들의 집단적 반발 사태로 볼 것이므로, 사건의 발단 자체에서 가)와 나)의 그것과는 전혀 다르다. 더욱이 다) 기사에 의하면 韓과 낙랑·대방군의 충돌로 대방태수 弓遵이 전사했다고 하므로,[22] 이 기사에 전하는 사건은 弓遵이 살아서 참전했다고 하는 가) 기사의 반영 시기[244년]보다 2~3년 늦은 시기에 일어난 별개의 사건으로 보는 것이 타당하다.

그렇다면 가)와 다) 기사를 동일한 사건으로 보아서 다)의 臣智를 가) 기사에 나오는 고이왕으로 간주한 견해도[23] 마땅히 재고되어야 할 것이다. 실제 가) 기사에 나오는 고이왕은 낙랑의 변민을 약취하였으나 곧 되돌려 줌으로써 중국 군현과 곧 타협해 버리고 말았던 반면에, 다) 기사에 나오는 臣智는 한의 소국들을 격분시켜 대방군의 崎離營을 공격하여 그 태수 弓遵을

---

21) 『三國史記』 卷17 高句麗本紀5 東川王 20年條.
22) 王頎가 전사한 弓遵을 대신하여 대방태수에 새로 부임한 해는 正始 8년(247)이므로, 前太守 弓遵이 전사한 것은 246년이나 267년일 가능성이 크다.
23) 李丙燾, 1959, 『韓國史(古代篇)』, 을유문화사, 336~337쪽; 千寬宇, 1976「三國志 韓傳의 再檢討」, 『震檀學報』 41, 32~33쪽; 李基東, 1990, 「百濟國의 成長과 馬韓의 倂合」, 『百濟論叢』 2, 57쪽; 金英心, 1997, 「百濟 地方統治體制 研究」, 서울대 박사학위논문, 22쪽.

전사시킬 정도로 치열한 전쟁을 벌여나갔고 그 결과 '2郡이 마침내 韓을 멸했다'고 표현될 정도로 막대한 타격을 입었던 것으로 나타나 있어, 양 기사에 나타난 고이왕과 신지는 전쟁에 임한 자세부터가 판이하다는 것을 알 수 있다. 따라서 다) 기사에 나오는 臣智는 백제 고이왕과는 별개의 존재로 보아야 할 것이며, 굳이 그 실체를 든다면 마한 목지국의 왕으로 보는 것이[24] 타당하다고 할 것이다.[25]

이렇게 본다면, 우리는 다) 기사를 통해서 그 즈음에 마한 목지국과 백제국의 세력관계의 역전 현상이 일어났으리라는 점을 간취할 수 있다. 가) 기사에 의하면 백제의 고이왕은 244년에 고구려 공격에 여념이 없던 낙랑군을 단독으로 공격하여 그 邊民을 약취하였다가 이에 대한 낙랑의 항의를 받자 그 보복을 피하려고 변민을 재빨리 되돌려 주는 양면 작전을 구사한 것으로 되어 있다. 이는 중국 군현의 예봉을 피하면서 국력의 신장을 도모

---

24) 盧重國, 1990, 「目支國에 대한 一考察」, 『百濟論叢』 2, 83~84쪽.
25) 다) 기사에서 '臣智가 韓을 격분시켜'로 번역한 '臣智激韓'이란 기록을 버리고 宋本에 따라 '臣幘沾韓'의 기록을 취한 견해에 의하면, 대방군 기리영을 공격한 주체는 백제의 고이왕도, 목지국왕도 아니고, 경기도 북부에 위치한 臣幘沾韓=臣濆沽國이라고 한다. 또한 이에 의하면 臣濆沽國이 대방군 기리영을 공격하다가 결국 멸망당하자 기리영 공격에 소극적으로 임한 백제가 경기도지역의 새로운 맹주로 부상하였고 급기야는 마한을 영도해오던 목지국마저도 극복하여 마한 전체의 맹주국이 된 것으로 파악하고 있다(주 14에 열거한 윤용구, 임기환, 권오영의 논문 참조). 유의할 만한 견해인 것은 분명하나, 과연 宋本의 기록이 반드시 정확하다고 할 수 있을 것인지, 그리고 이것이 정확하다고 하더라도 臣幘沾韓을 臣濆沽國과 동일시할 수 있을 것인지, 또 이것까지 인정한다고 하더라도 臣濆沽國이 과연 경기북부의 맹주국이었을지 등등 점검해야 할 부분이 많다. 아무튼 기리영 공격사건은 백제가 크게 부상한 결정적 계기가 되었다는 점에서 역사적 의미가 심대하다고 생각한다.

하는 실리 외교적 측면이 나타나 있다. 이에 반해 다) 기사에 의하면 臣智로 칭해진 목지국왕은 낙랑군이 韓 소국의 일부에 대한 모종의 권리를 일방적으로 가로채자,[26] 이에 반발하여 그의 영도 하에 있던 韓 소국들을 분발시켜 대방군의 崎離營을 공격하고 대방태수를 전사시키는 큰 전과를 거두기도 하였으나, 비타협적인 투쟁으로 일관하여 결과적으로 '2郡이 마침내 韓을 멸했다'고 칭해질 정도의 큰 타격을 입은 것으로 나타나 있다.

이런 과정을 거치면서 백제는 고이왕 대 이후에 국력을 급신장해 갔던 반면에 목지국은 마한연맹체에 대한 영도권을 급속히 상실하는 대조적인 추세로 나아가, 급기야 백제국과 목지국 사이에 역관계의 역전 현상이 심화되어 갔을 것으로 보인다. 즉 백제는 목지국 주도의 기리영 공격에 가담하지 않고, 오히려 친낙랑·대방정책을 취함으로써,[27] 점진적인 세력 확대를 꾀하면서 낙랑·대방군과의 전쟁으로 타격을 입은 목지국의 마한에 대한 영도권을 탈취하려 호시탐탐 노리고 있었다.

---

26) 다) 기사에 나오는 '진한의 8국을 분할하여 낙랑군에 속하게 하였다'는 구절에 대해서, 대방군에 행사하던 진한 8국에 대한 교역 관할권을 낙랑군에서 행사하도록 바꾼 조치로 이해하려는 견해가 있다(임기환, 2000, 앞 논문, p.22; 권오영, 2001, 앞 논문, 36쪽). 만약 그렇다면 왜 신지 등이 낙랑군을 공격하지 않고 대방군의 기리영을 공격했겠는가의 의문이 남는다. 또한 동일 세력집단인 낙랑군과 대방군 사이에 관할권 행사를 바꾼 조치에 대해서 신지 등이 군사를 일으켜서 격렬하게 저항했다는 것도 이해하기 어렵다. 따라서 이는 마한의 목지국이 행사하던 진한 8국에 대한 모종의 권리를 낙랑군에 소속시킴으로써 마한의 영향력을 현저히 약화시키고자 한 조치로 보는 것이 자연스럽다.
27) 고이왕의 뒤를 이은 책계왕이 즉위(285년) 전후 시기에 대방의 왕녀(太守女) 寶菓와 결혼을 하고 고구려의 공격을 받은 대방의 요청으로 원군을 파견했던 것 등이 백제의 대낙랑·대방군에 대한 친교정책의 예증이다.

2. 마한과 신미제국의 대응

　백제의 급성장은 충청권의 마한세력에게는 물론 영산강유역의 세력집단에게도 큰 위협 요인이었다. 북으로 백제와 경계를 맞닿고 있던 낙랑·대방군 역시 백제의 성장을 예의 주시했을 것이고, 그 모국인 晉 왕조도 이에 대한 모종의 대응책을 강구하지 않으면 안 되었을 것이다.『진서』에 나오는 다음의 기사들은 이러한 사정을 잘 보여주고 있다.

>　라)　武帝 太康 元年과 2년에 (마한의) 主가 자주 사신을 보내 方物을 바쳤다. 7년과 8년과 10년에도 자주 이르렀다. 太熙 元年에 東夷校尉인 何龕에게 와서 獻上하였다. 咸寧 3년에 다시 오고 그 이듬해에도 內附하기를 청하였다.[28]
>
>　마-1)　이에 張華를 持節 都督幽州諸軍事 領護烏桓校尉 安北將軍으로 삼아 전출하였다. 新舊의 세력을 무마하여 받아들이니 오랑캐와 중국이 그를 따랐다. 東夷馬韓新彌諸國은 산에 의지하고 바다를 띠고 있었으며 幽州와의 거리가 4천여 리였는데, 역대로 來附하지 않던 20여국이 함께 사신을 파견하여 조공을 바쳐왔다. 이에 먼 오랑캐가 감복해 와서 사방 경계가 근심이 없어지고 매해 풍년이 들어 士馬가 강성해졌다.[29]

---

28)『晉書』卷97 東夷列傳 馬韓條.
29)『晉書』卷36 列傳6 張華條.

마-2) 春正月 … 甲午日에 尙書 張華를 都督諸軍事로 삼았
다. … 9월에 東夷 29國이 歸化하여 方物을 바쳐왔다.[30]

윗 기사들은 3세기 말경에 백제의 급성장에 따른 진과 마한과 영산강유역 세력집단의 대응방식을 보여주는 주목할 만한 기사이다.

먼저 라) 기사에 의하면 마한은 277년에서 290년까지 8차례에 걸쳐 武帝 치하의 晋 왕조 혹은 동부도위에 직간접적으로 사신을 파견하고 있었음을 알 수 있다.[31] 이 기사에 나오는 마한에 대하여 백제를 지칭하는 것으로 본 견해도 있지만 목지국이 영도하고 있던 충청도 일대의 마한연맹체를 지칭하는 것으로 보는 것이 타당하다.[32] 그렇다면 이 기사는 3세기 말에 마한이 백제의 성장과 남침 조짐에 위협을 느껴 진 왕조에 사신을 파견하여 백제를 견제하고자 했고, 진 왕조는 마한의 견사 사실을 충실히 기록으로 남긴 것으로 보아 이에 유념했던 것으로 보인다.

다음에 마-1)과 마-2) 기사는 동일한 사건을 각각 열전과 제기에 기록한 것으로서, 이를 종합하면 282년(무제 태강 3년)에 20여 국(29국)의 '동이마한신미제국'이 처음으로 진에 사신을 파견하여 조공을 바쳐왔다는 것으로 요약할 수 있다. 그렇다면 '동이마한신미제국'이란 무엇을 지칭하는 것일까? 우선 그 위치를 보면 '산에 의지하고 바다를 띠고 있으며, 유주에서 4천

---

30) 『晋書』 卷3 帝紀3 武帝 太康 3年條.
31) 武帝 太康 元年과 2년·7년·8년·10년은 각각 무제의 치세인 280년과 281년·286년·287년·289년이고, 東夷校尉 何龕에게 사신을 보냈다는 太熙 元年은 290년으로 무제의 말년이다.
32) 이에 대한 자세한 논의는 姜鳳龍, 1997, 「百濟의 馬韓 倂呑에 대한 新考察」, 『韓國上古史學報』 26, 145~147쪽과 154~160쪽 참조.

여 리였다'는 것으로 보아, 서남해안을 끼고 노령·소백산맥으로 둘러싸여 있는 전남지역, 그중에서도 영산강유역의 세력을 지칭하는 것으로 볼 수 있다. 그리고 '동이마한'의 '동이'는 막연히 '동방의 종족'을 지칭하는 추상적인 개념이고, '마한'은 '특정 정치체로서의 마한'을[33] 지칭하는 것이 아니라 경기도에서 전남 남단에 걸친 광역을 지칭하는 막연한 지리적 개념으로 씌어진 용례라 생각되므로,[34] 결국 실체는 '신미제국'만이 남게 된다. 그렇다면 영산강유역 29개국의 신미제국이 연명하여 집단적으로 진에 사신을 파견한 것을 의미하는 것이겠다.[35]

여기에서 신미제국이란 '신미의 여러 나라'로 풀어 쓸 수 있겠는데, 이는 晉이 '신미'를 앞세워 영산강유역의 소국들을 통칭했던 사실을 보여주는 것이라 하겠다. 그렇다면 '신미'란 무엇일까?

우선 신미의 명칭이 『일본서기』에 나오는 忱彌多禮와[36] 상통하고, 통일신라시대에 해남군 현산면 일대를 지칭하는 浸溟縣과도 통한다는 것이다.

---

33) '특정 정치체로서의 마한'이란 목지국을 중심으로 충청도 일원의 소국들이 결성한 마한연맹체를 지칭한다(주 2, 7 참조).
34) 강봉룡, 1999, 「3~5세기 영산강유역 '옹관고분사회'와 그 성격」, 『역사교육』 69, 93~95쪽.
35) 여러 소국이 연명하여 집단적으로 진에 사신을 파견한 또 다른 사례가 있다. 즉 『晉書』 卷97 東夷傳 神離等十國條에 의하면 「太熙 초에 이르러 다시 牟奴國의 帥長 逸芝惟離, 模盧國의 수장 沙支臣芝, 于離末利國의 수장 加牟臣芝, 蒲都國의 수장 因末, 繩余國의 수장 馬路, 沙樓國의 수장 金+彡加(삼가) 등이 각각 正使와 副使를 보내어 東夷校尉 何龕에게 나아가 귀화하였다(至太熙初 復有牟奴國帥逸芝惟離 模盧國帥沙支臣芝 于離末利國帥加牟臣芝 蒲都國帥因末 繩余國帥馬路 沙樓國帥金+彡加 各遣正副使 詣東夷校尉何龕歸化).」라 하여 수 개의 國이 國名과 수장의 이름을 連名하여 집단적으로 사신을 파견한 사례가 나온다.
36) 침미다례에 대해서는 후술한다(주 57 참조).

이와 관련하여 현산면과 송지면 일대의 백포만 연변에는 군곡리패총을 위시로 한 10여 군데의 패총과 고다산성·백방산성·읍호리산성·일평리산성 등의 고대산성이 집중 분포하고 있다는 것을[37] 주목할 필요가 있다. 그렇다면 신미는 고대 유적이 집중 분포하고, 통일신라시대에는 침명현으로 편제되기도 했던 현산면 및 송지면 일대, 혹은 그 일대의 지역정치체(소국)를 가리키는 명칭으로 볼 수 있지 않을까 한다.

그런데 백포만 일대가 낙랑·대방군이 동아시아 해상교역을 주도하던 시절에 중요한 거점포구로 기능하였으므로, 당시 중국이나 일본에 비교적 잘 알려졌을 가능성이 크다. 즉 晉에는 '신미'라는 이름으로(마-1 기사), 그리고 왜에는 '침미다례'라는 이름으로(바 기사) 알려졌던 것이고, 더 나아가 그 이름은 통일신라시대까지 '침명현'이라는 이름으로 남게 되었던 것으로 보인다. 영산강유역의 29개국이 처음 진에 사신을 파견할 때 '신미'를 앞세워 '신미제국'이라 통칭했던 것 역시 당시 신미가 국제사회에 비교적 잘 알려진 포구세력이었기 때문일 것이다.

그런데 마침 3세기 후반부터 독특한 옹관고분을 조영하는 지역정치체들이 영산강유역에서 대두하여 상호 정치·문화적 연대망을 형성해가고 있었던 것을 감안할 때,[38] '신미제국'이란 그들 정치체들의 연맹조직을 통칭한 것으로 보아 좋지 않을까 한다. 이렇듯 자칭이든 타칭이든 영산강유역 세력집단을 통칭하여 '신미'라 부른 사례가 있다고 한다면, '마한'이라는 포

---

37) 최성락, 1987「해남 백포만일대의 선사유적」,『최영희선생화갑기념한국사학논총』; 강봉룡·장선영, 2001「남창-삼산간 국도 확·포장공사지역의 역사유적」,『남창-삼산간 국도확·포장공사구간지역내 문화유적지표조사보고』, 목포대 박물관, 49~55쪽.
38) 강봉룡, 1999, 앞 논문 참조..

괄적 명칭이나 '옹관고분사회'라는 임시적 명칭, 그리고 '모한'이라는 모호한 명칭 보다는[39] '신미제국'이라는 이름을 영산강유역 고대사회를 지칭하는 명칭으로 사용함이 어떨까 하며, 이를 제안하는 바이다.[40] 말하자면 백포만의 포구세력 '신미'는 영산강유역의 연맹체로서의 '신미제국'을 외부세계와 소통시키는 기능을 수행한 대표적 관문지역사회(gateway community)였던[41] 셈이 된다.

그렇다면 '신미제국'은 왜 282년에 처음 집단적으로 진에 조공을 바쳤던 것이고, 진은 이를 크게 평가했던 것일까? 이에 대해서는 다음과 같은 추론이 가능하다. 영산강유역의 '신미제국'은, 백제가 급성장하자 백제의 남진 위협에 노출되어 있던 상황을 타개하기 위하여 낙랑·대방군의 모국인 진 왕조에 처음으로 29국이 집단적으로 사신을 파견했던 것이고, 이에 진 왕조는 백제를 견제할 수 있는 유력한 배후 세력이 스스로 조공을 바쳐오자 크게 고무되었을 것으로 보인다. 이는 진 왕조가 신미제국의 조공에 대하여, '먼 오랑캐가 감복해 와서 사방 경계가 근심이 없어지고 매해 풍년이 들어 사마가 강성해졌다'는 식으로 대서특필한 이유일 것이다.

이처럼 라)와 마) 기사는, 백제의 급성장이 충청도 일대의 마한과 영산

---

39) 영산강유역 고대사회의 호칭과 성격을 둘러싼 다양한 견해에 대해서는 강봉룡, 2000, 「영산강유역 고대사회 성격론-그간의 논의를 중심으로-」, 『지방사와 지방문화』 3-2 참조.
40) 백포만의 유력한 거점 포구국가를 지칭하는 '신미'라는 이름이 국제사회에 알려진 것은, 낙동강유역의 세력집단을 통칭하는 '가야'라는 이름이 낙동강유역의 관문사회로 기능하던 김해지역을 지칭하는 '구야'에서 연원한 것과 유사하다 할 수 있다.
41) 관문지역사회에 대해서는 이현혜, 1988, 「4세기 가야지역의 교역체계의 변천」, 『한국고대사연구』 1; 1998, 『한국 고대의 생산과 교역』, 일조각, 298~301쪽 참조.

강유역의 '신미제국'뿐만 아니라 낙랑·대방군과 그 母國인 晉에게도 공통적인 경계의 대상이었던 사정을 생생하게 보여주는 사례라 할 것이다.

Ⅲ. 백제의 해상교역 주도와 서남해안 포구세력 재편

1. 해상교역의 주도세력으로 떠오른 백제

충청권의 마한연맹체와 영산강유역의 신미제국, 그리고 낙랑·대방군 및 그 모국인 晉 왕조의 우려와 경계에도 불구하고 백제는 혼인관계를 통해 진과 낙랑·대방군의 경계심을 누그러뜨리는 노련한 외교술을 구사하면서[42] 마한을 전격적으로 병탄하기에 이른다. 그 시기는 대개 백제 責稽王 (286~298) 대의 일로 추정된다.[43]

이처럼 백제가 마한을 전격 병탄하여 경기·충청지역을 아우르는 범마한권의 영도 국가로 떠오르자 낙랑·대방군은 백제를 강력한 위협세력으로 간주하여 대대적으로 공격을 가해오기 시작했다. 백제의 책계왕은 이에 대항하다가 전사당했고,[44] 그를 계승한 분서왕은 낙랑군이 보낸 자객에게 암살당하였다.[45] 백제에 일대 위기가 닥쳐왔던 것이다. 그렇지만 백제의 위기 상황은 그리 오래가지 않았다. 晉의 국력은 북방 선비족의 침략을 받아 급격히 쇠약해졌으며, 진 왕조 자체가 선비족에게 쫓겨 가더니 급기야 317

---

42) 주 27) 참조.
43) 姜鳳龍, 1997, 앞 논문, 147~154쪽 참조.
44) 『三國史記』 卷24 百濟本紀2 責稽王 13年條.
45) 『三國史記』 卷24 百濟本紀2 汾西王 7年 10月條.

년에는 강남지역에 東晉을 세워 잔존할 수밖에 없는 상황에 처하게 되면서 낙랑·대방군을 자원할 수 있는 여력을 사실상 상실하였기 때문이다. 이 틈을 타서 고구려의 미천왕과 백제의 비류왕은 남북에서 낙랑과 대방을 협공하여 313년·314년에 이들을 완전 축출하고 말았으니, 이로써 낙랑·대방군에게 내몰리던 백제의 위기 상황은 종식되었던 것이다.

 그런데 낙랑·대방군을 축출하는 과정에서 고구려와 백제의 대외적 관심사는 엇갈렸다. 먼저 고구려의 주요 관심사는 대륙으로 진출하려는 데에 두어졌다. 이러한 고구려의 관심사는, 미천왕이 302년에 현토군을 공격하고, 311년에는 요동으로 통하는 길목인 서안평을 공격하였으며, 그 여세를 몰아 낙랑과 대방을 공략하여 이를 축출했던 일련의 과정에서 엿볼 수 있다. 말하자면 고구려의 낙랑·대방군 공격은 해상교역의 거점을 확보하려는 차원에서라기보다는 대륙 진출을 위해 배후의 위협세력을 정리한다는 의미가 더 강하였다. 이러한 고구려의 대륙 진출 성향은, 고국원왕 대에 이르러 요동진출을 추진하고 있던 선비족 모용씨세력과의 충돌을 피할 수 없게 했고, 그 침략을 받아 수도 환도성이 함락당하는 시련을 다시 겪어야만 했다.

 이와 달리 백제의 주요 관심사는 낙랑과 대방군이 수행해 오던 동아시아 해상교역을 대신 주도하려는 데에 두어졌다. 그리고 이를 실현한 것은 346년에 즉위한 근초고왕이었다. 그는 수차례 신라와 사신을 교환했으며,[46] 366년에는 가야의 卓淳國을 통해서 왜국과도 통교관계를 공식 개설하여, 선진문물의 제공자역을 자임하였다.[47] 이는 가야에 영향력을 확대하면서 對倭 교역을 주도해 오던 신라에게 커다란 위기감을 갖게 했다. 그리하여

---

46) 『三國史記』 卷24 百濟本記 近肖古王 21年·23年條.
47) 『日本書紀』 卷9 神功紀 46年 3月條.

신라는 367년에 백제가 왜에 보내는 사신선을 약취하여 신라의 물건인양 왜에 제공하는 무리수를 두다가 들통 나는 어이없는 일을 저지르기도 했는데,[48] 이는 당시 초조해하던 신라의 모습을 단적으로 보여주는 실례이다.

백제와 가야와 왜의 관계는 더욱 공고해져 갔고, 신라의 외교적 소외·고립화는 더욱 심화되어 갔다. 이를 바탕으로 백제는 369년에 가야 7국을 평정하고 서남해지방 해로의 요지인 침미다례[오늘의 해남 현산면[49] 일대]를 점령하여[50] 연안항로상의 요충지를 선점하였다. 그리고 역시 연안항로의 요충지인 옛 낙랑·대방의 땅을 두고, 선비족의 침입을 받아 수세에 몰려 있던 고구려와 일대 격전을 치렀다. 『삼국사기』에 의하면 당시 두 나라의 군사 대결은 낙랑·대방군의 고지인 대동강·재령강·예성강유역의 평안·황해도 일대에서 집중적으로 이루어진 것으로 나타나고 있다.[51] 이러한 군사 대결에서 백제가 결정적 승기를 잡게된 것은, 백제의 근초고왕과 태자 근구수가 3만의 정병을 이끌고 평양성으로 진군하여 대적하는 고구려의 고국원왕을 전사시킨 371년 평양성 전투에서부터였다. 이로써 백제는 낙랑·대방군의 고지에 대한 주도권을 거머쥐게 되었으며, 마침내 낙랑·대방군이 주도해 오던 동아시아 해상교역을 주도할 수 있게 되었다.

근초고왕은 '백제를 매개로 하는 동아시아 해상교역체계'를 구축하고

---

48) 『日本書紀』 卷9 神功紀 47年 4月條.
49) 李道學은 忱彌多禮를 해남군 북일면 일대에 비정하였다(李道學, 1995, 『백제 고대국가 연구』, 일지사, 349~352쪽). 필자는 침미다례를 해남군에 비정한 그의 견해를 수용하되, 송지면 군곡리패총을 염두에 두면서 북일면이 아닌 송지면 일대가 침미다례일 것으로 새로이 비정하고자 한다.
50) 『日本書紀』 卷9 神功紀 49年條.
51) 『三國史記』 卷24 百濟本記 近肖古王 24~26年條.

이를 성공적으로 운영해 갔다. 이런 맥락에서 『송서』와 『양서』 등에 나오는, 백제가 遼西郡과 晋平郡의 2군을 점거하고 여기에 百濟郡을 설치했다는 기사는[52] 백제가 당시 중국 대륙에 해양 거점을 두었던 사실의 반영으로 볼 것이다. 즉 요서군이란 요하 西岸을 지칭하는 것인데, 백제가 여기에 해양 거점을 둘 수 있었던 것은 당시 북중국이 5호 16국으로 난립하여 힘의 공백 상태에 빠져있던 것에 편승한 것이었다고 볼 수 있다. 또한 진평군이란 오늘날 福建省 福州市로 비정되기도 하는데,[53] 그렇다면 백제가 여기에 해양 거점을 둘 수 있었던 것은 남조 東晋의 양해 하에서 이루어진 것으로 볼 수 있을 것이다.

백제와 동진과의 관계는 특히 각별하였다. 근초고왕은 372년 정월에 처음 동진에 사신을 파견하여 외교관계를 개설하였고,[54] 같은 해 6월에는 동진으로부터 '鎭東將軍 領樂浪太守'를 제수받기도 하였다.[55] 이는 백제가 동진의 對韓·倭 교역의 중개역을 공식 위임받게 된 것을 의미하는 것이었다.

백제와 동진과의 교역은 매우 활발하게 이루어졌던 것으로 보인다. 당시 백제의 수도였던 한성의 풍납토성에서 동진 계통의 鐎斗가, 그리고 석촌동 고분에서 동진의 청자와 배젓는 노가 출토된 것이야말로, 백제와 동진 사이의 활발한 문물 교류의 실상을 잘 반영해 준다. 또한 몽촌토성에서는 西晋의 錢文瓷器片이 발견된 것으로 보아, 백제와 晋 왕조 사이의 문물 교류는 이미 서진 단계부터 이루어지고 있었던 것을 알 수 있다.[56] 이런 추

---

52) 『宋書』 卷97 列傳57 夷蠻 東夷 百濟國條 ; 『梁書』 卷54 列傳48 諸夷 東夷 百濟條.
53) 李道學, 1997, 『새로 쓰는 백제사』, 푸른역사, 368~369쪽.
54) 『晋書』 卷9 帝紀9 簡文帝 2年 春正月條, 「百濟 林邑王 各遣使貢方物」.
55) 上同 6月條, 「遣使 拜百濟王餘句 爲鎭東將軍 領樂浪太守」.

세로 미루어 볼 때, 당시에 진평군이 백제와 동진 사이에 문물 교류를 매개하는 거점이 되었을 것이다.

이렇게 되자 가야와 왜의 대중국 교역은, 이전에 낙랑·대방을 통해서 이루어졌듯이 이제는 백제를 통해서 이루어지게 되었다. 특히 왜왕은 낙랑과 대방이 축출된 이후 왜국 사회를 영도해 가는데 긴요하게 쓰이던 선진 문물의 공급이 단절되어 곤란을 겪고 있던 차에, 백제가 교역 중개활동을 재개하자 이를 적극 환영하였을 것이다. 그리하여 백제는 일본열도에도 해양 거점을 개설하고 왜왕과 긴밀한 교역관계를 맺어갔던 것으로 보인다. 372년(神功紀 52년)에 백제의 근초고왕이 왜왕에게 보냈다는 七支刀가 그 대표적인 물증이 되겠다.[57]

이처럼 백제의 근초고왕은 중국대륙과 한반도, 그리고 일본열도의 요소요소에 해양 거점을 확보하고 이를 통해 동북아 해상 교역을 주도해 갔던 것이니, 그 규모와 체계성, 그리고 적극성의 측면에서, 항로의 길목을 장악하고 중개무역을 일삼던 이전의 위만조선과 낙랑·대방군의 그것을 크게 능가하는 것이었다. 그리고 그 위력은 그의 子王인 근구수왕대까지 지속되었다.

2. 백제의 서남해안 포구세력 재편

4세기 후반에 이르러 백제가 동아시아 해상교역을 주도하게 된 것은 몇

---

56) 李道學, 1995, 앞 책, pp.182~183쪽; 李蘭英, 1998, 「百濟 지역 출토 중국도자 연구-古代의 交易陶瓷를 중심으로-」, 『百濟研究』 28, 215~217쪽.
57) 『日本書紀』 卷9 神功紀 52年 9月 丁卯朔 丙子條에 의하면, "백제 사신이 七枝刀 1구, 七子鏡 1면 및 각종의 重寶를 바쳤다"는 구절이 나오는데, 이때 백제가 제공한 칠지도가 일본 石上神宮에서 발견된 바 있다.

가지 난관을 성공적으로 극복하고 성취해낸 성과물이었다. 진 왕조 및 낙랑·대방군의 견제와 마한 및 신미제국의 저항을 무릅쓰면서 3세기 말에 마한을 병탄한 일, 4세기 초에 낙랑·대방군을 축출한 일, 그리고 이어서 고구려와의 쟁패에서 승리를 거둔 일 등이 그것이다.

이밖에 연안항로 상의 주요 거점 포구세력들의 원활한 협조를 얻어내는 일도 백제가 넘어야할 쉽지 않은 과제 중의 하나였다. 일부 포구세력은 백제에 협조하지 않았고, 백제는 무력을 앞세워 비협조적인 포구세력을 재편하는 작업을 진행했다. 다음의 기사는 이러한 사정을 잘 보여준다.

> 바) 神功 49년 3월에 荒田別과 鹿我別을 장군으로 삼아 久氐 등과 함께 군대를 거느리고 건너가 卓淳國에 이르러 장차 신라를 습격하려 하였다. 그러나 군사가 적어 신라를 깨뜨릴 수 없다는 의견이 있어, 沙白과 蓋盧를 보내 군사의 증원을 요청하니, 즉시 木羅近資와 沙沙奴跪에게 명하여 정예군을 거느리고 사백·개로와 함께 가도록 하였다. 모두 탁순에 모여 신라를 쳐 깨뜨렸으니, 이로 인해 비자발·남가라·탁국·안라·다라·탁순·가라 등의 7국을 평정하였다. 그리하여 군대를 옮겨 서쪽으로 古奚津을 돌아 南蠻인 忱彌多禮를 屠戮하고 이를 백제에게 주었다.[58]

이 기사는 369년에[59] 백제가 신라를 격파하고 가야의 7개국을 평정한

---

58) 『日本書紀』 卷9 神功紀 49年 3月條.
59) 神功皇后 49년은 『日本書紀』의 기년으로는 249년이나, 윗 기사는 이보다 2周甲

여세를 몰아 서쪽으로 진군하여 고해진을 거쳐 침미다례를 도륙했다는 내용을 담고 있다.[60] 이는 곧 백제가 비협조적인 가야와 침미다례(신미)의 포구세력들을 무력으로 귀복시킨 과정을 보여주는 것으로 보인다. 이런 관점에서 ① 가야 7국 평정 사건과 ② 침미다례 도륙 사건의 의미를 좀더 자세히 천착해 보기로 하자.

먼저 가야 7국 평정 사건이다. 이는 백제가 무력으로 위협하여 가야에 친백제 포구세력을 부식하고 해양 거점을 확보한 것을 보여주는 것이다. 그렇다면 당시 가야제국이 어떠한 상황에 처하였기에 백제가 이러한 조치를 취하지 않으면 안 되었을까? 당시 특별한 가야제국의 사정을 반영하는 것으로 판단되는 이른바 '포상팔국 사건'을 우선 주목할 필요가 있다.

'포상팔국 사건'은 가야의 8개 포구도시국가('포상팔국')가 가야제국의 맹주국인 구야한국을 침략하자, 구야한국이 신라에 구원을 요청하여 격퇴하였다는 것을 골자로 하는 사건으로서, ①『삼국사기』신라본기 내해니사금 14년조와 ②『삼국사기』열전 물계자조, 그리고 ③『삼국유사』권5 피은제8 물계자조에 중복하여 入錄될 정도로 국내외적 파장이 대단했던 모양이다. 사건의 경위가 가장 자세한 ①의 기사를 보자.

> 7월에 포상팔국이 加羅를 침략하려고 꾀하자 가라의 왕자가 (신라에) 와서 구원을 요청하였다. (신라)왕은 태자 우로와 이벌찬 이

인하한 369년의 사실을 반영하는 것으로 보는 것이 옳다.
60) 기사의 내용을 보면 마치 왜군이 주체가 된 사건인 것처럼 기술되어 있으나, 이는 『일본서기』에서 의도적으로 왜곡한 바이고, 실제로는 백제가 주도한 일로 보아야 할 것이다.

음에게 6부병을 이끌고 가서 구원하도록 명령하였다. 이에 8국의 장군을 격살하고 포로가 되었던 6천인을 빼앗아 돌려주었다.[61]

『삼국사기』의 기년을 그대로 취신하면 포상팔국의 난이 일어난 것은 209년의 일이 된다. 이 기년을 그대로 취신하는 견해와 기년을 재조정하여 3세기 말~4세기 초로 보려는 견해가 유력한 가운데, 심지어 6세기 중엽 내지 7세기 초로 내려보는 견해까지 있다.[62] 이 중 우로의 世系를 기준으로 기년을 재조정하여 4세기 전반으로 본 견해가 타당하지 않을까 한다.[63]

포상팔국에 관한 기사들을 종합적으로 정리해 보면 다음과 같다. 포상팔국의 침입을 감당하지 못한 구야한국('가라')이 신라에게 구원을 요청하자, 신라가 우로와 이음 등을 보내 난을 진압했다(윗 기사). 또한 그 3년 후에는 구야한국('가야국')이 신라에 왕자를 인질로 보내 신라의 가야에 대한 영향력을 공인하는 절차를 밟았고,[64] 바로 그해에 포상팔국 중의 3국인 골포·칠포·고사포가 신라의 갈화성을 공격하여 신라가 이를 크게 격파했다.[65]

이러한 일련의 과정을 보건대, 구야한국은 신라에 의존하려는 성향을 보이고 있고 포상팔국은 그런 구야한국과 신라를 공격하고 있다. 그렇다면 혹 포상팔국은 구야한국이 신라에 의존하려는 것에 반발하여 구야한국을

---

61) 『삼국사기』 신라본기 내해니사금 14년조.
62) 포상팔국 사건의 기년을 둘러싼 여러 견해의 상세한 설명은, 김태식, 1994, 「함안 안라국의 성장과 변천」, 『한국사연구』 86, 46~52쪽 참조.
63) 김태식, 윗 논문, 51~52쪽,
64) 『三國史記』 卷2 新羅本紀2 奈解尼師今 17年條.
65) 『三國史記』 卷48 列傳8 勿稽子條.

침략한 것이 아닐까? 이와 관련하여 포상팔국이 침략하기 8년 전에 구야한국('가야국')이 신라에 화친을 요청한 일이 있었는데,[66] 이것이 포상팔국을 자극하여 구야한국을 공격하게 한 빌미가 된 것일까? 그렇다고 한다면 포상팔국이 구야한국을 침략한 것은 구야한국이 신라에 접근하고 의존하려는 것에 대한 반발 때문으로 볼 수 있지 않을까 한다.

그럼 왜 구야한국은 신라에 접근하여 의존하려 했으며, 또 포상팔국은 구야한국의 그런 행태에 반발하여 침략이라는 극단적인 행위를 취하게 되었을까? 이러한 의문은 낙랑·대방군의 축출과 관련하여 다음과 같이 추론해 볼 수 있겠다.

4세기에 접어들어 낙랑·대방군이 축출되자, 낙랑·대방군이 주도하는 해상교역체계의 주요 구성원으로서 대왜교역의 창구 역할을 담당해오던 가야제국에게 위기가 찾아왔던 것이고, 이러한 위기를 타개하는 방법상의 차이로 인해 포상팔국과 구야한국 사이에 갈등의 골이 깊어져 무력 충돌이라는 최악의 상황에 이르게 된 것이 아닐까 한다. 즉 구야한국은 급성장하고 있던 신라에 접근하여 대왜교역의 창구 역할을 계속하고자 하였던 것이고, 포상팔국은 신라에 의존하려는 맹주국인 구야한국의 발빠른 변신에 동조하지 않고 반발하여 공격했던 것으로 볼 수 있을 것이다. 다른 소국도 아닌, 가야제국의 맹주 역할을 담당해 오던 '구야한국'의 변신은 포상팔국에게는 충격으로 받아들여졌을 가능성이 있다.

이러한 추론을 입증하려면 우선 4세기에 들어 신라가 급성장했다는 점과 대왜교역에서 가야와 신라가 취한 행태에 대한 분석이 뒤따라야 할 것 같다. 이와 관련하여 낙랑·대방군의 축출과 함께 교역 참가세력과 교역품

---

66) 『三國史記』卷2 新羅本紀2 奈解尼師今 6年條.

의 변화가 일어났던 것을 지목한 견해를[67] 우선 주목할 필요가 있다. 이에 의하면 4세기 대에 들어오면서 경남 일대와 일본 열도의 고분 부장품 중에서 중국으로부터 수입된 유물이 급감하는 대신에 武具 등 북방계 물품이 증가한 것을 주목하고, 이러한 현상을, 신라를 통한 북방과의 교역루트가 낙랑·대방군-가야-왜로 이어지던 기존 교역루트를 대신하는 새로운 대안으로 대두한 결과로 보고 있다.

이런 견해를 염두에 둔다면, 구야한국이 신라에 접근하고 의존하는 경향을 띠게 된 것은 낙랑·대방의 축출로 거의 단절되다시피 한 기존의 교역루트를 대신할 새로운 교역루트를 신라를 통해서 유지하고자 하는 의욕을 보여준 것이라 할 것이다. 그러나 그렇게 될 경우 구야한국의 서쪽에 위치한 포상팔국은 대왜교역에서 소외될 수밖에 없었고, 그 때문에 맹주국으로서 신라에 의존하려는 방향으로 치닫고 있는 구야한국에 대해 반발하였을 것으로 판단된다.[68] 그리하여 그들은 구야한국을 공격했고, 구야한국은 즉각 신라에 구원을 요청하여 격퇴하였으며, 3년 후에 그들 중 3국이 신라의 갈화성을 공격하여 저항을 이어갔던 것이다. 갈화성은 오늘날 울산으로 비정되고 있는데, 이를 공격의 대상으로 삼았던 것은 갈화성이 새로운 교역

---

[67] 이현혜, 1998, 『한국 고대의 생산과 교역』, 일조각, 302~307쪽.
[68] 전덕재는 구야한국(금관가야)이 영도하는 강고한 가야연맹체가 이미 성립되었음을 전제하고, 금관가야가 약화된 틈을 타서 포상팔국이 가야연맹체를 깨뜨리기 위해 도발한 사건이 포상팔국의 난이라 주장하고 있다(전덕재, 2000, 「4세기 국제관계의 재편과 신라의 대응」, 『역사와현실』 36, 103~104쪽). 그러나 강고한 가야연맹체의 성립이라는 전제 자체가 의문이고, 설사 그 전제를 받아들일 수 있다 하더라도 왜 포상팔국이 가야연맹체를 깨뜨리고자 했는가에 대한 설명이 미흡하다.

루트의 중심 포구로 떠올랐기 때문이었을 것이다. 이에 대해 구야한국은 신라에 왕자를 인질로 보내어 신라에 대한 의존도를 더욱 강화하였으니, 이는 구야한국식 생존의 방책을 추구한 것일 것이다.[69]

　이상에서 장황하게 살폈듯이, 4세기 초 낙랑·대방군이 축출된 직후에 서남해의 연안항로를 통해 이루어지던 중국 물품의 공급이 일시적으로 단절되는 상황에 처하자, 가야제국은 포상팔국의 난을 겪으면서 '북방-신라-가야-왜'로 이어지는 신라 중심의 해상교역체계에 편입되어 가고 있던 상황이었다. 그러던 중 4세기 후반에 백제가 여러 난관을 극복하고 낙랑·대방군의 뒤를 이어 동아시아 해상교역을 주도하게 되었을 때, 주요 포구도시였던 가야제국의 협조가 긴요했을 것이니, 바) 기사에 나오는 '가야 7국 평정'이란 이미 신라 중심의 교역체계에 편입된 가야제국을 무력을 통해서 친백제세력으로 돌려놓은 것을 의미한다고 할 수 있다.

　다음에 다시 바) 기사로 돌아가서 '서쪽으로 古奚津을 돌아 南蠻인 忱彌多禮를 屠戮'한 사건을 살펴보자. 먼저 침미다례는 곧 해남 백포만의 주요 거점포구였던 신미를 지칭하는 것으로 보인다. 그렇다면 윗 귀절은 백제가 고혜진(강진 지역)을 거쳐 침미다례(=신미)를 무력으로 강제 점령했음을 의미하는 것이 되겠는데, 침미다례를 남만이라 부르고 무자비한 살륙('屠')을 자행한 것으로 나타나 있어, 그 배경이 자못 궁금하다. 굳이 그 배경을 찾아본다면 이전 282년에 신미(침미다례)가 중심이 되어 영산강유역의 29개국이 백제에 강성함에 위협을 느끼고 낙랑·대방군의 모국인 진에 집단적으로 사신을 파견한 사실을[70] 떠올릴 수 있을 것이다. 이를 전거로 추론

---

69) '포상팔국의 난'의 의의에 대해서는 강봉룡, 2010, 「고대 동이사이 연안항로와 영산강·낙동강유역의 동향」, 『도서문화』 36, 19~24쪽 참조.

을 진전시켜 간다면, 백제가 마한을 병탄한 이후에 낙랑·대방군으로부터 대대적인 공격을 받았고 이어 고구려와 극한적인 대결을 벌이는 동안 신미는 반백제적 성향을 유지하면서 신라 중심의 해상교역체계에 깊숙이 개재해 있었고, 4세기 후반에 백제가 해상교역을 주도하려 할 때에도 백제에 대해 저항했을 가능성을 생각해 볼 수 있겠다.

이러한 까닭으로 백제는 백포만의 포구세력 침미다례를 처절하게 응징했던 것으로 보인다. 그런데 다시 바) 기사를 보면, '(왜가) 침미다례를 도륙하여 이를 백제에 주었다'고 되어 있는데, 백제가 토멸한 침미다례의 포구를 폐기하지 않고 백제와 가야-왜를 연결하는 새로운 친백제세력을 이곳에 부식한 것을 의미하는 것으로 볼 수 있다.[71] 4세기 전반에 백포만의 송지면 군곡리 패총은 폐기된 것으로 나타나지만 그에 인접한 백포만의 권역에 위치한 현산면 고현리 일대에서 백제 및 가야계 토기들이 수습되고 있는 것은[72] 이러한 사정을 반영하는 것이 아닐까 한다.[73]

---

70) 주 29), 30) 참조.
71) 『일본서기』에서 '왜가 백제에게 주었다'는 구절은 흔히 백제가 새로운 지역이나 세력을 확보한 것을 의미한다. 예를 들어 '바다 서쪽의 韓을 이미 너희에게 주었다…'느니, '多沙城을 더 주어 오고가는 길의 驛으로 삼게 하였다' 느니, '바다 서쪽을 평정하여 백제에게 주었다'느니 하는 것이 그것이다(『日本書紀』卷9 神功紀 50年 5月條). '바다 서쪽의 한'이나 '바다 서쪽'이란 침미다례를 지칭하는 것이겠고, 다사성이란 섬진강 하구의 하동 일대로 비정되고 있다. 이는 백제가 침미다례와 함께 하동 일대를 가야-왜와 연결하는 새로운 거점포구로 확보했음을 의미하는 것으로 풀이된다.
72) 李道學, 1995, 『백제 고대국가 연구』, 342~343쪽.
73) 이후 영산강유역이 백제의 영토로 완전 편입된 6세기 이후에 고현리 일대가 색금현의 치소로 편제되고 통일신라시대에 들어 침명현으로 개칭되었던 것을 감안하면, 4세기 중반 이후 고현리 일대가 군곡리 일대를 대신하여 새로운 거점포

4세기 후반 당시 백제의 관심은 주로 해상교역을 주도하기 위한 해양 거점의 확보에 집중되었으므로, 백제가 침미다례를 강제 점령했다 해서 영산강유역 '옹관고분사회' 전체를 병탄하고 영역화시키는 데까지 나가지는 못했을 것으로 보인다. 왜냐하면 이후 '옹관고분사회'는 영산강의 지류인 삼포강변의 시종면과 반남면을 중심으로 소국연맹체를 더욱 강고하게 유지해간 것으로 파악되기 때문이다.[74]

한편 서남해안의 포구세력 중에는 침미다례나 가야와는 달리 처음부터 백제에 적극 협조한 부류도 있었을 것이다. 백제는 이들에 대하여 지원을 아끼지 않았을 것이고, 당현히 거점포구로서의 성세를 이어갔을 것이다. 이에 해당하는 사례로 최근에 시굴조사된 고흥 안동고분을 들 수 있다.[75] 고흥반도의 동남쪽으로 깊숙이 만입한 해창만이 인상적으로 내려다보이는 언덕배기 정상에 자리한 안동고분은 한눈으로 보기에도 당시 해창만을 근거로 일어난 해상세력을 대표하는 인물의 무덤으로 보아 손색이 없다. 안동고분의 수혈식석실(석곽)에서 금동관모, 금동신발을 위시하여 환두도 3점, 철모 2점, 금귀고리 1쌍, 갑옷, 투구, 살포, 철부, 방추차, 유리소곡, 철촉 등의 일괄 유물이 출토되었는데, 이들은 대개 5세기 초반대의 것으로 추정되고 있다. 이밖에 2세기 중반경에 제작된 것으로 추정되는 이질적인 후한경도 같이 부장되어 있는데, 이는 무덤 주인공 가문에 대대로 전해져 오던 전세품을 5세기 초에 부장한 것으로 보인다. 그렇다면 고흥의 해창만 세

구로 대두하여 그 위세가 통일신라까지 유지되어갔음을 알 수 있다.
74) 강봉룡, 1999, 앞 논문 참조.
75) 임영진, 2006, 「고흥 길두리 안동고분 시굴조사 개보」, 『연구논문집』 7, (재)호남문화재연구원; 임영진, 2006, 「고흥 길두리 안동고분 출토 금동관의 의의」, 『충청학과 충청문화』 2, 충남역사문화원.

력은 낙랑·대방군이 주도하던 시기부터 백제가 주도하던 단계까지 변함없이 번영을 누려왔던 셈이 된다.

안동고분은 그 구조나 출토유물로 미루어 보아 백제 뿐 아니라 가야와 왜의 영향을 받은 복합적 성격을 띠고 있어 당시 해상교역의 주요 거점포구였을 가능성이 크다. 금동관이나 금동신발 등 위신재가 부장된 것으로 보아 그 주인공은 해상교역을 주도하던 백제로부터 크게 인정을 받고 있었음을 알 수 있다. 이처럼 백제에 협조적인 해상세력으로서 백제로부터 위신재를 받은 해상세력의 사례로는 5세기 초의 것으로 추정되는 금동관이 최근 출토된 서산지역과 금강하구의 익산 입점리 세력 등을 들 수 있겠다. 이들 역시 백제에 협조적인 세력으로서 백제로부터 크게 인정받은 사례라 할 것이다.

Ⅳ. 왜의 '홀로서기' 시도와 신미제국과의 연대

4세기 후반에 백제가 해상교역을 주도함으로써 성취한 강국으로서의 위상은 이후에 오래가지 못했다. 백제는 4세기 말부터 광개토왕과 장수왕으로 이어지는 고구려의 대대적인 반격에 직면하게 되었고, 5세기에 들어서는 연안항로가 경색되면서 해상교역의 주도권마저 상실하는 총체적 위기 상황에 처하게 되었다. 더 나아가 427년 장수왕의 평양천도와 475년 고구려에 의한 백제의 한성 함락으로 이어진 고구려의 대공세는, 백제는 물론 신라·가야·왜와 같은 남부의 여러 국가들을 공멸의 위기감에 빠져들게 하였다.

고구려의 남진정책에 가장 큰 타격을 입은 것은 백제였다. 백제는 가야와 왜와의 우호 관계를 더욱 강화하고 중국 남북조와의 관계 개선에 총력을 기울이는 한편 적성국이었던 신라까지도 끌어들여[76] '반고구려 국제연대'를 구축함으로써 고구려의 남진 위협에 공동 대응하고자 하였다.[77] 그렇다면 영산강유역 신미제국도 백제 주도의 '반고구려 국제연대'에 적극 참여하였을까? 그렇지는 않았던 것 같다. 신미제국은 반남세력을 중심으로 영산강유역 지역정치체들의 연맹관계를 더욱 강화하는 한편[78] 백제보다는 왜와의 관계 개선에 더욱 치중했던 것으로 보인다.

5세기에 고구려의 남진 위협에 남부의 여러 나라들이 공동 위협을 느끼고 있던 터에, 이전 단계부터 백제에 적대적 인식을 가져오던 신미제국이 자구의 길을 모색하기 위해 아직은 백제보다는 왜를 외교 파트너로 선택하는 것이 보다 부담이 적었을 것이다. 영산강유역에 왜계 고분의 출현은 신미제국과 왜와의 돈독한 관계를 보여주는 징표라 생각된다.

영산강유역에서 왜계 전방후원분이 가장 이른 시기에 조영된 곳은 시종면 태간리이다. 일명 자라봉고분이라 불리는 이 전방후원분은 그 축조 시점에 대한 논란이 진행되고 있어,[79] 아직 단정하기는 어렵지만 5세기대의

---

76) 원래 신라는 백제와 왜의 공격에 대응하기 위해 고구려의 군사 원조를 받는 입장이었으나, 고구려가 평양으로 천도하여 남진정책을 본격화하자 이에 위협을 느껴 430년대부터 백제와 동맹 관계로 발전하였다(『三國史記』 卷25 百濟本紀 毗有王 7年·8年條).
77) 백제의 '반고구려 국제연대' 구축 노력에 대해서는 강봉룡, 2002, 「고대 동아시아 해상교역에서 백제의 역할」, 『한국상고사학보』 38, 88~91쪽 참조.
78) 강봉룡, 2003, 「영산강유역 '옹관고분사회'의 형성과 전개」, 『강좌한국고대사』 10, 78~82쪽.
79) 자라봉고분의 축조시기에 대해서 4세기대로 보는 설(강인구, 1992, 『자라봉고분』, 한국정신문화연구원, 43쪽)과 5세기대로 보는 설(박순발, 1998, 「4~6세기

어느 시기에 축조된 것으로 보아 큰 무리가 없을 것 같다.[80] 이처럼 5세기 대에 반남에서 비교적 가까운 지점에 전방후원분이 축조되었다는 것은, 일시적이나마 반남세력과 왜 사이에 문화적 교류를 넘어서 정치적 연대를 추구했던 흔적으로 볼 수 있지 않을까? 그렇다면 당시 왜의 사정은 어떠했을까?

당시 왜는 백제 주도의 '반고구려 국제연대'에 적극 참여하였으나, 백제가 고구려의 위력에 밀려 좀처럼 회복의 기미를 보이지 않자, 백제와의 관계는 그대로 유지하면서도 한편으로는 백제를 통하지 않고 중국과 직교역할 수 있는 다른 방도를 모색하기도 하였다. 이제까지 백제를 통해서 중국의 문물을 수입해오던 왜로서는 백제의 무력화가 장기화됨에 따라 중국과 통할 새로운 돌파구를 마련하는 것이 절실하였던 것이다. 심지어 적성국인 고구려와 연계하여 중국과 통하는 것도 불사할 정도였다.[81]

왜가 시도한 가장 적극적인 방도는 중국 남조에 사신을 파견하여 직접 통하려 했던 대중국 '홀로서기' 외교였다.[82] 왜의 '홀로서기' 외교는 讚王·

영산강유역의 동향」, 『백제사상의 전쟁』, 서경문화사, 169~170쪽; 土生田純之, 2000, 「한·일 전방후원분의 비교검토-석실구조와 장송의례를 중심으로-」, 『한국의 전방후원분』, 충남대 출판부, 19~20쪽)로 나누어져 있다.

80) 자라봉고분은 타 전방후원형 고분에 비해 분구의 전방부가 미발달한 형식이고, 타 전방후원형 고분의 매장주체시설이 횡혈식석실의 양식을 띠고 있음에 반해 수혈식석실의 양식을 띠고 있어, 그 양식상에서 볼 때, 가장 이른 시기에 축조된 것으로 볼 수 있을 것이다.

81) 『일본서기』에 의하면 5세기에 왜가 고구려와 관계를 맺거나 고구려를 통해서 중국과 통했다는 기사가 집중적으로 나오고 있다[應神紀 28年條(수정 기년으로 417년), 應神紀 37年條(수정 기년으로 426년), 仁德紀 12年條(수정 기년으로 444년), 仁德紀 58年條(수정 기년으로 490년), 顯宗紀 3年 是歲條(487년)].

珍王·濟王·興王·武王의 5대에 걸쳐 시도되었으니, 이 시기를 흔히 '왜 5왕의 시대'라 일컫는다.

　왜 5왕은 421년부터 송에 사신을 파견하기 시작하여 502년까지 총 8회에 걸쳐 남조의 宋·濟·梁 왕조에 사신을 파견하였다(송에 6회, 제에 1회, 양에 1회). 왜왕은 사신 파견을 통해 자신의 존재를 과장되게 과시함으로써 남조 왕조의 주의를 끌려고 하였다. 그리하여 왜·백제·신라·임나·가라·진한·모한의 7개국을 군사적으로 통솔하고 있다고 자임하면서 이를 작호로 공인해줄 것을 요청하기도 했다. 송 왕조가 적어도 백제는 왜의 지배하에 있을 리 없다는 것을 지적하자 백제를 뺀 6국에 대한 군사적 통솔을 공인하는 작호를 수정 요청하기도 했다. 이처럼 왜왕의 요청이 누대에 걸쳐 집요하게 계속되자, 한때 송 왕조는 6국에 대한 왜의 군사적 통솔권을 공인하는 작호를 형식적으로 인정해 주기도 했지만, 6세기에 접어들면서 흐지부지되고 만다.

　왜는 이러한 대중국 '홀로서기' 외교를 성공적으로 수행하기 위해서 한반도에서 우호적인 상대를 구하고자 했을 것이고, 그래서 영산강유역 신미제국을 주목했던 것으로 보인다. 그간 신미제국은 왜와 우호적 관계를 유지해 왔고, 지리적으로도 남해와 서해를 연결하는 꼭지점에 위치해 있어 왜의 '홀로서기' 외교를 위한 최적격 상대였을 것이다. 그리하여 왜는 신미제국의 중심세력인 반남세력과의 관계를 강화하는 한편으로 신미제국을 구성하고 있던 '지역정치체'들과도 개별적인 교섭을 진행하였던 것 같다. 앞서 소개한 자라봉고분이 왜와 반남세력 간 교섭의 산물이라 한다면 5세기에 들어 주로 영산강유역의 주변부에서 분산적으로 출현하는 九

---

82) 강봉룡, 2002, 앞 논문, 87~91쪽.

州式 '전기 횡혈식석실분'들은[83] '지역정치체'들과의 개별적 교섭의 산물로 여겨진다.

이처럼 왜는 백제를 통하지 않고 중국 남조와의 교역을 지속할 방도를 다각도로 모색하였으니, 적성국인 고구려와 통하려는 시도, 왜 5왕의 대중국 '홀로서기' 외교의 시도 등이 그것이다. 그리고 그 과정에서 영산강유역 신미제국이 왜의 유력한 파트너로 부각된 것으로 보인다. 이러한 왜의 외교 전략은 자칫 백제의 '반고구려 국제연대' 구축 노력을 무위로 돌려버릴 위험성과 폭발성을 내포한 것이었다.

백제의 고민은 가중되었다. 고구려의 남진 위협에 대비하는 한편으로 '홀로서기'를 시도하는 왜와 긴밀한 관계를 유지·관리하는 일에도 신경을 써야 했기 때문이다. 그러나 상황은 여의치 않았다. 고구려의 공격으로 475

---

83) 영산강유역 횡혈식석실분은 5세기 중엽 경에 출현한 '전기 횡혈식석실분'과 6세기 중·후반 이후에 출현한 '후기 횡혈식석실분'으로 구분할 수 있겠는데, 양자는 석실의 위치, 석실의 평면형태, 천정의 결구방식, 석실의 장축방향, 그리고 출토유물 등에서 상당한 차이를 보여주고 있다(임영진, 1991 「영산강유역 횡혈식석실분의 수용과정」, 『전남문화재』 3, 38~63쪽). 이 중 '후기 횡혈식석실분'은 전형적인 백제 사비양식을 띠고 있어 그것이 백제 계통이라는 것에 대해서 이론의 여지가 없지만, '전기 횡혈식석실분'의 계통에 대해서는 크게 두 가지 견해로 나누어지고 있다. 즉 백제의 횡혈식석실분이 영산강유역 옹관고분문화와 결합되어 특이한 양식[영산강식]으로 변형되었다는 견해(임영진, 윗 논문)와 일본 九州式 횡혈식석실분의 영향을 받아 축조되었으리라는 견해(土生田純之, 2000, 앞 논문, 8~13쪽)가 그것이다. 종전엔 전자의 견해가 일반적으로 받아들여졌으나, 최근에는 후자의 견해에 동조하는 연구자들도 늘고 있다. 실제 영산강유역 '전기 횡혈식석실분'은 양식상 九州式에 가까운 것이 사실이고, 더욱이 그 분구 형태가 원형 및 방형인 것 이외에 일본열도에서 발생하여 전개되어 간 전방후원형인 것도 포함되어 있다는 점을 염두에 둘 때, 후자의 견해가 타당해 보인다.

년에 개로왕이 전사당하고 한성이 함락되었다. 쫓기듯 웅진으로 천도한 이후에는 원귀족세력과 금강유역 출신 신진세력의 발호로 왕권이 농락당하는 상황이 지속되었다. 왜의 '홀로서기' 시도는 계속되었고, 중국 남조도 점차 왜에 대한 백제의 절대적 우위를 인정하지 않으려는 추세로 나갔다.[84]

백제로서는 무언가 적극적이고 단호한 조치가 필요했다. 먼저 왜에 대해서는 위기가 닥쳐올 때마다 차기 왕위계승자나 최측근 왕족들을 왜에 파견하여 흔들리는 왜왕을 설득하는 적극적인 '왕족외교'의 전술을 구사하였다.[85] 다음에 대남조 외교를 적극화하였다. 남조의 왕조에 사신을 빈번히 파견하여 귀족들의 작호를 추인해 줄 것을 요청하였던 것이다. 개로왕대에 귀족세력을 회유하기 위한 관념적 장군호 요청 차원에서 시작한 백제의 작호 추인 요청 외교는[86] 동성왕대에 이르러 왕·후·태수의 작호를 요청하는 실질적 차원으로 발전하였던 것으로 보인다. 이 중 태수의 경우는 중국의 지명을 冠하는 관념적 작호에 불과한 것으로 판단되지만, 왕·후의 경우는 국내의 실재 지명을 冠하고 있어 실질적인 내용을 담고 있을 가능성도 있다.[87] 이에 동성왕이 요청한 왕·후의 작호에 冠한 지명들을 주의 깊게 살펴

---

84) 처음 宋은 백제왕에 대하여 '진동대장군'의 장군호를 제수하고 왜왕에 대해서는 안동장군의 장군호를 제수하여 양국 간의 차별을 인정하였다. 그런데 478년에 이르러 송은 백제에게만 내렸던 대장군('진동대장군')의 호를 왜에게도 공식 인정해 주었고('안동대장군'), 齊 역시 이를 그대로 따름으로써 백제의 우위성을 인정하지 않았다.
85) 연민수, 1997, 「백제의 대왜외교와 왕족」, 『백제연구』 27 참조.
86) 『宋書』 卷97 列傳57 夷蠻 東夷 百濟國條.
87) 왕·후·태수제에 대하여, 백제 왕권이 강화되고 중앙집권적 지배체제가 성장함에 따라 백제왕이 대왕을 표방하고 중국 왕·후제의 예에 따라 중신을 작위화한 것으로서, 실재적인 것이라기보다는 의례적인 것으로 봐야 한다는 견해도 있다(양기

볼 필요가 있다.

동성왕은 12년(490)과 17년(495) 두 차례에 걸쳐서 사신을 파견하여 작호를 요청하였다.[88] 이때 요청한 王號는 面中王, 都漢王, 阿錯王, 邁盧王, 邁羅王, 辟中王 등이고, 侯號로는 八中侯, 弗斯侯, 面中侯 등이다. 왕호와 후호에 冠한 지명들에 대해서는 전라도 서부 및 남부연안지방에 비정하는 견해와[89] 충청·전북지역에 비정하는 견해로[90] 나뉘고 있는데, 전라도 일대로 보는 전자의 견해가 타당하다고 본다. 더 나아가 이들 지명이 주로 토착세력이 강한 반독립적인 지역과 관련된다는 점을 지적하고, 익산 입점리나 영산강유역을 우선 지목한 견해를[91] 유념하고자 한다. 그렇다면 동성왕대의 왕·후제는, 독자적 지위를 유지하고 있던 영산강유역을 적극 편제하기 위한 목적도 포함하고 있다고 할 수 있지 않을까?

이와 관련하여 우리는 왜 5왕이 대중국 '홀로서기' 외교를 위한 해양 거점 확보 차원에서 영산강유역 신미제국을 외교 파트너로 삼아 적극적인 교류를 전개하였고, 5세기 중반 이후에 영산강유역에 출현한 九州系의 '전기 횡혈식석실분'이 그 산물일 가능성이 크다는 앞서 지적을 떠올릴 필요가 있다. 그렇다면 동성왕의 왕·후제 실시는 왜 5왕의 대중국 '홀로서기'에 대응

석, 1984, 「5세기 백제의 왕·후·태수제에 대하여」, 『사학연구』 38, 71~78쪽).
88) 『南齊書』 卷58 列傳39 東南夷 東夷 百濟國條.
89) 末松保和, 1956, 『任那興亡史』, 吉川弘文館, 110~113쪽; 정재윤, 1992, 「웅진·사비시대 백제의 지방통치체제」, 『한국상고사학보』 10, 509쪽; 田中俊明, 1997, 「웅진시대 백제의 영역재편과 왕·후제」, 『백제의 중앙과 지방』, 충남대 백제연구소, 257쪽.
90) 천관우, 1979, 「마한제국의 위치시론」, 『동양학』 9, 206쪽.
91) 정재윤, 1992, 앞 논문, 509~511쪽.

하기 위한 외교 전략과 관계가 있다는 인상을 지우기 어렵다. 즉 동성왕은 왕·후제 실시를 통해서 중국 남조에 대한 적극적 외교 공세를 취하는 한편, 중국 황제의 권위를 빌어 중신들을 회유하면서 영산강유역에 대한 진출 및 편제의 의욕을 과시한 것으로 여겨지기 때문이다.

백제의 다음 수순은 영산강유역에 대해 무언가 실질적인 조치를 취하는 것으로 나아갔다. 그리하여 영산강유역 신미제국에 대해서 회유와 무력 시위를 병행하는 일련의 조치를 취하였다. 다음의 기사를 검토해 보자.

> 사) 耽羅國이 방물을 바치니 왕이 기뻐하여 사자에게 恩率을 拜하였다.[92]
>
> 아) 동성왕은 耽羅가 공부를 바치지 않는다 하여 친히 정벌하여 무진주에 이르렀다. 탐라가 이를 듣고 사신을 보내 죄를 비는지라 이에 그만두었다.[93]

사) 기사에 의하면 480년에 탐라국이 방물을 바쳐왔다는 것이다. 어려운 조건에 처해 있던 백제로서는 탐라국이 방물을 바쳐왔으니 이보다 더 기쁜 일이 없었을 것이었다. 그 기쁨의 정도는, 사자에게 백제의 제3위에 해당하는 고위의 관등인 은솔을 제수하여 최고 대우를 해 주었다는 것에 잘 나타나 있다. 그런데 그런 탐라가 498년에 이르러 백제에 등을 돌리고 공납을 바치지 않게 되어, 백제의 무력 공격을 받았다는 것이다[아) 기사].

『일본서기』에도 백제와 탐라의 관계 기사가 나오고 있는데, 탐라가 백

---

92) 『三國史記』 卷26 百濟本紀4 文周王 2年 4月條.
93) 『三國史記』 卷26 百濟本紀4 東城王 20年 8月條.

제와 처음 통교했던 시점이 위의 『삼국사기』 기사와는 달리 나타나고 있다.

> 자) 南海 가운데의 耽羅人이 처음으로 백제국과 통교하였다.[94]

는 것이 그것이다. 이는 탐라가 508년(무령왕 8)에 처음 백제와 통교한 것으로 되어 있어, 사) 기사에 비해 통교 시점이 30년 정도 늦은 시기가 된다. 이러한 두 사서의 차이에 대해 이제까지 연구자들은 대개 자) 기사를 두찬으로 간주해 버림으로써 문제를 간단히 해결하려 하였으나, 최근에 이를 비판하는 견해가 속속 제기되고 있다. 먼저 고고학적 견지에서 5세기 후반에 백제와 탐라의 관계를 사) 기사처럼 설정하는 것을 의심하는 견해가 제기되기도 하였고,[95] 또한 위의 세 기사를 모두 인정하면서, 사)·아) 기사에 나오는 탐라와 자) 기사에 나오는 탐라를 별개의 것으로 간주하여 이를 합리적으로 재해석하려는 신설이 제기되기도 하였다.[96] 이에 따른다면 480년과 498년 기사(사·아 기사)에 나오는 탐라는 해남·강진세력으로, 508년에 백제와 처음 통교한 탐라(자 기사)는 제주도세력으로 볼 수 있게 된다. 해남·강진 지역은 耽津이라는 지명이 생길 정도로 고래로 제주도와 통하는 포구가 발달한 곳이라는 점 등을 고려하여, 필자는 이 신설에 주목하고자 한다.

---

94) 『日本書紀』繼體紀 2年 12月條.
95) 이청규, 1995, 『제주도 고고학 연구』, 학연문화사, 320~323쪽.
96) 신설에 의하면 다) 기사에 나오는 탐라는 남해 가운데 있다고 하므로 오늘날 제주도로 보아 무리가 없다고 보고, 가)와 나) 기사의 탐라는 제주도가 아닌 해남·강진에 대한 이칭으로 보아야 할 것이라 하였다(이근우, 1997, 「熊津時代 百濟의 南方境域에 대하여」, 『百濟研究』 27, 51~55쪽).

신설에서 사)·아) 기사의 탐라에 해당하는 곳으로 비정한 해남·강진지역 중에서 해남의 백포만 지역은, 앞에서 살폈듯이 신미제국의 관문사회적 기능을 수행했던 신미가 그것이고(마-1 기사), 4세기 후반에 백제가 강제 점령하여 해상교역의 거점으로 활용한 적이 있던 침미다례가 그것이다.(바 기사) 또한 해남 일대는 5세기 중반에서 6세기 초 사이에는 '전기 횡혈식석실분'이 가장 두드러지게 대두한 곳 중의 한 곳이기도 하다. 특히 이 지역의 '전기 횡혈식석실분' 중에는 방형 이외에 전방후원형의 고분도 2기나 포함되어 있어, 왜와의 관계가 매우 긴밀했었던 것으로 추정되는 곳이기도 하다.

이를 염두에 둘 때, 사)·아)·자) 기사에 대해 다음과 같은 해석이 가능하다. ① 해남·강진세력은 대중국 '홀로서기' 외교를 추진하던 왜와 긴밀한 교류 관계를 맺어오던 중, 백제의 회유와 협박에 못이겨 480년에 백제에 사신을 보내 방물을 바치는 의례적 행위를 하였다. ② 그런데 그 이후에 해남·강진세력이 다시 공부를 바쳐오지 않고 왜와의 우호적 관계를 지속해 나가자 498년에 동성왕이 친히 군대를 일으켜 武珍州에 이르렀고, 이에 해남·강진세력은 다시 백제에 굴복하였다. ③ 이에 백제의 지배력이 확고해지자, 해남·강진세력과 긴밀한 관계를 맺어오던 제주도의 탐라가 508년에 처음으로 백제와 통교를 요청하기에 이르렀다.

이렇게 본다면, 498년의 군사 작전은 백제의 영산강유역 진출에 있어서 매우 중요한 의미를 가지게 된다. 그것은 단순히 해남·강진세력의 귀복 맹

---

97) '전기 횡혈식석실분'의 분포가 親倭的 성향의 세력집단의 분포를 반영하는 것으로 볼 수 있다면, 친왜적 성향의 세력집단은 광주·영광·함평·해남 일대에 있었다고 할 수 있다(강봉룡, 2003, 앞 논문, 86~87쪽).

세를 받아내려는데 그친 것이 아니라, 무력시위를 통해 신미제국의 주변부에 확산되어 가고 있던 친왜적 성향의 세력집단에[97] 경종을 울리는 계기가 되었을 것이다. 이는, 5세기 말부터 백제가 국제적 위상을 회복하여 왜를 압도해 간 추세와 맞물리면서, 영산강유역에 대한 백제의 영향력을 관철시키는 중요한 계기가 되었을 것임에 틀림없다.

이처럼 동성왕은 '반고구려 국제연대'를 추진함과 함께 실력행사를 통해 신미제국 및 왜를 견제하려는 노력을 기울이면서 상당한 성과를 거둔 것은 사실이다. 그럼에도 불구하고 장기간 고구려에 내몰리면서 쌓인 내외의 불신과 불만 요인들을 일시에 해소하기는 역부족이었던 듯하다. 그리하여 동성왕은 말년에 호화로운 臨流閣을 지어 환락의 생활에 탐닉하였으며, 때마침 계속된 자연재해가 겹쳐, 정국은 다시금 혼란에 빠져들었다.[98] 결국 그 와중에서 동성왕은 苩加에게 피살당하고 말았다. 이렇듯 백제의 시련은 계속되었고, 연안항로의 경색 국면은 그대로 방치될 수밖에 없었다.

V. 백제 중심의 해상교역체제의 복원과 신미제국 편제

1. 백제의 해양강국 재건

동성왕의 뒤를 이은 이는 武寧王이었다. 그에게는 거듭되는 시련을 종식시키고 그동안 백제가 꿈꿔오던 근초고왕 시대의 해양강국을 재건해야

---

98) 『日本書紀』武烈紀 4年條에 의하면 '백제 末多王이 無道하여 백성들에게 포학했으므로 나라 사람들이 마침내 그를 제거하고 嶋王을 세우니 바로 武寧王이다'라 되어 있다.

한다는 과제가 주어졌다. 결론부터 말하면 그는 이 과제를 성공적으로 수행하여 해양강국 재건의 기틀을 마련했다.

무령왕은 문헌에 따라 그의 出自에 대한 설이 다양하게 전해온다. ① 동성왕의 아들이라는 설,[99] ② 개로왕의 아들(곤지의 의붓자식)이라는 설,[100] ③ 곤지의 아들(동성왕의 異母兄)이라는 설[101] 등이 그것이다. 이 중 ①은 부자계승의 관념으로써 막연히 상정한 것에 불과하므로 취할 바가 못된다고 여겨지지만, ②와 ③은 무언가 곡절이 있으리라는 생각이 든다. 잠시 부연하기로 하자.

먼저 ②에 전하는 설화에 의하면, 개로왕이 아우 곤지를 왜국으로 파견할 때, 곤지가 만삭한 개로왕의 부인을 요구하자 개로왕은 도중에 아이를 낳으면 그 아이를 배에 태워 귀국시켜줄 것을 당부하면서 동행을 허가하였는데, 도중 筑紫의 各羅島에서 출산했다 하여 이름을 島君이라 칭했다 한다. 이가 무령왕이라는 것이다. 이는 내용 자체가 너무 비현실적이라 하여 신뢰하지 않고 ③에 따라 무령왕을 곤지의 아들로 보는 것이 일반적이다. 사실 관계는 필자 역시 이를 따르지만, ②의 설화가 생성된 것에는 그만한 사연이 있을 듯하다는 느낌을 지울 수 없다. 그것은 무령왕이 한성시대 마지막 왕인 개로왕과의 계승성을 강조하는 과정에서 생성된 설화가 아닐까 한다.[102] 신라·가야·왜, 그리고 중국 남북조를 결집하여 반고구려 국제연대를 구축하려다가 결국 고구려의 주도면밀한 전략에 말려들어 뜻을 이루

---

99) 『三國史記』百濟本記 武寧王 卽位年條.
100) 『日本書紀』雄略紀 5年 4月條.
101) 『日本書紀』武烈紀 4年條 所引『百濟新撰』.
102) 李道學, 1984,「漢城末 熊津時代 百濟王系의 檢討」,『韓國史研究』45, 16쪽.

고대 영산강유역의 역사적 배경 149

지 못하고 전사한 개로왕은 무령왕에게는 백제가 나아갈 하나의 방향타와도 같이 여겨졌음 직하다고 보여지기 때문이다.

결국 무령왕은 국내에서는 개로왕의 계승자임을 표방하여 강력한 그의 정책을 계승하려 했던 한편으로, 16년간 倭 河內國 지역에 장기 체류하며 유력한 씨족으로 성장한 昆支의 아들로서 왜와의 인연도 강조하고 싶었을 것이며, 이것이 ②에 전하는 바와 같은 기묘한 설화가 생성되는 배경이 되었지 않았을까 하는 것이다.

무령왕은 501년에 즉위하자 먼저 동성왕을 죽인 苩加의 세력을 타도하고, 투항하는 백가를 백강에 던져버렸다.[103] 왕권에 도전하는 자에 대한 본보기를 보여준 것이리라. 그리고 왕 4년에 麻那君을, 그 이듬해엔 아들 斯我君을 왜에 파견하여 왜와의 관계 복원에 적극성을 보였다.[104] 509년에는 왜가 사신을 보내왔으며, 이후에 양국 간의 사신·학자·장군의 왕래가 빈번하게 이루어졌다.[105] 508년에는 탐라(제주도)와도 처음으로 통교 관계를 개설했다.[106] 이로써 무령왕은 우선 남방의 항로만은 완전 정상화시킬 수 있었다.

이를 바탕으로 무령왕은 고구려와의 전투에서 우위를 점하게 되었으

---

103) 『三國史記』 百濟本記 武寧王 卽位條.
104) 『日本書紀』 武烈紀 6年·7年條.
105) 『日本書紀』 繼體紀 3年, 6年 4月·12月, 7年 6月條.
106) 『日本書紀』 繼體紀 2年 12月條. 『三國史記』 百濟本記에 의하면 문주왕 2년(476)에 탐라국이 방물을 바쳐왔다 하고, 동성왕은 탐라가 공물을 바치지 않아 친정했다 하여 『일본서기』와 다르다. 그런데 『삼국사기』에 나오는 탐라는 제주도를 지칭하는 것이 아닌 강진·해남에 대한 이칭으로 본 견해가 있어 참고된다(李根雨, 1997「熊津時代 百濟의 南方境域에 대하여」, 『百濟研究』 27, 51~55쪽).

며,[107] 중국 남조의 梁과도 자신감 넘치는 통교를 전개해 갈 수 있었다. 즉 521년(무령왕 21)에 무령왕은 梁에 表文을 올려 고구려를 여러 차례 무찔렀음을 과시하였고, 이에 근거하여 『梁書』는 '백제가 다시 강국이 되었다'고 적고 있다.[108] '다시 강국이 되었다' 함은 근초고왕 시대의 해양강국을 '다시' 재건했음을 의미하는 것으로 풀이할 수 있을 것이다.

바로 이때에 즈음하여 왜의 '홀로서기' 시도는 중지되었던 것으로 보인다. 梁 왕조는 宋 왕조가 왜에게 추인해준, '使持節…六國諸軍事' 운운하는 가공의 작호를 거두어 들이고 장군호도 "鎭東大將軍'에서 '征東將軍'으로 격하시켜 버렸다. 그나마도 502년을 끝으로 왜왕의 이름은 또 다시 중국 사서에서 자취를 감추고 말았다. 반면 백제에 대해서는 '정동대장군'의 장군호를 그대로 유지시켜 줌으로써 백제의 지도적 지위를 공인하고 백제만을 유일한 교역의 파트너로 인정해 주었던 것이다. 이는 곧 왜가 대중국 '홀로서기' 외교를 포기하고, 백제가 주도하는 대중국 교역체계의 일원으로 복귀하게 되었음을 의미한다고 할 수 있다.

무령왕은 백제의 왕으로서 일본 筑紫 各羅島에서 출생했다는 설화의 주인공이자 중국 남조양식의 塼築墳에 묻힌 인물이라는 점에서 동아시아 국제교역을 주도한 개방적 자세를 상징적으로 보여준다.

---

107) 『三國史記』 百濟本記 武寧王 卽位年 11月, 2年 11月, 7年 10月, 12年 9月.
108) 『梁書』 列傳 諸夷 百濟條.
109) 담로의 어원과 의미에 대한 여러 견해에 대해서는 유원재, 1997, 「양서 백제전의 담로」, 『백제의 중앙과 지방』, 충남대 백제연구소, 98~111쪽 참조.

2. 백제의 신미제국 영역화

동아시아 해상교역을 다시 주도하게 된 백제는 성왕 대에 이르러 영산강유역의 신미제국을 백제 지방의 일원으로 편제하는 영역화 작업을 마무리지었던 것으로 보인다. 5방제 실시가 그 제도적 처방이었다.

백제 5방제의 실시는, 22담로제로 일컬어지는 이전 지방지배체제의 틀을 넘어서는 획기적 편제 방식으로 평가할 수 있다. 담로란[109] 이전의 소국 단위에, 그리고 이후의 군 단위에 해당하는 행정단위로서, 중앙이 22개의 담로를 직접 관할하는 체제가 22담로제라 할 수 있다. 22담로제의 관할 범위는 충청도와 전라북도에 한정되었던 것으로 보이는데,[110] 이 지역 소국 단위들을 담로로 편제했다는 것은, 웅진 천도 이후 왕권이 금강유역 세력에 휘둘려 지방지배를 제대로 관철할 여유가 없었던 상황과 견주어 볼 때, 그 자체 상당한 진전이라 할 수 있다. 따라서 담로제 자체의 첫 실시 시기는 알 수 없지만, 적어도 충청도와 전라북도를 대상으로 한 22담로제의 실시는 금강유역 세력집단을 압도하는 왕권이 실현되는 단계에나 가능하지 않았을까 한다. 그렇다면 그 시기는 동성왕대나 무령왕대 중 어느 시기일 것으로 보는 것이 좋지 않을까 하며, 이 중 무령왕대에 실시되었을 가능성에 무게를 두고자 한다.[111] 『양서』에 전하는 다음 기사를 보자.

---

110) 오늘날 충청도와 전라북도는 통일신라시대의 웅주와 전주에 해당하고 웅주와 전주에 속한 군의 수가 23개인데, 담로를 군 단위의 행정단위로 볼 때 23군은 22담로의 수와 대체로 일치한다(강봉룡, 1997, 「삼국의 지방편제단위와 지방관」, 『한국 고대·중세의 지배체제와 농민』, 지식산업사, 74~76쪽; 김영심, 1997, 「백제 지방통치체제 연구」, 서울대 박사학위논문, 123쪽 주 117 참조).
111) 담로제의 실시시기에 대해서는 국초설, 근초고왕대설, 개로왕대설, 무령왕대설 등 다양하게 제기되고 있다(담로제 실시시기에 관한 제설에 대해서는 정재

治所의 城을 固麻라 했다. 邑을 檐魯라 하였는데 중국의 郡
縣이란 말과 같다. 그 나라에는 22개의 담로가 있는데, 모두 자제
종족을 분거시켰다.[112]

윗 기사는 521년(무령왕 21)에 백제 사신이 양 왕조에 傳言한 바에 의거
하여 정리된 것으로 파악되고 있다.[113] 따라서 22담로제는 적어도 무령왕
의 후반기까지는 실시되고 있었다고 할 수 있다. 22담로제의 대상지역에
포함된 충청도 지역은 4세기 후반 근초고왕대에 본격 경영을 개시했고, 전
라북도 지역 역시 근초고왕대에 진출한 흔적이 보인다. 그러나 백제는 4세
기 말부터 고구려의 대반격을 받아 수세에 몰려, 475년에 한성이 함락당하
고 웅진 천도를 단행하여 금강유역 세력조차 제대로 통제할 수 없는 상황
으로 내몰리면서, 충청도와 전라북도 지역을 제대로 편제할 형편이 되지
못하였을 것이다. 그러던 중 동성왕대에 왕권 강화의 조치가 진전됨에 따
라 충청~전북 지역에 대한 편제 계획을 추진했을 것으로 보이지만, 동성
왕의 이런 계획은 말년에 반대 세력의 저항에 부닥쳐 국왕이 시해당하면서
도상의 계획에 그치고 말았을 가능성이 크다. 따라서 22담로제의 실시 시

훈, 1992,「웅진·사비시대 백제의 지방통치체제」,『한국상고사학보』10, 514~
515쪽; 강종원, 2002,『4세기 백제사 연구』, 서경, 199쪽; 이용빈, 2002,『백제
지방통치제도 연구』, 서경, 89~93쪽 참조). 이처럼 담로제 실시시기에 대한 견
해가 다양하게 제기되고 있는 것은 담로 단위를 편제 단위로 하는 담로제의 첫
실시시기에 대한 견해의 차이에서 나오기도 하지만, 담로제와 22담로제의 차별
을 인정하지 않은 것에서 나오기도 하는 것 같다. 무령왕대설은 아마도 22담로
제 실시시기에 초점을 맞춘 견해로 보면 좋을 것이다.
112)『梁書』卷54 列傳48 諸夷 百濟國條.
113) 武田幸男, 1979,「新羅官位制의 成立」,『朝鮮歷史論集』上卷, 181~185쪽.

기는 무령왕대로 보는 것이 타당하다고 여겨진다.

22담로제의 실시를 통해서 충청~전북 지역에 대한 편제에 도달한 무령왕은 그 여세를 몰아, 왜와 긴밀한 관계를 맺으면서 백제와는 미묘한 갈등 분위기를 조성해오던 영산강유역 신미제국에 대한 진출 및 영역화에 박차를 가했던 것으로 보인다. 이미 동성왕대 '무진주' 무력시위를 통해서 신미제국에 대한 군사적 압박을 가한 적이 있었지만, 동성왕의 시해로 더 이상 진전되지 못하던 상황이었다. 이에 무령왕은 이러한 상황을 타개하기 위해서 남방 제국에 대하여 적극적인 외교 공세를 펼쳤던 것으로 보인다. 먼저 504년(무령왕 4) 이후 왜에 왕족·학자·장군들을 자주 파견하여 관계 개선에 힘썼고, 508년에는 남방 바닷길의 요충에 해당하는 탐라와 처음으로 통교를 열었으며, 509년에는 임나에 도망하여 3·4대가 지난 백제 백성들을 쇄환하여 다시 백제의 호적에 등재하는 조치를 취하기도 하였다. 그리고 512년에는 '임나국'의 상다리·하다리·사타·모루 등의 4현에 진출했고,[114] 513년에는 기문과 대사에 진출하였다.[115]

이 중 기문은 남원·임실에, 대사는 하동에 비정되고 있어,[116] 기문과 대사 진출 건은 무령왕의 가야 방면 진출과 관련이 있는 것으로 판단되지만, 상다리·하다리·사타·모루의 4현 진출 건은 특별한 검토를 요한다. 이중 하다리의 지명 비정과 관련하여 다음 두 기사를 우선 검토해 보자.

차) 久麻那利는 任那國의 하다호리현의 別邑이다.[117]

---

114) 『日本書紀』卷16 繼體紀 6년 12月條.
115) 『日本書紀』卷16 繼體紀 7년 11月條.
116) 김태식, 1993, 『가야연맹사』, 일조각, 124~126쪽.

카) 백제왕이 하다리 國守 穗積押山臣에게 이르기를, "무릇 조공하는 사자는 늘 島曲을 피하느라 매번 풍파에 고통을 겪습니다. 이 때문에 가지고 가는 물건이 젖어서 모두 상하여 보기 흉합니다. 加羅의 多沙津을 신들이 조공하는 나룻길로 삼기를 청합니다"라 하였다.[118]

차) 기사는 문주왕의 웅진 천도와 관련된 기사에 딸린 細註의 일부 구절이다. 여기에 나오는 구마나리는 웅진을 지칭하고, 하다호리현은 하다리현을 지칭하는 것으로 보인다. 그런데 구마나리가 '임나'의 개념에 포함된 것처럼 기술되어 있어, 임나는 반드시 가야만을 지칭하는 것은 아닐 가능성을 보여준다.[119] 그렇다면 구마나리가 하다호리현의 별읍이라 한 것으로 미루어, 하다리는 웅진에 가까운 곳으로 보아야 할까? 그러나 '별읍'이라는 구절을 염두에 둘 때, 구마나리가 하다리와 멀리 떨어진 특별 구역일 가능

---

117) 『日本書紀』 卷14 雄略紀 21年 3月條.
118) 『日本書紀』 卷16 繼體紀 23년 3月條.
119) 상다리·하다리·사타·모루의 지명 비정에 대해서는 다양한 견해가 제시되어 왔는데, 지명 앞에 '임나국'이 前稱된 『일본서기』의 표기에 주목하여 가야의 소국들로 보려는 것이 일반적인 것 같다(김태식, 1993, 윗 책, 137~139쪽 참조). 그러나 임나는 반드시 가야만을 지칭하는 것은 아니고, 처음에는 백제와 신라에 병합되지 않은 여타의 독립 소국들을 총칭하는 개념으로 쓰이다가, 충청·전라 지역의 소국이 백제에 통합되면서 가야의 소국만을 지칭하는 개념으로 정착한 것으로 파악되므로, '임나국'이라 칭한 것에 구애받을 필요는 없다. 예를 들어 차) 기사의 '久麻那利는 任那國의 하다호리현의 별읍이다'라는 구절에 나오는 구마나리는 오늘날의 공주지역을 지칭하므로 백제가 웅진으로 천도하기 이전에는 웅진이 '임나'의 개념으로 포함되어 파악되고 있었다는 보여주는 것인데, 이는 임나가 반드시 가야만을 지칭하는 개념이 아님을 보여주는 사례이다.

성도 있다. 오히려 금강유역은 상다리에 해당할 가능성이 있고, 영산강유역이나 섬진강유역이 하다리일 가능성이 크다. 그렇다면 구마나리는 상다리 지역에 위치하고 있었음에도 불구하고 하다리 지역과 긴밀한 관계를 맺는 '별읍'의 성격을 띠고 있었다고 할 것이다.

카) 기사는 백제왕이 하다리 국수에게 다사진을 청하는 내용을 담고 있다. 여기에서 하다리 국수라 하여 마치 왜에서 파견된 지방관인 것처럼 기술되어 있지만, 이는 하다리 지역의 수장일 가능성이 있다. 여기에서 島曲에 대한 細註로, '바다 가운데 섬의 굽은 해안을 말한다. 속칭 美佐祁(みさき)라고 한다'라는 구절이 달려있는 것을 주목할 필요가 있다. 섬을 돌아서 방향이 바뀌는 지점은 흔히 조류가 급변하여 해난의 위험성이 높은 곳으로 알려져 있는데, 도곡이란 바로 이런 지점을 지칭하는 듯하다. 그렇다면 도곡이란 복잡하고 섬이 밀집되어 있는 서남해의 다도해를 염두에 둔 표현으로 볼 수 있지 않을까?

이렇게 본다면 4현 진출 기사는 무령왕대에 영산강유역을 진출한 사실을 포함한다고 할 수 있다. 이는 무령왕의 남방에 대한 적극적 진출 정책이 가야뿐만 아니라 영산강유역의 신미제국으로까지 향하고 있었음을 반영하는 것이라 할 것이다.

이제 백제의 다음 수순은 신미제국의 일부를 단순한 해양 거점으로 확보하는 차원을 넘어서 그 전체를 완전 영역화하는 것으로 나아가는 일이었다. 이미 신미제국은 '지역정치체' 별로 분열되어 연맹체의 운영 자체가 어려운 국면에 처해 있었으므로,[120] 백제가 이를 영역화하는 일은 그리 어려

---

[120] 5세기 말~6세기 전반대에 나주 복암리, 함평 중랑, 무안 고절리 등지에서 대규모 방대형 고분이 출현한 현상에 대해서, 나주 반남을 중심으로 진행되어 오던

운 일이 아니었던 것으로 보인다.

　그렇다면 백제가 영산강유역을 완전 영역화한 시점은 언제일까? 이에 대해서는 여러 견해가 있지만, 백제가 영산강유역을 지방제로 편제한 시점을 완전 영역화의 기준으로 삼는 것이 타당하지 않을까 한다. 이와 관련하여 멸망시 백제의 영역이 '37군'이었다는 기록을[121] 주목할 필요가 있다. 즉 37군의 수치는 통일신라시대의 웅주(오늘날의 충청도 지역)와 전주(오늘날의 전북 지역)와 무주(오늘의 전남 지역)의 군들을 합한 36군과 근사하다는 점을 염두에 둘 때, 늦어도 백제가 멸망하기 전에 전남 지역까지 지방제로 편제하여 완전 지배했던 것을 반영하는 것으로 보아 좋을 것이다. 즉 백제의 편제 대상지역이 언제부턴가 충청·전북 지역을 대상으로 하던 22담로에서 충청·전남북을 포괄하는 37군으로 확대 재편되었다는 것이다. 필자는 그 시점을 5方制 실시의 시점과 일치하는 것으로 보고자 한다. 왜냐하면 전남 지역을 영역화하여 편제의 대상 지역이 22담로에서 37군으로 확대되면서 군 단위 관할체제로는 무리가 뒤따랐을 것이고, 이를 효과적으로 관할하기 위해서는 중간 행정구역으로서 方의 설정이 불가피했을 것으로 판단되기 때문이다.

　그런데 『양서』의 22담로 관련 기사가 무령왕 21년의 상황을 반영하다고 하면, 5방제는 무령왕 후반기까지 실시되지 않았던 셈이 된다. 그렇다면 5방제 실시는 성왕대에 이루어졌을 가능성이 크겠는데, 이와 관련하여 '六

　'옹관고분사회'의 지역적 위계화 과정이 6세기를 전후해 무너지게 되었음을 반영하는 것으로 파악한 견해가 있다(이영철, 2001, 「영산강유역 옹관고분사회의 구조 연구」, 경북대 석사학위논문, 94~95쪽).
[121] 『三國史記』 卷37 地理志4 百濟條.

部五方'의 구절이 씌어진 부여 능산리 출토 목간이 천도 직전 성왕대에 만들어졌을 것으로 본 견해를[122] 참고할 필요가 있다. 그렇다면 성왕은 사비 천도 직전에 무령왕대의 영산강유역 진출 의지를 실현시켜 이를 영역화하고 전라·충청 지역을 포괄하는 5방제를 실시했다고 할 것이다. 그리고 그 여세를 몰아 538년에 사비 천도를 단행함으로써, 영산강유역에 대한 영역화와 함께 금강유역에 대한 대대적 세력판도 재편을 마무리했던 것이다.

결국 영산강유역을 포함한 전남 지역은 538년 이전 성왕대에 5방 중 하나인 남방으로 편제되어, 백제의 완전한 영토로 편입되었을 것으로 보인다. 바로 이와 때를 같이하여 영산강유역 일원에서 토착 고분인 '옹관고분'과 왜계 '전기 횡혈식석실분'이 사라지고 대신 전형적인 백제 사비식 양식을 띠는 '후기 횡혈식석실분'이 새로이 대두하는 고고학적 변화상이 나타나는 것은[123] 주목할 만한 현상이다. 이는 곧 백제가 영산강유역을 완전 영역화한 역사적 사실을 반영하는 명확한 증좌라 할 것이다.

영산강유역의 고분 중에서 후기 횡혈식석실분으로 분류될 수 있는 대표적인 사례로는, 나주 흥덕리[124] 및 대안리 4호분,[125] 영암 봉소리 고분,[126]

---

122) 近藤浩一, 2004, 「부여 능산리 나성축조 목간의 연구」, 충남대 석사학위논문, 41쪽.
123) 강봉룡, 1998, 「5~6세기 영산강유역 '옹관고분사회'의 해체」, 『백제의 지방통치』, 학연문화사, 236~239쪽.
124) 有光敎一, 1938, 「羅州潘南面古墳の發掘調査」, 『昭和十三年古蹟調査報告』, 朝鮮古蹟研究會, 31~35쪽.
125) 최몽룡, 1978, 『나주 대안리 5호 백제석실분 발굴조사보고서』, 나주군청. 나중에 5호는 4호의 잘못으로 판명되었다(서성훈·성낙준, 1988, 『나주반남고분군』, 국립광주박물관, 121쪽).
126) 서성훈·성낙준, 1986, 「영암군의 고분」, 『영암군의 문화유적』, 목포대 박물관, 166~168쪽.

신안 장산도의 도창리 고분,[127] 함평 월계리 석계 고분[128] 등을 들 수 있겠는데,[129] 이들은 '옹관고분사회'의 주변부는 물론 중심부를 비롯하여 전략상의 요충지에까지 두루 분포하고 있다. 예를 들어 봉소리 고분은 '옹관고분사회'의 전기 중심지인 시종면에 있고, 흥덕리와 대안리 고분은 후기 중심지인 반남면에 있으며, 도창리 고분이 있는 장산도는 영산강 하구에서 진도의 울돌목을 거쳐 해남 반도에 이르는 해로의 주요 길목에 해당한다.[130] 그리고 함평 석계는 옹관고분이 밀집된 만가촌과 원형 및 전방후원형의 '전기 횡혈식석실분'이 있는 신덕과 지근한 거리에 있다. 이외에도 구체적인 내용이 밝혀지지 않은 수많은 횡혈식석실분들이 영산강유역 도처에 분포하고 있어, 후기 횡혈식석실분이 이 지역 지배층 고분문화의 주류로 떠오르고 있었음을 알 수 있다.

그런데 이들의 축조시기는 6세기 후반 및 7세기 대로 편년되고 있다. 실제 상황과 고고학적 현상 사이에 상당한 갭이 있다는 것을 상정한다면, 이

---

127) 김원룡·임효재, 1968, 『남해도서고고학』; 최성락, 1985, 「장산도·하의도의 유적·유물」, 『도서문화』 3.
128) 임영진, 1993, 『함평 월계리 석계고분군 I 』, 전남대 박물관; 임영진, 1993, 『함평 월계리 석계고분군 II 』, 백제문화개발연구원·전남대 박물관.
129) 조근우가 영산강유역 횡혈식석실분을 1기·2기·3기로 분류한 것 중에서 3기로 분류한 사례만을 열거한 것이다(조근우, 1996, 「전남지방의 석실분 연구」, 『한국상고사학보』 21, 121쪽의 표 참조). 이 외에도 미조사된 후기 횡혈식석실분 중에서 후기 형식에 해당하는 것이 많을 것이다.
130) 해남 반도는 영산강유역권에서 벗어나 있으나 해로를 통해 영산강 하구와 연결될 수 있는 위치에 있어 일찍부터 '옹관고분사회' 연맹체의 일원으로 편입되어 있었던 것 같다. 이런 면에서 영산강 하구와 해남 반도를 이어주는 해로의 주요 길목에 자리잡은 장산도에 후기 횡혈식석실분이 축조되었다는 것은, 이곳에 백제가 居知山縣을 설치했던 것과 관련하여 의미가 있다고 본다.

는 백제가 5방제를 실시하여 영산강유역을 완전 영역화시킨 것으로 본 6세기 전반의 시점과 대체로 일치한다고 할 수 있다. 더욱이 6세기 중반 이후에 축조된 나주 반남면 흥덕리의 횡혈식석실분과[131] 나주 다시면 복암리 3호분 제5호·16호 횡혈식석실에서[132] 백제 16관등 중 제6품인 奈率 이상의 관인이 착용한 것으로 알려진 銀製冠飾이 각 1점씩 3점이 출토된 것이야말로, 백제가 영산강유역을 완전 영역화한 확고한 증거물로 볼 것이다. 은제 관식을 한 백제의 지방관이 영산강유역에 파견된 것으로 볼 수 있기 때문이다.

Ⅵ. 餘論 : 동아시아 해상교류와 왕인의 渡倭 문제

이상으로 동아시아 해상교류의 관점에서 한국고대사(통일 이전)의 전개 과정을 정리해보고 그에 대응하여 영산강유역 신미제국의 존재양태의 변화를 살펴보았다. 이를 크게 네 시기로 나누어 다시 간단히 정리하면 다음과 같다.

① 낙랑·대방군이 해상교역을 주도한 시기(제1장과 2장-B.C.2세기 말~A.D.4세기 초) : 해남 백포만의 포구세력(신미)이 동아시아 해상 교역로상의 주요 거점포구의 하나로 기능하였으며, 3세기 후반에 백제가 급성장

---

131) 有光敎一, 1940, 「羅州潘南面古墳發掘調査」, 『昭和十三年度朝鮮古蹟調査報告』, 朝鮮總督府.
132) 국립문화재연구소, 2001, 『나주복암리3호분 발굴조사보고서(본문)』, 434쪽.

하자 신미를 위시로 한 영산강유역 정치체들('신미제국')이 집단적으로 낙랑·대방군의 모국인 晋에 처음 사신을 파견하는 등 백제를 견제하고자 하였다.

② 조정기를 거쳐 백제가 해상교역을 주도한 시기(제3장-4세기) : 313년과 314년에 낙랑군과 대방군이 백제 및 고구려의 협공으로 축출된 이후에 백제와 고구려가 패권을 다투는 조정기를 거쳐, 결국 4세기 후반에 백제가 승리하여 백제 중심의 해상교역체계를 출범시켰다. 신미제국은 이런 백제에 대하여 비협조 혹은 저항을 계속하다가 그 외항인 백포만의 신미(침미다례)가 무력 정복당하고, 새로운 친백제세력으로 대체되는 수난을 겪었다. 이에 따라 백제는 '중국-백제-신미제국-가야-왜'를 잇는 동아시아 해상교역을 주도할 수 있었다.

③ 해상교역이 위축된 시기(제4장-5세기) : 광개토왕과 장수왕으로 이어지면서 고구려가 대대적인 남진정책을 전개하자 백제의 해상교역 주도는 크게 위축되었다. 이에 이제까지 백제를 통해 동아시아 해상교역에 간접적으로 참여해오던 왜가 중국과 직교역하려는 '홀로서기' 시도를 감행한다. 왜는 '홀로서기'를 위한 한반도의 파트너로 신미제국을 선택하였으니, 영산강유역에 나타난 큐슈식 전기 횡혈식석실분은 이 시기 신미제국과 왜와의 긴밀한 문화교류의 결과물이다.

④ 백제가 해상교역의 주도권을 회복한 시기(제5장-6세기 전반) : 백제의 무령왕과 성왕은 고구려를 군사적으로 압도하면서 1세기만에 해상교역 주도권을 다시 회복하고, 영산강유역의 신미제국을 백제의 영역으로 편입하

였다. 이에 따라 왜의 '홀로서기' 시도가 중지되었고, 영산강유역에 큐슈식 횡혈식석실분과 토착 옹관고분이 사라지고 백제식 후기 횡혈식석실분으로 일원화된다. 그러나 6세기 후반에 이르면 급성장한 신라의 도전을 받아 백제는 해상교역의 주도권을 다시 상실하였다.

이상의 전개과정에서 왕인이 도일한 시기(5세기 초)는, '동아시아 해상교역이 위축된 시기'에 해당한다(③). 이 시기에 신미제국은 백제가 쇠미한 틈을 타서 왜와 긴밀하게 연대하여 중국과의 직접 교역을 시도하였다. 그 이전에도 신미제국은 백제에 저항하는 면모를 보여주었다. 즉 2세기 말에 신미제국은 급성장한 백제에 위협을 느껴 진에 사실을 파견하여 견제하였고(①), 3세기 후반에 해상교역을 주도하게 된 백제는 비협조로 일관하는 신미제국을 공격하여 도륙한 적도 있었다(②). 따라서 왕인이 도일한 시기의 신미제국은 백제와 협조하지 않고 왜와 더불어 별도의 외교노선을 추구했을 가능성이 있었다 할 것이다.

왕인이 영암의 구림 출신이라는 기록은 1930년대 출간된 『조선환여승람』에서 처음 보이고 그 이야기는 구림의 전승으로 오늘에 이르고 있다. 현재로선 왕인이 구림 출신이라는 이야기가 일제시대에 새로 만들어졌을 혐의를 벗기는 어렵지만, 그럼에도 '왜 하필 구림인가'라는 의문과 함께 사실일 가능성도 완전히 부정하기는 힘들다.

사실일 가능성에 무게를 두는 몇 가지 이유를 들어 보면, ① 왕인이 도일한 5세기의 시기는 백제의 해상교역이 크게 위축되었고, 이 틈에 영산강유역의 신미제국이 백제의 의사에 반하여 왜와 매우 긴밀한 문화교류를 행하고 있었다는 점, ② 당시 신미제국은 영산강유역 일대에서 옹관고분을 공유하는 세력집단들이 연맹체를 이루고 있었는데, 옹관고분의 집중 분포지인 삼포강 변의 시종면과 반남면이 구림과 매우 가까운 거리에 있다는 점, 그리고 ③ 구림은 통일신라 시대에 당시 최고의 고부가상품이던 도기의 생산 중심지였을 뿐 아니라 국제 포구도시인 상대포가 있었다는 것으로 보아 그 이전에도 국제 포구도시가 있었을 가능성이 있다는 점 등을 들 수 있다.

 앞으로 당분간은 왕인의 출신지를 확인하기 어려울 것으로 예상된다. 따라서 뜨거운 감자인 그의 출신지 문제를 직접 다루는 식으로 왕인 연구를 진행한다면 주장만 있을 뿐 더 이상의 성과를 내기는 어렵다. 현재로선 왕인의 상징성에 무게를 두면서 연구의 외연을 확대하는 방법이 의미있게 고려될 수 있겠다. 왕인의 상징성이란 중국으로부터 선진문물(논어와 천자문)을 수용하여 이를 문화 후진지역인 왜에 전파한 점에 있다고 하겠으며, 그렇다면 왕인은 고대 동아시아 해양교류의 상징적 인물이라는 의미를 가질 수 있을 것이다.

 이런 관점에서 우선 고대 동아시아 해양교류사 연구는 왕인 연구의 진전을 위해 필수적이다. 이를 통해 확대된 시각을 바탕으로 서남해안 고대 포구, 영암 구림의 해양사적 위치에 대한 연구는 물론 일본에 전통적으로 왕인을 연구하고 선양해온 과정과 내용, 일본 내에 산재해 있는 왕인의 흔적, 더 나아가 구림이 왕인의 탄강지로 설정된 내력과 그 진실성 여부 등을 추적하는 방향으로 연구의 폭을 좁혀나가야 할 것이다. 고대 동아시아 해양교류의 전개와 그에 따른 영산강유역 신미제국의 존재양태의 변화를 정리한 이 글은 바로 이런 관심에서 비롯한 것이다.

III. 왕인박사의 탄생지에 대한 고찰

1. 영암 구림의 향풍 • 김정호

2. 왕인박사와 관련된 구비 전설 • 김영원

3. 왕인박사에 대한 문헌적 고증 • 류승국

4. 왕인박사 탄생지에 대한 고고학적 검토 • 임영진

1. 영암 구림鳩林의 향풍鄕風

향풍이란 지역사회 문화를 뜻한다. 문화는 사람이 특정 지역에 적응해 살아가기 위해 터득한 관습이며 생활 모습이다. 영암 구림에는 예로부터 전해오는 향풍이 있다. 그것은 한마디로 줄이면 높은 문화 수준을 바탕으로 하는 대동사회의 실현을 위한 노력이 아닌가 한다. 450여 년 전에 만들어진 대동계(大同契)가 지금도 씩씩하게 기능하고 있는 것은 저간의 사실을 잘 말해주고 있다.

I. 호남 3대 명촌 중의 한 동네

조선시대 호남 3대 명촌으로 전북 태인(泰仁)의 고현(古縣)마을과 전남 나주 금안동(羅州 金鞍洞), 그리고 전남 영암(靈巖)의 구림(鳩林)마을을 꼽았다. 태인은 일찍이 고운 최치원이 현감을 지내고, 후엔 불우헌 정극인(丁克仁, 1401~1481)을 배출했을 뿐만 아니라 무성서원, 남고서원 등 2개 서원이 있어 많은 선비를 배출한 곳이다. 나주 금안동은 영의정 신숙주(申叔舟, 1417~1475)를 낸 마을이고, 구림은 조선시대 이래 높은 벼슬아치나 역사에 남을 업적을 남긴 명사를 배출한 곳이라기보다 화민성속의 미풍을 주도한 대동계를 이어온 전통 때문에 명촌으로 센다. 물론 같은 영암 안에서도 덕진의 영보, 장암, 신북의 모산 등 명족 동네가 없지 않지만 구림은 조선시대 이전에 왕인이나 도선, 최지몽 등 명헌을 배출했다는 명성이 더해졌음을 자랑으로 내세울 만하다. 구림사람들은 마을이면서도 고을 행세를 하는 유별난 곳이다.

이 동네 이름이 나오는 가장 오래된 책은 『동국여지승람(東國輿地勝覽)』이다. 이 책 고적편 「최씨원(崔氏園)」 항목에 도선 탄생 전설과 「구림(鳩林)」 땅이름의 연원이 설명되어 있다. 오늘날 구림은 7명의 이장을 둔 7개 리(里)로 나뉘어있다. 1914년 일본 식민통치가 시작되면서 조선시대의 구림 열두 동네는 동구림·서구림의 두 동네로 합해진 뒤 오늘날까지 이 두 동네 이름이 법으로 정한 동네 이름이 되어 있다. 그래서 모든 전답이나 집터, 길, 도로의 지번은 동구림리와 서구림리로 나온다. 구림의 조선시대 이후 중심은 배가 드나들던 상대포의 서호정(西湖亭)이었던 것으로 보인다. 1천여 년전에는 서호정 일대까지 바닷물이 드나들었을 것이므로(이 책 제2장 (2), 김경수, 「고대 영산강 유역의 지리적 환경-상대포를 중심으로」 참고) 산기슭이었던 양지 바른 성기동 일대가 오히려 중심이었으나 고려 말엽부터 점차 그 중심이 바다 빈지가 늘면서 대지 조성이 가능해진 서호정으로 옮겼음직하다. 130여 년전인 1780년대 작성된 『호구총수』 기록에 보면 오늘날 구림으로 통칭하는 권역에 열 동네 넘는 이름이 나온다. 구림이 속해 있던 면은 서종면(西終面)이었고 동네 수는 27리, 인구는 247호, 1,112명이었다. 한 동네 10호꼴로 살았던 이 27개 동네는 1914년 군서면으로 19동네인 서시면(西始面)과 합할 때 동구림, 서구림, 도갑, 모정의 네 동네로 흡수되었다.

일본 식민통치자들은 이 무렵 지적 측량을 끝내고 새동네 이름을 붙여

지번을 정한 탓으로 오늘날 옛 구림은 동구림리와 서구림리가 대부분이고 죽정 동네만 도갑리가 되었다. 이곳 사람들은 동구림·서구림과 도갑리 일부인 죽정을 포함해 넓은 뜻의 구림이라 부르고, 열두 동네 사람들이 모여 만든 대동계를 자랑삼아 오늘날까지 운영하고 있다.

1908년 민적 통계를 보면 구림이 중심이 된 서종면 인구는 645호, 1,487명이었다. 옛날 구림 열두 동네는 오늘날 8개 행정리로 바뀌었다.

- 죽정(죽정←도갑리 1구)…도갑사 입구, 웃사우
- 서호정(서호정←서구림 1구)…회사정 주변
- 남송정(남송정←서구림 2구)…서호정 건너
- 신흥동(신흥동←서구림 3구, 옛 栗亭)…상대포
- 학암(학암←동구림 1구)…학암 길건너 북쪽
- 동계(동계←동구림 2구)…학암 아래
- 고산(고산←동구림 3구)…성기동 북쪽
- 백암동(백암←서구림 4구)…원둑마을

옛 구림 여러 동네이름 가운데 쌍와촌(雙蛙村)과 신근정(新近亭)은 동구림리로, 쌍취정(双翠亭)은 죽정리로, 북송정(北松亭)과 국사암(國師岩)은 서구림리로, 각각 흡수되었다. 『호구총수』 기록에는 황산(凰山) 아랫 동네가 있었고 서호정도 상·하로 나뉘어 있었다. 고산은 석정(石亭)이란 기록도 있다. 구림은 도선국사의 탄생설화와 관련지어 비취(飛鷲)라고도 한다 했다. 비둘기와 독수리가 국사암에 버린 도선아기를 돌보았기 때문이라고 설명하고 있다.

고산 남쪽 가마멧골 고개는 매봉의 소리개에 놀라 날아가는 까마귀 형국이라 하여 비아목(飛鵐) 고개라 한다. 풍수지리를 말하는 이들은 구림동네를 봉황형국이기 때문에 봉황의 밥인 죽실 때문에 대밭이 많아 죽정동네가 되었고 도갑사 입구인 구림 윗동네에는 실제로 오동나무가 많다고 말한다. 구림 중심에는 암컷 봉황을 상징하는 황산(凰山, 32m)이 있어 일본 식민시절 신사당이 들어섰으나 광복 후 개인에게 불하된 뒤 평지로 깎여 버렸다.

구림 가운데에 알을 품은 봉황이 이곳을 벗어나지 않도록 알을 상징하는 고산(高山, 33m), 난산(卵山, 16m), 활뫼(射山, 28m), 국사암, 당산 등 동산들이 있다는 형국이다. 어떤 풍수는 주지봉(491m)을 주작(朱雀)의 머리라 하고 지남들과 학파농장 중심으로 뻗은 양장리(羊腸里) 등성이를 공작꼬리로 보며 학암과 동계를 공작의 몸통으로 본다. 이 때문에 학암과 동계에 사는 사람은 배고픈 일이 없이 산다는 속설이 있다. 주지봉은 구림 동네에서 보면 붓끝처럼 뾰족하게 보여 문필봉(文筆峰)이라고도 하고 문필봉 밑이라 많은 학자가 나온다고 말하기도 한다.

Ⅱ. 성기동(聖基洞) 옛 마을

구림 성기동은 조선시대에 사람이 살지 않았기 때문에 열두 동네 이름에도 오르지 못한 고산 동네의 한적한 산기슭에 불과했다. 그러나 이곳 골짜기에는 구유바위와 성천(聖川)이 있고 '고최씨원 금조가장(古崔氏園 今曺家庄)'이란 명문이 새겨진 바위도 있어서 옛 유적지임이 분명한 옛터였다. 이 골짜기의 남쪽 기슭을 옛날 왕씨들이 살던 '왕부자 터'라 했다. 이 계곡을 흐르는 성천에서 최씨 처녀가 오이를 먹고 도선국사를 잉태했다는 전설이 겹쳐 있다.

　옛날 삼한 초기 서기 350년께 왕인이 태어나고 500년쯤 지난 삼한 말기에 도선국사(827~898)가 태어났다는 설화는 이곳 사람들을 헷갈리게도 했다. 오늘날 왕인박사 유적지로 개발된 동구림리 산18번지 일대는 북풍을 막아주는 양지 쪽이라 서호정 일대가 동네 터로 개발되기 이전인 삼한시대에는 가장 사람이 살기 좋았을 것으로 보인다. 이곳에서 경지정리때 옹관묘가 발굴되기도 했다. 상대포쪽 등성이를 중심으로 삼한 후기의 가마굴이 들어서면서 땅이름마저 독점고개(石亭)가 되었다. 물론 성기동은 조선시대에 비록 사람이 살지 않는 산골짜기로 변한 뒤로도 구림동네 사람들의 봄놀이 터와 서당자리로 쓰였다.

　조선시대 구림 서당으로 쓰인 집이라고 1906년에 복원한 도갑리 산 33번지 죽정동의 문필봉 중턱 문산재(文山齋)는 본디 문수암이라는 암자(?)가 있던 곳이다. 이곳에 새로 집을 짓고 구림의 서당으로 쓰기 시작한 것은 1684년이다. 이때 구림사람 현징(玄徵 1629~1709)이 쓴 시를 보면 성기동에 있던 서재를 문수암터로 옮겼음을 알 수 있다. 구전되기는 성기동의 그 전 서당터는 관음사터 자리였다고 한다.

　성기동은 왕인박사나 도선국사 같은 큰 인물이 태어났기 때문이라고 하지만 성저곡(城低谷)이란 성밑동네로 '성짓골'을 유교적 한문표기로 성기동(聖起洞)이라 했다고도 한다. 실제로 성은 도갑사 입구에 있어서 '영암옛성'이라 하기도 하고 김완 장군 누나가 쌓은 성이라는 전설을 가지고 있다. 서호정 일대 현재의 구림은 조선 초기에 개발된 계천가 마을이다. 삼한시대 성기동은 많은 사람이 살 만큼 물이 충분치 않은 곳이지만 고산 돌정고개나 비아고개를 넘어선 북쪽분지 서호정 주변은 월출산에서 내려오는 계천가라 물이 풍부한 곳이고 바닷물이 드나들었으며 토사가 쌓이고 바다가 낮아지면서 조선 초기에야 비로소 새 촌락지로 개발이 시작되었을 것으로 보인다.

Ⅲ. 각 씨족의 정착

고려 말엽 왜구를 피해 구림 도갑천 중류인 고산 불목동에 둥지를 튼 사람은 경남 남해포에 살던 난포박(蘭浦朴)씨 박빈(朴彬)이었다. 그의 아버지 박인철은 세종 때 남원판관을 지냈고 박빈은 김해부사를 지냈다하므로 고려말 왜구의 노략질을 피해 이곳에 온 것으로 짐작된다. 고려 때 토박이인 낭주최(朗州崔)씨 최운(崔雲 1361~1420)이 박인철의 손자사위였던 족보 기록을 보면 난포박씨는 낭주최씨와 연고로 이곳에 들어와 산 뒤 영암에 입촌했을 가능성이 많다. 박빈은 손자사위로 함양박(咸陽朴)씨 나주 태생 성건(成乾 1418~1487)을 맞아 죽정에 터를 잡게 했다. 같은 무렵 천안 사람 연주현(延州玄)씨 윤명(允明)이 박성건의 사촌동서(朴地番 사위)로 고산에 터를 잡았다.

해남 임우형의 아들 선산임(善山林)씨 임구령(林九齡 1501~1562)이 함양박씨와 연주현씨보다 1세대 늦게 난포박씨 박빈의 셋째아들 지창(地昌)의 손자딸에게 장가들어 서호정에 터를 잡는다. 그는 친형인 억령(億齡, 石川, 담양부사), 백령(百齡, 을사사화, 위사공신)에 못지 않게 재주와 권세가 있었던지 광주, 나주목사를 지낸뒤 1540년 구림 북쪽 지남개 1천두락을 막아 이 일대 장원의 주인이 되었다. 그는 그가 살던 국사암 곁에 1536년 요월당을 지었다. 지남제 준공 후에는 그 중심동네 모정에 쌍취정을 세웠다. 임구령의 손자사위로 창녕조(昌寧曺)씨 기서(麒瑞, 1556~1591)와 해주최

(海州崔)씨 최경창(1539~1583)이 처가 재산을 분배받아 남송정과 동계(東溪)에 터를 잡는다.

　오늘날 가장 많은 수가 사는 낭주최(朗州崔)씨들은 함양박씨 박이충의 사위가 되어 들어온 최진하(崔鎭河, 1600~1673)의 후손들이다. 낭주최씨에 앞서 전주이(全州李)씨 이진(李珍)이 박성건의 사위가 되어 들어오고 진주유(晋州柳)씨 유발(柳潑)이 박성건의 증손서로 구림에 들어오고 지남들 경작을 위해 이주자들이 몰리면서 큰 동네가 되어 가기 시작하였다.

Ⅳ. 유향(儒鄕)의 동네

　조선시대 이 동네는 이처럼 친인척들의 수가 많아지면서 친족간의 상부상조를 위해 계를 시작했지만 얼마 지나지 않아 처음의 동계(洞契) 이름을 유교적 이상사회를 지향하는 대동계(大同契)란 이름으로 병칭하기도 했다. 이로 미루어 유향의 전통을 이으려 한 것을 알 수 있다. 도갑사라는 큰 절을 끼고 있는 절밑 동네이면서도 관음암을 서재로 쓰고 문수암자리에 서당을 재건한 것을 보더라도 척불숭유정신이 뚜렷했음을 엿볼 수 있다.

　삼당(三唐) 시인 중의 한사람이요 당대 조선 8문장의 한사람으로 이름을 떨친 고죽 최경창(崔慶昌, 1539~1583)이 이곳에 장가들어 살았다. 나주 출신으로 이 동네에 장가들어 정착한 오한 박성건(朴成乾, 1418~1487)은 '금성별곡'을 남겼다. 그의 후손 명촌 박순우(淳遇, 1686~1759, 자는 智叟)는 '금강별곡'을 남겼다. 그가 쓴 『조선국사실록』은 뒷날 각안(覺岸, 1820~1896)이 쓴 『동사열전』 중의 도선국사전의 기초가 되었다. 같은 집안 박이화(履和)는 '만고가(萬古歌)'와 '낭호신사(朗湖新詞)'를 남겼다. 낭주최씨도 역시 이 동네에 장가와 산 최진하(崔鎭河)의 '서호고반', 현씨집안의 현약호(玄若昊, 1659~1709)의 「병계집」, 조행립(曺行立, 1580~1663)의 「태호집」, 낭주최씨 양호당 최몽암 풍기군수의 「양호당일기」 등, 구림의 유교적 향풍을 더듬을 만한 기록들이 많이 남아있다.

정자가 많은 동네답게 선비들이 모여 읊는 한시가 그 어느 고장 못지 않다. 1950년대 동네청년들은 「시의 마을 구림」이란 책을 냈으며, 왕인축제가 시작되면서 '전국한시백일장'이 계속되고 있다. 다만 이처럼 명현들이 입촌하고 문수재 등 이름 있는 서당과 서원을 운영했으나 과거급제자를 별로 내지 못한 아쉬움이 있다. 이 점은 하나의 특색처럼 광복후에도 높은 벼슬아치를 내지 않았다. 다만 언론계 출신으로 정계에 진출한 박철(朴澈), 이환의(李桓儀)와 전남일보 주필 및 광주일보 사장을 지낸 최승호(崔昇鎬) 등이 이 동네에서 태어났거나 후손이다. 이곳 출신자로 이사관급 공무원 두 명을 배출했으나 고급공무원 배출이 적은 편이다.

선비 전통을 이어받았음인지 교수 등 교육공무원이 비교적 다른 직종보다 많은 편이다. 일제강점기 구림에서 3.1만세운동을 주도한 죄로 징역을 살거나 학생운동으로 독립유공훈장을 받은 인물이 네명이다. 흔히 일제 식민시절 호남은행 은행장을 지낸 무송 현준호(撫松 玄俊鎬, 1889~1950)를 구림 출신으로 말하는 경우가 있으나 그는 구림 밑 바다(아시내개)를 막아 개답하는 등, 연이 깊고 그의 아버지가 학산면 광암 출신 현기봉(基奉, 1855~1924)이면서도 대동계 동장을 맡는 등 인연이 깊었으나, 무송 자신은 구림에서 태어나지는 않았다.

V. 정자와 사당이 많은 선비마을

구림 열두 동네 이름에서 볼 수 있듯이 이곳은 유향(儒鄕)의 상징이다. 정자란 본디 길가에 있어서 사람들이 쉬기 위해 모이는 장소의 뜻으로 쓰여 갈목 정자나무와 당산나무를 정자라 하지만 지붕은 있으되 기둥만 있고 벽이 없는 집을 정자라 한다. 이 정자는 여유 있는 양반들이 경치 좋은 곳에 세워놓고 벗들과 술과 시를 즐기던 공간으로 쓰였다. 때때로 모정, 또는 우산각, 동각등과 같은 종류의 집으로 생각하지만 기능면에서 선비들의 풍류장소라는 점이 다르다.

1789년 기록인『호구총수』를 보면 서시종(西始終)면 27동네 중 정(亭)자가 들어가 있는 동네가 절반에 가까운 12동네이다. 모정(茅亭), 쌍취정(双翠亭), 북송정(北松亭), 동송정(東松亭), 상서호정(上西湖亭), 하서호정(下西湖亭), 죽정(竹亭), 취정(翠亭), 동정자(東亭子), 남정자(南亭子), 남송정(南松亭), 영수정(永水亭) (이상『호구총수』기록) 등.

구한말 기록에는 율정(栗亭), 신근정(新近亭)이 서종면 23개 동네 중에 추가되어 있으므로 구림은 가히 정자로 이루어진 동네라 부를 만하다. 이처럼 동네 이름이 된 정자 말고도 여러 개의 정자와 서재가 세워졌던 기록이 있다. 이를테면 임구령의「요월당(邀月堂)」,「쌍취정(雙翠亭, 모정리)」, 대동계의「회사정(會社亭)」, 창녕조씨들의「쌍취정(双翠亭, 남송정 332)」, 해주최씨 최석징(崔碩徵, 1604~1667)의「삼락재(三樂齋, 동계리 315)」, 낭주최씨「덕성당(德星堂, 서호정 26)」, 연주현씨 현징(玄徵, 1629~1702)의「취음정(就陰亭-竹林亭, 서호정 385)」, 현약호(玄若昊, 1659~1709)의「삼벽당(三碧堂, 서구림)」, 함양박씨 박성건(朴成乾, 1418~1487)의「간죽정(間竹亭, 서호정 403)」, 박흡(朴洽, ?~1593) 형제들의「육우당(六友堂)」, 낭주최씨의 「호은정(湖隱亭, 서호정)」, 대동계의 「문산재(文山齋, 1684 초건, 도갑리 산 33)」 등이다.

　난포박씨나 선산임씨는 구림 설촌때 공이 많았으나 후손들이 이곳을 떠났고 연주현씨들은 학산면 광암으로 옮겨가 기반을 닦은 뒤 광주로 옮겨가 현지에 사우가 없다. 오늘날 구림의 사대성씨(四大姓氏)를 이루고 있는 함양박씨, 창녕조씨, 낭주최씨, 해주최씨들은 모두 사우를 가지고 있다.

　함양박씨의 경우 구림 입촌조인 박성건을 주벽으로 그의 아들 박권(朴權), 손자 박규정(朴奎精), 증손 박승원(朴承源)과 이만성을 모신 죽정서원(서호정 403, 본디 터는 도갑리 竹亭)이 있다. 창녕조씨들은 서호사(西湖祠, 남송정 332)에 조행립(曺行立, 1580~1663, 온양군수)을 모시고 있다. 본디 이 사우는 서호사(西湖祠) 또는 구림사(鳩林祠)라 하여 상대포 곁의 신흥동 율정(栗亭)에 있었고, 대동계 중흥에 공이 많은 박규정, 임호, 조행립을 모셔 죽정에 있던 사우는 웃사우, 서호사는 아랫사우라 불렀다. 대원군의 사원훼철령 때 뜯은 뒤 1946년 조씨들이 새로 남송정에 복원한 뒤 조씨사우로 모신다. 해주최씨들은 동계리 314번지의 동계사(東溪祠)에 최충 선생을 주벽으로 최만리, 최경창, 최석빈, 최치헌을 모시고 있다. 낭주최씨들은 국암사(國岩祠)가 있다. 국암사는 도선국사가 버려졌다는 전설 때문에 국사암(國師岩)이란 이름으로 불리는 바위곁(서구림리 381번지)에 1970년 사우를 세우고 최지몽, 최안우, 최진하, 최몽암 등 네 분을 모시고 2월에 제향하고 있다. 해주최씨와 연주현씨들의 가묘도 있었다.

　근래에는 6개 행정 동네마다 마을회관과 따로 모정이 세워졌다. 이처럼 정자, 사우 등이 많고 전통 한옥도 180채에 달해 영암군은 구림을 한옥보존 시범마을 및 행복마을 사업으로 지정해 2007년 이래 5년간 46채의 기와 한옥을 새로 지었다. 영암군은 2008년부터 5년간 이 동네에서 3개월 과정한옥학교를 운영하기도 했다. 새로 지은 한옥들은 관광객들에게 숙식을 제공하는 한옥체험 민박을 시작했다.

Ⅵ. 미풍양속의 창달정신

1643년 정월 선조의 사위이며 구림을 진외가로 둔 금양군 박미(1592~1645)가 쓴 「회사정기(會社亭記)」를 보면 토지신을 제사하는 사(社)의 전통을 잇기 위해 모이는 집으로 회사정을 짓는다는 구절이 나온다. 뿐만 아니라 현유후(玄裕後, 1598~1665)가 쓴 「별신제원운(別神祭原韻)」이 전해옴을 보면 회사정 땅 일부(3분의 2, 구림 대동계지 68쪽)를 떼어 제사지내는 터로 삼았다는 박미의 회사정기를 뒷받침하고 있다. 그러므로 구림의 동각(洞閣) 기능을 맡았던 대동계의 정자 회사정(會社亭)은 계모임을 위해서가 아니라 옛풍속을 지키기 위함이었음을 알 수 있다. 뒷 항목에서 구림대동계에 대해 상론하겠지만 구림대동계는 중국 여씨향약을 본받아 주민간의 상례와 장례 및 혼례때 상부상조하면서 화평스럽게 지낼 것을 서로 맹서하되 옛풍속을 지키는데도 목적이 있었음을 알 수 있다.

이 동네는 일찍이 왕인박사를 배출했고 5백년 가량 뒤에 도선국사를 낸 전통의 마을답게 도갑사 입구에는 국장생(지방민속자료 18호), 황장생(지방민속자료 19호) 등 벅수가 아직 남아 있다. 문수재 아래쪽에 성터가 있고 문인석과 책굴, 지침바위 따위 유적도 있다. 신흥리에서는 정원명석(貞元銘石) 매향비가 발굴되어 도문화재자료 181호로 지정되어 있다. 돌정고개에서는 8세기 때 도자기 가마가 발굴되어 도자기박물관이 들어섰다. 대동계를 통해 유풍을 진작하는 마을답지 않게 성력을 빌거나 훌륭한 자식을 낳도록 비는 성혈(性穴) 기도풍습의 흔적이 국사암, 난산, 월대암 등 동네 곳곳에 있다.

1922년 이 전통마을에도 기독교가 들어와 두 동네에 130여 명의 신도를 가지고 있다. 서호정, 남송정, 동계리 등은 정월 보름 당산제를 6.25 전후까지 계속하고 당굿패들이 집집마다 지신밟기 걸궁도 쳤다. 서호정당은 도자기박물관 일대에 있던 팽나무, 느티나무, 소나무 숲으로 제답까지 있었으나 1970년대에 동네 빚을 갚는데 쓰고 당신을 쫓느라고 지서에서 총을 빌려와 공포를 쏘는 등 법석을 떨기도 했다. 그러나 오늘날 서호정, 남송정, 동구림의 세 동네는 당제를 부활했다. 무당, 백정, 대장쟁이 등 천민들이 살지않았던 것도 특징 중의 하나이다.

구림대동계는 구림출신 최재율(崔在律) 전남대교수가 1979년 「한국농촌의 향약계 연구」라는 논문을 통해 세상에 널리 알려졌다. 당시 구림은 이미 왕인유적지로 사학계의 주목을 받던 때라 덩달아 대동계 전통도 학계의 주목을 받았다. 1973년 이미 구림을 대상으로 왕인박사현창협회가 창설되어 활동하고 있었고 성기동에 유허비가 세워졌던 때이다. 1976년에는 왕인박사유적지가 전라남도지방기념물 제20호로 지정된 바 있다. 1985년, 이 일대 정화사업이 시작되고 1997년 대동계 관련 문서 16점이 도문화재자료 198호로 지정되었다. 전라남도는 왕인박사 사당 등을 새로 짓기 전인 1984년 대동계의 상징 건물인 회사정을 복원하였다. 1986년에는 양사재와 문산재를 복원하였다. 2003년에는 대동계 강수당과 부속건물 117평도 새로 지었다. 왕인 전통이 대동계의 계승과 상관관계가 있다는 믿음이 있기 때문이다.

지역문화에 절대적인 영향력을 끼쳐왔던 구림대동계는 오늘날도 춘추 강신례와 6월 별회, 7월 자복 등 행사를 계속하고 있다. 다만 회원이 전국에 흩어져 있고 경조사에 전회원이 참석해 축하하고 조문하며 부조를 하던 본래의 기능은 많이 약화되었다. 물론 주민교화나 여론주도의 기능도 약화되었다. 영암 서호면 출신 박승희(朴承熙) 성균관대 사회복지학과 교수는 대동사상은 바로 사회복지의 이상과 같고 복지사회의 초석이 되어야 한다고 주장했다(『聖基洞』 3호, 127쪽).

근래 구림에는 도기박물관, 미술관, 수석관, 영월관, 월악루, 건축전시장 등 150억 원이 넘는 시설투자가 진행되어 왔다. 대동계는 그 운영이 민주적이며 장유유서의 질서가 뚜렷하다. 기본적으로 계원 상호 간의 부조에 치중했던 것이 사실이지만 산림계를 운영하고 공적인 교육 및 장학사업에도 재원을 아끼지 않는 단체이다. 회사정을 중심으로 동네 노인들을 모아 위로하고 예절을 교육하던 향음주례의 전통도 간직해 왔다.

구림대동계는 기본 재산이 있고 인적자원도 갖춘 단체라 한때 법인설립을 추진한 바 있었다. 법인격을 갖춘다면 지역사회를 위한 사회교육을 위해 구림내 각종 문화시설 등을 위탁 운영한다거나 양로복지시설을 한다면 옛 전통을 계승하는 전기가 될 수도 있음직하다. 특히 계원들은 고향에 대한 애착이 강하고 대부분의 계원이 노년층이므로 산수 좋고 유구한 역사 전통이 흐르는 이곳에 양로복지시설을 갖춰 실질적인 봉사와 노년회원들이 모여 지낼 수 도 있을 것이다. 초창기 설립 씨족 중심 계원을 지역공동체 중심 정신을 살려 문호를 개방하는 것도 새로운 전기가 될 수 있을 것 같다.

Ⅶ. 향풍의 변화

　구림 향풍의 상징이었던 구림 대동계는 과거의 전통과 문화를 이어가야 할 중추 민간단체로 창립 선조들의 이념을 실현해야 할 사명감을 가져야 한다. 오늘날 구림 대동계원수는 76명으로 초창기 설립 성씨의 비율을 지키려는 숨은 뜻이 보이지만 이미 지역사회공동체의 중추기능을 담당하겠다는 의지가 시들고 있다는 느낌을 갖게 한다.
　회원자격 20리 거리의 거주제한이 없어지고 계원 후손과 구림 태생자로 자격을 수정한 뒤 영암군의 거주 회원수는 30명으로 전체 회원 수의 40%에 그치고 있다. 이같은 거주 분포로는 향헌(鄕憲)이 규정한 춘추강신행사나 상제, 혼인 등 경조사 부조의무를 제대로 수행할 수가 없다.
　구림 사람들은 동네 이름의 연원이 된 도선국사의 출생을 가장 명예스럽게 생각했다. 생활과 밀착해 있는 풍수의 개척자로 대부분의 국민들이 믿고 기억하기 때문이었을 것이다. 광양 옥룡사에 남아있던 도선비에 아버지는 김씨이고 어머니는 강씨라 했으나 1646년 회사정기를 쓴 박미는 최유청이 도선의 성을 잘못 썼고 중국에 다녀온 사실을 적지 않았다고 쓰고 있다. 도선의 최씨 외가설과 함께 역사기록과 다른 이 고장 여러 지명 전설을 전하고 있다.
　이와 더불어 고려 초엽 별박사로 유명한 최지몽(崔知夢, 907~987) 또한 영암의 자랑이며 낭주최씨의 먼 조상이다. 그렇지만 도선이나 최지몽보다 5백여 년전에 구림에 살았다는 왕인의 구전을 버리지는 않았다. 비록 가느다란 구전으로 전해오면서 도선국사 행적과 겹쳐 왔던 왕인은 일본 사람들이 그 흔적을 찾으려들때 비로소 힘을 얻기 시작했다. 문산재나 대동계 등의 전통이 우연이 아니라 먼옛날부터 내려온 이고장 학풍에서 비롯되어

온 것임을 알았다.

한일국교정상화 이후 부여를 중심으로 벌이려던 왕인유적복원사업은 영암사람들의 자존심을 건들어 1973년 10월 왕인박사현창협회가 탄생했다. 1985년 일본 오사카 교민들이 실시한 '왔쇼' 축제의 왕인박사 도일행진도 영암으로 끌어 왔다. 1992년 4월 10일, 벚꽃이 피는 철을 맞아 구림청년회는 벚꽃축제를 시작하고 왕인박사춘향대제를 올렸다. 5년간 동네 청년들이 주관하던 이 행사는 힘에 부쳐 영암군에 위임하고 영암군 향토축제로 승격했다.

1995년 이후 상대포가 복원되고 성천이 정비되었으며 정원(貞元) 매향비각이 완성되었다. 왕인공원에 있는 왕인묘(王仁廟), 왕인박사상, 왕인일대기 석부조, 천자문 비석, 전시관 겸 회의장인 영월관, 왕인수석전시관 등이 개설되었다. 2010년부터는 왕인춘향제를 겸한 국화축제가 열리고 있다. 전국 유림 등을 상대로 실시한 왕인박사추모한시경연대회도 22회째 계속되고 있다.

왕인공원 안에는 2006년 한옥 왕인학당(당주 崔基豆)을 준공하고 천자문 교육, 서예체험, 가훈쓰기, 가정의례 등을 가르치고 있다. 영암군은 구림마을의 관광객을 위해 2002년 구림마을 명소화 사업에 착수, 10년간 160여 억원을 투입했다. 2003년에는 전통한옥마을로 지정되고 한옥을 짓는 가옥에 도비가 지원되면서 90여 가구가 기와집을 지어 민박을 시작하면서 왕인주민자치회란 민간기구도 생겼다. 이 자치회가 중심이 되어 2012년부터 농수산부 지원을 받아 69억 원에 달하는 광역단위동네혁신사업이 시작된다. 이처럼 구림마을이 역사문화를 활용한 새로운 활로를 모색하는 가운데 귀농인구가 늘어나고 있다.

필자가 『구림』 동네 책을 간행하던 1990년 10월 말, 서호정 인구는 72호

277명이었으나 2012년 10월 현재 55호 113명으로 줄었다. 남송정은 55호 215명이 45호 82명으로 줄었고 신흥, 백암 두 동네는 56호 201명이 47호 98명으로 격감했다. 다만 새로운 변화에 따라 고산동네는 78호가 94호로 늘었으며 학암은 162호가 187호로 늘어났다. 두 동네에서만 41호가 늘어난 셈이다. 동계동네는 85호 291명이 77호 162명으로 줄었다. 사람들은 구림 동네의 본디 관문이 상대포였으나 일제침략으로 신근정 주변으로 신작로가 나면서 이 일대에 지서, 면사무소, 정기시장 등이 몰렸으나 다시 상대포 쪽으로 개발의 축이 바뀌어 가고 있다고 말한다. 도갑리 죽정마을이나 학암 동네의 성장은 도갑사 관광에 영향 받은 바 크다.

1968년 이 동네 초등학교 학생 수는 1,254명에 달했다. 그 학교 학생이 모정의 남교, 해창의 북교를 합해 운영 중인데도 전교생이 102명에 불과하다. 1967년 대동계의 부지 기증으로 개교한 구림공업고등학교는 1979년 12학급을 운영하고 1997년 학생수가 907명에 달했으나 지금은 3학과 252명의 학생이 재학하고 있다. 이 학생 수도 영암군내 고등학교에서 가장 많다. 이 동네도 농촌의 젊은 인력이 줄고 노인 인력이 늘고 있다. 다행히 여러 문화시설이 들어서고 유적복원사업과 한옥 관광 사업이 진행되면서 활기를 되찾고 있다.

그러나 이 동네의 가장 소중한 과제는 대동정신의 재건이라 생각한다. 이곳을 찾는 관광객들에게 돈들인 외양만 보일 것이 아니라 이웃과 동네를 돌보는 일에 솔선하고 어른을 존경하며 민주적 절차와 선비의 품성을 지켜 온 대동계의 전통을 체험시키는 일이야말로 구림의 향풍을 지키는 길이라 할 것이다.

〔참고문헌〕

영암군·구림대동계사복원추진위원회, 2004, 『鳩林大洞契誌』, 중앙문화사.
(사)왕인박사현창협회, 1986·2009~12, 『聖基洞』 1~5호.
김정호, 1997, 『왕인전설과 영산강문화』, 영은사.
(사)향토문화진흥원, 1992, 『왕인과 도선의 마을 구림』.
광산김씨감사공문중, 2010, 『광주향악자료집』.
향촌사회사연구회, 2008, 『조선시대 향통사회사 세미나 자료집』.
남구포럼, 2007, 「향약의 문화적 가치와 지방행정에서의 적용 가능성 탐색 심포지엄」(발표자 김일중), 광주광역시 남구청.
광주민속박물관, 1996, 『광주 양과동 향약』.
향촌사회사연구회, 1990, 『조선 후기 향약 연구』, 민음사.
이종일, 2009, 「조선시대 광주 향악의 시원은 부용정에서」, 『21세기 광주·전남』, 광주전남발전협의회.
김정호, 1988, 『지방연혁연구-전남을 중심으로』.
전라남도·전남대호남문화연구소, 2002, 『전남향토문화백과사전』, 태학사.
이해준, 1996, 『조선시기촌락사-서호 동헌』, 민족문화사.
최재율, 1979, 「한국 농촌의 향약계 연구」, 『전남대 논문집』 19호.

2. 왕인박사와 관련된 구비 전설

Ⅰ. 머리말

　박사 왕인이 백제 사람으로서 논어(論語)와 천자문(千字文)을 일본에 전수(傳授)하여 아스카문화(飛鳥文化)를 개화시켰다는 사실은 일본 측 문헌인『고사기』나『일본서기』및『속일본기』등에 기록되어 있는 바 자타가 공인하고 있다. 그러나 일부 학자들은 주장하기를 일본은 자고 이래로 문화를 한반도에서 수입한 적이 없다고 한다.[1] 따라서 박사 왕인도 백제 사람이 아니고 중국 사람이거나, 아니면 일본 제15대 응신천황의 별명, 혹은 '應神'이 '王仁'과 일본어음이 같은 데에서, 즉 사음기록(寫音記錄)에서 온 이름이라고 하는가 하면『아니끼』(형)라는 존칭에서 온 가공적 인물이지 실제인물이 아니라는 등 망설(妄說)을 하고 있다.[2]
　여기에 본인은 구비전설(口碑傳說)과 고증을 중심으로 박사 왕인이 백제시대의 영암군 구림사람이었다는 것을 밝힘과 동시에 일본은 어느 면에

---

1) 長沼賢海(增訂參考),『日本歷史』, 昭17, 博物館, 21~22쪽; 今西龍, 1945,『百濟史研究』, 圖書刊行會 80쪽.
2) 林光奎, 1973. 9. 7, 全南海日新聞 5面.

서 보나 한반도 문화의 영향을 받았다는 사실을 밝히고자 한다.

Ⅱ. 한반도와 일본과의 관계

한반도와 일본과의 역사적 배경에 있어서, 첫째로 들 것은 건국신화이다. 만주지방과 한반도에 정치적 변동이 일어날 때마다 지리적 환경에서 인종의 동류(東流)는 소규모일지라도 반드시 일어났다.

즉, ① BC 230년의 한연전쟁(韓燕戰爭) 때, ② BC 191년의 위만난(衛滿亂) 때, ③ BC 103년의 한사군(漢四郡) 설치에 뒤따르는 마한의 남천 때, ④ A.D. 8년에 백제에 의한 마한 멸망 때, ⑤ A.D. 660년의 백제 멸망 때에 인종의 동류가 일어났고, 그럴 때마다 일부 인종이 도해(渡海)하였으리라는 것이며, 그들에 의해서 일본은 건국된 까닭에 그 건국신화가 한반도의 건국신화인 신강설(神降說)과 같다는 것이다. 특히 고대의 설화적, 신화적 역사단계에 있어서는 전설의 존엄성을 모독할 수도 없었거니와 하지도 않았으리라는 순박한 사회였다는 것을 고려할 때, 만일에 일본이 중국의 영향하에 건국 되었다면 그의 신화는 중국과 같이 영감설(靈感說) 건국신화가 나왔어야 할 터인데, 그와는 달리 한반도의 건국신화인 신강설 건국설화와 같다는 데서 일본은 건국시기에 있어서 중국보다도 한반도와 밀접한 관련성이 있다고 보는 것이 옳다는 것이다.

이는 만다등친왕(萬多等親王)이 『성씨록(姓氏錄)』 서문에서 『천손강습서화(天孫降襲西化)』라 해서 일본국의 지배층이 서방. 즉 한반도로부터 건너 왔음을 명백히 하고 있는 것도 위의 사실에 기인한다.[3)]

둘째로 언어학상의 문제이다. 언어학상 한국과 일본은 만주와 몽고 등

과 같이 Ural Altaic 계통의 민족으로서 그 형태를 교착어(膠着語: Agglutinative Language)라 함에 반해서, 서양어는 굴절어(屈折語: Inflectional Language)이며 중국어는 고립어(孤立語: Isolated Language)에 속하므로 일본은 중국계보다는 한반도와 관련성이 깊다고 본다. 즉 어순이나 어미에 있어서, 예컨대『있읍니까』(ありますか),『갔읍니다』(いきました) 등과 같이 우리의 것과 같다는 데서 일본은 한반도의 영향을 받은 것이라 하지 않을 수 없다.

셋째로 민속 문화상에서 볼 때, 생활양식에 있어서 정초 원단의 하례풍(賀禮風)이 한반도의 풍습과 같다는 점, 그 성품이 한반도의 기상인 후성관완(厚性寬緩)한 점, 신공황후(神功皇后)가 머리를 물에 담가 소망의 성취 여부를 점쳤던 풍(風)이 한반도의 그것과 같다는 점, 오사카부 천북군 고석정(大阪府 泉北郡 高石町)에 있는 다가시신사(高石神社)에 박사 왕인을 모셨다는 점, 사이타마현 무사시노국(埼玉縣 武藏國)에 있는 고마향(高麗鄕)과 고마신사(高麗神社), 구애향(狗江鄕)과 심대사(深大寺), 나라(奈良) 법륭사(法隆寺)의 원문(垣門)과 보살반가상(菩薩半伽像) 등으로 보아 한반도문화의 유입이 분명하다는 것이다. 또한 이소다께노미꼬도 (五十猛命)는 한반도에서 묘목을 가져다 규슈 남해안지대에 심었다는 것이며, 심지어 스사노노노미꼬도(素戔鳴尊)는 한반도의 증시모리(曾尸茂梨) 혹은 웅성봉(熊成峯)에 살았었다는 전설이 있고, 백제의 구감민(區監玟), 혹은 장림성(將琳聖)이 태자 형제들과 일본에 들어가 칠주(七州)의 태수(太守), 혹은 대내좌경대부(大內左京大夫)가 되었다고 하며, 응신왕 14년에 백제에서 봉의여공(縫衣

---

3) 萬多等親王 新撰姓氏錄序『蓋聞 天孫降襲 西化之時 新神世伊開』; 靑柳南冥,『朝鮮文化史 大全』, 大正 13, 朝鮮硏究會, 161~179쪽.

女工) 진모진(眞毛津)이 일본에 들어가 사계의 시조가 되었고, 웅략천황(雄略天皇) 7년(463)에 백제에서 화공 인사나아(因斯羅我)를 초빙하여 감으로써 그는 일본 사계의 비조가 되었는가 하면, 흠명천황(欽明天皇) 때 백제에서 의박사 왕유능사(王有陵蛇)를 비롯, 오경박사 왕유귀(王柳貴), 역박사 왕도양(王道良), 력박사 왕종손(王倧孫), 채약사 반양풍(潘量豊), 정유타악인(丁有陀樂人)인 삼근(三斤), 불조사 안작조(鞍作鳥) 등을 초빙하여 갔고, 또한 동제(同帝) 때(552년)에 불상 및 경윤(經綸)을 백제에서 노리사치계(怒唎斯致契)가 전수하여 불교를 발전시켰다는 점 및 퇴고천황(推古天皇) 10년(602)에 백제 승 권륵(勸勒)이 역본(歷本), 천문, 방술(方術) 등을 헌상하였다는 점 등으로 보아[4] 일본이 한반도 문화의 영향을 받았다는 사실이 엄연히 입증된다.

넷째로 고고학상 일본의 죠몽식(繩文式) 토기에서 야요이식(彌生式) 토기는 대륙 한반도계 구니쓰 가미노족(國津神族,), 즉 이즈모족(出雲族), 구마소족(熊襲族)과 아마쓰 가미노족(天津神族), 즉 천손족의 산물이며, 거석문화(巨石文化: Megalithic Structure)면에서도 일본의 것은 한반도의 것과 그 형태가 같다는 데서도 일본은 한반도의 영향을 받았다는 사실은 다

---

[4] 鄭希得 湖山公 萬死錄 卷一 日錄 乙亥正月條 『倭俗亦有 新歲 賀例 家家來往 獻賀…彷佛 我國人事』; 同上 卷2 日本風土記 『其風俗視倭中 稍厚性, 頗寬緩多, 我國人氣像』; 日本書紀 卷九 神功條 『皇后使結 分發而…頓首奉詔』; 金正柱, 1963, 「韓來文化の後榮」, 韓國資料研究所 上, 1~100쪽, 中 81~91쪽; 前揭, 『日本歷史』, 23쪽; 萬死錄 卷2 日本風土記 『百濟之込臨玫, 或將琳聖, 太子兄弟三人, 辛未歲, 乘船入倭中 爲七州太守 或 爲大 內左京大夫』; 日本書紀 應神條 『十四年, 春二月, 百濟王, 貢縫衣女工, 日眞毛津, 是今來自 衣縫之始祖也』; 『大百科事典』, 平凡社, 卷 20, 118~125쪽.

시 말할 나위가 없다.[5]

끝으로 문헌상의 문제이다.『삼국지 위지(三國志 魏志)』에 "왜인은 대방의 동남쪽 대해 중에 있다. 대방군으로부터 왜국에 이르는데 해안을 따라 바다로 한국(韓國)을 지나 동남쪽으로 칠천여리를 가면 그 북안에 이르는데 구야한국(到其北岸 狗邪韓國)이다. 바다를 건너 천여리면 대마국에 이른다. 또 거기서 천여리의 바다를 건너가면 말로국(末盧國)에 이른다".[6]라고 되어 있다. 여기에서 말하는『到其北岸 狗邪韓國』이 만일『到其南岸』이라면 한반도 김해지방의 남안이 되어 구야한국이 일본규슈의 북단이 될지 모르나 到其北岸이기 때문에 이는 분명히 대한해협, 혹은 현해탄의 북안을 뜻하는 것이다.

이는 지도상에서 보는 쓰시마, 이끼의 양 도서가 본래 지리적으로 근접한 하카다지방인 후쿠오카현의 소속이 아니라 오히려 원거리에 있는 나가사키현에 현재 속하고 있다는 사실은 그 부근의 해상교통이 구로시오라는 대조류에 지배되고 있다는 사실에 기인한다고 본다.

이는 마치 우리나라 어청도가 해류관계로 지리적으로는 서천군에 근접하나 행정상으로는 원격지인 남쪽의 옥구군(群山)에 속하고 있는 것과 같다.[7]

---

5) 李丙燾, 讀書新聞 第152號 7面 1973.11.11; 崔棟, 1966,『朝鮮上古民族史』, 東國文化史, 520쪽; 金永元, 1973,「原始時代의 法制에 關한 硏究」,『朝大法政大學 論文集』, 38~66쪽.
6) 三國志 魏志 卷30『倭人在帶方, 東南大海之中, 依山島爲國邑…從郡(帶方郡)至倭, 循海岸水行, 歷韓國 乍南乍東, 到其北岸, 狗邪韓國, 七千餘里, 始度一海千餘里, 至對馬國…又南渡一海千餘里, 名曰瀚海, 至一大國…又渡海千餘里, 至末盧國』.
7) 前揭,『朝鮮上古民族史』, 514~522쪽.

또한 『고사기』에 『가사사키의 곶을 내려가 가라구니(韓國)의 려육(膂肉, 지명?)을 돌아(笠崎ノ岬ヲ下リ 韓國(カラクニ)ノ 膂肉(ソシジ)ヲ 曲(マ)ギ給ヒテ)』[8]란 내용이 있는 바, 위에서 말한 구로시오 해류에 따른 해상교통과 관계있는 것으로서 천손 니니기노미고도(天孫 瓊瓊杵尊)가 천조대신의 분부로 고천원(高天原)이라는 천계에서 지계로 강림할 때 규슈 서북안에 있는 가사사키(笠崎, 大隅)반도에 강임하여 구야국(가라국)의 려육(膂肉)을 우회한 뒤, 규슈 동남방의 휴가국(日向國) 다카치오(高千穗)의 고봉지(高峯地)에 도착하여 자손만대의 군림지로 선언하였다는 것이다.

따라서 구야한국은 규슈 서북방 저편에 있는 한국의 려육(膂肉)이며 김해지방의 구야국이 아닌 지명이라는 것이 확실하고, 그 반대로 당시에 일본의 식민지가 한반도내의 가라국이었다는 망설은 증명이 아니 된다.

이상에서 볼 때 일본이 자고이래로 한반도에서 문화적 영향을 받지 않았다는 주장에 대한 역설이 다소나마 입증되리라 확신하며, 따라서 박사 왕인도 백제시대의 구림 출생으로 일본의 아스카문화에 공헌한 학자라고 보는 것이 타당하다고 보여진다.

---

8) 『古事記』 上卷, 昭15, 硏究書院, 172쪽, 『此地者, 向韓國眞來通, 笠沙之御前, 而朝日之直刺國, 夕日之日, 照國也, 故此地, 甚吉地』; 笠崎(笠沙)ノ岬(御前ミサキ)ヲ 下リ 韓國(カラクニ)ノ 膂肉(ソシジ)ヲ 曲(マ)ギ給ヒテ 朝日ノ 照ル國 夕日ノ 刺ス 國是我子孫ノ 君タルベキ吉也(吉キ地也).

Ⅲ. 백제와 일본과의 관계

　백제는 그 수도를 ① 한양성(慰禮城: 북한산 동소문외 돈암동 부근)에서 온조왕 원년부터 14년까지 (B.C. 18~5), ② 한산성(廣州)에서 온조왕 14년~근초고왕 26년까지(B.C. 5~A.D. 371), ③ 북한산성(楊州)에서 근초고왕 26년~문주왕 원년까지(371~475), ④ 웅주성(熊津城, 固麻城 公州)에서 문주왕 원년~성왕 16년까지(475~538), ⑤ 사비성(扶餘城 所夫里)에서 성왕 16년~의자왕 20년까지(538~660), 677년간을 지속한 나라로서, 온조왕 26년(A.D. 8)에 마한을 공멸(攻滅)하니 국토가 충청, 전라지방까지 확대되었다.[9]

　따라서 백제는 오부(五部) 오방제(五方制: 上, 中, 下, 前, 後部와 東, 西, 南, 北, 中方)로써 통괄하는데 방(方)에는 달솔(達率)이, 방 밑(方下)의 십군에는 덕솔(德率)로 보임케 하였으며, 마한 54국 중 구계국(狗奚國: 강진, 영암지방)과 불미국(不彌國: 나주지방)도 남방인 구지하성(久知下城: 장성 九知伊)의 관할 소령이 되었다고 본다.[10]

---

9) 金富軾,『三國史記』, 昭19, 近澤書店 卷第37 雜志 第6 地理 4百濟條; 崔南善,『新訂 三國遺事』, 昭18, 三中堂 卷第2 紀異第2 後百濟條;『按古典記云, 東明王第三子, 溫祚以前漢 鴻佳三年癸酉(三國史記는 癸卯, B.C. 18年 癸卯임) 自卒本扶餘 至慰禮城, 立都稱王, 十四年 丙辰(B.C. 5年임) 移都漢山(今廣州)歷三百八十九年, 至十三世, 近肖古王, 咸安元年(26年 辛未 A.D. 371), 取高句麗 南平壤, 移都北漢城(今楊州), 歷一百五年, 文周王, 卽位元徽 三年, 乙卯(A.D. 475), 移都熊州, (今公州) 歷六十三年, 至二十六世聖王, 移都所夫里,(16年 戊子 A.D. 533), 國號 南夫餘 至三十一世, 義慈王, 歷一百二十年(三國史記는 歷一百二十年임)』.

10) 朝鮮史 講座一般史: 小田省吾 朝鮮上世史, 116~118쪽; 前揭 三國史記 卷第四十 雜志 第九 職官下條;『五方 有方鎭一人 以達率爲之…方有十郡 郡有將三人 以德

고이왕(古爾王, 234~286) 이후의 백제는 신예기상으로 발흥기를 맞이하여 고구려의 남하책에 대비함과 동시에 200여년간의 투쟁을 청산하고 신라와 화평을 완성하게 되었으나 서남해를 종횡무진하던 근초고왕(346~375) 때부터 불화가 재발하자, 아신왕(阿莘王) 때에 이르러서는 처음에 탁순국(卓淳國: 지금의 東萊, 慶山?)을 通하여 왜국과 교류하던 것을 지양하고 지금의 강진 혹은 영암(靈岩)의 상대포(上台浦)를 출입항으로 하여 직접 교통하게 되었다. 근초고왕 때는 백제의 전기적 전성시대로서 한 때는 북진하여 고구려 소령의 대방(帶方)까지 점령하였던 것이 원인이 되어 고구려, 신라의 적개심을 사게 되는 결과가 나타나 아신왕 때에 부득이 왜국과 결호(結好)하게 되었다.

왜국도 상고대에는 문자가 없어 귀천노소를 막론하고 口口相傳으로써 원시상태를 면치 못하였으나 이 시기에 이르자 야마도(大和)를 중심으로 고대국가의 형태를 이루게 되었다. 따라서 백제의 발단된 문물에 현옥하여 백제를 사부국(師傅國)으로 삼고 그 산품은 물론, 문인, 학자, 전문기술자들을 초빙하여 자기네의 유치한 문화수준을 높이고자 하였다.[11] 당시 왜국이 백제와의 수교를 얼마나 다행으로 여기고, 또 백제의 정교한 제품을 어떻게 감탄하였던가는 신공황후(神功皇后)가 그 아들과 신하들에게 "내가 수교를 맺게 된 백제라는 나라는 하늘이 내린 것이고 인력에 의한 것이 아니므로 그 완호진물(玩好珍物)을 전에 일찍이 보지 못하였던 것이라"[12]하

奉爲之」; 前揭, 今西龍, 『百濟史硏究』, 292쪽·324쪽; 民世安在鴻 朝鮮上古史 下卷 民友社, 216쪽.

11) 平凡社, 『大百科事典』卷20, 123쪽, 『古語拾遺 上古世, 未有文字, 貴賤老少, 相傳, 前言往行存 而不忘』.

12) 前揭, 『日本書紀』卷九 神功 51年 春 三月條.

였다는 것을 보더라도 능히 짐작할 수 있다.

 왜국이 유교경전을 포함한 백제의 한학(漢學)을 도입하기 시작한 것도 백제의 전성기(近肖古~毗有王, 346~455) 때였다. 특히 근초고왕 21년(366)에 시마노스구네(斯麻宿禰) 일행의 내조(來朝) 및 구저(久氐) 등이 백제의 사신으로 내왕한 후에 왜국에서 천웅장언(天熊長彦)이 와서 교역로를 강진 및 영암방면으로 하자고 제의 했다는 사실과 아신왕(392~405) 때와 전지왕(腆支王: 405~420) 때는 일본과의 우호관계가 깊었다는 것을 경시할 수 없다. 아신왕 6년에 왜국과 결호(結好)했다는 사실, 동 11년에 왜국에 대주(大珠)를 구했다는 사실, 동 12년에 왜국의 사신이 오자 왕이 환영하고(歡迎河鼓), 그 노고를 치하하여 후대했다는 사실, 아신왕이 서거함에 왜국에 있던 전지태자에게 왜왕이 병사 백인으로 하여금 호위 귀국시켰다는 사실, 전지왕 5년에 왜왕이 야명주(夜明珠)를 보내오자 그 답례로서 동 14년에 백면(白綿) 10필을 보냈다는 사실 등이 있고, 또한 비유왕(毗有王: 427~455) 2년에 왜사가 종자(從者) 50인을 거느리고 백제에 온 사실이 있다.[13] 백제가 왜국에 문물을 전수한 사실을 문헌상으로 고증하는 데는 일본측의 사서에 의하는 것이 주(主)가 되나『삼국사기』와『삼국유사』및 기타 문헌상으로도 단편이나마 고증할 수 있다.

---

13) 前揭,『三國史記』, 卷25 百濟本紀 第3, 阿華王條;『六年夏, 五月 王與倭國 結好 以太子 腆支爲質』;『十一年 五月 遣使 倭國求大珠』;『十二年倭國 使至 王迎勞之 厚待』; 同上 腆支王條『腆支元年 腆支在倭聞訃…倭王以兵士百人衛送』;『十四年 夏 遣使 倭國 送白綿 十匹』; 同上 毘有王條『二年 春二月 倭國使至 從者 五十人』.

1. 『古事記』

일본 최고의 사적, 3권, 開闢~推古天皇(554~628)까지의 事蹟. 겐메이 천황(元明天皇: 661~721) 화동(和銅) 4년(711) 9월 18일 오오노아소미 야스마로(太朝臣安萬侶)가 칙령에 의하여 완성한 문학상 천고불휴의 사서이다. 야스마로(安萬侶)는 그 책 중권 응신조(應神條)에 의하면 응신천황(應神天皇) 때에 백제의 소고왕(照古王)이 아지기시(阿知吉師)란 사람을 시켜 수말과 암말 각 1필씩을 보내오고 횡도(橫刀)와 대경(大鏡)을 보내왔다. 또 천황이 청하여 현인이 있거든 보내 달라고 간청하였다. 그래서 백제에서는 와니기시(和邇吉師)란 사람으로 하여금 『논어』 10권과 『천자문』 1권, 모두 11권을 보내오고, 또 수인(手人; 공예기술자)으로서 한단(韓鍛, 冶金)에 탁소(卓素)란 사람과 오복(吳服, 織造工)에 서소(西素)란 사람을 보내 왔다고 하였다.[14]

2. 『일본서기』

전기 30권, 계도 1권, 神代~持統天皇(645~702)까지의 관찬, 최초의 편년체 국사. 원정천황(元正天皇, 680~748) 양노(養老) 4년(715) 5월에 사인 친왕(舍人親王)과 오호노아소미 야스마로(太朝臣安萬侶)가 칙령에 의하여 찬진(撰進)한다. 그 후 응인대란(應仁大亂: 1468) 때 불탄 것을 승 운첩(雲牒)이 각가(各家)의 소장본을 수집해서 보수 합본함. 권10 응신천황(應神天

---

14) 『古事記』中卷, 應神條『百濟王主 照古王 以牡馬 一匹 牝馬 一匹 付阿知吉師 以貢上 亦貢上 橫刀及大鏡 又斜賜百濟國 若有賢人者貢上 故受以貢上人名 和邇吉師 卽論語十卷 千字文 一卷 幷十一卷, 付是人卽貢進 又貢上手人 韓鍛名卓素 亦吳服西素 二人也』.

皇) 15년조를 보면 "15년 추 8월 6일(壬戌朔 丁卯)에 백제왕이 아직기(阿直岐)를 보내어 양마 2필을 증함에 아직기로 하여금 그 사양을 맡게 하였다는 것과 또 아직기가 경서에 능함으로 태자 우찌노와기이라스꼬(菟道稚郎子)의 스승이 되었다"는 것, 천황이 아직기에게 "그대보다 더 나은 박사가 있는냐"고 묻자 "왕인(王仁)이란 사람이 있는데 아주 우수하다"고 대답하였다는 깃, 그래서 上毛野君(가미스게노기미(上毛野君)의 조(祖)인 아라다와께(荒田別)와 가무다와께(巫別)를 백제에 보내어 왕인을 초빙하였다는 것, 또한 왕인은 후미노오비도(書首等)의 시조가 되었다고 실려 있다.[15]

3. 『속일본기』

전 40권, 광인천황(光仁天皇, 709~731)의 칙령에 의하여 쥬나곤(中納言) 석천명족(石川名足) 등이 찬진한 것을 비롯 보완한 문무천황(文武天皇, 683~707) 원년부터 간무천황(桓武天皇, 737~806) 연력 10년(791)까지의 실록. 『속일본기』에는 왕인은 한고조의 후예로 백제에 귀화한 왕구(王狗)의 손자인데[16] 응신왕이 아라다와께(荒田別) 등을 백제에 보내어 문학의 선비를 뽑음에 근구수왕(近仇首王, 375~384) 일명 귀수왕(貴須王)은 그의 손인 진손왕(辰孫王, 일명 智宗王)과 함께 왕인을 보냈다고 하여 『고사기』나 『일본서기』와 약간 차가 있으나 그 외는 대동소이한 내용으로 되어 있다.

이상 『고사기』나 『일본서기』 및 『속일본기』의 기재 사이에는 피차의 출

---

15) 前揭, 『日本書紀』卷十 應神條; 「十五年 秋八月 壬戌朔丁卯 百濟王遣 阿直岐 貢良馬二匹 卽養於輕坂上廐 因以阿直岐 令掌飼 故號其養馬之處 曰廐坂也 阿直岐 亦能讀經典 卽 太子菟道稚郎子 師焉 於是 天皇問 阿直岐曰 如勝汝博士亦有耶 答曰有王仁者是秀也 時遣 上毛野君祖 荒田別 座別 於百濟 內徵王仁也…」.

16) 前揭, 今西龍, 『百濟史硏究』, 81쪽.

입과 상략(詳略)의 차와 또 서로 대조되는 점이 있다.

『고사기』에는 그저 응신조(應神朝)로만 되어 있음에 반하여『서기』에는 년, 월 내지 일진까지 표시되어 있다. 또『고사기』에는 照古王 때로 되어 있는데『서기』에는 단지 백제왕이라고만 되어 있고『속기』에는 근구수왕 또는 구소왕(久素王)이라 되어 있는 점이 그것이다.

그러나 이 무렵의 일본의 기년은 후세사람의 조작이 가하여 있으므로 믿을 수 없으나, 다음의 연대표에서 언급한바 백제의 왕호(王號)에 照古王과 久素王은 없고 왕호의 서열로 보아 照古王은 근초고왕이며, 久素王은 근구수왕이 옳다고 본다. 또한『일본서기』에는 백제왕이라고만 되어 있다고 하나, 응신천황 16년조에 "춘 2월에 왕인이 오고 동년(추 9월)에 阿花(華)왕이 죽자, 천황이 直支(腆支)왕자를 불러 말하기를 그대는 백제에 돌아가 왕위를 계승하라"[17]는 내용이 있고『삼국사기』나『동국통감(東國通鑑)』에 아신왕 6년에 왜국과 결호(結好)함에 따라 腆支(直支)왕자를 왜국에 보냈다는 내용과 아신왕이 서거함으로써 왜왕인 응신천황이 왕자를 병 백인으로 위송했다는 내용이 기재된 것으로 보아 박사 왕인이 도일했던 때인 응신천황 16년은 아신왕 14년(405)이었다고 보아야 할 것이다.[18]

그리고『고사기』의 阿知吉師는 말할 것도 없이『서기』의 阿直岐, 그리고 和邇吉師는 王仁에 해당하거니와 기시(吉師)는 우리 고대 말에 귀인(貴人)

---

17) 前揭,『日本書紀』應神十六年條『百濟王 阿花王薨 天皇召直支(腆支)王子 謂之曰 汝返於國 以嗣位』.
18) 前揭,『三國史記』腆支王條『六年出質於倭國 十四年(秋九月)王薨…腆支(直支) 在倭聞訃…倭王以兵百人衛送…國人殺喋禮 迎腆支卽位』; 釋尾春仍 東國通鑑 明治45 朝鮮古書刊行會 卷四;『阿華王薨 太子腆支質倭國…倭主以兵百人 衛送腆支…國人迎立爲王』.

의 존칭이므로 정작 이름은 阿知와 和邇인 것이다. 그런즉 阿知는 阿直岐, 和邇는 王仁과 각각 동인 동음, 이자(異字)인 것은 두 말할 나위도 없으며, 또한 『삼국사기』에 "腆支王 或云 直支王"이라 하였으며, 아신왕 6년에 왜국과 결호하고 태자인 전지를 일본에 보냈다[19]고 하였으니 아직기인 직기는 곧 '直支'와 '知吉'의 사음기록(寫音記錄)으로서 아직기는 아신왕 6년에 일본에 갔다가 14년에 아신왕이 서거하자 귀국하여 왕위에 오른 腆支(直支)王이었다고 생각한다. 또한 논리의 비약이라고 말할는지 모르며 연대상 선후의 모순이 있으나 『속일본기』에 근구수왕의 손, 진손왕이란 『서기』 신공 5년조에 지신을 좌신(坐臣)으로 사음기록한 것처럼 증손왕(曾孫王)을 그렇게 썼다고 보며[20] 일명 지종왕(智宗王)이라 한 것은 지(智)와 직(直)의 사음기록에서 오는 阿直岐, 즉 腆支(直支)王을 뜻하는 것이라고 본다. 그리고 보면 『일본서기』나 『속일본기』는 동일한 내용으로서 왕인이 도일했던 응신천황 16년은 아신왕 14년(405)으로 귀착된다.

이상에서 백제와 일본과의 관계를 약술하였으나 이로써도 일본은 한반도 문화의 영향을 받았다는 것이 재인식될 뿐만 아니라 왕인은 백제사람으로서 일본 아스카문화(飛鳥文化)의 발달에 공헌한 학자였다는 것을 재삼 확신할 수 있으리라 본다.

---

19) 『三國史記』 腆支王條 『腆支王或云直支…阿華王在位 第三年 立爲太子六年出質於倭國』 阿華王條 『六年夏 五月 王與倭國結好 以太子腆支爲質』.
20) 『三國史記』: 枕流王 近仇首王之元子…辰斯王 近仇首王之仲子 枕流之弟…阿華王 枕流王之元子…腆支或云直支王 阿華之元子.

4. 논어와 천자문

『논어』에는 후한대의 정현주해(鄭玄註解)의 것과 위(魏)의 하안집주(何晏集註)가 있고 『천자문』은 위(220~265)의 종요(鍾繇)작과 양무제(梁武帝, 502~557)때 주흥사(周興嗣)의 것이 있다. 그 중 왕인이 가지고 간 『논어』와 『천자문』은 연대 상으로 보아 하안집주와 종요의 것(二儀日月 雲霧嚴霜으로 시작)이 옳다고 본다.[21]

왜냐하면 위에서 언급한 바와 같이 백제의 근초고왕~아신왕 때는 동진(東晉)의 哀帝-安帝時代에 해당하는 외교의 시대로서 근초고왕 27년(372)과 28년(373)에는 직접 사신을 동진에 보내어 국교를 닦은 일이 있고, 30년(375)에 문자의 수입과 더불어 박사 고흥(高興)이 비로소 백제의 『서기』(書紀: 國史)를 편찬하였으며, 그 후 침류왕 원년(384)에는 동진으로부터 호승(胡僧) 마라난타(麻羅難陀)가 와서 백제에 처음으로 불교를 전했다는 것이다. 그 후 백제는 대 고구려 관계로 중국의 남북조 제국과 통하여 그 문화의 영향이 컸다는 사실을 감안해 볼 때, 『논어』와 『천자문』은 동진에서 한창 유행하고 있던 위시대의 것을 수입하여 왕인이 왜국에 전하였던 것이라고 본다.[22]

---

21) 前揭, 今西龍, 『百濟史究』, 81쪽; 前揭, 李丙燾(註5).
22) 前揭 三國史記 近肖古王條 『27年(372) 春正月 遣使入晉朝貢』『28年 春二月 遣使入晉』『30年 11月 古記 云 百濟開國以來 未有以文字記事, 至是得博士高興 始有書紀』; 枕流王條 『繼父卽位 秋七月 遣使入晉朝貢 九月 胡僧麻羅難陀, 自晉至 王迎之宮 內禮敬焉 佛法始於此』; 前揭 三國遺事 卷三 興法第三 難陀闢濟條 『百濟本記云 第十五 枕流王 卽位甲申 東晉 孝武帝 大元九年(334) 胡僧麻羅難陀 至自晉 迎置宮中禮敬』.

Ⅳ. 구비전설과 고증

위에서 언급한 바 백제는 왕인을 비롯하여 오경박사(五經博士), 역박사(易博士), 력박사(曆博士), 로반박사(鑪盤博士), 와박사(瓦博士), 조사공(造寺工), 채약사(採藥師) 등과 경사(經史), 불교경전(佛敎經典), 의약서(醫藥書), 력본(曆本), 천문지리, 음양오행, 복무(卜筮) 등에 관한 서적이라든가 승려, 약공, 화원, 불상 등을 일본으로 보냄으로써 일본의 문화가 급속도로 발달하여 마침내 이른바 아스카문화를 낳게 하였던 것이다. 따라서 일본의 아스카시대의 문화는 백제문화의 이식이요 연장이었던 것이라고 보아야 한다.

박사 왕인에 대한 기록은 우리 사기(史記)에는 거의 없고 일본 측 문헌 『고사기』나 『일본서기』 그리고 『속일본기』 등에 상술되어 있음은 위에서 언급한바와 같다. 이들 사서의 내용은 표기상의 문구와 시대는 다소 다르나 그 일치한 점은 백제의 왕인이 일본에 『논어』와 『천자문』을 전했다는 것이다. 여기에 왕인에 대한 문제가 나온다. 따라서 그에 관한 기록은 우리나라에는 거의 없으나 백제의 옛 고향 중에서 오직 한곳 영암군 구림(靈岩郡 鳩林)에서만이 그에 대한 구비전설이 대대로 전해 내려오고 있다.

전설의 내용인즉, 월출산 주지봉(月出山 朱芝峰, 一名 文筆峰)의 정기로 왕인이 성기동(聖起洞, 혹은 聖基洞)에서 태어났다는 전설과 더불어 태(胎)를 묻었다는 산태(産胎) 골이 있고, 왕인이 물을 마셨던 성천(聖泉) 및 성천수(聖川水)가 있으며, 수학했다는 문산제(文山齋)의 유적이 있고, 그 밖에 석제책고(굴)가 있으며, 책고 앞에 불상 같으나 불상이 아닌 백제 때의 의상을 모방한 석인상(石人像)이 있고, 지침바위(紙砧岩), 돌정고개, 배첩골 등이 있으며, 왕인의 후예가 살았다는 왕부자 터가 있고, 왕인의 후학들이 그의 유적을 보존하고 학통(學統)을 전수(傳授)하기 위하여 해마다 3월 3일이면 제향(祭享)을 모시는 한편 대동계(大同契)를 조직하였으며, 그에 따르는 양사제(養士齋), 죽정서원(竹亭書院), 죽림정(竹林亭), 간죽정(間竹亭), 삼락제(三樂齋), 덕성당(德星堂), 육우당(六友堂), 서호사(西湖祠) 등이 있다. 그리고 이상의 전설은 도선국사(道詵國師)에 대한 전설유적인 자치바위, 비축골, 백의암, 최씨원(崔氏園)과는 구별되고 있으며, 또한 백제시대의 유물(기와 및 巨石文化財 등)이 발견, 혹은 산재되어 있는 전설의 향(鄕)이요, 백제의 향취가 풍기는 곳이다. 따라서 오늘날에도 비록 도선국사를 낳은 곳이기는 하지만 유학풍이 짙은 구림은 박사 왕인이 출생했다는 전설의 고장이라 한다.

1. 왕인과 구림(鳩林)

박사 왕인이 출생했다는 鳩林이 있는 영암군(靈岩郡)은 백제 때에는 월나군(月奈郡), 신라 때에는 영암군, 고려 성종 14년(995)에는 안남도호부(安南都護府)를 두어 낭주(朗州)라 하였고, 현종 9년(1018) 이후 다시 영암군이라 부르게 되었다.

구림은 백제 때는 이림(爾林) 또는 聖起(基)洞이라 부르던 것이 신라 때 도선국사(827~898)가 출생하여 학림(鶴林), 후에는 鳩林으로 개명되어 오늘에 이르고 있다. 백제 때 聖起(基)洞이라 칭하였다는 문헌적 뒷받침은 도갑사의 도선국사비에『… 母曰 崔氏 家于聖起之僻村』이라 새겨져 있다는 것이다.[23] 또한 이곳은 마한 54국 시절에 구계국(狗奚國)의 관할지였던 곳

---

23) 月出山 道岬寺 道詵國師碑『國師 法諱 道詵 新羅朗州人也 母曰崔氏 家于聖起之僻村』.

으로 박사 왕인은 백제에 귀화했던 漢高祖의 후예 구(狗)의 손자라는『속일본기』의 내용이 왜곡되었다면 백제에 망한 구계국에서 왔다는 이유에서 그런 말이 나올 법도 하다는 것이다. 그리고 이림에 관한 기록으로는『하내지(河內志)』에 왕인의 묘가 河內國 交野郡 藤坂村 東北 御墓谷에 있는데 오늘날 이묘(爾墓)라 부른다는 것과,『일본서기』에 응신천황이 直支王을 불러 동한(東韓)의 땅을 주어 돌려보내며, 東韓은 甘羅城 高難城 爾林城이라고 했다는 점 및『삼국사기』에 腆支(直支)王이 돌아올 때 국난을 피하기 위하여 동한 땅 해도(海島)에서 잠간 머물었다는 기록 등으로 보아 이림(爾林)은 鳩林의 옛 칭호임이 입증되며,[24] 박사 왕인이란 경칭이고 和邇(일본 발음: 와니)가 본명이든, 혹은 왕씨성을 가진 王仁이든, 왕인은 실존인물이었을 뿐 아니라, 구림 태생이라는 것이 확실하다. 그러나 박사왕인은 실존인물이 아니고 응신천황의 별명, 혹은 아니끼(兄)라는 존칭어에서 온 것일지도 모른다고 하는 사람도 있으나 이는 어불성설이라 하지 아니할 수 없다.

2. 왕인과 월출산

박사 왕인이 월출산 주지봉(朱芝峰, 一名 文筆峰)의 정기로 태어났다는 월출산은 신라 때는 月奈山, 고려 때에는 화익산(華盆山), 소금강산(小金剛山), 조계산(曺溪山)이라 하였다. 영암과 구림을 병풍처럼 동남으로 싸고 있는 月出山은 기암괴석으로 소금강(小金剛)을 이루고 있어 국립공원으로

---

24) 河內志『王仁墓 在河內國 交野郡(藤坂村東北御墓谷…今稱於雨墓云云』; 前揭, 今西龍,『百濟史硏究』, 136쪽,『雨林은 全南地方인 綾城?』; 前揭,『三國史記』卷25 百濟本紀 阿華王條『…依海島以待之…』; 前揭,『日本書紀』應神 16年條『東韓者 甘羅城 高難城 雨林城是也…』; 文定昌, 1970,『日本上古史』, 柏文堂, 292쪽.

지정된 산이다. 또한 月出山은 아홉 마리의 용이 살고 있다는 九井峰이 있고, 그 밑에는 삼동석(三動石)이 있는데 비록 수 천 명일지라도 들 수는 없으나, 한 사람이 요동시키면 떨어질 것 같이 흔들리나 떨어지지 않기에 영석(靈石, 靈岩)이라 일컫게 되었으며, 영암이란 군명도 이에서 유래하였다는 전설이 있다. 따라서 월출산의 정기로 박사 왕인을 비롯하여 도선국사와 기타 많은 위인 인재가 배출되었다는 것이다.

그러기에 金克己(고려 명종, 1170-1197)를 비롯하여 김종직(金宗直, 1431-1492)과 같은 명사들이 찬미한 詩가 기십여편(幾十餘篇)이나 되며, 조선중기 시조작가인 고산 윤선도(孤山 尹善道, 1587-1672)는 "월출산 높더니마는 미운 것이 안개로다. 천황 제일봉을 일시에 가리었다. 두어라 해 퍼진 후면 안개 아니 거두랴"라고 읊었던 것이다.

특히『동국여지승람(東國輿地勝覽)』영암 월출산조 金克己 시에는 왕인과 도선국사에 관한 암시적인 구절이 있으니, 『해동역사』의 "王仁 百濟人…仁通于諸典 又能察人相"이라는 것과 비교하여 본다면 왕인에 상부하는 점이 있음과 동시에, 또한 도선국사에 관한 구절이 있어 주목할 만하다고 본다.

"相師化去杳安往 諷爽遺風千古吹 相師平昔獨往意…海商百日昔超海…登山謁聖遂卜築 終身不復念故里…風雨無情倒像閣…方墳左右高疊疊, 邇翁貿貿忽訪我…玉霄峯下李徵君…忽値鶴書來赴隴…嗟哉二子竟不免 只坐塵襟難忘機…禪客冥棲白雲院 破除世網無子遺…始離虛往終實歸…感公尙念柴桑翁"25)

위의 시구에서 『相師』, 『獨往意』, 『超海』, 『謁聖』, 『終身不復念故里』, 『倒像閣』, 『方墳』, 『邇翁』, 『徵君』, 『忽値鶴書』 및 『柴桑翁』과 같은 것은 박사왕인의 一代記를 회상하는 추모시라 하겠다. 상사(相師)의 주인공은 『해동역사』에 있는 것과 같이 和邇師, 즉 邇翁인 왕인을 지칭함이요, 평소에 벼슬하려 하지 않고 초야에 묻혀 살려던 柴桑翁(도연명)과 徵君같은 왕인이 나라에서 먼저 부르게 되어(忽値鶴書) 일본으로 떠나게 되자 백구(百口)를 거느려 바다를 건넌 후 종신토록 다시는 옛 고향을 생각지도 않았다는 내용 및 왕인이 文山齋에서 수련할 때 그 명성이 이미 사해에 떨쳐 알성하려 모여든 후학들이 많았는가 하면, 文山齋나 석제책고에 쌓인 책(方墳)이 첩첩으로 쌓였다는 내용, 그리고 왕인이 도일한 후에는 후학들이 흩어져 그 유적 관리에 소홀했기 때문에 文山齋는 무정한 비바람에 시달려 무너지고 말았다는 내용 등 박사왕인과 불가분의 관련성을 내포하고 있다.

그런가 하면 『禪客冥棲白雲院 破除世網無子遺…始離虛往終實歸』란 구절은 도선국사를 뜻함이 분명하고, 『嗟哉二子竟不免 只坐塵襟難忘機』란 구절은 박사 왕인과 도선국사를 비유한 것으로써 "슬프다 두 사람이 마침내 번거로운 마음으로 紅塵萬丈의 世上事를 잊지 못하게 되었구나"란 내용으로 두 분이 다 같이 초지(初志)와는 달리 출사하게 되었다는 것을 뜻함이라고 본다.

따라서 박사 왕인의 태생지 및 수학처는 鳩林이었다는 것이다. 또한 박사 왕인과 月出山과의 관계는 그 명칭에서도 찾아 볼 수 있다고 본다. 月出山이란 물론 신라 때와 고려 때에는 없었으니 조선시대에 붙인 이름이라고

---

25) 韓致奫 海東繹史 卷67 王仁付阿直岐條; 東國輿地勝覽 卷35 靈岩 月出山條 金克己 詩.

도 말할 수 있지만, 요는 일본 우에노공원(上野公園)에 서 있는 왕인비문에 박사왕인의 후예, 혹은 후학자라고 보이는 '月出東山'이란 이름이 새겨져 있는 것과 관련시켜 볼 때는 月出山은 백제 때의 이름이라는 것이고, 따라서 月出이란 姓은 박사 왕인의 후예나 후학자가 향수에 젖은 나머지 '月出'이라 창씨하여 대대로 내려온 것이라고 추찰할 수도 있다.[26] 이는 절대로 관련성이 없다고 주장하는 사람도 있으나, 본인은 물론 우연의 일치일는지도 모르나 그렇다고 완강히 주장, 혹은 반대할 것이 아니라고 본다.

3. 왕인의 출생지 성기동(聖起(基)洞)

박사왕인의 태생지라는 성기동, 일명 성지(聖址) 골은 구림 삼거리에서 동남쪽으로 3백여 미터에 있는 6·25때 학살된 27인의 합장묘를 지나 다시 5백여 미터에 위치한 곳이다. 30여호 정도는 자리 잡을 수 있는 넓고 아늑한 동남향의 터인 성기동은 옛 모습만 남기고 있을 뿐 인가가 없고, 이미 잡목과 잔디만이 무성한 곳에 역력히 주춧돌이 남아 있어 박사왕인의 생가터라는 전설을 담고 있다. 그 옆에는 왕인이 마셨다는 성천(聖泉)이 있으며, 또한 옛적에 성천(聖川)에 목욕하면 왕인과 같은 위대한 인물을 낳는다는 전설에 따라 도선국사의 모친이 목욕하다 역류하여 오는 오이를 먹고 잉태하였다는 전설을 담은 성천지대를 흐르고 있는 구유바위(槽岩)와 '聖川'이란 글씨가 역력히 새겨 있는 시내가 있다.

터의 뒤쪽 떨어진 곳 바위 위에 "고최씨원 금조가장(古崔氏園 今曺家庄)"이라 새겨져 있는 것이 보인다. 생각건대 현 鳩林이란 지명은 『동국여지승람』이나 『전설사전(傳說事典)』[27] 및 현지의 주민 박찬우(朴燦宇) 씨 등

---

26) 上野繁昌 史續 博士 王仁の條, 390쪽·392쪽.

이 말하는 전설내용에 의하면 崔氏의 딸 처녀가 '崔氏園'에 연 기기한 오이를 따 먹고 잉태하여 사내아이를 낳자 소문나는 것을 꺼려 죽림 속에 아기를 버렸던바 '비둘기'와 '소리개'가 와서 날개로 아기를 덮고 있는 것을 보고 다시 데려가 기른 것이 후에 출가하여 유명한 도선국사가 되었다는 전설에서 연유하는 호칭이 鳩林이고, 그 이전의 지명은 鶴林, 또 그 전의 지명은 聖起(基) 및 이림(爾林)이었다는 것이다. 聖起(基) 골이란 성인과 같은 박사 왕인의 태생지라는 것과 관련되는 유교적 호칭의 지명에서 온 것이라 생각되며, 불교적 호칭에서는 '聖'자가 붙지 않는 것이 상식이라고 본다.

또한 성인과 같은 사람이 난 곳에는 태(胎)를 묻은 곳, 즉 산태골이란 이름이 뒤따르는 게 일반적이란 전설을 감안해 볼 때 구림에 '산태골'이라는 이름이 있다. 이는 우연의 일치라고 말하기에는 너무나 일치된 것 같다.

어떤 사람은 이에 대하여 반론하기를 "聖字說 云云은 불교인인 道詵國師를 유학자인 王仁의 출생지라고 하기 위하여 억지로 聖字說을 내세운 견강부회적인 해석이라 하며, 왕인 같은 분에게 聖人같은 사람이라고 한다면 聖人의 홍수사태가 날 것이라고 하면서 세계에서 聖자가 붙은 四聖이란 초등학생도 상식적으로 알 수 있는데, 그렇게 인용된다면 학문의 권위문제까지 의심하게 될 것이다"라고 하였다. 그러나 이는 엄연히 구비전설에 의한 聖起(基)골이지, 필자가 자작한 것이 아니며, 항간에 보통 '성인군자 같다'는 말을 쓰는 것은 일종의 우리 관행이었다는 것쯤은 상식적으로 알고 있으리라는 점만을 부기코자 한다.

---

27) 『東國輿地勝覽』 卷35 靈岩 古蹟 崔氏園 條; 林海琳, 1967, 『傳說事典』, 三友社, 159쪽, 靈岩郡 鄕土誌 1972, 全南文化社.

4. 왕인의 수학처 문산재와 책굴(冊庫) 및 석인상

　구림 삼거리에서 월출산 주지봉(一名 文筆峰)을 향하여 올라가면 해발 350여 미터 되는 곳에 박사 왕인이 수학했다는 문산재(文山齋)가 있고 그 밑에 닥(楮)으로 종이(紙)를 만들어 쓰는데 사용했다는 지첨(紙砧)바위가 있으며, 문산재에서 빚어 놓은 듯한 암석을 오르면 왕인이 공부했다는 책굴(石製冊庫)이 있다. 이는 폭이 2.5m, 길이 7m, 높이 5m 정도의 장방형 굴이다. 그 입구에는 불상(佛像)같으나 불상이 아닌 백제때의 의상을 모방한 석인상(石人像)이 서 있다.

　문산재는『ㄱ』자형의 서원(祠院)으로 중수에 중수를 거듭하여 오다가 1960年에 왕인 후학자들의 합의로 鳩林中學校 도서관 건립시 기증하여 지금은 남아 있지 않으나(1986년에 복원 됨-편자), 그때의 모습이 사진에 담겨 있다. 뿐만 아니라 조선조 효종 때 영의정으로 유명한 이경석(李景奭, 1595~1671) 선생도 이 문산재에서 수학하기 위하여 내왕했다는 사실이『신한세보(新韓世譜)』에 기록되어 있으며, 또한 이 문산재에서 많은 왕인의 후학들이 배출되었고 지금까지도 연로층에 최일석(崔日錫, 現在 鳩林居住)씨를 위시로 그 후학들이 많이 있다는 사실에 입각, '齋'자가 들어가는 집은 유교적 호칭에서 오는 서원(書院, 祠院)이라는 것으로 보아 '文山齋'는 절대로 절이 아니었다고 확신한다.

　어떤 사람은 근방에 기와 파편이 많이 있는 것과 석인상을 불상이라 하여 文山齋가 있던 곳을 절터라고 주장한다. 그러나 1974년 5월 18일, 왕인박사현창협회 주최, 광주 Y·W·C·A에서 열린 심포지움 때 본인의 발표내용 즉 문산재는 절이 아니고 서원이었으며, 석인상은 불상이 아니고 백제시대상을 나타낸 것이라는 내용으로 확정되었고, 특히 이선근 박사는 필자의 주장을 받아들여, 이때 석인상이라고 만장(滿場)에 선언하였으며, 한편 백제문화연구소장 홍사준 선생 조사단 일행에 의하여 문산재와 聖起(基)골 근방에서 발굴된 기와가 백제기와(百濟瓦)라는 것, 및 책굴도 공부하기 위하여 만들어진 것이라는 것 등이 밝혀졌기 때문에 왈가왈부할 필요가 없다고 본다. 또한 왕인연구에 조예가 깊은 김창수(金昌洙) 옹의 말을 빌리면 석인상은 일본의 河內에 있는 천 삼백여 년 전에 세운 박사 왕인의 비명(碑銘)과 그 석질이 같다는 것이다.

현재 한국에 유일한 이 석인상은 나가요시(中吉功)가 지은 『海東의 佛教』에서는 그 유례를 볼 수 없고, 비슷한 것이 있다면 국립부여박물관 소장 청동입상이 있으나[28] 상당한 차이가 있다. 문산재의 석인상의 특색은 불상 형태가 아닌 유건(儒巾)을 쓴 것과 같다는 점, 보주가 없다는 점, 도복(道服)에 콩소매가 늘어져 있는 점, 도복 앞 섶이 늘어져 있는 점 및 양수가 읍을 하고 있다는 점이 특이한 것으로 박사 왕인의 후학들이 선생의 학통을 전수하고 그를 추모하기 위하여 건립, 추모제를 지냈던 것이라고 생각한다.

5. 왕인의 출항지 돌정고개, 배첩골, 상대포

박사 왕인이 일본으로 초빙되어 갈 때 백제에서는 문학자만 보낸 것이 아니라, 위에서 언급한 바 기술자들을 동행케 하여 일본 아스카문화 발달에 획기적인 공헌을 하였는데,[29] 왕인이 일본으로 떠나가면서 聖起(基)골에 살던 생가를 못 잊어 돌아보고 또 돌아봤다는 데서 '돌정고개'(東鳩林),

---

28) 中吉功, 『海東の佛教』, 昭48, 圖書刊行會; 黃壽永, 1973, 『韓國佛像의 硏究』, 三和出版社, 72-78쪽.

29) 前揭, 『古事記』(註14) 및 … 又奏造之祖 漢直之祖 及知釀酒人 名仁番 亦名 須須許理 等 參渡來也; 註3 平凡社, 『大百科事典』 卷20, 118-125쪽; 藤田亮策, 1959, 『外國文化との關係』, 東京, 39-48쪽.

배를 타고 떠났다고 해서 '배첩골'과 당시 백제의 대외출입항이었던 상대포(上台浦)가 있다(지금은 간척공사로 학파농장이 되어 비록 영산강 본류와는 두절되었으나 그 자취는 남아 복원되었음-편자). 어떤 사람은 '돌정고개'란 이름은 방방곡곡에 많이 있으므로 왕인과 결부시킬 수 없다고 주장하지만 아무리 그러한 이름이 많이 있다 해도 전설상의 역사적 성격에서 볼때 전적으로 무시할 것은 아니라고 본다. 또한 '돌정고개'는 돌이 많은 곳에 정자(亭子)가 있는 곳이라고 해석하나 구림의 전설상 '돌정고개'는 그와는 성질을 달리하고 있다.

그 고개는 돌이 거의 없고 2척 가량의 표토(表土)만 제거하면 밑에는 많은 숯과 도편(陶片) 및 기타 야금장(冶金場)의 폐품 등이 쌓여 있어 백제시대 도요지의 흔적이 역력히 남아 있는 것으로 보아 왕인과 함께 도일했던 기술자들과 관련되는 것으로 당시 강진, 영암의 문화권적 해석이 가능하다는 것이다.[30]

6. 왕인과 백제시대의 성(姓)

『해동성씨고(海東姓氏考)』에 의하면 王씨 성은 22본이 있는데 원본(元은 중국 태원왕씨(太原王氏)로부터 시작되나 대개가 사성(賜姓), 작위(爵位)에 의한 성이라 한다.

주 양왕(周 襄王) 때 문공(文公)의 자 왕숙호(王叔虎), 주 경왕(周敬王) 때 재대부 왕흑(齊大夫 王黑), 주 난왕(周 赧王) 때 진(秦)의 왕계(王稽), 한(漢) 이후의 王莽, 王安, 王安石, 王庭湊, 王武俊, 王宗滌, 王宗佶, 王宗弁, 王德明 등도 그 본관은 사성에 의한 것이며 가신공국사(嘉新公國師) 32인

---

[30] 金庠基, 1948, 『東方文化交流史論攷』, 乙酉文化社, 13-17쪽.

도 사성되었다고 한다. 따라서 왕인이 비록 한 고조 유방(劉邦), 邦의 苗裔 鸞, 鸞의 후예 王狗가 百濟에 와서 살게 되어, 그 손자가 왕인이라 하더라도 왕인은 백제 태생인 것만은 부인할 수 없는 엄연한 사실이다. 그리고 보면 王씨가 백제에 있었다는 것이 입증된다. 또한 백제 때는 귀족 성인 8성(沙, 燕, 劦, 解, 眞, 國, 木, 苩)만이 있었다고 하나, 주륵(周勒)과 같은 장군도 있었다는 것을 볼 때, 단지 8성에 국한된 것이 아니라 약 백 여 성이 있었으니, 위의 8성을 위시로 王, 周, 金, 白, 張, 灼, 皮, 馬, 丁, 高, 適, 贊, 安, 段, 阿, 姬, 調, 乙, 潘, 斯, 扶餘, 十劦, 자孫, 古雨, 再曾, 沙叱, 黑齒, 鼻利, 眞伊, 東城, 汶休, 科野, 阿屯, 姬氏, 鬼室, 木素, 谷邦, 四比, 答㭰, 沙毛, 久氏, 因斯, 昆優, 福信, 三斤 등을 들 수 있다.

이는 일본의 『성씨록』에 漢계 128성, 百濟계 136성, 高句麗계 46성, 新羅계 9성, 任那계 9성으로써 계 328성이 있다고 한 것에서도 -물론 일본 성씨는 계보적 성씨는 아닐 수도 있지만- 백제 때에 성이 존재했다는 것과 일본은 백제문화에 많은 영향을 받았다는 것에 대한 참고는 되리라고 본다.

그리고 백제는 온조왕 때부터 초고왕(肖古王) 49년(214)까지는 氏名위에 部名을 기재하였으나 이후는 성명만을 썼다는데 대하여 『삼국사기』 근초고왕 30년조 "百濟는 開國以來 文字記事가 없었는데 高興 博士가 書紀(國史)를 씀으로써 文字記錄이 始作되었다"고 한 內容과는 전후가 모순되는 감이 있으나, 문자기록이 비록 근초고왕 30년(375) 이후라 할지라도 백제의 성씨 유무에는 큰 문제가 되지 않는다고 본다.

왕인의 본명이 和邇가 옳다면 고려할 문제라고 보이나 왕인은 王狗의 손자이든 아니든, 백제 사람임에는 틀림없고, 지금도 鳩林에 왕인의 후예인 왕부자(王富者) 터가 남아 있는데 지리도참살(地理圖讖說)에서 鳩林이 왕씨가 성할 수 없는 지역이라 하여 왕인의 후예가 성을 馬씨로 바꾸었다

하며, 현 馬씨의 본관이 영암의 인접지요, 옛날에는 그 일부가 영암에 속해 있던 강진(康津)이라는 것이다. 그렇다면 712년에 편찬된 『고사기』에는 王仁을 和邇라 하였으나 3년 후인 715년에 같은 사람 오오노야스마로(太安万侶)에 의하여 편찬된 『일본서기』나 그 후대에 된 『속일본기』에는 王仁이라 기재된 것은 『고사기』 때의 잘못을 시정한 것이라고 해석된다. 따라서 王仁이 본명이라고 보며 구림의 구비전설이 전연 무근한 것이라고 볼 수 없다.[31]

7. 왕인과 후학자

박사 왕인의 후학자들이 그의 유적과 학통을 전수하고 기념하기 위하여 구림에서는 대대로 내려오는 대동계(大洞(同)契)를 조직하였으며, 養士齋, 文山齋(前 2齋는 일시 폐허가 되었다가 지금은 복원되었음-편자), 竹亭書院, 竹林亭, 間竹齋, 三樂齋, 德星堂, 六友堂 및 西湖祠 등을 보존 유지하고 있는 한편, 춘 3월 3일(삼짇날)이면 입춘첩(立春帖)을 붙여 박사 왕인의 제향을 모셔오고, 추 9월이면 상하가 모여 강론신의하되 수학(修學)의 페이를 경계하며 화목을 이루어 왔었는 바,[32] 일본 가와치(河內, 왕인박사

---

31) 尹昌鉉 朝鮮氏族統譜: 卷之軍 海東姓氏考 大正 3 『王氏有二十二本系出中國 太原王氏…周襄王時 王叔虎 文公之子 以爵爲氏…王氏所出 不一 鄭憔統誌謂 其王者之 裔 以爵爲氏…嘉新公國師等 三十二人 賜姓王氏…』; 東國文獻 東華姓譜姓氏考; 王仁系氏族とその遺蹟 日本のなかの朝鮮文化 18號 73 京都, 19-40쪽; 前揭, 今西龍, 『百濟史硏究』, 294-323쪽; 上野繁昌史續 博士 王仁の碑條, 287쪽; 前揭, 金永元, 『原始時代의 法制에 關한 硏究(姓氏篇)』, 38-66쪽; 前揭, (註22), 『三國史記』; 前揭, 『朝鮮上古民族史』, 160쪽; 前揭, 平凡社, 『大百科事典』 卷20, 121쪽; 前揭, 『日本上古史』, 661-662쪽, 姓氏錄 『天孫降襲西化』; 朝鮮史講座一般史, 小田省吾, 『朝鮮上世史』, 114-115쪽.

의 묘소가 있는 곳-편자)에서도 3월 3일에 그 후예들이 박사왕인의 추모제를 지내오고 있다는 것이다. 이날이면 鳩林에서는 남여가 다 같이 축전을 벌이는데 위에서 말한 聖川에서의 부녀자 놀이와 오이에 대한 전설도 여기에서 나왔다고 하며, 그에 대한 추모시『憶 王仁 古師詩』即『種楮師何去, 年年獨秀靑, 忽驚天下溺 博施濟衆情』(닥나무 심은 선생은 어디로 가시고 해마다 홀로 빼어나 닥밭만 푸르른가, 천하가 문득 어지러워 놀라니, 널리 중생을 건지셨도다)란 시도 이런데서 나온 것이라 한다.

어떤 사람은 이에 대하여 3월 3일이면 어느 곳에서나 제향을 지낸다. 또는 시제(詩題)가 없던 것을 나중에 왕인과 결부시켜 시제를 붙였다고 하는가 하면, 그 내용도 왕인에 대한 구절이 한 구(句)도 없다는 점 등에서 구림에서의 박사 왕인 출생설은 조작된 전설이라고 하였다. 그러나 3월 3일(삼진날)이면 어디에서나 제향을 지낸다고 하였는데 역설인 것 같다. 여기에서 말하는 삼진날의 제향은 박사 왕인에 대한 추모제를 뜻함인데, 어디에서나 지낸다고 하면 박사 왕인에 대한 전설이 왜 구림에만 있고 다른 곳에서는 없으며, 만약 다른 곳에도 있다면 모르되, 없는 곳에서 박사 왕인의 제향을 지낸다는 것은 이해가 안 간다.

그리고 많은 전설과 기록이 있다면 한 곳의 전설만 가지고 왈가왈부할 필요성도 없지 않을까? 시에 대한 것도 후세 왕인의 후학들이 읊은 것이라는 점, 누구나 수긍이 가나 전래되어 오던 시에 제목이 없던 것을 나중에 왕인과 결부시켜 붙인 것이라고 하는 논거는 어디에 있으며, 시 속의 師자는 왕인과 관계가 없다고 하는 주장은 도저히 이해가 가지 않는다.

---

32) 兒湖集 卷2 鳩林大洞契條『每於春三 秋九 定行講信…上下齊會 講論信義 修學其 廢弛和睦』.

이상, 구림의 박사 왕인에 대한 구비전설과 고증을 중심으로 대략 살펴 보았다. 앞으로 그 진부(眞否)와 미비한 점에 대하여는 더 조사 연구할가 한다.

V. 왕인의 도일연대

박사 왕인이 도일했다는 연대는 『고사기』에는 照古王이라 되어 있고, 『서기』에는 단지 백제왕이라고만 되어 있으며, 『속일본기』에는 仇首王, 또는 久素王때라고 기록되어 있다는 점은 위에서 언급한 바와 같다. 그러나 백제 왕호에는 照古王과 久素王은 없고, 또한 일본 사적(史籍)은 교역 통신의 불편, 편찬관의 편파(偏頗), 혹은 운수(運數)의 오신 등에서 잘못기록된 것으로서 사실보다 二周甲 정도가 옛 것으로 되었기 때문에 그러한 착오가 생긴 것이라고 본다. 『일본서기』에 의하면 박사왕인이 응신천황 16년(285) 춘 2월에 왔다고 되어 있으나, 이때는 백제 고이왕 52년(己巳)이며, 또한 『서기』 응신조에 肖古王은 30년 을해(195)에 죽었다고 하나, 肖古王은 그때 죽지 않았다는 것과 이때는 중애천황(仲哀天皇) 4년이지, 응신천황의 대(代)가 아니었다. 그리고 응신천황 22년은 진(晋) 혜제(惠帝) 원강(元康) 원년(291)이라고 하나, 이때는 백제 책계왕(責稽王) 6년 신해이며[33] 또한 신공(神功) 원년(208)에 신라의 波沙寐錦(婆娑尼師今)을 정벌했다고 하나 그때는 신라 내해왕(奈解王) 13년 무자(戊子)로서 파사왕(婆娑王, 80-112) 때와는 엄청난 차이가 있다. 그런가 하면 이설(異說)에 신공 원년(208)에 신라의 助富利干岐(助賁王 230-247)을 정벌했다고 하나 이때는 백제 고이왕

---

33) 前揭, 『日本書紀』, 應神條(9. 16. 22年).

14년 정묘이다.[34] 또한 신공, 응신의 갑자세(甲子歲)는 近肖古王 19년(364) 이라는 설이 있으나 이때는 신라의 내물왕(奈勿王) 9년, 인덕천황(仁德天皇) 52년에 해당하며,[35] 近肖古王 24년(369) 기사(己巳)에 응신천황은 荒田別과 鹿我別을 파견하고, 그들은 백제 장병과 卓淳國에 회합하여 신라를 쳤다는 설이 있으나 이때는 인덕청황 57년으로 이도 또한 신공이나 응신 연대와는 거리가 멀다.[36] 끝으로 응신 15년 추 8월 백제의 仇首王은 阿直岐를 보내 양마 2필을 진상하고 익년 춘 2월에 왕인이 내조(來朝)했다고 하나 위에서 말한 바와 같이 왕호인 仇首王은 없을 뿐 아니라 연대 상으로도 일치하지 않는다.[37]

이상으로 『고사기』, 『일본서기』, 『속일본기』에 보이는 일본 상대의 연대에 관한 잘못된 예를 들었다. 그러나 다음의 예로써 연대 상 착오를 시정함과 동시에 왕인이 도일했다는 절대 연대가 『일본서기』, 『삼국사기』 및 『삼국유사』와 일치된 내용으로 발견된다고 본다.

첫째로 연대표 상 신공(神功) 53년에서 응신 16년까지 『일본서기』에 기재된 국왕명이 肖古王, 貴須王, 辰斯王, 阿花王, 直支王의 6왕의 즉위와 서거에 대하여 정확히 기재되어 있으나 백제의 왕 호칭 순위는 ⑬近肖古王(345-375), ⑭近仇首王(375-384), ⑮枕流王(384-385), ⑯辰斯王(385-392), ⑰阿華王(392-405), ⑱腆支王(405-420) 순으로 되어 있는 것으로 보

---

33) 前揭, 『日本書紀』, 應神條(9. 16. 22年).
34) 前揭, 『日本書紀』, 神功條.
35) 前揭, 小田省吾, 『朝鮮上世史』, 152쪽; 前揭, 今西龍, 『百濟史硏究』, 12-13쪽, 73쪽, 318쪽.
36) 前揭, 『日本書紀』, 應神條.
37) 前揭, 上野繁昌, 『史蹟博士王仁の碑』, 287쪽.

아 『서기』에 기재된 肖古王은 近肖古王이며, 貴須王은 近仇首王을 지칭함이 분명하다. 이로써 연대를 환산하면 113년 차가 생겨 박사 왕인이 도일했던 제15대 응신천황 16년은 백제 제17대 아신왕 14년(405)에 해당한다.[38]

둘째로 일본서기 응신 16년조에 '16년 春 二月 王仁來之 太子師之 習諸典籍於王仁 莫下通達…(是年)百濟王 阿花王(秋九月)薨 天皇 召直支王子 謂之日 汝返於國 以嗣位'란 구절과 삼국사기 전지왕조 '六年出質於倭國 十四年(九月)王薨…腆支(直支)在倭聞訃…倭王以兵百人衛送…國人…迎腆支卽位'의 구절 내용이 동일한데, 그때 백제는 대고구려 및 신라 정책으로 아신왕 6년(397)에 왜국과 결호하고 전지왕자를 보내어 우호관계를 돈독히 하였다는 사실은 연대상 2년의 차가 있으나 호태왕비문에 '광개토왕 9년(399) 을해(己亥)에 백제가 고구려와 위약하고 왜국과 화통했다'는 내용이 있는가 하면, 일본서기에 응신천황 28년 가을 9월에 고구려왕(장수왕 5년, 417년)이 사신을 보내어 국서를 전달하는데 그 국서에 '高麗王敎日本國也'라 씌여 있는 것을 태자인 면도치랑자(菟道稚郎子)가 독파하고 무례하다 하여 고구려 사신을 질책함과 동시에 국서를 파기했다는 내용이 있는가 하면, 일본서기에 응신천황 16년 봄 2월에 도일한 왕인에게 수교한 태자가 12년 후인 응신천황 28년(417)에는 국서를 독파할 실력이 있었다고 본다. 이들로써 연대를 환산하면 응신천황 16년은 아신왕 14년(405) 기사에 해당한다.[39]

---

38) 前揭,『日本書紀』年表; 前揭,『三國史記』年表 卷 29. 30;『日本書紀』應神 16年 條;『三國史記』腆支王條;『三國史記』阿莘王條, 好太王碑『九年(399) 乙亥 百殘(濟) 違誓與倭和通』; 前揭 日本書紀 應神 28年條『28年(417 長壽王 5) 秋 9月 高句麗王 遣使 朝貢因以 上表(國書傳達) 其表日 高麗王 敎日本國也 時太子讀其表 怒之責 高麗之使 以表狀 無禮 則破其表』.
39) 前提,『三國史記』阿莘王 및 腆支王條;『日本書紀』神功 46年條『攝政 46年(366)

셋째로 일본서기 신공 46년조에 '춘삼월에 시마스구네(斯麻宿稱)를 탁순국에 보냈던 바 탁순왕 말금한기(末錦旱岐)가 그에게 말하기를 삼년전 갑자(364) 7월에 백제인 구씨(久氏) 이하 3인이 와서 운운'한 것으로 볼 때 신공 46년(366)에서 응신 16년(405)까지의 39년간을 가산하면 응신 16년은 서기 405년이며 백제 아신왕 14년에 해당하므로 박사 왕인이 도일했던 절대 연대는 405년이라고 본다.[40]

넷째로 삼국유사의 '제17대 내물왕 35년(390)에 왜 사신이 와 말하기를 대왕의 신성을 저의 왕이 듣고 저희들을 보내어 백제의 죄를 대왕에게 고하도록 하였사오니 원컨대 왕자 한명을 보내시어 성의를 표하여 주시옵소서 한데 왕이 셋째아들 美海 일명 未吐喜(未斯(叱)欣(喜)을 왜국에 보내어 계책으로 미해왕자가 탈출하도록 하여 金(朴)堤上은 가진 고문 끝에 피살당했다'는 내용과 일본서기의 '신공황후 섭정 5년(325) 을유에 신라왕이 汗禮斯伐 毛麻利叱智 富羅毛 등을 보내와 인질로 와 있던 微叱許智(미시고시) 伐旱의 정을 살핌과 동시에 사책으로 微叱許智 伐旱을 탈출케 하였으

春三月 遣使斯麻宿稱(ツマスクネ)于卓 卓淳王 末錦旱岐 告斯摩宿禰曰…三年 前甲子(364) 七月 百濟人久氏, 彌州流, 莫古等三人 至本地方 其三人傳言曰 百濟王聞貴國在王於 東方 欲聞其通路 遣使本人等東 於貴國 敎示其通路 而 本國王 感謝其恩德貴王國 斯麻宿稱 卽 以儻人爾波多與卓淳人過古二人 遣于百濟國 時百濟肖古王 (近肖古) 深之歡喜而厚遇焉」.

40) 前提,『三國遺事』紀異 第2 奈勿王條『第十七那密(內物)王 卽位 倭王 遣使來朝曰 寡君(倭王) 聞大王之神聖 使臣等 以告百濟之罪 於大王也 願大王遣一王子 表誠心於 寡君也 於是王使 第三子 美海一作 未吐喜(未斯(叱)欣(喜)) 以聘於倭美 海年十才…倭王留而不送三十年; 前提, 奈勿王 金(朴)堤上曰『訥祇王卽位至十年(425) 乙丑…何得棄汝而獨歸 堤上曰臣 能救公之命而慰大王之情 則足 矣何願生乎…王怒 命屠剝堤上脚下之皮…倭王知不可屈 燒殺於木島中」.

므로 毛麻利智 등을 화형에 처했다'[41])는 내용이 거의 같으나 연대상에 100년의 차이가 있는 것으로 보아 일본 상대사에 착오가 있는 것이라 확언할 수 있으며, 또한 속일본기에 근구수왕의 손 진손왕(辰孫王)이란 서기에서 자신을 좌신이라 사음 기록한 것과 같이 근구수왕의 증손인 전지왕을 일본 발음에 '증'이 나오지 않기 때문에 진손왕이라 사음 기록하였음이 틀림없고, 서기에 直岐는 直支(腆支)를 그렇게 썼다고 본다.

따라서 박사 왕인과 같이 도일했던 진손왕은 연대 선후의 모순이 약간 있으나 근구수왕의 증손인 증손왕의 사음 기록인 것이며, 直岐는 直支의 사음 기록이라고 할 때 양자가 다같이 일본에 있다가 부왕인 아신왕이 14년(405)에 서거하자 응신천황 16년(405)에 서거하자 응신천황 16년(405)에 귀국하여 즉위한 백제 제18대 전지왕이 분명하다.[42]

이상 연대표 상에서 일본서기와 삼국사기 상의 전지왕에 관한 동일 내용 중에서, 일본서기 신공 46년(366)조, 3년전 갑자(364)에서, 삼국유사와 일본서기의 동일 사건 내용에서, 그리고 속일본기의 근구수와 손 진손왕에 관한 사음 기록 및 직지를 직기로 사음 기록한 것 등 몇 가지 고증에서 박사 왕인이 도일했던 연대는 서기 405년 즉 백제 아신왕 14년, 응신천황 16년이었다는 것이 밝혀짐과 동시에 일본의 상대사는 113년간의 차이가 있다는 것을 살펴보았다.

---

41) 前提,『日本書紀』『神功皇后 攝政 5年(325)乙酉 新羅王遣汗禮斯伐 毛麻利叱智 富羅母智等…仍有返先質微叱許智(미시고지)伐旱之情 是以誂許智 伐旱而殆(詐)之 日使者…告臣曰我王(新羅)以坐臣(自身)久不還 而 悉沒妻子爲孥(奴隷)冀邊本土…共到對馬島 宿于鋤海水門 時新羅使者 毛麻利叱智等 竊分船及水手 載微叱旱岐令逃於新羅…納檻中以火焚而殷』.
42) 前提,『日本書紀』및『續日本記』應神 16年條.

끝으로 일본에서는 박사 왕인의 동상을 세우느니 왕인대학을 설립하느니 하면서 키무라(木村) 일행과 이시이(石井) 일행이 수차에 걸쳐 구림을 답사하고 왕인의 기념 사업을 하겠다는 것이며 자매 결연을 맺자고 하는가 하면 왕인의 후예가 많이 살고 있는 사이타마현(埼玉縣) 의과대학에서는 초청 장려금을 준다는 등 열성을 가지고 있는 것은 박사 왕인이 구림에서 출생했다는 구비전설을 뒷받침 해주는 또 하나의 좋은 예라고 하겠다.

VI. 結語

이상에서 논한 바 일본은 한반도 문화의 영향을 받았다는 점, 건국신화, 언어, 민속, 고고 및 문헌상으로 명맥하여, 백제의 영향 아래 아스카문화(飛鳥文化)를 이루었다. 따라서 일본의 식민지가 한반도 내에 있었던 것이 아니라 백제의 식민지(狗邪韓國)가 북큐슈에 있었다는 것이 삼국지 위지에서 밝혀졌다.

그리고 박사 왕인이 백제의 제17대 아신왕 14년(405)에 일본의 제15대 응신천황의 초청으로 영암군 구림에서 논어와 천자문 및 여러 기술자를 대동하고 갔다는 것이 일본측 문헌과 삼국사기 및 삼국유사에서 밝혀져 구비전설과 일치하고 있다.

하내지(河內志)나 서기 및 삼국사기에 박사 왕인은 백제 이림(爾林) 태생이라는 것이 암시되어 있으며 백제 구림의 옛 호칭이 爾林 혹은 聖起(聖其) 골이었다는 것이고, 왕인은 한 고조의 후예 왕구(王狗)의 손자라는 설이 있으나 마한 때 구해국(狗奚國)이 옛 고향이었다는 점에서 그런 설이 나올 만하다는 것이다. 그리고 우에노공원에 있는 박사 왕인의 비 건립위원이 월출동산이라 되어 있는데 그는 왕인의 후예라는 점에서 월출산과 관련시킬 때 월출이란 성이 나올 수도 있다는 것이며, 김극기(1170~1197)가 동국여지승람 영암 월출산조에서 왕인에 대한 암시적 시를 읊었다는 사실, 문산재가 사찰이 아니고 엄연히 서원이라는 것, 백제에의 의상을 모방한 박사 왕인을 추모하는 석인상이 서 있다는 것, 聖起(聖其)洞 및 文山齋 근처에서 백제 때의 기와와 거석문화재가 발견되고 있어 문화권적 해석이 가능하다는 것, 백제에 쓰인 성이 왕씨가 있었다는 점, 후학자들이 박사 왕인의 유적을 보존 혹은 학통을 전수키 위하여 추모제를 지내오고 있다는 점 등으로 보다 박사 왕인은 구림 태생이었다는 것이 확신된다.

그리고 박사 왕인이 도일한 연대는 백제 제17대 아신왕 14년(405), 일본 제15대 응신천황 16년(405)이라는 것이 옳다고 보는 것이다.

〈日本書紀 年代表와 三國史記 年代表 比較〉

書紀年代	記載事項	A.D.	三國史記	A.D.	訂正	A.D.
神功元年		208	奈解王 13	208		
53	百濟肖古王薨	262	肖古王薨 49	214	13) 近肖古王薨 30	375
56	貴須王立	265	仇首王立 2	215	14) 近仇首王立	375
64	〃 薨	271			〃 薨 10	384
〃	枕流王立	271	枕流王元年	384	15) 枕流王立	384
65	〃 薨	272	〃 薨		〃 薨 2	385
〃	辰斯王立	272	辰斯王立	385	16) 辰斯王立	385
應神元年		277			〃 薨 8	392
	阿花王薨				17) 阿華王立	392
		292	阿華王薨		〃 薨 14	405
16	直支王立		腆支王立	405	18) 腆支王立	405
					차이연대 375-262=113 405-292=113	

본고는 필자가 1974년 전라남도와 (사)왕인박사현창협회가 공동으로 간행한 『왕인박사유적지종합조사보고서』에 게재한 「博士王仁에 對한 考察-口碑傳說과 考證을 中心으로」를 제목을 조정하고 일부 한자만 한글로 바꾸는 등, 최소한의 조정만으로 전재한 것이다. - 편집자

3. 왕인박사에 대한 문헌적 고증

Ⅰ. 서언

　백제박사 왕인이 일본에 동도(東渡)하여 삼국시대에 최초로 한일학술 교류의 단서를 열었을 뿐 아니라 문학·한문·고전적 윤리 도덕을 모르는 몽매한 일본사회에 동방의 학술문화를 전파하여 교화시킨 역사적 사실을 재확인·재천명하여, 오늘날 한일국교가 침체된 이때에 지난날의 양국의 은의(恩義)를 환기하고자 한다.

　한일 간 천 수백 년 역사에 기록되어 있고, 1945년 이전까지도 양국 교과서에까지 기록·교육하던 것을 문헌상 애매하여 한국에는 근대 이전의 한국 기록문헌이 없다고 하여 일본·한국 역사에서 배제하여 교육하지 않는다. 여기에선 한국에도 문헌적 고증이 있음을 천명하고 일본기록과 일본 역사적 사실에 대한 오류를 실증적 방법으로 재수정·논증하고자 한다.

　백제 왕인(일명 和邇吉師)이 일본 응신(應神) 15년에 일본에 건너갈 때 논어 10권과 천자문 1권을 가져가 한문과 윤리를 가르쳤다고 『고사기(古事記: A.D.712)』와 『일본서기(日本書紀: A.D.720)』에 기록되어 있으나 한국 사료에는 왕인에 관한 기록이 『삼국사기』, 『삼국유사』는 물론 근대 이전의 한국문헌에는 그 사실기록이 없다고 하여 한 일간 천 수백 년간 한일문화

학술교류의 조(祖)라고 교육해오던 것을 1945년 일제 패망 후부터는 일본은 물론 한국에서도 학술교육이나 학술교류 영역에서 모두 삭제해 버렸다. 이에 대하여 문헌고증·유적지(한국)를 탐색, 실증적으로 재고증하여 학술적·역사적 가치의 의의를 재천명하고자 한다.

    1. 문헌적 자료 발굴
    2. 일본역사의 연대오류 수정
    3. 삼국(한·중·일) 동일한 역사 사실에 대해 비교하여 고증
    4. 왕인, 화이길사·이옹·이묘(和邇吉師·爾翁·爾墓)

등의 각 명칭을 객관적, 보편적, 논리적, 실증적, 역사적 사실을 바탕으로 고증 및 논정(論定)하고자 한다.

II. 본론

1. 백제의 학술문화

백제는 고구려(372)나 신라(682)와 같이 유교대학의 건립에 관한 기록을 찾아볼 수는 없지만 일찍이 근초고왕 30년(375) 조에 보면, "고기(古記)에 말하기를 백제는 아직 개국 이래 문자로써 사건을 기록한 것이 없었는데, 이때에 이르러 박사 고흥(高興)이 처음으로 『서기(書記)』를 만들었다"고 하였으니, 역사의 기록이 일찍부터 있었던 것을 알 수 있다. 그러나 문자로써 국사를 기록한 것이 처음이라는 뜻이요, 한문이 처음 들어왔다는 것은 아니다.

신라 진흥왕 6년(545)에 거칠부가 신라 국사를 수찬하였다고 한 것보다 170년이나 올라감을 알 수 있으며, 『양서』「동이전」신라조를 보면 신라는 문자가 없어서 나무를 각하여 신표를 삼았으며, 언어는 백제를 매개로 하여 양나라와 통하였다고 하였으니, 백제가 신라보다 대륙의 문화를 먼저 받아들였다고 보아야 할 것이다(『梁書』新羅條, 新羅無文字 語言待百濟而通焉).

　　『주서(周書)』「백제전」을 보면 병기는 활·화살·칼·창·초(矟; 긴 창) 등이 있으며, 백제의 풍속이 말 타기와 활쏘기를 중히 여겼고, 겸하여 서책과 역사의 기록을 애호하였으며, 그중 뛰어난 사람들은 매우 글을 잘 지었고 또한 음양오행법을 해독하였다. 송나라 원가의 책력을 사용하여 인월(寅月, 지금의 음력 정월)을 정월로 삼았다. 또한 의학과 약학을 해독했으며, 점치는 법과 관상 보는 법도 알았다. 또 투호(投壺)와 저포(樗蒲)와 같은 놀이도 있었으며, 특히 바둑을 숭상하였다[1] 하였으니, 문학·철학·사학·의학 등 다방면에 능통하였다고 하였다. 『구당서(舊唐書)』「백제조」에 보면 그 서적에는 『오경자사(五經子史)』가 있으며, 표·소문은 중국의 법식에 의거하였다고 하였으니, 오경과 제자서와 중국의 역사를 많이 읽고 공부하였음을 알 수 있다.

　　박사의 칭호는 백제에서도 일찍부터 보인다. 상술한 고흥도 박사였으며, 일본에 논어와 천자문을 전하였다고 하는 왕인 역시 박사 왕인이라고 부른다. 무령왕·성황 때에도 오경박사가 있었으니[2] 『역경』·『시경』·『서경』·『예기』·『춘추』 등 경서에 능통한 사람에게 주던 박사의 호칭이다. 이 외에도 의박사, 역박사 등의 칭호가 있었다. 『양서』「백제전」을 보면 "양나라에

---

1) 『周書』 권29, 「異域傳 上」〈百濟〉 참조.
2) 무령왕 때 오경박사 段楊爾·高安茂 등이 서로 교대로 일본에 건너갔다고 한다. 『和漢三才圖會』등 참조.

사신을 보내어 백제의 산물을 드리고 아울러 『열반경(涅槃經)』 등의 경의 (經義)와 모시박사(毛詩博士)를 청했으며, 또한 공장과 화가들을 요청하여 왕이 허락해 주었다."[3] 모시박사라 함은 유교경전인 오경 중 하나인 『시경』을 전문으로 연구한 박사를 칭함이요, 이를 초청하여 시경 연구를 더욱 깊이 하였으리라고 본다. 백제뿐만 아니라, 신라나 고구려에서도 여러 박사의 칭호가 있었지만 그중에서도 오경박사가 가장 중심이 되었던 것이다.

오경박사 제도는 한나라 무제 때에 학관(學官)을 세워 관학으로 장려하는 동시에 한대 이전까지 전래해 온 묵자(墨子)나 노자(老子)의 경전을 묵경(墨經)·도경(道經)이라 칭하였지만 오경박사 제도가 성립된 이후에는 諸子學을 배척하고 공자가 책정(刪定)한 전적만을 경(經)이라고 불러 오경박사라 함은 유교 경전의 전문가를 칭함이다. 그러나 백제에서는 유교 이외에도 침류왕 원년에 불교가 전래하게 되고, 그 후 불경에 관한 연구가 점점 심화됨에 따라 불교의 학술과 문화도 국내에 많은 영향을 미쳤을 뿐 아니라, 백제 성왕 때에는 일본에까지도 많은 영향을 미치게 하였다. 그러나 유교의 사상은 제왕의 학으로서 치국하는 원리를 유교에서 배웠으며, 인간 교양을 담당한 교육사상 내지 윤리도덕은 주로 유교의 경전을 통해서 습득했던 것이다. 특히 한문의 수용은 고대문화 발전의 계리를 형성하여 국교문서의 교환이나 시문의 작성 또는 역사의 기록 등에 획기적인 역할을 하였으니, 이것은 모두 중국 대륙의 문화적 영향이라 할 것이다.

백제는 한문화의 영향을 일찍부터 깊이 받은 북방 부여계의 일종으로 건국 당시부터 지도층에서는 한자를 습득했었다고 볼 수 있다. 개로왕 18

---

[3] 『양서』 권54, 「동이전」〈백제〉 "中大通六年 大同七年 累遣使獻方物 幷請涅槃等經義 毛詩博士 幷工匠畵師等 勅竝結之".

년(472)에 북위(北魏)에 보낸 외교문서는 오늘날 우리가 볼 수 있는 바와 같은 비범한 고문의 형식으로 인용된 역사의 전고나 문장의 표현이 현대학자도 따를 수 없는 고급 문장임을 알 수 있다. 백제는 막강한 고구려에 대항하기 위하여 정치적 외교적으로 중국 및 일본과의 교섭이 잦았으며, 따라서 중국의 남북조 문화를 깊이 섭취했던 것이다. 또한 일찍부터 백제에서는 유교나 불교 외에 남북조시대의 도교사상을 받아들였음을 알 수 있으니, 근초고왕 30년(375)에 고구려가 북변의 수곡성(水谷城, 지금의 平山)을 침입하였을 때 왕은 태자를 시켜 이를 크게 격파하고 달아나는 적을 추격하여 수곡성의 서북에까지 이르렀다. 그때 장군 막고해(莫古解)가 "일찍이 도가(道家)의 말을 들으니 만족할 줄 알면 욕되지 않고, 그칠 줄 알면 위태롭지 않다고 하였는데, 지금 소득이 많거늘 이제 더 많이 구하려 하리오" 하므로 태자는 이 말을 옳게 여겨 그만두었다고 한다.[4] 이것을 보면 도가의 사상을 장군들이 병법으로도 응용한 것을 알 수 있다. 『주서(周書)』「백제조」에 이른 바와 같이 음양오행이나 점치는 법, 관상술을 잘 했다고 하는 것은 남북조시대 도교사상의 영향을 받은 것이라고 하겠다. 광복 직후 부여에서 발견된 백제의 사택지적비(砂宅智積碑)의 비문에서도 육조시대의 사륙병려체(四六騈儷體)로 쓴 것을 볼 수 있고[5] 남북조시대의 도교사상의 영향을 많이 받은 것을 알 수 있다.

 백제는 중국의 대륙 문화를 일찍이 수용하여 생활화하였고 토착화하는

---

4) 『삼국사기』 권 24, 근구수왕 즉위년조.
5) "甲寅年正月九日 奈祇城砂宅智積 慷身日之易往 慨體月之難桓 穿金以建珍堂 鑿玉以立寶塔 巍巍慈容吐神光以送雲 峨峨悲貌含聖明以□……": 洪思俊, 1954, 「百濟砂宅智積碑에 대하여」, 『역사학보』 제6집 참조.

한편 이를 충분히 섭취하였을 뿐만 아니라, 일본에까지 문자와 학술을 전파하여 일본 고대 문명을 계발하고 문화국으로서의 자질을 갖추도록 하였다.

백제의 오경박사·천문박사·의박사 등이 일본에 자주 왕래하였음을 『일본서기』와 『화한삼재도해(和漢三才圖會)』 등의 기록을 통해 알 수 있다.

특히 왕인 박사가 일본에 건너가 일본 학술에 끼친 영향은 지대하였다.

2. 아직기·왕인의 도동(渡東)에 관한 한·일 고문서 및 도동연대

왕인에 관한 기록은 한국 고기록에서 직접 찾아보기 어렵다. 일본 고문헌인 『고사기』(A.D.712 저술)에 가장 먼저 나온다. 그 후의 기록인 『일본서기』 또는 『속기(續紀)』 등에는 왕인에 관한 기록이 자주 나타난다. 왕인은 백제인으로서 일본에 처음으로 『논어』와 『천자문』을 전달하여 학술의 비조(鼻祖)가 되었다.

『고사기』(중권, 응신조)에 의하면 "백제국왕 조고왕(照古王=근초고왕)이 아지기시(阿知吉師)란 사람을 시켜 수말(牧馬)과 암말(牝馬) 각 1필과 칼과 거울을 보내왔다"고 하였으며, "일본의 왕은 백제국에 현인이 있으면 보내 달라고 청하였다. 백제에서는 와니기시(和邇吉師)란 사람으로 하여금 『논어』 10권, 『천자문』 1권 모두 11권을 가지고 와서 전하였으며, 또 수공인과 야공(卓素) 및 직조공(西素)을 일본에 보내었다"고 하였다.

『일본서기』에는 "응신천황 15년 가을 8월에 임술삭 정묘일에 백제왕이 아직기를 보내어 양마 2필을 가져왔다"고 하고, "응신천황 16년 봄 2월에 왕인이 일본에 와서 태자 우지노아끼이랏고(菟道稚郎子)의 스승이 되어 전적을 가르치어 통달치 않은 것이 없게 하였다"고 하였다. 그 이후의 문헌들이 있지만 왕인에 관한 것은 위의 두 책이 가장 중요한 고전인 것이다. 그 중에도 『고사기』가 더욱 오래된 것으로서 원형이 된다.

왕인에 관한 한국문헌으로는 추사 김정희가 10여 년에 왕인에 관하여 특기한 것이 있어 총독부박물관에 보관되어 있다고 일본인 藤塚鄰 교수가 논술한 바 있다(『조선문화의 연구』, 1937). 한치운(韓致奫)의 『해동역사(海東繹史)』 권67 왕인 조에 보면, 일본 문헌을 인용하여 왕인의 사적을 기록하였는데, 왕인은 제 경전(諸經典)에 능통하고, 또한 인상을 잘 보았다고 기술하였다.

　일제시대에 편찬된 『호암지(湖巖誌)』 고적 조에 보면, 왕인박사에 대한 기사가 나온다. 이것은 일제시대이므로 왕인에 대한 기록은 특이할 것이 없으나 영암의 고적에서 왕인을 기재한 것은 약간의 연유를 인정할 수 있을 것이다.

　『동국여지승람(東國輿地勝覽)』의 영암군 월출산 조를 보면, 김극기(金克己, 고려 명종 때 학자)의 시로서 매우 주목할 만한 구절이 나온다.

상사께서 가시고 어디에 머무시는지 묘연한데
표표한 유풍은 천고의 세월동안 남아 있네
상사께서 지난날 홀로 머무를 뜻이 있어
소나무 아래 석문에서 날로 거처하셨네.
(중략)
해상들이 한결같은 목소리로 예부터 바다건너 가시기를 청하니
산 위의 이상한 빛 아득히 멀리 바라 보셨도다.
산에 올라 성현을 뵙고 마침내 사실만한 집을 지으시니
동구에 띠풀이 다투어 넝쿨을 이루도다
종신토록 다시는 고향 생각 않으시고

석간수 마시고 초식하며 돌 담장에 기대에 사셨네

푸른 벽에는 자금상만 덩그렇게 남아있고

굽히고 따르며 역사를 살핌은 누가 다시 알아 주리오

스님과 촌로들이 억지로 칭찬하지만

구름을 새기고 찌르며 숲 속 누각 겹들보에 패찰이 붙어 있네

비바람은 무정하게 상과 누각을 흩뿌리고

갈라진 서까래와 깨어진 주춧돌만이 어지럽게 흩어져 뒹굴 뿐이네

백척 층대만이 홀로 아득히 서 있고

고전(古典)이 좌우에 우뚝하게 쌓여있네.

이옹(邇翁)이 머뭇머뭇 홀연히 나를 찾아왔네.

늙은 백발에 쭈글쭈글한 노인이로다.

相師化去沓安住 颯爽遺風千古吹

相師平昔獨往意 松下石闈日棲遲

(중략)

海商百口昔超海 山上神光遙望之

登山謁聖遂卜築 洞口蓬茅爭芟夷

終身不復念故里 澗飮木食依岩扉

靑壁分明紫金像 降從觀史誰復知

林僧野叟强稱讚 鏤雲鑱雲林紛牌

風雨無情倒像閣 斷椽破礎粉離披

百尺層臺獨跨逈 方墳左右高纍纍

邇翁貿貿忽訪我 滿領鶴髮身雞皮

위의 구절에서 '상사(相師)'라던가 '초해(超海)', '알성(謁聖)', '불부념고리(不復念故理)', '강종관사수부지(降從觀史誰復知)', '도상각(倒像閣)', '방분(方墳)'과 같은 것은 모두 왕인박사의 일대기를 회상하는 추모시라 하겠다.

특히 간과할 수 없는 것은 일본기록에도 왕인은 유자이면서도 도사의 성격을 가져 방술이 능했다고 하였고 백제인들은 오경박사, 역박사, 의박사, 채약사(採藥師), 주술사(聖王時) 등의 여러 박사들이 있었음과 특히 복무(卜筮)와 관상, 그리고 바둑 등에 능하다고 하였던 것이다.

여기서 상사의 주인공은 와니기시(和邇師)라 할 수 있고, 그 다음 구절인 '이옹무무홀방아(邇翁貿貿忽訪我)'라 한 이옹(邇翁)은 다름 아닌 이사(邇師)라 하겠다.

3. 와니기시(和邇吉師)와 와니(王仁)는 이명동인

『고사기』에 의하면 왕인이라고 부르지 않고 와니기시(和邇吉師)라 하였다. 기시(吉師)는 문사(文師)의 존칭이요, 와니(和邇)가 그 이름이다. 和邇와 王仁은 동인이명으로서 일어에서는 다 같이 '와니'라고 부른다. 그러므로 원명은 '王仁'이 아니요, '和邇'이다.

이후 「속기(續紀)」에는 왕인을 중국인계로 보았다. 즉 한고조의 후손인 왕란(王鸞)의 손(孫) 왕구(王狗)가 백제에 와서 살았는데, 백제 구소왕(久素王) 때에 왕구의 손인 왕인이 일본에 온 것이라고 하였다. 이것은 和邇를 왕인이라고 바꿔 읽은 다음 왕씨가 중국계라고 간주하여 부회한 것이라 하겠다.

『하내지(河內誌)』에 의하면, "왕인의 묘가 하내국 교야군 등판촌 동북 어묘곡(河內國 交野郡 藤坂村 東北 御墓谷)에 있는데 오늘날 이묘(爾墓)라 이른다(王仁墓在河內國交野郡…今稱於爾墓云云)"라 하였다. 여기서 '爾'자는 고유명사를 지시하는 명칭이다. 爾와 邇는 통용한 예가 많다.

'和邇' 또는 爾(邇)가 왕인의 본명이라는 것은 남석환(南碩煥)의 논문「일본국내의 왕인박사 관련유적에 관하여」[6]에 자세히 실려 있다. 왕인 관련 사적에 거의 모두 '和邇' 또는 '爾'라는 이름이 현재까지 남아 전해오고 있는 것이다. 和邇(와니, ワニ)의 爾(니, 二)가 고유명사인 이름이다. 王仁의 仁은 도덕과 인품이 높은 사람의 존칭이고 왕은 크다는 뜻이다. "은유삼인언(殷有三仁焉)이니 기자(箕子)·징자(徵子)·비간(比干)이라"고 할 때에 仁은 人의 대명사이다. 왕인은 '큰 선생님'이라는 뜻이다.

4. 왕인 도일연대 실증적 고증

지금도 일본 동경 우에노 공원에 가면 박사 왕인비가 서 있으며, 오사카부 가와지군(河內郡, 현 枚方市)에는 왕인묘가 있고, 구철의 묘비가 서 있다. 지금도 일본 학자들은 박사 왕인을 일본 문화의 시조로 보는데, 『고사기』 응신조에 의하면 "백제국 임금 照古王(근초고왕)이 아지기시(阿知吉師)란 사람을 시켜 수말과 암말 각 1필, 그리고 칼과 거울을 보내왔다. 일본의 왕이 백제국에 현인이 있으면 보내 달라고 청하니, 백제에서 와니기시(和邇吉師)란 사람에게 『논어』 10권, 『천자문』 1권 모두 11권을 가지고 와서 전하게 하였다. 또 수공인과 야공 및 직조공을 일본에 보냈다"고 하였고,[7] 『일본서기』에는 "응신천황 15년 가을 8월에 임술삭 정묘일에 백제왕

---

6) 南碩煥,「日本國內의 王仁博士 關聯遺跡에 관하여」,『文化史學』에 지도, 사진, 유적, 명칭 등이 자세히 실려 있다.

7) 『古事記』 中卷 "百濟國主照古王 以牡馬壹疋牝馬疋 付阿知吉師以貢上 亦貢上橫刀及大鏡 又科賜百濟國若有賢人者貢上 故受命以貢上人 名和邇吉師 卽論語十卷 千字文一卷 并十一卷 付是人卽貢進 又貢上手人韓鍛名卓素".

이 아직기를 보내어 양마 2필을 가져왔다고 하고, 응신천황 16년 봄 2월에 왕인이 일본에 와서 태자 우지노 와끼이랏고(菟道稚郎子)의 스승이 되어 전적을 가르치어 통달치 않은 것이 없게 하였다"고 하였다. 이 외에도 아직기와 왕인에 관한 기록이 많이 있지만, 상술한 『고사기』 및 『일본서기』 이후의 것들이다(『古事記』의 저술연대는 712년이요, 『日本書紀』는 720년의 것으로 상당히 오래된 기록이라 하겠다). 이 두 저술의 기록은 그 기사연대에 있어서 부정확한 것도 있지만 그러나 고대의 역사 자료를 연구함에 귀한 자료가 된다고 하겠다.

일본에는 왕인에 대한 사적과 문헌이 상당히 많이 남아 있어서 역사적으로 일본의 학자들이 문화의 시조라고 받들어옴에도 불구하고 한국의 옛 기록에서는 직접 찾아볼 수 없다. 왕인에 관한 한국 문헌으로는 『해동역사』 권67에서 왕인에 관하여 기술한 바 있지만, 이것은 일본 문헌을 인용하여 왕인의 사적을 기술한 것이다. 또 왕인에 관한 한국 문헌으로 추사 김정희가 백여 년 전에 왕인에 관하여 특기한 것이 있어 총독부 박물관에 보관되어 있다고 일본이 후지스까 교수가 논술한 바 있다(조선문화의 연구 1937년 저술). 그러나 이것도 한국 옛 자료에 의거한 것이라고는 하지 않았다. 따라서 한국의 학자들은 일본의 『고사기』나 『일본서기』 등의 사료적 가치를 과소평가하는 경향이 있어 아직기·왕인 기록을 간과하는 수가 많다. 그러나 한국과 일본 두 나라 고대의 역사적 사실을 연구함에 동일한 사건에 관하여 양측의 기재 연대는 다소 다르더라도 사실 내용이 상합하는 것을 보면 참고할 만한 가치가 있는 것이라고 할 수 있을 것이다. 예를 들면 신라 내물왕의 아들 미시흠(未斯欣)에 관한 사화가 『일본서기』와 『삼국사기』, 『삼국유사』에 각각 기재되어 있다. 이와 관련하여 박제상이 고구려에 가서 인질로 간 눌지왕의 왕제 복호를 정월에 데려왔고, 그 해 가을 일본에 건너가 미사흔을 왜국으로부터 돌아오게 하였으니, 그 해가 눌지왕 2년(418)이라고 『삼국사기』에 기록되어 있다. 이 사실을 『일본서기』에서도 신공황후 섭정 5년(205)에 "신라왕이 모마리(毛麻利)[8]를 시켜 조공을 했으며, 질자(質子) 미시꼬찌(微叱許智: 미사흔)를 모마리가 도망하게 하였다는 기록이 있다. 양측이 모두 동일한 사건을 기록하고 있는 것은 흥미있는 일이지만, 그 연대를 고증하면 약 2백년 이상의 차이가 난다. 박제상이 고구려에 가서 왈제 복호(卜好)를 데려온 그 해 가을 일본에 있는 왕제 미사흔을 음계로써 본국으로 들어오게 한 것이다. 이는 『삼국사기』 눌지왕 2년(418)으로 고구려 장수왕 6년에 해당한다.[9] 그 후 6년 위인 눌지왕 8년(424) 2월에 고구려에 사자를 보내어 수빙(修聘)을 맺었다고[10] 『삼국사기』 「신라본기」에 기록되어 있다. 이 해가 곧 장수왕 12년에 해당한다. 「고구려본기」 장수왕 12년조를 보면 "봄 2월에 신라가 사신을 보내어 수빙을 하므로 왕은 위로하여 특별히 후대하였다"는 사실은 그 연대와 내용이 일치한다. 그러나 미사흔 환국에 대한 일본과 신라와의 연대의 차이가 213년이나 올라가는 것은 있을 수 없는 일이다. 이외에도 양국 간의 동일한 사건에 대한 기록의 연대 차이를 비교하여 보면 120년 동안에 별표와 같이 5건이나 증명할 수 있다.[11] 백제 근초고왕이 사망한 해, 즉 375년에서부터 아신왕이 돌아가고 전지왕이 일본에서 돌아와 즉위한 해(405)까지 30년간의 일본 기록은 120년, 정확히 두 갑자를 올려놓고 있다.

---

8) 『삼국사기』 권45 「열전」 〈朴堤上〉에서는 '毛末'이라 하였다.
9) 『삼국사기』 권3 「신라본기」, 눌지왕 2년조 "春正月 親謁始祖墓 王弟卜好 自高句麗 與堤上奈麻還來 秋王弟未斯欣 自倭國逃還".
10) 『삼국사기』 권3 「신라본기」, 눌지왕 8년조 "春二月 遣使修聘". 『삼국사기』 권18 「고구려본기」, 장수왕 12년(A.D.424) "春 二月 新羅遣使修聘 王勞慰之特厚".

이것은 백제 개로왕 21년에 왕이 고구려군에게 피살되고 국도를 위례성(지금의 廣州)에서 웅주(지금의 공주)로 남천(475)할 때부터 일본의 기년(紀年)과 우리의 기년이 일치하기 시작한다.
　상술한 바와 같이 일본의 기년은 아신왕(일본에서는 아화왕이라 함)이

11)

사건	일본서기	삼국사기	연대차	일본서기 기록	삼국사기 기록
百濟 近肖古王薨	A.D.255 乙亥	A.D.375 乙亥	120	攝政五十五年 百濟肖古王薨(일본서기 권9, 神功皇后 55년조)	三十年冬十日月王薨 (삼국사기 권24)
百濟 近仇首王薨	A.D.264 甲申	A.D.384 甲申	120	攝政六十四年 百濟貴首王薨 子枕流王立爲王(일본서기, 神功皇后64년조)	十年 四月王薨(삼국사기 권 24)
百濟 枕流王薨	A.D.265 乙酉	A.D.385 乙酉	120	攝政六十五年 百濟枕流王薨 王子阿花年少 叔父辰斯奪立爲王(일본서기, 神功皇后 65년조)	二年 冬十一月 王薨 (삼국사기 권24)
百濟 辰斯王薨	A.D.272 壬辰	A.D.392 壬辰	120	三年是歲百濟辰斯王立之 失禮於貴國天皇 遣故紀角宿禰·田矢代宿禰 噴讓基無禮狀有是 百濟國歸 辰斯王以謝之 紀角宿禰 等便立阿花爲王而歸(일본서기 권10, 應神天皇 3년조)	枕流之薨也 太子少 故叔父辰斯卽位(삼국사기 권25)
백제 阿華王薨, 腆支王이 일본에서 돌아와 왕이 되다.	A.D.285 乙巳	A.D.405 乙巳	120	十六年 春二月 王仁來之 則太子菟道稚郎子師之 習諸典籍於王仁莫不通達 故所謂王仁者是書首等之始祖也是歲百濟阿花王薨 天皇召直支王謂之日汝返於以嗣位(일본서기 應神天皇 16년조)	腆支王(或云直支) 梁書名映 阿華王之元子 阿華在位第三年立爲太子 六年出 質於倭國 十四年王薨 王仲弟訓解攝政以待太子還國 季弟碟禮殺訓解自立爲王…國人殺碟禮 迎腆支卽位(삼국사기 권25)
백제 直支王薨	A.D.294	A.D.420	120	二十五年 百濟直支王郎子久爾辛立爲王(일본서기 應神天皇 25년조)	十六年 春三月 王薨 久尒辛王 腆支王長子 腆支王薨 卽位(삼국사기 권25)

돌아가고 전지왕(腆支王)이 일본으로부터 돌아와 즉위하는 해가 『삼국사기』 연표에 의하면 고구려 광개토왕 14년이요, 신라 실서왕(實聖王) 4년이며, 중국 동진(東晉) 안제(安帝) 의희(義熙) 원년 을사(乙巳)에 해당한다. 『양서』「백제전」을 보면 "동진 의희 중에 백제왕은 여영(餘映)"이라고 하였다.12) 이와 같이 전지왕이 일본에서 돌아오는 연대가 신라·고구려, 특히 중국의 기년과 일치하고 있는 것을 확실히 알 수 있다. 이를 더욱 자세히 고증하여 보면, 『양서(梁書)』13)는 당(唐) 대의 요사염(姚思廉)이 편찬한 것으로 남조(南朝) 양(梁) 4대 56년간의 역사로서 본기(本紀) 각 6권, 열전(列傳)이 50권 합하여 56권으로 되어 있다. 당 태종(627~649)의 칙령을 받들어 찬한 것인 만큼 1,300여 년 전의 옛 기록이라 하겠다. 백제 무왕 연간에 해당하므로 백제가 멸망하기 이전의 기록이다. 중국과의 왕래가 빈번하고 무령왕이 양나라 武帝에게 사신을 보내고 표(表)를 올렸으며, 양무제는 백제 무령왕을 영동대장군(寧東大將軍)에 봉하였다고 하였다. 이 당시의 사실을 증명할 수 있는 것이 1971년에 발견된 무령왕릉의 지석에서 영동대장군이라는 칭호가 벽두에 나오는 것으로 증명될 뿐만 아니라, 『삼국사기』「연표」에 사마왕(斯麻王)이 23년 계묘(癸卯) 5월에 돌아갔다고 한 것처럼 지석에서도 백제 사마왕이 62세의 나이로 계묘년 5월 7일에 붕(崩)했다는 기록과 정확하게 일치한다. 이같이 중국과 한국의 관계기록이 정확하게 일치하고 있는 것을 이 지석이 증명해 주는 것이라 하겠다. 이것으로 보아 백제·신

---

12) 『양서』 권54, 「동이전」, 〈백제〉 "晋太元中 王須 義熙中王餘映 宋元嘉中王餘毗立 遣獻生口." 『삼국사기』 권25, 「백제본기」 전지왕조에는 "전지왕은 『양서』에서 이름을 映이라 하였다"고 되어 있다.
13) 唐代의 姚思廉이 편찬한 것으로 南朝 양나라 4대 56년간의 역사를 기술한 것이다. 본기가 6권, 열전이 50권, 도합 56권이다.

라·고구려, 중국 남북조시대의 기년이 모두 일치하는 반면 일본에서는 375년부터 405년까지 30여 년간의 역사가 120년, 즉 두 갑자의 모순을 범하였음을 알 수 있다.

위의 사실에 비추어 볼 때 전지왕이 일본에 인질로 갔다가 아신왕이 돌아가자 귀국한 사실이 『일본서기』 응신 천황 16년 조의 기록과 『삼국사기』 백제본기 전지왕 원년의 내용이 일치한다.[14] 이것은 동일한 사건의 내용임에는 틀림이 없으나, 120년의 차이로 동일한 사실임을 지금까지 인식하지 못했던 것이다(이 전지왕을 『일본서기』에서는 直支라고 하였다).

『일본서기』 응신천황 16년에 "이 해에 백제 아화왕(阿華王)[15]이 돌아가시니 천황이 직지왕을 불러 '네가 나라(백제)에 돌아가 왕위를 계승하라"하고 보내주었다"고 하였다. 아와왕이 죽은 해는 405년이다. 따라서 응신 천황 16년(285)으로부터 120년을 내려 잡지 않을 수 없고, 120년을 내려잡으면 전지왕이 곧 직지왕인 것이다. 아직기가 바로 직지왕이요, 직지왕이 곧 전지왕이다.[16]

아직기의 '岐'와 직지의 '支'는 다같이 'ki'라고 발음하며 한자는 통용이다. 이같이 연대가 고증되고 사실이 일치하므로, 아직기의 역사적 사실이 확실하게 규명된다고 하겠다. 따라서 왕인은 아직기가 소개하여 일본에 가

---

14) 전지왕(혹은 직지왕이라고도 한다)의 이름은 『양서』에서 '映'이라 하였는데, 아신왕의 元子이다. 아신왕 재위 3년에 태자가 되었고 동 6년에 일본에 인질로 갔다. 14년에 아신왕이 죽었다. 아신왕의 동생 訓解가 섭정하여 태자를 기다렸다. 아신왕 막내 동생 諜禮가 훈해를 죽이고 왕이 되었다… 나라 사람이 첩례를 죽이고 전지를 왕으로 맞았다(『삼국사기』 권25, 「백제본기」 전지왕).
15) 아신왕과 아화왕은 표기상의 착오이다. 아화왕이 바른 표기라고 본다.
16) 아직기의 '岐'와 직지의 '支'는 다같이 'ki'라고 발음하며 한자는 통용한다.

게 된 학자이므로 아직기의 연대가 확실한 만큼 왕인의 연대와 사실도 확인된 것이라 할 수 있겠다.

　연대고증에 대하여 논하면 일본 응신천황 15년이라 하면, 후대에 추상한 것으로서 확실치 않으며, 이것은 근자 일본사학계에서는 응신과 인덕천황들은 1인이 백년 이상 왕위에 있었다는 불합리를 지적하게 되었다. 그러므로 일본의 연대는 하강하지 않을 수 없다.

　『동국통감』에 "아신왕이 돌아가셨을 때 태자 전지는 왜나라에 인질로 가 있었는데…… 이에 나라 사람들이 반갑게 맞아 왕으로 세웠다(阿莘王薨 太子腆支質倭國…倭主以兵百人 衛送腆支…… 國人迎立爲王)."라 하였으니 腆支는 곧 直支이다. 『삼국사기』에 이르기를 "전지왕은 혹은 지기라고 불렀다(腆支王 或云直支)"고 하였으니 전지는 직지이고, 직지는 곧 직기이다. 또한 『동국통감』과 『진서』를 종합하면, 일본의 응신천황이 아니라 이중천황(履中天皇) 6년에 해당한다. 그러므로 연대가 120년 하강하여야 한다. 일본학자들이 일본 연대를 시정하지 않고 그것을 근거로 하여 다른 역사를 비판하므로 아직기와 직지왕을 개별인으로 단정하였다. 그러나 오늘에 와서 일본의 연대를 시정하지 않을 수 없을 만큼 아직기는 곧 직지왕이다.

　『일본서기』「王仁渡東」조(응신 16년)에 백제 아신왕이 돌아갔다는 기사가 보이므로 아화왕이 죽은 해는 서기 405년이다. 그러므로 화이(왕인)가 일본에 간 것은 응신천황 16년이 아니고 아화왕이 죽은 해인 서기 405년이 분명하다. 이와 같이 아직기의 고사가 분명하고, 왕인의 도일연대가 확실하다. 즉 서기 405년 아직기는 돌아와 왕이 되고, 왕인은 일본으로 건너가서 끝내 돌아오지 않은 것이다.

　아직기는 왕자로서 아화왕 6년(396)에 일본에 질자로 갔다가 아화왕이 죽은 405년에 귀환한 것이라 하겠다. 아신왕과 아화왕은 문자의 착오요,

아화왕이 옳은 이름이다.

Ⅲ. 결어

이상에서 논술한 바와 같이 백제의 이옹(邇翁) 선생은 백제인으로서 서기 405년 아신왕이 돌아가시고, 전지왕이 즉위한 원년인 을축년이 분명하다. 동일한 역사적 사건을 두 갑자 위로 올려놓은 응신천황 16년은 착오이므로, 120년을 하강시키면 역사적 사건이 연대가 일치한다. 따라서 한국의 역사 고전인 삼국사기의 왕인의 도동연대가 확실하게 판명되는 것이다. 따라서 한국의 정사(正史) 문헌에 뚜렷이 고증되는 기록이 있는 것이다.

그리고 화이길사는 고유명사인 이옹(邇翁)이 이름이고, 왕인(王仁)은 존칭으로 仁은 위대한 사람이라는 뜻이다. 예를 들면 "은유삼인언(殷有三仁焉)이니 기자(箕子)·징지(徵子)·비자(比子)이라"고 할 때의 仁자는 '도덕이 높은 위대한 사람'이라는 뜻이다. 王은 크다는 뜻이니 남의 아버지를 대인(大人)이라 하고, 남의 할아버지를 왕대인(王大人)이라고 하는 경우와 같이 王仁은 '큰 선생님'이라는 뜻이다. 그리하여 왕인은 원 이름이 아니고, 원 이름은 이(옹, 翁)이니 왕인의 묘를 이묘(邇墓)라고 하였으며, 왕인이 살던 곳을 이림(邇林)이라고 하였고, 왕인이 살던 내를 이천(邇川)이라고 하였고, 연못을 이지(邇池)라고 하여 왕인의 고유명사인 이름은 이(爾)이므로, 일본『고사기』의 이른바 '和爾吉師'가 옳은 이름이다. 여기에서 和와 吉師는 존칭으로 넣은 것이다. 왕인을 ワニ으로 발음하고 オジソ으로 발음하지 않는 것은 그 까닭이다.

이상과 같이 종래의 분분한 이설을 수정하지 않으면 안될 것이다. 왕인은 유교의 경전과 도가의 도가서 및 제자백가에 능통하고, 천문·역법·상술에까지 능통하였으나, 이와 같은 학문과 사상과 가치관이 일본 역사에 1600여 년을 두고 지대한 영향을 주게 된 것이라 하겠다.

　유교 경전사상에 정치의 삼대원리가 있으니 정덕(正德) 이용(利用) 후생(厚生)이다. 이용은 물질이 풍요해서 생활하는데 부족함이 없는 것이오, 후생은 인간의 생체와 생명을 보호하고 정치적으로 인격을 존중히 여기며 사회적으로 보장하는 민주화 사회복지 제도를 의미하는 것이라 하겠다.

　그러나 더 중요한 것은 정덕(正德)의 차원이다. 동양 재래의 사상은 정덕을 중히 여기되, 이용 후생이 되어야 한다고 하고, 우리나라 실학파들은 이용 후생을 통하여 정덕을 이루게 해야 한다고 하였다. 그러나 때에 따라 우선 순위는 있지만 삼자 중 하나라도 빠져서는 안 된다고 하였다.

　오늘날 근대화의 목표가 첫째, 경제적으로 풍요해지는 것이요 둘째, 정치적 사회적으로 민주화가 이루어지는 것이요 셋째, 사회복지제도가 원만하게 마련되게 하는 것이다. 이것을 선진국형의 이상이라고 본다. 그러나 후기 산업사회의 모순된 제 문제들을 동양에서 말한바 인간 관리의 정독을 갖지 않는다면 이 모순은 해결될 수 없을 것이다. 이것은 동양인의 지혜인 동시에 우리 인류의 이상이다. 도덕적으로 건전하고 물질적으로 풍요하며 인간이 존중되는 평화세계를 건설해 가는데 이바지해야 할 것이다. 유교사상은 인도주의 정신을 근거로 하여 중화사상(中和思想)으로 현대의 비인간화 현상과 상호갈등을 지양하여 높은 차원으로 발전시켜야 할 것으로 본다.

본고는 2011년, 『대한민국 학술원 논문집 인문 사회과학편』 제50집 1호에 실린 필자의 글 「백제 박사 왕인 도동(渡東)에 관한 문헌적 고증과 그 의의」를 한자를 괄호 안에 넣는 등 최소한의 조정만으로 전재한 것이다. - 편집자

4. 왕인박사 탄생지에 대한 고고학적 검토*

Ⅰ. 머리말

전라남도 영암군 군서면 동구림리 성기동에는 월출산 기슭에 전해오는 설화와 지명 등을 토대로 왕인 사당이 조성되어 있다.

그러나 왕인박사에 대한 기록은 국내 문헌 기록에서는 찾아볼 수 없다는 점, 왕인박사가 일본에 전했다고 하는 천자문을 6세기에 중국 梁나라의 周興嗣가 만든 것으로 보고 5세기 초에 도일하였다고 보는 왕인박사와 시기적으로 관련짓기 어렵다는 점, 당시 백제는 서울 강남에 도읍하고 있었으므로 도읍이 아닌 지역의 학자가 일본에 파견되기는 어려웠을 것이라는 점 등에서 왕인박사의 탄생지를 영산강유역으로 비정하는데 대해 부정적인 입장이 일반적이다. 심지어는 그의 실존 여부에 대한 의문까지도 제기된 바 있다.

왕인박사의 탄생지 문제는 현존하는 문헌 자료만으로는 해결될 수 없기 때문에 고고학적으로 검토하는 것이 대안이 될 수 있다. 왕인박사 문제

---

* 이 글은 고대 『영산강유역과 일본의 문물교류』(전라남도·(사)왕인박사현창협회, 2008)에 수록된 「왕인박사 논의에 대한 고고학적 고찰」을 수정·보완한 것이다.

의 핵심은 백제가 영산강유역의 마지막 마한을 병합한 시기를 4세기 중엽 경으로 보는 기존의 통설에 있다.[1] 그러나 영산강유역의 백제 병합 시기를 6세기 중엽경이라고 보는 고고학적인 연구 성과를 감안한다면[2] 왕인박사 탄생지 문제는 다른 각도에서 검토해 볼 수 있다.

왕인박사는 경기, 충청, 전라지역의 마한지역 가운데 이미 백제에 병합된 경기, 충청 지역에서 일본으로 건너갔던 마한계 이주민과 6세기 초기까지 남아있었던 전남지역 마한세력의 교류 속에서 도일하였을 가능성을 배제할 수 없으므로 고고학적인 관점에서 왕인박사 문제를 검토해 보도록 하겠다.

II. 고고학적으로 본 마한과 백제의 관계

1. 마한 사회의 성립과 발전

마한은 진한, 변한과 함께 삼한을 구성하였으며 삼한은 각각 백제, 신라, 가야와 관련되었다는 것은 널리 알려진 사실이다. 또한 역사학계에서는 마한의 영역을 경기·충청·전라 등 중서남부지역으로 보고 있으며, 성립시기는 늦어도 고조선 준왕의 남천(기원전 2세기 초) 이전으로, 소멸시기는 4세기 중엽 백제 근초고왕대로 보고 있다.

이 가운데 마한의 영역에 대해서는 이견이 없지만 성립시기와 소멸시기에 대해서는 견해 차이가 있다. 문헌기록을 보면 마한사회가 기원전 2세

---

1) 이병도, 1976, 『한국고대사연구』, 박영사.
2) 임영진, 1997, 「전남지역 석실봉토분의 백제 계통론 재고」, 『호남고고학보』 6.

기초에 이미 존재하였다는 것을 알 수 있지만 구체적으로 어느 시기에 마한이 성립하였는지를 알아내기는 어렵다. 따라서 이 문제는 고고학적으로 풀어볼 수밖에 없겠는데 마한이 고조선 준왕이 내려왔던 기원전 2세기 초에 이미 성립되어 있었던 것이 분명하므로 마한의 성립과 관련된 단서는 당연히 그 이전의 청동기 문화의 발전 과정 속에서 찾아보아야 할 것이다.

마한의 영역으로 추정되는 경기·충청·전라지역의 청동기문화는 크게 비파형동검문화 세형동검문화로 구분되며, 세형동검문화는 기원전 300년 경부터 충청, 전라 지역에서 번창하는데 그 변화는 대단히 혁신적이며 이는 마한의 시작과 관련되었을 가능성이 높다.

이와 같은 변화들이 일어나는 구체적인 시기에 대해서는 연구자에 따라 약간씩의 차이가 있지만 세형동검문화의 시작은 기원전 4세기 후반, 세형동검문화의 번창은 기원전 3세기 중엽경에 해당한다고 보는 것이 일반

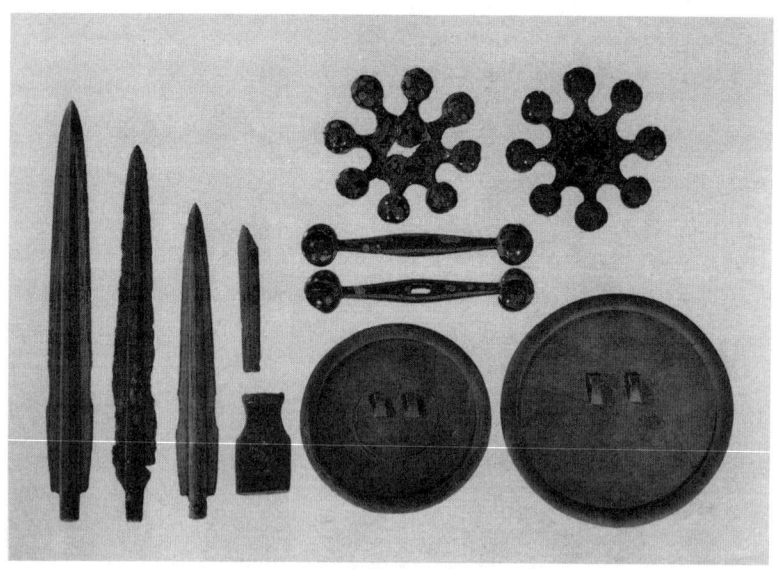

〈그림 1〉 화순 대곡리 출토 세형동검문화 유물(국보143호)

적이므로 마한의 출범은 아무리 늦어도 기원전 3세기 중엽 이후로는 내려가기 어려울 것이다.[3]

세형동검을 대표로한 초기의 마한 문화는 기존의 비파형동검문화와는 구분되는 종교적인 색체가 강한 면모를 보여준다. 구리거울, 청동방울 등 청동기의 종류뿐만 아니라 문양에 있어서도 사슴, 손, 십자일광문, 수렵문 등으로 미루어 그러한 유물의 주인공은 농경, 수렵 및 샤마니즘과 관련된 종교 주재자인 것으로 추정되고 있다.[4]

그러나 당시 마한 사회에서는 샤마니즘 요소가 두드러진 청동의기가 다량으로 출토되는 무덤이 존재하면서도 이에 비견되는 비종교적인 권위를 상징하는 유물이나 유구가 별도로 조사되지 않고 있다는 점에서 당시 사회는 제정일치 사회 단계에 해당한다고 보아도 될 것이다.

마한 문화는 1~3세기대에 다른 모습으로 발전한다. 이 시기의 패총에서는 복골이 출토되고 있는데 복골 자체는 아무나 만들 수 있는 것이지만 복골을 이용하여 점을 치는 과정과 해석하는 작업은 아무나 할 수 있는 것이 아니다. 고대사회에서 점을 치는 행위는 지배집단에 의해 이루어지면서 그들의 통치행위가 신의 뜻에 따르는 것임을 부각시킴으로써 피지배세력의 반발을 방지하고 지배력을 공고하게 하려는 의도에서 수행되는 특수한 의식이다.

그러므로 이 시기의 마한사회는 기존의 제정일치 사회에서 한 단계 발전하였다고 할 수 있으며 절대권력이 무력에 의해 뒷받침되는 고대국가 이

---

[3] 임영진, 1995, 「마한의 형성과 변천에 대한 고고학적 고찰」, 『삼한의 사회와 문화』, 신서원.
[4] 이건무, 1992, 「한국의 청동기문화」, 『한국의 청동기문화』, 국립중앙박물관.

전의 신권정치 사회에 접근해 있었다고 보아도 될 것이다.

중국의 기록을 보면 마한 사회는 3세가 중엽경에 54개 소국으로 나누어져서 발전하였음을 알 수 있지만 54개 소국의 정확한 위치를 알기는 어렵다. 고고학적으로는 마한의 범위에 해당하는 경기·충청·전라 지역 가운데 몇 개 권역에서 대단히 공통적인 특징들이 나타나며 크게 한강유역권, 아산만권, 금강유역권, 영산강유역권, 남해안권으로 구분해 볼 수 있다.[5]

한강유역권에서는 3세기 중엽경부터 서울 강남 지역을 중심으로 백제가 본격적인 고대국가로 발전하면서 남쪽의 마한 지역을 병합해 나갔다. 아산만권은 세형동검기 이래 마한권의 핵심적인 위치

〈그림 2〉 영암 출토 청동기 거푸집(국보231호)

를 고수하면서 발전하였다. 3세기 전반대에는 마형대구, 곡봉형대구, 금박구슬 등의 위신재들이 나타나는데 이는 이 지역이 마한 세력의 정치적 주도권을 갖는 것으로 평가되고 있다. 금강유역권에서는 주구를 갖춘 분구묘들이 발전하였다. 영산강유역에서는 영암 구림지역에서 출토된 다수의 청동기 용범을 통해 알 수 있듯이 마한 초기에 청동기 제작이 활발하였으며 3세기대부터 대형옹관묘가 발전하였다. 남해안 지역은 연안 항로의 기항지로 발전하였다.

---

5) 임영진, 2010, 「묘제를 통해 본 마한의 지역성과 변천과정」, 『백제학보』 3.

2. 백제의 건국과 마한 사회의 변모

마한과 백제는 죽순과 대나무 사이의 관계처럼 어디서부터 백제이고 어디까지 마한인지 구분하기 어렵다고 하듯이[6] 그 관계를 규정하기는 쉽지 않지만 동전의 양면처럼 뚜렷하게 구분되는 점도 존재한다. 백제 건국 이전 서울 강남 지역에서는 토광묘와 분구묘를 쓰는 광의의 마한 집단이 먼저 자리잡고 있었으며 3세기 중엽경에 고구려식 적석총을 쓰는 집단이 들어오기 때문에 두 세력은 묘제를 통해 분명하게 구분되는 것이다.

백제의 지배세력을 이루었던 고구려계 유이민 집단은 3세기 중엽경부터 서울 석촌동 일대에 정착하여 한강유역의 주도권을 장악하게 되었는데 그 과정에서 분구묘를 쓰는 현지 선주민들과 대규모 갈등을 일으킨 흔적은 보이지 않는다.

〈그림 3〉 서울 석촌동 1호분
(백제식적석총인 북분과 고구려식적석총인 남분이 결합된 것임)

이들은 고구려의 발전된 문물과 국가체제를 경험하고 있었던 만큼 자력에 의한 고대국가의 건국이 불가능하지는 않았겠지만 기존의 선주민과 연합하여 백제를 건국하였던 것으로 믿어진다.

백제식적석총은 선주 세력자들의 주묘제였던 분구묘가 3세기 중엽경부

---

6) 천관우, 1989, 「삼한고」, 『고조선사·삼한사연구』, 일조각.

터 고구려식적석총의 영향 아래 내부는 고유전통을 따르되 외부는 고구려식으로 변화한 새로운 묘제이다. 백제식적석총인 석촌동 1호분 북분은 고구려식적석총인 남분보다 선행하며 3세기 중엽경에 해당하는데 북분은 왕비, 남분은 왕의 무덤으로 추정되기 때문에 위와같은 시대 변화 속에서 선주 세력자가 백제의 지배계층으로 편입된 고고학적 증거가 될 수 있을 것이다.[7]

백제는 3세기 말부터 마한지역을 병합해 나가면서 발전하였다. 54개 소국으로 나누어졌던 마한은 북쪽으로부터 하나하나 백제에 병합되어 나갔으며 마지막으로 영산강유역을 중심으로한 전남지역의 마한 사회가 병합됨으로써 완전히 소멸되었다.

백제의 마한 병합에 대해서는『삼국사기』백제본기 온조왕조에 간단히 언급되어 있을 뿐이고 그 이후부터는 마한과 관련된 언급이 더 이상 나타나지 않고 있다. 우리의『삼국사기』에 따르면 이 시기는 온조왕 26·27년으로서 기원 7·8년에 해당하지만 중국의『삼국지』에 따르면 마한이 290년경까지 서진에 사신을 보낸 것으로 되어 있어 서로 다르게 나타난다. 또한『일본서기』의 관련 기사를 바탕으로한 마한의 소멸시기는 369년으로 추정되고 있어 백제의 마한 병합이 일시에 이루어진 것이 아니라 상당한 시차를 두고 이루어졌을 가능성을 보여주고 있다.

백제의 건국 이후 나타나는 큰 변화를 보면, 아산만권에서는 3세기 중엽경까지 기존의 목관묘 전통이 유지되어 나오다가 3세기 후엽경부터 목관묘는 기존의 전통을 유지하되 부장품에 있어서는 기존의 유물 조합과는 크게 다른 백제의 유물들이 부장된다. 따라서 온조왕 26년과 27년에 걸쳐

---

7) 임영진, 1995,『백제 초기 한성시대 고분연구』, 서울대 박사학위논문.

마한 국읍을 병합하였다고 기록된 내용은 마한의 중심세력인 목지국의 병합을 말하는 것으로 판단되며 그 시기는 3세기 말경으로 추정된다.

금강유역권에서는 백제 건국 이전에 분구묘를 쓰는 세력이 자리잡고 있다가 4세기대에 들어와서는 수혈식 석곽묘가 발전하여 지속되었으며, 4세기 말~5세기 초부터 횡혈식 석실묘가 파급되면서 석곽묘는 횡구식으로 변화하는 특징을 보여주고 있다. 석곽묘는 새로운 것이지만 그 규모와 부장품을 보면 이 지역을 통합한 강력한 세력집단이 대두한 것으로 보기는 어렵다. 이미 다른 세력의 영향권 아래 편입되었다고 보아야 할 것이며 그 다른 세력이 백제일 것이라는 점은 석곽묘에서 출토되는 삼족토기 등 백제계 유물의 존재로 미루어 이론의 여지가 없을 것이다. 또한 4세기대에 전북지역에서 기존의 소형옹관묘가 대형옹관묘로 바뀌지만 영산강유역을 중심으로 한 전남지역과 같은 대규모 고분으로 발전하지 못하는 것은 4세기대의 백제의 지배권이 전북지역까지 미치고 있음을 말하는 것이다.

3. 마한 사회의 소멸

백제가 본격적으로 성장해 나가던 시기에 영산강유역권에서 유행하였던 옹관묘는 당시 서울·공주 등 백제 중심지역의 대표적 묘제인 적석총이나 석실묘와는 전혀 다른 묘제이면서 규모에 있어서나 출토유물에 있어 백제에 못지 않은 면모를 보여주고 있기 때문에 당시 이 지역에는 백제와는 구분되는 세력이 존재하였고 그 역사적 실체는 마한 잔여세력인 것으로 인식되어 왔다.

영산강유역을 중심으로 한 마지막 마한 사회가 백제로 편입되었다는 것은 분명한 역사적 사실이었지만 그에 관한 문헌자료가 거의 없기 때문에 그 시기와 과정에 대해서는 논란이 끊이지 않고 있는 형편인데 고고학적으

로 보면 이 문제의 핵심은 영산강유역의 석실묘에 숨어 있다고 할 수 있다.[8]

영산강유역권을 중심으로 한 마지막 마한권에서는 5세기 후반부터 기존의 옹관묘와는 전혀 다른 석실묘가 사용되면서 점차 옹관묘는 소멸되는 과정을 거치게 된다. 일반적으로는 이 석실묘를 백제 석실묘로 간주하고 영산강유역의 마한 토착사회는 4세기 중엽에 백제에 병합된 이후 5세기 중엽까지 간접지배 상태로 발전하다가 5세기 후반부터 직접지배로 전환되면서 백제의 석실묘가 보급된 것으로 이해하여 왔다.

그러나 전북지역에서 5세기 후반경부터 백제식석실묘가 수용되기 시작하였던 것과는 달리 전남지역에서는 6세기 초까지 백제와는 무관한 영산강식석실묘와 남해안식석실묘가 사용되었기 때문에 5세기 후반부터 백제의 직접지배로 바뀌었다고 보기 어렵다. 해남 월송리 조산고분, 장성 영천리고분, 광주 쌍암동고분, 나주 복암리 3호분 등 지금까지 확인된 이 시기의 모든 영산강식석실묘는 그 입지와 구조·출토유물 등 제반 요소에 있어서 백제 중심지역의 석실묘와는 적지 않은 차이를 보여주고 있다.

또한 남해안식석실묘들은 그 입지나 석실 구조 등 여러 가지 면에서 백제식석실묘뿐만 아니라 영산강식석실묘와도 구분된다. 즉 영산강식석실묘들은 낮은 구릉에 입지하면서 할석으로 축조된 대형 석실이 분구 중간에 걸쳐 있는 반면, 남해안식석실묘는 높은 구릉에 입지하면서 주로 판석으로 축조된 세장형 석실이 분구 정상부에 거의 노출되다시피 위치해 있다는 점은 간과할 수 없는 차이인 것이다.

영산강유역권을 비롯한 전남지역에 백제의 석실묘가 파급되기 시작한

---

8) 임영진, 1997, 「전남지역 석실봉토분의 백제계통론 재고」, 『호남고고학보』 6.

것은 6세기 중엽경부터이다. 이는 다른 여러 가지 정황과 함께 이 시기부터 이 지역이 백제에 병합되었음을 의미한다. 6세기 후반으로 추정되는 나주 홍덕리 석실묘와 나주 복암리 3호분에서 출토된 은화관식은 그 주인공이 백제의 관직을 가진 관리임을 말해주는 것으로서 이 지역이 백제의 편제 아래 들어가면서 기존의 토착세력이 백제의 관리가 되었음을 말해 준다.

백제의 22담로와 37군의 문제는 영산강유역을 중심으로 한 마지막 마한 세력이 6세기 중엽경에 백제로 병합되었을 것이라는 고고학적인 해석을 뒷받침해 준다. 중국 양서에 전하는 백제의 22담로는 521년경에 백제 사신이 양나라에 전한 백제의 지방조직인데 백제는 멸망 당시 37군이 있었기 때문에 521년에서 660년 사이에 백제의 영역이 22담로에서 37군으로 바뀌었음을 알 수 있다. 역사학계에서는 아직까지도 그 시기와 배경을 밝히지 못하고 있지만 고고학적으로 보면 이 문제는 쉽게 풀릴 수 있다.

백제의 37군은 신라에 병합된 다음 재편되어 웅주 13군, 전주 10군, 무주 13군으로 구분된다. 이 가운데 웅주와 전주를 합하면 23군으로서 백제 22담로와는 1군밖에 차이가 나지 않기 때문에 521년 당시의 백제 22담로는 충청과 전북을 벗어나지 않았을 가능성이 높다고 볼 수 있다. 고고학적으로 보면 나머지 15개군에는 6세기 초까지 백제와는 무관하였던 고창을 비롯한 전북 서남부지역이 포함되어 있다고 판단된다. 따라서 전북 서남부 지역에 1~2개 군이 있었다고 하면 전남에는 13~14개 군이 있었던 셈이 되며 이는 통일신라시대에 전남의 무주 관할지역에 13군이 있었다는 사실과도 부합된다.[9]

---

9) 임영진, 1997, 「호남지역 석실분과 백제의 관계」, 『호남고고학의 제문제』, 한국고고학회.

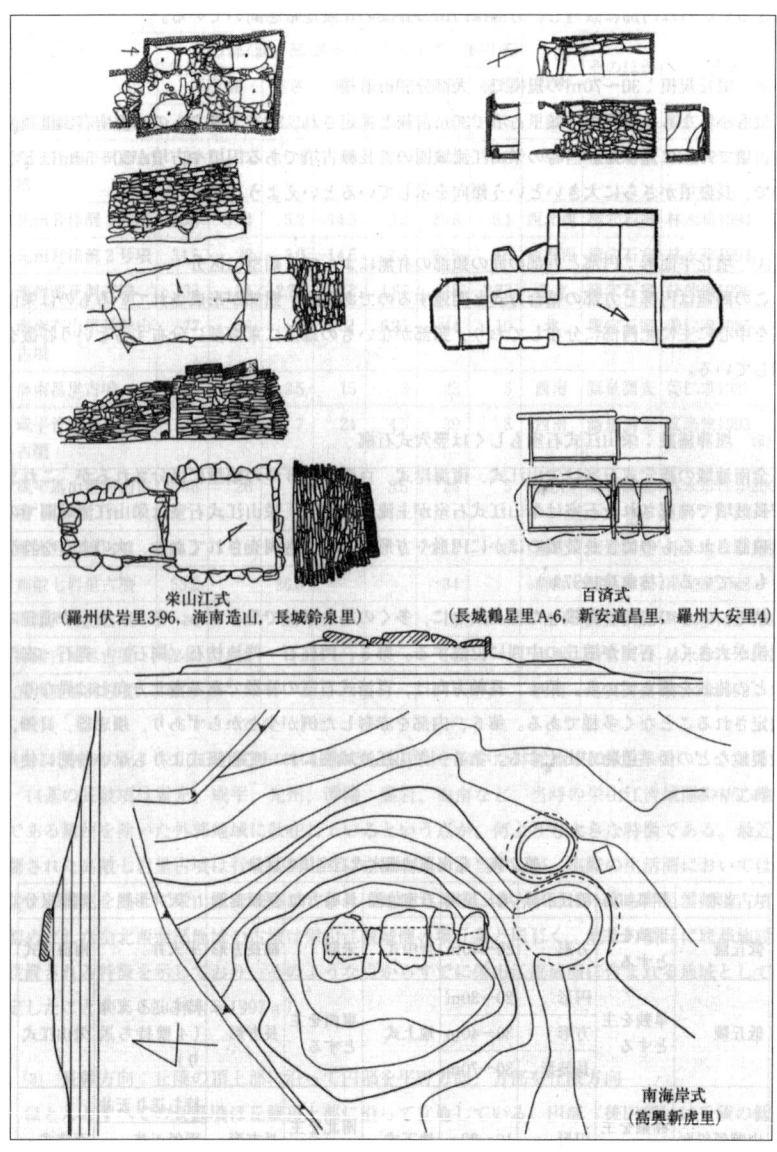

〈그림 4〉 전남지역 석실의 3가지 유형

이처럼 백제의 22담로와 37군의 관계를 감안하여 보면 6세기 초반까지 전북 서남부와 전남지역은 백제의 22담로 편제에 속하지 않았을 가능성이 대단히 높다고 할 수 있다. 이 지역은 6세기 중엽경에야 비로소 백제에 편입되면서 15개군으로 편제되어 백제 22담로에 더해짐으로써 백제는 37군을 가지게 되었다고 판단된다.

고고학적으로는 마지막 마한의 백제 병합 시기를 6세기 중엽경으로 보는 것이 합리적이라고 보며 538년에 이루어진 백제의 사비 천도와 관련되어 있을 가능성이 높다고 본다. 따라서 『일본서기』 신공기 49년조의 정복 내용을 369년에 이룩된 근초고왕의 업적이자 마지막 마한의 병합과 관련되었다고 보는 기존의 견해는 그 시기에 착오가 있거나 그 내용에 착오가 있을 가능성이 높다고 생각된다.

〈그림 5〉 중국 양직공도에 보이는 백제 사신

왕인박사 탄생지에 대한 고고학적 검토　247

Ⅲ. 고고학적으로 본 마한과 일본의 관계

3~5세기 영산강유역권의 마한 세력은 백제뿐만 아니라 가야나 왜와도 긴밀한 교류가 있었다. 서울 풍납토성에서 이 지역 토기들도 확인되고 있어[10] 백제 중앙과도 일정한 관계를 가지고 있었음을 알 수 있지만, 백제권 출토 중국 도자기 200여점 가운데 영산강유역권에서 출토된 것은 1점에 불과하다는 것은[11] 당시 영산강유역권과 백제의 관계가 어떠한 수준이었던 가를 말해 줄 것이다.

그러나 왜와의 관계를 보여주는 자료는 적지 않다. 함평 소명주거지에서 일본 고분시대 전기에 해당하는 토기가 출토되고,[12] 나주 복암리 2호분에서 큐슈지역 하니와를 모델로 삼았다고 여겨지는 호형 분주토기가 출토되며,[13] 5세기 후엽경부터는 큐슈지역에서 유행하였던 석실묘와 일본식 장고분들이 축조되고 있다. 특히 장고분은 일본열도의 전방후원분과 상통하는 것으로서 지금까지 14기가 확인되어 있는데 영산강유역권과 왜의 관계뿐만 아니라 백제에 의한 마한 합병 완료 시기 문제를 이해하는데 있어 대단히 중요한 자료이다.

영산강유역권의 장고분들은 고창, 영광, 함평, 광주, 담양, 영암, 해남

---

10) 권오영·한지선, 2008, 「베일 벗는 백제왕성의 문화상」, 『계간 한국의 고고학』 9, 주류성.
11) 임영진, 「중국 육조자기의 백제 도입 배경」, 『한국고고학보』 83.
12) 武末淳一, 2005, 「고고학으로 본 영산강유역과 일본 큐슈지역」, 『영산강유역 고대문화권의 역사적 성격』, 광주전남발전연구원 영산강연구센타·호남고고학회, 90쪽.
13) 임영진·조진선·서현주, 1999, 『복암리고분군』, 전남대박물관.

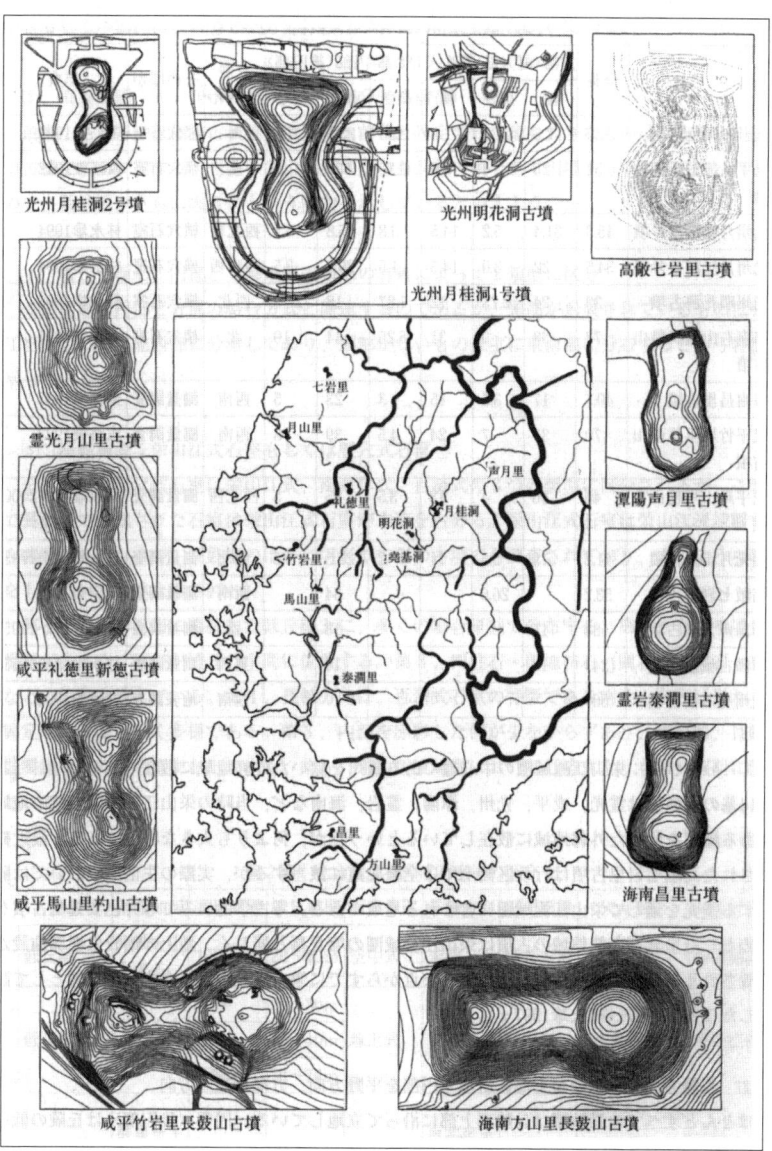

〈그림 6〉 장고분 분포도(임영진 2007)

등 당시의 핵심지역인 나주를 제외한 영산강유역권의 외곽지역에 산재되어 있다는 점이 무엇보다도 큰 특징이다. 규모는 가장 큰 것이 해남 장고봉 고분으로서 77m에 달하고 가장 작은 것은 담양 고성리 장고분으로서 33m 내외로 추정된다. 분구 주변에는 주구가 있고 분주토기가 배치된 것도 있다. 매장시설은 영산강식석실이 대부분인데 구조적으로나 시기적으로 큐슈 북부과 아리아케카이(有明海) 지역의 석실과 연관된 것으로서 그 피장자들이 그 지역과 관련된 인물이라는 점을 말해준다.

영산강유역권 장고분의 축조시기는 5세기 4/4분기에서 6세기 2/4분기까지 해당하는데 피장자와 축조 배경에 대한 견해는 크게 마한토착세력자설과 왜인설로 나누어진다. 왜인설은 다시 망명왜인설, 야마토파견왜인설, 백제파견왜인설의 세가지로 구분되므로 전체적으로는 모두 네가지 견해로 나누어진다고 할 수 있다.[14]

마한토착세력자설은 영산강유역권 외곽의 토착세력자들이 남하하는 백제의 압박 속에서 새로운 돌파구를 찾아 왜와 교류하면서 도입하였다고 보는 것이다. 이 견해는 백제의 남진에 따른 마지막 마한 세력의 자구책 모색이라는 대세론적 관점에서 많은 호응을 받았지만 현지의 고고학적 현상을 간과하였다는 점이 문제이다. 위와 같은 견해가 성립하기 위해서는 왜의 전방후원분이 도입되기 전에 그러한 무덤을 쓸 수 있는 역량을 가진 토착세력이 그 지역에 존재하였다는 사실이 먼저 입증되어야 할 것이다. 그러나 대부분의 장고분들은 인근에서 다른 고분군을 찾아보기 어려운 지역에 단독분 위주로 존재하기 때문에 장고분과 직결되는 현지 토착세력의 존

---

14) 林永珍, 2005, 「韓國長鼓墳(前方後圓形古墳)の被葬者と築造背景」, 『考古學雜誌』 89-1, 日本考古學會.

재를 입증할 수 없다는 점이 문제이다.

　망명왜인설은 영산강유역권 장고분의 분포 상황을 바탕으로 하여 일본열도 내부의 정세 변화 속에서 더 이상 일본열도에서 거주하기 어려운 사정을 가진 큐슈지역 왜인들이 망명해 온 것으로 본 견해인데 망명지가 영산강유역권을 중심으로 하고 있다는 점이 문제점으로 남는다. 이 견해에 대해서는 뒤에서 다시 언급하도록 하겠다.

　야마토파견왜인설은 야마토 정권에서 파견되어 영산강유역과 왜 사이에 교역과 같은 특수한 역할을 수행하였던 인물이라는 견해이다. 그러나 야마토에서 그러한 역할을 하는 집단이 영산강유역권에 들어와 있었다면 중국의 唐代에 추저우(楚州) 등지에 만들어졌던 신라방이나 일본의 바쿠후(幕府) 시대에 포르투갈인들을 위해 설치되었던 나가사키(長崎)의 데지마(出島), 한국의 조선시대에 왜인을 위해 동래에 설치되었던 왜관 등의 예를 보듯이 파견된 왜인들이 교통이 편리한 일정한 지역이나 정치적인 중심지역에 집중적으로 거주하였어야 할 것이다. 그러나 장고분들은 내륙 오지에 해당하는 지역까지 넓은 지역에 걸쳐 분산되어 있다는 점이 문제이다.

　백제파견왜인설은 백제의 공주 천도 이후 영산강유역권에 대한 직접적인 장악력이 떨어지자 백제의 요청에 따라 이 지역의 토착세력을 견제하기 위해 들어왔던 왜계 백제관료가 축조하였다는 견해이다. 일반적으로 왜계 백제관료는 백제와 야마토 사이에서 백제 왕실을 위해 활동하였다고 할 수 있을 것이다. 따라서 왜계 백제관료는 백제에서는 도읍을 중심으로 활동하였을 것이고 임무가 끝나면 왜로 귀환하였을 것이므로 이들의 무덤은 백제 지역에 만들어지기 어려울 것이다. 설사 만들어진다 하더라도 그 영향력을 감안하면 적지 않은 규모일 것인데 현재까지 백제 중심지에서는 소규모 횡혈묘만 조사되고 있을 뿐 장고분과 같은 대형 고분을 찾아볼 수 없다. 현재

확인되어 있는 장고분들은 영산강유역권의 외곽지역에 단독분 위주로 분산되어 있다는 점에서 그 주인공을 왜계 백제관료라고 보기 어렵다.

필자는 망명왜인설을 주장하고 있는데 이는 영산강유역권의 장고분들이 가지고 있는 고고학적 현상을 가장 중요한 열쇠로 삼은 것이며 그 가운데서도 핵심적인 것은 당시 영산강유역권의 중심지인 나주를 제외한 외곽지역에 대부분 토착적 기반이 없는 상태에서 단독분 위주로 산재한다는 점이다.[15] 이와 같은 고고학적 현상은 그 주인공들이 영산강유역권의 외곽지대에 산재하면서 특별한 역할을 하지 못하였으며 그 무덤의 축조 전통을 후대에 계승시키지도 못하였다는 것을 의미한다. 따라서 그 주인공들은 왜에서 들어오되 영산강유역권 핵심세력의 승인 아래 변두리 땅을 얻어 생활하다가 죽은 다음 귀향하지 못하고 그 지역에 묻힐 수밖에 없는 사정을 가졌던 사람들이었던 것으로 판단된다.

이 문제에 있어서는 장고분의 매장주체시설인 영산강식석실이 북큐슈형(北九州型)과 히고형(肥後型)으로 세분된다는 점이 중요하다. 이 가운데 광주 월계동 장고분과 해남 장고봉고분 등에서 볼 수 있는 북큐슈형 석실은 주로 5세기 4/4분기에서 6세기 1/4분기에 걸쳐 있고, 광주 명화동 장고분과 해남 용두리 장고분에서 볼 수 있는 히고형 석실은 주로 6세기 2/4분기에 해당한다. 5세기 4/4분기는 큐슈 아리아케카이 일대의 이와이(磐井) 세력이 큐슈 북부지역으로 세력을 확대한 시기이고, 6세기 2/4분기는 큐슈 지역이 야마토(大和) 정권에 통합되었던 시기라는 점이 주목된다.

이러한 상황을 종합해 보면, 영산강유역권의 북큐슈형 석실 장고분의

---

15) 임영진, 1996, 「전남의 석실분」, 『전남의 고대묘제』, 전라남도·목포대박물관, 760쪽.

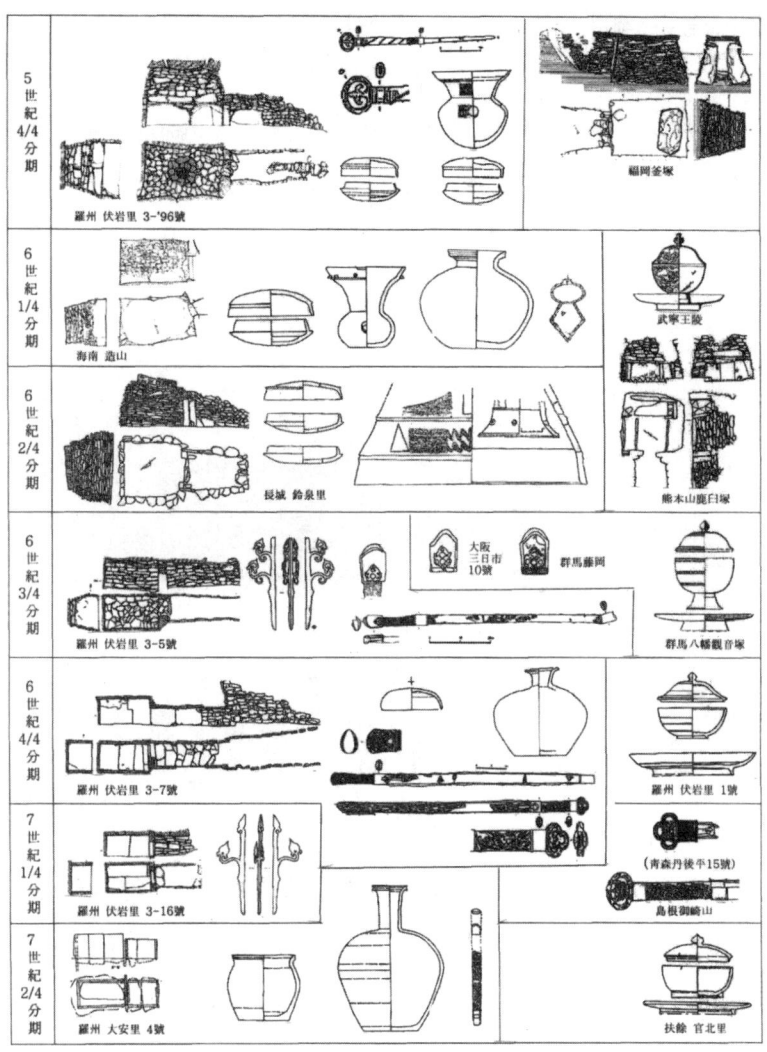

〈그림 7〉 영산강유역 석실 편년도(임영진 2007)

주인공들은 5세기 4/4분기에 이와이 세력의 큐슈 북부 장악으로 인해 망명한 큐슈 북부지역의 세력자로 추정되고, 히고형 석실 장고분의 주인공들은 이보다 늦은 6세기 2/4분기에 야마토 정권의 큐슈지역 지배를 피해 망명한 아리아케카이 지역의 세력자가 주류를 이루는 것으로 추정된다.[16]

일본열도 내에서도 같은 시기에 북큐슈형 석실묘가 기나이(畿內) 지역을 제외한 주변지역으로 파급되었는데[17] 그 배경에 대해서는 혼인 등을 통

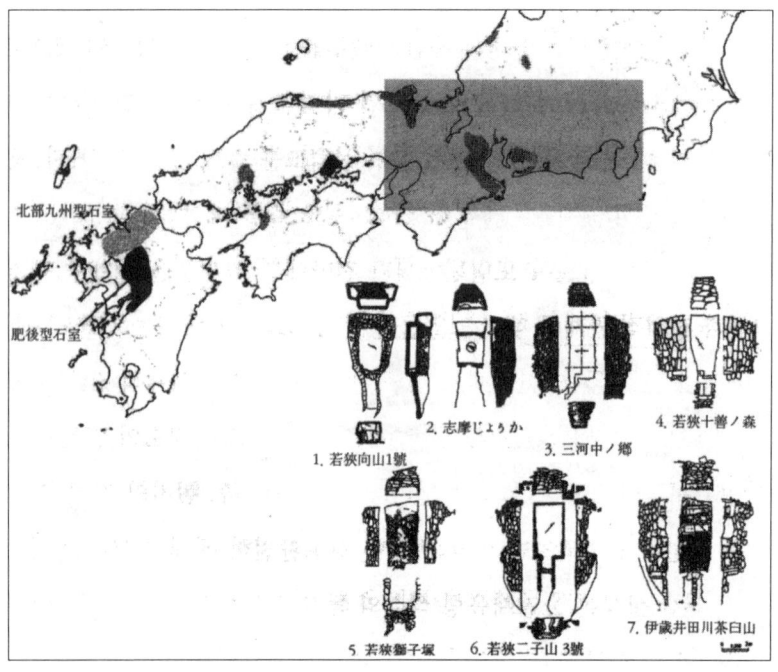

〈그림 8〉 일본열도 북큐슈형 석실과 히고형 석실 분포도(鈴木一有 2001)

---

16) 임영진, 2007, 「장고분(전방후원형고분)」, 『백제의 건축과 토목』(백제문화사대계 연구총서 15).
17) 鈴木一有, 2001, 「東海地方における後期古墳の特質」, 『東海の後期古墳を考える』.

한 교류 관계 속에서 새로운 고분을 축조할 때 공인을 파견하였던 것으로 보고 있다.[18] 그러나 북큐슈형 석실의 파급 시기와 범위를 보면 한반도와 일본열도의 파급 배경을 각각 다르게 보는 것보다는 동일한 시각에서 이해하는 것이 좋을 것으로 생각된다.

큐슈 북부지역이 이와이 세력권으로 병합된 5세기 4/4분기에 영산강유역권을 비롯한 한반도 서남부지역과 일본열도 각지에서 북큐슈형 석실이 동시에 나타난다는 것은 이와이 세력에게 병합되었던 북부 큐슈지역의 세력자들이 기존 교류 세력의 도움을 받아 한반도 남부지역과 일본열도 각 지역으로 망명했기 때문인 것으로 보는 것이 합리적일 것이다. 또한 이와이 세력의 몰락 이후 히고형 석실은 영산강유역권과 영남 남해안지역으로 파급되지만 일본열도 내로는 확산되지 못하는 점이 주목된다. 이는 당시 한반도는 야마토 정권과는 무관하였기 때문에 야마토 정권의 지배를 피해 이와이 세력 가운데 일부가 한반도로는 망명해 올 수 있었지만 이미 야마토 정권이 장악해 버린 일본열도 내에서는 더 이상 망명처를 찾아내기 어려웠기 때문일 것이다.

그러므로 영산강유역권 장고분의 주인공은 일본, 특히 큐슈지역의 망명객일 가능성이 높다. 이들은 기나이의 야마토 세력과 구분되어 큐슈지역을 기반으로 활동하면서 영산강유역권의 마한 세력과 인적, 물적 교류를 유지하여 나갔던 것으로 추정된다. 이들은 일본열도 내부의 정세 변화 속에서 기존의 교류를 배경으로 영산강유역권을 중심으로한 한반도 남부지역으로 망명해 왔을 가능성이 크다.

---

18) 柳澤一男, 1991,「若狹の橫穴式石室の源流を探る」,『躍動する若狹の王者たち-前方後圓墳の時代』, 福井縣若狹歷史民俗博物館.

5세기 말~6세기 초에 그와 같은 현상이 나타나게 된 데에는 백제의 건국과 발전과정에서 진행되었던 마한 사회의 병합 과정이 숨어 있다. 백제는 발전 과정에서 3세기 말, 4세기 중엽, 6세기 중엽의 3차에 걸쳐 마한 사회를 병합하였는데 그때마다 병합된 지역의 마한 세력 일부는 일본열도로 이주하여 한반도에 남아있는 마한 세력과 교류하였다고 생각된다. 3세기 후엽경에는 아산만권 주민들의 이주가 이루어졌고, 4세기 중엽경에는 금강유역권 주민들의 이주가 이루어졌으며, 6세기 중엽경에는 영산강유역권을 중심으로한 마지막 마한 주민들의 이주가 이루어졌다.

　　3세기 말부터 백제에 밀린 마한 세력의 일부가 큐슈 북부지역으로 이주함에 따라 가야와 기나이 사이에 형성되어 있었던 교류 채널과 구분되는 새로운 교류 채널이 마한 지역과 북부 큐슈 사이에 형성되었다. 후쿠오카(福岡) 니시진마찌(西新町) 유적에서 마한과 관련된 4세기대 토기들이 다량으로 출토되고[19] 함평 소명동 유적에서 4세기대 왜의 하지키(土師器)가 출토되는 것[20]은 이와같은 교류 관계를 말해줄 것이다. 특히 조족문토기는 마

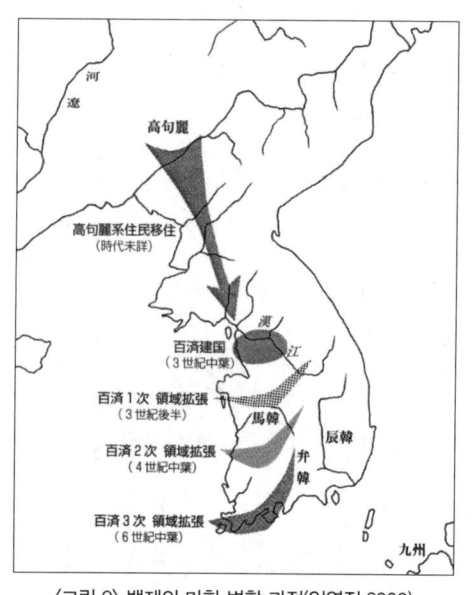

〈그림 9〉 백제의 마한 병합 과정(임영진 2000)

---

19) 서현주, 2004, 「4~6세기 백제지역과 일본열도의 관계」, 『호서고고학』 11.

한의 대표적인 토기 가운데 하나로서 3~4세기에는 충청권을 중심으로 성행하다가 5세기에는 영산강유역권이 중심이 되는 한편 일본열도로도 파급되기 때문에[21] 백제에 의해 금강유역권이 병합됨에 따라 그 지역의 마한 주민들이 영산강유역권과 일본열도로 이주하였음을 추정해 볼 수 있다.

전형적인 백제토기는 5세기 후엽 이후에야 비로소 야마토 정권의 중심지역에서 출토되기 때문에 토기로 보는 한 3~5세기 동안 백제 중심지역과 야마토 정권 중심지역 사이에서 교류관계를 찾아보기 어렵고, 3~5세기에는 영산강유역과 북부 큐슈 지역 사이에 문화적, 사회적, 정치적 관계가 밀접하였던 반면, 한성백제와 야마토 정권의 관계는 약했었다고 보는 견해[22]는 같은 맥락에서 이해할 수 있을 것이다. 5세기 말~6세기 초 영산강유역권과 일본열도 사이의 교류 관계를 보면, '백제-야마토정권'의 교류망과는 구분되는 '영산강유역-북큐슈'의 교류망이 별도로 운영되고 있었을 가능성이 높다.[23]

최근 영산강유역을 중심으로한 서남부지역에서 조사 예가 꾸준히 증가하고 있는 분주토기 가운데 나주 반남 일대의 토착계 대형 고분에서 사용되었던 통A형과 주변지역의 토착계 중형 고분에서 사용되었던 호형의 분주토기는 6세기 중엽경에 현지에서는 소멸되면서도 일본열도로는 파급되는 현상을 보여준다. 이는 6세기 중엽경에 이루어진 백제의 병합에 따른 영

---

20) 武末淳一, 2005, 「고고학으로 본 영산강유역과 일본 구주지역」, 『영산강유역 고대문화권의 역사적 성격』, 광주전남발전연구원·호남고고학회.
21) 박중환, 1999, 「조족문토기고」, 『고고학지』 10, 한국고고미술연구소.
22) 吉井秀夫, 2003, 「토기자료를 통해 본 3~5세기 백제와 왜의 교류관계」, 『한성기 백제의 물류시스템과 대외교류』, 한신대학교.
23) 임영진, 2000, 「마한의 소멸과정에 대한 고고학적 고찰」, 『호남고고학보』 12.

산강유역 분주토기 주인공들의 일본열도 이주와 관련된 것이라고 본다.[24]

Ⅳ. 고고학적으로 본 왕인박사의 탄생지 문제

왕인박사 탄생지 문제의 핵심은 백제와 미한의 관계 속에 숨어있다. 근년에 이루어진 고고학 분야의 조사, 연구 성과를 바탕으로 마한의 성립과 발전 과정, 백제 건국 이후 마한 사회의 변화, 일본으로 진출한 마한 이주민과의 교류, 마한의 소멸 과정 등을 살펴보면 보면 기존의 통설과는 크게 다르다는 것을 알 수 있으며 이는 기존에 제기되었던 왕인박사 탄생지 문제를 이해하는데 대단히 중요하다.

백제가 4세기 중엽 근초고왕대에 마한을 완전히 복속하였다는 역사학계의 통설과는 달리 3세기 말, 4세기 중엽, 6세기 중엽 등 3차에 걸쳐 마한지역을 병합하였으며, '백제-야마토정권'의 교류망과는 구분되는 '영산강유역-북큐슈'의 교류망이 별도로 운영되고 있었다.

고고학적으로 본 마한과 백제의 관계가 그러하였다면 기존의 통설을 토대로 5세기 초에 백제에서 파견되었다고 하는 왕인박사의 문제는 당연히 새로운 관점에서 바라보아야 할 것이다. 특히 백제의 마한 합병이 3차에 걸쳐 이루어지면서 일부 마한인들이 일본으로 이주하여 발전해 나갔으며 영산강유역을 중심으로 남아있는 마한지역과 활발하게 교류하였다는 것은 왕인박사 문제를 이해하는데 중요한 관건이 된다.

왕인박사가 도일하였다고 추정되고 있는 5세기 초는 영산강유역에서

---

24) 임영진, 2003, 「한국 분주토기의 기원과 변천」, 『호남고고학보』 17, 107쪽.

30~50m에 달하는 거대한 고분이 축조되고 있었으며 대규모 고분을 장식하기 위한 분주토기가 사용되는 등 그 어느 시기보다도 왕성하게 발전해 나가면서 일본과 활발하게 교류하던 시기이다. 백제에 밀려 일본으로 이주한 마한계 세력자들은 영산강유역권을 중심으로 남아있는 마한과 인적, 물적 교류를 유지하면서 새로운 문물을 수용하였을 가능성이 높다.

이와 같은 상황을 감안해 본다면 5세기 초에 해당하는 왕인박사는 영산강유역의 마지막 마한 세력과 일본으로 이주하였던 마한계 세력과의 교류 과정에서 도일하였을 가능성이 높다고 보는 것이 합리적일 것이다. 국내에서 유일하게 영산강유역권의 영암 월출산 자락에서 왕인박사 관련 설화와 지명을 찾아볼 수 있는 것은 우연한 일이 아닐 것이다.

영암 동구림리 일대에 남아있는 왕인박사 관련 설화와 지명은 후대의 도선국사와도 관련되어 있기 때문에 부정적인 인식도 나오고 있지만 후대 인물과 관련된 설화나 지명은 선대 인물과 관련되어 있던 설화나 지명이 변형된 것일 가능성이 있다는 점을 감안할 필요가 있을 것이다.[25]

---

25) 전라남도 민속자료 제44호로 지정되어 있는 여수영당지는 원래 고려 최영 장군을 모시던 곳이었지만 1598년 이순신 장군이 노량해전에서 순국한 이후 이순신 장군을 주신으로 모시고 정운, 이대원 양위를 추가로 배향한 곳으로서 역사적 인물이 신격화되는 과정을 설명해 주는 제의적 공간으로서의 중요한 의미와 함께 지역 주민들의 역사적 인물에 대한 신앙적 믿음의 형성 과정을 확인할 수 있는 곳이다(한국민속신앙사전 마을신앙편, 2010, 여수영당지(표인주 집필) 참조).

Ⅳ. 왕인박사의 일본 진출에 관한 고찰

1. 왕인박사의 도일 시기와 경로 • 박광순

2. 한반도의 서남해안과 일본 규슈 북서부 간의 조류·해류와 바람
 • 형광석

3. 표류사에서 본 영암과 규슈 서북부지역 • 정성일

4. 일본 출토 영산강유역 관련 고고학 자료의 성격 • 武末純一

5. 일본 畿內지역 마한계 고고학 자료의 성격 • 서현주

1. 왕인박사의 도일 시기와 경로*

I. 머리말

    지난 수년간 필자는 왕인문화연구소의 연구위원들과 더불어 왕인을 둘러싼 여러 문제들, 그중에서도 특히는 '고대 영산강 유역과 일본과의 문물교류'와 '왕인의 자취와 그 업적', '왕인이 전수한 천자문의 내용'등에 관하여 연구해왔다. 그 결과 영산강 유역은 일찍부터 대륙과의 교류를 통해 4세기 말~5세기 초에는 이미 학문과 기술이 일본에 전수할 수 있으리만큼 높은 수준에 달하였을 뿐 아니라, 실제로 빈번한 교류가 있었음을 확인하였고, 왕인이 전수한 천자문은 위나라의 종요(鍾繇)가 찬(撰)한 '이의일월 운로엄상(二儀日月 雲露嚴霜)'으로 시작되는 천자문임을 알 수 있었다.

    그러면 왕인은 언제, 어떠한 경로(항로)를 거쳐 일본에 학문과 기술을 전한 것이었을까? 다시 말하면 왕인은 어떠한 포구들을 거쳐 일본에 건너갔으며, 그 시기는 어느무렵이었을까? 만일 이 문제가 제대로 밝혀진다면

---

* 이 글은 필자가 2011년 11월, (사)왕인박사현창협회가 발간한 "고대 서남해안-일본 간의 항로와 왕인의 뱃길 연구"에 게재한 '고대 한일 항로와 왕인의 뱃길연구'를 보완한 것이다.

왕인의 실체는 좀 더 구체적으로 구명될 수가 있을 것으로 생각한다. 이러한 문제의식을 가지고 필자는 지난 수년간 왕인의 뱃길 연구에 도전(?)해 왔다.

우리 연구진은 국내에선 영암의 상대포(上台浦)에서 거제도의 동남단 지세포(知世浦)에 이르는 여러 포구들을 다섯 차례에 걸쳐 답사한 연후, 부산에서 쓰시마(對馬島), 이끼시마(一岐島) 및 요부코(呼子), 가라쓰(唐津), 후쿠오카(福岡)를 배편으로 답사한 후, 구마모토의 기구치가와(菊池川) 주변과 사가(佐賀)의 아리아케해(有明海) 연안 및 간사키시(神崎市) 일대를 3회에 걸쳐 답사한 바 있다.

다음해에는 고흥반도와 여수반도의 동남단에 자리하는 여러 섬들과 일본의 오도열도(五島列島)의 여러 섬 및 오도탄(五島灘), 그리고 아리아케해(有明海)의 뱃길들을 답사한 후, 시모노세키(下關)에서 나니와(難波津: 현 大阪)에 이르는 세도나이가이의 구절양장에 위치하는 거점포구들을 답사하기도 하였다. 이와 같은 답사의 성과와 그간의 선행연구들을 참고하여 필자 나름대로 '왕인의 도일시기와 경로'를 추론해 본 것이 본고이다.

결론을 먼저 말하면, 왕인박사는 5세기 초, 즉 405년 가을, 상대포를 출발하여 여수반도의 동남단(연도)에서 오도열도로 직행하여 간사키로 행했다. 그곳은 마한·백제계 도래인 들이 만든 코로니요, 동시에 응신천황의 본 거였기 때문이다. 과연 그럴까? 그 개연성에 대하여 아래에서 검토해보기로 하겠다.

Ⅱ. 도래의 물결과 왕인박사의 도일시기

1. 도래(渡來)의 물결과 왜의 국가형성

한반도에서 북 아시아계의 사람들이 일본열도로 건너가기 시작한 것은 죠몽시대(繩文時代. 기원전 1만년 전후~기원전 4세기)의 후기, 내지 만기라 하지만, 대량의 도래는 기원전 3세기경의 야요이시대(弥生時代)부터라 한다. 처음에는 지구의 한냉화에 따른 남하(南下)가 주요인이었다고 하나, 다음에는 중국을 포함하는 대륙에서 정치정세가 변하면 그에 따라 신천지를 찾아가는 보트 피플 같은 도피도 없지 않았을 것이다.

『귀화인(歸化人)』의 저자 우에다(上田正昭) 씨에 의하면, 도일의 물결은 4단계로 나눌 수 있는데, 제1단계는 야요이 전기(기원전 200년경)에 시작하였고, 제2단계는 4~5세기의 응신·인덕조를 중심으로 하는 시대로, 조정(朝廷)의 지배가 궤도에 오르려고 하던 시기이다. 이때부터 한반도와 중국과의 외교가 활발해진다. 제3의 물결은 5세기 후반에서 6세기 초반에 이른 기간으로 많은 기술자(今來の才伎)가 한반도로부터 이주해온다. 특히 한반도 남부의 정치정세가 동요하면서 백제인들이 많이 건너온다. 제4단계는 천지조(天智朝)를 중심으로 하는 7세기 후반으로, 이 시기에는 백제와 고구려가 멸망하여 두 나라 사람들이 대량으로 도래한다.[1] 왕인박사가 도일한 것은 제2단계였음은 더 말할 나위가 없다.

이상과 같이 기원전 3세기로부터 7세기에 이르는 약 1,000년간 도래의 물결이 계속되어 7세기에는 일본열도에 사는 사람(약 540만명)의 약 90%가 도래계였다고 인류학자 하니하라(埴原) 교수는 추산하고 있다.[2]

---

1) 上田正昭, 1965, 『歸化人』, 中公新書, 23~25쪽.

그러면 도래인들은 무엇을 가져 온 것일까? 요약하면 3가지를 들 수 있다. 첫째 도작문화(稻作文化)와 그에 필수적인 공동작업에 따른 군집(群集)→마을의 문화, 둘째 금속문화와 그에 따른 생산성과 군사력의 증대, 셋째 정치적 능력과 그에 따른 국가(小國家)형성의 능력을 가지고 옴으로써 소위 『위지』「왜인전」이 전하는 백 여 개의 소국들을 형성하게 되는 것이다.

왕인이 도일한 것은 뒤에 자세히 검토하게 되는 바와 같이 5세기 초(405년), 일본역사의 시대구분에서 본다면 고분시대에 해당된다. 그러면 고분시대(3C~6C)는 일본의 역사상 어떤 의미를 갖는 시기였을까. 간단히 말하면 지금까지 도래계 집단들이 만들어 할거하던 소국가들이 서서히 통일되어, 마침내 근기(近畿)지방에 조정이 성립되어가는 정치적 대변혁기였다. 다시 말하면 일본이라는 국가가 성립되어가는 전야였다.

새로운 국가를 형성하기 위해서는 여러 가지가 필요했겠지만, 가장 중요한 것은 지식과 기술, 그리고 정치적 능력=국가형성 능력을 갖춘 엘리트 군이었다. 더구나 '문명화된 대국화'를 목표로 기내(畿內)로 동진(東進)한 응신천황으로서는 더욱 그러한 엘리트들이 절실했던 것이다. 여기에 응신천황이 왕인박사를 초빙한 중요한 이유가 있었다. 응신천황이 왕인박사를 초빙코자 보낸 이가 와라다와께(荒田別)와 가무나기와께(巫別)라 『일본서기』는 전하고 있다. '와께(別)'나 '스구네(宿禰)'는 도래계 장군을 의미하는데, 와라다와께는 이른바 신공황후(神功皇后, 응신천황의 모)의 신라정벌에 참가했던 장군으로 대신급의 거물이었다고 하니, 응신천황이 왕인박사의 초빙에 얼마나 정성을 쏟았는지 짐작할 수 있다. 왕인박사는 단순한 보트 피플이 아니었던 것이다. 우리가 왕인박사를 비롯한 도래인들을 일본의

---

2) 埴原和郎, 1996, 『日本人の成り立ち』, 人文書院, 274쪽.

국가 형성의 기틀을 닦은 공로자라 칭하는 까닭이 여기에 있는 것이다.

2. 왕인의 도래시기와 계절

그러면 왕인박사는 정확하게 언제 도일한 것일까?『일본서기』에 의하면 응신천황 15년(乙巳) 가을에 초빙사를 보내어 16년 봄 2월에 왕인일행이 일본에 도착한 것으로 기록되어 있다.[3] 즉 응신천황 15년에 아직기(阿直岐)가 일본으로부터 귀국하여 전지왕(腆支王)이 되고, 그해 왕인은 일본으로 떠난 것으로 되어 있다. 이와 같이 왕인이 떠난 것은 응신천황 15년이라는 데는 이의가 없다. 그러면 그 해는 서기로 환산하면 몇 년이 되는 것일까.『일본서기』에는 285년으로 기록하고 있다. 과연 그럴까? 여기에는 문제가 없지 않다. 우리의『삼국사기』권25,「백제본기」와 중국 측의『양서』권54,「동이전」에 의하면 일본에 가 있던 전지왕(일본에선 阿直岐)이 돌아와 왕위에 오른 것은 405년이라는데 일치한다. 즉 일본은 어떤 이유에서인지 375년에서 405년까지의 30년간의 역사를 120년, 즉 두 갑자(二巡) 올려놓고 있다. 이와 같은 사실은 위에서 언급한 우리의『삼국사기』와 중국『양서』의 기록이 일치하는데서 확인할 수 있을 뿐 아니라, 일본의 나가미찌요(那阿通世)의『고정기년설(考定紀年說)』에도 2갑자를 올려 잡은 사실을 인정하고 있다. 나가미찌요는 누구인가? 바로 일본의 초대천황 진무천황(神武天皇)의 즉위년을 B.C. 660년으로 정하여 황기(皇紀) 원년을 확정하는데 중요한 구실을 한 사람이 아닌가. 이렇게 볼 때 왕인박사의 도일 시기는 405년, 즉 5세기 초로 보는 게 타당할 것이다.[4]

---

3)『日本書紀』應神天皇 15~6年條.
4) 柳承國, 2011,「百濟博士 王仁 渡東에 관한 文獻的 考證과 그 意義」, 대한민국학

끝으로 왕인박사가 떠난 것은 어느 계절이었을까? 다음에는 이 문제를 잠깐 살펴보기로 하자. 『일본서기』에 왕인이 도착한 것은 '봄 2월'이라 하였으니 적어도 그보다 3개월은 앞서 출발했을 것으로 추단된다. 왕인의 도일보다 훨씬 훗날의 일이기는 하지만 9세기의 엔닌(圓仁)의 『입당구법순례행기(入唐求法巡禮行記)』나 17세기 하멜의 『표류기(漂流記)』 중의 탈출기록 등을 종합해보면 한반도에서 일본의 서단(西端) 오도열도(五島列島)에 닿는 데는 물때와 바람을 잘 마추면 약 30시간 밖에 걸리지 않았다. 한편 조선통신사들의 항해기를 살펴보면 부산 왜관을 출발해서 나니와(大阪)에 도착하기까지는 중간의 휴식시간을 포함해서 약 3개월 정도, 휴식과 일기불순으로 지체된 날짜를 제외하면 실제론 40일 정도 소요되었음을 송희경의 『노송당 일본행록(老松堂 日本行錄)』이나 신유한의 『해유록(海遊錄)』 등이 소상하게 말해주고 있다(〈졸고 2010〉 참고).

그러면 한반도의 서남단에서 일본의 규슈 북서단으로 가는 데 적합한 계절은 언제일까? 고대의 항해에 있어서 가장 중요한 조건은 해류와 조류 바람과 같은 자연조건이다. 이들 자연조건 중 도항(출항) 시기와 관련해서 특히 중요한 것은 바람이다. 조류와 해류는 대체로 일정한 코스와 시차를 두고 흐르기 때문에 어느 정도 예측 가능하지만 바람(특히 돌풍)은 그렇지가 않다. 그러나 다행히 이 지역은 계절풍지대로서 풍향이 계절적으로 일정한 경향이 짙다. 그리하여 먼 뱃길의 출항은 풍향에 맞추어 떠날 수 있게 한다.

술원, 『學術院論文集, 人文·社會科學 篇』 제50집 1호, 11~12쪽, 한편 오늘날의 일본연구자들도 왕인의 도일 년대를 405년으로 잡고 있다. 예컨데 佃 收, 2000, 『四世紀の北部九州と近畿』, 星雲社, 제2장 참조.

왕인이 한반도의 서남부에서 일본, 특히 규슈의 서북쪽으로 갈려고 하면 북풍이나 북서풍, 혹은 서풍이 부는 시기가 가장 알맞다. 그러면 그 계절은 언제일까? 필자가 여수반도의 남쪽 끝 안도와 연도 및 거문도 등에서 조사한 바에 의하면 그 지역에 부는 바람은 8가지로 나누어진다.

(북) 높하늬바람. (북서) 하늬바람. (서) 갈바람. (남서) 늪바람
⇒ 안전. 순풍
(남) 맛바람. (남동) 서마바람. (동) 샛바람. (동북) 높새바람 ⇒
불안정. 악풍

이상의 8가지 바람 중에서 가장 안전한 바람은 북풍(높하늬바람)으로서, 하늬바람이나 높하늬바람이 불면 지금 당장 파도가 치고 있어도 운항이 안전하다고 할 만큼 북풍은 이 지방 사람들이 제일 좋아하는 바람이다. 이에 반해 가장 두려워하고 꺼리는 바람은 맛바람(남풍)과 서마바람(동남풍)이다.[5]

그러면 이러한 높하늬바람과 하늬바람은 어느 달에 제일 많이 부는 것일까? 여수측우소가 지닌 36년간 측정한 기후자료를 보면 이 책 제4장 2 〈표1〉과 같다.

위에서 보는 바와 같이 바람을 고려할 때, 한반도의 서남단에서 규슈 서북지방으로 가는 데 가장 알맞은 계절은 11월부터 다음해 3월까지라 할 수 있다. 『일본서기』는 '왕인이 응신천황 16년 춘 2월'에 도착하였으며 그보다 2년 앞서 봉의공녀(縫衣工女) 마게쓰(眞毛津)가 도착한 것도 역시 춘 2월이

---

[5] 삼산면지발간추진위원회, 2000, 『三山面誌』, 64~65쪽.

라 기록하고 있다. 그들 모두 바람을 감안하여 겨울 항해를 단행하였음을 알 수 있게 해준다. 겨울은 춥지마는 이 지역의 경우 바람이 순풍이고 안개도 적어 항해에는 적합한 계절이라 할 수 있다. 이렇게 본다면 6세기의 은솔(恩率)일행이 귀로에 실패한 것이나 1975년 한일 양국이 시도한 '야성호'(野性号)의 실패는 항해시기의 선택을 잘못한 것이 가장 큰 이유가 아닌가 생각한다.

끝으로 왕인의 출발 시점은 그가 간시키에서 얼마나 머물렀느냐에 따라 달라질 것이다. 앞에서 살펴본 바와 같이 실제 항해 소요 일수는 약 40일이면 족하다. 이와 같은 정황을 감안해 볼 때, 왕인은 그 전년의 9월말에 출발했을 가능성이 제일 크다. 그리되면 왕인은 아마도 간사키에서 1개월 이상 체재하면서 그곳 도래인들과 교류하며, 그를 초청한 정치세력들과 향후의 노정을 상의할 수 있었을 것이다.

Ⅲ. 전근대 한일 간의 항로

1. 문헌을 통해서 본 전근대 한일 간의 항로

왕인의 도일 항로를 추정하기 위해서는 해상의 조류·해류·바람과 같은 자연조건, 항해술·조선술과 같은 인위적인 여건 및 지나가는 주변지역의 정치상황 등, 여러 가지를 종합적으로 고려해야 할 것이나, 자연조건에 대해서는 이 책 제4장 제2절에서 형광석교수가 상세히 다루고 있으므로, 여기에서는 전근대 한일 간을 오간 항로에 관한 선인들의 기록 중 중요하다고 생각되는 3세기 대『위지(魏志)』「왜인전(倭人伝)」의 한일 항로와 9세기 대 엔닌의『입당구법순례행기(入唐求法巡禮行記)』의 한일 항로에 대해서만 간단히 살펴보고자 하거니와,[6] 그 까닭은 전자는 주로 대마도 경유항로(우회로)를 설명하고 있고, 후자는 여수반도의 동남단에서 오도열도로 가는 직항로를 설명하고 있기 때문이다.

1) 3세기 대『위지(魏志)』「왜인전(倭人伝)」의 한일 항로

문헌에 왜(倭)라는 이름이 처음보이는 것은『한서(漢書)』「지리지」이다. 거기에 "---夫樂浪海中有倭人分爲百餘國 以歲時來獻見云---"이라는 구절이 보인다. 즉, 낙랑 바다 가운데 왜인이 백여 국으로 나뉘어 있고 세시 때면 와서 헌상한다고 한다. 이 기록대로라면 기원 1세기(AD 82년)경에 이미 왜와 중국과의 왕래(往來)가 있었음을 알 수 있다. 왜국이 바다 가운데 있었으니 그 길이 항로였을 것임은 더 말할 나위가 없다.

이어서『후한서(後漢書)』「동이전」에는 "--- 倭在韓東南大海中 依山島爲居凡百餘國 自武帝滅朝鮮 使譯通於漢者三十許國 國皆稱王 世世傳統 其大倭王居邪馬臺國---"이라는 기록이 보인다. 그러나 이들 사서에는 왜로 가는 구체적인 뱃길은 보이지 않아 유감스럽다.

왜로 가는 뱃길을 구체적으로 보여 주는 자료는『위지(魏志)』「왜인전(倭人伝)」이다.『위지(魏志)』「왜인전(倭人伝)」은 정확하게는『삼국지(三國志)』의『위지(魏志)』「동이조(東夷條)」에 수록되어 있는「왜인전」을 말하는데, 거기에 3세기경 연안항로의 코스를 다음과 같이 기술하고 있다.[7]

---

[6] 자세한 고찰은 졸고(2010, 「고대 한일항로와 왕인의 뱃길연구」, 박광순 외,『고대 서남해안-일본 간의 항로와 왕인의 뱃길연구』, (사) 왕인박사현창협회)를 참고하기 바람.

[7] 강봉룡, 2005,『바다에 새겨진 한국사』, 한얼미디어, 24~25쪽.

낙랑·대방군에서 해안을 따라 남으로 가다보면 한국(韓國)에 이르게 되고, 여기에서 다시 남으로 가다가 동쪽으로 꺾어 항해하면 구야한국(狗耶韓國)에 이르게 되는데, 여기에서 바다를 건너면 대마도(對馬島, 쓰시마)에 이른다.

이 기사에 의하면 3세기까지 '낙랑·대방군→서해안(남행)→한국→서해안(남행)→남해안(동행)→구야한국→남해바다(남행)→쓰시마→왜'로 연결된다. 여기에서 '한국'이란 목지국(目支國)을 중심으로 하는 충청지역의 마한연합체를 의미하며, '구야한국'이란 오늘날의 김해지역 일대를 지칭한다. 여기까지의 항법은 대체로 연안항법이었다.

여기서부터 근해항법으로 바꿔 바다를 건너 1천 여리를 가면 쓰시마국(對馬國)→다시 남으로 한해(瀚海, 현 쓰시마해협)를 건너 1천 여리를 가면 일대국(一大國, 현 一岐島)→다시 바다(현 현해탄)를 건너 1천 여리를 가면 말로국(末盧國, 현 東松浦: 요부고, 가라쓰)에 이른다. 거기에서 이번에는 육로를 동남으로 5백리쯤 가면 이도국(伊都國)→노국(奴國)→불미국(不彌國)→투마국(投馬國)을 거쳐 마침내 야마다이국(邪馬台國)에 이른다고 한다.

그러나 「왜인전」에는 우리나라 연안의 항로와 기항지에 관해서는 한국(韓國), 또는 구야한국(狗耶韓國)에 이른다는 것 외에는 구체적인 언급이 없다. 더욱 중요한 것은 전남 서남해안의 저 많은 섬들 사이를 어떤 항로를 거쳐 왜로 건너갔는지에 관해서는 아무런 언급이 없어, 왕인의 뱃길을 추정하는데 아쉬운 점이 적지 않다.

근자(1979년)에 늑도(勒島) 유적(패총)이 발견(발굴은 1985년부터)됨으로써 삼한시대, 대방군과 구야한국, 그리고 왜를 잇는 항로는 늑도와 창선도 사이를 지나갔으리라는 사실이 밝혀지고 있지만, 우리의 관심의 대

상인 그보다 서쪽의 항로(영산강 하구-다도해의 뱃길)에 대해서는 자세치 않다.

2) 9세기 대 엔닌의 『입당구법순례행기(入唐求法巡禮行記)』의 한일 항로

『왜인전』에 비하여 전남의 서남해 항로를 비교적 소상히 밝히고 있는 자료가 9세기 중엽의 엔닌(圓仁, 794~864)의 『입당구법순례행기(入唐求法巡禮行記)이다. 이『행기』는 주지하는 바와 같이 일본의 구법승 엔닌이 838년 7월, 당으로 건너가 847년 초겨울까지 약 9년 반 동안 중국대륙을 여행하면서 일기형식으로 기록한 여행견문록이다. 그가 당에 머무는 동안은 물론, 돌아오는 길에도 장보고 세력의 도움을 크게 받은 것은 잘 알려진 사실이다.

그 『행기』의 마지막 장(二三)은 그가 산동성 문등현 적산포를 출발하여 히젠국 가시마(肥前國 鹿島)에 안착하기까지의 귀로의 행정을 날짜별로 비교적 소상하게 기록하고 있다. 거기에는 『위지 왜인전』에서 생략한 전남의 서남연안의 기항지들이 적혀 있어 우리에게 도움이 된다.

물론 엔닌의 귀국은 9세기 중엽에 이루어진 사건이다. 따라서 왕인이 도일한 5세기보다는 선박과 항해술 등, 여러 가지 여건이 다를 수 있다. 그러나 추진력이 동력화 되고 돛(帆)이 무명천으로 바꿔지기 이전의 전근대 사회에 있어서의 항해는 여전히 해류와 조류 및 바람과 같은 자연조건에 크게 좌우되지 않을 수 없었다는 점에선 근본적인 변화가 없었으리라 생각한다. 주지하는 바와 같이 돛이 무명천으로 바뀐 것은 18세기 이후의 일이요, 추진력이 동력화된 것은 19세기 후반의 일이다. 이런 사실을 감안할 때 9세기대 '엔닌의 귀로'는 '왕인의 뱃길' 연구에 큰 도움이 되리라 생각하여 원문을 그대로 옮겨보기로 하겠다.[8]

"847(大中 元年) 9월 2일, 오시(12시) 적(산)포에서 도해하다. 적산막야구(莫耶口)를 출발하여 정동으로 향하여 항행하기 1주야(一晝夜).

3일, 이른 아침(平明)에 이르러, 동쪽으로 신라국 서면의 산이 바라보인다. 바람이 정북으로 변하여 돛(帆)을 측면으로 달고 동남방을 향하여 항행하기 1주야(1일 1야).

4일, 새벽이 되자 동쪽으로 섬(山島)이 보인다. 점점 가까워진다. 소공(梢工) 등에게 물으니, "여기는 신라국의 서쪽 웅주(公州)의 서계(西界). 본시 백제국(663년 멸망)의 땅이었다"고 한다. 종일 동남방을 향하여 가다. 동서에는 섬들이 연이어 있다. 이경(二更. 밤 10시경)에 고이도(高移島)[9]에 닿아 배를 정박시키다. 무주(武州, 현 光州)의 서남계에 속한다. 이 섬의 서북쪽 백리쯤에 흑산(도)이 있는데, 산 형태(山体)는 동서로 조금 길다. 일설에는 백제 제3 왕자가 도망해 들어와 난을 피한 곳이라 한다. 지금은 3~4백호가 산(섬)중에 살고 있다.

5일, 바람이 동남풍으로 변하여 배를 띠울 수 없다. 삼경(밤 12시경)에야 서북풍이 불어 출발했다.

6일, 묘시(오전 6시) 무주의 남계 황모도(黃茅島. 현 전라남

---

8) 자료는 圓仁 저, 足立喜六 역주, 塩入良道 보주,『入唐求法巡禮行記 2』, 平凡社(東洋文庫 442)를 사용하였다.
9) 일본의 역주자는 고이도를 현 '荷衣島'로 비정하고 있으나, 신안군 압해도의 바로 앞에 '古耳島'가 있다. 이곳 또한 한국의 서해안을 남하하는 선박들이 스쳐가는 요로일 뿐 아니라, 섬에는 현재도 王山城趾가 남아 있어, 엔닌이 말하는 高移島가 이곳일 가능성도 배제할 수 없다.

도의 남쪽 거차군도의 동쪽 끝 갈초도인 듯)¹⁰⁾의 이포(泥浦)에 닿아 배를 정박시키다. 혹은 구초도(丘草島)라고도 한다.

　4~5인이 산위에서 살고 있다. 사람을 시켜 그들을 불렀으나 도피해 숨어 볼 수 없었다.

　이곳은 신라 제3 재상의 방목지라 한다. 고이도로부터 이 (구)초도(황모도)까지는 섬이 연이어 있다. 동남쪽으로 멀리 탐라도(제주도)가 보인다. 이 구초도는 신라의 육지로부터 바람이 좋으면 하루에 닿을 수 있다. 잠시 섬 관리인(守島) 1인과 무주 태수가의 매사냥꾼 2인이 왔다. 배 위에서 말하기를 "국가는 안태하다. 지금 당의 칙사와 그 일행이 거의 5백여 명이나 와서 경성(경주)에 있다. 4월 중에, 일본국 쓰시마의 백성 6인이 고기를 낚다가 표류하여 이곳에 닿았는데, 무주로 다려 갔다. 진작 심문(聞奏)이 끝났으나 아직 왕명이 내려오지 않았다. 그들은 지금 무주에 있다. 수금(囚禁)되어 본국으로 돌아가기를 기다리고 있다. 6인 중의 한 사람은 병사했다."고 한다.

　6일, 7일, 바람이 없다.

　8일, 나쁜 소식을 듣고서 크게 놀래다. 바람이 불지 않으면 출발할 수가 없다. 뱃사람들은 거울 등을 던져(寄捨), 신에게 바람을 빌었다. 승려들은 향을 피우고 이 섬의 지신(地神) 및 대명신(大明

---

10) 어떤 이는 황모도를 거문도, 이포를 현 여수시 삼산면 서도리의 뒷개라 하나, 엔닌이 황모도에서 탐라도를 "동남으로 본다"고 기록한 점으로 미루어 거차도로 비정하는 것이 타당할 것이다. 만일 거문도라면 "서남으로 본다"고 되어야 한다 (여수시, 『三山面誌』 참고).

神) 소명신(小明神) 등에게 염송하여 모두 함께 본국에 무사히 도
착할 수 있도록 기원한다. 저승에 있는 이곳 지신 및 대명신·소명
신 등을 위하여 금강경 백 권을 읽는다. 오경(오전 4시경)에 이르러
바람은 없지만 출발하여 포구를 조금 나가자 홀연히 서풍이 불기
시작한다. 바로 돛을 올려 동으로 향해 나갔다. 신리(神理)가 서
로 도운 듯하다. 섬의 뒤쪽으로 돌아가자 남북 양면은 섬들이 겹겹
이 이어졌다.

 9일, 사시(10시)경에 안도(雁島, 현 安島)[11]에 도착하여 잠시
쉬다. 이곳은 신라의 남계로서 궁중의 방마지(放馬地)이다. 근동
(近東)에는 황룡사의 장지(庄地)가 있다. 여기저기에 인가가 두
세 곳 있다. 서남쪽으로 탐라도가 보인다. 오후에 다시 바람이 호

---

11) 일본의 역주자는 원문의 雁島를 오늘의 巨文島로 비정하고 있으나, 현 여수시 남
면의 安島는 본래 이름이 雁島(섬모양이 기러기를 닮음)였다. 1910년 한일 합병
이후에 이 섬의 천연호수처럼 생긴 포구가 배대기에 편한 곳이라 하여 安島로 바
뀌었다. 반대로 거문도는 오래도록 古島라 불리다가 1885년 영국군의 침범 이후
'巨文鎭'을 설치하면서 巨文島로 개칭된 점을 상기하면 엔닌이 머문 곳은 이곳
雁島(현 安島)임이 틀림없을 것으로 생각한다. 또한 엔닌이 "雁島를 신라의 동남
(단)이라"한 것으로 보아 오늘날의 여수시 남면 안도리임에 틀림이 없을 것이다.
일본의 역주자가 안도와 거의 붙어 있는 金鰲島를 옛날에는 巨磨島라 칭한 바 있
었는데 행여 그와 혼돈하였거나 , 아니면 거문도를 근세에 들어 와 한때 '倭島'라
하여 자기들 영토인양 주장했던 것과 연관이 있는지도 모르겠다. 본문에서 지적
한 바와 같이 안도에선 신석기시대 유적지 3곳, 패총 3곳이 발굴되었으며, 바로
대안에 있는 소리섬(鳶島)에도 신석기시대의 유적지 1곳, 패총이 1곳 있는 데,
1964년 이래 발굴된 '마제석부' 5점 중 4점의 석재가 중국 돌이며, 또한 해안의
암벽에 "徐市此過"라 새겨진 적이 있었던 사실 등으로 미루어 볼 때 이곳이 일찍
부터 대외교류의 요지였음을 알 수 있다.

전되어 배를 띄어 섬 기슭을 따라 나갔다. 신라국의 동남단에 이르러 대해를 맞나 동남쪽을 바라보며 항행하였다.

10일, 날이 밝자 동쪽으로 멀리 쓰시마가 보인다. 오시(12시)에 앞쪽으로 본국(일본-인용자)의 산들이 보인다. 동으로부터 서남쪽으로 이어져 또렷하게 보인다. 초저녁에 히젠국 마쓰우라군(肥前國 松浦郡)의 북단 가시마(鹿島, 현 小値嘉島)에 도착하여 배를 정박 시켰다.

11일, 날이 밝자 지쿠젠국(筑前國) 단판관(丹判官)의 가신 야마토무사시(大和武藏)와 도장(島長)이 함께 찾아오다. 서로 얘기를 나누는 사이 나라 안의 사정을 알게 되었다.

15일, 귤포(橘浦)에 도착하다.

17일, 박태(搏太, 현 후쿠오카)의 서남쪽 노고시마(能擧島)에 배를 대다.

18일, 홍여관(鴻臚館) 앞에 이르다.

19일, 관에 들어가 머물다. "

위의 기사에서 알 수 있는 사실은 대체로 두 가지이다. 첫째로 영산강 유역에서 일본으로 가는 항로는 대마도를 경유하는 우회로를 택하지 않고 전남 여수반도의 동남단, 즉 안도(雁島, 현 安島) 근방에서 바로 동남진하여 일본 규슈의 서북단, 히라도(平戶島)나 고도(五島)열도에 이른다. 거기에서 사정에 따라 규슈의 서북단 연안을 끼고 동진하여 하카다에 이르거나, 아니면 바로 남진하여 아리아께해(有明海) 입구에서 물때를 맞춰 아리아께해를 북상하다가 강을 따라 목적지로 향한다는 사실이다. 엔닌의 경우는 전자의 뱃길을 택한 듯하다.

둘째로 항해에 소요되는 일수(日數)가 매우 짧다고 하는 사실이다. 중국의 산동 반도를 출발하여 가시마까지는 약 8일, 하카다까지는 16일이 소요되었었다. 가시마에서 휴식한 4일간을 뺀다면 12일이 걸린 셈이다. 영산강의 하구인 고이도(하의도, 혹은 古耳島)로부터 가시마까지는 5일, 하카다까지는 12일이 소요되었다. 그중 가시마에서 휴식한 4일간을 제외한다면 실제론 8일 정도가 걸린 셈이다. 더욱 큰 바다를 지나야하는 안도(한국)-히젠 가시마(일본) 구간은 하루 사이(약 29~30시간)에 주파할 수 있었다.

이와 같이 엔닌의 귀로는 15세기 초, 노송당 송희경(老松堂 宋喜璟)이 1420년 회례사(回禮使)로서 일본을 다녀올 때, 부산(2월 15일)을 출발하여 하카다(3월 4일)에 도착하는데 소요된 19일,[12] 1719년 신유한(申維翰)이 통신사의 제술관(製述官)으로 일본을 다녀올 때 부산(6월 20일)을 출발하여 후쿠오카 앞의 아이노시마(藍島)에 도착하는데 소요된 40일~41일[13]과 비교하면 매우 짧다는 것을 알 수 있다.

물론 송희경의 경우는 대마도의 선여곶(小船越)에서 10일간 바람을 피해 있었고, 신유한의 경우는 대마도에서 21일간, 이끼섬의 가쓰모도에서 10일간, 도합 30여일을 머물렀으니 그 기간을 제한다면, 두 경우 모두 약 10일이 소요된 셈이다. 그러나 부산-하카다 간의 10일과 고이도(荷衣島 혹은 古耳島)-가시마 간의 5일을 비교하면 그 절반에 불과하다. 만일 한국의 출발점을 안도(雁島)로 친다면 위에서 언급한 바와 같이 가시마까지는 하루 뱃길이요, 하카다까지는 가시마에서 쉰 4일간을 제한다면 4일에 불과 했다.

그러면 이와 같이 엔닌이 짧은 시일에 무사히 귀국할 수 있었던 이유는

---

12) 송희경, 1991, 『노송당 일본행록』, (사)담양향토문화연구원.
13) 신유한 저, 김찬순 옮김, 2004, 『해유록』, 보리.

어디 있었을까. 뱃길을 떠난 시대로만 친다면 엔닌은 9세기 중반, 노송당은 15세기 전반, 그리고 신유한은 18세기 초였으니, 노송당이나 신유한의 경우가 훨씬 더 항해술이나 항해지식이 발달되었을 터였다. 그럼에도 불구하고 엔닌의 경우가 보다 단시간에, 그리고 무사히 도해할 수 있었던 것은 그가 뱃길에 익숙한 장보고세력의 후원을 얻은 점이 무엇보다도 중요한 이유라 하겠다.

그런데 장보고세력은 따지고 보면 영산강 하구 다도해의 물길 속에서 오래도록 단련된 전라도(그 태반은 영암의 영역) 사람들이요, 거슬러 올라가면 백제의 후예들이라는 사실을 잊어서는 아니될 것이다. 다른 하나의 이유는 안도(여수반도 남단)-가시마(五島열도) 간이 거리가 짧아 시인거리(視認·視達距離) 안에 있어, 물때와 바람만 잘 맞는다면 쉽게 배를 몰 수 있는 해양조건 때문이라 생각한다. 이러한 사실은 일본역사의 시작이라고 할 수 있는 죠몽시대부터 두 지역 간에 교류가 있었던 사실이 이를 증명한다 하겠다.[14]

이상의 두 자료(3세기의 『魏志』, 9세기의 『巡禮行記』)를 비교해 보면, 시대가 내려올수록 연안을 따라가는 연안항로에서 차츰 연안에서 떨어져 근해를 항해하는 근해항로를 택하게 되며, 9세기 중반, 엔닌의 경우에는 안도(雁島, 현 安島)에서 곧 바로 대해를 가로 질러 하루 만에 규슈의 서북단에 닿고 있다.

다시 말하면 시대와 더불어 항해술이 발달하고 해양여건에 관한 지식이 늘어나면서 한반도의 서남단(영산강 유역)에서 일본으로 갈 때는 물길이 사납고 시간이 많이 소요되는 대마도 우회항로를 택하지 않고, 전남의

---

14) 본고 IV장 (2) 참조.

동남단(안도나 소리도)에서 곧 바로 규슈의 서북단으로 건너는 길을 택했다는 사실을 알 수 있다.

2. 고대 백제계가 주로 이용한 항로

위에서 우리는 전근대 한 일 간의 항로를 알려주는 중국(3세기) 및 일본(9세기) 측의 문헌들을 통해서 그 코스와 항해 소요일수 등을 알아보았다. 그러면 우리민족들은 실제로 어떤 항로들을 통해서 한일 간을 오고갔을까? 이에 관해서 손태현 박사는 "유적·유물 및 제 기록에 의하면 선사시대의 한 일간의 항로는 다음과 같이 네 가지로 나눌 수 있다고 한다.

> 1) 경상남도 남단에서 대마도, 이끼섬(壹岐島)을 거쳐 북 규슈에 이르는 항로
> 2) 전라도의 다도해에서 규슈의 북서단(松浦, 平戶 五島方面)에 도달하는 항로
> 3) 경상도에서 울릉도, 오끼섬을 거쳐 일본의 산음지방(山陰地方)에 이르는 항로
> 4) 함경도에서 동해를 횡단하여 쓰루가(敦賀)방면으로 가는 항로"[15]

가 그것이다.

한편, 근자에 윤명철 교수는 일련의 연구(『한국 해양사-'해양'을 코드로 해석한 우리역사』와 「해양조건을 통해서 본 고대 한일관계사의 이해」)를 통

---

15) 孫兌鉉, 1982, 『韓國海運史』, 亞成出版社, 27쪽.

해서 위의 항로들을 보다 상세하게 정리하고 있는데, 그에 관한 자세한 검토는 필자의 전고(2010)에서 다루고 있으므로 여기에서는 자세한 고찰은 생략하고, 다만 그것을 요약하면 다음 네 항로로 나눌 수 있다.

- ○ 남해의 동부해안, 즉 거제도의 서쪽(통영 以西 - 인용자)에서 출발한 세력들은 규슈의 북서부지역(五島열도와 平戶도를 포함하는 松浦지역)에 도착하며,
- ○ 남해의 동부(부산지역)나 동해의 남부(울산, 포항 지역)에서 출발한 세력들은 혼슈(本洲) 남부인 시마네현의 이즈모(出雲)를 중심으로 남북해안에 걸쳐 도착한다.
- ○ 동해의 중부해상(삼척, 동해)을 출발한 세력들은 주로 혼슈 중부의 후쿠이(福井) 현 중간에 있는 쓰루가(敦賀)나 노토(能登)반도 등에 도착하고,
- ○ 한반도의 서남해안, 혹은 남서해안, 즉 전라도 해안에서 출발한 세력들은 고도(五島)열도를 지나 규슈의 중서부지역(주로 有明海를 중심)에 도착한다.[16]

아울러 윤 교수는 백제계가 주로 4세기 이후에 이용한 항로는 현재 전라도 해안, 즉 영산강 하구 등 한반도의 서남해안이나 섬진강 하구 등 남해 서안에서 출발하여 일단 연안항해 내지 근해항해를 하였을 것이다. 그러나 초기에는 아직 가야의 구 해상세력들이 잔존해 있으므로 근해항로를 택했을 가능성이 크다. 그 다음에 대마도를 경유하여 규슈 북부로 상륙하거나

---

16) 윤명철, 2003, 『한국해양사-'해양'을 코드로 해석한 우리 역사』, 학연문화사, 22쪽.

(이 코오스는 대체로 7세기의 수사 배청의 항로와 일치한다.-인용자), 또는 다도해의 사이를 지나 먼 바다로 나가 제주도를 우현으로 바라보면서 항해한다. 이후 고도열도에 도착하거나 히라도(平戶島) 사이로 빠진 다음, 규슈 서쪽지방으로 상륙하였을 가능성이 높다(이 코오스는 9세기 엔닌의 귀로와 거의 일치한다-인용자)고 부연하고 있다.

다시 말하면 아리아께해(有明海)와 가까운 지역들은 백제인 들이 가장 많이 도착한 곳이다. 만(灣) 안으로 들어온 다음에 여러 강 들을 경유하여 현재의 나가사키, 구마모토, 사가현의 서부지역 등, 내륙으로 들어갔다.[17]

위와 같이 고대 한일 간의 항로는 출발하는 지역에 따라 달랐고, 또 출발시기에 따라서도 달랐을 것이다. 뿐만 아니라 위에 언급한 길 외에도 한일 간을 맺는 항로는 더 있었을 것이다. 따라서 왕인의 뱃길을 추론하는 경우에는 여러 가지 가능성을 열어 놓고 검토하는 것이 타당할 것으로 생각한다.

Ⅳ. 왕인박사의 도일 경로에 대한 고찰

1. 왕인박사의 도일항로 : 우회로와 직항로

왕인의 도일 경(항)로는 여러 가지를 상정할 수 있음은 위에서 언급한 바와 같다. 그러나 현제 이 문제를 직접 다룬 연구는 정영호(鄭永鎬) 박사의「百濟王仁博士의 對馬島鰐浦寄着 小考」(2007,『문화사학』27호, 한국문화사학회)와 졸고「고대 한·일 항로와 왕인의 뱃길 연구」(박광순 외, 2010,

---

17) 윤명철, 1995,「해양조건을 통해서 본 고대 한일관계사의 이해」,『일본학』14, 동국대일본학연구소, 91~92쪽.

『고대서남해안-일본 간의 항로와 왕인의 뱃길 연구』, (사)왕인박사현창협회) 외에는 따로이 눈에 띄지 않는다. 필자의 과문 탓이지도 모르겠다.

따라서 아래에서는 이 두 논문을 중심으로 왕인의 도일항로를 탐색해보고자 한다. 먼저 정 박사가 추론하고 있는 왕인박사의 도일항로를 간추려(도식화)보자. 왕인박사는 영산강의 상류에 위치하는 상대포(上台浦)를 출발하여 한반도의 서남해의 섬들을 돌아 거제도에서 대마도를 향하여 동진(東進), 대마도의 북단에 위치하는 악포(鰐浦, 와니우라)에 기착한다. 여기까지는 대체로 3세기대, 『위지』「왜인전」의 길과 거의 흡사하다. 그런데 그 후 왕인박사 일행은 하카다(현, 福岡)를 향하여 동진하지 않고, 거꾸로 서남진(西南進)하여 오도열도(五島列島)를 거쳐 아리아께해(有明海)의 내

〈그림 1〉 간사키시 다카와라지구에 있는 와니신사와 왕인박사의 간사키 기착을 전해주는 '왕인박사상륙전승지 기념비'

안(內岸)에 위치하는 간사키(神崎)에 도착했다는 것이다. 그 후의 항로에 대해서는 별다른 언급이 없다-편의상 이항로를 '우회로'라 부르자.

정 박사가 이와 같이 추론하는 데는 아마도 대마도 북단에는 '와니우라'라는 왕인의 기착에서 그 지명이 유래한다고 생각되는 포구가 있으며, 간사키에는 '와니다이묘진(鰐大明神)', 및 와니덴만구(王仁天滿宮)라는 유적(神社)이 있다. 정 박사는 이 두 유적을 잇고자 위의 경로를 택한 것이 아닌가 한다.

다음에는 필자의 소견을 말해보고자 하거니와 자세한 검토는 아래로 미루고, 여기에서는 우선 요점만을 간추리려 보자, 상대포를 출발한 왕인박사일행은 서남해의 섬들 사이를 동진하여 개도 남쪽 '보들바다'에서 곧 바로 동진하여(대마도를 갈려면 여기에서 동북진하여 현 돌산대교 밑의 물목을 지나야 함), 금오도의 서북단 용머리(龍頭)에 닿아 거기에서 연안을 따라 남진, 금오열도의 남쪽 끝 섬인 연도(鳶島, 소리섬)의 등대 밑을 동으로 돌아 제주도를 우현으로 바라보면서 곧바로 대해를 횡단, 오도열도의 북단에 위치하는 섬(小値賀島 혹은 中通島)에 잠깐 기착하였다가 다시 남진해서 후쿠애섬(福江島)의 岐宿町(본래는 鬼宿町으로 와니(오니)[18]가 머문 곳이라는 데서 연유했다는 지명)의 와니가와(鰐川) 유역에서 머물다가 오도탄을 거쳐 아리아께해의 간사키(神崎←韓崎)에 기착하여 이곳에서 물자보급과 정보를 얻는 한편, 그곳에 이미 와 있던 고향사람들에게 새로운 문화와 산업기술을 전하였으리라 추단된다. 그 후 규슈의 북단을 동으로 돌아

---

18) 지명은 살아 있는 화석으로서 다른 하나의 史料라 말하는 福田씨에 의하면 鬼(오니)나 鰐(와니)자가 붙은 지명은 모두 '와니(王仁, 和邇)'에서 유래한 지명이라 한다 (福田正三郎, 2008, 『地名が証す投馬國, そして邪馬台國』, 東京圖書出版會, 139쪽).

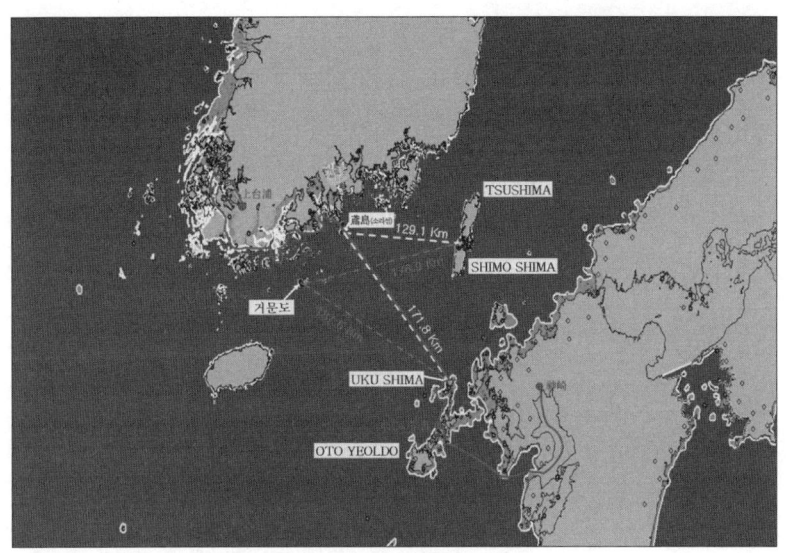

〈그림 2〉 왕인도일항로 추정도
(6쪽 화보 붉은 선 참고)

하카다를 거쳐 새도나이카이를 경유해서 최종목적지인 나니와(難波津)에 도착한 것으로 추단하고 있다-이 항로를 '직항로'라 부르자.

그러나 왕인이 간사키에 도착할 무렵, 일본의 중심은 아직 북부규슈(筑紫와 肥前)을 중심으로 하는 이른바 '貴國'에 있었다는 설이 있는 만큼, 왕인은 이곳에서 좀 더 오래도록 머물다가 응신의 세력들과 함께 나니와로 이동했을지도 모른다(아니면 아주 이곳에 정주했을지도 모른다). 앞으로 일본의 고대사가 정확하게 확립되면 이 문제도 절로 해명될 것이다.

필자는 그간 왕인박사가 간사키(神崎)에 도착했다는 사실을 문자로 확연하게 말하고 있는 자료가 없을까 하고 고심해서 찾던 중, 지난여름 현지에서 그 숙제를 풀 수 있었다. 곧 북부규슈의 지쿠시(筑紫)와 히젠(肥前)지방의 고대사를 중심으로 일본의 고대사 연구에 몰두하여, 『고대사의 복원』

이라는 시리즈를 여덟 권이나 출간하고 있는 쓰구다(佃 收) 씨가 "왕인은 백제에서 히젠(肥前)의 간사키군(神崎郡)으로 도래했다"[19]고 확연하게 말하고 있는 문헌에 접하게 된 것이다. 아무튼 이러저러한 정황으로 보아 완인이 간시키에 기착한 것만은 확실하다 할 것이다.

이상에서 보는 바와 같이 정박사와 필자의 추론은 대동소이하다. 같은 점은 상대포를 출발하여 간사키(神崎)에 기착해서 상당기간 머물었다는 점이요, 다른 점은 그 과정에 정 박사는 왕인박사일행이 대마도(와니우라)를 경유했다고 보고 있는 데 반하여, 필자는 여수열도의 남단에서 바로 오도열도로 직행했다고 하는 점이다. 정 박사의 추론에 대한 필자의 소견은 이미 필자의 전고(2010)에서 자세히 설명하였으므로 여기에서는 중복을 피하기 위하여 줄이고, 졸견에 대해서만 좀더 설명해보고자 한다.

2. 왕인박사의 도일항로=직항로에 대한 검토

1) 왕인박사의 도일항로=직항로

먼저 왕인박사의 도일항로를 도식화 해보면 다음과 같이 간추릴 수 있을 것이다.

영암 상대포 - 대나루 - 해남 갈두의 땅끝 - 청해의 신지도와 약산도 사이 - 고흥의 안동포와 외수도를 지나 보돌바다를 동북진하여 금오도의 서북단 용두에 닿아 거기에서 연안을 따라 남하 - 금

---

[19] 佃 收, 2009, 「貴國の歷史−鵲が日本の歷史を変える」, 『古代文化を考える』第55号, 東アジアの古代文化を考える會, 61쪽.

오열도의 남단 연도(鳶島, 소리섬)의 등대 밑을 동으로 돌아 동남
진 - 고도열도(福江島의 岐宿町←鬼宿町←鰐宿町) - 아리아께해
(有明海)- 간사키(神崎) 도착·체류[하카다 (博多) - 아까마가새
끼 - 세도나이카이(瀨戶內海) - 나니와(難波津, 大阪)]}[20]

이 항로는 이른바 '엔닌의 귀로', 혹은 '하멜의 탈출로'의 변형이라 할 수 있다. 다만 엔닌은 가시마에서 규슈 서북부 연안을 따라 동북진하여 하카다로 향했으나, 하멜은 거기에서 오도탄(五島灘)을 남진하여 나가사끼(長崎)로 향했으니, 왕인의 항로는 오히려 '하멜의 탈출로'에 더 가깝다고 할 수 있을 것이다. 이상의 항로를 지도에 그려보면 위의 〈사진 1〉과 같다.

2) 이 설을 뒷받침하는 사실들

그러면 필자가 이 설을 주장하는 논거는 무엇일까? 이제부터 이 설을 뒷받침해 주는 사실들을 차례로 살펴보기로 하겠다.

(1) 고도열도는 고대 한일 간 교류의 요로

무엇보다도 먼저 들 수 있는 사실은, 한국 측의 금오열도(연도, 안도)와 일본 측의 고도열도가 예로부터 각각 한국(특히 마한·백제)과 일본(왜) 사이를 오가는 교통의 요지였다는 점이다. 이를 뒷받침하는 몇 사람의 견해를 들어보자. 일본 규슈대학의 사에기고지(佐伯弘次) 교수는 "왜·일본의

---

20) 〔 〕안의 항로는 상정한 것임. 왕인박사는 히젠(간사키)에 기착, 그곳에서 정주하였다는 일부 재야학자의 주장도 있다(佃收, 2004, 『物部氏と蘇我氏と上宮王家』, 星雲社, 105쪽).

중앙정부와 조선반도의 교통은 동마쓰우라(東松浦)에서 이끼·쓰시마라는 경로를 사용해 왔지만, 다른 하나의 창구인 고도열도"를 간과 할 수 없음을 지적한 뒤, "서북규슈에는 조선반도에서 흔히 보이는 지석묘(支石墓)가 많이 보인다. 특히 나가사키현에 많이 남아 있는 반면, 쓰시마나 이끼에는 한 기도 발견되지 않는다. 이러한 분포상태가 당시의 상황을 반영하는 것이라면 쓰시마·이끼를 경유하는 루트와는 별도로 히라도(平戶)·고도(五島)에로 직접 반도에서 들어오는 루트의 존재를 생각하지 않을 수 없다"[21]고 말하고 있다.

지석묘는 한반도의 어디에서나 볼 수 있지만, 특히 영산강유역에 집중적(약 52%)으로 분포되어 있는 점을 감안하면 이 루트야말로 바로 영산강유역 사람들이 주로 사용했던 도일(倭) 코스였음을 짐작할 수 있다.

또한 고도열도의 여기저기에서는 일찍부터 한반도와의 교류를 말해주는 유물들이 많이 남아 있다. 예컨대 고도열도의 가미고도(上五島) 아리가와쵸에 있는 '가시라가지마시라하마유적(頭ケ島白濱遺跡)'에서는 한국 융기문토기의 토기편이 발견되고 있으며,[22] 신가미고도쵸(新上五島町) 다이노우라(鯛の浦)에서는 완전한 형태의 '유공광구평저호'가, 간사키에서 멀지 않은 아리아께해 연안의 사가시 나베시마 혼마찌의 지하에서는 1990년을 전후하여 야요이시대 중기의 한국식 무문토기를 포함하는 옹관묘군이 계속해서 발견되고 있다.[23] 또한 요시노가리유적에서 한국산 무문토기와

---

21) 佐伯弘次 편, 2006, 『壹岐·對馬と松浦半島(街道の日本史 49)』, 吉川弘文館, 78쪽 및 169쪽.
22) 佐伯弘次 편, 『위의 책』, 64쪽.
23) 長野暹 편, 2003, 『佐賀·島原と長崎街道(街道の日本史 50)』, 吉川弘文館, 29쪽.

철이 발견되고 있는 사실, 그리고 거기에서 발굴된 유해의 유전자 검사 결과 그 90%가 도래인들의 것이며, 더욱 중요한 사실은 그곳에서 바라다 보이는 미쓰노나가다유적(三津永田遺跡)에서 1953년에 발굴된 50구의 야요이시대 유해들이 도래인들의 것이라는 사실[24] 등이 저간의 사정을 뒷받침해주는 것이라 하겠다. 반대로 사가현 고시다께(腰岳)산 흑요석이 여수반도의 패총에서 발견된 적도 있다. 일찍부터 내왕이 있었음을 시사하고 있다 하겠다.

한편 수년전 목포에서 열린 국제학술대회(주제:「고대 동아시아의 바닷길」)에 참가한 일본 동경학예대학의 야마사키마사토시(山崎雅稔) 교수도 이 문제에 대해 다음과 같이 말하고 있다. "6세기 전반에 한국 서남부에 축조된 전방후원분은 매장시설 등의 특징으로 보아 규슈중부지역(구마모토 등 아라아께를 대외 통로로 삼는 지역-인용자) 왜인집단의 활동이 주목되는데, 역시 고도열도 루트에서의 교류를 상정할 수 있다. 한반도의 정치변동 속에서 쓰시마(對馬島)가 왜정권의 외교창구가 되는 한편, 비 쓰시마(非對馬)루트의 다양한 지역 간 교류가 전개되었던 것이다"[25]라고 말하면서 6세기 말, 니찌라(日羅-백제에 와서 達率의 관직을 받은 왜인)의 귀국 길을 수행한 백제의 사자(使者: 參官 등)일행이 귀로에 지카시마(血鹿: 律令時代 五島列島의 총칭인 値賀島의 고명)에서 출발한 사실(『日本書紀』敏達天皇 12년 동 10월조)과 조금 시대는 떨어지지만 8세기(740년)에 대재부(大宰府)에서 반란을 일으킨 후지와라(藤原廣嗣)가 실패하자 지가시마(値賀島)에서

---

24) 埴原和郎, 1995, 『日本人の 成り立ち』, 人文書院, 162쪽.
25) 山崎雅稔, 2009, 「고대 한일항로와 대마도」, 국립해양문화재연구소·목포대 도서문화연구원편, 『고대 동아시아의 바닷길』, 116쪽.

패주하여 제주도 근해까지 왔었으나 역풍으로 상륙에 실패하고 돌아가 포박된 사례 등을 들고 있다.

여기에서 우리들의 주목을 끌게 하는 사실은 니찌라(日羅)를 왜로 데려다 준 백제의 사신(恩率·參官)일행이 귀로에 택한 항로가 고도열도(値賀島)에서 출항하여 곧바로 북서행하는 코스였다는 사실이다. 아마 그들은 한국(백제)측 첫 기항지를 여수반도의 남단 소리섬(鳶島)이나 안도(雁島)로 정했을 것으로 추측된다. 그러나 불행스럽게도 그들은 도중에 역풍(북풍 혹은 북서풍)을 만나 은솔(恩率)이 탄 배는 침몰되고 참관(參官)의 배만이 쓰시마(津嶋)로 표류되어 귀국할 수 있었다.[26]

현해탄의 해류는 늘 서남쪽에서 동북향으로 흐르고 있으니 당연한 결과라 할 것이다. 그들이 하카다를 출반한 시기가 『일본서기』의 관계기사를 검토해 볼 때 겨울 10월~11월초로 짐작이 되는 만큼, 이 계절에 항시 부는 북풍 내지 북서풍을 만났을 것임에 틀림이 없다고 생각된다(4장 2절 〈표 1〉 참조). 그렇다면 백제 사신들이 직항에 실패한 일차적 요인은 시간에 쫓겨 출발시기를 잘못 택한데 있었던 것으로 여겨진다.

그런데 모험상단이 아니고 국가의 사신 일행이 이 코스를 택했다는 것은 그들보다 앞서 이 항로를 활용하는 사람들이 없지 아니 하였으며, 선원들도 이 항로의 해황에 정통한 사람들이어서 어느 정도 이 길에 익숙해져 있었던 것으로 보인다. 이러한 사실들은 왕인의 뱃길을 탐색하는 데 있어서 매우 시사하는 바가 크다고 하지 않을 수 없다.

---

26) 續日本紀研究會編, 1994, 『續日本紀の 時代』, 塙書房, 177쪽.

(2) 연도와 안도는 예로부터 대외 교통의 요로

다음에는 우리나라 쪽의 사정을 살펴보자. 고도열도의 대안에 있는 우리나라 여수시 금오열도의 남단 연도(鳶島, 소리섬)와 안도(雁島, 현 安島)에는,

(a) 많은 패총이 남아 있고, 1964년 이래 신석기시대의 유물들이 발굴되고 있는데. 그중 연도의 필봉산(시루봉) 중턱에서 발굴된 5점의 마제석부(石斧)는 서울대 김원룡 교수의 감정결과 4점의 석재(石材)가 중국 돌임이 밝혀진 바 있다.

(b) 또한 이 마을 까랑포 해안의 암벽에는 '徐市過此'라 새겨져 있었으나 1959년 '사라호'태풍으로 바위가 무너져 지금은 볼 수 없어 유감이다. 그러나 그 '암각문'을 보면서 근역에서 조업하며 살아 온 촌로들이 소리섬에는 아직 다수 생존해 있다. 또한 당시 서복(徐福)의 일행 중 죽은 장군의 묘라는 묘터(속칭 '장군묘')가 두 곳 남아 있다. 이것들은 서복이 동행(東行)할 때 이곳을 스쳐갔음을 말해주는 흔적이라고 현지의 촌로(손덕언 81세. 박홍윤 72세 외)들은 말하고 있다.

(c) 연도의 역포리(力浦里)는 본래 '역포리(驛浦里)'였는데 제주도로 귀양 가는 사람들의 쉼터여서 '역마터'라 칭한데서 연유한것이다. 그 후 '驛浦'가 '力浦'로 바뀌었다고 한다. 다시 말하면 연도는 예로부터 해상교통의 요지였음을 말해주는 것이다.

(d) 연도 서쪽으로 조금 떨어져 있지만 같은 항로(한반도의 서남쪽에서 동으로 가는 항로)상에 위치하는 삼도(三島, 속칭 거문도) 중의 하나인 서도(西島)의 뒷개, '큰 이끼미' 바닷가에서 1976년 임형래 씨가 모래채취 중 980점의 오수전(五銖錢)을 발견한 바도 있다. 일찍부터 중국배가 오고 갔음을 말해준다.

(e) 연도와 거의 이어져 있는 안도(雁島, 현 安島)는 앞에서 보아온 바와 같이 훗날(9세기) 일본의 엔닌(圓仁)이 귀국할 때 한국 쪽의 마지막 기항지로서 이곳에 잠시 기착한 다음, 대해를 건너 오도열도의 가시마(肥前値賀島)로 건너갔음을 위에서 살펴 본 바 있는 그의『순례행기』가 말해주고 있다.

이러한 모든 사실들을 종합해 볼 때, 금오열도의 동남단 연도(소리섬)와 안도는 이 시기에 이미 대외교통의 요지로서 건너편 고도열도와의 사이에 일찍부터 교류가 있었음을 말해주는 것이라 하지 않을 수 없다.[27]

(f) 연도와 안도는 이 항로의 최전단에 위치하고 있으면서도 천혜의 양항이었다. 특히 연도만은 만의 형상이 마치 항아리처럼 되어 있어, 서쪽으로 향한 만구(灣口)를 일단 들어서면 어떤 바람도 피할 수 있는 천혜의 양항이다. 연도항을 '팔풍대선(八風待船)'이라 칭한 것은 거기에서 연유한다. 뿐만이 아니라 만내가 비교적 넓어 여러 척의 선박이 동시에 접안할 수 있다. 이러한 천혜의 조건이 연도로 하여금 일찍부터 대외교통의 요지로서 기능하게 한 것이 아닌가 생각한다.

(3) 시인(視認, 視達)이 가능한 단거리 항로

셋째로 들 수 있는 사실은 이 항로가 직선 171.8km(연도~오도열도의 최북단 우쿠시마)로서 대마도를 우회하는 것보다 56여km가 더 가까울 뿐 아니라,[28] 얼핏보기에는 망망대해인 듯이 보이지만 실은 그렇지가 않다.

---

27) 여천군, 1994,『南面誌』, 96쪽 및 1990,『여천군 마을由來誌』, 316쪽.
28) 필자가 항만청 자료와 "Wikipedia" 등을 참고하여 계산한 바에 의하면, 연도~고도열도(우쿠시마) 간은 직선거리 171.8km인데 반하여, 연도~대마도 간은

1872년에 제작된 『조선 후기 지방지도 전라도편, 순천 방답진지도』를 보면 금오도(안도와 거의 붙어 있음)의 대봉산(대대산, 해발382m) 상봉에 오르면 일본 대마도가 보인다('登上峰日本對馬島見於東南')고 기록되어 있다. 즉 연도를 출발한 배는 처음에는 필봉산(시루봉, 연도), 망산(금오도), 대봉산(금오도) 등, 여수열도의 높은 산들을 표지(등대) 삼아 항해하다가 조금 나아가면 동으로 쓰시마, 서남으로는 제주도를 바라보면서 항해할 수 있다. 거기에서 다시 동남으로 조금 더 항진해가면 규슈의 연산(連山, 背振連山)들이 눈에 들어와 또한 표지의 구실을 해준다는 사실은 엔닌의 『순례행기』가 말해주고 있는 바와 같다. 다시 말하면 이 항로에도 시인물(視認物)이 계속 이어져 표지(등대)노릇을 해주고 있는 것이다.

(4) 조선시대의 표류기록

이러한 사실들은 조선시대 표류기록을 통해서도 입증될 수 있다. 광주여자대학교의 정성일교수가 1668년~1893년 사이에 일본 쪽으로 표류한 영암(강진, 완도, 해남, 제주를 포함하는 광역의 영암)출신들의 표착지를 조사·분석한 바에 의하면(본서 제4장 제3절), 총 46건의 표류 중, 그 65.2%에 해당하는 30건이 한반도의 서남해에서 표류하기 시작하여 고도열도를 포함하는 규슈의 서북쪽에 표착했고, 반대로 혼슈(本洲)와 대마도에 표착한 사람들은 거의 모두 부산보다 동쪽에서 표류하기 시작한 것으로 나타나 있다.[29] 표류하게 된 가장 큰 원인은 갑자기 불어온 강한 서풍이었다. 이

129.1km, 대마도~이끼섬 간은 73km, 이끼섬~요부코 간은 26km로서 합계 228.1km에 달한다. 단순 계산하면 연도~고도열도 간이 56.3km 가량 가까운 셈이다.
29) 정성일, 「조선시대 표류기록으로 본 영암」(왕인문화연구소 연구발표회 원고,

말은 한국의 서남부에서 규슈로 갈려면 북서풍이나 서풍이 정기적으로 부는 계절이 알맞다는 사실을 말해주고 있는 것이다.

(5) 현지인들의 증언

향토사학자 김정호(전 전라남도 농업박물관장) 씨가 채증한 바에 의하면, "구한 말에는 여천 소리도(鳶島)사람들은 새벽에 고도열도로 건너가 품을 팔고 석양에 돌아온다"[30]고 한다. 이 말은 조금 과장된 면이 없지 않지만, 요컨대 거문도나 연도와 고도열도 사이가 결코 멀고 사나운 뱃길이 아니라는 사실을 말해주는 것이라 해석된다.

(6) 간사키는 도래인의 중심지 - 왕인이 간사키에 간 목적

오늘날 일본에 남아 있는 왕인의 유적 중 '와니(王仁, 和邇, 和珥, 和爾 등)'와 관련이 연상되는 유적이나 지명은 주로 기내(畿內)지방과, 규슈지방에 집중되어 있다. 규슈지방의 대표적인 왕인유적을 보면, 대마도 북단의 '와니우라', 구마모토의 기쿠치가와(菊池川) 상류에 위치하는 와니무라(和邇村, 현 和水町), 사가현 간사키시의 '요시노가리 특별사적'의 북쪽 약 1km 지점에 자리하고 있는 다까와라지구(竹原地區)의 '와니다이묘진(鰐大明神)·와니덴만구(王仁天滿宮)'와 주변의 유적들, 마지막으로 오도열도의 기숙정(岐宿町 ←鬼宿町←鰐宿町) 과 와니가와(鰐川)및 와니가와바시(鰐川橋) 등이 대표적인 유적이라 할 것이다.

이 중에서 특히 '와니신사·와니덴만구'는 왕인을 주신으로 모시는 신사

18~19쪽).
30) 김정호, 2008, 『왕인, 그 자취와 업적』, 영암군. (사)왕인박사현창협회, 78쪽.

로서 거기에는 왕인석상과 와니덴만구(王仁天滿宮), 와니대명신(鰐大明神)이라 새겨진 석비(도리이)가 현존하고 있다. 정영호 박사에 의하면 "석상은 머리에 관을 쓰고 있으며 동그란 얼굴에 통견법의를 입고 있는데, 양쪽 소매가 하단으로 길게 늘어져 있다. 양쪽 손은 가슴에 모아 합장하고 있으며, 하단에는 앙연(仰蓮)이 조각되어 있다(입상높이 44.4cm, 머리높이 12cm, 머리너비 7cm, 어깨너비 13cm). 이 석조 조각상을 신사측은 물론, 동리의 모든 사람들이 왕인석상이라 칭하고 있다."[31]

그런데 이곳의 와니신사에서 가까운 시하야(志波屋)에도 또 하나의 와니신사가 있었다고 전한다. 또한 그 동남쪽에는 '가라가미(辛上)'라는 지명이 남아 있다. 이는 아마도 '가라(韓·唐)의 신'에서 전화(轉化)된 것으로 생각된다. 그러면 이곳 '가라의 신'은 누구를 지칭하는 것일까? 근방에 있는 와니대명신과 연관이 있을 것이다.

이와 같이 주변에 일정한 거리를 두고 줄줄이 '가라의 신', 혹은 와니대명신을 모시고 있다는 것은 이 지역이야말로 많은 도래인들이 모여 사는 중심지요, 그 심볼이 바로 '요시노가리의 거대한 환호취락'과 그 곁을 흐르고 있는 죠바루가와(城原川=百濟川)였다. 죠바루가와는 아리아께해에서 요시노가리의 대취락을 연결하는 주된 수로로서 일명 백제천(百濟川)이라 불리었다.[32] 『히젠풍토기』에는 죠메이천황(舒明天皇)이 히젠국 간사키군 미야도고로(宮所)에 백제대궁(大宮)과 백제대사(大寺)를 세웠는데 이 미야도고로를 흐르는 강이 죠바루가와=백제천이라 한다고 전한다. 만일 그렇다면 '일본인의 성립'을 인류학적 관점에서 연구하고 있는 하니와라 교수가

---

31) 정영호, 앞의 논문, 116쪽.
32) 佃 收, 앞의 논문, 62쪽.

'요시노가리'를 도래인의 코로니(colony)라 추정하는[33] 까닭이 여기에 있다 할 것이다.

그러면 이들 도래인의 고향은 어디일까? 사가현 교육청의 시부야(澁谷格) 씨는 이들 도래인 들의 고향은 영산강유역(현 전라도)일 개연성이 매우 높다고 추정하고 있다.[34]

더욱 우리들의 주목을 끄는 것은 본래 간사키라는 지명은 응신천황의 증조부에 해당되는 게이고천황(景行天皇)이 이곳 순행시에 와라부루가미(荒振神: 거칠게 행패부리는 신)를 진압한데서 유래한다고 전해진다.[35] 또한 와니신사의 북쪽 2.5km 지점에 위치하는 메다바루(目達原=米多)에는 응신천황(應神天皇)의 증손이라 전해오는 쓰기메가오(都紀女加王)의 능묘(上のびゅう塚)가 있다.

이와 같이 간사기는 일본의 황실, 특히 응신천황가와 밀접한 관련이 있는 곳으로 보여진다. 『일본서기』는 응신천황(譽田天皇=호무다노스메라미고도)이 지꾸시(築紫)의 기다(蚊田)에서 태어났다고 하나, 『고사기』는 '우미(宇美)'에서 태어났다고 하고, 같은 『일본서기』에도 중애천황(仲哀天皇) 9년 12월에 '우미(宇瀰)'에서 태어났다고 한다. '우미'란 '출산'의 뜻도 있지만 '바다'라는 뜻도 있다. 더구나 '미(瀰)'자는 물이 널리 가득한 모양, 곧 바다를 뜻한다. 이리하여 김용운 교수는 응신천황은 본래 백제의 웅진(熊津)에서 태어나 그 이름을 출생지인 웅진에서 따왔을 가능성을 제기하고 있다.[36]

---

33) 埴原和郎, 위의 책, 166~167쪽.
34) 澁谷格, 2006, 「有明海と榮山江」, 『日韓交流史理解促進事業調査研究報告書』, 日韓交流史理解促進事業調査實行委員會, 48쪽.
35) 神崎町史編纂委員會, 1972, 『神崎町史』, 100쪽.
36) 金容雲, 2011, 『日本=百濟說』, 三五館, 117쪽.

아무튼 응신천황의 출생에 관해서는 분명치 않는 점이 많다. 그러나 그가 바다에서 났건, 백제에서 출생한 후 바다를 건너갔건, 한반도(바다 건너)와 깊은 관련이 있는 분임은 어김없을 것이다. 어느 쪽이든 그는 당시 북부규슈 중 안전지대인 세후리산 동쪽, 즉 간사키에 기착, 그곳에서 실력을 닦았을-세력을 모았을 가능성이 크다고 생각한다. 이렇게 볼 때 간사키는 응신천황의 본거(本據)라고도 볼 수 있다. 여기에서 실력을 닦은 응신천황은 구마소(熊襲)를 정벌한 어머니 신공황후(神功皇后)의 여세를 몰아 통일정권의 꿈을 안고 엘리트 도래인들과 더불어 일본의 중심지, 기내(畿內)로 진출해 간 것이 아닐까? 왕인박사는 바로 도래인의 대표요 상징적인 인물이었다. 이와 같은 여러 정황이 왕인으로 하여금 간사키에 기착케 한 중요한 이유가 아닌가 한다.

한편, 오기(小城)시의 하부(土生)유적에서 보듯, 사가(佐賀)평야는 아리아께해 연안의 습지(뻘판)를 간척해서 만들어진 곳이다. 이러한 역사(役事)에는 많은 인력과 함께 경험이 필요하다. 시부야가꾸(澁谷格) 씨가 그들 도래인의 고향으로 이곳과 유사한 지리적 환경을 가지고 있는 한국의 영산강유역을 주목하는 것은 당연한 일이라 하지 않을 수 없다. 이러한 모든 사실들을 아울러서 생각한다면, 이곳이 왕인과 인연이 깊은 마한·백제계 도래인들의 중심지였음은 의심할 나위가 없다 할 것이다.

이와 같이 간사키는 영산강유역으로부터 도래한 마한·백제계 도래인들의 집단 취락이었고, '요시노가리의 거대한 환호취락'은 바로 그 중심지였던 것이며, 다까와라지구의 '와니다이묘진'은 그들 마한·백제계 도래인들이 왕인박사를 추모하면서 자신들의 아이덴티티를 확인하던 정신적 의지처였다고 생각한다. 바꿔 말하면 간사키는 왕인을 초청한 응신천황의 본거지요 동시에 왕인이 믿고 의지할 수 있는 고향 사람들이 살고 있던 곳이었다. 왕인으로 하여금 이곳에 기착케 한 가장 중요한 이유가 바로 여기에 있었던 것이라 생각한다.

(7) 신라와의 정치적 긴장관계에 따른 안전항해의 위협

왕인이 일본으로 건너간 5세기 초(405)에는 고구려의 광개토왕이 5만의 대군을 신라에 보내어 백제와 왜의 침략세력을 퇴치하고, 내친 김에 백제와 교역관계를 맺어오던 가야까지 점령하였다. 그리고 신라와 가야지역에 군대를 주둔시켰던 것이다. 이와 같은 정세 속에서 이른바 '인월군(引月君)사건'이 일어난 것으로 보인다. 따라서 왕인이 낙동강 하구를 거치는 항로를 택하기에는 너무 위험부담이 컸으리라 짐작된다. '인월군사건'이란 응신천황 14년, 인월군이 백제로부터 와서 "나는 우리나라에서 120현의 백성을 대동해 왔습니다. 그러나 신라 사람들이 방해하여 지금 모두 가라국(加羅國)에 머물러 있습니다."라고 보고한 사건을 말한다.[37]

왕인의 도일(渡日)이 응신천황 15년 가을~16년의 봄에 걸친 일이었으니, 인월군의 사건은 불과 1년 전의 일이요, 따라서 왕인은 굳이 위험부담이 큰 가라국의 연안을 거쳐 대마도로 가는 항로(소위 '직항로')를 택하기 어려웠을 것임은 이로써 쉽게 짐작할 수 있다.

이러한 사실을 뒷받침해주는 것이 당시 일본(왜)의 수군기지가 현해탄 연안의 위험을 피하여 모두 세후리산의 동남쪽 아리아께 연안에 자리하고 있었다는 사실이다. 『고대일본군사항해사』의 저자 마쓰애다(松枝正根) 씨는 왕인의 도일시기에 해당하는 "5~6세기대에는 규슈의 해사활동의 주력은 아리아께만 연안지역(肥前, 筑後, 肥後)이었으며, 당시 많은 수군의 지

---

37) 宇治谷 孟, 앞의 책, 217쪽.

휘관이 이 지방 출신이었고, 따라서 수군의 근거지도 아리아께 연안에 있었다"38)고 말하고 있다. 이러한 사실은 규슈지방의 주형석관(舟形石棺: 해상지배자의 무덤)의 출토지가 사가시의 熊本山고분, 구마모토현 宇土半島의 向野田고분, 다마나의 開田院塚고분, 오이타현 구니사끼반도의 臼塚고분 등이 그것을 말해주고 있다는 것이다.

한편 우리나라의 정효운 교수의 다음 설명도 저간의 사정을 이해하는 데 크게 도움이 될 것이다. "즉 한반도 남부에 백제, 가야, 신라의 고대국가가 정립되고 난 뒤부터는 군사 외교적 정세의 변화에 따라 백제가 남동해안을 이용하는 데에는 제약을 받게 되었을 것이다. 특히 신라가 가야를 군사적으로 점령함에 이르러서는 거제나 김해부근의 항로를 이용하는 것은 불가능하였다고 보아진다. 따라서 백제의 항해술이 발전함과 더불어 신라의 해군력으로부터 영향력을 받지 않는 이 항로가 개척되고 주로 활용되었을 것으로 추정된다."39)

이상에서 우리는 왕인이 일본에 건너갈 때 거쳤으리라 추정되는 경로(항로)에 대해서 살펴보았다. 이 밖에 다른 항로도 있을 수 있을 것이다. 예컨대 7세기 초, 수(隋)의 사신 배청(裵淸)이 지나갔다고 하는 욕지도 남쪽, 죽도(竹島)를 지나 지세포 근처 서이말 등대 밑을 돌아 동남진하여 대마도에 이르는 코스도 생각할 수가 있다. 하지만 필자는 그 개연성은 적다고 믿기 때문에 여기에서는 그에 관한 검토는 줄이기로 하겠다.

---

38) 松枝正根, 2002, 『古代日本軍事航海史』 중권, かや書房, 102~103쪽.
39) 정효운, 2007, 「한국고대문화의 일본전파와 대마도-대마도의 역할과 한일양국의 인식을 중심으로-」, 『한국고대사연구』 48, 한국고대사학회, 344~345쪽.

V. 맺음말 - 앞으로의 과제

필자는 지난 수년간 왕인박사가 도일할 때 어떤 항로를 거쳐 갔을까에 관하여 현지답사와 문헌을 통해 연구를 거듭해왔다. 그 결과 잠정적으로 얻은 결론은 다음 도식과 같다.

> 영암 상대포 - 대나루 - 해남 갈두의 땅끝 - 청해의 신지도와 약산도 사이 - 고흥의 안동포와 외수도를 지나 보돌바다를 동북진하여 금오도의 서북단 용두에 닿아 거기에서 연안을 따라 남하 - 금오열도의 남단 연도(鳶島, 소리섬)의 등대 밑을 동으로 돌아 동남진 - 고도열도(아마도 岐宿町←鬼宿町←鰐宿町) - 아리아께해(有明海)- 간사키(神崎)에의 기착·체류〔 하카다 (혹은 고쿠라) - 아까마가새끼 - 세도나이카이(瀨戶內海) - 나니와(難波津, 大阪)〕

그러나 왕인박사의 도일경로를 확정하기 위해서는 앞으로 많은 문제들이 더 깊이 연구·구명되어야 한다. 여기에 그 중요한 과제들만을 열거하고 이 글을 마치기로 하겠다.

1) 거점포구의 추정문제 : 항로의 주변, 특히 거점포구로 상정되는 지역에 남아있는 유적, 유물, 구비전승 등을 면밀히 조사해서 교류의 흔적을 밝혀야한다. 현재 규슈지방에 알려져 있는 "와니(王仁, 和邇, 和珥, 鰐, 鬼)"가 붙여있는 유적은 대마도 북단의 와니우라(鰐浦, 和珥津), 오도열도의 기숙정(岐宿町←鬼宿町←鰐宿町) 및 와니가와(鰐川), 와니가와바시(鰐川橋), 사가현 간사키시의 와니신사·와니덴만구, 구마모토현 기구찌천(菊池川)

상류의 와니무라(和邇村, 현 和水町) 등 4곳이 있음은 위에서 이미 언급한 바와 같다.

이밖에도 한반도 서남단의 대안(對岸)에 있는 고도열도, 마쓰우라, 아리아께해 연안 등은 물론 국내의 거점포구들도 답사해서 면밀한 검토가 있은 연후에야 비로소 항로를 확정할 수 있을 것이다.

2) 규슈 이동(以東)의 항로와 거점포구의 추정문제 : 일본의 첫 상륙지(예, 대마도의 鰐浦와 고도열도의 岐宿町)도 중요하지만, 그곳에서 나니와쓰(難波津. 大阪)로 가는 항로 및 기항지도 함께 검토해야 할 것이다. 이를 위해서는 응신천황의 동천(東遷)시기와 경로의 문제가 밝혀진다면 크게 도움이 될 것이다. 한일 양국의 공동연구가 필요한 까닭이 여기에 있다.

3) 선박의 크기와 구조문제 : 선박의 크기와 구조·모양, 견고성 등도 검토되어야 한다. 그래야 승선 인원과 뱃길을 모색할 수가 있다. 아직기(阿直岐)는 물론, 왕인박사를 뒤따라간 도래인들은 여러 차례 말을 싣고 도일했었다.[40] 이런 사실들을 감안할 때 배의 규모는 상당히 큰 구조선이었을 것이다. 왕인에 앞선 근초고왕의 해상세력을 감안하면 그것은 어려운 일이 아니었을 것이다. 한편 일본의 경우, 야요이시대에는 준구조선이, 고분시대에는 구조선이 만들어져 외항을 항해할 수 있었다고 한다.[41]

---

40) 박광순, 2011, 「畿內地域 마한·백제 관련 유적 유물 답사기」, 『日本畿內地域 馬韓관련 資料의 集成과 硏究』, (사)왕인박사현창협회, 147쪽.
41) 일본의 항해전문가 茂在寅男이 淸水風遺跡(야요이시대)에서 발굴된 토기에 그려진 배의 그림을 복원해 본 결과, 사공이나 선부의 수가 37명에 이르는 준구조선이었다고 한다. 埴原和郎, 위의 책, 177~178쪽.

4) 왕인일행의 구성과 인원문제 : 선박문제와 함께 해결해야 할 과제는 왕인 일행의 구성과 그 인원수를 추론하는 일이라 할 것이다. 『고사기』에는 왕인과 함께 단공(鍛工: 卓素), 오복공(吳服工: 西素), 양조공(仁番) 등, 적어도 3인이 동행하였음을 알 수 있다. 조수(漕手), 사공 등, 선원들도 열손가락은 훨씬 넘었을 것이다.

5) 동북아시아의 해양환경 연구 : 끝으로 고대 동북아시아 해양의 조류와 해류, 계절풍 등, 해양환경의 자연적 조건에 관한 연구가 병행되어야 할 것이다.

이상을 종합해 볼 때, 왕인의 뱃길연구야말로 해양학, 선박학, 기상학과 같은 자연과학적 연구와 고고학, 역사학, 지리학과 같은 인문사회과학적 연구가 학제적(學際的)으로 이루어져야 할 분야라 하지 않을 수 없다. 아울러 일본학자들과의 공동연구도 이루어져야 할 것이다.

2. 한반도의 서남해안과 일본 규슈 북서부 간의 조류·해류와 바람[*]

Ⅰ. 머리말

고대의 항해에서 조류, 해류, 바람은 항해의 성공여부를 결정짓는 중요한 자연조건이었다.

본 연구는 '고대 서남해안-일본 간의 항로와 왕인의 뱃길'이 한반도 서남해안, 규슈 북서부, 일본 세도나이카이의 조류, 해류, 바람의 현황을 통해 가능함을 보이는데 기여함을 그 목적으로 한다.

선박 건조 기술이나 항해술이 발달하지 않았을 고대에는 해류에 의한 문화이동이 많았을 것이고 또한 표류항법이나 조풍(潮風)항법이 이용될 수밖에 없었다. 연안 항해는 물이 들고 쓰는 조류의 영향을, 조류의 영향이 적은 원양은 해류와 바람의 영향을 각각 받았을 것으로 생각된다.[1] 규슈 서쪽 나가사키현(長崎縣) 해역에는 한국의 전남과 제주의 쓰레기가 떠밀려온

---

[*] 이 글은 형광석, 2010, 「한반도의 서남해안과 규슈북서부 간의 조류·해류와 바람」, 『고대 서남해안-일본 간의 항로와 왕인의 뱃길 연구』, 전라남도·(사)왕인박사현창협회, 1~17쪽을 수정·보완한 글임.

1) 왕인문화연구소, 2008, 『왕인-그 자취와 업적』, 영암군·(사)왕인박사현창협회, 73쪽.

다고 하는데,[2] 이는 조류, 해류, 바람과 관련된 것으로 생각된다.

　바람에 관한 자료의 검토를 통해서 여수지역에서 겨울철에 우세한 풍향은 북서풍이고, 일본 五島列島에서도 겨울철에 북서풍의 출현율이 가장 높다는 점을 밝히고, 이는 바람을 활용하여 여수반도에서 五島列島로 항해하기에 가장 적합한 시기가 겨울철임을 보여줄 것이다.

　한국과 일본 주변의 해류 동향을 살펴본 바, 일본 五島灘에서 해류는 5월~10월에 左旋하기 때문에 여수반도에서 五島列島로 항해할 때에 해류는 장애요인으로 작용한다. 달리 말하면, 五島列島에서 여수반도로 항해할 때에 해류는 도움이 된다. 한편 겨울철에 五島灘에서 해류는 右旋하는데, 이는 겨울철에 五島列島에서 출현율이 가장 높은 북서풍과 같은 계절풍 때문으로 보인다. 이는 해류와 바람의 측면에서 고대에 여수반도에서 五島列島로 항해하기에 적합한 계절이 겨울철임을 보여준다.

　조류 동향을 살펴본 바, 五島列島에서 조류는 일반적으로 북서 및 남동으로 흐른다. 북서류는 저조 후 1~2시로부터 고조 후 1~2시까지 흐른다. 여수만의 창조류는 외해에서 동류된 흐름이 돌산도와 남해도 사이에서 북서류되어 일부는 여수항으로 서류하고, 주류는 북류하면서 광양항과 노량수도로 유입된다. 양 지역의 조류의 역시 그 방향은 북서와 남동으로 보인다.

　이하에서는 이상의 내용을 구체적으로 살펴보고자 한다.

---

[2] 왕인문화연구소, 2008, 『왕인-그 자취와 업적』, 영암군·(사)왕인박사현창협회, 79쪽.

Ⅱ. 바람

1. 五島地方의 바람

福江과 富江에서 북서풍의 출현이 가장 많은 시기는 사계절 중에서 겨울철이고, 그 출현율은 각각 23%와 17%이다.

〈그림 2〉는 오도지방의 풍배도이다. 이는 〈그림 1〉의 상단에 보이는 福江의 계절별·풍향별 출현율과 비슷하다. 〈그림 2〉의 최상단에서 1962년 5월~1992년 4월 기간의 연중 풍향별을 출현을 보면, 북풍(N), 북서풍(NW),

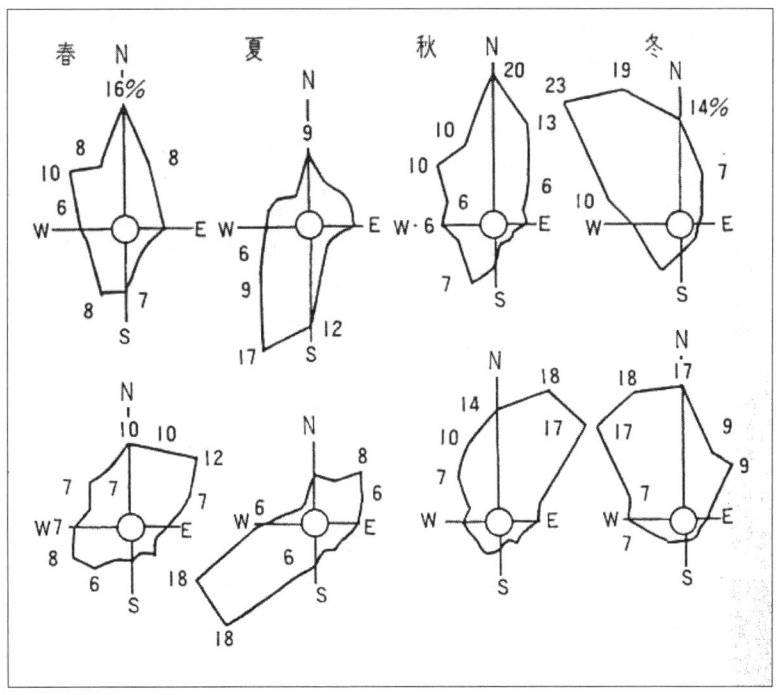

〈그림 1〉 福江과 富江의 계절별·풍향별 출현율(상단 福江, 하단 富江)
(자료: 三井樂町, 1988, 『三井樂町鄕土誌』, 35쪽)

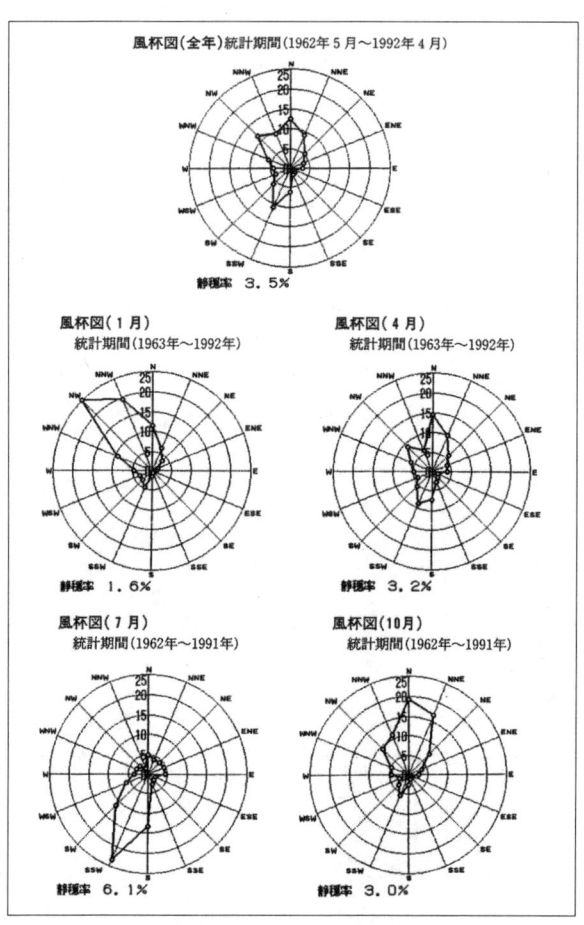

〈그림 2〉 五島地方의 風配圖
(자료: 三井樂町, 1988, 「三井樂町鄕土誌」, 35쪽)

남남서풍(SSW)이 여타 풍향에 비해 우세한 편이다. 〈그림 2〉의 중단과 하단에서 30년간(1963년~1992년, 1962년~1991년) 계절별 우세 풍향을 보면, 봄(4월)에는 북풍, 여름(7월)에는 남남서풍, 가을(10월)에는 북풍, 겨울(1월)에는 북서풍의 출현율이 가장 높다.

2. 여수지방의 바람

남해에서의 겨울철 바람은 북서~북풍이 탁월하고 풍속 11놋트 이상의 바람이 50~60%, 17놋트 이상이 35~40%, 28놋트 이상의 풍랑성 강풍이 8%의 분포율을 보인다. 3~5월 봄철에는 점차 북서~북에서 동풍으로 바뀌면서 풍속도 약해지고 11놋트 이상 30~45%, 17놋트 이상 25~30%, 28놋트 이상 5% 이하로 줄어든다.[3]

〈표 1〉에서 여수 측후소의 36년(1960~1996)간의 기후 자료를 보면, 여수지역에서 연중 우세풍향은 북동이고, 풍속은 4.3㎧이다. 5월~7월과 8월~10월의 우세풍향은 각각 남서와 북동이다. 11월부터 다음해 3월까지의 우세한 풍향은 북서이다. 이 시기에 풍속은 4.2㎧~5.0㎧에 분포한다. 특히 2월에 풍속은 5.0㎧로 연중 가장 세다. 말하자면 여수지역에서 겨울철에는 북서풍이 우세하고 풍속도 세다.

위와 같이 여수지역의 겨울철 우세풍향이 북서인 점은 겨울철에 오도열도에 속하는 福江과 富江지역에서 북서풍의 출현율이 가장 높다는 사실과 일치한다. 또한 여수지역에서 맑음의 현상일수는 11월에 13.6일, 12월에 14.8일, 1월에 14.7일로서 한 달 중 약 절반이고 여타 달에 비해 많다. 潮風항법과 視界에 의존했던 고대에, 바람을 활용하여 여수반도에서 일본 오도열도로 항해하기에 가장 적합한 계절은 겨울철임을 알 수 있다. 따라서 이는 왕인 박사가 당시에 겨울 항해를 단행하여 11월경에 출발했을 가능성의 추정을[4] 뒷받침해주는 근거로 생각된다.

---

3) 김정호, 2009, 「옛 항해와 자연」, 『동아시아의 고대 포구와 상대포』, 영암군·왕인박사현창협회, 14쪽.
4) 박광순, 2009, 「고대 한·일 항로와 왕인의 뱃길에 관한 예비적 고찰」, 『동아시아의

〈표 1〉 여수측후소의 36년(1960~1996)간의 기후자료

월별	기온평균(℃)	강수량(mm)	바람		현상일수					
			풍속m/s	우세풍향	맑음	흐림	강수	폭풍	안개	눈
1	1.6	24.3	4.9	북서	14.7	3.7	5.5	1.2	0.4	4.2
2	2.8	40.7	5.0	북서	10.7	5.4	6.6	1.5	0.4	3.1
3	7.1	67.6	4.6	북서	9.6	6.9	7.5	1.7	1.4	1.0
4	12.7	142.5	3.9	북동	7.6	9.8	10.8	1.5	3.4	0.1
5	17.4	146.3	3.2	남서	7.7	10.3	9.8	0.4	3.6	
6	20.6	224.2	3.0	남서	4.0	13.0	11.2	0.4	4.5	
7	24.2	260.9	3.1	남서	3.2	16.4	15.3	0.6	8.1	
8	25.9	229.5	3.4	북동	7.2	9.3	10.8	1.3	1.0	
9	22.1	152.4	4.0	북동	6.7	9.0	9.5	1.0	0.3	
10	16.9	55.0	4.0	북동	13.2	5.5	5.7	0.7	0.2	
11	10.5	48.8	4.2	북서	13.6	4.1	6.6	1.1	0.4	0.5
12	4.4	21.0	4.3	북서	14.8	2.7	4.0	0.8	0.5	2.6
전년	13.9	1413.3	4.3	북동	113	96.1	103.3	12.2	24.2	11.5

자료: 한국과학기술연구원, 1996, 『여천공단주변 마을 환경영향 및 대책에 관한 연구』; 박광순, 2009, 「고대 한·일 항로와 왕인의 뱃길에 관한 예비적 고찰」, 『동아시아의 고대 포구와 상대포』, 영암군·왕인박사현창협회, 119쪽에서 인용.

Ⅲ. 해류

우리나라와 일본 주변의 해류는 〈그림 3〉과 같다. 〈그림 3〉에서 보듯이, 黑潮暖流가 큐슈의 남서해상에서 分岐하고, 일부는 큐슈의 서안을 따라가다가 對馬海流가 되고 五島근해를 지나서 일본해로 들어온다.

『고대 포구와 상대포』, 영암군·왕인박사현창협회, 120쪽.

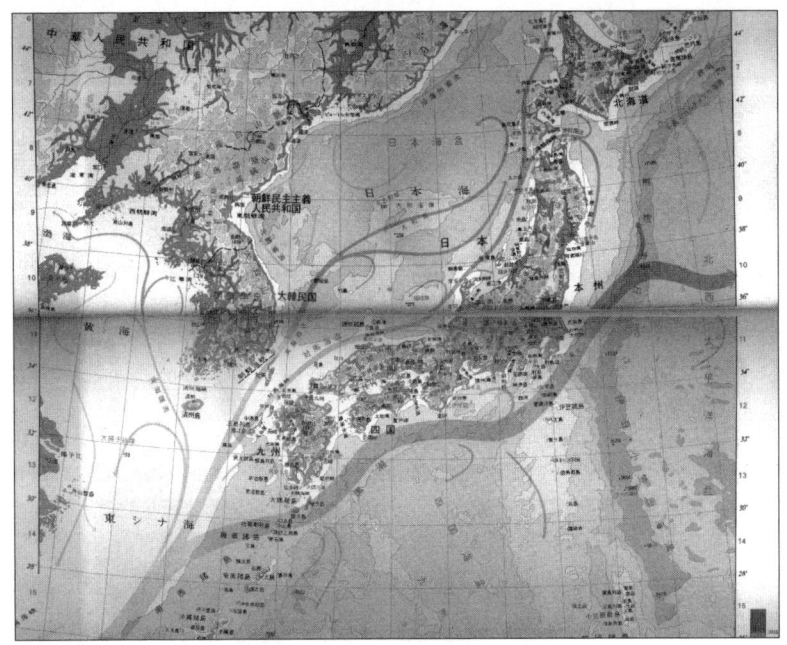

〈그림 3〉 우리나라와 일본 주변의 해류
(자료: 일본 세계대백과사전)

쓰시마 해류의 유속은 쿠로시오보다 작지만, 五島灘에서 해류는 최대 유속이 9월 하순에 나타나고 5월경부터 10월까지 左旋한다. 이는 〈그림 4〉에서 4월, 6월, 8월, 10월에 보이는 일본 오도열도 부근 해류의 진로를 표시한 화살표의 방향을 보면 알 수 있다. 左旋回하는 이유는 쓰시마난류의 일부를 이루는 해류의 동부해역으로 유입량이 서부의 유입량보다 많기 때문이다. 한편 겨울에는 역으로 右旋한다. 〈그림 4〉에서 보면, 2월과 12월의 일본 오도열도 인근 해류의 진로를 표시한 화살표의 방향이 右旋(↓)하는 모양이다. 이는 겨울에 북서부로부터의 계절풍이 불기 때문인 것으로 생각된다.

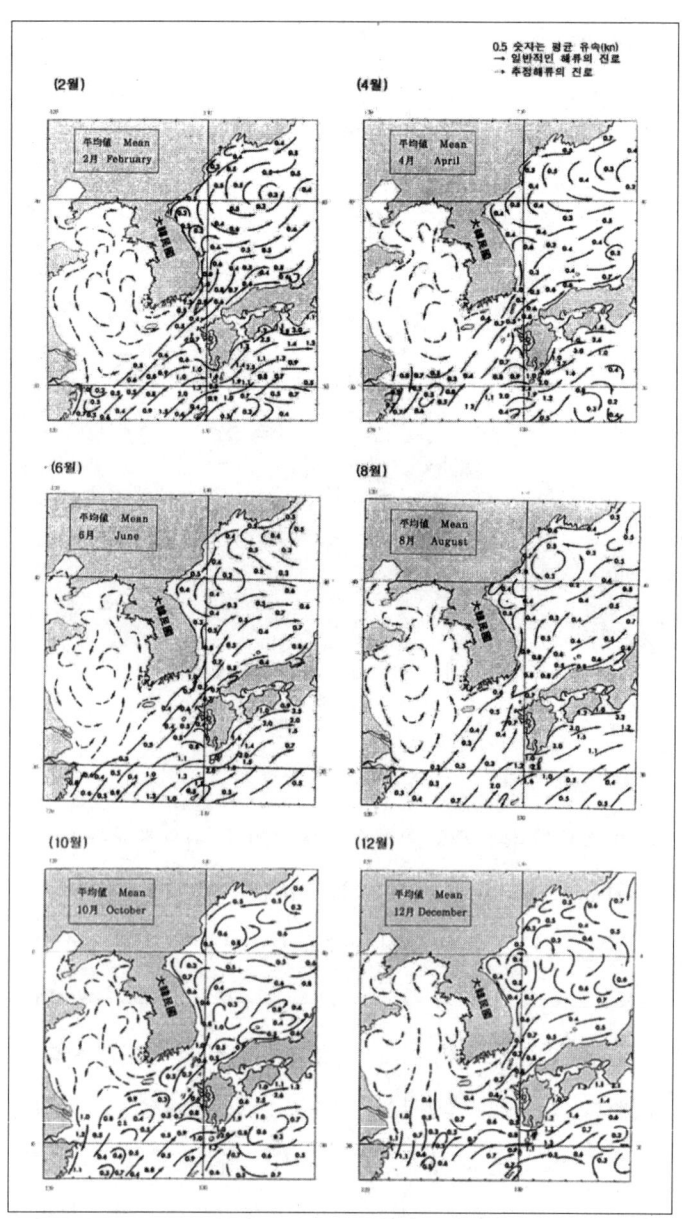

〈그림 4〉 우리나라 부근 해류도
(자료: 해양수산부 국립해양조사원, 2005, 『남해안 항로지』, 13~14쪽)

한편 표층의 左旋流速은 나가사키부터 연안의 北上流가 0.2노트, 중앙해역의 西方流가 0.4노트, 五島沿岸의 南下流가 0.3노트 정도이다. 해저에 가까이 75m의 깊이에서는 유속이 표층의 반틈이지만, 중앙해역의 0.4노트는 변하지 않는다.[5]

이석우에 따르면,[6] 동중국해의 대륙붕 외연을 따라 북상하여 온 對馬暖流는 五島~濟州道 사이에서는 五島列島 남방으로부터 50~60해리 서방의 외해에 주류축이 지나고 있다. 〈그림 5〉에서 보듯이, 五島 서방해역의 B단면에서 벌써 두 개의 유축이 형성되고 있다. 이 분리된 유축은 각각 對馬島의 서측(서수도) 및 동측(동수도)으로 이어지고 있다. 서측의 유속은 五島 서방을 북동진하여 對馬列島를 따라 흘러 동해로 들어가서는 한국 동안을

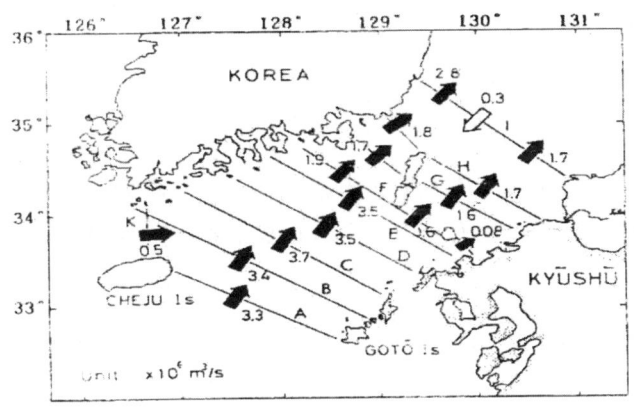

〈그림 5〉 恒流의 분포에서 얻은 여름의 對馬暖流
(자료: 이석우, 1991, 『韓國近海海象誌』, 집문당, 81쪽)

---

5) 三井樂町, 1988, 『三井樂町鄕土誌』, 24~25쪽.
6) 이석우, 1991, 『韓國近海海象誌』, 집문당, 81쪽.

따라 북상하며, 동측의 유축은 거의 직선적으로 동북동으로 진행하여 동수도 중앙 부근을 지나간다. 유축부근의 유속은 五島 서방해역의 표층에서 30~40cm/sec, 중층에서 25~30cm/sec, 저층부에서 20cm/sec이다. 對馬島에 가까워짐에 따라 유속은 증가하는데 양수도에 들어가면 갑자기 빨라진다.

Ⅳ. 조류

1. 한반도 서남해안의 조류

제주도 동서쪽에서 11시에 물이 북쪽을 향해 이동을 시작하면 한반도 연안을 거쳐 인천 앞바다에 이를 때 4시30분이 된다. 그렇다고 제주 서쪽의 물이 인천 앞바다까지 이동하는 것은 아니다. 그 이동 속도는 초당 75~125㎝ 가량이지만 수로가 좁은 곳에서는 초당 250~300㎝로 흐르고 진도 주변 같은 곳에서는 초당 600㎝에 이르는 곳도 있다. 무조점이 가까운 곳일수록 유속은 감소해 해수의 이동거리도 짧다. 그러므로 제주 서쪽에 있던 물이 들물에 북쪽을 향해 이동하되 앞서 북쪽에 있던 물의 방해를 받아 14㎞쯤 칠팔도쪽으로 올라가다가 다시 제자리로 돌아온다. 초속 10m로 이동하는 들물은 12시간 25분간 북쪽을 향해 가다가 다시 썰물이 되기 때문이다.[7]

추자도 근해에 투하된 물질이동의 경우 일본 고시마(五島) 가까이 185

---

7) 김정호, 2009, 「옛 항해와 자연」, 『동아시아의 고대 포구와 상대포』, 영암군·왕인박사현창협회, 10쪽.

㎞나 이동하기도 하고 남해도 근역의 물질은 145㎞를 이동하되 순환형으로 되돌아 왔다.[8]

대한민국 수로국에 따르면,[9] 〈그림 6〉은 부산항에서부터 거문도내측, 장죽수도 및 인천항에 이르는 동수도를 경유하여 인천항에 이르는 항로에 따르는 조류 및 조석의 평균상태를 표시한 '부산항~인천항 간 조류도표'이

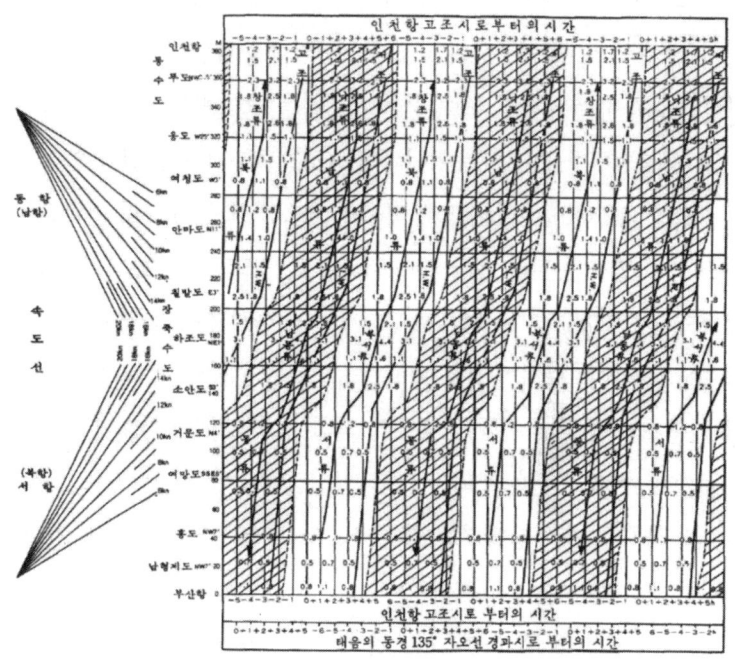

〈그림 6〉 부산~인천항 간 조류도표(장죽수도 경유)
(자료: 대한민국 수로국, 1972, 『조석표』 제1권)

---

8) 김정호, 2009, 「옛 항해와 자연」, 『동아시아의 고대 포구와 상대포』, 영암군·왕인박사현창협회, 12쪽.
9) 대한민국 수로국, 1972, 『조석표』 제1권.

다. 시간은 인천항의 고조시로부터 측정하여 '+'는 고조후, '−'는 고조전을 표시한다. 도표에 사용한 시간은 태음시로서 그 1시간은 평시의 1시 2분에 해당한다. 조류의 유향은 화살표로 표시한다. 도표에 기입된 숫자는 유속(단위: 노트(kn)이다. 도표에 기재한 고저조시는 평균치이다.

속도선은 주어진 속도로 항행하는 선박에서 만날 조류 및 조석을 구하는 데 이용된다. 도표에서 주어진 속도에 대한 속도선에 평행직선을 그으면 선박은 이 직선에 따라 기재된 조류 및 조석에 만나게 된다.

예컨대, 어느 날 인천항의 고조시에 인천항을 출항하여 10kn의 속도로 부산항을 향하는 선박이 도중에 만날 조류를 구해보자. 인천항의 고조시의 종선과 인천항을 통하는 횡선과의 교점으로부터 동항(남항)이라 기입한 속도선 중 10kn의 선에 평행 직선을 그으면 그 선에 따라 기입된 조류 및 조석에 만나게 된다. 즉 인천항에서부터 옹도까지는 순류이나, 그 후 어청도 남방 20m까지는 역류로 된다. 그 후 다시 순류가 되어 칠발도 북방 10m로부터는 다시 역류로 되고, 하조도 부근에서 순류로 되어 소안도와 거문도의 중앙 부근에서 역류로 되고, 소리도에서 남형제도 서남방 10m까지 4번째의 순류로 되어 그 후 다시 4번째의 역류를 타고 인천항의 고조후 약 2시, 즉 부산항의 저조후 약 4.5시(고조전 약 1.5시)에 부산항에 도착하게 된다.

왕인의 뱃길 중 국내 영역으로 유력시되는 '상대포−내나루−해남 갈두의 땅끝−청해의 신지도와 약산도 사이−내나로도와 외나로도 간의 수로를 지나 보돌바다를 동북진하여 금오도의 서북단 용두에 닿아 거기에서 연안을 따라 남하−금오열도의 남단 연도의 등대 밑을 동으로 동남진'항로[10] 주

---

10) 박광순, 2009,「고대 한·일 항로와 왕인의 뱃길에 관한 예비적 고찰」,『동아시아

위의 조류의 개황은 다음과 같다.[11]

횡간수도의 창조류는 외해에서 서류하여 수도를 따라 유입되면서 최강류가 일어나며 일부는 마로해를 통하여 명량수도로 북류하고 일부는 유향을 북서류로 바꾸면서, 장죽수도로 흐르며, 낙조류는 이와 반대현상으로 흐른다. 최강유속은 평균대조기에 창조류 5.9kn, 낙조류 6.6kn로 매우 강하게 유동되고 있다.

완도항의 창조류는 서북서류, 낙조류는 남동류한다. 조류형태는 반일주조류가 우세한 혼합조형태로서 1일 2회의 창·낙조류가 일어나고 최강류는 삭·망후 약1일에, 일조 부등은 달의 적위가 최대인 날에 나타난다. 창조류는 완도항의 저조전 2.2시경에 전류하여 고조전 0.8시경까지 약 7.6시간 지속되며, 평균대조기 최강창조류는 고조전 3.9시경에 0.7~1.8kn로 흐른다. 낙조류는 고조전 0.8시경에 전류하여 저조전 2.2시경까지 약 4.8시간 지속되며, 평균대조기 최강낙조류는 저조전 4.0시경에 1.0~2.8kn에 이른다.

거금수도의 창조류는 거금도 동측해역에서 북서류로 유입되어 거금도 북측수로를 서류하고 이 흐름은 녹동과 소록도 사이의 좁은 수로를 통과하면서 최강류가 일어나며, 낙조류는 이와 반대현상으로 흐른다. 최강유속은 평균대조기에 창조류 1.0~2.3kn, 낙조류는 1.0~2.0kn로 흐른다.

여수만의 창조류는 외해에서 동류된 흐름이 돌산도와 남해도 사이에서 북서류되어 일부는 여수항으로 서류하고, 주류는 북류하면서 광양항과 노량수도로 유입되며, 낙조류는 이와 반대현상으로 흐른다. 여수만은 여수항

의 고대 포구와 상대포』, 영암군·왕인박사현창협회, 107쪽.
11) 해양수산부 국립해양조사원, 2001, 『2002년 조석표(한국연안)』, 249~251쪽.

및 광양항으로 입·출항하는 대형선박의 통항이 빈번한 특정해역으로서 모든 선박은 유황판단에 세심한 주의가 필요한 해역이다. 최강유속은 평균대조기에 창조류 0.7~20kn, 낙조류는 1.0~1.6kn에 달한다.

2. 일본 규슈 북서부의 조류

규슈 북시부의 조류 개횡을 보면,[12] 九州北岸의 경우 일조부등은 그다지 크지 않다. 潮時의 不等은 고조에 약간 크고, 潮高 의 부등은 低潮에 약간 크다. 이 低潮는 봄과 겨울에는 야간에, 여름과 가을에는 주간에 일어나는 것이 상례이다. 西部沿岸海中에서 동류(서류)는 저조(고조) 후 약 3시부터 고조(저조) 후 약 3시까지 흐르고 협수도에서는 유속이 2~3kn에 달한다. 東部海中에서는 일반적으로 북동류(남서류)는 저조(고조) 후 약 4시부터 고조(저조) 후 약 4시까지 흐르고 유속은 느리고 불규칙적이다. 쓰시마 부근에서는 창조류(낙조류)는 남류(북류)하고 거의 高低潮時에 전류한다. 부근에는 항상 일본해로 향하는 북향해류(유속 1~1.5kn)가 있으므로 남류는 유세를 달리하여 연안에서 5해리 떨어진 이외의 곳에서 해수는 항상 북방으로 흐른다.

竹敷(타케시키)의 경우, 大船越瀨戶에서 남류(북류)는 저조(고조) 후 1~2시까지 흐른다. 협수도에서 流勢는 매우 강렬하다.

〈표 2〉에서 보면, 五島列島에서 조석(潮汐)의 성질은 九州西岸과 거의 같다. 五島列島에서 조류는 일반적으로 북서 및 남동으로 흐르고 북서류(남동류)는 저조(고조) 후 1~2시로부터 고조(저조) 후 1~2시까지 흐른다. 협수도(狹水道)에서는 유세(流勢)가 매우 강렬하다. 有川灣의 경우, 平戶

---

12) 해군 수로국, 1958, 『조석표 1958』, 34쪽.

地 名 Place	位 置		標準時 S.T.	標準港 Standa- rd Port	改正數 潮時差 Diff.	潮高比 Ratio	平均高 潮間隔 M.H. W.I.	平均低 潮間隔 M.L. W.I.	大潮升 Sp.R.	小潮升 Np.R.	平均 水面 M.L.
	緯度 Lat. N	經度 Long. E									
宇久島 Uku Sima	33 16	129 3	9ʰE	佐世保 Sasebo	+0 25	0.92	8 41	...	2.6	1.9	1.5
中通島 Nakadôri Sima											
有川灣 Arikawa Wan	32 59	129 7	″	″	+0 5	0.86	8 25	...	2.5	1.8	1.4
鯛之浦 Ai-no Ura	32 57	129 6	″	″	−0 25	0.95	7 54	...	2.8	2.0	1.6
若松瀬戸一 岩松浦 Akamatu Ura	32 53	129 0	″	″	+0 20	0.98	8 37	...	2.8	2.1	1.6
奈留島一楠浦 akiura Wan	32 53	128 55	″	″	+0 20	0.95	8 37	...	2.8	2.1	1.6
福江島 Hukae Sime											
戸岐浦 Toki Ura	32 45	128 50	″	″	+0 10	0.90	8 25	...	2.7	2.0	1.6
福江 Hukae	32 42	128 50	″	″	−0 5	0.94	8 19	...	2.8	2.0	1.6
富江 Tomie	32 37	128 46	″	″	−0.20	0.93	7 56	...	2.8	2.1	1.6
玉之浦* Tama-no Ura	32 37	128 37	″	″	+0 5	0.98	8 21	...	2.8	2.1	1.6
水之浦 Mizu-no Ura	32 45	128 45	″	″	+0 20	0.99	8 35	...	2.6	2.0	1.5
男女群島―女島 Me Sima	32 0	128 21	″	″	−0 25	0.95	7 52	...	2.7	2.0	1.4

〈표 2〉 五島列島의 조석표
(자료: 해군 수로국, 1958, 『조석표 1958』, 34쪽)

부근에서 조류는 남북으로 흐르고 최강유속은 5kn에 달한다. 若松瀨戸의 경우, 최강유속은 瀧河原瀨戸가 6.5kn, 奈留瀨戸가 5.5kn, 田之浦瀨戸가 7kn에 달한다. 玉之浦의 경우, 上曾根 및 西曾根 부근의 조류는 小潮期에는 때에 따라서 남동류가 고조후 4시에 북서류가 저조후 4시에 시작되어 이 간격은 大潮期에 가까울수록 단축되고 대조기에는 兩流 모두 각 高低潮後 1.5~2시에 개시된다.

九州西岸의 경우, 外海에 면한 연안에서는 일반적으로 조류는 해안을 따라서 남북으로 향하여 북류(남류)는 저조(고조) 후 2~3시부터 고조(저조)후 2~3시까지 흐르고 狹水道 등에서는 유속이 강하다. 大村灣, 島原海灣, 八代海 등의 海灣에서는 창조류(漲潮流)는 灣首로 落潮流는 灣外로 향하고 거의 高低潮時에 轉流하며 灣口에서 유속은 대단히 세다.

平戸瀨戸의 경우, 大島瀨戸 및 白岳瀨戸에서 동류(서류)는 저조(고조)후 약 3십터 고조(저조)후 약 3시까지 흐르며 白岳瀨戸에서는 유속이 3kn에 달한다. 平戸瀨戸에서는 거의 남북으로 흐르며 波戸岐南方瀨戸의 중앙부 부근에서는 남류(북류)는 연안의 고조(저조) 후 2시부터 다음의 저조(고조) 후 2시까지 흐른다. 매일 不等이 비교적 크며 여름철의 大潮期에는 강한 남류는 13~14시에 일어나고 이어서 강한 북류는 19~20시에 일어난다. 이 潮時는 南口南龍岐 부근 또는 北口廣瀨 부근에서는 약 30분 빠르며 국부적으로 상이한 바가 많다. 瀨戶 중앙부에는 대조시의 평균유속은 약 3.2kn이다. 여름과 겨울에는 최강유속이 북류가 3.6kn, 남류가 4.2kn로 되는 때가 있고, 南口最狹部 부근에서는 북류 최강 약 5.5kn, 北口廣瀨 부근에서는 북류의 최강이 약 6.kn에 달한 적이 있다. 生月瀨戶에서 북류(남류)는 저조(고조) 후 약 3시부터 고조(저조) 후 약 3시까지 흐르며 최강유속은 8.8kn에 달한다.

島原海灣의 창조류는 灣首로, 낙조류는 灣外로 향하여 흐르며 거의 고저조시에 전류하여 유속이 2~3kn에 달하는 곳이 있다.

八代海의 경우, 柳之瀨戶 및 大戶瀨戶를 제외하면 일반적으로 창조류는 북방으로, 낙조류는 남으로 흐르고 고저조후 1시에 전류하며 남부 諸水道에서 유세가 세다.

牛深의 경우, 長島海峽 및 里瀨戶에서 창조류는 북방으로, 낙조류는 남방으로 흐르며 八代海의 고저조후 1시에 전류한다.

3. 일본 세도나이카이의 조류

일본내 왕인의 뱃길로 추정되는 '세도나이카이(瀨戶內海)-나니와(難波津, 大阪)'의 조류도표는 〈그림 7〉과 같다.

대한민국 수로국에 따르면,[13] 〈그림 7〉은 고베(神戶)항에서부터 쿠루시

---

13) 대한민국 수로국, 1972, 『조석표』 제1권.

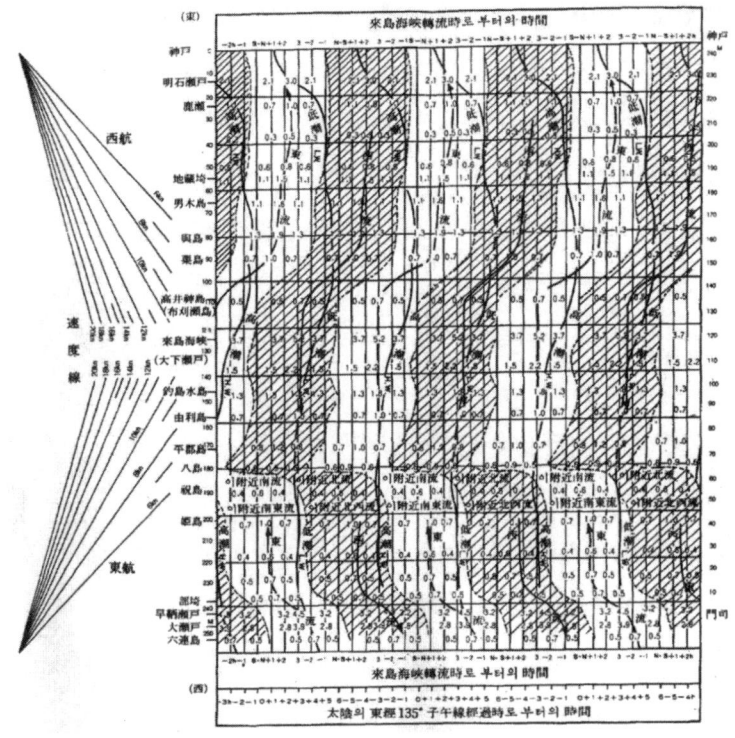

〈그림 7〉 일본 세도나이카이(瀬戸内海) 조류도표
(자료: 대한민국 수로국, 1972, 『조석표』제1권)

마해협(來島海峽), 투루시마(Turu Sima) 수도, 야시마의 남측을 통과해서 시모노세키해협에 이르는 상용항로에 따라 조류의 평균상태를 표시한 '세도나이카이(瀬戸内海) 조류도표'이다. 시간은 來島海峽 중수도의 전류시('N-S'는 북류가 남류로 전류함을, 'S-N'은 남류가 북류로 전류함을 표시)로부터 측정하고 전류후를 '+'로, 전류전을 '-'로 표시했다. 구루시마해협 중수도의 매일 전류시(轉流時)를 알려면 조석표를 보면 된다. 동류(東流)는 시모노세키해협 쪽에서 고베항 쪽으로 향하는 흐름이고, 서류(西流)는 그 반대방향의 흐름이다. 유향은 일반적으로 상용항로에 대략 평행하다.

예컨대, 10kn의 속도로 고베항에서 모지(門司)항으로 항해하려는 선박이 來島海峽 및 하야토모세토(早鞆瀬戶)를 조류가 미약한 시기에 통과하려고 하면 고베를 언제 출항해야 적당한 지를 구해보자. 자(尺)를 서항 10kn의 속도선에 평행으로 움직여보자. 來島海峽 중수도의 북류에서 남류로 전류후 약 30분(고베항 고조전 약 1시)에 고베를 출항하면 來島海峽 남류(역류)의 초기에, 하야토모세토는 동류(역류)의 말기에 통과하게 된다. 한편 쿠루시마해협 중수도의 남류에서 북류로 전류후 약 30분(고베항의 저조전 약 1시)에 고베를 출항하면 쿠루시마해협은 북류(순류)의 초기에, 하야토모는 서류(순류)의 말기에 통과하게 된다.

瀬戶內海의 조석에 대한 개황을 보기로 한다.[14] 外海에 발생한 조석은 潮浪으로서 여러 水道를 지나 內海에 파급하여 瀬戶內海의 조석을 이룬다. 토마가시마(Tomo-ga Sima)水道에서부터 들어온 潮浪은 和泉灘에 들어가서 아카시세토(明石瀬戶)를 통과하여 비산세토(備讚瀬戶)에 이른다. 또 분고수도(豊後水道)에서부터 內海에 들어온 潮浪은 두 파로 나누어져서 하나는 스오오나다(周防灘)를 서진하여 시모노세키해협(下關海峽)에 이르고 다른 하나는 동진하여 伊像灘 安藝灘東部 備後灘 및 遂灘을 통과하며 비산세토(備讚瀬戶)에 이르러 토마가시마水道로부터 진입하여 서진하는 조랑과 서로 만난다. 또 조랑의 일부는 大島瀬戶 諸島水道 등을 거쳐서 히로시마만(廣島灣)에 들어간다.

瀬戶內海에는 현저한 日潮不等이 있으며 각처 조석의 성질은 다르다. 일반적으로 비산세토(備讚瀬戶)의 서쪽은 潮差가 크고 일조부등은 비교적이나 그 동쪽은 조차가 작고 일조부등이 상당히 크다. 특히 아카시세토

---

14) 해군 수로국, 1958, 『조석표 1958』, 16쪽.

(明石瀨戶) 부근에서 일조부등은 가장 크고 그 부근에서는 매월 過半日數
는 1일 1회 潮가 된다. 평균수면은 2월경에 최저, 8월경에 최고로 되는데
그 차는 약 0.4m에 달한다.

　安藝灘의 경우, 安居島 및 小安島의 부근부터 쿠루시마해협(來島海峽)
西口附近에 이르는 사이의 중앙부에서 北東流(南西流)는 부근의 저조(고
조) 후 약 2시까지 흐른다. 轉流時는 쿠루시마해협(來島海峽) 西水道의 전
류시에 비교하면 약 0시 30분 빠르다. 최강유속의 평균은 大潮期에는 연안
을 제외하고는 약 2kn이다.

　스오오나다(周防灘)의 경우, 일반적으로 漲潮流는 서방으로, 落潮流는
동방으로 흐르며 고저조후 10분에 전류한다. 시모노세키해협(下關海峽)을
제외하면 유속은 느리며 최대 1.5kn을 넘지않는다. 또는 유속 및 유향은
날에 따라 현저하게 다른 적이 있다. 시모노세키해협(下關海峽) 東口附近
에서는 스오오나다(周防灘)의 중앙부보다 현저하게 늦게 전류한다. 즉 스
오오나다(周防灘) 중앙부의 전류와 비교하면 部崎의 남동 약 4리의 곳은 약
1시 늦으며 部崎東方常用航路 부근은 1~1.5시 늦으며 하야토모세토(早鞆
瀨戶)는 약 3시 늦게 전류한다. 스오오나다(周防灘) 북측의 여러 灣에서는
창조류는 灣內로, 낙조류는 灣外로 향하여 高低潮時頃에 전류한다.

　上關海峽의 창조류는 동방으로, 낙조류는 서방으로 흐르며 전류시는
大畠瀨戶보다도 약 1시 늦으며 최강유속은 3.5kn에 달한 적이 있다.

　하야토모세토(早鞆瀨戶)의 경우, 동류는 瀨戶의 중심부터 동방으로, 서
류는 각 0.3해리의 부근이 가장 강하며 중앙의 유속의 1.2배이다. 또 主流
線은 중앙항로로부터 남측에 있으며 동서류 모두 중앙보다 강하다. 그 최
강부는 모지(門司)측 연안에서 70m 떨어진 부근이다. 이 선을 중심으로 하
여 兩岸으로 향하면 점차 유속이 감소된다. 시모노세키(下關)측은 距岸

100m에서 중심의 0.7배이다. 조시는 양안이 약 30분 빠르다.

모지(門司)의 경우, 하야토모세토(早鞆瀨戶)의 西流中初期 약 1시간을 제외하고 시침과 반대방향으로 흐르는 還流를 일으킨다.

V. 맺음말

바람, 해류, 조류에 관한 자료의 검토를 통해서 한반도 서남해안과 五島列島지방에서 겨울철 우세풍향은 북서풍이고, 五島列島지방의 해류 역시 겨울철에 右旋하고, 두 지역에서 조류는 일반적으로 북서 및 남동으로 흐른다. 북서와 남동은 그 방향이 서로 반대이다.

조선시대에 오도열도 지역으로 표류한 조선인의 대부분이 제주를 포함한 전라도 출신인 점은 한반도 서남해안에 나타나는 바람과 해류의 방향 때문으로 보이고, 하멜이 여수반도에서 탈출하여 오도열도의 나마 지역으로 표류해갔을 때도 여수반도 부근의 바람과 해류의 방향을 이용하였다.[15]

바람, 해류, 조류와 視界에 좌우됐던 고대에, 자연조건상 한반도 서남해안 특히 여수반도에서 일본의 오도열도로 항해가 가능했고, 항해하기에 적합한 시기는 겨울철이라고 추정할 수 있다. 이는 왕인박사가 당시에 겨울 항해를 단행하여 11월경에 출발했을 가능성을 뒷받침해준다.

---

15) 정성일, 2010, 「고대 아리아케해(有明海) 주변과 영산강 유역의 교류-일본 사가현(佐賀縣)과 간사키(神埼)를 중심으로-」, 『고대 서남해안-일본 간의 항로와 왕인의 뱃길 연구』, 전라남도·(사)왕인박사현창협회, 85쪽.

3. 표류사에서 본 영암과 규슈 서북부지역

Ⅰ. 머리말

　왕인박사 일행이 어느 항로를 이용하여 일본으로 건너갔는지를 문헌에 근거하여 정확하게 밝힌 연구는 아직까지 없다. 당시 기록이 많이 남아 있지 않기 때문에 이 문제는 앞으로도 쉽게 해결하기 어려워 보인다. 다만 근대 이전에 한반도 서남해안에서 일본으로 가는 항로를 추적하다 보면, 왕인박사가 지나갔던 뱃길을 추정할 수 있는 실마리를 발견할 수 있을지도 모른다.

　기계의 힘을 이용하여 움직이는 동력선(動力船)이 널리 보급되기 전까지는 배에 돛대를 세워서 바람의 힘에 의지하여 항해를 하는 풍선(風船) 즉 범선(帆船)이 보통이었다. 같은 근대 이전이라 하더라도 삼국시대, 통일신라시대, 고려시대, 조선시대 선박의 성능과 그것을 부리는 항해 기술은 서로 차이가 있었을 것이다. 다만 돛을 달아 바람을 활용하는 항법(航法)을 구사한 점은 근대 이전까지는 크게 다르지 않다.

　이 글에서는 왕인박사가 지나갔던 고대 일본 항로를 염두에 두면서, 영암 주변 해역에서 해난사고를 당하여 일본으로 표류하였다가 되돌아온 사람들에 관한 이른바 표류의 역사를 살펴보고자 한다. 이를 통해서 영암 주변 해역과 일본 규슈 서북부 지역 사이의 교류 통로를 밝히는 것이 이 글의 목적이다.

Ⅱ. 통일신라와 고려시대의 표류민 송환과 한·일 항로

1. 해난사고 발생과 표류민 송환 대책의 수립

왕인박사가 오진덴노[應神天皇]의 초청을 받아 일본으로 건너갔다고 알려져 있는 405년(백제 전지왕 2년), 즉 5세기 초[1] 무렵의 한반도와 일본 열도 사이의 항로와 해양 조건에 대해서는 구체적인 기록이 거의 없다. 이처럼 자료의 제약 때문에 우리는 7세기 이후부터 그 뒤 고려로 이어지는 시기에 작성된 단편적인 기록을 통해 당시 상황을 유추해 볼 수 있을 뿐이다.

백제 사람이 일본으로 표류했음을 전하는 기록은 『일본서기』 609년 4월 1일 기사에 보인다. 백제 승려 도흔(道欣) 등이 중국에서 돌아오다가 갑자기 폭풍을 만나 일본 비후국[肥後國, 히고] 위북진(葦北津, 아시기타)에 머물렀다고 한다.[2] 이처럼 당시에는 바다를 건너다가 표류를 하는 일이 많았

---

1) 박광순, 2008, 「왕인연구의 현황과 과제」, 『고대 영산강유역과 일본의 문물교류』(임영진 외, 전라남도·사단법인 왕인박사현창협회), 185~186쪽; 임영진, 2008, 「왕인박사 논의에 대한 고고학적 고찰」, 『고대 영산강유역과 일본의 문물교류』(임영진 외, 전라남도·사단법인 왕인박사현창협회), 1쪽; 강봉룡, 2009, 「서남해지역의 고대 거점포구와 상대포-왕인의 渡日 뱃길과 관련하여-」, 『동아시아의 고대 포구와 상대포(上臺浦)』(박광순 외, 영암군·사단법인 왕인박사현창협회), 24~25쪽.
2) 『일본서기』 권22, 豊御食炊屋姬天皇 推古天皇 17년(609) 4월 1일; 최근영 외 편역, 1994, 『日本六國史 韓國關係記事 譯註』, 사단법인 가락국사적개발연구원, 142쪽 재인용.

다. 그런데 표류해온 사람을 붙잡고 그들의 선박을 빼앗는 일도 적지 않았다. 표류민을 본국으로 돌려보내주지 않거나, 심지어 그들을 살해하는 일도 있었다. 당나라로 가던 일본 사신이 탄 배가 백제 남쪽 해안에 이르렀다가 큰 바다로 나아갔는데, 659년 9월 15일 해가 질 무렵 그 배가 역풍을 만나 남해(南海)의 섬에 표류하였다. 그 섬의 이름은 이가위(爾加委)였는데, 표류한 일본인이 그곳 섬사람들에게 죽임을 당했다. 일행 중 5명이 겨우 섬사람의 배를 훔쳐 타고 도망한 적이 있었다고 한다.[3]

일본으로 표류해간 이방인(異邦人)들의 처지도 본국 송환이 불투명하기는 마찬가지였다. 일본이 신라 표류민을 되돌려 주었다는 기록은 678년에 처음 보인다. 그해 5월 혈록도(血鹿島)로 표류한 박자파(朴刺破) 등을 일본 측은 같은 해 8월 신라 사신 김청평(金淸平) 등의 귀국 편에 딸려서 신라로 돌려보냈다.[4] 그 전까지는 일본으로 표류한 외국인과 그들의 선박을 현지 일본인들이 차지하는 것이 당시 사회의 관행이었다고 한다.[5]

774년에 이르자 일본에서 더욱 강력한 조치가 단행되었다. 일본의 율령국가는 그해 5월 대재부(大宰府, 다자히후)에 칙(勅)을 내려 신라에서 일본으로 표류한 사람들을 보호하여 모두 신라로 되돌려 보내라고 지시하였다. 만약 그들이 탄 배가 부서지거나 양식이 떨어졌을 때는 관아(官衙)에서 그

---

3) 『일본서기』 권26, 天豐財重日足姬天皇 齊明天皇 5년(659) 가을 7월(음 7월 3일). 이하 고대사 자료는 국사편찬위원회 한국사데이터베이스 참조.
4) 『일본서기』 권29 天渟中原瀛眞人天皇 下 天武天皇 6년(678) 여름 5월(음 5월 7일), 가을 8월(음 8월 27일); 최근영 외, 앞의 책, 188쪽 재인용.
5) 야마우치 신지[山內晋次], 1990, 古代における朝鮮半島漂流民の送還をめぐって,《歷史科學》122(大會特集號 前近代の東アジア世界と日本), 일본 大阪歷史科學協議會.

들이 본국으로 돌아갈 수 있는 방안을 세우도록 하라는 이른바 신라 표류민 대책이 일본에서 처음 세워진 것이다.[6]

이처럼 일본의 연안 지역 주민들이 조난물(遭難物)을 점취(占取)해오던 관행(慣行)이 8세기 중엽까지도 이어지고 있었는데, 그것을 일본의 고대 율령국가가 774년부터 부정한 것이다. 물론 앞의 609년 백제 사신의 예에서 보았듯이, 일본으로 표류해 간 선박과 하물, 승선인이 본국으로 송환된 일도 드물게나마 있었다. 그렇지만 표류민이 일본에 귀화하도록 한다든지, 아니면 그들을 포박하여 노예로 삼는 것이 보통이었다. 중세가 되면 조난물 점취 관행은 말하자면 연안 지역의 수익권(受益權)으로 간주되었다. 지역의 유력 신사(神社)나 사찰, 재지영주(在地領主), 수호대명(守護大名, 슈고다이묘)에게 이 권리가 독점적으로 귀속되며, 이것이 그 뒤 전국대명(戰國大名, 센고쿠다이묘)으로 계승되었다고 한다.[7]

678년과 774년은 한·일 고대 표류사(漂流史)에서 중요한 의미를 지닌다. 비록 일본의 사례라고 하더라도 이것은 연안 지역과 중앙 권력 사이에 조난물의 점취를 둘러싸고 정책 전환이 이루어졌음을 잘 보여준다. 100년이라고 하는 긴 시간을 두고 만들어진 것이기는 하지만, 한반도와 일본열도 사이에서 일어난 해난사고로 표류를 당한 사람들이 상대국에 의해 구조되어 본국으로 송환될 수 있는 길이 비로소 열린 셈이다. 그렇다고 해서 표류민 습격이 그 뒤로 완전히 사라진 것은 결코 아니다. 예를 들면 778년 일

---

6) 『속일본기』 권33, 天宗高紹天皇 光仁天皇 寶龜 5년(774) 5월(음 5월 17일); 최근영 외, 앞의 책, 268~269쪽 재인용.

7) 가네사시 쇼조[金指正三], 1968, 『近世海難救助制度の研究』, 일본 吉川弘文館, 8~14쪽, 529쪽; 아라노 야스노리[荒野泰典], 1988, 『近世日本と東アジア』, 일본 東京大學出版會, 119쪽.

본이 당나라로 보낸 견당사(遣唐使)가 탐라도(耽羅嶋, 지금의 제주도)에 도착하여 섬사람에게 노략질을 당한 일이라든지,[8] 786년 발해국 사신이 표류하다가 하이(蝦夷, 에조 ; 홋카이도)에서 노략질을 당한 것과[9] 같은 표류 선박에 대한 습격이 그 뒤로도 이어졌다.

842년에는 다시금 새로운 정책이 나왔다. 일본이 신라인의 귀화를 금지하고, 표류민은 구조해서 돌려보내며, 상인에게는 무역을 허용하기로 했다. "신라 상인들이 조공물은 바치지 않은 채, 장사를 빌미로 일본 사정을 엿본다"든가 "일본도 백성이 곤궁하고 식량이 모자란다"는 비판론이 제기되면서, "신라 사람들을 일본 안으로 들어오지 못하게 하자"는 건의가 이어지는 가운데 이러한 결정이 내려졌다. 즉 일본 정부는 "표류해 오는 사람에게는 양식을 주어 돌려보내고, 장사하는 무리들이 가지고 온 물건을 민간에 맡겨 유통하게 하여 속히 그들을 돌려보내기로" 방침을 정하였다.[10] 이때는 일본이 신라 표류민의 구호와 송환을 국가 정책으로 정한 지 70년가량 시간이 더 흐른 뒤였다.

---

8) 『속일본기』 권35, 天宗高紹天皇 光仁天皇 寶龜 9년(778년) 여름 4월(음 4월 30일); 최근영 외, 앞의 책, 274쪽 재인용.

9) 『속일본기』 권39, 今皇帝 桓武天皇 延曆 5년(786) 9월(음 9월 18일); 최근영 외, 앞의 책, 285쪽 재인용.

10) 『속일본후기』 권12 仁明天皇 承和 9년(842년) 가을 8월(음 8월 15일); 최근영 외, 앞의 책, 342~343쪽 재인용.

2. 해난구조와 표류민 송환의 추이

1) 통일신라시대

(1) 신라 사신 귀국과 표류민 송환(678, 686, 693, 703년)[11]

앞에서 본 것처럼 일본이 신라 사신의 귀국 편에 신라 표류민을 딸려 보냈다. 이런 식의 표류민 송환이 문헌으로 확인되는 것은 다음 4건이다. 신라의 삼국통일(676) 2년 후인 678년의 김청평을 필두로 하여, 686년 김물유, 693년 박억덕, 703년 김복호 등 신라 사신들이 귀국할 때 일본으로 표류한 신라 사람들을 인솔하여 왔다.

- 678년 8월, 신라 사신 김청평(金淸平)이 박자파 등을 데리고 귀국
- 686년 3월, 신라 사신 김물유(金物儒)가 신라인 7명 데리고 귀국[12]
- 693년 2월, 박억덕(朴億德)이 신라인 37명 데리고 귀국[13]
- 703년 5월, 김복호(金福護)가 신라인을 데리고 귀국[14]

이처럼 7, 8년에서 10년 간격으로 네 차례나 같은 방식의 표류민 송환이 이루어진 데는 어떤 특별한 이유가 있었던 것은 아닐까? 야마우치 신지

---

12) 『일본서기』 권29 天渟中原瀛眞人天皇 下 天武天皇 14년(686) 봄 3월(음 3월 14일); 최근영 외, 앞의 책, 192쪽 재인용.
13) 『일본서기』 권30 高天原廣野姬天皇 持統天皇 7년(693) 봄 2월(음 2월 30일); 최근영 외, 앞의 책, 201쪽 재인용.
14) 『속일본기』 권3 天之眞宗豊祖父天皇 文武天皇 大寶 3년(703) 5월 계사; 최근영 외, 앞의 책, 207쪽 재인용.

[山內晉次]가 지적하듯이, 669~701년에는 일본의 견당사 파견이 중단되어 있었다. 그래서 일본은 대륙의 정보나 제도, 문화를 입수하기 위하여, 신라와 우호 관계를 유지할 필요가 있었다. 마찬가지로 신라도 한반도 지배권을 둘러싸고 당나라와 대립하고 있었기 때문에, 후방에 위치한 일본과 원만한 관계를 유지하는 것이 신라에게도 중요했다고 볼 수 있다. 그런데 702년에 일본과 당나라 사이의 관계가 회복되자, 703년 이후로는 그 전과 같은 표류민 송환 방식은 자취를 감추고 말았다. 이처럼 특정한 시기에 특별한 정치·외교 효과를 거두기 위해서 표류민 송환 카드가 활용된 적이 있었음에 주목할 필요가 있다.[15]

(2) 표류·귀화의 구분과 표류민 송환(774, 811, 812, 814년)[16]

앞에서 언급하였듯이 774년에는 일본이 신라 표류민을 본국으로 되돌려 주기로 결정하였다. 그 뒤 아래에 제시한 4차례에 걸쳐 일본 측이 신라 표류민을 송환하였음이 문헌을 통해서 확인된다.

- 774년 5월, 투화한 것이 아닌 표류해온 사람은 모두 돌려보내라고 다자이후[太宰府]에 지시
- 811년 8월, 바다에서 적을 만났다가 살아남은 신라인이 돌아가기를 청하자 허락함[17]

---

15) 山內晉次, 앞의 논문, 30~31쪽.
16) 최근영 외, 앞의 책, 314~316쪽; 山內晉次, 위의 논문, 27쪽, 31~32쪽.
17) 『일본후기』 권 21 太上天皇 嵯峨天皇 弘仁 2년 8월 갑술.

- 812년 3월, 표류해 온 신라인 청한파 등의 요청대로 풀어서 보내줌.[18]
- 812년 9월, 신라인 유청(劉淸) 등 10명에게 식량을 주고 풀어서 보내줌.[19]
- 814년 10월, 신라 상인 31명이 장문국(長門國, 나가토) 풍포군(豊浦郡, 도요우라)에 표류하여 닿음. 신라 사람 신파고지(辛波古知) 등 26명이 축전국(筑前國, 치쿠젠) 박다진(博多津, 하카타)에 표착하였는데, '풍속과 교화를 흠모하여 멀리서 의탁하여 왔다'고 말함.[20]

　이때까지만 하더라도 송환의 대상이 된 것은 표류한 사람으로 국한되어 있었다. 다시 말해서 여러 가지 이유로 신라 사람들이 일본으로 귀화하는 경우도 있었는데, 그런 사람은 송환 대상에서 제외되어 있었다. 또 "(일본 측이 신라 표류민의) 요청대로 풀어서 돌려보냈다(依願放還)"거나, "(일본 측이 신라 표류민에게) 식량을 하사하고 풀어주었다(賜粮放還)"는 표현이 일본 기록에서 보인다. 이것은 신라 표류민을 송환해 준 것이 마땅히 해야 할 일이 아니라, 일본 측이 특별히 은혜를 베푼 것이라는 인식이 당시 일본 지배층에게 깊이 박혀 있었음을 잘 보여주는 것이다. 이러한 시각은 8세기 이후 일본 지배층이 신라에 대해 강한 경계심을 보였던 것과 관련되어 있다고 생각한다. 아무튼 이때까지만 하더라도 일본 측에는 해난사고를

---

18) 『일본후기』 권22 太上天皇 嵯峨天皇 弘仁 3년 3월 기미.
19) 『일본후기』 권22 太上天皇 嵯峨天皇 弘仁 3년 9월 갑자.
20) 『일본후기』 권24 太上天皇 嵯峨天皇 弘仁 5년 10월 병진, 경오.

당한 신라인을 세 가지, 즉 귀화를 목적으로 한 자, 어쩔 수 없이 표류한 자, 상업 활동을 목적으로 한 자로 엄격하게 구분하고, 그 중 표류민과 상인의 경우에는 본국 송환을 원칙으로 정하였다고 볼 수 있다.

(3) 귀화 금지·무역 허용과 표류민 송환(842년 이후)[21]

842년 이후가 되면 일본의 율령국가가 신라 사람들의 귀화를 금지하였음은 앞에서 설명한 바와 같다. 이러한 정책 변화의 바탕에는 해적 행위를 포함한 신라인의 왕성한 해상활동에 대하여 일본 측이 느낀 위기의식이 깊게 깔려 있었다고 보아야 할 것이다. 게다가 841년 장보고(張保皐)가 죽은 뒤 한반도와 일본열도 사이의 해상 주도권이 전과 크게 달라진 점도 일본의 정책 변화에 영향을 미쳤을지도 모른다.

- 842년, 신라인의 귀화는 금지, 표류민은 돌려보내고, 상인에게는 무역을 허용하기로 일본 측이 결정
- 856년, 신라인 30명이 표착, 다자이후가 이들에게 식량을 주고 돌려보내도록 함[22]
- 863년, 박다진(博多津, 하카타)에 신라인 3명 표착, 다자이후가 이들을 홍려관(鴻臚館, 고로칸)으로 보내서 먹을 것을 주고 돌려보내도록 함[23]
- 863년, 신라 동쪽 세라국(細羅國) 사람 54명이 죽야군(竹野郡,

---

21) 최근영 외, 앞의 책, 342~343쪽; 山內晋次, 앞의 논문, 27쪽, 32~34쪽.
22) 『日本文德天皇實錄』 齊衡 3년(856) 3월 임자.
23) 『日本三代實錄』 貞觀 5년(863) 4월 21일.

다케노) 송원촌(松原村, 마쓰바라)에 표착, 일본 측이 식량을 주고 본국으로 돌려보내도록 함.[24]

- 863년, 신라국 사람 57명이 황판(荒坂, 아라사카) 해변에 표착, 일본 측이 식량을 주고 본국으로 돌려보내도록 함.[25]
- 864년, 신라국 사람 30여 명이 석견국(石見國, 이와미) 미내군(美乃郡, 미네) 해안에 표착, 10여명이 죽고 24명이 생존, 일본 측이 식량을 주고 본국으로 돌려보내도록 함.[26]
- 870년, 신라 사람 7명이 대마도에 표착, 다자이후가 전례에 따라 식량을 주고 본국으로 돌려보도록 함.[27]
- 873년, 지난 9월 25일 신라인 32명이 한 척의 배에 타고 대마도 해안에 표착, 다자이후가 철저히 조사하여 보고한 뒤 속히 돌려보내도록 함.[28]
- 874년, 신라인 김사(金四)와 김오(金五) 등 12명이 배 한 척에 타고 대마도 해안에 표착, 다자이후가 표류하게 된 연유를 조사하고 속히 돌려보내도록 함.[29]
- 885년, 지난 4월 12일 신라국 사신 등 48명이 배 한 척에 타고 비후국(肥後國, 히고) 천초군(天草郡, 아마쿠사)으로 표류, 다자이후가 이를 철저히 조사하여 보고하고 돌려보내도록 함.[30]

---

24) 『日本三代實錄』 貞觀 5년(863) 11월 17일.
25) 『日本三代實錄』 貞觀 5년(863) 11월 17일.
26) 『日本三代實錄』 貞觀 6년(864) 2월 17일.
27) 『日本三代實錄』 貞觀 12년(870) 2월 20일.
28) 『日本三代實錄』 貞觀 15년(873) 12월 22일
29) 『日本三代實錄』 貞觀 16년(874) 8월 8일.

- 891년, 지난 해 10월 3일 신라인 35명이 표류한 까닭을 은기국 (隱岐國, 오키)이 아뢰었으며, 일본 측이 그들에게 쌀과 소금과 생선과 해조류 등을 하사하였음.[31]
- 893년, 신라 법사 신언(神彦) 등 3명이 장문국(長門國, 나가토) 에 표착, 그들을 조사하여 특별한 것이 없자 일본 측이 식량을 주고 돌려보냄.[32]
- 893년, 장문국 아무군(阿武郡, 아부)에 표착한 신라인을 일본 측이 조사[33]

지금까지 살펴본 것처럼 842년부터 893년까지 13건의 신라 표류민 송환 기록을 확인할 수 있다. 이 시기는 귀화든 상업 목적이든, 아니면 단순 표류든 가리지 않고, 일본으로 표류한 신라 사람은 모두 본국으로 송환한다고 하는 것이 일본 정부의 입장이었다. 그런데 한 가지 주목할 것은 일본이 신라 상인의 일본 입항을 막지 않았다고 하는 점이다. 당시 일본의 지배층들은 신라 표류민을 구조하여 송환해 주면서, 그것을 신라와 통상 확대를 꾀할 수 있는 수단으로 활용하고 있었다.

2) 고려시대

신라 상인들은 적극적으로 일본으로 가서 무역을 하였다. 이와 달리 고

---

30) 『日本三代實錄』 仁和 원년(885) 6월 20일.
31) 『日本紀略』 寬平 3년(891) 2월 26일.
32) 『日本紀略』 寬平 5년(893) 3월 3일.
33) 『日本紀略』 寬平 5년(893) 10월 25일.

려시대에 들어오게 되면 거꾸로 일본 상인들이 고려로 와서 무역을 하였다. 이런 까닭에 『고려사』에는 고려로 표류해 온 일본 사람의 송환과 관련한 기사가 보인다. 고려 사람이 일본으로 표류해 간 사례부터 살펴보면 다음과 같다.

(1) 일본으로 표류한 고려인의 송환[34]

- 929년 5월, '신라 견훤(甄萱)의 사신' 장언징(張彦澄) 등 20명이 지난 정월 13일 대마도 하현군(下縣郡, 시모아가타)에 표착, 다자이후가 5월 21일 이들에게 식량을 주고 돌려보냄.[35]
- 996년 5월, 고려국 사람이 석견국(石見國, 이와미)에 닿은 일이 있었는데, 전례에 따라 식량을 주고 돌려보냄.[36]
- 1002년 7월, 다자이후가 표류해 온 고려인 4명의 문서에 대하여

---

34) 山內晋次, 앞의 논문, 29~30쪽. 김보한은 고려와 일본 사이에 이루어진 14건의 표류민 송환을 소개하고 있다(김보한, 2009, 「중세 일본 표류민·피로인의 발생과 귀류의 흔적」, 『사총』 68, 75쪽). 그런데 이 가운데 다음 3건은 고려인의 일본 표류 건수에서 제외하는 것이 옳다고 생각한다. 먼저 1051년 7월건은 "죄를 짓고 일본으로 도망간 사람을 압송한 것"이므로 표류민 송환 대상에서 제외한다(日本對馬島遣使押送被罪逃人良漢等三人, 『고려사』 문종 5년(1051) 7월). 또 1389년 9월건은 영흥군(永興君) 왕환(王環)이 "일본으로 표류했다는 소문을 듣고 찾아보게 한 것"에 지나지 않으므로 역시 제외한다(妻辛氏聞飄風至日本國 請都堂私備金銀 令家奴隨回禮使物色求之者數四, 『고려사』 열전4 종실2; 『고려사절요』 공양왕 원년(1389)). 마지막으로 1226년 9월건은 『고려사』와 『고려사절요』에서 표류 사실이 확인되지 않는다.
35) 『扶桑略記』 延長 7년(929) 5월 17일, 21일.
36) 『小右記』 長德 2년(996) 5월 19일.

말함.[37]

- 1004년 3월, 인번국(因幡國, 이나바)이 우릉도(于陵島) 사람 11명에 대해 아룀.[38]
- 1019년 6월, 고려인 미근달(未斤達)이 5월 29일 축전국(筑前國, 치쿠젠) 지마군(志摩郡, 시마)에 표착[39]
- 1029년 7월, 탐라 백성 정일(貞一) 등이 일본에서 돌아옴. 처음에 정일 등 21명이 머나 먼 동남쪽 섬에 표류, 7개월 동안 억류되었다가 정일 등 7명이 몰래 작은 배를 훔쳐 타고 동북쪽으로 도망하여 나사부(那沙府)로 갔다가 살아 돌아옴.[40]
- 1031년 2월, 탐라 사람 8명이 표류, 다자이후가 식량을 주고 돌려보냄.[41]
- 1034년 3월, 고려인이 대우국(大隅國, 오스미)으로 표류, 후하게 대접하여 돌려보냈다고 대마도가 아룀.[42]
- 1036년 7월, 일본국이 우리나라 표류인(漂流人) 겸준(謙俊) 등 11명을 보냄.[43]
- 1049년 11월, 대마도가 우리나라 표풍인(飄風人) 김효(金孝) 등 20명을 압송.[44]

---

37) 『權記』長保 4년(1002) 7월 16일.
38) 『權記』長保 6년(1004) 3월 7일.
39) 『小右記』寬仁 3년(1019) 6월 21일, 29일.
40) 『고려사』현종 20년(1029) 7월 을유(28일).
41) 『小右記』長元 4년(1031) 2월 19일, 24일.
42) 『日本略記』長元 7년(1034) 3월.
43) 『고려사』정종 2년(1036) 7월; 『고려사절요』정종 2년(1036).

- 1060년 7월, 대마도가 우리나라 표풍인 예성강(禮成江) 백성 위효남(位孝南)을 송환, 왕이 대마도 사절에게 예물을 후하게 줌.[45]

- 1078년 9월, 일본국이 탐라 표풍민(飄風民) 고려(高礪) 등 18명을 돌려 보냄.[46]

- 1079년 9월, 일본국이 폭풍으로 표류한 우리나라 상인 안광(安光) 등 44명을 돌려보냄.[47]

- 1243년 9월, 일본국이 방물(方物)을 바치면서 우리 표풍인(漂風人)을 돌려보냄.[48]

- 1269년 5월, 제주도 사람이 일본으로 표류했다가 돌아와서 말하기를, "일본이 병선을 갖추어 우리나라를 침범하려 한다"고 말함.[49]

(2) 고려로 표류해 온 일본인의 송환[50]

- 1263년 6월, 전라도 안찰사(按察使)에게 명하여 표류해 온 일본

---

44) 『고려사』 문종 3년(1049) 11월 무오(29일).
45) 『고려사』 문종 14년(1060) 7월 계축(27일).
46) 『고려사』 문종 32년(1078) 9월 계유(1일).
47) 『고려사』 문종 33년(1079) 9월.
48) 『고려사』 고종 30년(1243) 9월 임신(29일).
49) 『고려사』 원종 10년(1269) 5월.
50) 김보한은 1019년 4월 장위남(張渭男) 등이 포획한 해적선 8척에 의해 납치되었던 일본인을 본국으로 송환한 것(『고려사』 현종 10년(1019) 4월 병진일)을 표류민 송환 대상에 넣고 있다(김보한, 앞의 논문, 75쪽). 그런데 이것은 표류민이 아

승려와 상인 등 573명(開也所島 230명, 群山과 楸子 265명, 加次島 78명)에게 식량과 배를 지급하여 본국으로 돌려보내도록 함.[51]
- 1263년 7월, 귀주(龜州) 애도(艾島)로 표류해 온 일본 상선에 탄 30명에게 식량을 주고 호송하도록 명함.[52]
- 1293년 7월, 진변(鎭邊) 만호(萬戶) 한희유(韓希愈)가 풍랑으로 표류해 온 왜인 8명을 붙잡음.[53]
- 1324년 7월, 영광군(靈光郡)으로 표류해 온 왜인 220여 명에게 배를 주고 돌려보냄.[54]

(3) 송으로 표류한 고려인의 송환

- 1088년 5월, 송이 명주(明州)로 표류한 우리나라 나주(羅州) 표풍인(飄風人) 양복(楊福) 등 남녀 23명을 돌려보냄.[55]
- 1088년 7월, 송이 명주(明州)로 표류한 우리나라 탐라(耽羅) 표풍인 용협(用叶) 등 10명을 돌려보냄.[56]

니라 강제로 붙잡힌 피로인(被虜人)이므로 이 글에서는 표류민 송환 건수에서 제외한다.
51) 『고려사』 원종 4년(1263) 6월.
52) 『고려사』 원종 4년(1263) 7월 을사(27일).
53) 『고려사』 충렬왕 19년(1293) 7월 정축(23일).
54) 『고려사』 충숙왕 11년(1324) 7월 계축(29일).
55) 『고려사』 선종 5년(1088) 5월 신해(6일).
56) 『고려사』 선종 5년(1088) 7월.

- 1089년 8월, 송이 명주로 표류한 우리나라 표풍인 이근보(李勤甫) 등 24명을 돌려보냄.[57]
- 1097년 6월, 송이 우리나라 표풍인 자신(子信) 등 3명을 돌려보냄. 처음에 탐라(耽羅) 백성 20명이 배를 타고 나국(躶國)으로 표류하였는데, 모두 죽이는 바람에 3명만 도망쳐서 송으로 갔다가 돌아옴.[58]
- 1099년 7월, 송이 우리나라 탁라(乇羅島, 탐라) 실선인(失船人) 조섬(趙暹) 등 6명을 돌려보냄.[59]
- 1113년 6월, 진도현 주민 한백(漢白) 등 8명이 매매를 위해 탁라도(乇羅島, 탐라)로 가다가 바람을 만나 송나라 명주로 표류, 송이 비단 20필과 쌀 2석씩 내려주고 돌려보냄.[60]
- 1155년 8월, 송이 명주로 표류한 우리나라 표풍인 지리선(知里先) 등 5명을 돌려보냄.[61]
- 1155년 12월, 송이 우리나라 표풍인 30여 명을 돌려보냄.[62]
- 1174년 8월, 송이 우리나라 표풍인 장화(張和) 등 5명을 돌려보냄.[63]
- 1186년 5월, 송이 우리나라 표풍인 이한(李漢) 등 6명을 돌려보

---

57) 『고려사』 선종 6년(1089) 8월 경술(13일).
58) 『고려사』 숙종 2년(1097) 6월 갑오(12일).
59) 『고려사』 숙종 4년(1099) 7월.
60) 『고려사』 예종 8년(1113) 6월.
61) 『고려사』 의종 9년(1155) 8월.
62) 『고려사』 의종 9년(1155) 12월.
63) 『고려사』 명종 4년(1174) 8월 정사(3일).

냄.⁶⁴⁾

- 1229년 2월, 송나라 상인 도강(都綱) 김인미(金仁美) 등 2명이 제주 표풍민(飄風民) 양용재(梁用才) 등 28명과 함께 들어옴.⁶⁵⁾

(4) 금으로 표류한 고려인의 송환

- 1128년 12월, 금나라 조서 가운데 풍랑을 만나 '표류한 김철의(金鐵衣) 등 6명을 붙잡아 돌려보냈다'고 함.⁶⁶⁾
- 1128년 12월, 동로 순검사(東路巡檢司)에 의해 해안에서 붙잡힌 표류민 김철의(金鐵衣) 등 6명을 돌려보내 준 것에 대해 왕이 감사 표시⁶⁷⁾

(5) 명으로 표류한 고려인의 송환

- 1379년 6월, 명나라 황제가 탐라 표풍인 홍인륭(洪仁隆) 등 13명을 돌려보냄.⁶⁸⁾
- 1381년 7월, 제주 사람이 명나라 경계로 표류, 우리가 북원(北元)을 따르는 것이 아닌가 하고 명이 의심으로 하였으나, 홍무

---

64) 『고려사』 명종 16년(1186) 5월 신묘(14일).
65) 『고려사』 고종 16년(1229) 2월 을축(26일).
66) 『고려사』 인종 6년(1128) 12월.
67) 『고려사』 인종 6년(1128) 12월.
68) 『고려사』 우왕 5년(1379) 6월.

(洪武) 연호가 적힌 문서를 보고 기뻐하며 후하게 대접하여 돌려 보냄.[69]

(6) 고려로 표류해 온 중국인의 송환

- 1359년 7월, 황주(黃州) 청화강(鐵和江)으로 표류해 온 강절성(江浙省, 절강성?) 평장(平章) 카니치(火尼赤)에게 쌀 100석과 저포 20필을 내려주고 행성(行省) 원외(員外) 신인적(申仁適)의 딸을 처로 삼게 함.[70]
- 1387년 5월, 서해 여러 섬으로 표류해 온 요동(遼東)의 조운선(漕運船)을 경성으로 쳐들어오는 배로 오인하여 소동이 벌어짐.[71]

3. 표류건수의 비교

먼저 신라인(22건)이나 고려인(15건)이 일본으로 표류한 해난사고의 기록이 그 반대의 경우(4건)보다 압도적으로 많았다. 물론 이것은 당시 기록의 미비함 때문이었을 수도 있지만, 대륙에서 불어오는 계절풍과 해류의 영향으로 해난사고 자체에서도 상당한 정도의 차이가 있었을 것으로 짐작된다.

---

69) 『고려사』 우왕 7년(1381) 7월.
70) 『고려사』 공민왕 8년(1359) 7월.
71) 『고려사』 우왕 13년 (1387) 5월.

『고려사』를 비롯하여 문헌으로 확인되는 고려시대 35건의 표류기록 중에서 고려인의 표류가 30건, 일본인 4건, 중국인 2건이다. 고려인이 표류해 간 곳을 보면 일본(15건)과 송(11건)이 많았으며, 금(2건)과 명(2건)은 적었다. 고려인의 표류건수(30건) 가운데 1200년 이전이 25건인 데 비해서, 그 이후는 5건에 지나지 않았다. 이것은 1200년 이후 고려인의 표류가 없었다기보다는, 왜구의 출몰 등으로 말미암아 고려 표류민의 본국 송환이 이루어지지 않았기 때문으로 보아야 할 것이다(〈표 1〉 참조).

〈표 1〉 고려시대 표류건수의 비교

시기 \ 지역	고려인 표류 건수	표착지				일본인 고려 표착 건수	중국인 고려 표착 건수
		일본	송	금	명		
918~950	1	1					
951~1000	1	1					
1001~1050	8	8					
1051~1100	8	3	5				
1101~1150	3		1	2			
1151~1200	4		4				
1201~1250	2	1	1				
1251~1300	1	1				3	
1301~1350	0					1	
1351~1392	2				2		2
계	30	15	11	2	2	4	2

자료 : 『고려사』; 김보한(2009) ; 일본자료(『扶桑略記』, 『小右記』, 『權記』)는 山內晋次, 27~30쪽 재인용.

표류기록의 기재 내용을 보면 신라시대와 고려시대가 큰 차이는 없어 보인다. 언제 어느 지역으로 누가 몇 명이 표류하였는지를 적은 정도가 보통이다. 이 시기까지만 하더라도 어디에서 배가 풍랑에 떠밀리기 시작해서 얼마 동안 표류하다가 언제 어느 곳에 닿았는지를 구체적으로 알 수 있는 기록은 거의 찾아보기 어렵다.

Ⅲ. 조선시대 영암 출신 표류민의 일본 표착과 한·일 항로

1. 조선 전기 표류와 표착

여기에서 말하는 조선 전기(前期)란 조선 건국부터 임진왜란 이전까지를 가리킨다. 이 시기에 한반도와 일본열도 사이에서 일어난 해난사고에 대하여 자세한 기록이 남아 있는 것은 그다지 많지 않다. 다만 이 시기에도 조선 정부는 한반도 연안에서 해난사고가 발생하면 주변국에 협조를 요청하기도 하였다. 혹시 일본으로 표류해 간 것으로 추측될 때는 조선 정부가 일본 측에 표류민을 구조해서 송환해 줄 것을 여러 차례 요청한 일도 있었다.[72]

조선인이 일본으로 표류한 건수를 보면 이훈은 1408년부터 1591년까지 표류와 송환이 문헌으로 확인된 45건을 제시하고 있다.[73] 이 가운데 만년(萬年)과 정록(丁祿)의 표류(1450~53)는 유구(琉球)와 사쓰마[薩摩] 사이에 있는 와사도(臥蛇島, 가자지마)에 표착한 사건인데, 두 사람은 유구 중산왕(中山王)이 파견한 사신에 의해 조선으로 송환되었다.[74] 이밖에 장회이(張

---

72) 이훈, 2000, 『조선후기 표류민과 한일관계』, 국학자료원, 36~37쪽.
73) 이훈, 위의 책, 57~58쪽.
74) 『단종실록』 단종 원년(1453) 5월 11일(정묘).

廻伊)의 일본 표류(1499~1501)[75]와 강연공(姜衍恭)의 일본 오도(五島) 표류(1539~1540)[76]에 대해서도 실록에 자세한 기록이 남아 있는데, 두 사람 모두 제주 출신이다. 이처럼 일본 등 외국으로 표류한 사람 중에는 제주 출신이 많았다. 그런 가운데 보성(寶城) 사람 배만대(裵萬代) 등 15인이 일본으로 표류했다가 1540년 송환된 적이 있었다. 그들은 청어 잡이를 나갔다가 배가 침몰되어 일기도(一岐島)에 표류한 뒤 대마도를 거쳐 돌아왔다고 한다.[77]

　이와 반대로 조선으로 일본인이 표류해 온 경우도 있었다. 이훈에 따르면 1436년부터 1559년까지 모두 9건의 송환 기록이 실록에 남아 있다고 한다.[78] 그 가운데 1469년 3월 망고라(望古羅) 등 7명의 대마도 사람이 제포(薺浦, 지금의 진해)에 와서 배를 정박한 일이 있었다. 경상우도 수군 절도사(水軍節度使)의 보고에 따르면, 이들은 칡뿌리를 캐기 위하여 윤 2월 6일 길을 떠났다가 바람을 만나 전라도 어느 지방에 표류하였다고 한다. 그들이 육지에 내려서 밤을 줍고 있을 때, 조선의 어선 수십 척이 달려들어 대마도 사람들의 쌀을 빼앗고 화살을 쏘아 그들 중 몇 사람이 죽고 말았다고 한다.[79] 이보다 앞서 1440년에는 전라도 장흥으로 일본 사람들이 표류해 온 적이 있었다. 표온고로(表溫古老) 등 6명의 대마도 사람들이 풍랑을 만나 전라도 장흥 지역에 이르러 어느 섬에 숨어 있다가 그곳 주민들에게 발각된 것이다. 이들을 돌려보내면서 조선의 예조가 대마도주에게 보낸 외교

---

75) 『연산군일기』 연산군 7년(1501) 정월 30일(기묘).
76) 『중종실록』 중종 35년(1540) 9월 18일(병오), 10월 23일(신사), 10월 24일(임오).
77) 『중종실록』 중종 35년(1540) 4월 9일(경오).
78) 이훈, 앞의 책, 59쪽.
79) 『예종실록』 예종 원년(1469) 3월 13일(정유).

문서-서계(書契)-에는, "고기를 낚는다는 핑계로 문인(文引, 통행허가증)도 지참하지 않고 함부로 경계를 넘어 전라도 장흥 지방의 경내(境內)로 들어와 섬에 숨어 있었으니, 이는 마땅히 죄로 다스려야 하겠지만, 이번에는 불문에 두어 양식을 주고 다시 돌려보내니 그리 알라."는 경고 문구가 들어있었다.[80]

이처럼 임란 이전에도 조선과 일본 사이에 표류민의 송환이 이루어지고는 있었다. 그렇지만 조선 전기까지만 하더라도 침입자와 표류민의 분간이 어려울 정도로 한반도와 일본열도 사이의 바다는 긴장 상태였다. 따라서 두 나라 사이에는 표류민의 구조와 송환이 보장되어 있지 않았다. 즉 완전한 송환 다시 말해서 예외 없이 모든 표류민의 본국 송환이 제도로 정착되기 시작한 것은 임진·정유왜란과 정묘·병자호란이 끝난 뒤인 17세기 중엽이다. 이것은 678년 신라 표류민의 송환이 법으로 정해진 뒤 천 년 가까운 세월에 거쳐서 이룩한 역사 발전이다. 그리고 표류에 관한 기록도 전보다 충실해져서 언제 누가 어디에서 어디로 표류했다가, 언제 어디를 거쳐서 어떻게 송환되었는지를 알 수 있게 되었다. '표류기록의 르네상스시대'가 열린 것도 이 무렵이었다.

---

80) 『세종실록』 세종 22년(1440) 12월 23일(임진).

2. 조선 후기 영암 주민의 일본 표착

1) 1699년 영암 주민 고오천(高吾天) 등 15명의 일본 대마도 표착

(1) 일본에서 작성한 표류민 진술서

현재 일본 게이오대학[慶應大學] 도서관에 소장되어 있는 『공의피앙상장(公義被仰上帳)』 2(1696~1702년)[81]에는 전라도 영암 출신 표류민의 진술서가 남아 있다. 이 진술서는 대마도가 조선인의 표류·표착 사고를 도쿠가와[德川] 막부(幕府)에 보고하기 위하여 작성한 것이다. 영암 표류민들을 조사했던 대마도가 작성한 ㉠ 구상서(口上書)와 ㉡ 명단, ㉢ 소지품과 선적물 등을 소개하면 다음과 같다.

㉠ 구상서

【사료 1】조선 표민 구상서

우리들은 조선국 전라도에 속한 영암군 사람입니다. 경상도 울산으로 장사를 하러 배 한 척에 15명이 타고 보리 120가마를 싣고서 6월 20일 배를 띄워 7월 10일 울산에 도착하였습니다. 그곳에서 청어를 사서 10월 3일 진시에 출선하여 동래군의 부산포라는 곳에 배를 댔는데, 바람이 좋지 않아서 초량의 마키노시마 - 절영도, 지금의 부산광역시 영도구 - 에 대고 있었습니다. 그런데 갑자기 서풍이 강하게

---

[81] 이 자료의 표지에는 「公義被仰上帳 二 元祿九丙子年より同十五壬午年ニ至」라고 되어 있다.

불어와서 먼 바다로 떠밀려가자 뭍으로 저어가려고 애를 써 보았지만, 바람이 강해서 어찌 할 수가 없었습니다. 게다가 돛대마저 부러져버려 바람에 맡겨 표류를 하였는데, 이튿날인 4일 해시에 쓰시마 좌호향(佐護鄕 사고코)에 있는 선강(船江 후나에)이라는 곳에 표착하자, 여러 척의 배가 나와 포구로 이끌고 가서 접대를 해 주니 감사하게 생각할 따름입니다. 우리들의 종교를 물으셨는데 (우리들은) 늘 관음석가를 믿고 있습니다.

【사료 1】에서 알 수 있듯이 15명의 영암 사람들이 1699년 6월 20일[82] 배 한 척에 보리 120가마를 싣고 영암을 출발하여 7월 10일 경상도 울산에 도착하였다. 영암에서 울산에 이르기까지 20여 일 남짓 걸렸는데, 중간 중간에 바람과 파도의 상태를 살피면서 여러 곳에 기착하였을 것으로 보인다. 석 달 가까이 울산에서 머물면서 싣고 갔던 보리를 팔아 청어를 구입한 그들은 영암으로 되돌아오기 위하여 그해 10월 3일 울산을 출발하였다. 동래의 부산 인근에 이르렀을 때 바람이 좋지 않아 절영도에 배를 대고 있었는데, 강한 서풍에 밀려 표류하다가 10월 4일 대마도에 표착한 것으로 되어 있다. 서쪽에서 불어오는 강한 바람 때문에 돛대가 부러진 것이 표류의 결정적 원인이었다.

---

82) 『삼정종람(三正綜覽)』(내무성 지리국, 帝都出版社, 1932)에 따르면 1699년은 조선이 7월에 윤달이 들고 일본은 9월에 윤달이 들었다. 그래서 조선의 윤 7월이 일본에서는 8월이었으며, 조선의 8월이 일본의 9월과 같고, 조선의 9월이 일본의 윤 9월과 일치하였다. 즉 조선과 일본의 윤달이 달라서 7월부터 9월까지가 서로 달랐으며, 나머지는 두 나라의 날짜가 모두 같았다.

ⓒ 명단

영암 사람 15명은 대마도 좌호향(佐護鄕) 주민들에 의해 구조되었다. 그들의 표착지가 대마도 인근이었기 때문에, 당시 일본의 법제에 따라 그들은 막부의 직할령인 나가사키로 가지 않고 바로 조선으로 귀국할 수 있었다.

〈표 2〉 영암 출신 표류민의 명단(1699년)

연번 (자료A)	나이 (자료A)	신분 (자료 B)	역직 (자료 B)	일본음 (자료 A)	한국음 (자료 B)	연번 (자료 B)
1	55	사노(私奴)	해부(海夫) 격군(格軍)	리체구사니	이청산 (李靑山)	2
2	50	양인(良人)	모군(募軍)	심시니비	신립(申立)	3
3	42	양인(良人)	사공(沙工)	가쿠오츠체니이	고오천 (高吾天)	1
4	36	사노(私奴)	산척(山尺)	기무체이비	김계업 (金戒業)	10
5	34	양인(良人)	해부(海夫)	시무도루사니	신평을산 (申坪乙山)	13
6	33	양인(良人)	모군(募軍)	가쿠시레니이	고실현 (高失玄)	4
7	32	양인(良人)	모군(募軍)	하쿠스구하기	백승학 (白承鶴)	5
8	30	사노(私奴)	정병보(正兵保)	기무유타미	김유담 (金有淡)	12
9	29	양인(良人)	모군(募軍)	기무이리	김일(金日)	6
10	28	사노(私奴)	해부(海夫)	기무소이	김쇠이 (金金伊)	14
11	28	양인(良人)	모군(募軍)	첸리무세니	정임선 (鄭任善)	8
12	27	양인(良人)	모군(募軍)	가쿠세에보	고세보 (高世普)	7

연번 (자료A)	나이 (자료A)	신분 (자료 B)	역직 (자료 B)	일본음 (자료 A)	한국음 (자료 B)	연번 (자료 B)
13	27	양인(良人)	모군(募軍)	시무모토키	신모득 (申毛得)	9
14	21	사노(私奴)	산척(山尺)	기무소츠체리	김사철 (金士哲)	11
15	14	사노(私奴)	해부(海夫)	기무센고니	김선건 (金善建)	15

자료 A : 『公義被仰上帳』2, 일본 게이오대학 도서관 소장.
자료 B : 『漂人領來謄錄』영인본 제3책, 서울대학교 규장각 한국학연구원 소장.

    〈표 2〉는 영암 사람들이 대마도에서 조사받을 때 작성된 자료(자료 A)와 그들이 조선에 귀국한 뒤에 조선 정부가 조사하여 작성한 자료(자료 B)를 비교하여 정리한 명단이다. 먼저 일본 자료(A)에는 표류민의 나이가 적혀 있는데 조선 자료(B)에는 그것이 없다. 또 일본 자료에는 표류민의 성명이 일본어 발음으로 가타카나[片假名]로 적혀 있지만, 조선 자료에는 한자로 기재되어 있어 신원을 파악하기가 더 쉽다. 또 조선 자료에는 신분(良人, 私奴)과 역직(沙工, 格軍, 募軍, 正兵保, 海夫, 山尺)이 모두 적혀 있어서 표류민들의 사회경제적 지위를 살필 수 있게 한다. 그런데 표류민 성명의 기재 순서가 조선 자료와 일본 자료 사이에 조금 차이를 보인다. 일본 자료를 보면 가장 나이가 많은 사노(私奴) 이청산(李靑山, 55세)이 첫 번째로 소개되어 있는데, 그는 해부(海夫)이자 격군(格軍)으로서 항해에 참여한 것으로 되어 있다. 이에 반해 조선 자료는 양인(良人) 신분의 사공(沙工) 고오천(高吾天, 42세)을 맨 처음에 적고 있다. 그런데 조선 자료의 표류민 기재 순서에 양인과 천인의 구분이 직접적인 영향을 미친 것으로는 보이지 않는다. 당시 조선에서는 신분 구분은 여전히 남아 있었지만, 표류기록에서는 반드시 양인 신분이라고 해서 먼저 기재하고 천인 신분이라고 해서

나중에 기록하는 것은 아니었던 것 같다.

ⓒ 선구(船具)와 하물(荷物)

일본 자료에는 영암 표류민들이 타고 갔던 배의 크기를 비롯해서, 그들이 소지했던 물품과 선적물이 기록되어 있다. 모두 49종의 물품 기록 가운데 첫 번째로 선박의 크기(길이 10尋, 너비 3.5尋)가 소개되어 있다. 그 다음으로 돛대[檣]가 적혀 있는데, 두 개의 돛 대 가운데 하나가 파손되었다. 그리고 돛[帆]은 두 장이었는데, 큰 것은 6장짜리 돛[六枚帆]이었고, 작은 것은 5장짜리 돛이었다고 한다. 그 밖에 큰북·대자리·접시·항아리·물병·밥솥·수저·냄비·낫·송곳·보리쌀·흰쌀 등이 실려 있었다. 그리고 영암 사람들이 보리를 팔아서 울산에서 구입한 것으로 보이는 건어 60연과 염장한 청어 8,463마리, 마른 멸치 13가마니 등이 선적물 속에 들어 있었다. 마지막으로 9매의 제찰(制札)은 영암 사람들이 지니고 있었던 호패(號牌)를 가리키는 것으로 보인다. 이러한 물품들을 통해서 바다를 삶의 무대로 삼고 살아갔던 영암 주민들의 생활상을 살필 수 있을 것으로 생각한다.

【사료 2】고오천(高吾天) 등의 소지품과 선적물(대마도 조사)

1. 배 1척 길이 10심(尋), 너비 3심 반

1. 돛대[檣] 2본, 그 가운데 1본은 損物 즉 파손

1. 돛[帆] 2장, 그 가운데 1장은 5枚帆, 다른 하나는 6枚帆

1. 노[楫] 1우(羽)

1. 三木 1본

1. 망루[櫓] 5정(挺)

1. 닻[碇] 3

1. 그물 크고 작은 것[網大小] 4房

1. 작대기[水竿] 4본

1. 판자 크고 작은 것[あゆ(内?)ミ板大小] 2매

1. 대로 엮어 만든 덮개[篷] 7매

1. 붉은 색 자리[赤(?)座] 4매

1. 큰북[大鼓] 1

1. 새끼줄[小繩] 1다발(束)

1. 대자리[筵] 21매

1. 차완(茶碗) 크고 작은 것(大小) 31

1. 접시[皿] 크고 작은 것(大小) 9

1. 항아리[壺] 大小 16

1. 술병[德利] 7개

1. 물병[水瓶] 3개

1. 가마솥[なねの飯炊 次?] 1

1. 깔개[折敷] 3매

1. 쇠 젓가락[なねの箸] 9膳

1. 차 숟가락[茶匙] 14본

1. 냄비[鍋] 2

1. 도끼[斧] 2정(挺)

1. 낫[鎌] 2정(挺)

1. 대패[鉋] 2정(挺)

1. 작은 상자[小箱] 3

1. 끌[鑿] 3정(挺)

1. 송곳[錐] 1본

1. 가죽 이불[皮婦とん] 3

1. 벼루 상자[硯箱] 2

1. 가마니[かます] 28

1. 대패[鐁] 1정(挺)

1. 먹 받침대[墨臺] 1

1. 벼 담은 가마니[籾] 1

1. 보리 가마니

1. 보리 담은 가마니[麥入かます] 2

1. 대황[83)] 담은 가마니 1

1. 흰쌀 담은 가마니 1

1. 자리[座] 13매

1. 건어(乾魚) 60연(連)

1. 소금에 절인 청어[鹽鯖] 8,463

1. 말린 멸치[鰯] 13가마니

1. 되[舛] 2

1. 통[桶] 2

1. 버드나무 줄기로 짠 고리짝 25

1. 제찰(提札) 9매

이상

묘(1699년) 10월 14일

---
83) 대황은 황포(荒布 아라메)라고도 적는데, 바닷말의 한 가지로 식용이나 비료용

표류사에서 본 영암과 규슈 서북부지역 351

위에 소개한 일본 자료의 작성 일자는 1699년 10월 14일로 되어 있다. 좌호(佐護 사고)에 10월 4일 표착한 영암 사람들이 대마도의 부중(府中 후 츄, 지금의 이즈하라 嚴原)으로 호송된 다음 그곳에서 조사를 받고 작성된 것으로 보인다.

(2) 조선에서 작성한 표류민 조사서

대마도에서 조사를 마친 영암 표류민들은 외교 관례대로 대마도에 의해 조선으로 호송되었다. 대마도 호송선의 안내를 받으며 영암 표류민이 조선으로 들어오는 모습은 1699년 10월 말부터 보이기 시작한다. 현재 서울대학교 규장각한국학연구원에 소장되어 있는 『표인영래차왜등록(漂人領來差倭謄錄)』[84]에 따르면, 왜선 3척의 움직임이 10월 30일 진시 무렵 조선의 해안 경비 부서에 의해 포착되었다고 한다. 이튿날 훈도 박재흥(朴再興)과 별차 김상윤(金尙潤)이 왜관으로 들어가 그들을 문정(問情)하였는데, 조선 역관의 문정 내용은 다음과 같다.[85]

제1선은 당년도 부특송사(副特送使)였습니다. 1호선에 정관(正官) 등우충(藤友忠), 부관(副官) 등성용(藤成庸), 도선주(都船主) 관주리(管周利), 봉진압물(封進押物) 1인, 시봉(侍奉) 2인, 반종(伴

으로 쓰였다.
84) 『漂人領來差倭謄錄』제6책(서울대학교 규장각 한국학연구원 소장 12954의 12)에는 병자(1696년)·무인(1698년)·기묘(1699년)의 표류민 송환 기록이 실려 있다. 이 자료는 『漂人領來謄錄』영인본 제3책(규장각 자료총서, 금호시리즈 대외관계편, 1993년)으로 간행되었다.
85) 『漂人領來謄錄』영인본 제3책, 263~264쪽.

從) 4명, 격왜(格倭) 40명 등이 함께 타고 있었습니다. 그들은 서계(書契)와 표인순부서계(漂人順付書契), 별폭(別幅) 등을 가지고 왔습니다.

제2선은 부특송사 2호선이었습니다. 그 배에는 이선주(二船主) 등 원신(藤元申), 유선주(留船主) 등중령(藤重令), 사복압물(私卜押物) 1인, 반종(伴從) 3명, 격왜(格倭) 30명 등이 함께 타고 있었으며, (도항증에 해당하는) 노인(路引)을 가지고 왔습니다.

제3선은 우리나라 전라도 영암인 15명이 타고 있었습니다. 그런데 그 안에 통사왜(通事倭) 1인, 지로사공왜(指路沙工倭) 1인, 수호금도왜(守護禁徒倭) 2명이 함께 타고 있었으며, 노인(路引)[86]을 가지고 나왔습니다.

문정 결과 앞의 〈표 2〉에 소개한 것과 같은 표류민[87]의 명단이 확인되었다. 그리고 그들의 출신지도 밝혀졌다. 그들은 전라도 영암군 송지면(松旨面) 노아도(露兒島)에 사는 상인이었는데, 출항 이유와 항해 경로를 다음과 같이 밝혔다.[88]

① 출항과 항해
생선을 사기 위해[貿魚次] 본전(本錢)으로 겉보리[皮麥] 120석

---

86) 노인(路引)이란 문인(文引)이라고도 하는 것인데, 일본에서 조선으로 건너올 때 반드시 소지하게 되어 있는 도항증(渡航證)을 가리킨다.
87) 『漂人領來差倭謄錄』에는 漂風人으로 적혀 있다.
88) 『漂人領來差倭謄錄』 제6책 기묘 11월 12일(영인본 『漂人領來謄錄』 3, 266~267쪽).

을 곁꾼 신모득(申毛得)의 배에 싣고 금년(1699년—인용자 주) 6월 20일 15명이 함께 타고 울산부(蔚山府)를 향해 배를 띠웠습니다. 7월 10일 서생(西生)의 강어귀에 도착하여 고등어[古道魚]와 멸치[鰯魚]를 구입한 다음, 10월 3일 진시 쯤 그곳을 출발하여 돌아오려 하였습니다.

② 표류

(10월 3일) 술시 쯤 되어서 부산의 오륙도 앞바다에 이르렀을 때 갑자기 서풍을 만나 범죽(帆竹)이 부러져 배를 제어할 수가 없게 되자 바람에 맡겨서 표류를 하게 되었습니다. (배가 뒤집히는 것을 막기 위해) 싣고 있던 어물(魚物)을 거의 모두 바다에 던져버렸습니다.

③ 표착과 구조·구호

(10월) 4일 술시에 대마도 좌호향(佐護鄕)에 표착하자 왜인들이 (우리가) 표류해 온 것을 알고 포구로 끌고 가서 뭍에 내리게 했으며, 수검(搜檢) 후에는 아침 저녁으로 음식을 주었습니다.

④ 송환

표착지에서 13일을 머무른 뒤에 나와서 임시로 범죽(帆竹)을 다시 만들고 배를 수리해 주었습니다. 같은 달 18일 송사왜(送使倭)와 함께 배를 타고 출발하여 29일에 악포(鰐浦 와니우라)에 도착하여 바람을 기다렸습니다. 30일에 마침 순풍이 불어서 일찍 밥을 먹고 송사왜선(送使倭船)과 함께 배를 띠워 (왜)관으로

향하였습니다. 물마루(水宗)를 지나려는데 역풍이 일어 기장현
(機張縣) 무지포(武知浦)로 표류하여 닿았다가 지금 비로소 이
곳에 이르렀습니다.

그런데 영암 표류민들은 조선 귀국 후 조사를 받을 때 소지품과 선적물에 대해서도 조사를 받았는데, 그것을 소개하면 【사료 3】과 같다.[89] 이것을 보면 그들의 소지품이 모두 4건으로 기록되어 있는데, 대마도에서 조사받았을 때보다 품목 수가 크게 줄어들었다. 아마도 그 이유는 표류민들이 대마도에서 체류하는 동안에 선적물을 처분했기 때문일 수도 있고, 아니면 조선의 관리들이 잡다한 물건에 대해서는 기록하지 않고 생략했기 때문일 수도 있다. 그리고 여기에서 말하는 '고등어 7천 마리'와 '멸치 13가마니'는 앞의 대마도 기록에 보이는 '염장한 청어 8,463마리'와 '마른 멸치 13가마니'를 각각 가리키는 것으로 생각된다.

【사료 3】고오천(高吾天) 등의 소지품과 선적물(동래부 조사)

1. 고등어[古道魚] 7천 마리(尾)

1. 멸치[鰯魚] 13석(石)

1. 겉보리[皮麰] 3석(石)

1. 벼[正租] 10두(斗)

그리고 15명 중 사노(私奴) (김)계업(金戒業, 36세)과 양인(良人) 고세보(高世普, 27세) 등 2명만 호패[90]를 제출하였고,[91] 나머지 13명은 당초 집을

---

89) 『漂人領來咨倭謄錄』 제6책 기묘 11월 12일(영인본 『漂人領來謄錄』 3, 267쪽).

나설 때 차고 오지 않았다고 그들은 답변하였다. 그런데 그들이 대마도에서 조사 받을 때 제찰(制札)이 9매라고 적혀 있었는데(【사료 2】참조), 조선 귀국 후에는 무슨 까닭인지 그것이 둘로 줄어들었다.

2) 1732년 영암·강진·해남·보성·제주 주민 등 25명의 일본 고토[五島] 표착

(1) 일본에서 작성한 표류민 진술서

현재 일본 게이오대학 도서관 소장 자료인 『공의피앙상(公義被仰上)』제12책(1734~1735년)에는 일본 오도(五島 고토) 야수(野首 노쿠비)에 표착한 전라도 표류민들에 관한 기록이 남아 있다. 이 진술서는 축년 5월 26일자로 대마도가 작성한 것이다.

㉠ 구상서

【사료 4】조선 표류인 구상서

우리들은 조선국 전라도 안에 있는 강진의 토민(土民)입니다. 배 한 척에 14명이 타고 있었는데, 승려[無髮之者][92] 4명과 여자 7명을 더

---

90) 원문에는 목패(木牌)로 적혀 있는데 이것은 호패를 가리키는 것으로 보인다(『漂人領來謄錄』 3, 267쪽).
91) 원문에는 현납(現納)으로 적혀 있음.
92) 대마도주 平義如가 교호(享保) 18년 계축 6월 조선의 예조참의 앞으로 보낸 서계에는 이것이 「독부(禿夫)」라고 적혀 있는데, 「무발지자(無髮之者)」든 「독부(禿夫)」든 모두 승려를 가리키는 것으로 보인다.

태워주었습니다. 장사를 하기 위해 전라도의 완도[93]라는 곳으로 가서, 재작년 12월 14일 그곳에서 돛을 띄웠습니다. 그런데 서풍이 크게 불어 바람과 파도가 강해지자 노와 돛대가 파손되어 뭍으로 배를 대기가 어렵게 되자 바람에 맡겨서 표류를 하게 되었습니다. 동 21일 밤 오도(五嶋 고토)의 영지인 야수(野首 노쿠비)라고 하는 곳으로 떠내려갔는데, 배가 부서지는 바람에 모두 뭍으로 올라갔습니다. 위의 25명 가운데 남자 2명과 여자 3명이 추위와 배고픔에 지쳐 죽었습니다. 다음날 아침에 인가를 찾아 나섰는데, 동 23일 역인(役人)들이 와서 구호를 해주었습니다. 그곳에서 정월 16일 출범을 하여 동 24일 나가사키[長崎]에 닿았는데, 음식을 지급해 주었습니다. 4월 19일 나가사키에서 닻을 띄웠는데, 시신을 관에 담아 함께 호송해 주었으며, 이번(5월)[94] 26일 대마도에 도착하였습니다. 나가사키 쪽에서 배를 타고 오는 중에도 일일이 음식을 지급해 주시어 감사하게 생각합니다.

1. 우리들의 종교는 늘 관음석가를 믿고 있습니다.

【사료 4】에서 보는 것처럼 일본 오도(五嶋 고토)에 표착한 전라도 표류

---

93) 일본 자료의 원문에는 完嶋로 되어 있는데, 이것은 莞島를 가리키는 것으로 보인다.
94) 이 진술서의 작성일자가 「축 5월 26일」로 되어 있기 때문에, 대마도 도착 일자를 1733년 5월 26일로 볼 수있을 것 같다. 「享保 18년 계축 6월」에 작성된 대마도주의 서계에 「前月 26일」 대마도에 도착하였다고 되어 있으니, 이것을 5월 26일로 보아도 될 것으로 생각한다.

민들은 당초에는 '강진' 사람 14명과 승려 4명, 여자 7명 등 모두 25명이 함께 타고 있었으나, 그중 5명(남 2, 여 3)이 사망하여 생존자는 20명이었다. 그런데 이들이 나중에 조선으로 귀국한 다음에 밝혀진 사실이지만, 25명 중 강진 사람은 9명뿐이며, 나머지는 영암 7명, 해남 6명, 보성 1명, 제주 2명 등이었다. 기존의 연구에서는 일본 자료만 가지고 25명 전원을 강진 사람으로 간주해 왔으나,[95] 조선 자료를 함께 분석한 이 글을 통해 비로소 전모가 밝혀지게 된 셈이다.

그리고 이들은 1732년 완도에서 강진으로 돌아오던 중 강한 서풍을 만나 노가 부러지고 돛대가 파손되어 표류를 하게 되었다고 한다.[96] 12월 21일 밤 오도(五嶋 고토)에 표착한 그들은 같은 달 23일 그곳 주민들의 구호를 받았다. 이듬해인 1733년 1월 24일 그들은 나가사키로 호송되어 그곳에서 다시 조사를 받았다. 석 달 가까이 나가사키에서 머물던 그들은 4월 19일 그곳을 출발하여 5월 26일 대마도로 호송되었다.

ⓒ 명단

일본 자료에는 20명의 생존자 명단과 함께 5명의 사망자가 맨 마지막에

---

95) 池內敏, 「近世日本と朝鮮漂流民」, 「近世朝鮮人の日本漂着年表」, 44쪽, J 1726~35년, 정리번호 30; 이훈, 앞의 책, 407쪽, 번호 76.

96) 뒤에서 다시 설명하겠지만, 표류민들이 조선으로 귀국한 다음에 작성된 기록에 따르면, 그들이 모두 "강진 일점곶(日占串)을 12월 14일 출발하여 제주로 향하다가 표류"하게 되었다고 한다. 표류한 날짜는 대마도에서 진술한 것과 일치하지만 표류 지점과 항로를 사실과 다르게 답변하였다. 즉 일행 중 제주 출신이 끼어 있었던 것을 일본 측에 숨기기 위해서, 그들의 출항지와 항로를 '강진→제주'가 아닌 '완도→강진'으로 거짓 진술한 것이다.

소개되어 있다. 이에 대해서는 뒤에서 다시 설명하고자 한다.

ⓒ 선구와 하물

일본 자료에는 표류민의 소지품과 선박 도구가 적혀 있다.

【사료 5】소지품과 선적물(대마도 조사)

1. 가마니 3

1. 보자기[風呂敷包] 1

1. 냄비[鍋] 17

1. 바구니[籠] 1

1. 버드나무로 만든 궤짝[柳こり] 3

1. 쇠 젓가락 20본

1. 부서진 판자, 크고 작은 것 20매

1. 나무끝[梶] 1우(羽)

1. 나무 닻[木碇] 2

1. 도끼 1자루(丁)

1. 조선 칼, 작은 것[小刀] 1자루(本)

1. 둥근 통나무[丸木], 크고 작은 것 15본(本)

1. □(판독 불가) 1정(挺)

그런데 이 자료에는 앞에서 소개했던 사례와 달리, 선박의 크기에 관한 기록이 없다. 아마도 그 이유는 이 경우 선박의 파손이 매우 심해서 배의 크기를 헤아릴 수 없었기 때문이 아닐까 짐작된다. 그리고 난파를 당해 선적물을 많이 잃어버려 건져낸 물건이 적은 탓인지, 13종의 물품 목록이 제시되어 있지만, 눈길을 끌만한 물건은 그다지 많지 않다.

(2) 조선에서 작성한 표류민 조사서

대마도에서 조사를 마친 영암 표류민들은 외교 관례에 따라 대마도에 의해 조선으로 호송되었다. 그들은 조선으로 귀국한 뒤에도 조사를 받았다. 그런데 앞에서 본 것처럼 일본 자료에는 '강진' 사람 14명으로 되어 있었는데, 조선의 관원이 조사하여 작성한 자료에는 그들의 거주지가 강진 외에도 영암·해남·보성·제주 등 여러 곳으로 밝혀졌다. 제주 사람들의 경우 자신의 출신지를 속이는 일이 많았음은 이미 잘 알려진 사실이다. 그런데 이 사례처럼 비록 제주 사람들과 동승한 경우이기는 하지만, 제주 이외의 다른 지역 전라도 표류민도 일본에서 자신들의 출신지를 위장하는 일이 있었다.

〈표 3〉 영암·해남·강진·제주·보성 표류민의 명단(1732년)

연번 (A)	나이 (A)	거주 (B)	역직/신분 (B)	호패 (B)	일본음 (A)	한국음 (B)	연번(B) 604	610
1	44	강진 (←해남)	沙工 良人 進上軍	×	文세구리	文千金	10	1
2	58	영암 北平面	格軍 良人	×	朴타이쇼키	朴太淑	11	3
3	32	영암	水軍	○	朴토보기	朴斗卜(朴斗福)	1	5
4	22	강진	格軍(進上軍) 良人	○	文온소이	文元金	3	2
5	55	영암	正兵	○	韓세니	韓善伊(←韓善)	2	4
6	52	해남	使令	○	盧이루슈	盧一守	8	7
7	37	제주	假吏	○	金니에추기	金麗重	4	12
8	33	제주	書員 (書吏)	○	梁우지세	梁宇齊	5	13
9	60	강진	私奴	×	李마니	李萬伊	10	10

연번(A)	나이(A)	거주(B)	역직/신분(B)	호패(B)	일본음(A)	한국음(B)	연번(B) 604	연번(B) 610
10	34	해남	使令 (假使令)	○	朱오카니	朱五江	8	8
11	23	해남	良人	×	趙다무사리	趙淡沙里	9	9
12	20	강진	良人 (←私)	×	閔테쿠보키	李丁立	16	11
13	45	영암 海林寺	僧	○	산헤니	贊玄(←贊先)	9	6
14	41	三角山 白蓮寺	僧	○	타니	勝坦	7	14
15	30	三角 白蓮寺	僧	×	세구타키	聖卓	14	15
16	24	白蓮寺	僧	×	빙구와니	敏寬	15	16
17	57	해남	良女	×	女 시리야기	申實良	17	18
18	37	영암	私婢	×	女 소키미	朴金介	18	19
19	21	강진	良女	×	女 오리야키	李愛良	19	17
20	16	보성	私婢 (←良女)	×	女 쿠야키	柳己陽	20	20
21	18	영암	사노 (私奴)	×	金하구타이 (死軀)	李項太	24	
22	14	강진	良(女)	×	愼후루토키 (死軀)	申不乙同 (申不同)	23	
23	57	해남	私婢	×	女 쿠무하이 (死軀)	白今花	21	
24	48	해남	私婢	×	女 쿠무토키 (死軀)	白今德	22	
25	15	(영암)	(私婢)	×	女 차쿠니에니 (死軀)	金小斤禮 (金山斤禮)	25	

주 : ○는 호패 소지, ×는 호패 소지하지 않음. 자료 B의 연번은 동 자료 604~606쪽과 610쪽.
자료 A : 『公義被仰上帳』12, 일본 게이오대학 도서관 소장.
자료 B : 『漂人領來謄錄』영인본 제6책, 서울대학교 규장각 한국학연구원 소장, 604~606쪽, 610쪽.

먼저 〈표 3〉의 왼쪽 항에 열거한 일본 자료(A)의 기재 순서를 보면 가장 먼저 12명의 일반인의 나이와 성명이 소개되어 있다. 이들은 【사료 4】의

「조선 표류인 구상서」에서 '강진의 토민'으로 되어 있던 사람들이다. 그 다음이 승려로 보이는 4명의 법명(?)이 연령순으로 적혀 있다. 여자 4명의 생존자 명단이 그 뒤에 실려 있는데 모두 성(姓)이 없는 것이 눈에 띈다. 마지막으로 사망자 5명의 연령과 성명이 남자(2명)에 이어 여자(3명) 역시 연령순으로 기록되어 있다.

그런데 이들이 조선으로 귀국한 다음에 조선의 관원들이 그들을 대상으로 조사하여 작성한 것(B)을 보면, 일본 자료(A)의 내용과 여러 가지 점에서 차이가 보인다. 이들의 귀국과 관련하여 가장 먼저 예조에 보고된 것은 동래부사 정내주(鄭來周)가 8월 초하루에 작성한 장계(狀啓)이다.[97] 그 다음으로 보고된 것이 동래부사 정내주의 8월 21일자 장계인데, 이것은 같은 달 19일 부산첨사를 통해 동래부사에게 보고된 훈도와 별차의 문정 결과를 기초로 작성된 것이다.[98] 즉 최초의 보고(8.1)는 옥포왜학(玉浦倭學) 정동기(鄭東起)와 소통사(小通事)가 실시한 문정을 기초로 한 것이며, 두 번째 보고(8.21)는 동래의 왜학역관 – 훈도 金顯門과 별차 金鼎均 – 이 문정한 것을 토대로 작성한 것이다. 결과적으로 옥포 왜학역관의 조사가 부실하고 오류가 있었던 것으로 밝혀져 담당 역관이 문책을 받았다.[99]

---

97) 『漂人領來差倭謄錄』 제16책, 계축 8월 23일의 기록(영인본 『漂人領來謄錄』 6, 604쪽)을 보면, 동래부사 장계가 8월 1일에 작성된 것으로 되어 있는데, 이것은 8월 7일 신시 (부산)첨사의 보고를 기초로 한 것이라고 적혀 있다. 그런데 이 기록대로라면 부사의 장계가 첨사의 보고보다 먼저 작성된 셈이 되니 뭔가 이상하다. 혹시 동래부사의 장계가 작성된 것이 8월 1일이 아니라 8월 10일이 맞을지도 모른다. 이하 원문을 소개하면 다음과 같다. 癸丑八月十三日, 一 東萊府使鄭來周八月初一日成粘狀 啓內, 本月初七日申時到付同僉使馳通內, 今此碇巨里止泊倭二隻我國人二十名同載…. 粘은 貼을 잘못 적은 것으로 보인다.
98) 『漂人領來差倭謄錄』 제16책, 계축 9월 1일(영인본 『漂人領來謄錄』 6, 608쪽).

(8월) 5일 이른 아침에 8척이 함께 대마도에서 바다를 건너 동래 부산의 왜관을 향했는데 바람이 좋지 않았던 모양이다. 거친 풍파에도 불구하고 크기가 작은 비선(飛船) 6척은 왜관으로 바로 들어 올 수 있었지만, 큰 배 2척은 항로를 이탈하여 경상우도 정거리(碇巨里)에 표착하고 말았다. 그곳에서 다시 부산 왜관으로 이동하려고 하였으나, 여러 날 역풍이 불어서 그곳에서 10일 동안 정박하였다고 한다. 앞에서 말한 옥포왜학의 문정도 아마 이때 이루어졌을 것으로 보인다.

〈표 3〉에서 보듯이 영암을 비롯하여 해남·강진·제주·보성 등 여러 지역의 주민들이 함께 배에 탄 것도 이상한 일이지만, 승려와 여자가 동승한 것도 흔히 볼 수 있는 일은 아니었던 모양이다. 그래서 이 점에 대해 8월 18일 재차 심문이 있었다. 이에 대한 조사 결과는 다음과 같다.[100]

① 강진 신지도(薪智島)에 거주하는 ㉠ 사공 문천금(文千金, 44세), ㉡ 격군 문원금(文元金, 22세)과 영암 북평면(北平面) 홍해리(洪海里)에 사는 ㉢ 박태숙(朴太淑, 58세)과 ㉣ 한진이(韓善伊, 55세), ㉤ 박두복(朴斗福, 32세), ㉥ 영암 해림사(海林寺)의 승려 찬현(贊玄, 45세) 등 6명(강진 2, 영암 4)은 연이은 흉년으로 살아갈 길이 없자, 사공·격군과 함께 한 배에 타고 곡식을 팔

---

99) 박태숙(朴太淑, 58세)의 거주지가 영암 북평면(北平面)이 맞는데 이것을 남면(南面)으로 잘못 적었으며, 류기양(柳己陽, 16세)의 신분이 사비(私婢)인데도 이것을 양녀(良女), 처녀(處女)라 잘못 적은 것을 들고 있다. 이것 때문에 옥포왜학은 결곤(決棍)에 처해졌다(『漂人領來謄錄』 6, 615~619쪽).
100) 『漂人領來謄錄』 제16책, 계축 9월 1일(영인본 『漂人領來謄錄』 6, 610쪽).

기 위해 밥솥과 그릇, 옹기 등을 배에 싣고 제주로 들어가려 하였습니다.

② 그 때 다른 지역 주민 9명과 승려 3명, 여자 7명 등 19명이 제주로 가기를 원하여 함께 배를 탔습니다.

③ 해남 일도면(一道面) 고도백리(古道百里)에 거주하는 노일수(盧一守, 52세)와 해남 천변리(川邊里)의 주오강(朱五江, 34세)은 흉년이 크게 들자 제주로 들어가 걸식(乞食)을 하고자 함께 탔습니다.

④ 해남 목신리(木薪里)에 사는 조담사리(趙淡沙里, 23세, 해남)는 옹장(甕匠)인데, 흉년을 당하여 살아가기 어렵게 되자 제주로 들어가 일을 해서 먹고 살기 위해, 어머니 신실량(申實良, 57, 해남)과 아내 이애량(李愛良, 21세, 강진)을 함께 태우고 갔습니다.

⑤ 강진 귀천리(貴川里) 거주 이만(李萬, 60세)[101]은 흉년이 들어 살기 어렵게 되자, 제주로 가서 걸식을 하기 위해, 아내 백금화(白今花, 57세)와 처제 백금덕(白今德, 48세)을 함께 태우고 갔는데, 일본에서 표착할 때 불행하게도 아내와 처제 모두 익사하고 말았습니다.

⑥ 강진 귀천리(貴川里)에 사는 양인(良人) 이정립(李丁立, 20세)은 이대춘(李大春)의 소생(所生)으로 대기근을 맞아 노부모가 굶어 죽는 참상을 겪게 되자, 동생 이항태(李項太, 18세)와 함께 제주에 사는 김여중(金麗重, 34세)에게 스스로 몸을 팔고자 함께 타고 갔는데, 난파를 당해 항태는 익사하고 말았습니다.

---

101) 이만(李萬)은 이만이(李萬伊)라고 적혀 있는 경우도 있다.

⑦ 김여중(金麗重, 34세)과 양우제(梁宇齊, 33세)는 제주의 양인(良人)으로 돈 벌이를 하기 위해[興利次] 지난 해(1732년) 9월 9일 해남으로 나왔다가, 각종 물건을 매매하고 노비(奴婢)를 사서 본토(제주)로 돌아가려고 함께 승선하였습니다. 김여중이 이정립과 이항태 형제를 사내 종(奴)으로 사들였는데, 항태는 익사하였습니다. 양우제는 보성에 사는 윤지백(尹持白)의 계집 종(婢)인 유기양(柳己陽, 16세)을 사들였습니다.

⑧ 강진 삼각산(三角山) 백련사(白蓮寺)의 승려 승탄(勝坦, 41세)과 성탁(聖卓, 30세), 민관(敏寬, 24세)은 흉년이 들어 경향(京鄕) 할 것 없이 의지할 데가 없게 되자 제주로 들어가서 구걸을 하기 위해[行乞次] 동승하였습니다.

⑨ 박금개(朴金介, 37세)라는 여인은 영암 옥천면(玉川面)에 거주하며, 김몽백(金蒙白)의 계집 종(婢)입니다. 상전(上典)이 흉년으로 생계가 막히자 제주로 들어가 팔려고 데려온 것입니다. 그의 소생인 김산근례(金山斤禮) 등은 상전이 직접 데리고 와서 동승하였는데, 상전은 추자도(楸子島)에 이르렀을 때 뭍으로 내려가 미처 배에 오르지 못해 모녀만 함께 탔던 것입니다. 소근례(小斤禮)[102]는 난파당했을 때 익사하였습니다.

⑩ 유기양(柳己陽, 16세)은 보성에 사는 윤지백이 제주 사람 양우제에게 팔았는데, 양우제가 그를 제주로 데리고 가기 위해 함께 태웠습니다.

---

102) 앞에서 소개한 박금개(朴金介)의 딸 산근례(山斤禮)을 여기에서는 소근례(小斤禮)로 적고 있다.

⑪ 신불동(申不同, 申不乙同, 14세)은 강진 갈두소(葛頭所)에 사
는 아이인데, 그의 부모가 전년도(1732년) 8월에 제주로 들어갔
는데, 그 혼자 가지 않아 홀로 남았다가 이번에 함께 타고 가다
가 배가 부서져 그만 익사하고 말았습니다.

위에서 보는 것처럼 영암·해남·강진·보성·제주[103] 지역에 살던 이들은 모두 제주로 들어가기 위해 강진에서 배를 타고 출발한 사람들이었다.[104] 그런데도 일본에서 조사받을 때 작성한 【사료 4】의 구상서에는 이런 내용이 자세하게 적혀 있지 않을 뿐만 아니라, '제주'라는 말 자체가 보이지 않는다.

한편 이들이 배를 타고 떠나게 된 이유와 항해 경로에 대해서도 조선의 관원들이 조사를 하였다. 대마도에서 조사받을 때 답변한 것과 비교해 보

---

103) 〈표 3〉에서 보았듯이 탑승자 25명 가운데 제주 출신은 고작 두 명(金麗重 37세, 梁宇齊 33세)뿐이었다. 일본에서 조사받을 때 이들 두 명의 신변 안전을 위해서 나머지 사람들이 자신의 출신지를 모두 '강진'이라고 입을 맞춘 셈이다. 제주 출신 표류민의 출신지 '환칭'(換稱)을 위해 영암·해남·강진 사람들이 '협력'을 해 주고 있는 모습에서 당시 일본에 표착한 전라도 사람들의 심리 상태를 읽을 수도 있을 것 같다.
104) 일반적으로 제주는 척박한 땅이어서 제주 사람들의 삶이 풍요롭지 못하였다는 이미지가 강하다. 그런데 이 표류민들의 사례에서 보듯이, 영암·강진·해남·보성 지역의 기근이 심해서 먹을 것을 찾아 제주로 들어가려고 하는 사람들이 있었음을 알 수 있다. 제주에서 해남으로 건너 온 제주 사람 김여중과 양우제에게 몸을 파는 육지 사람들이 있는가 하면, 제주로 건너가서 옹기를 구워 생계를 꾸려나가려고 하는 도공도 있었고, 제주에 가서 시주를 받아 목숨을 연명하려 했던 영암과 강진 지역의 승려도 있었다. 이것을 보면 서남해 연안에 살던 사람들에게 제주가 또 다른 '기회의 땅'이 되기도 했던 것 같다.

기 위해 이를 정리하면 다음과 같다.[105]

① 출항

지난해(1732년) 12월 14일 강진 일점곳(日占串)에서 배를 띄워 제주로 향하였습니다.

② 표류

(12월) 16일 영암의 추자도에 이르러서 바람을 기다리고 있었는데, 17일 밤에 갑자기 서북풍을 만나 표류를 하게 되었습니다.

③ 표착

나흘 밤낮으로 바다 한 가운데서 표류를 하다가 5일째인 (12월) 21일 밤에 비로소 어떤 섬에 닿게 되었는데, 일본국 오도(五島 고토) 야수(野首 노쿠비)라고 했습니다.

④ 구조

타고 간 배는 바위에 부딪쳐서 산산조각이 나버렸으며, 같이 타고 갔던 사람들 중 남자 2명과 여자 3명 등 모두 5명이 추위와 배고픔을 견디지 못해 죽고 말았습니다. 나머지 20명은 일본 현지 주민의 도움을 받아 구조되었습니다.

⑤ 송환

올해(1733년) 정월 16일 표착지(五島)를 출발하여 나가사키로 호송이 시작되었습니다. 나가사키에서 92일을 머무른 뒤 그곳을 출발하여 5월 26일 대마도 부중(府中, 후츄)에 도착하였습니다.

---

105) 『漂人領來謄錄』 제16책, 계축 9월 1일(영인본 『漂人領來謄錄』 6, 613~615쪽).

38일 뒤 부중에서 배를 타고 같은 달(7월) 24일 좌수포(佐須浦, 사스나)에 도착하여 배를 기다리다가, 이번 달(8월) 5일 왜대선(倭大船) 2척과 비선(飛船) 6척이 나왔습니다.

⑥ 표류민 호송선의 표류와 표착

비선 6척은 바로 왜관으로 들어갔습니다. 그런데 대선 2척은 가덕(加德)에 표박(漂泊)했는데, 역풍이 계속 불어 이제야 왜관으로 돌아와 정박하게 되었습니다.

한편 영암·해남·강진·제주 사람들로 구성된 표류민들이 소지한 물품에 대해서도 조선 귀국 후 조사가 이루어졌다. 당초 그들이 소지하고 있던 물품들을 배가 파선될 때 거의 모두 잃어 버렸는데, 귀국 때까지 그들이 소지하고 온 것을 소개하면 다음과 같다.[106]

【사료 6】문천금(文千金) 등의 소지품과 선적물(동래부 조사)

1. 밥솥[食鼎] 9좌(坐)
1. 놋쇠 식기[鍮食器] 13립(立)
1. 놋쇠 행기[鍮行器] 3립(立)
1. 놋쇠 대첩[鍮大貼] 9립(立)
1. 놋쇠 탕기[鍮湯器] 2립(立)
1. 놋쇠 접시[鍮貼匙] 2립(立)
1. 놋쇠 덮개[鍮盖子] 1립(立)
1. 놋쇠 대야[鍮大也] 2좌(坐)

---

106) 『漂人領來謄錄』 제16책, 계축 9월 1일(영인본 『漂人領來謄錄』 6, 615쪽).

1. 놋쇠 쟁반[鍮盆] 1좌(坐)

1. 무명[木] 6필 3승

1. 여자 긴 옷[女長衣] 2령(領)

1. 무명 남자 창의[木綿男昌衣] 6령(領)

1. 무명 치마[木綿裳] 4령(領)

1. 무명 여자 저고리[木女赤古里] 1령(領)

1. 무명 남자 첩의[木綿男貼衣] 2령(領)

1. 무명 남자 바지[木綿男袴] 1령(領)

1. 부서진 배의 판자[腰折破船板] 30립(立)

【사료 6】에서 알 수 있듯이, 표류민이 소지했던 물품은 밥솥을 비롯한 식기류와 옷, 그리고 부서진 배에서 나온 판자 등이었다. 이것은 대마도가 조사해서 작성한 【사료 5】의 내용과 조금 차이를 보이는데, 아마도 일본의 표착지나 대마도에서 지급받은 물품이 추가되어 있기 때문일지도 모른다.

아무튼 1732년의 사례에서 확인된 것은 다음과 같다. 즉 한 배에 영암만이 아니라 강진·해남·보성·제주 등 다른 지역 주민들과 동승하여 항해하다가 표류한 경우도 있었음에 주의해야 할 것이다. 그리고 기근에 의한 예외적인 상황이라고는 하지만, 일반인뿐만 아니라 승려도 함께 타기도 하였으며, 여자나 어린아이 등 가족 단위로 동승하는 일이 종종 있었다.

물론 여자나 어린아이를 태우지 않고, 남자들만 타고 바다로 나간 경우가 더 많았는데, 이 사례는 진상(進上)할 미역[甘藿]과 김[海衣], 전복(全卜, 全鰒)과 생복(生卜, 生鰒) 등을 사오기 위하여 나선 경우이다(〈표 4〉 참조). 임자년(1732) 12월 5일에 11명이 탄 배가 영암 소안도(所安島)를 출발하여 추자도(楸子島)로 갔다. 그곳에서 여러 물건을 구입한 일행은 같은 달 25일

추자도에서 배를 띄워 영암으로 되돌아오던 중 광풍(狂風)을 만나 표류하게 되었다. 사공 문두응(文斗應)과 김인천(金仁千)은 물에 빠져 죽고, 나머지 9명은 계축년(1733) 정월 6일 일본국 오도(五島, 고토)에 표착했다가 살아 돌아왔다.[107]

〈표 4〉 영암 표류민의 명단(1733년)

연번 (자료A)	나이 (자료A)	신분/역직 (자료 B)	거주 (자료 B)	일본음 (자료 A)	한국음 (자료 B)	생사	연번 (자료B)
1	46	正兵	梨津倉	李테쿠보키	이정백 (李正白)		3
2	37	砲手 私奴	梨津倉	全세키	전석이 (全石伊)		4
3	34	冶匠 良人	梨津倉	趙토쿠사니	조덕산 (趙德山)		5
4	31	進上軍 私奴	小安島	梁세쟈기	양세창 (梁世昌)		8
5	29	閑良	北平面 梨津倉	朴친니리	박양필 (朴良弼)		1
6	28	射夫	梨津倉	朴만쇼	박만수 (朴萬守)		6
7	26	射夫	北平面 梨津倉	尹챵슈	윤창수 (尹昌守)		2
8	24	進上軍 私奴	小安島	文뇨우이	문여위 (文汝位)		7
9	21	進上軍 私奴	小安島	李춘타이	이준대 (李俊大)		9
10		沙工 私奴		文도구테리	文斗應(哲)	溺死	10
11		私奴		金인데니	김인천 (金仁千)	溺死	11

자료 A : 『公義被仰上帳』12, 일본 게이오대학 도서관 소장.
자료 B : 『漂人領來謄錄』영인본 제6책, 서울대학교 규장각 한국학연구원 소장, 624쪽.

---

107) 『漂人領來謄錄』제16책, 계축 9월 4일(영인본 『漂人領來謄錄』6, 625쪽).

3) 1823년 영암 정인학 등 남녀 21명의 일본 히젠오시마[肥前大島] 표착

현재 일본 나가사키현립 쓰시마역사민속자료관[長崎縣立對馬歷史民俗資料館] 소장 자료인 『표민피앙상(漂民被仰上)』에는 일본 히젠오시마[肥前大島]에 표착한 영암 표류민에 관한 기록이 남아 있다. 아래에 소개하는 문서는 1824년(순조 24, 文政 7, 갑신년) 5월에 대마도가 작성한 것이다.[108]

(1) 구상서(口上書)

우리들은 조선국 전라도 영암의 거민(居民)입니다. 배 한 척에 남녀 21명이 타고 지난 해(1823년 - 인용자 주) 3월 장사를 하러 같은 전라도의 제주로 가서 여러 가지 물건을 조달하였습니다. 같이 타고 갔던 사람 중에서 두 사람의 부모가 전에 제주에서 사망하여 묻어 두었는데, 이번에 거촌(居村, 영암)으로 이장(移葬)[109]하려고 유골을 상자 두 개에 담아 9월 24일(?)[110] 제주를 출발하였으나, 갑자기

---

108) 이 자료의 표지에는 「文政八乙酉年より天保四癸酉年ニ至」(1825~1833년)라고 되어 있다. 이것은 대마도가 막부에 보고한 자료이기 때문에, 실제 표류·표착 사고가 일어난 것은 그보다 앞선 시기이다. 이 문서의 작성 부서는 表書札方인데, 「御國控」라고 적어 둔 것을 보컨대 이 자료는 대마도가 幕府에 보고한 자료를 「대마도 보관용」으로 필사해 둔 것으로 생각된다. 쓰시마역사민속자료관 宗家文庫, 기록류 Ⅰ, 表書札方 M 41.
109) 대마도가 작성한 원문에는 개장(改葬)으로 되어 있음.
110) 원 사료의 문서가 벌레 먹어 글자가 떨어져 나가 '二十' 다음에 적혀 있는 글자가 잘 보이지 않음. 1823년 9월 24일은 조선과 일본의 역(曆)이 같음. 이하 역의 대조는 『三正綜覽』(내무성 지리국, 1932) 참조.

강한 서풍이 불어서 뭍에서 떠내려갔습니다. 아무리 힘을 써 보아도 바람과 파도가 세지고, 게다가 선구(船具)가 파손되어, 하는 수 없이 바람에 맡겨 표류를 하게 되었습니다. 10월 3일[111] 어느 나라인지도 모르는 곳에 닿았는데, 포구 사람들이 구조와 구호를 해주어 비로소 일본 땅이라는 것을 알고 안심을 하였습니다. 다음날 인근 포구로 호송해 갔으며, 같은 달 10일 그곳을 출발하라는 지시를 받고, 동 13일 나가사키[長崎]에 도착하였습니다. 당년(1824년 - 인용자 주) 3월 24일[112] 나가사키에서 상선(上船)하라는 지시를 받고 지난 달(4월 - 인용자 주) 10일[113] 이곳 포구[府中]에 이르렀습니다. 표착한 곳에서 이곳으로 올 때까지 정중하게 음식과 옷을 지급해 주시고, 배의 수리를 지시해 주시니, 거듭 감사를 드립니다.

1. 종교[114]는 늘 석가를 믿고 있습니다.
1. 제찰 - 호패 - 은 소지하지 않았습니다.

(2) 성명과 나이

〈표 5〉 영암 표류민의 명단(1823년)

연번	나이	일본음(원문)	한국음(필자)	성별	비고
1	39	□□□□□	□□□		
2	68	□□□□□	□□□		
3	42	金□에닌	김□년		

---

111) 1823년 10월은 조선과 일본의 역(曆)이 같음.
112) 일본의 1824년 3월 24일은 조선에서는 3월 25일임.
113) 1824년 4월 10일은 조선과 일본의 역이 같음.
114) 원문에는 종지(宗旨)로 적혀 있음.

연번	나이	일본음(원문)	한국음(필자)	성별	비고
4	42	鄭인하쿠	정인학		
5	28	金메쿠소이	김명소		
6	28	朴지슌	박지순		
7	24	金소쿠호쿠	김송옥		
8	22	曺우쿠니야쿠	조옥양		
9	19	曺우쿠노쿠	조옥록		
10	19	鄭후쿠니엔	정욱년		
11	18	李에쿠쿤	이영군		
12	6	金하니루	김한일		
13	4	鄭게에눈	정경윤		
14	60	車세쿠쿤	차성군	여자	
15	46	朴군나리	박군날	여자	
16	38	李만아이	이만아	여자	
17	34	崔호쿠시무	최홍심	여자	
18	19	金□오쿠	김□옥	여자	
19	17	□□□□□	□□□	여자	
20	12	□□□□□	□□□	여자	
21	8	鄭□친	정□친	여자	

주: □은 벌레 먹어 판독할 수 없는 부분을 뜻함.
자료: 『漂民被仰上』, 일본 長崎縣立 對馬歷史民俗資料館 宗家文庫, 기록류 Ⅰ, 表書札方 M 41.

(3) 선구(船具)와 하물(荷物)

〈표 6〉은 일본 히젠오시마[肥前大島]에 표착한 영암 표류민이 배에 싣고 간 물건과 도구를 정리한 것이다. 모두 43개 항목에 걸쳐 열거되어 있는데, 가장 먼저 배의 크기가 적혀 있다. 길이가 6.5심이고 너비가 2심 1척 5촌, 그리고 깊이가 5척 2촌이었던 것으로 밝혀졌다. 돛대가 두 개이고 돛이 두 개인 범선이었다.

이 배에 실린 물건을 보면 제주에서 사온 특산품이 눈에 띈다. 야자(椰

子) 셋과 말총[馬尾] 한 개, 그리고 진피 곧 제주에서 나는 귤껍질을 말린 것이 두 개, 비자가 5가마니 실려 있었다. 맨 마지막에 상평통보가 510문 기록되어 있는 것으로 보아서도, 이들이 장사를 목적으로 제주를 오가던 영암 출신 상인들이었음을 알 수 있다. 그리고 두 개의 궤짝(No. 40) 안에

〈표 6〉 영암 표류민의 배에 실린 도구와 짐(1823년)

연번	품명	수량	연번	품명	수량
1	배 1척 (길이 6尋 5寸, 너비 2尋 1尺 5寸, 깊이 5尺 2寸)				
2	돛대(檣)	2본(本)	23	앵보(鸚鴇?)	3
3	돛(帆)	2	24	말총(馬尾)	1개(箇)
4	노(楫)	1우(羽)	25	건포(乾鮑)	1개(箇)
5	망루(櫓)	2정(挺)	26	진피(陳皮)	2개(箇)
6	융(械?)	1정(挺)	27	후박(厚朴)	1개(箇)
7	칡뿌리 망(葛網)	1방(房)	28	추이(椎栮)	1개(箇)
8	볏짚 망(藁網)	2방(房)	29	비자(榧)	5가마니(俵)
9	나무 닻(碇)	2두(頭)	30	대나무	2묶음(結)
10	대쪽(笘)	60매(枚)	31	빗(梳)	2개(箇)
11	소형 모시 망(苧小網)	1	32	모자(帽子)	6
12	작대기(水竿)	10본(本)	33	쪽진머리(鬘)	1파(把)
13	실망(實網)	2방(房)	34	병풍(屛風)	2
14	총(鐵砲)	1정(挺)	35	이장(泥障)	1괘(掛)
15	진침(眞針)	1좌(座)	36	호초(胡椒)	15포(包)
16	소금(燒金)	1	37	서숙(粟)	2가마니(俵)
17	냄비(鍋)	1	38	송판(松板)	15매(枚)
18	우황(牛黃)	3포(包)	39	사모관대(紗帽冠帶)	1통(通)
19	자라등껍질(鼈甲)	1	40	궤(櫃)	2
20	진주(眞珠)	10	41	상자(箱)	13
21	조주(藻珠)	1포(包)	42	바구니(籠)	2
22	야자(椰子)	3	43	상평통보전(常平通寶錢)	510문(文)

자료:「漂民被仰上」, 일본 長崎縣立 對馬歷史民俗資料館 宗家文庫, 기록류 I, 表書札方 M 41.

는 앞에서 소개한 것처럼 이장(移葬)하기 위해 제주에서 영암으로 가져오던 유골이 들어 있었을 것으로 짐작된다.

3. 승선 인원과 선박의 규모

현재 일본에 전해지고 있는 『공의피앙상(公義被仰上)』과 『표민피앙상(漂民被仰上)』 등 막부(幕府) 보고용 자료에는 조선 표류민의 신원과 그들의 활동을 살필 수 있는 기록이 남아 있는 경우도 있다. 이 글에서는 그 가운데서 승선 인원과 배의 크기를 소개하고자 하는데, 이것은 조선시대 한반도 연안을 항해하였던 선박의 존재 형태를 살필 수 있게 하는 실마리가 될 수도 있을 것이다.

1) 영암 주민의 표류·표착 건수

〈표 7〉에 소개한 것처럼 영암 주민이 1668년부터 1893년까지 약 225년 동안에 일본으로 표류했다가 송환된 건수는 43건이었다. 새로운 자료가 추가적으로 발견된다면 이 건수는 앞으로 더 늘어날 수 있다. 물론 기록으로 남아 있지 않은 표류·표착 사고까지 고려한다면 실제 건수는 이보다 더 많을 것이다.

그런데 제주 출신 표류민들이 출신지를 영암이라고 거짓 진술한 경우가 있는데,[115] 이런 경우는 여기에 포함시키지 않았다. 다만 영암 사람들이 강진, 해남 등 다른 지역 주민들과 동승한 경우는 포함시켰다.

---

115) 제주 표류민의 출신지 환칭(換稱) 대상으로는 도회관(都會館, 都會官)이 설치되었던 영암·해남·강진 등이 가장 많았으며, 그 밖의 지역을 자신들의 출신지라고 둘러댄 경우도 더러 있었다.

시기적으로 보면 17세기 후반에 해당하는 1668~99년에 3건이 발생하였다. 18세기 전반인 1702~1733년에 4건, 18세기 후반인 1771~1799에 3건이었다. 그런데 19세기 전반인 1802~1848년에는 20건으로 크게 늘었으며, 19세기 후반인 1853~1893년에는 13건으로 나타났다.

〈표 7〉에서 알 수 있듯이 영암 주민의 일본 표류는 흔한 일은 아니었다. 그렇지만 1822년에는 한 해에만 3건의 표류·표착 사고가 발생하였다. 그리고 1833, 1840, 1842년에는 한 해에 두 건씩 해난사고가 일어났다. 더욱이 1876년에는 영암·강진·해남 지역민으로 구성된 78명의 표류 집단이 일본으로 갔다가 되돌아왔다. 이듬해인 1877년에는 52명의 영암·강진·해남·보성 지역 사람들이, 그리고 같은 해에 33명의 영암 사람들이 바다에서 표류를 당하여 일본으로 갔다가 송환된 일이 있었다. 비록 확증은 없지만 '고의적인 표류'로 의심할 만한 사건이 아닐 수 없다.[116) 이것은 이 시기에 영암 사람들의 해상 활동이 전보다 활발해진 결과로 볼 수도 있지만, 그 무렵 영암 지역의 기근과 같은 사회·경제 상황과 밀접한 관련이 있을 것으로 생각한다.

2) 영암 주민의 승선 인원

〈표 7〉에 소개한 43건의 표류·표착 사고와 관련된 인원은 모두 604명

---

116) 조선 정부는 연안 주민들이 먼 바다로 나아가지 못하도록 했으며, 통제를 제대로 못한 지방관을 징계하기도 하였다. 1678년 18명의 해난사고를 미리 막지 못한 죄로 영암군수가 추고(推考)를 당한 적이 있으며(『漂人領來謄錄』 영인본 2, 100~101쪽), 1796년에는 "한 고을에서 같은 해에 두 번 이상 표류했을 경우 이를 금지하지 못한 고을 원을 관찰사가 조사하여 장계를 올려 처벌하게 하라."는 정조의 전교가 내려진 일이 있다(『정조실록』 정조 20년 11월 임인(1일)).

〈표 7〉 영암 주민의 일본 표류·표착 일람표(1668~1893년)

No	연도	인원	항해목적	선박의 크기			출신지	표류지	표착지
				길이	너비	깊이			
1	1668	17	어업(상업)				영암	경상 장기	長門 阿武郡 江島
2	1678	18	어업(상업)				영암	경상 동래	長門 矢玉浦
3	1699	15	상업				영암	경상 부산	대마도 佐護鄕
4	1702	6	상업				영암	경상 거제	대마도 唐洲浦
5	1702	17	상업				영암	추자도	肥前 平戶 生屬島
6	1732	25	상업				영암	추자도	五島 野首
7	1733	11	운송(공물)				영암	추자도	五島 江袋
8	1771	9	상업	7심	2심3척		추자도	추자도	五島 嵯峨島
9	1775	4	운송(목재)	3심	1심반		영암	영암	五島 飯良村
10	1799	4	어업	7심반	1심1척		영암	영암	薩州 上甑島
11	1802	8	상업	8심	2심1척5촌		추자도	추자도	五嶋 船崎村
12	1807	7	상업				영암	제주	대마도 豆酘浦
13	1812	32	상업				영암12, 추자도20	영암	五島 嵯峨嶋
14	1818	15	상업				강진10, 영암5	강진	五島 船崎村
15	1820	8	공무				영암6, 평해2	강원 평해	隱岐國 仲田
16	1822	5	어업	6심3척	1장1척		영암	영암	五島 嵯峨島
17	1822	4	어업	6심3척5촌	1장1척		영암	영암	五島 大寶村
18	1822	3	어업				영암	영암	五島 木場村
19	1823	21	상업	6심5척	2심1척5촌	5척2촌	제주	제주	肥前 大島
20	1827	13	상업	11심	1장 7척		영암	충청 은진	五島 岐宿村渚
21	1833	11	상업	10심3척	3심		영암	광양	五島 荒川渚
22	1833	21	상업	14심	4심		영암	강진	壹州 生屬浦
23	1840	5	상업				영암	영암	壹州 宇希谷

No	연도	인원	항해 목적	선박의 크기			출신지	표류지	표착지
				길이	너비	깊이			
24	1840	2	어업				영암(이진)	영암(이진)	대마도 豆酸浦
25	1842	6	상업	9심	1장3척5촌	4척8촌	영암	영암	五島 飯良村
26	1842	3	어업				영암	영암	五島 牛ノ浦
27	1843	5	상업				영암	경상 거제	壹州 勝本浦
28	1845	11	어업	9심	1장4척	5척	영암	영암	대마도 小茂田浦
29	1846	4	상업	8심	1장1척	4척5촌	영암	경상 거제	대마도 鰐浦
30	1848	15	상업	9심9척	1장4척	6척	영암	강원 평창	대마도 佐須奈浦
31	1853	46	상업, 이동	10심4척	3심		강진, 해남, 이진, 경기 관인	영암(이진)	五島 女嶋
32	1859	6	상업	9심3척	3심	5척	영암2, 울산3, 부산1	경상 울산	長州 川尻浦
33	1867	10	운송 (곡물)				영암9, 해남1	함열(咸悅)	五島 三井樂 赤瀨
34	1870	3	?				영암군 추자도	추자도	五島 福江藩 玉浦湊
35	1870	5	?				영암	?	五島 福江藩 佐護
36	1876	78	?				강진, 영암, 해남	서남해안(?)	長崎縣 五島 女島
37	1877	52	?				강진, 영암, 해남, 보성	서남해안(?)	長崎縣 五島 玉浦 大寶鄉
38	1877	33	?				영암	서남해안(?)	鹿兒島縣 大隅國 種子島
39	1877	1	?				영암	?	鹿兒島縣 嘉德村
40	1879	24	?				영암	?	長崎縣 南松浦郡 奈留島村
41	1880	9	선박 新造				영암	西口浦	長崎縣 對馬 久根濱村
42	1884	3	어업				영암현 소안도	?	長崎縣 南松浦郡 (五島) 岐宿村
43	1893	9	운송 (미곡)				영암 와우포 (臥牛浦)	영암→부산 이동 중	長崎縣 上縣郡 志多留村

자료 : 『漂人領來謄錄』(서울대 규장각), 『公義被仰上』(일본 게이오대학 도서관), 『漂民被仰上』(일본 나가사키현립 쓰시마역사민속자료관), 『困難船救助雜件·朝鮮國之部』(일본 외무성 외교사료관)에서 작성.

이었다. 여기에는 영암 사람들이 다른 지역 주민과 동승한 경우가 일부 포함되어 있으므로 이 숫자가 모두 영암 출신 표류민을 뜻하는 것은 아니다. 아무튼 225년 동안에 6백 명 가량의 영암 주민들이 일본으로 표류했다가 송환되었음을 알 수 있다.

배 한 척에 승선한 인원을 보면 가장 많은 것이 78명(1876년)이었으며, 반대로 가장 적은 인원이 1877년 1명, 1840년 2명이었다. 대체로 10명 이내의 적은 인원이 탑승한 경우가 가장 많았다. 20명이 넘는 경우는 1732년(25명), 1812년(32명), 1823년(21명), 1833년(21명), 1853년(46명) 정도였으며, 개항을 전후한 1876년(78명)과 1877년(52명·33명), 1879년(24명)에도 3건에 지나지 않았다. 이것은 이때까지만 하더라도 주로 한반도 연안을 항해하는 수준의 선박이 많았기 때문일 것이다.

3) 영암 주민이 승선한 배의 크기

대마도가 작성한 표류기록에는 조선 표류민이 타고 갔던 선박의 크기가 소개되어 있는 경우가 있다. 〈표 7〉에 소개한 것처럼 1833년에 21명을 태우고 일본 히라토[平戶]의 생속포(生屬浦)에 표착한 선박의 길이가 14심[117](약 25.45m)으로 가장 길었다(No. 22 참조). 반대로 가장 길이가 짧은 것은 1775년의 3심(약 5.45m)이었는데(No. 9 참조), 이것은 뗏목이었을 것으로

---

117) 일본에서 1심(尋 히로)의 길이는 지역에 따라 시기에 따라 달랐다. 이 시기에 대마도에서는 1심의 길이를 얼마로 정했는지 자세하게 알 수 없다. 다만 메이지 초기에 일본 정부가 전국적으로 1심의 길이를 6尺으로 통일시킨 적이 있다. 이에 따른다고 하면 14심의 길이는 약 25.45미터가 된다(14심×6척×30.3cm = 2,545.2cm).

생각한다. 그리고 고기잡이 선박보다는 장삿배가 더 규모가 컸던 것으로 보인다.

IV. 맺음말

조선시대 표류기록에 나타난 영암 사람들의 항해 활동이 오늘날 우리들에게 던지는 메시지는 무엇일까? 먼저 1668년부터 1893년까지 영암 주민이 일본으로 표류하여 갔다가 살아 돌아온 것이 43건 6백여 명에 이르렀다. 이들의 귀향 뒤 영암 지역에서는 어떤 변화가 일어났는지 문헌으로 파악하기는 어렵다. 다만 이들의 이국(異國) 표류 경험이 같은 지역에 사는 주민들에게 어떤 식으로든지 전파되었을 것이다. 그리고 그러한 경험의 축적을 통해서 '조선(朝鮮)'의 백성, '전라도(全羅道)'의 주민이라는 자의식(自意識)과 함께, 일본(日本)이라고 하는 나라 즉 타자(他者)에 대한 이미지 형성에도 크건 작건 관련되었을 것으로 추측해 볼 수 있다.

아무튼 영암 주민의 일본 표류 경험에서 보듯이 표류에 직접 영향을 끼친 것은 바람이었다. 일본으로 표류한 사람들의 경우 특히 서쪽에서 불어오는 바람이 표류의 1차 원인이었다. 거센 풍파 때문에 돛대가 꺾이고 노가 부러져 정상적인 항해가 어려웠던 것으로 되어 있다. 앞에서 살펴본 1699년 10월, 1732년 12월, 1832년 9월 등 세 건의 영암 표류민의 사례 모두 겨울철의 북서풍(北西風)이 표류의 직접적인 원인이었다.

그런데 바다에서 돌풍을 만났다고 해서 모두 사망한 것은 아니었다. 살아남은 사람들의 경우 배가 뒤집히는 것을 막기 위해 일부러 짐을 바다에 내던지기도 하고, 돛을 내려 바람 부는 대로 표류함으로써 위기에서 벗어났다. 표류의 길을 선택한 그들이 닿는 곳은 바람의 방향과 해류·조류의 흐름에 따라 결정되었다. 부산 오륙도[절영도] 부근에서 서풍을 만나 표류하기 시작한 1699년 영암 표류민의 경우 대마도에 표착하였다. 1732년 추자도에서 서풍을 만나 일본으로 표류한 영암 표류민은 고토[五島] 노쿠비[野首]에, 그리고 1733년 역시 추자도에서 표류한 영암 사람들도 고토[五島]의 에부쿠로[江袋]라고 하는 곳에 표착하였다. 또한 1832년 제주에서 돌아오다가 역시 서풍을 만나 표류한 영암 표류민의 경우는 히젠오시마[肥前大島]가 표착지였다. 자연의 힘을 뛰어난 기술력으로 극복할 수 있게 된 근대 항법이 개발되기 전까지는 대체로 이러한 패턴이 되풀이되었을 것으로 생각한다.

그리고 거제에서 부산에 이르는 해역에서 표류하면 대체로 대마도나 죠슈[長州] 쪽으로, 그리고 전라도 서남해안이나 제주 인근에서 표류한 배는 고토[五嶋]나 대마도 서쪽, 또는 규슈[九州] 서남쪽에 닿는 일이 많았다. 영암 부근에서 표류를 한 12건 중에서 일본의 고토[五嶋]에 표착한 것이 전체의 66.7%인 8건으로 가장 많았으며, 그 밖에 대마도 2건, 잇키[壹岐] 1건, 사쓰마[薩摩] 1건이 있었다(〈표 7〉 참조). 바로 이 길이 한반도 서남해안에서 일본열도에 이르는 고대 항로와 깊은 관련이 있을지도 모른다.

4. 일본출토 영산강유역 관련 고고학 자료의 성격

I. 머리말

본고에서는 일본열도의 야요이시대(弥生時代)와 고분시대(古墳時代)의 영산강유역 관련 자료를 고찰하고자 한다. 이 시기는 한반도의 시대구분으로는 무문토기·원삼국·삼국시대에 해당되는데, 그중에서도 왕인박사(王仁博士)와 관련되는 고분시대를 중심으로 다루고자 한다.

그러나 일본열도에서 출토된 방대한 한반도계의 고고학 자료 중에서 '영산강유역계(榮山江流域系)'라고 좁게 한정할 수 있는 자료를 골라내는 일은 쉽지 않다. 왜냐하면 한반도계의 고고학 자료 중에는 상당한 지역이 ① 한반도 전체에 걸쳐 있다고 밖에 말할 수 없는 것, ② 한반도 남부까지는 좁힐 수 있는 것, ③ 호남지역 내지 전남지역으로 한정할 수 있는 것, 이렇게 몇 가지로 구분을 할 수는 있지만, 영산강유역이라는 좁은 범위까지 특정하기는 매우 어렵기 때문이다.

또한 전남지역에서도 일본열도계의 고고학 자료(이른바 倭 계통 자료)가 발견되어 두 지역 사이에 교류가 있었음을 말해주고 있다.

따라서 여기에서는 일본열도의 각 시기의 한반도계의 고고학 자료를 먼저 설명한 다음, 각 시기의 전남지역 왜(倭) 계통 자료와, 두 지역에 공통되기는 하지만 아직 기원지(起源地)가 결정되지 않은 자료를 대상으로 교류의 실태와 그 의의를 개관하고자 한다.

이 시대의 문화와 사람의 흐름은 압도적으로 '한반도에서 일본열도로' 흘러갔으나, '일본열도에서 한반도로' 흘러들어온 움직임도 비록 적기는 하지만 확실하게 존재했었다. 이것은 고고학 자료를 냉정하고 객관적으로 본다면 역사적 사실이 어떠했었다는 것을 말하는데 지나지 않는 것이며, '이쪽에서 저쪽으로 갔다느니, 이쪽이 우수하다'는 식의 평가는 전적으로 불가능하다는 것을 먼저 확인해 두고자 한다. 또한 비슷한 자료가 있다는 사실만으로 화살표의 방향은 결정되지 않는다. 기원지를 결정하기 위해서는 객관적인 기준이 필요한데, 나는 그 기준을 다음과 같이 생각하고 있다.

① 어떤 고고학 자료가 출현했을 때, 지금까지 알려진 그 지역의 고고학 자료의 계보와는 연계되지 않고 다른 제작 기술이나 형태를 가질 것(불연속성).
② 출현했을 때는 그 지역의 어디에나 있는 것이 아니고(비보편적), 각 유적 안에서의 비율이 일정하지 않을 것(불안정).
③ 반대로 기원지에서는 각 유적의 비율이 일정하여 어디에도 있으며, 제작기술이나 형태도 그 이전부터 계통적으로 이어질 것(연속, 보편적, 안정).
④ 그 밖의 고고학 자료와도 모순되지 않을 것.

다만 이들 원칙은 양 지역의 고고학적인 조사가 충분히 이루어진 경우에만 적용 가능하며, 불충분한 경우에는 아직 기원지를 정할 수 없다고 말할 수밖에 없다.

Ⅱ. 일본열도의 원시·고대의 시기구분

일본열도의 원시·고대는 북해도(북부지역)와 유규열도(남부지역)를 제외한 '중앙의 지역'에서는 구석기시대(舊石器時代)→죠몽시대(繩文時代)→야요이시대(弥生時代)→고분시대(古墳時代)→아쓰카시대(飛鳥時代)→나라시대(奈良時代)→헤이안시대(平安時代)의 순으로 구분한다. 이 중 구석기·죠몽(繩文)시대는 채집경제의 단계이다. 야요이(弥生)시대에 들어서면 농업사회가 시작되고 금속기를 사용함과 더불어 지역정권('국'들의 연합체)이 형성되어 고대국가로 옮아가기 시작한다. 고분(古墳)시대에는 '중앙의 지역' 거의 전부를 통괄하는 연합정권(倭정권)이 탄생·전개된다. 한편, 아스카(飛鳥)·나라(奈良)시대는 고대국가의 본격적인 형성·완성기라 인식되고 있다. 본고에서 다루는 것이 이 '중앙지역'의 자료이다.

야요이(弥生)시대는 기원전 6~7세기경에 시작되어 기원후 3세기 전반까지 계속되며, (한국의) 무문토기·원삼국시대와 거의 일치한다. 고분시대는 3세기 중엽에서 6세기까지이며, 원삼국시대와 거의 병행한다. 야요이시대 이후 '중앙지역'의 역사 전개는 항상 중국대륙과 한반도의 동향과 밀접한 관련 속에서 이루어졌으며, 그로 말미암아 한반도 남부와 관련되는 자료가 아주 많은 것이다.

Ⅲ. 야요이시대

야요이시대는 일반적으로 토기의 변화를 기준으로 하여 조기(早期)·전기·중기·후기의 4시기로 나누어진다. 이전에는 전기·중기·후기의 3시기로 구분하였으나 이타즈케(板付)유적에서 논(水田)의 발견 등과 더불어 지금까지 죠몽시대 만기(晩期) 후반으로 보았던 시기를 (야요이시대) 조기로 생각하는 견해가 강해졌다. 물론 아직도 죠몽시대 만기(晩期) 후반으로 보는 견해도 많으나, 나는 후쿠오카현(福岡縣) 에쓰지 유적 등에서 농촌의 지표가 되는 환구취락(環溝聚落)이 이 시기에 이미 보이는 점 등으로 미루어 조기라 보아도 된다고 생각하고 있다. 각 시기와 한반도의 토기편년과의 대응관계는 제1표와 같다.

이와 같은 야요이시대의 4시기 구분을 사회적인 전개나 한반도와의 관련이라는 시각에서 다시 구분해 본다면, 규슈북부지역의 기준으로는, (1) 야요이시대의 시작(조기~전기 초), (2) 국(國)의 형성(전기 말~중기 전반), (3) 국(國)들의 연합체(지역정권)의 전개(중기 후반~후기)와 같은 3단계로 나눌 수 있다.

1. 야요이시대의 시작

야요이시대의 시작은 지금까지 채집민(採集民)으로 살아왔던 사람들의 다수가 농민이 되어간다는 점에서 일본열도의 역사상 커다란 변혁기였다. 그 변혁은 논을 만드는 기술이나 눈에 보이는 새로운 문물뿐 아니라, 눈에 보이지 않는 농민들의 사고방식이나 새로운 사회조직까지도 포함되는 것이다.

이 시기의 단도마연(丹塗磨研)의 작은 항아리(小壺) 목 부분(口頸部)이 직립(直立)에서 내경(內傾)으로 변화되는 점 등을 미루어볼 때, 야요이시대 조기(早期)의 시작은 한반도의 무문토기시대 중기 전반에 해당되며, 야요이시대 조기(早期) 후반에서 전기 초까지가 한반도의 무문토기시대 중기 후반에 해당된다. 취배수구를 갖춘 논이나 목제의 농구, 돌칼과 돌낫 등의 수확구, 목기나 널말뚝(矢板)·구덩이(坑)를 만드는 각종 돌도끼(兩刀石斧, 有溝석부, 扁平片刀석부 등), 무기(유병식이나 유경식의 마제석검, 마제석촉), 방직구, 지석묘·목관묘·箱式석관묘 등, 새로이 출현한 가지가지의 문화요소로 보더라도, 도래한 한반도 남부의 무문토기시대 중기 사람들의 문화가 이러한 변혁에 커다란 역할을 한 것임은 일목요연하다. 이와 같이 도래한 문화와 사람들의 고지(故地)를 단도마연토기나 지석묘의 특색, 혹은 스리기리유공을 갖는 돌칼(石包丁) 등으로 보아 경상남도의 남강유역에 한정하는 견해도 있으나, 나는 사가현(佐賀縣) 내전(萊畑) 유적과 (傳)전남지역출토의 검은색 점판암(粘板岩)을 사용한 유경식(有莖式) 석검(石劍)이 서로 닮아 있으며, 그러한 방식으로 만든 유경식 석검이 전남지역에 많은 점으로 보아, 전남지역도 고지의 하나로 생각하고 있다(제1도). 전남지역의 무문토기시대 중기 전반의 양상이 좀 더 뚜렷하게 밝혀진다면 이 문제는 해결될 것이다.

 이 시기는 한반도 남부의 문화의 자연파급기라고도 불리우나, 이미 여수반도에서의 요녕식(遼寧式) 동검(銅劍)의 보유상(제2도 좌)의 분석에서 밝힌 바(武末純一 2001)와 같이, 농업사회의 적지가 새로이 개척된 측면도 크다고 말할 수 있을 것이다.

 이 시기의 확실한 왜(倭)계 자료는 한반도에는 거의 없고, 한반도의 문화와 사람들이 압도적으로 (일본으로) 흘러들어갔다.

2. 일본열도의 국(國)의 형성

 야요이시대에는 『한서』나 『후한서』, 『삼국지』 등의 중국 사서에 기록되어 있는 바와 같이 각 평야나 하천유역 등의 단위 지역별로 「국」이라는 정치조직이 만들어져, 촌락 위에 서는 촌락, 사람들 위에 군림하는 사람들(首

長層)이 나타난다. 『한서』에는 '樂浪海中有倭人, 分爲百餘國'라 적혀 있으며, 『후한서』에는 「奴國」 등이 보이고, 『삼국지』 「위서동이전」에는 유명한 「邪馬台國」을 비롯하여 「對馬國」, 「一支國」, 「末盧國」, 「伊都國」, 「奴國」, 「不彌國」, 「投馬國」 등 많은 국의 이름이 실려 있다.

이러한 국의 형성을 잘 나타내는 것이 한반도에서 유입한 세형 동검·동모·동과나 다뉴세문경이다. 이들 청동기는 한반도에서는 촌락에선 출토되지 않고, 대부분 수장층의 묘의 부장품으로, 일부는 제사 때에 신에게 바치기 위해서 묻은 것이었다. 특히 북한의 평양시 정백동 1호묘(岡崎敬 1968)에서 나온 동검·동모에는 '夫租薉君(부조라는 지역의 예족의 수장)'이라 새겨진 銀印이 함께 나와, 이들 청동기가 수장층의 권위를 나타내기 위한 정치적인 기물이었음을 나타내고 있다. 그리고 이와 같은 방식은 북부규슈에서 그대로 재현되었으며, 그 성격까지도 인계되었다.

북부규슈의 早良평야에서는 이 시기의 청동기가 압도적으로 吉武유적에 집중되어 있다(제2도 우). 그 밖의 野方, 有田, 飯倉, 東入部 등의 거점 유적에서는 동검이나 동과가 1~2점에 불과하며, 동모나 다뉴세문경은 가지고 있지 않다. 또한 이 거점 유적의 주변에는 청동기를 갖지 않는 소취락이 있다. 따라서 早良평야에서는 이 시기에 吉武를 정점으로 그 아래 野方, 有田, 飯倉, 東入部 등의 거점 유적, 다시 그 아래 청동기를 갖지 않는 소취락이라는 계층구조가 형성되어, 국이라는 정치조직이 형성된 것으로 보인다. 또한 吉武유적의 내부에서도 청동기를 많이 갖는 高木地區 아래, 역시 청동기는 많으나 묘가 高木지구보다도 작고 군집묘에서 벗어나지 않는 大石地區가 있으며, 다시 그 아래 부장품을 갖지 않는 소묘지군이 있는 계층구조가 형성되어 있었다.

중요한 것은 이 시기에 가라쓰(唐津)평야(말로국)나 후쿠오카(福岡)평야(노국), 잇키(壹岐島) 등의 각 단위 지역에 하나씩, 한반도계의 청동기를 집중적으로 갖는 유적이 보인다고 하는 점과, 그러한 집중 유적의 청동기의 양과 질이 대동소이하여 우열의 차가 보이지 않는다는 점이다. 이것은 국이라는 정치조직이 일제히 만들어져 상호 실력의 차가 없었다는 사실을 나타내는 것이다. 『한서』에 기록된 백여국의 체제는 이 시기까지 거슬러 올라 갈 수 있다. 또한 후쿠오카시(福岡市) 이마야마(今山)유적에서 전업적으로 만든 무게가 나가는 兩刀석부나 적자색을 띤 철기에 가까운 석재로 만들어진 후쿠오카현(福岡縣) 이이즈카(飯塚市) 입암(立岩)유적에서 출토된 돌칼이 북부규슈 특유의 성인용 옹관묘가 성행하는 지대에 주로 유통되고 있었으며, 사가(佐賀)평야에서 만들어진 3條의 節帶를 갖는 동모가 사가(佐賀)평야가 아닌 현해탄 연안지대에 분포되어 있는 점 등으로 보아, 국들의 연합체인 쓰쿠시(筑紫)정권이 형성되기 시작하고 있었던 것 같다.

주목되는 것은 이 시기의 다뉴세문경(多紐細文鏡)의 외구(外區)에 무문의 장삼각형 무늬가 보인다는 점이다. 이 문양은 정점이 안쪽을 향하는가, 외측을 향하는가의 차는 있으나, 현상만 놓고 본다면 한반도 서해안지대의 다뉴세문경에 많다(제3도 1·2). 또한 야요이시대 전기 말~중기 초두의 세형동모는 어느 것이든 기부(基部)에 귀를 갖는다(제3도 3). 한반도 고식(古式)의 귀 달린 세형 동모(有耳細形銅矛)도 충남 공주시 수촌리유적과 같이 서해안지대에서 발생한 것으로 보인다. 영남지역의 이 시기 양상이 분명하지 않기 때문에 단언은 할 수 없으나, 요시노가리유적 등에서 보이는 바와 같은 유리관옥(제4도)도, 현재로선 한반도 서해안지대에 거의 한정된다는 점을 아울러 생각한다면, 야요이시대 전기 말~중기 전반의 북부규슈 국(國)의 형성과 관련이 있는 지역은, 현재로서는 한반도 남부 중에서도 서해안지대로 보인다.

이 시기에 또 하나 주목되는 것은 후기 무문토기인의 집단적 주거이다 (片岡宏二 1999). 후쿠오카시 모로오카(諸岡)유적에서는 1974년의 조사에서 야요이시대 전기 말의 토갱(土坑) 18기 중 12기에서 모두 50점이 넘는 후기 전반의 무문토기(단면원형의 점토유를 주둥이에 두른 항아리가 특색인 水石里式)가 출토되었다(제5도 2). 이것은 한반도 남부에서 나오는 수석리식과 완전히 같아, 반입했거나 충실하게 재현한 것이다. 한편 이 지구에서 나온 야요이 토기는 30점 가량이었다. 북부규슈의 이 시기 유적에서는 이러한 후기 무문토기는 나오지 않는 경우가 많고, 나오더라도 1~3개 정도인데 반해서, 이곳에서는 항아리 47~51점, 壺 3점, 蓋 1점 등, 취사 조리용의 항아리를 주체로 하는 중요한 기종들이 갖추어져, 야요이 토기보다도 점수가 많다. 또한 토갱은 동시기로, 불에 탄 흙은 있으나 석기가 거의 나오지 않는 점 등을 감안하면 후기 무문토기인이 일시적으로 집단 거주한 유적이라 할 수 있다(諸岡形).

사가현(佐賀縣) 오기시(小城市) 土生유적에서는 전기 말~중기 전반의 야요이 토기와 함께, 소량의 수석리식 무문토기와 다량의 수석리식 의(擬)무문토기(야요이 토기의 요소가 가미된 무문토기 그 자체는 아닌 무문토기 계통의 토기)가 나왔다(제5도 3). 이것은 후기 무문토기인의 집단이 이 지역에서 오래 거주하여 지역사회에 깊이 흡입·동화되어 가는 과정을 나타내는 것이다(土生形). 또한 일지국의 국읍(國邑)인 하라노쓰지(原ノ辻)유적에서는 토생형의 수리식 계통의 토기 외에 토생형의 늑도식(勒島式) 계통의 토기도 나와, 후기 전반의 무문토기인뿐 아니라 후기 후반의 무문토기인의 집단적 거주도 엿보인다.

아마도 각 국읍에선 이러한 후기 무문토기인 집단이 살면서 대외교역이나 교섭, 혹은 여러 가지 기술이전에 중요한 역할을 한 것으로 보인다.

다만 그 거주 양태는 하라노쓰지유적의 경우(제6도), 무문토기의 집중 지점은 대지 북서쪽의 연변부(緣邊部)로, 환구(環溝)의 밖이며, 환구 내의 중심부는 아니다. 부근에는 전기 전반에 만들어진 선착장도 있는 것으로 보아, 이들 무문토기인 집단은 계속적으로 도래·거주하면서 취락의 중심부에는 들어가지 않고 주변에서 중심을 제어하면서 항구의 건설을 지도하고, 국의 교역에도 참가하였다고 생각된다(武末純一 2007).

이러한 무문토기인 계통의 집단 유적에서는, 土生유적이나 구마모토시(熊本市) 八ノ坪유적 등지에서 석제주형이 출토되는 것으로 보아, 일본열도에서의 초기 청동기 생산에도 관여하고 있었음을 알 수 있다. 그러나 이 주형의 시기는 수석리식의 단계가 아니라 그 다음인 의(擬)무문토기의 단계이다. 한반도에서는 지금까지 많은 유적이 발굴되었으나 주형이 나온 곳은 아주 드물다. 즉 한반도의 청동기 공인(工人)은 극히 소수로 제한되어, 대부분의 무문토기인은 청동기를 만들 수 없었으므로 무문토기인이 도래하여 거주하더라도 금방 청동기를 생산할 수는 없으며, 구니(國) 중에서 유력 취락에 정착해서 지역과의 교류 회로를 확보하고 교섭을 거듭하는 가운데, 비로소 공인을 초빙하여 기술을 도입할 수 있었다고 생각된다. 아리아케카이(有明海)에 면한 구마모토(熊本)평야 해안부에 위치하는 八ノ坪유적(구마모도시교육위원회 2005)에선 최초로 취락이 형성된 A지구에서가 아니고, 중기 초두부터 시작되는 B지구에 의(擬)무문토기가 집중됨과 더불어, 소동탁이나 세형의 동모·동과·동검 등의 주형 5점과 송풍관과 동찌꺼기(銅滓), 주조 때의 탕구(湯口) 부분에 해당하는 동바리, 고온을 받는 토기 조각이나 동찌꺼기가 부착된 토기가 출토되었다. 주조 관련 유구(遺構)에는 주구(周溝)를 갖는 중기 전반의 掘立柱建物(SX119) 이나 탄이 互層狀으로 퇴적하여 위로부터 동바리가 나온 중기 초두~중기 전반의 토갱

(SX019), 소동탁주형이 나온 SK171(중기 전반)이 있으며, 그것은 KDI-3~5지점(grid)에 집중되어 있다. 주형이나 송풍관 등도 그 주변에서 나와, B지구 중에서도 이 근방이 중기 초두~전반의 청동기 주조공방 지역이었음을 나타내고 있다(제7도).

한편 한반도에서는 경상남도의 남해안부에 사천시 늑도유적이나 부산시 내성(萊城)유적 등, 수석리식이나 늑도식과 함께, 많은 야요이토기와 의(擬)무문토기(북부규슈의 중기 초두에서 전반대의 토기가 주체인데, 다른 지역의 토기도 극히 적지만 있음)가 나오는 유적이 있다. 이것은 거꾸로 북부규슈 야요이인(특히 어로민)의 집단적 거주를 나타낸다. 이 시기에 오면 영남지방과 북부규슈 지역이 상호 교류를 하게 되는데, 야요이인들의 목적은 고조선의 권위(權威)와 금속기, 그리고 그 원료의 획득에 있었다고 생각한다. 현재로선 전남지역에서는 광주시 신창동유적에서 중기전반의 의(擬)야요이 토기 1점이 나왔고(제9도 15), 그 밖에도 몇 군데 후보가 될 자료가 곳곳에서 발견되었다. 이러한 사실과 함께, 앞에서 말한 多紐細文鏡과 有耳細形銅矛의 양상을 보면, 이 시기에 간접적이라는 하더라도 영산강유역과 일본열도 사이에도 교류가 있었음을 알 수 있으며, 그와 함께「구니(國)」의 형성 방법도 또한 전해졌던 것으로 추측할 수 있다.

3. 지역정권의 전개

야요이시대의 중기 후반(한반도에서는 와질토기가 출현하여 원삼국시대가 시작될 무렵)이 되면, 일본열도의 각지에서 지역정권이 명확한 형태를 갖추기 시작한다. 북부규슈의 경우에는 사회에 변화가 일어난다. 쓰쿠시(筑紫)정권 내부에서 지금까지 대등했던 국(國)들 중에서, 이도국(伊都國)과 노국(奴國)이 대두하여 맹주국이 되어 가고, 다른 국(國)의 위에 서서

왕이라 칭하는 인물이 나타난다. 그리하여 이도국의 三雲 南小路 1·2호묘나 須玖岡本 D지점이라는 왕묘(1~2인을 위한 묘역과 풍부한 부장품을 갖는 특정 개인묘)도 나타나는데, 왕묘를 포함하는 수장층묘의 부장품의 주류는 전한경(前漢鏡)이나 유리벽(壁) 등과 같은 중국계로 바뀐다. 이것은 낙랑군 등 한사군의 설치에 따라 쓰쿠시(筑紫)정권의 수장층의 권위가 고조선으로부터 전한으로 그 배경이 바뀐 사실을 나타내고 있는 것이다. 후기에는 그것이 후한으로 이어진다. 노국왕이 사자를 통해서 직접 후한의 광무제에게 조공을 바쳐 인수(印綬)를 사여 받았다고 하는 후한서의 기사와, 그 인수의 실물인 후쿠오카시(福岡市) 志賀島에서 출토된 「漢의 倭의 奴의 國王」 金印은 이러한 동향을 뒷받침하는 증거라 할 것이다.

이 시기로부터 후기에 걸쳐 취락 중에는 전원(全員)을 둘러싼 원형환구(圓形環溝) 안에 수장층을 위한 방형환구가 나타난다. 그리하여 취락 안에서 그러한 수장층의 돌출에 대한 일반 민중의 반발을 무마하기 위하여 커다랗게 만들어진 동모나 동과를 제기로 이용하여, 무라(村)·구니(國)·구니(國)들의 사람들 전체(공동체)를 대상으로 하는 청동기 제사도 시작된다.

그러나 대외교섭 면에서 보면 한반도 남부와 펼쳐오던 교섭은 쇠퇴하지 않고 오히려 더욱 활발해진다. 삼한토기(나는 원삼국시대의 한반도 남부의 토기를 이렇게 부른다)나 낙랑토기(한반도 북부의 낙랑군과 대방군 등에서 사용된 토기)의 북부규슈에서의 양상뿐 아니라, 늑도유적에서 중기 후반~후기 전반의 야요이계 토기가 앞 시기와 다름 없이 다량으로 나오고, 중부규슈나 쥬고쿠(中國)·시코쿠(四國)지역의 토기도 포함되어 있는 사실과 함께, 경상남도 양동리에서 출토된 북부규슈 산의 중광형·광형 동모나 소형방제경, 다호리 1호묘에서 출토된 북부규슈산일 가능성이 큰 중세형 동모 등이 왜계(倭系) 청동기(거의 노국산으로 보임)라는 것 등이 그 증거라 하겠다.

　북부규슈에서 대외 교섭의 최전선을 담당한 일지국(一支國)과 대마국(對馬國) 가운데, 대마국에서는 삼한계 토기가 많고, 일지국에서는 삼한계 토기와 낙랑계 토기의 비율이 거의 1대 1이 된다. 그리고 이도국(伊都國)에서는 낙랑계 토기가 탁월한 데 반해서, 노국(奴國)에서는 삼한계 토기가 많고 낙랑계 토기는 눈에 띄지 않는다. 이것은 쓰쿠시(筑紫)정권과 한(漢)이나 낙랑군과의 교섭이, 기본적으로 이도국과 일지국을 중심으로 전개되었음을 보여주는 것이다. 한편 이 시기 노국의 국읍(國邑)인 스구(須玖) 유적에서는, 청동기나 철기, 유리 제품이 집중적으로 생산되고 있기 때문에, 금속기나 유리 제품의 원료는 변·진한과 노국와의 교섭을 통해 얻어진 것으로 보인다.

　북부 규슈에서 야요이 중기 후반부터 후기 낙랑계 토기(제8도와 제9도 1~13)는,

　　A. 1 유적 1~2점 정도의 대마도형,
　　B. 일지국의 하라노쓰지(原の辻)유적이나 가라카미유적, 이도국의 미토코마츠바라(御床松原)유적이나 시타이무타(下井牟田)유적 등과 같이, 복수의 기종이 유적 중에서 산만(散漫)하게 출토되는 가라카미형,
　　C. 불과 88㎡의 발굴구(發掘口)에 30점 정도가 집중적으로 출토되는 미쿠모변상(三雲番上)형

등의 세 가지 유형으로 나뉜다.

　대마도형은 소규모 교역, 가라카미형은 공적인 통교·교역의 누적이나

취사용 활석혼입(滑石混入) 토기를 통해서 볼 때, 도래 한인(漢人, 낙랑군이나 대방군 사람)이 머물렀음을 알 수 있다. 한편 미쿠모번상형은 기종(器種)도 잘 갖추어져 있으며, 이도국의 국읍(國邑)에서 낙랑군·대방군의 사람들의 집단적인 거주를 나타낸다. 다호리(茶戶里) 1호 무덤의 붓이나 왜(倭)계 중세형동모(中細形銅矛)도 함께 생각해 보면, 문자를 이용한 통교나 교역을, 이러한 도래 한인(漢人)이 담당했던 것으로 보인다. 또 이도국이나 일지국에서는 국읍과 그 지배 아래 있는 연안부의 해촌(海村)에서 낙랑계 토기가 보이며, 모두 가라카미형이나 미쿠모번상형이다. 이것은 국읍이 낙랑군·대방군이나 한제국(漢帝國)과의 통교·교역 계획을 책정하고, 실제의 활동은 연안부의 해양민이 담당하고 있었음을 보여주고 있다.

특히 주목을 받고 있는 것은 낙랑계 토기라든가 중국 돈(半兩錢이나 五銖錢·貨泉)이다(제10도 14~29). 이것은 한반도의 남해안 지대와 북부규슈로부터 쥬고쿠(中國)·시코쿠(四國)나 긴키(近畿) 지역의 연안 지대에 집중하고 있다. 중요한 것은 국 읍급의 거대한 거점 취락에서는 미쿠모(三雲)유적 0점, 요시노가리(吉野ケ里)유적에서 화천(貨泉) 1점, 스구(須玖)유적에서 전화(錢貨) 1점 정도로, 이처럼 중국 화폐가 거의 나오지 않고 있지만, 다른 한편으로 미토코마츠바라(御床松原)유적 같은 해변의 작은 해촌(海村)에서는 4점 이상이 나오는 점이다. 낙랑토기도 이러한 해촌에 집중되어 있다. 특히 해안인 야마구치현(山口縣) 오키노야마(沖ノ山)유적에서는 야요이 시대 중기 후반의 의(擬)무문 토기에다가, 오수전·반양전이 116점 이상 내장되어 있는데, 이것이 화폐로 쓰이고 있었음을 암시한다.

한반도의 남부에서는 최근 들어 낙랑계 토기가 잇달아 발견되고 있는데, 이것은 기원전 1세기부터 기원후 1세기의 고단계(古段階)와, 기원후 2세기부터 3세기의 신단계(新段階)로 나뉜다. 그 중에서 늑도(勒島)유적에서는, 고단계의 낙랑토기 대옹(大甕)이라든가 활석 혼입의 화분형(植木鉢形) 토기가 나오는데, 이것이 낙랑군과 삼한, 낙랑군과 왜(倭)와 통교회로(通交回路)의 결절점(結節点)이 되고 있었음을 알 수 있다. 다호리(茶戶里) 1호 무덤의 오수전이라든가, 늑도유적의 반양전·오수전, 하라노쓰지(原ノ辻)유적의 오수전·대천오십(大泉五十)·화천, 미토코마츠바라(御床松原)유적의 반양전·화천도 그러한 통교회로를 뒷받침한다. 다호리 1호 무덤의 칼날이 붙지 않은 대형 판 모양의 철 도끼(鐵斧)라든가, 두 개를 서로 마주 보게 붙여서 끈으로 묶은 단면 사다리 모양으로 주조한 철 도끼는, 교역용의 철 소재나 원료 철이자, 이러한 통교회로의 목적 가운데 하나인 「변한과 진한의 철」이 있었음을 증명해주는 것이다. 특히 늑도유적은 한반도 남부의 해양민 취락(해촌)이었을 것이며, 일지국이나 이도국에서 보이는 것과 같은 국읍과 해양민의 구조가 한반도 남부에서도 실현되고 있었을지도 모른다. 여기서 주목을 받고 있는 것이 전라남도 (여수시) 서도리(西島里) 거문도에서 발견된 대량의 오수전(980매)이다(제10도 4~13). 이 오수전은 지금까지 후한대의 것을 포함한다고 알려져 왔지만, 최근의 검토(국립경주박물관, 2007)를 보면 오히려 전한대일 가능성도 있다. 전라남도 승주군 대곡리 도롱(道弄) 제6호 주거지에서 나온 낙랑계 토기 대발(大鉢)의 밑바닥으로 보이는 예(제9도 17)라든가, 신창동유적의 고단계 낙랑토기(제9도 16)를 함께 고려해 본다면, 전라남도 연안부 어로민도, 낙랑·대방군으로부터 왜(倭)에 이르는 통교회로 안에서 활약하고 있었을 가능성이 있다.

또 야요이 후기에는 일본열도의 각지에서 지역 정권이 급속히 성장하자, 쓰쿠시(筑紫)정권의 중심부를 거치지 않고 대외 교섭을 할 수 있는 길을 모색한다. 오카야마현에서 출토된 한반도 중부의 마한(馬韓) 토기를 모방한 것으로 보이는 입큰항아리(廣口壺)라든가 낙랑토기를 모방한 통배(筒

坏)나 다카츠카(高塚)유적의 화천 25점, 시마네현에서 나온 낙랑토기라든 가 돗토리현 아오타니(靑谷) 우에데라지(上寺地)유적의 화천 4점, 게다가 오사카부 가메이(龜井)유적의 화천 4점 등은, 그러한 움직임을 반영한 것이다.

한편 호남 지역에서는 군곡리패총(제10도 1)이나 낭동유적(제10도 2·3)에서 화천이 발견된 점과, 제주도 건입동유적에서 다량 출토된 사례를 함께 고려한다면, 이 시기에도 전대의 교역 루트가 유지되고 있었음을 알 수 있다. 현재로서는 야요이 후기의 토기가 호남 지역에서 출도된 것으로는 전라북도 세전리유적의 세경호(細頸壺)밖에 알지 못한다. 이것은 북부규슈계이지만, 향후 조사에서는 일본열도의 다른 지역 계통의 토기가 나올 가능성도 염두에 두었으면 한다. 또 전남 영광군 화평리 수동유적에서는 북부규슈산으로 보여지는 야요이 시대 후기 후반~종말(2세기~3세기 전반)의 소형방제경(小形仿製鏡, 제9도 14)이 출토되고 있어서(조선대학교 박물관·한국도로공사, 2003), (두 지역 사이의) 교류를 말해 주고 있다.

Ⅳ. 고분시대의 교류

일본열도에서는 고분시대가 되면, 전방후원분이 「중앙 지역」의 거의 전역에 분포하는 현상으로부터도 알 수 있듯이, 야요이시대에 형성된 각지의 정권이 연합하여, 통일적인 정권체(倭政權)가 성립·전개해 가며, 사회나 정치의 중심이 지금까지 북부규슈(쓰쿠시(筑紫)정권)에 있던 것이 긴키(近畿)의 야마토정권(大和政權)으로 옮아간다. 이것은 긴키(近畿)에 거대한 전방후원분이 많고, 다양한 기물(器物)의 분포·분배의 중심이 긴키(近畿)에 있는 것으로부터도 알 수 있다.

고분시대는 크게 전기(3세기 후반~4세기)·중기(5세기)·후기(6세기)로 구분된다. 전기는 야마토정권의 주도 아래 정치적인 서열이 형성된다. 중기에는 각지의 지역 정권이 대두하는데,『일본서기』의 반란 전승으로부터도 알 수 있듯이, 후기에는 야마토 정권 측에 억제되어 율령국가 형성의 움직임이 본격화한다.

고분시대의 전기부터 중기 초두의 토기는, 야요이토기와 같이 산화염으로 구운 적갈색의 하지키(土師器)인데 고식 하지키(古式土師器)로 불린다. 내가 정한 편년으로는, 미야노전기(宮の前期)·아리타(有田) Ⅰ기·아리타 ⅡA기에 해당한다. 중기 전반~중엽(하지키 土師器의 아리타 ⅡA~아리타 ⅡB기)에는, 한반도의 도질토기(陶質土器) 제작 기술이 이식되어 오름가마(登窯)로 구운 스에키(須惠器)가 나타난다. 이 초현기(初現期)의 스에키(ⅠA기)는 규격화되지 않고 변이(變異)가 풍부하여 초기 스에키라 불린다. 중기 후반(하지키 土師器의 아리타 Ⅲ기)의 스에키(ⅠB기)는 蓋杯와 같은 주요 기종이 넓게 통일화·규격화된다. 후기의 스에키는 Ⅱ·Ⅲ·Ⅳ기가 여기에 해당된다(제11도).

1. 왜(倭)정권의 형성과 교류(고분시대 전기)

고분시대가 되자 각 지역 안에서는 야요이시대 거점 취락의 대부분이 힘을 잃고 쇠퇴해 가며, 전방후원분(前方後圓墳)에 매장되는 사람들이 사는 방형(方形)의 주택을 축으로 재편성되거나, 혹은 새로운 유력 취락(集落)이 등장한다. 이 시기의 대외 교류로 주목받는 것이 후쿠오카시(福岡市) 니시진마치(西新町)유적이다.

고분시대 전기의 한반도계 토기는 잇키(壹岐)·쓰시마(對馬)를 제외하면, 일본열도에서는 그다지 볼 수 없지만, 니시진마치(西新町)유적에서는 보기 드물게 그것이 대량으로 나온다. 또 중기가 되어 정착·보급되는 부뚜막(竈)이 달린 주거가 다수 발견되는 것도 특색이다. 이곳은 하카타(博多) 만에 접한 모래 언덕(砂丘) 위의 취락인데 지금까지 많은 조사가 되풀이되어 이루어졌다. 한반도계 토기라든가 부뚜막이 달린 주거는 유적의 동쪽 절반 지역에 집중되어 있다.

여기에서 나온 유구를 전기 전반(미야노마에기 宮の前期)과 전기 후반(아리타 Ⅰ기)으로 나눈다면, 서쪽 절반 지역에서는 수혈(竪穴) 주거의 바닥면(床面)을 파내고 전통적인 화로(炉)를 중앙에 설치한다(中央炉). 이에 반해서 동쪽 절반 지역에서는, 미야노전기(宮の前期)부터 벌써 바닥면을 파지 않고 벽 옆 한쪽에 부뚜막을 설치한 주거가 조금씩 보이며, 아리타 Ⅰ기에는 그것이 꽤 보급되어 간다. 주목할 만한 것은 중앙로(中央炉) 주거와 부뚜막이 달린 주거의 분포 지역 중간에, 벽 옆 한쪽에 화로를 설치한(偏在爐) 주거가 분포하는 점인데, 이것은 부뚜막이 달린 주거를 알고 있던 이 지구에서 살아오던 사람(在來人)들의 대응이다. 부뚜막은 돌을 이용하지 않고 점토로 만들었으며, 항아리(甕)를 올려놓기 위해서 천정부에 뚫은 구멍(가케구치 掛け口)은 1개인데, 영남지역이나 호남지역의 특색을 나타낸 것이다.

한반도계 토기의 기종에는 도질(陶質)·와질(瓦質) 토기의 호(壺)·사발(鉢), 빨갛게 구운(軟質) 토기의 시루(甑)·사발·음식을 담는 굽 달린 그릇(高坏)·화로형의 그릇 받침(爐型器臺)이 있는데, 그 특색으로 보건대 가야계 토기와 호남 지역 계통의 백제(마한) 토기로 대별된다. 호남 지역 계통의 백제(마한) 토기는 큰 평저(平底)가 특색이다. 직구(直口)의 시루 바닥에는 자그마한 동그란 구멍이 다수 뚫려 있으며, 작고 속이 깊은 사발은 경부(頸部)

가 한 번 직립한다. 가야계 토기는 둥그런 밑바닥(丸底)이 특색이다. 시루도 자그마한 동그란 구멍이 여러 개 있는 환저(丸底)인데, 이러한 특색은 가야에서도 서부 지역에서 발견된다(제12도). 이미 지적한 것처럼 본 유적의 한반도계 토기는 동쪽 절반 지역에 분포하지만, 그 중에서도 가야계는 동쪽, 전남지역계는 서쪽에서 많이 출토되고 있는데, 이것은 이쪽으로 도래한 한반도계 사람들이 공존하고 있었음을 암시한다(제17도). 특히 빨갛게 구운(赤燒き) 평평한 밑바닥의 사발이나 시루 같은 취사 도구는, 사람들이 도래하였음을 보여주는 결정적인 증거이며, 긴키(近畿) 계통(布留式系) 항아리(甕) 형태를 취하면서, 재래의 얇은 기벽(器壁)과는 달리 두껍고, 위 아래로 구멍이 나 있는 손잡이가 달린 항아리(甕, 제21도 4)는, 백제(마한)인이 만든 것으로 보인다. 또 본 유적에서는 타날격자문을 문질러 지운 백제(마한)인이 만들었다고 보여지는 시루(제19도 22) 외에도 재래의 기법과 형태로 만든 시루(제19도 26·27 등)도 있는데, 이것을 보면 재래인들도 부뚜막 생활을 받아들이고 있었음을 알 수 있다. 기벽은 얇게 마무리하지만, 동부에 한반도계의 타날사격자문을 가지는 후루식계(布留式系) 옹(제19도 28)도 재래인이 만든 토기로서 이러한 추정을 지지해 준다.

그런데 주목할 만한 것은 부뚜막이 달린 주거와 한반도계 토기가 나오는 주거가 반드시 일치하지 않고, 하나의 주거 유적에서 나오는 한반도계 토기의 비율이 낮다고 하는 점이다. 긴키계(近畿系)나 산인계(山陰系) 토기도 많아서 기종(器種)이 갖추어지는 점이나, 가야산 대형 판 모양의 철도끼(철 소재)가 나오고 있는 점을 감안한다면, 이곳은 재래의 사람들이나 한반도계 사람들뿐만이 아니라, 산인(山陰)이나 긴키(近畿) 사람들도 함께 섞여 거주하는, 「가야의 철」을 하나의 목적으로 한 국제 교류항이다. 니시진마치(西新町)유적은, 가야나 백제(마한)에서 건너간 도래인과 긴키(近畿)나 산

인, 북부규슈의 사람들이 교류하는 회로의 결절점을 이루고 있었다. 잇키(壹岐)의 하라노쓰지(原ノ辻)유적에서도, 니시진마치(西新町)유적과 같은 한반도계 토기가 나오고 있는 것을 보면, 야요이시대의 통교회로 그 자체는 유지되고 있었다고 보여진다. 다만 니시진마치 유적에서 나온 중국 돈은 지금까지 겨우 2점뿐으로(제16도 1·2), 중국 돈을 매개로 한 교역은 이 시기에 종식한 것 같다.

다만 주목되는 것은 이러한 가야계나 마한(백제)계 토기가, 본 유적에 머무르지 않고 쥬고쿠(中國)·시코쿠(四國) 지역으로부터 긴키(近畿) 지역까지 퍼지고 있는 점이다(제23도). 시마네현 쿠사다(草田)유적이나 코시(古志) 혼고(本鄕)유적에서는 백제(마한)계 환저와질(丸底瓦質)의 입 큰 호(廣口壺)가 나오고 있는데, 이와 동일한 수반항아리는 오카야마현 카미히가시(上東)유적에서도 보인다. 긴키(近畿)의 나라현 호케노산고분에서 나온 살포는, 이 회로(回路)가 긴키(近畿)까지 직접 연결되어 있었음을 보여준다. 부산시 동래 패총에서 나온 많은 하지키(土師器) 계통의 토기도 그 증거이다. 니시진마치 유적에서 나온 철 소재의 대형 판 모양 철도끼는, 길이 33.4㎝, 복원(復元) 폭 12.5㎝, 두께 최대 1㎝인데, 크기에 비하여 두께가 얇은 편이다(제16도 3). 형상은 철 도끼인데도 이미 그 기능을 잃고 있으며, 나중에 철정(鐵鋌)으로 연결되는 철 소재이다. 이와 비슷한 것으로는 김해 대성동 29호분이나 창원 삼동동 3호 석관묘 등에서 보이는 가야의 특산품이 있다. 또한 니시진마치 유적과 같이 하카타만에 접한 후쿠오카시 하카타 유적군에서는, 제59차 조사의 48호 주거 유적에서 대형 판 모양 철도끼를 작게 절단한 파편이 나왔는데, 송풍관의 입이나 대형의 완형 찌꺼기도 함께 나왔다(제22도 1~8). 인접하는 제65차 706호 토광(제22도 9·10)에서는 대형 완형 찌꺼기와 함께 어묵모양으로 아래쪽 면이 평탄한 한반도계 송풍관의 입이 나오고 있는 것을 보면, 철기 제작만이 아니라 강철 정련도 했을 가능성이 있다. 왜(倭)정권에서 보면 가야의 철을 획득하는 것, 그리고 금관가야 입장에서 보면 철의 공급을 확대하는 것이, 니시진마치 유적의 국제 교류항 설정의 큰 요인이었다. 그리고 하카타 유적군에서도 마한(백제)계 토기(제21도 11)가 출토되었다.

중요한 것은 긴키(近畿) 지역에서도 나라현 전향(纏向)유적에서 대형 완형 찌꺼기라든가 단면 타원형의 송풍관의 입과 함께, 아래쪽 면이 평탄한 한반도계 송풍관의 입이 나오고 있는 점이다. 이러한 반지형의 우구(羽口)는 시마네현 코시 혼고(本鄕)유적 등에서 보이는데, 이것은 앞에서 설명한 호남 지역에서 금관가야, 규슈(九州) 지역, 쥬고쿠(中國)·시코쿠(四國) 지역, 긴키(近畿) 지역으로 어지는 대동맥으로 볼 수가 있다.

다만 금관가야에서는 전대까지의 구야한국(狗耶韓國)의 국읍인 양동리 유적에 대신하여 대성동유적이 중심이 되고, 일본열도와 마찬가지로 지역 구조의 변동이 일어나고 있다. 그렇다면 호남 지역에서는 그러한 구조 변동이 없었던 것일까? 이 시기의 살포가 호남 지역에는 없는 것인가 하는 물음에 대해서는, 향후 호남 지역의 연안부에 대한 조사·연구 성과에 거는 기대가 크다. 그러한 성과를 얻을 수 있어야만, 백제(마한) 사람들이 니시진마치 유적으로 건너간 역사적 의의가 비로소 밝혀질 수 있는 것이다. 이 점에서 전남 함평군 소명(昭明)유적 제17호 주거 유적의 하지키(土師器) 계통의 옹(제23도 좌하)이 필자로서는 전남 지역에서 처음 확인한 것이다. 앞으로 해안부를 중심으로 한 비슷한 사례가 늘어나게 된다면 (두 지역 사이의) 교류 실태는 해명될 것이다.

이 밖에 효고현(兵庫縣) 고베시(神戶市)의 출합(出合) 가마터에서는, 충청북도 산수리라든가 삼용리 가마터 군락(窯跡群), 전라남도 대곡리 가마터 등에서 보이는 것과 같은 아궁이부(焚口部)가 한 단계 낮아지는 고분시대 전기의 가마터가 발견되는데, 그 뒤에는 그것이 이어지지 않고 있는 것으로 보아 정착에는 실패한 것으로 판단된다(제24도).

2. 고분시대 중·후기의 대외 교류(5세기~6세기 전반)

고분시대 중기는 한반도의 호남 지역에서 일본의 긴키(近畿) 지역으로 연결되는 대동맥이 금관가야의 급격한 쇠퇴로 끊기게 되고, 각지의 지역 정권이 다시 융성하는 시기임과 동시에, 한반도 계통의 다양한 문물(새로 전해진 무기, 투구와 갑옷, 마구, 금은 장신구, 스에키(須惠器), U자형 가래날(鋤先)·삼우추(三又鍬), 횡혈식 석실, 부뚜막 달린 주거 등)이 대량으로 정착·전개하는 시기이다. 그 변혁은 일본열도 전체에 걸쳐 일어나고 있었으며, 새로운 개발이 시작되어 일반 서민의 생활까지 바꾸어 놓았다. 특히 북부규슈에서는 재빨리 횡혈식 석실을 도입하여, 석인석마(石人石馬)라든가 장식고분(裝飾古墳) 등으로 대표되는 독특한 고분 문화를 만든다. 그리고 후기 전반에 걸쳐 치쿠고(筑後, 후쿠오카현 남부)를 본거지로 하여, 치쿠젠(筑前, 후쿠오카현 북부)은 물론이고, 분(豊, 지금의 후쿠오카현 동부에서 오이타현)·히(火, 지금의 사가현·구마모토현)까지 통할했다고 전해지는 치쿠시군반정(筑紫君磐井)으로 대표되는 쓰쿠시(筑紫)정권이 전개했다. 이하에서는 중기 전반(5세기 전반)과 중기 후반~후기 전반(5세기 후반부터 6세기 전반)의 두 단계로 구분하여 설명하고자 한다.

1) 중기 전반(5세기 전반)

이 시기의 큰 변화로는 스에키(須惠器) 토기의 시작과 횡혈식(橫穴式) 석실의 도입, 부뚜막의 정착을 들 수 있다. 특히 아리타 ⅡA기에 속하는 후쿠오카시 로우지(老司) 고분 3호 석실〔초기의 횡구식(橫口式) 석실〕과 후쿠오카시 서기(鋤崎)고분(초기의 횡혈식 석실)에서, 한반도계 하지키(土師器, 위 아래로 구멍이 뚫린 손잡이가 붙어 있는 直口壺)가 나왔다. 이러한 손잡이는 백제(마한) 지역에 많이 보이는데, 이것은 초기 횡혈·횡구식 석실의 축조와의 관련을 연상시킨다. 다만 이것은 둥근 바닥(丸底)처럼 호남 지역보다도 북부 지역이 후보가 된다.

한편 북부규슈보다 약간 늦지만, 세토나이(瀬戸内) 지역에서는 효고현 미야야마(宮山) 고분과 같이, 할석(割石)이나 강의 원석(川原石)으로 네 벽을 거의 수직으로 올려 쌓고 목관을 나중에 넣는 도래계(渡來系) 수혈식 석실(가야계로 여겨지고 있음)이라든가, 가가와현 와라마(原間) 6호분과 같이, 목곽을 내부 주체로 하는 고분이 보인다. 다만 미야야마 고분에는 도래계 유물이 꽤 많이 보이지만, 토기는 백제(마한)계(제43도), 드리개 귀걸이(垂飾付耳飾)은 대가야계, 초기 마구는 백제계, 대금구(帶金具)는 고구려·신라계로 여겨지고 있는 것에서 알 수 있듯이, 여러 지역의 계통이 함께 들어 있어서 제작지가 한 곳은 아니다. 와라마 6호분의 도래계 부장품에는 U자형 가래날(鋤先)과 삼루환두(三累環頭) 큰 칼이 있는데, 삼루환두(三累環頭) 큰 칼은 신라계이지만, 주체부는 적석목곽(積石木槨)이 아니다(제44도).

이와 같이 일본의 중기 고분에서 출토된 한반도계 유물은 많지만, 하나의 고분 출토품이 몽땅 한 곳의 고지(故地)를 가리키는 예는 별로 없다. 그 원인은 그와 같은 도래계 유물이 본래 세트를 잃어버리고 그것이 재분배되었을 가능성과, 고분의 피장자(被葬者)가 한반도의 복수 지역과 교류를 하고 있었기 때문이었을 가능성, 이렇게 두 가지 점을 생각해 볼 수 있다. 전기 말~중기 전반의 고분 출토 도질토기(陶質土器)를 좀 더 살펴보면 아래와 같다.

5세기 전반대의 고분 출토 도질토기로는, 오사카부 모치노키(持ノ木) 고분을 시작으로 하는 금관가야계라든가, 앞에서 설명한 미야야마(宮山) 고분과 같은 백제(마한)계 외에도, 나라현 미나미야마(南山) 4호분과 같은 안라가야계(安羅加耶系), 후쿠오카현 석인산(石人山) 고분 예에서 보는 것과 같은 대가야계, 대마도에 많은 소가야계라든가 백제계 등 한반도 각지에서 흘러들어간 여러 계통의 토기가 발견된다. 이것은 이 시기의 일본열도 각지의 수장층과 한반도 남부 여러 지역의 수장층 사이의 다양하고 다원적인 대외 교섭이 존재하였음을 반영하는 것이다.

한편 이 시기가 되면 취락에서도 한반도 각지 계통의 토기가 나오는데, 하나의 취락에서 그 고지(故地)가 한정되는 경우와, 하나의 취락에서 각지의 토기가 발견되는 경우의 두 가지가 있다. 또한 야요이시대의 대외 교류의 거점 취락이었던 후쿠오카현 미쿠모(三雲)유적이나 나가사키현 하라노쓰지(原ノ辻)유적이 고분시대 중기 중순에는 완전히 쇠퇴하여, 후쿠오카시 니시진마치(西新町)유적도 전기 후반으로 자취를 감추고 있는데, 이것은 고분시대 전기부터 중기에 걸쳐 일본열도의 지역사회에 큰 변동이 있었던 것을 나타내고 있다.

이 시기에 취락에서 출토된 한반도계 토기의 또 하나의 특색은, 시루(甑)·냄비(鍋)·소형 납작 바닥 바리(平底鉢), 장동(長胴)으로 새끼줄 무늬나 격자타날문이 들어 있는 바닥을 가진 항아리(甕) 등, 적갈색 소성(연질) 토기를 복수 개체로 보여주는 유적이 꽤 많이 발견된다는 점이다. 이러한 연질 토기는 취사에 이용되기 때문에, 그것이 복수 개체로 출토되는 유적에서는, 고지(故地)의 취사의 방식을 재현한 도래인(渡來人) 집단이 거주했던 것으로 보인다.

일본열도에서 출토되는 이 시기의 연질 토기는, 동그란 구멍이 뚫려 있는 평평한 바닥(平底)이나 둥근 바닥(丸底)의 시루(甑)·새발자국무늬를 지닌 예를 놓고 볼 때, 가야계나 백제(마한)계가 다수를 차지한다. 둥근 바닥(丸底)에다가 홀쭉한 증기구멍이 있는 신라계(洛江東江東岸系)의 시루는 극히 드물다. 부뚜막의 정착도 도래인 취락을 중심으로 확대되었다고 보여진다.

이러한 연질 토기는 각지에서 발견되는데, 양적으로는 긴키(近畿) 지역 중에서 오사카만 연안 지역이 가장 많고, 더욱이 하나의 유적에서 기종(器種)도 잘 갖추어져 있다. 따라서 이 지역으로 한반도에서 많은 사람들이 도래하여, 가와치(河內) 호수를 배수하여 경작지로 바꾼 것과 함께, 유로(流路) 고정, 범람 방지, 방조(防潮)를 위한 축제(築堤)와 호안(護岸) 공사, 나니와(難波) 호리에(堀江)의 (산과 들을 깎은) 개삭(開削) 등 토목공사, 말의 사용도 (도래인들이) 가져온 것으로 보인다. 5세기의 기술 혁신에 호남 지역에서 건너간 도래인도 관련되어 있었음은, 오사카부 八尾南유적에서 직구(直口)의 새발자국무늬를 가진 커다란 평저(平底)에 1~8개의 둥근 구멍이 뚫린 적갈색 토기인 시루가 출토된 점(사진 6-4), 그 밖에 두 귀 달린 호(兩耳付壺)가 출토된 점으로도 알 수 있다. 이와 같은 형태의 시루는 다른 한반도계 적갈색 토기와 함께, 오사카시 나가하라(長原)유적(제25도)이라든가, 효고현 이치노사토(市之鄕)유적(제26도5~9)에서도 출토되고 있다. 특히 나가하라 유적의 시루는 새발자국무늬를 가지고 있다.

한반도의 새발자국무늬는 3~4세기대에는 중부 지역에서 보이는데, 5~6세기에는 전남 지역에서 많아지는 것 같다. 이 새발자국무늬의 분포권을 백제 영역의 확대라고 보는 시각도 있지만, 5·6세기 백제의 중심지에서 성행한 형적(形跡)은 현재 보이지 않기 때문에, 문화 전파에 의한 성행지의 이동이라고 생각한다.

　이상과 같은 기반 위에서 한반도계의 초기 스에키(須惠器) 토기가 안정적으로 생산되고 공급될 수 있게 되었던 것이다.

　현재 초기 스에키(須惠器) 토기의 최대의 생산지는 오사카부의 남부에 펼쳐진 센보쿠(泉北) 구릉에 만들어진 도읍요적군(陶邑窯跡群)이다. 일찍이 도읍(陶邑 스에무라)의 5세기 스에키 토기는 Ⅰ형식 1단계(TK73)→Ⅰ형식 2단계(TK216)→Ⅰ형식 3단계(TK208)→Ⅰ형식 4단계(TK23)→Ⅰ형식 5단계(TK47)로 세분되는데, Ⅰ형식 1·2단계가 초기 스에키 토기로 불렸다. 그 뒤 TK73호 가마(窯)보다 한층 더 오래 된 가마가 도가(栂) 지구의 오바데라(大庭寺) 유적에서 발견되어(TG231호, TG232호), 가장 오래 된 가마로 인정돼 오바데라단계(大庭寺段階)가 설정되었다. 이 오바데라단계의 스에키(제31도1~11)로는, 다창(多窓)의 굽다리접시(高杯)라든가 잔의 뚜껑 손잡이 부분(受け部)이 옆으로 돌출해 있는 굽다리접시(高杯), 직구(直口)의 손잡이가 달린 사발(鉢), 깊은 반구형의 잔 부분에 다리가 직립해 있는 다리 끝 부분이 갑자기 강하게 퍼지는 굽다리접시 모양의 그릇받침(高杯形器臺)이 있는데, 지금까지의 도읍(陶邑 스에무라) Ⅰ형식 1단계의 스에키보다 오래된 것이다. 게다가 그 토기 모양은 가야토기와 가까우며, 오바데라(大庭寺) 가마터(TG231·232)에서 출토된 스에키의 조형에는, 마산에서 창원·부산·김해 등 경상남도 연안부의 가야토기를 생각해 볼 수 있다. 앞에서 서술한 모치노키(持ノ木) 고분에서는 가야토기와 함께, 뚜껑이라든가 굽다리접시(高杯)·배신(杯身)에 오바데라(大庭寺)단계의 초기 스에키가 많다.

　또한 일본열도에는 도읍(陶邑 스에무라)과 계보를 달리하는 초기 스에키 토기 가마도 존재했다. 후쿠오카현 아사쿠라(朝倉) 가마터 군락은 그 대표적인 예인데, 대옹(大甕), 물결 모양의 무늬(波狀文)를 입과 목 부분(口頸部)에 두른 호(壺), 단면 원형(斷面圓形)의 손잡이가 달린 사발(鉢), 유공광구소호(有孔廣口小壺), 장 삼각형(長三角形)의 투공(透孔)을 직렬로 배열한 사발 모양의 그릇 받침대(鉢形器臺) 등, 기종(器種)과 형태가 매우 한정되고 있는 것으로 볼 때, 아마도 도읍(陶邑 스에무라)의 주요 기한(期限) 지역보다 한층 더 서쪽에 있는 가야 지역의 양상을 나타낸다. 그 구체적인 모습은 후쿠오카현 아사쿠라시 이케노우에(池の上)·고사(古寺) 분묘군에게 부장된 토기군이 잘 보여 준다(제31도 12~17).

이와 같이 스에키 토기의 출현은 다원적인데, 전체적으로는 가야토기의 양상이 강하다. 이것은 일본열도 각지의 지역 정권이 가야 지역과 각각 일정한 관계를 가진 것에서 비롯된 것이다.

그러나 초기 스에키 토기에 미친 한반도 토기 문화의 영향은,「초현기(初現期)의 일순간으로 한정되며, 나머지는 일본열도 내부에서 자동적으로 전개했던」것은 아니다. 그런 것이 아니라, 스에키 토기의 시작은 일정한 시기 폭을 가지고 일어난 것인데, 특히 도읍(陶邑 스에무라)에서는 가야토기 이외의 요소도 초기 스에키에 더해져서 Ⅰ형식 3단계 이후에 정형화한다. 그 구체적인 예로는 뚜껑접시(蓋杯)와 나무 통 모양의 유공호(樽形有孔壺)를 들 수 있다. 이것은 초기 스에키의 일각을 담당하지만, 오바데라(大庭寺)단계에서는 거의 보이지 않고, 특히 뚜껑접시는 그 뒤 일본의 고분시대를 대표하는 기종으로서 후기까지 대량으로 만들어졌다. 뚜껑접시의 정착 초기인 TK73호 가마(窯) 단계의 배신(杯身)은 견실한 평저(平底)인데, 이것과 많이 닮은 조형은 한반도에서는 아직 발견되고 있지 않다. 그 다음 단계의 회전(回轉) 헤라게즈리〔篦削, へらけずり〕로 말각(抹角) 평저(平底)로 마무리를 하여 입 가장자리 부분이 높게 솟아오른 배신(杯身)과 많이 닮

은 예로는, 충청북도 신봉동 B-1호 토광묘라든가, 전라남도 대곡리 한실 C지구 출토품을 들 수 있다. 특히 전남 지역에서는 견실한 평저의 배신으로부터, 말각 평저에 높게 솟아오른 배신, 그리고 낮게 솟아오르고 전체적으로 평평한 배신으로 이행하는 것이, 양적으로도 안정되어 있어서 앞으로 더 추적할 수 있을 것 같다. 이 밖에 TK216호 가마(窯)에서는 두 귀 달린 호 뚜껑(兩耳付壺蓋)이 출토되었다. 물론 이러한 뚜껑접시(蓋杯)나 호뚜껑(壺蓋)만 가지고 본다면 경기도나 충청도와도 관련이 있지만, TK73호 가마(窯) 단계에 해당될 것으로 보이는 나무 통 모양의 구멍 뚫린 호(樽形有孔壺)가 전라남도 만수리 4호분 등에서 출토되고 있을 뿐만 아니라, 오바데라(大庭寺)단계의 주요 기종인 유공광구호(有孔廣口小壺)가 한반도에서 가장 성행하는 것도 호남 지역이다. 따라서 이러한 기종의 출현과 가장 관련이 깊은 곳은 호남 지역이 될 것이다.

　이러한 추정을 지지해 주는 것이, 앞에서 서술한 호남 지역 계통의 토기이다. 또한 TK216~TK208 단계의 스에키 토기 공인(工人)들의 취락인 오사카부 후시오(伏尾) 유적에서는, 적갈색 원통형 토기(토관 土管)가 출토되었는데, 이와 동일한 토기가 국립광주박물관이 발굴한 전남 대곡리 道弄(光) 3호 주거에서도 출토되었다(제27도 1·2). 후시오(伏尾)의 예는 솔자욱(刷毛目)으로 마감을 한 것으로 5세기 중엽인데, 대곡리의 예는 새끼줄무늬(繩目叩き)로 함께 출토된 토기로 보아서는 4세기까지 거슬러 올라가지만, 이러한 토기는 5세기가 되어서도 전남 지역에서 만들어지고 있었던 것으로 보인다.

　부뚜막은 니시진마치(西新町)에서는 정착에 실패하였다가, 중기가 되자 다시 정착·보급이 시도된다. 그 대표적인 유적이 후쿠오카현 우기하시 이치즈카당(市塚堂)유적이다. 여기에서는 아리타 ⅡB기에 화로(爐)에서 부뚜막(竈)으로 전환하고, 그 뒤 부뚜막의 보급이 늘어난다. 주목할 것은 여기에서 나온 유공광구호(有孔廣口小壺)인데, 3조의 돌대(突帶)를 가진 내만구연(內灣口緣)은 호남 지역에서도 오히려 전북 지역의 특징으로 보인다(제42도).

전남 지역과의 직접적인 관계를 상정할 수 있는 이 시기의 자료는, 앞에서 서술한 새발자국무늬(鳥足叩き目文)를 가진 토기 외에도, 두 귀 달린 뚜껑(兩耳付蓋, 제28도), 몸통(胴)의 일부가 움푹 들어가는 공 모양의 단경호(短頸壺)가 있다.

한반도의 새발자국무늬(鳥足叩き目文) 토기는, 긴키(近畿) 외에 북부규슈에도 집중되어 있으며, 북부규슈에서는 중기 전반(아리타 ⅡA기) 이후 각지에서 발견된다. 이 시기의 예로는 밥솥 용구인 적갈색 (산화) 소성 옹기(후쿠오카현 마에바루시(前原市) 이와라(井原) 상학(上學) 유적 도랑(溝) 3, 마에바루시 총회(塚廻) 유적 2호 주거, 마에바루시 미쿠모(三雲)·이하라(井原) 435번지 방형토갱(方形土坑), 후쿠오카현 싱구쵸(新宮町) 유우스(夜臼)·미시로(三代) 유적군(OMR-6)이 눈에 띄는데, (이러한 것들은) 백제(마한)계 도래인의 존재를 암시한다(제33도 1~3, 7).

한편 몸통의 일부가 움푹 들어간 공 모양의 도질토기(陶質土器) 단경호(短頸壺)는, 나가사키현 쓰시마시 사호우라(佐保浦) 아카사키(赤崎) 3호 석실에서 보이는 적갈색의 예(제36도 1)가 있다. 적갈색 도질토기라든가, 몸통 일부가 움푹 들어간 단경호는, 전남 지역 도질토기의 특색이다. 사호우라(佐保浦) 아카사키(赤崎) 3호 석실의 예는 아리타 ⅡA기까지 오래도록 이어지고 있는데, 이것은 이전 시기부터 전남 지역과 교류가 계속되고 있었음을 나타낸다.

이 밖에 주목받는 유적으로는 후쿠오카시 요시타케(吉武) 유적군이 있다(제32도). 이곳에서는 적갈색 소성(연질) 평저(平底) 사발(鉢)이 다수 출토되고 있으며, 백제계·가야계·신라계의 도질토기(陶質土器)와 스에키(須惠器)도 많은데, 이것을 보면 한반도 각지에서 도래한 사람들이 거주한 국제 교류 취락에서 이전 시기에 니시진마치(西新町)가 맡고 있던 역할을 중기가 되어 완수한 취락으로 생각된다. 원료철로 보이는 단면대형(斷面臺形)의 주조 철 도끼(鑄造鐵斧)가 이상하리 만큼 출토되고 있는 것으로 보아서, 그것을 입수하는 데도 관련된 유적이다. 백제(마한)계 토기로는 새발자국무늬가 있는 도질토기 파편이나, 와질(瓦質)·적갈색 (소성) 평저(平底) 잔(杯), 새발자국무늬의 적갈색 (소성) 기반(器盤)이 있다. 특히 다수의 작고 동그란 구멍이 뚫려 있는 평저(平底)의 시루는, 반(盤)과 함께 전남 지역의 이 시기 토기일 가능성이 높다.

지금 주목받고 있는 한 가지 현상으로는 철기 생산과의 관계가 있다. 왜(倭) 정권 직영의 공방일 가능성이 지적되고 있는 오아가타(大縣)·오아가타미나미(大縣南) 유적군에서는 오아가타(大縣) 85-2차 조사구 토갱(土坑) 4에서 도질토기 호(壺)와 함께 직구 평저(直口平底)에 동그란 구멍이 뚫려 있는 시루가 2점 출토되고 있는데, 이것을 통해서 호남 지역과의 관계를 알 수 있다(제26도1~3). 여기에서는 대형 사발모양의 쇠찌꺼기(椀形滓)가 대량으로 출토되고 있는데, 이것을 보면 이곳에서 강철 정련도 한 것으로 판단되며, 도래인을 중심으로 새로운 야철(冶鐵) 기술이 이곳에 도입된 것으로 보인다.

또 긴키(近畿) 지역에서는 오사카부 지역을 중심으로, 부뚜막의 아궁이 쪽 앞면에 다는 역요자형(逆凹字形)의 흙으로 만든 틀(土製枠)이 이 시기부터 보인다. 이와 같은 아궁이틀(焚口枠)은 현재 한국의 서울에서 전남 지역에 걸친 백제 중앙부나 백제(마한) 지역에 집중적으로 분포되어 있다(제8

도 3~13).

이상의 자료를 통해서 볼 때, 중기 고분문화(古墳文化)로 대전환을 하는 과정에 호남 지역의 도래인도 관련이 되어 있었다고 말할 수 있을 것이다.

2) 5세기 후반~6세기

이 시기에도 새발자국무늬를 넣어서 만든 토기라든가, 후쿠오카현 유쿠하시시(行橋市) 오니구마(鬼熊)유적 8호 주거 유적의 예(유쿠하시시 교육위원회 1999)에서 보는 것과 같이, 몸통 일부가 움푹 들어간 공 모양의 도질토기(陶質土器) 단경호(短頸壺)가 출토되고 있는데, 긴키(近畿)와 규슈(九州)에 집중되어 있다. 후쿠오카현 칸다마치(苅田町) 번총(番塚)고분의 새발자국무늬 적갈색 토기 항아리(壺)의 예와, 전남 만수리 4호분 10호 토광묘라든가 전남 신촌리 9호분·월송리 조산 고분 출토품 등 전남 지역 출토 사례를 비교해 보더라도(제36도 3~5), 전남 지역과 직접 관련되어 있는 것이 분명하다. 이 시기의 것으로는 그 밖에도 사가현 가라쓰시(唐津市) 아이가(相賀) 고분의 대형 도질(陶質) 항아리(小田富士雄 1960)나, 후쿠오카시 바이링(梅林) 고분의 도질 항아리(제33도 4), 후쿠오카현 마에바루시 이노우라(井ノ浦) 고분 주구(周溝) 안에서 출토된 도질 항아리라든가, 후쿠오카현 오고리시(小郡市) 하사코의 미야(宮) 고분(후쿠오카현 교육위원회 1979)의 도질 항아리(제33도 6) 등이 있다. 이 가운데 아이가(相賀) 고분이나 바이링(梅林) 고분, 번총(番塚)고분, 이노우라(井ノ浦) 고분은 5세기 후반~6세기 전반, 하사코의 미야(宮) 2호분은 6세기 후반의 연대로 판명되어 모두 반입품(搬入品)으로 보인다. 다만 이러한 고분의 출토 예는 도래인(渡來人) 집단과의 관계보다는, 일·한의 지역 정권 사이에 교섭이 이루어지는 가운데 가져와서 부장되었다고 말할 수 있다. 취락 유적에서는 무나카타

(衆像) 지역과 이토시마 지역이 주목받는다. 무나카타 지역의 경우, 후쿠오카현 후쿠츠시(福津市) 아라지(在自) 유적군에서는 아라지 시모노하라(下ノ原) 유적의 수혈(竪穴) 주거 SC015에서 6세기 중엽의 스에키(須惠器) 하지키(土師器)와 함께 나오고 있으며(제34도 2), 토광(土壙) SK103에서 아리타 ⅡB기의 하지키(土師器)와 함께 출토되고 있고, 그 밖에도 도랑(溝)이나 포함층(包含層)에서 여러 점이 나왔다. 아라지 오다(小田) 유적의 2점은 포함층으로 시기는 확정되지 못했다. 또한 무나카타시 후지와라(富士原) 가와하라다(河原田) 유적에서도 새발자국무늬의 도질토기 파편이 2점 나왔다. SB14의 예(제33도 8)에서 보이는 스에키는 5세기 후반과 6세기말의 두 가지가 있는데, 하지키(土師器)로 보면 6세기말일 가능성이 높다. SB32는 5세기 후반과 6세기의 하지키(土師器)가 함께 출토되고 있다. 한편 이토시마(糸島) 지역에서는 미토코마츠바라(御床松原) 유적에서 27호 주거에서 도질토기 파편이 5세기 후반의 스에키 잔 덥개(杯蓋)와 함께 출토되고 있다(시마쵸(志摩町) 교육위원회 1987).

이 밖에 후쿠오카현 미이군(三井郡) 다치아라이마치(大刀洗町) 니시모리다(西森田) 유적(다치아라이마치 교육위원회 2000)에서는 5세기 후반대의 토기를 중심으로 하는 3호 도랑(溝)에서, 백제 중심부 계통의 도질토기인 다리가 짧은 굽다리접시(低脚高杯)라든가, 스에키인 직구(直口)의 밑이 납작한 항아리(平底壺)와 함께, 호남 지역 계통의 廣口長頸壺가 출토되고 있다(제34도 5~8).

이 시기에 가장 주목받는 것이 구마모토현 북부의 기쿠치강(菊池川) 유역에 있는 타마나시(玉名市) 에다(江田) 후나야마(船山) 고분이다. 이 고분은 전방후원분(前方後圓墳)인데, 주체부(主體部)의 횡구식(橫口式) 가형(家形) 석관(追藏을 위하여 횡구부를 만들어 놓은 가형의 석관)에서는, 청동제

거울(銅鏡), 금동제의 관류(冠類)·참·금으로 만든 드리개 귀걸이(垂飾付耳飾), 투구와 갑옷류, 마구류, 철제 무기류, 스에키(須惠器)·도질토기(陶質土器) 등, 호화롭고 풍부한 부장품이 출토되었다. 특히 철로 만든 칼 가운데 1점은 동(棟) 부분에 75자로 된 은으로 상감을 한 명문(銘文)이 있으며, 「獲加多支鹵大王」(雄略天皇으로 보임)이라든가 「典曹人」의 이름인 「无利弖」 등이 기록되어 있어서, 옛부터 유명하다. 이 고분에 매장된 사람은 이러한 명문이나 투구·갑옷류 등으로 보아서는, 긴키(近畿)의 야마토(大和) 정권에 출사(出仕)하고 있었을 가능성이 높다. 또한 후쿠오카현이나 사가현에 많이 남아 있는 횡구식 가형 석관은, (이 고분에 묻힌 사람들이) 쓰쿠시(筑紫) 정권의 일원이기도 하였다는 것을 보여주는 것이다.

유물 가운데 이번에 주목을 하고자 하는 것은 관모(冠帽)라든가 드리개 귀걸이(垂飾付耳飾), 도질토기(陶質土器)인 뚜껑접시(蓋杯)·호(壺)이다(제36도 6~16).

관모는 용문(龍文)을 뚫새김(透刻)으로 새겼으며 테두리를 화염무늬(火炎文)로 둘러싸고 있고, 후방에 대롱 모양의 뱀이 기어가는 금구(金具) 장식이 펼쳐지고, 반구형(半球形)의 옥 장식이 붙어 있다. 이와 동일한 식금구(飾金具)를 가진 관모는 전라북도 입점리 1호분에 있다.

드리개 귀걸이(垂飾付耳飾)는 대가야계의 장쇄식(長鎖式)과 백제계의 무쇄식(無鎖式)이 있다.

도질토기 뚜껑접시(蓋杯)는 평평해서, 회전판을 사용하지 않는 헤라게즈리(篦削, へらけずり)가 많이 사용되고 있다. 금강(錦江) 유역에서 난 것이라고도 하고, 스에키라고 말하는 소리도 들리지만, 뚜껑의 천정부(天井部)나 배신(坏身)의 체부(體部)가 두꺼운 점이라든가 색조(色調) 등도 포함하여 고려할 때, 필자는 역시 전남 지역에서 난 것일 가능성이 높다고 생각

하고 있다. 이 밖에 세로 방향으로 평행하게 두드려서 만든 무늬를 가지고 있는 평저호(平底壺)의 하반부가 출토되고 있는데, 호남·호서 지역의 제품이지 아닐까 생각된다. 근년에 분구(墳丘)를 조사한 결과를 보면, 여기에서는 5세기 후반의 스에키(須惠器)라든가 원통(圓筒)의 하니와(埴輪, 토용)가 나와서 축조 연대를 나타내고 있으며, 부장유물을 검토한 결과 5세기 후반(에다 후나야마 1기)과 6세기 전반(에다 후나야마 2기)의 두 시기로 나뉘기 때문에, 아무리 적게 잡더라도 1회의 추장(追葬)이 있었을 것으로 생각된다. 에다 후나야마 1기에는 장쇄식(長鎖式) 드리개 귀걸이(垂飾付耳飾)라든가 대금구(帶金具), 금동제 마구, 은 상감 큰 칼(銀象嵌大刀) 등이 포함된다. 관모도 이 시기라고 알려져 있다. 에다 후나야마 2기는 관(冠)이나 답(沓), 무쇄식(無鎖式)의 드리개 귀걸이(제35도), 도질토기 뚜껑접시(蓋杯) 등으로, 백제계의 양상이 강하며 전남 지역과 관련되는 시기이다.

 6세기 전반(에다 후나야마 2기)의 북부규슈의 드리개 귀걸이(垂飾付耳飾)에는 신라계·백제계·대가야계가 있으며, 대가야계는 다시 산치자식(山梔子式)과 타형식(他型式)으로 나뉜다. 그것의 분포를 보면 후쿠오카현 지역과 사가현 지역이 신라계와 대가야계 산치자식, 구마모토현 지역이 백제계와 대가야계 타형식이라고 한다. 이 시기는 『일본서기』가 신라와 연결되었다고 전하는 반정(盤井)이 활약했던 시기이며, 그 세력의 핵심인 후쿠오카현 지역을 중심으로 신라계와 가야계의 드리개 귀걸이(垂飾付耳飾)가 분포하는 것은 당연할 것이다. 여기에 대해서 히노기미(火の君)의 핵심 지역(구마모토현 지역)은 백제계와 대가야계 타형식이기 때문에, 초기 쓰쿠시(筑紫) 정권 안에 있으면서, 히노기미 일족은 독자적인 대외 교류의 회로(回路)를 가지고 있었다. 게다가 히노기미의 본관지인 히카와(氷川) 유역의 류우호쿠마치(龍北町) 노츠(野津) 고분군에서는 대가야계라든가 소가야계의 토기가 나온 것으로 보아 가야와의 관계가 강하며, 이에 반해서 기쿠치강(菊池川) 유역의 수장층은 히노기미의 본가와는 달리, 전남 지역을 개입시킨 백제와의 교류가 강하다.

　에다(江田) 후나야마(船山) 고분의 피장자는 야마토(大和) 정권이나 쓰쿠시(筑紫) 정권과 밀접한 관계를 가지면서, 동시에 가야나 백제와도 밀접하게 교류를 하고 있었다. 이것은 고분시대 중기부터 후기 전반(前半)에 걸쳐, 다른 지역 정권에서도 똑 같이 나타난 현상으로 보인다. 야마토 정권이 이러한 지역 정권을 억압한 배경에는 외교권의 통일도 있었다고 보여진다.

　한편 긴키(近畿) 지역에서도 6세기 초두의 호시즈카(星塚) 1호분(제29도)으로 새발자국무늬를 가지고 있는 도질토기 항아리가 나오고 있는데, 이것은 호남 지역과 교류가 계속되고 있었음을 말해 주는 것이다.

　또 오사카만 연안에서는 5세기 후반이 되어서도 적갈색(연질) 토기의 반입 내지 충실한 재현품이 발견되고 있는 동시에, 후쿠오카시 요시타케(吉武) 유적과 같이, 납작 바닥 바리(平底鉢)가 둥근 바닥으로 바뀌고(丸底化), 솔자욱으로 마감을 하여 하지키(土師器)로 변화하는 현상이 나타난다. 이것은 5세기 전반대에 도래한 집단이 정착하고, 한반도와의 교류 회로를 개설하여 계속적으로 교류하며, 더 많은 도래인을 받아들이고 있었던 증거로 보인다. 앞에서 서술한 오아가타(大縣) 유적에서는 그러한 움직임이 일어나는 가운데 5세기 후반 이후에 철 소재나 철기 생산과 관련된 화로(爐)가 성행하고 있다. 이 시기의 긴키(近畿) 지역은 앞에서 말한 부뚜막 아궁이틀이 계속되는 동시에, 역시 백제에 유례가 많은 대벽건물(大壁建物)도 일본열도 안에서 집중적으로 나타나고 있으며, 전 시기보다 한층 더 백제 쪽으로 기운다. 이것을 상징하는 것이 오사카부 다카이(高井) 다야마(田山) 고분이다(제30도). 다카이 다야마 고분은 오아가타 유적군의 바로 옆에 있는데, 긴키(近畿)에서는 초기에 속하는 횡혈식 석실에 목관을 2기 늘어 놓았으며, 무령왕릉에서 유례를 찾아볼 수 있는 초두(焦斗)나 金層유리구슬이 나와, 백제계 왕족급 인물의 무덤으로 여겨진다. 무령왕릉의 관재(棺材)가 일본산의 고우야마키이며, 왕비의 빈소로 여겨지는 정지산(艇止山) 유적에서 같은 시기의 스에키(須惠器)·하지키(土師器)가 출토되고 있는 것도, 야마토 정권이 백제 쪽으로 더욱 기울어졌다고 하는 추정을 뒷받침해 준다.

3. 전남지역의 야마토계(大和系) 자료

전남 지역에서 야마토(倭)계 자료가 다량으로 발견되는 것은 5세기 후반부터 6세기 전반으로 백제의 웅진시대이다. 이에 대해서는 이미 많은 논고가 있는데, 근래에는 서현주가 이를 정리하여 발표하였다(서현주 2004). 구체적인 자료를 보면 유물로서는 청동제 거울(銅鏡)을 시작으로 한 금속기, 스에키(須惠器)라든가 하지키(土師器) 계통의 토기, 하니와(埴輪) 계통의 분주토기(墳周土器)·목기, 딸린 옥(子持勾玉 고모치마가타마) 등이 있다. 그리고 무엇보다도 문제가 되는 것은 전방후원형분(前方後圓形墳; 長鼓墳)과 그 주체부인 횡혈식(橫穴式) 석실(石室)이다.

토기는 반입되었다고 보여지는 스에키가 증가하고 있고, 有孔廣口小壺라든가 뚜껑접시(蓋杯)가 많으며, 규슈 스에키 편년으로 보면 ⅠB기와 Ⅱ기의 것이다. 구체적으로는 전남 대곡리 한실 A-1호 주거 유적(제40도 5)에서 출토된 체부를 얇게 만든 몸통(杯身, 스에키 Ⅱ기)이 있는데, 같은 시기 전남 지역의 몸통(杯身)과는 다르다. 전남 맥포리의 有孔廣口小壺는 스에키 ⅠB기의 것이며, 복암리 3호분에서는 ⅠB기와 2기의 有孔廣口小壺가 나왔다(제40도 1~4). 이러한 有孔廣口小壺는 일본의 스에키 항아리(有孔

廣口小壺)와 지나치게 닮아 있는데, 전남 지역의 有孔廣口小壺에 비하여 전체적으로 모난 인상을 주며, 어깨 부분(肩部)에 새김선(沈線)을 두르고 있다. 광주시 월전리 유적의 굽다리접시(高杯)도 다리 끝 부분의 구조가 ⅠB기의 스에키와 매우 흡사하며, 1호 수혈(竪穴)의 하신(坏身)도 마찬가지이다(제40도 15·16). 이와 같은 것들은 모두 일본열도에서 (전남 지역으로) 반입된 것으로 보인다. 그 밖에도 스에키로 보이는 토기가 있는데, 지금까지 발표된 자료를 다시 살펴보면 더 늘어날 것이다. 또 6세기 전남 지역 재지(在地)의 有孔廣口小壺의 목 부분(경부)이, 일본의 이 시기 스에키와 똑 같이 목 부분(경부)이 길어져 가는 점과, 역시 6세기 전남 지역 재지의 뚜껑접시(蓋杯)가 형태적으로는 다르더라도, 전체적으로 평평해져 가며 처음 시작 부분이 낮아져 간다고 하는 점에서는, 일본열도의 같은 시기의 스에키 뚜껑접시(蓋杯)의 변화와 같다. 이러한 현상은 이 시기의 전남 지역과 일본열도가 연동하는 부분이 있었음을 추측하게 한다. 이 밖에 복암리 2호분이라든가 신촌리 9호분에서 하지키(土師器)도 발견된다(제40도 8·9).

다만 왜인의 집단 거주 유적은 아직 없다. 청동제 거울은 모두 소형품이다(제40도11~14). 전라남도 신덕 고분에서는 야마토계의 반구형 장식 금구(金具)와 이산식(二山式) 광대관(廣帶冠)이 출토되고 있는 것으로 보이는데, 이 지역의 고분에서는 일반적으로 백제계의 위신재(威信財)가 질·양 모두 많고, 상위의 야마토계 위신재는 적다.

근년의 최대 성과는 전라북도에서 전방후원형분(前方後圓形墳)을 확인한 것인데, 이것으로 바다의 제사 유적인 전라북도 부안군 죽막동 유적과 장고분을 아울러 생각할 수 있게 되었으며, 또한 일본열도의 후쿠오카현 무나카타시 오키노시마(沖ノ島) 유적과도 유기적으로 연결된다.

오키노시마 유적은 겐카이나다(玄界灘)에 떠 있는 작은 섬인데, 4세기 후반부터 9세기까지 대외 교섭을 위한 국가적인 항해 안전 제사가 거행되었던 섬으로서 유명하다. 그 제사는 암상(岩上) 제사(4~5세기), 암음(岩陰) 제사(5세기 후반~7세기), 반암음(半岩陰)·반노천(半露天) 제사(7~8세기), 노천(露天) 제사(8~9세기)의 네 단계로 나뉜다. 그 중에서도 암음제사 단계에서는 긴키(近畿)계와 함께 풍부한 한반도계의 위신재가 발견된다.

한편 죽막동 유적에서도 비늘 갑옷(札甲)이나 투각(透刻)의 마구(馬具)를 비롯하여 풍부하고 질 높은 유물이 나오고 있는데, 이것은 국가적인 제사 유적으로 보인다. 그리고 그중에는 5세기 후반부터 6세기 전반의 스에키(須惠器)·하지키(土師器)라든가, 그런 계통의 토기(제37도 1~5)가 있는데, 일본열도에서 주로 제사에 이용하는 활석제 모조품(有孔圓板, 劍形, 鎌形, 鏡形, 刀子, 短甲 등)도 많다(제37도 7~37). 여기에서는 남조(南朝)의 청자도 발견되기 때문에, 중국 남부-한반도 남부-일본열도라고 하는 국가적인 대외 교섭의 회로상에서 펼쳐지는 제사에 왜인도 참가한 것으로 보인다.

확실히 북부규슈와 연결되는 전라남도의 자료에는, 우선 해남군 월송리 조산 고분 출토의 조개 장식구(貝輪, 일본의 류큐열도에서 채집되는 고호우라 조개 제품)가 있다(제40도 10). 류큐열도에서 규슈를 경유하여 조개를 가져다가 전남 지역에서 만들어진 것으로 생각되고 있다. 또한 조산 고분이나 신덕 고분 같은 영산강식 석실은 규슈의 석실을 조형(祖形)으로 하여 출현한 것이라고도 생각할 수 있다. 전라남도에서 선행하는 석실이 정말로 없는 것인지, 향후에도 검토가 필요하지만, 비록 규슈→전라남도라고 하는 화살표가 반대로 되었다고 하더라도, 두 지역의 관계를 나타내는 점에서는 변함이 없다. 따라서 전라남도에서 볼 수 있는 야마토계 유물의 상당수는 규슈계일 가능성이 높고, 호남 지역의 전방후원형분도 규슈와 관계가 깊다고 봐도 좋을 것이다. 북부규슈에서 발견되는 이 시기의 새발자국무늬 토기가 많은 것도 이것을 뒷받침해 준다. 또한 무나카타 지역의 취락 유적에서 많이 발견되는 것은 오키노시마에서 죽막동으로 연결되는 국가적인 「바다 제사」에 이 지역의 사람들이나 호남계 도래인이 깊이 관련되어 있었음을 나타내고 있다.

그러나 분주목기(墳周木器)는 이미 지적한 것처럼, 긴키(近畿) 계통일 가능성이 높은 자료이다. 전남 지역에서 전개한 지역 정권도 또한 각지의 지역 정권과 교류했다고 보여진다.

V. 맺음말

이상과 같이 북부규슈를 중심으로 일본열도와 영산강유역의 야요이·고분시대의 교류에 대하여 개관했다. 야요이시대에는 두 지역의 교류가 간접적이었지만, 고분시대가 되면 직접적으로 이루어지게 된다. 특히 고분시대 전기(前期)는 니시진마치(西新町)유적에 영산강유역 사람들의 집단적 거주를 생각해 볼 수 있다. 중기 전반까지의 화살표는 압도적으로 영산강유역→일본열도이다. 그리고 일본열도의 고분시대 중기의 대변혁에 영산강유역 사람들도 관련되어 있었던 것은 확실하다. 특히 북부규슈라든가 긴키(近畿)에서 새발자국무늬토기(鳥足文叩き土器)가 집중적으로 발견되는 것은, 이 두 지역이 영산강유역과 가장 깊은 관계에 있었음을 암시한다.

한편 고분시대 중기 후반부터 후기에는, 북부규슈→영산강유역의 흐름이 꽤 활발해지게 된다. 이 시기의 교류는 지역 정권 상호 간의 공적인 통교가 주체이며, 한반도의 다른 지역 국가나 일본열도의 야마토(大和) 정권

사정도 복잡하게 얽히는 가운데 이루어졌다고 여겨진다. 그런 가운데 야마토 정권은 영산강유역과도 물론 관계를 갖지만, 교류 대상의 주체는 백제 중앙부로 변화했던 것 같다.

어쨌든 이러한 상호 교류의 실태를 해명하기 위해서는 영산강유역 특히 연안부에 대한 조사 연구가 중요하다. 향후의 진전과 중요 유적의 보고서가 기다려진다.

(번역 : 박광순·정성일)

본고는 2008년 전라남도·(사)왕인박사현창협회가 발간한 『고대 영산강유역과 일본의 문물교류』에 발표된 글을 전재한 것이며 도면·사진·참고문헌은 원문 말미에 두었다. - 편집자

日本出土栄山江流域関連考古学資料の性格

第1節 はじめに

　本稿では，日本列島の弥生時代および古墳時代にみられる栄山江流域関連資料を考える。この時期は，韓半島の時代区分では無文土器・原三国・三国時代に相当する。そしてその中でも王仁博士と関わる古墳時代を中心とする。

　ただし，日本列島で出土した膨大な韓半島系の考古学資料の中から，「栄山江流域系」と狭く限定できる資料を選び出すのは，容易ではない。なぜなら韓半島系の考古学資料の中には，相当する地域が韓半島全体としかいえないもの，韓半島南部までは絞り込めるもの，湖南地域あるいは全南地域に限定できるものというように，いくつかのレベルがあるが，栄山江流域という狭い範囲には，なかなか特定できないからである。

　また，全南地域にも日本列島系の考古学資料(いわゆる倭系資料)がみられ，両地域の交流を物語る。

　したがってここでは，日本列島における各時期の韓半島系の考古学資料の概要をまず述べる。次にそれぞれの時期における全南地域の倭系資料や，両地域に共通するが起源地はまだ決まらない資料を取り上

げ，交流の実態と意義について概観する。

なお，この時代の文化と人の流れは，圧倒的に「韓半島から日本列島へ」だが，「日本列島から韓半島へ」という動きも，わずかながら確実に存在する。これは，考古学資料を冷静に客観的に見れば，歴史的事実がどうなるかと言うことに過ぎないのであり，「こちらから向こうに行ったから，こちらが優れている」などという評価はまったく出来ないことを，まず確認しておきたい。また。似たような資料があるというだけでは，矢印の方向は決まらず，起源地を決めるためには客観的な基準が必要だが，私はその基準を次のように考えている。

1) ある考古学資料が出現したとき，それまでのその地域の考古学資料の系譜とはつながらず，異なった製作技術やかたちをもつ(不連続)。
2) 出現したときには，その地域のどこにでもあるのではなく(非普遍的)，各遺跡の中での比率も一定ではない(不安定)。
3) 逆に起源地では，各遺跡での比率は一定でどこにでもあり，製作技術やかたちもそれ以前から系統的にたどられる(連続，普遍的，安定)。
4) そのほかの考古学資料からも矛盾しない。

ただし，この原則は両地域の考古学的な調査が十分になされている場合にのみ適用可能で，不十分な場合には，まだ起源地は決まらないとするほかない。

第2節　日本列島の原始・古代の時期区分

　日本列島の原始・古代は，北海道(北の地域)と琉球列島(南の地域)を除いた中の地域では，旧石器時代→縄文時代→弥生時代→古墳時代→飛鳥時代→奈良時代→平安時代の順に区分される。このうち旧石器・縄文時代は採集経済の段階である。弥生時代になると農業社会が始まって，金属器を用いるとともに，地域政権(国々の連合体)ができて古代国家への歩みが始まる。古墳時代には，中の地域のほぼ全体を統括する連合政権(倭政権)が誕生・展開する。いっぽう，飛鳥・奈良時代は，古代国家の本格的な形成・完成期と認識している。今回とりあげるのはこの「中の地域」の資料である。

　弥生時代は紀元前6・7世紀ごろに始まって，紀元後3世紀前半ごろまで続き，無文土器・原三国時代にほぼ重なる。古墳時代は3世紀中ごろから6世紀に及び，三国時代にほぼ併行する。弥生時代以降，中の地域における歴史の展開は，常に中国大陸や韓半島の動向と密接に関わってきた。そのため韓半島南部と関連する資料はきわめて多い。

第3節　弥生時代

　弥生時代は一般的に，土器の変化を基準にして，早期・前期・中期・後期の4時期に大きく分けられる。以前は前期・中期・後期の3時期区分であったが，板付遺跡の水田の発見などから，それまでの縄文時代晩期後半とされてきた時期を，早期とする考えが強くなった。もちろん，まだ縄文時代晩期後半とする人も多いが，私は，福岡県江辻遺跡などで農村の指標となる環溝集落がこの時期にすでに見られることから，早期でよいと考えている。各時期と韓半島の土器編年との対応関

係は，第1表のとおりである。

　こうした弥生時代の4時期区分を，社会的な展開や韓半島とのかかわりという視点で見直すと，九州北部地域の基準では，(1)弥生時代の始まり(早期～前期初)，(2)国の形成(前期末～中期前半)，(3)国々の連合体(地域政権)の展開(中期後半～後期)，という3段階に分けられる。

1. 弥生時代の始まり

　弥生時代の始まりは，それまでの採集民の多くが農民になっていくという点で，日本列島の歴史の中でも大きな変革期であった。その変革は，水田を作る技術や目に見える新しい文物だけでなく，目に見えない農民の考え方や新しい社会組織までも含んでいた。

　この時期の丹塗磨研小壺の口頸部が，直立から内傾へと変化することなどから見て，弥生時代早期の始まりは，韓半島の無文土器時代中期前半にあたり，弥生時代早期後半から前期初が韓半島の無文土器時代中期後半に相当する。取排水口を備えた水田や木製の農具，石包丁や石鎌などの収穫具，木器や矢板・杭を作るための各種の石斧(両刃石斧・有溝石斧・扁平片刃石斧)，武器(有柄式や有茎式の磨製石剣，磨製石鏃)，紡織具，支石墓・木棺墓・箱式石棺墓など，新しく出現した様々な文化要素から見ても，渡来した韓半島南部の無文土器時代中期の人々と文化が，こうした変革に大きな役割を果たしたことは，一目瞭然である。そうした渡来文化と人の故地を，丹塗磨研土器や支石墓の特色，あるいは擦り切りの紐孔を持つ石包丁から慶尚南道の南江流域に限定する考えもあるが，私は佐賀県菜畑遺跡と(伝)全南地域出土の黒色粘板岩を用いた有茎式石剣が酷似しており，同様なつくりの有茎式

石剣が全南地域に多いことから見て、全南地域も故地のひとつであると考えている(第1図)。全南地域での無文土器時代中期前半の様相がもっと明らかになれば、この問題は解決するであろう。

　この時期は、韓半島南部の文化の自然波及期ともいわれるが、すでに麗水半島での遼寧式銅剣の保有相(第2図左)の分析で明らかにした(武末純一 2001)ように、この時期、韓半島では国の形成過程に入っており、そうした政治組織の形成と膨張が波及して、農業社会の適地が新たに開拓された側面も大きいといえよう。

　この時期の確実な倭系資料は、韓半島にはほとんどなく、韓半島の文化と人が圧倒的に流入する。

2. 日本列島の国の形成

　弥生時代には、『漢書』や『後漢書』、『三国志』などの中国の史書に記されたように、各平野や河川流域などの単位地域ごとに「国」という政治組織ができて、村の上に立つ村や、人々の上に立つ人々(首長層)が現れる。『漢書』には「楽浪海中有倭人、分為百余国」とあり、『後漢書』には「奴国」などが見られ、『三国志』の「魏書東夷伝」には有名な「邪馬台国」をはじめ、「対馬国」「一支国」「末盧国」「伊都国」「奴国」「不彌国」「投馬国」など多くの国の名が記されている。

　こうした国の形成を良く示すのが、韓半島から流入した細形の銅剣・銅矛・銅戈や、多鈕細文鏡である。これらの青銅器は韓半島では集落からは出土せず、多くは首長層の墓の副葬品で、一部は祭祀の時に神へ捧げられ埋納された。とくに北韓の平壌市貞栢洞1号墓(岡崎敬 1968)からでた銅剣・銅矛には、「夫租薉君(夫租という地域の濊族の首

長)」と記された銀印が伴い，これらの青銅器が首長層の権威を示すための政治的な器物であったことを示す。そしてこうした取り扱いは，北部九州でそのままそっくり再現されて，その性格も引き継がれた。

　北部九州の早良平野では，この時期の青銅器は圧倒的に吉武遺跡に集中する(第2図右)。そのほかの野方，有田，飯倉，東入部などの拠点遺跡では，銅剣や銅戈が1～2本で銅矛や多鈕細文鏡はもてない。さらにそれら拠点遺跡の周辺には，青銅器をもてない小集落がある。したがって早良平野ではこの時期に，吉武を頂点に，その下に野方，有田，飯倉，東入部などの拠点遺跡，さらにその下に青銅器をもてない小集落という階層構造が形成され，国という政治組織ができたと見られる。また，吉武遺跡の内部でも，青銅器を多く持つ高木地区の下に，やはり青銅器は多いが墓のつくりが高木地区よりも小さくて群集墓から抜け出せない大石地区があり，さらにその下に副葬品をもたない小墓地群がある，という階層構造が形成された。

　重要なのは，この時期に唐津平野(末盧国)や福岡平野(奴国)，壱岐島(一支国)などの各単位地域に一つずつ，韓半島系の青銅器を集中的にもつ遺跡がみられる点と，しかもそれら集中遺跡の青銅器の質と量は大同小異で優劣の差が認められない点である。これは，国という政治組織がいっせいにでき，相互に実力の差がないことの現れである。『漢書』に記された百余国の体制は，この時期までさかのぼる。また，福岡市今山遺跡で専業的につくられた重量のある両刃石斧や，赤紫色をした鉄器に近い石材でつくられた福岡県飯塚市立岩遺跡産の石包丁が，北部九州独特の成人用甕棺墓が盛行する地帯に主に流通しており，佐賀平野でつくられた3条の節帯を持つ銅矛が，佐賀平野ではなく

玄界灘沿岸地帯に分布することから見て，国々の連合体であるツクシ政権も形成され始めていた。

　注目されるのは，この時期の多鈕細文鏡の外区に，無文の長三角形文が見られる点である。この文様は，頂点が内側を向くか，外側を向くかの違いはあるが，現状では韓半島の西海岸地帯の多鈕細文鏡に多い(第3図1・2)。また，弥生時代前期末〜中期初頭の細形銅矛はいずれも基部に耳をもつ(第3図3)。韓半島の古式の有耳細形銅矛も忠南公州市水村里遺跡など西海岸地帯で発生したとみられる。嶺南地域のこの時期の様相が不明なため，断言できないが，吉野ヶ里遺跡などで見られるようなガラス管玉(第4図)も，いまのところ韓半島の西海岸地帯にほとんど限られる点とあわせて考えるならば，弥生時代前期末〜中期前半の北部九州の国の形成と関連する地域は，現在のところ韓半島南部でも西海岸地帯とする。

　この時期でいま一つ注目されるのは，後期無文土器人の集団的居住である(片岡宏二 1999)。福岡市諸岡遺跡では，1974年の調査で，弥生時代前期末の土坑18基のうち12基から，全部で50点を超える後期前半の無文土器(断面円形の粘土紐を口にまきつけた甕が特色の水石里式)が出た(第5図②)。これらは韓半島南部で出る水石里式と全く変わらず，搬入したか忠実に再現したものである。いっぽう，この地区で出た弥生土器は，30点ほどである。北部九州のこの時期の遺跡では，こうした後期無文土器は出ないことが多く，出ても1〜3個体程度なのに対して，ここでは，甕47〜51点，壺3点，蓋1点など，炊飯調理用の甕を主体に主要な器種が揃い，弥生土器よりも点数が多い。また，土坑は同時期で，焼けた土はあるが石器がほとんど出ないことも考え合わ

せると，後期無文土器人が一時的に集団で居住した遺跡といえる(諸岡型)。

佐賀県小城市土生遺跡では，前期末〜中期前半の弥生土器と共に，少量の水石里式無文土器と，多量の水石里式擬無文土器(弥生土器の要素が入って，無文土器そのものではなくなった無文土器系の土器)が出た(第5図③)。これは，後期無文土器人の集団がこの地に永く居住して，地域社会に深く入り込みながら同化していく過程を示す(土生型)。また，一支国の国邑である原の辻遺跡では，土生型の水石里式系土器のほかに，土生型の勒島式系土器も出ており，後期前半の無文土器人だけでなく，後期後半の無文土器人の集団的居住もうかがわれる。

おそらくそれぞれの国邑にはこうした後期無文土器人集団が居て，対外交易や交渉あるいはさまざまな技術移転に，重要な役割を果たしたと見られる。ただし，そのありかたは，原の辻遺跡(第6図)でみると，無文土器の集中地点は台地北西側の縁辺部で，環溝の外になり，環溝内の中心部ではない。付近には中期前半につくられた船着場もあるため，これら無文土器人集団は継続的に渡来・居住して，集落の中心部には入らず，周縁から中心を制御して，港の建設を指導し，国の交易に参画したとみられる(武末純一 2007)。

こうした無文土器人系集団の遺跡では土生遺跡や熊本市八ノ坪遺跡などで石製鋳型も出て，日本列島での初期の青銅器生産にも関わったことがわかる。しかしその鋳型の時期は，水石里式の段階ではなく，その次の擬無文土器の段階である。韓半島ではこれまで多くの遺跡が発掘されたが，鋳型は極めてまれにしか出ない。つまり韓半島の青銅器工人はごく少数に限定され，ほとんどの無文土器人は青銅器をつく

れないから，無文土器人が渡来・居住してもすぐには青銅器を生産できず，国の中の有力集落に定着し，地域との交流回路を確保し，交渉を重ねる中ではじめて工人を招来し技術導入できたとみられる。有明海に面した熊本平野海岸部に位置する八ノ坪遺跡(熊本市教育委員会2005)では，最初に集落が始まったA地区ではなく，中期初頭から始まるB地区に擬無文土器が集中するとともに，小銅鐸や細形の銅矛・銅戈・銅剣などの鋳型5点と，送風管や銅滓，鋳造の際の湯口部分に相当する銅バリ，

　高温を受けた土器片や銅滓が付着した土器が出ている。鋳造関連遺構には，周溝をもつ中期前半の掘立柱建物(SX119)や，炭が互層状に堆積し上方から銅バリが出た中期初頭～前半の土抗(SX091)，小銅鐸鋳型が出たSK171(中期前半)があり，KD1－3～5グリッドに集中する。鋳型や送風管などもその周辺で出て，B地区でもこのあたりが中期初頭～前半の青銅器鋳造工房域であったことを示す(第7図)。

　いっぽう韓半島では慶尚南道の南海岸部で，泗川市勒島遺跡や釜山市莱城遺跡など，水石里式や勒島式と共に多くの弥生土器や擬弥生土器(北部九州の中期初頭から前半代の土器が主体だが，他地域の土器もごく少量ある)を出す遺跡がある。これらは逆に北部九州弥生人(特に漁労民たち)の集団的居住を示す。この時期，嶺南地域と北部九州とは相互に交流するが，弥生人たちの目的は，古朝鮮の権威と，金属器とその原料の獲得にあったと考えている。今のところ全南地域では光州市新昌洞遺跡で中期前半の擬弥生土器が1点出ており(第9図15)，ほかにもいくつか候補となる資料が散見されるようになった。こうした点や先述の多鈕細文鏡や有耳細形銅矛の様相は，この時期に間接的にせ

よ栄山江流域と日本列島との間にも交流があったことを示し，それとともに「国」形成の方法もまた伝えられたことを推測させる。

3. 地域政権の展開

　弥生時代の中期後半(韓半島で瓦質土器が出現して原三国時代が始まる頃)になると，日本列島の各地で地域政権が明確な形をとりはじめる。北部九州の場合は，社会に変化が起こる。ツクシ政権内部で，それまで対等だった国々の中から伊都国と奴国が台頭し，盟主国となって他の国々の上に立ち，王と呼べる人物が現れる。そして，伊都国の三雲南小路1・2号墓や須玖岡本D地点といった王墓(1～2人のための墓域と豊富な副葬品を持つ特定個人墓)もみられ，王墓を含めた首長層墓の副葬品の主流は，前漢鏡やガラス壁などの中国系に切り替わる。これは，楽浪郡など漢四郡の設置にともなって，ツクシ政権の首長層の権威の拠り所が古朝鮮から前漢へ変化したことの表れである。後期にはそれが後漢へと継続する。奴国王が使者を通じて直接洛陽の後漢の光武帝に朝貢し印綬を賜ったという後漢書の記事と，その印綬の実物で，福岡市志賀島から出た「漢の倭の奴の国王」金印は，こうした動向を裏付ける証拠である。

　この時期から後期にかけて，集落の中では全員を囲む円形環溝の中に，首長層のための方形環溝が現われる。そして，墳墓や集落でのそうした首長層の突出に対する一般民衆の反発をなだめるために，巨大化して祭器となった銅矛や銅戈を用いて，村・国・国々などの人々のまとまり全体(共同体)を対象とした青銅器祭祀も始まる。

　ただし，対外交渉の面では，韓半島南部との交流は衰退せず，さら

に盛んになる。三韓土器(私は原三国時代の韓半島南部の土器をこう呼ぶ)や楽浪土器(韓半島北部の楽浪郡や帯方郡などで用いられた土器)の北部九州での様相だけでなく、勒島遺跡では中期後半〜後期前半の弥生系土器が、前時期と変わらず多量に出て、中部九州や中国・四国地域の土器も含まれていること、慶尚南道良洞里で出た北部九州産の中広形・広形銅矛や小型仿製鏡、茶戸里1号墓で出た北部九州産の可能性が高い中細形銅矛などの倭系青銅器(ほとんどが奴国産とみられる)がその根拠である。

　北部九州で対外交渉の最前線を担った一支国と対馬国のうち、対馬国では三韓系土器が多く、一支国では三韓系土器と楽浪系土器の割合はほぼ1対1になる。そして伊都国では楽浪系土器が卓越するのに対して、奴国では三韓系土器が多く楽浪系土器は目立たない。これは、ツクシ政権と漢や楽浪郡との交渉が、基本的に伊都国と一支国を中心に展開されたことを示す。いっぽう、この時期の奴国の国邑である須玖遺跡では、青銅器や鉄器、ガラス製品が集中的に生産されているから、金属器やガラス製品の原料は、弁辰韓と奴国との交渉で得られたとみられる。

　北部九州における弥生中期後半から後期の楽浪系土器(第8図および第9図1〜13)は、

　A　1遺跡1〜2点程度の対馬型,

　B　一支国の原の辻遺跡やカラカミ遺跡、伊都国の御床松原遺跡や下井牟田遺跡などのように、複数の器種が遺跡の中で散漫に出土するカラカミ型,

　C　わずか88㎡の発掘区に30点ほどが集中する三雲番上型,

の三類型に分かれる。対馬型は小規模な交易, カラカミ型は公的な通交・交易の累積や, 煮炊き用の滑石混入土器から見て渡来漢人(楽浪郡や帯方郡の人)の滞在を示す。いっぽう, 三雲番上型は器種もそろい, 伊都国の国邑での楽浪郡・帯方郡の人々の集団的な居住を示す。茶戸里1号墓の筆や倭系中細形銅矛も考えあわせると, 文字を用いての通交や交易を, こうした渡来漢人が担ったと見られる。また, 伊都国や一支国では, 国邑とその傘下の沿岸部の海村に楽浪系土器がみられ, いずれもカラカミ型や三雲番上型である。これは, 国邑が楽浪郡・帯方郡や漢帝国との通交・交易計画を策定し, 実際の活動は沿岸部の海洋民が担ったことを示している。

とくに注目されるのは楽浪系土器や中国銭貨(半両銭や五銖銭・貨泉)である(第10図14〜29)。これらは韓半島の南海岸地帯と北部九州から中国・四国や近畿地域の沿岸地帯に集中している。重要なのは国邑級の巨大な拠点集落では三雲遺跡0点, 吉野ヶ里遺跡で貨泉1点, 須玖遺跡で銭貨1点と, こうした中国貨幣がほとんど出ず, いっぽう御床松原遺跡など海辺の小さな海村からは4点以上が出る点である。楽浪土器もまた, こうした海村に集中する。特に海岸の山口県沖ノ山遺跡では弥生時代中期後半の擬無文土器に五銖銭・半両銭が116点以上内蔵されて, 貨幣としての用途を暗示する。

韓半島の南部では, 近年になって楽浪系土器の発見が相次いでおり, それらは, 前1世紀から後1世紀の古段階と, 後2世紀から3世紀の新段階に分かれる。中でも勒島遺跡では, 古段階の楽浪土器大甕や滑石混入の植木鉢形土器が出ていて, 楽浪郡と三韓や, 楽浪郡と倭との通交回路の結節点となっていたことが分かる。茶戸里1号墓の五銖銭や

勒島遺跡の半両銭・五銖銭，原の辻遺跡の五銖銭・大泉五十・貨泉や御床松原遺跡の半両銭・貨泉もそうした通交回路を裏付ける。茶戸里1号墓の刃が付いていない大形板状鉄斧や，2個を向かい合わせにして紐で縛った断面梯形の鋳造鉄斧は，交易用の鉄素材や原料鉄であり，こうした通交回路の目的の一つに「弁辰の鉄」があったことを裏付ける。特に勒島遺跡は，韓半島南部の海洋民の集落(海村)であり，一支国や伊都国でみられたような国邑と海洋民との構造が，韓半島南部でも実現されていたかもしれない。ここで注目されるのが，全羅南道西島里巨文島から発見された大量の五銖銭(980枚)である(第10図4〜13)。これらの五銖銭はこれまで後漢代のものを含むとされてきたが，最近の検討(国立慶州博物館 2007)では，むしろ前漢代の可能性もある。全羅南道昇州郡大谷里道弄第6号住居跡から出た楽浪系土器大鉢の底かと見られる例(第9図17)や新昌洞遺跡の古段階の楽浪土器(第9図16)も考え合わせると，全羅南道の沿岸部の漁労民も，楽浪・帯方郡から倭までつながる通交回路の中で活躍した可能性がある。

　また，弥生後期には，日本列島の各地で地域政権が急速に成長して，ツクシ政権の中心部を介さない対外交渉を模索する。岡山県で出た，韓半島中部の馬韓土器を模倣したとみられる広口壺や楽浪土器模倣の筒坏や高塚遺跡の貨泉25点，島根県で出た楽浪土器や鳥取県青谷上寺地遺跡の貨泉4点，さらには大阪府亀井遺跡の貨泉4点などは，そうした動きの反映である。

　いっぽう湖南地域では郡谷里貝塚(第10図1)や郎洞遺跡(第10図2・3)で貨泉がみられ，済州島の健入洞遺跡の多量出土例も考えあわせると，この時期にも前代の交易ルートが維持されていたことがわかる。

今のところ弥生後期の土器は，湖南地域では全羅北道細田里遺跡の細頸壺しか知らない。これは北部九州系だが，今後の調査では，日本列島の他地域系の土器が出る可能性も念頭におきたい。また，全南霊光郡禾坪里スドン遺跡では北部九州産とみられる弥生時代後期後半～終末(2世紀～3世紀前半)の小形仿製鏡(第9図14)が出ていて(朝鮮大学校博物館・韓国道路公社 2003)，交流を物語る。

第4節 古墳時代の交流

　日本列島では古墳時代になると，前方後円墳が「中の地域」のほぼ全域に分布する現象からも分かるように，弥生時代に形成された各地の政権が連合して，統一的な政権体(倭政権)が成立・展開し，社会や政治の中心が，それまでの北部九州(ツクシ政権)から近畿(大和政権)に移る。これは，近畿に巨大な前方後円墳が多く，さまざまな器物の分布・分配の中心が近畿にあることからも分かる。

　古墳時代は大きく前期(3世紀後半～4世紀)・中期(5世紀)・後期(6世紀)に区分される。前期は，大和政権の主導のもとに，政治的な序列が形成される。中期には，各地の地域政権が台頭するが，『日本書紀』の反乱伝承からもうかがわれるように，後期には大和政権側に抑制されて，律令国家形成の動きが本格化する。

　古墳時代の前期から中期初頭の土器は，弥生土器と同じように酸化炎で焼いた赤褐色の土師器のみで，古式土師器と呼ばれる。私の編年では，宮の前期・有田Ⅰ期・有田ⅡA期にあたる。中期前半～中頃(土師器の有田ⅡA～有田ⅡB期)には，韓半島の陶質土器の製作技術が移植され，登り窯で焼いた須恵器が現れる。この初現期の須恵器(ⅠA期)は，

規格化されておらず変異に富み，初期須恵器と呼ばれる。中期後半(土師器の有田Ⅲ期)の須恵器(ⅠB期)は，蓋坏など主要な機種が広く統一化・規格化される。後期の須恵器は，Ⅱ・Ⅲ・Ⅳ期が相当する(第11図)。

1. 倭政権の形成と交流(古墳時代前期)

　古墳時代になると，各地域の中では，弥生時代の拠点集落の多くが力を失い衰退して，前方後円墳に葬られる人々が住む方形の居宅を軸に再編成され，あるいは新たな有力集落が登場する。この時期の対外交流で注目されるのが，福岡市西新町遺跡である。

　古墳時代前期の韓半島系土器は，壱岐・対馬を除くと，日本列島ではあまり見られないが，西新町遺跡では珍しく大量に出る。また，中期になって定着・普及する竃付き住居が，多数見られるのも特色である。ここは，博多湾に面した砂丘上の集落で，これまで多くの調査が重ねられた。韓半島系土器や竃付き住居は，遺跡の東半分に集中する。

　ここで出た遺構を前期前半(宮の前期)と前期後半(有田Ⅰ期)に分けると，西半分では，竪穴住居の床面を掘り込んだ伝統的な炉を中央に設ける(中央炉)。これ対して東半分では，宮の前期からすでに，床面を掘り込まず壁際に竃を設けた住居がわずかに見られ，有田Ⅰ期にはかなり普及する。注目されるのは，中央炉の住居と竃付き住居の分布域の中間に，壁際に片寄って炉を設ける(偏在炉)住居が分布する点で，これは竃付き住居を知ったこの地区の在来人の対応である。竃は，石を用いずに粘土でつくり，甕を据えるために天井部にあけた孔(掛け口)は1つで，嶺南地域や湖南地域の特色を示す。

　韓半島系土器の器種には，陶質・瓦質土器の壺・鉢，赤焼(軟質)土器

の甑・鉢・高坏・炉型器台があり，その特色から見て，加耶系土器と湖南地域系の百済(馬韓)土器に大別される。湖南地域系百済(馬韓)土器は，大きな平底が特色である。直口の甑の底には小円孔が多数空いて，小型深鉢は頸部が一度直立する。加耶系土器は，丸底が特色である。甑も小円孔を多数持つ丸底で，この特色は，加耶でも西部地域にみられる(第12図)。すでに述べたように本遺跡の韓半島系土器は東半分に分布するが，その中でも加耶系は東側，全南地域系は西側に多く，これはここに渡来した韓半島系の人々のすみわけを暗示する(第17図)。とくに赤焼きの平底鉢や甑などの炊事道具は，人が渡来した何よりの証拠であり，近畿系(布留式系)甕の形をとりながら，在来の薄い器壁とは異なって分厚く，上下方向の孔をもつ把手がついた甕(第21図4)は，百済(馬韓)人がつくったとみられる。また，本遺跡では，格子叩き目を磨消して百済(馬韓)人がつくったとみられる甑(第19図22)のほかに在来の技法と形態でつくった甑(第19図26・27など)もあり，在来の人々も竈による生活を受け入れたことが分かる。器壁は薄く仕上げるが、胴部に韓半島系の斜格子叩き目を持つ布留式系甕(第19図28)も、在来人が作った土器で、こうした推定を支える。

　注目されるのは，竈付き住居と韓半島系土器を出す住居が，必ずしも一致せず，一つの住居跡から出る韓半島系土器の割合が低い点である。近畿系や山陰系の土器も多くて機種が揃う点や，加耶産の大型板状鉄斧(鉄素材)が出ている点を勘案すると，ここは在来の人々や韓半島系の人々だけでなく，山陰や近畿の人々も混住し,「加耶の鉄」を一つの目的とした国際交流港である。西新町遺跡は，加耶や百済(馬韓)からの渡来人と，近畿や山陰，北部九州の人々が交流する回路の結節

点をなしていた。壱岐の原の辻遺跡でも，西新町遺跡と同様な韓半島系土器が出ており，弥生時代の通交回路そのものは維持されていたと見られる。ただし，西新町遺跡の中国銭貨は、これまでわずかに2点で(第16図1・2)、中国銭貨による交易はこの時期で終息したようである。

　注目されるのは，こうした加耶系や馬韓(百済)系の土器が，本遺跡にとどまらず中国・四国地域から近畿地域にまで広がっている点である(第23図)。島根県草田遺跡や古志本郷遺跡では百済(馬韓)系の丸底瓦質の広口壺が出ており，同様な広口壺は岡山県上東遺跡でも見られる。近畿の奈良県ホケノ山古墳で出たサルポは，この回路が近畿まで直接につながっていたことを示す。釜山市東莱貝塚から出た多くの土師器系土器もその証拠である。西新町遺跡から出土した鉄素材の大型板状鉄斧は，長さ33.4cm，復元幅12.5cm，厚さ最大1cmで，大きさに比べて厚みがない(第16図3)。形状は鉄斧でありながらも既にその機能を失っていて，のちの鉄鋌につながる鉄素材である。類品は金海大成洞29号墳や昌原三東洞3号石棺墓などにみられ，加耶の特産品である。また，西新町遺跡と同様に博多湾に面した福岡市博多遺跡群では，第59次調査の48号住居跡から大形板状鉄斧を小さく切断した破片が出ており，送風管の口や大型の椀形滓も出た(第22図1〜8)。隣接する第65次706号土壙(第22図9・10)では，大型の椀形滓とともにカマボコ形で下面が平坦な韓半島系の送風管の口が出ており，鉄器の製作だけではなく，鋼精錬もした可能性がある。倭政権にとっては加耶の鉄の獲得，金官加耶にとっては鉄の供給の拡大が，西新町遺跡での国際交流港設定の大きな要因であった。そして博多遺跡群でも馬韓(百済)系土器(第21図11)が出ている。

重要なのは近畿地域でも奈良県纒向遺跡で，大型の椀形滓や断面楕円形の送風管の口とともに，下面が平坦な韓半島系の送風管の口が出ている点である。こうしたカマボコ形の羽口は島根県古志本郷遺跡などでみられ，前述の湖南地域から金官加耶，九州地域，中国・四国地域，近畿地域を結ぶ大動脈をみてとることができる。

　ただし，金官加耶では，前代までの狗邪韓国の国邑であった良洞里遺跡に代わって大成洞遺跡が中心となり，日本列島と同様に，地域構造の変動が起こっている。湖南地域ではそうした構造変動は無かったのか，この時期のサルポが湖南地域にはないのかなど，今後の湖南地域の沿岸部についての調査・研究成果への期待は大きい。そうした成果が得られてこそ，百済(馬韓)の人々が西新町遺跡に来た歴史的意義が，はじめて明らかになる。この点で全南咸平郡昭明遺跡第17号住居跡の土師器系甕(第23図左下)は，筆者には全南地域で初めての確認である。今後，海岸部を中心とした類例の増加で，交流を実態は解明されるだろう。

　このほか兵庫県神戸市の出合窯跡では，忠清北道山水里や三龍里窯跡群，全羅南道大谷里窯跡などでみられ，焚口部が一段低くなる古墳時代前期の登窯があるが，あとに続かず，定着には失敗したとみられる(第24図)。

2. 古墳時代中・後期の対外交流(5世紀～6世紀前半)

　古墳時代中期は，韓半島の湖南地域から日本の近畿地域までつながる大動脈が，金官加耶の急激な衰退で断ち切られ，各地の地域政権がふたたび興隆する時期であるとともに，韓半島系のさまざまな文物(新

来の武器，甲冑，馬具，金銀の装身具，須恵器，U字形鋤先・三又鍬，横穴式石室，竈付き住居など)が大量に定着・展開する時期である。その変革は日本列島全体に及び，新たな開発が始まって，一般庶民の生活まで変えた。とくに北部九州では，いち早く横穴式石室を導入して，石人石馬や装飾古墳などに代表される独特の古墳文化をつくる。そして，後期前半にかけて，筑後(福岡県南部)を本拠地として，筑前(福岡県北部)はもちろん，豊(今の福岡県東部から大分県)・火(今の佐賀県・熊本県)まで統轄したと伝える筑紫君磐井に代表される筑紫政権が展開した。以下では，中期前半(5世紀前半)と中期後半～後期前半(5世紀後半から6世紀前半)の二段階に区分して述べる。

1) 中期前半(5世紀前半)

この時期の大きな変化に，須恵器の始まりと，横穴式石室の導入や，竈の定着がある。とくに，有田ⅡA期に属する福岡市老司古墳3号石室(初期の横口式石室)と福岡市鋤崎古墳(初期の横穴式石室)から，韓半島系の土師器(上下に孔をあけた把手が付く直口壺)が出ている。こうした把手は百済(馬韓)地域に多く，初期横穴・横口式石室の築造へのかかわりを予測させる。ただし，これらは丸底のようで，湖南地域よりも北部の地域が候補となる。

いっぽう北部九州よりやや遅れるが，瀬戸内地域では，兵庫県宮山(みややま)古墳のように割石や川原石で四壁をほぼ垂直に築いて木棺を後で納める渡来系竪穴式石室(加耶系とされる)や，香川県原間(わらま)6号墳のように木槨を内部主体とする古墳がみられる。ただし宮山古墳には渡来系遺物がかなりみられるが，土器には百済(馬韓)系がみ

られ(第43図)、垂飾付耳飾は大加耶系、初期馬具は百済系、帯金具は高句麗・新羅系とされるように、諸地域の系統が入っており、製作地は一か所ではない。原間6号墳の渡来系副葬品にはU字形鋤先と三累環頭大刀があり、三累環頭大刀は新羅系だが、主体部は積石木槨ではない(第44図)。

　このように日本の中期古墳から出る韓半島系遺物は多いが、一つの古墳出土品がまとまって一つの故地を指す例はあまりない。その原因にはそうした渡来系遺物が本来のセットを失って再分配される場合と、古墳の被葬者が韓半島の複数地域と交流していたためという二者が考えられる。もう少し前期末〜中期前半の古墳出土陶質土器を見てみれば以下のとおりである。

　5世紀前半代の古墳出土陶質土器には、大阪府持ノ木古墳をはじめとする金官加耶系や上述の宮山古墳のような百済(馬韓)系のほかに、奈良県南山4号墳のような安羅加耶系、福岡県石人山古墳例のような大加耶系、対馬に多い小加耶系や百済系など韓半島各地の系統の土器がみられる。これは、この時期の日本列島各地の首長層と、韓半島南部諸地域の首長層間の多様で多元的な対外交渉の反映である。

　いっぽう、この時期になると集落からも韓半島各地の系統の土器が出るが、一つの集落ではその故地が限定される場合と、一集落に各地の土器が見られる場合の二者がある。また、弥生時代の対外交流の拠点集落であった福岡県三雲遺跡や長崎県原の辻遺跡が古墳時代中期中頃には完全に衰退し、福岡市西新町遺跡も前期後半までで姿を消すことは、古墳時代前期から中期にかけて日本列島の地域社会に大きな変動があったことを示している。

この時期の集落出土韓半島系土器のもう一つの特色は，甑・鍋・小形平底鉢，長胴で縄目や格子目の叩き底をもつ甕など，赤焼(軟質)土器を複数個体出す遺跡がかなり見られる点である。これらの軟質土器は炊事に用いられるから，それらを複数個体出土する遺跡には，故地の炊事のやり方を再現した渡来人集団が居住したとみられる。

　日本列島で出土するこの時期の軟質土器は，円孔を持つ平底や丸底の甑・鳥足文叩き目を持つ例からみて，加耶系や百済(馬韓)系が多数を占める。丸底で細長い蒸気孔をもつ新羅系(江東江東岸系)の甑はきわめて少ない。竈の定着も渡来人集落を中心に広がっていったとみられる。

　こうした軟質土器は各地にみられるが，量的には近畿地域でも大阪湾沿岸地域がもっとも多くて，しかも1遺跡での器種もまとまっている。したがって，この地域には韓半島から多くの人々が渡来し，河内湖を排水して耕作地に変えるとともに，流路固定，氾濫防止，防潮のための築堤や護岸工事，難波堀江の開削などの土木工事，馬の使用ももたらしたとみられる。5世紀の技術革新に湖南地域からの渡来人も関わったことは，大阪府八尾南遺跡から，直口で鳥足文叩き目をもち大きな平底に1～8の円孔があく赤焼きの甑が出ており(写真6-4)，ほかに両耳付壺もみられることからわかる。同様な形態の甑は他の韓半島系赤焼土器とともに大阪市長原遺跡(第25図)や兵庫県市之郷遺跡(第26図5～9)でも出ている。とくに長原遺跡の甑は鳥足文叩き目をもつ。

　韓半島の鳥足文叩き目は，3～4世紀代では中部地域にみられるが，5～6世紀には全南地域に多くなるようである。この鳥足文叩き目の分布圏を百済領域の拡大とみる考えもあるが，5・6世紀の百済の中心地で

盛行した形跡は今のところないため，文化伝播による盛行地の移動と考える。

　以上のような基盤の上に，韓半島系の初期須恵器が安定的に生産され供給されるようになる。

　いまのところ初期須恵器の最大の生産地は，大阪府の南部にひろがる泉北丘陵につくられた陶邑窯跡群である。かつて陶邑の5世紀の須恵器はⅠ型式1段階(TK73)→Ⅰ型式2段階(TK216)→Ⅰ型式3段階(TK208)→Ⅰ型式4段階(TK23)→Ⅰ型式5段階(TK47)に細分され，Ⅰ型式1・2段階が初期須恵器と呼ばれた。その後，TK73号窯よりもさらに古い窯が栂(とが)地区の大庭寺遺跡でみつかり(TG231号，TG232号)，最古の窯として大庭寺段階が設定された。この大庭寺段階の須恵器(第31図1~11)には，多窓の高杯や杯の蓋受け部が横に突出する高杯，直口の把手付鉢，深い半球形の杯部に脚が直立して脚端付近が急に強く広がる高杯形器台があり，これまでの陶邑Ⅰ型式1段階の須恵器よりも古い。しかもその土器相は加耶土器に近く，大庭寺窯跡(TG231・232)出土須恵器の祖型には，馬山から昌原・釜山・金海などの慶尚南道沿岸部の加耶土器が考えられている。先述の持ノ木古墳では加耶土器とともに蓋や高杯・杯身に大庭寺段階の初期須恵器が多い。

　また，日本列島には陶邑と系譜を異にする初期須恵器窯も存在した。福岡県の朝倉窯跡群はその代表例で，大甕，波状文を口頸部にめぐらす壺，断面円形の把手がつく鉢，有孔広口小壺，長三角形の透孔を直列に配する鉢形器台など，器種と形態が非常に限定されていて，おそらく陶邑の主な期限地域よりもさらに西側の加耶地域の様相を示す。その具体的な姿は福岡県朝倉市池の上・古寺墳墓群に副葬された土

器群がよく示してくれる(第31図12〜17)。

　このように須恵器の出現は多元的で、全体として加耶土器の様相が強い。これは、日本列島各地の地域政権が加耶の地域とそれぞれ一定の関係をもったことによる。

　しかし、初期須恵器に対する韓半島の土器文化の影響は、「初現期の一瞬に限られ、あとは日本列島の内部で自動的に展開した」のではない。そうではなく、須恵器のはじまりは一定の時期幅を持つ出来事で、特に陶邑では、加耶土器以外の要素も初期須恵器に加えられ、Ⅰ型式3段階以降に、定型化する。その具体的な例には、蓋杯と樽形有孔壺があげられる。これらは初期須恵器の一角を担うが、大庭寺段階にはほとんどみられず、とくに蓋杯はその後の日本の古墳時代を代表する器種で、後期まで大量につくられた。蓋杯の定着初期であるTK73号窯段階の杯身はしっかりした平底で、酷似する祖型は韓半島ではまだ発見されていない。その次の段階の、回転ヘラケズリで抹角平底に仕上げて口縁部の立上りが高い杯身とよく似た例は、忠清北道新鳳洞B-1号土壙墓や全羅南道大谷里ハンシルC地区出土品がある。とくに全南地域ではしっかりした平底の杯身から抹角平底で立上りの高い杯身、そして立上りが低くて全体に扁平な杯身への移行が、量的にも安定して追跡できそうである。このほかTK216号窯では両耳付壺蓋が出ている。もちろん、こうした蓋杯や壺蓋だけでは、京畿道や忠清道とも関連するが、TK73号窯段階に相当しそうな樽形有孔壺が全羅南道万樹里4号墳などから出ているし、大庭寺段階から主要な器種である有孔広口小壺も、韓半島でもっとも盛行するのは湖南地域である。したがってこれらの器種の出現にもっとも関連するのは湖南地域となる。

この推定を支えるのが，上述の湖南地域系の土器である。また、TK216～TK208段階の須恵器工人達の集落である大阪府伏尾遺跡では，赤焼の円筒形土器(土管)が出ており，同様な土器は国立光州博物館が発掘した全南大谷里道弄(光)3号住居でも出土した(第27図1・2)。伏尾例は刷毛目仕上げで5世紀中頃，大谷里例は縄目叩きで共伴の土器からみて4世紀までさか上るが，こうした土器は5世紀になっても全南地域でつくられたとみられる。

　竈は西新町では定着に失敗して，中期になって再び定着・普及が試みられる。その代表的な遺跡が，福岡県うきは市塚堂遺跡である。ここでは有田ⅡB期に炉から竈に転換し，以後，竈が普及する。注目されるのは，ここから出た有孔広口小壺で，3条の突帯をもつ内湾口縁は，湖南地域でもむしろ全北地域の特徴のようである(第42図)。

　全南地域との直接的な関係が想定できるこの時期の資料は，上述の鳥足叩き目文を持つ土器のほかに，両耳付蓋(第28図)，胴の一部がくぼむ球形の短頸壺がある。

　韓半島の鳥足叩き目文土器は，近畿のほかに北部九州にも集中し，北部九州では中期前半(有田ⅡA期)以降，各地に見られるが，この時期の例には炊飯用具である赤焼土器甕(福岡県前原市井原上学遺跡溝3，前原市塚廻遺跡2号住居，前原市三雲・井原435番地方形土坑，福岡県新宮町夜臼・三代遺跡群OMR－6が目立ち，百済(馬韓)系渡来人の存在を暗示する(第33図1～3，7)。

　いっぽう，胴の一部がくぼむ球形の陶質土器短頸壺は，長崎県対馬市佐保浦赤崎3号石室に赤褐色の例(第36図1)がある。赤褐色の陶質土器や胴の一部がくぼむ短頸壺は，全南地域の陶質土器の特色である。

佐保浦赤崎3号石室例は有田ⅡA期まで古くなり，前時期からの全南地域との交流の継続を示す。

この他，注目される遺跡に福岡市吉武遺跡群がある(第32図)。ここは，赤焼(軟質)平底鉢が多数出ており，百済系・加耶系・新羅系の陶質土器・須恵器も多く，韓半島の各地から渡来した人々が居住した国際交流集落で前期の西新町の役割を中期になって果たした集落とみられる。原料鉄と見られる断面台形の鋳造鉄斧が異常なほど出ていることから見て，その入手にも関わった遺跡である。百済(馬韓)系土器には，鳥足叩き目文を持つ陶質土器片や，瓦質・赤焼の平底坏，鳥足叩き目文の赤焼土器盤がある。とくに，多数の小円孔をもつ平底の甑は，盤とともに全南地域のこの時期の土器の可能性が高い。

今一つ注目される現象に鉄器生産との関わりがある。倭政権直営の工房の可能性が指摘されている大県・大県南遺跡群では大県85−2次調査区土抗4から陶質土器壺とともに直口平底で円孔をもつ甑が2点でており，湖南地域との結びつきがわかる(第26図1～3)。ここでは大量の大型椀形滓がみられ，鋼精錬もしたとみられ，渡来人を中心に新たな冶鉄技術が導入された。

また近畿地域では大阪府域を中心に，竈の焚口部前面に取り付ける逆凹字形の土製枠(焚口枠)がこの時期から見られる。この焚口枠は，今のところ韓国のソウルから全南地域にかけての百済中央部や百済(馬韓)地域に分布が集中する(第8図3～13)。

以上の資料から見て，中期古墳文化への大転換に，湖南地域の渡来人も関わったといえよう。

2) 5世紀後半～6世紀

　この時期にも，鳥足文叩き目を持つ土器や，福岡県行橋市鬼熊遺跡8号住居跡例(行橋市教育委員会 1999)のように胴の一部がくぼむ球形の陶質土器短頸壺が見られ近畿と九州に集中する。福岡県苅田町番塚古墳の鳥足文叩き目をもつ赤焼土器壺例と全南万樹里4号墳10号土壙墓や全南新村里9号墳・月松里造山古墳出土品など全南地域出土例との比較から見ても(第36図3～5)，全南地域と直接関わることは明らかである。この時期には，ほかにも佐賀県唐津市相賀古墳の大形陶質壺(小田富士雄 1960)や，福岡市梅林古墳の陶質壺(第33図4)，福岡県前原市井ノ浦古墳周溝内出土の陶質壺や福岡県小郡市ハサコの宮古墳(福岡県教育委員会 1979)の陶質壺(第33図6)などがある。これらのうち相賀古墳や梅林古墳，番塚古墳，井ノ浦古墳は5世紀後半～6世紀前半，ハサコの宮2号墳は6世紀後半の年代が与えられ，いずれも搬入品とみられる。ただし，これらの古墳の出土例は渡来人集団関係というよりは，日韓の地域政権相互の交渉の中でもたらされ，副葬されたといえる。集落遺跡では宗像地域と糸島地域が注目される。宗像地域の場合，福岡県福津市在自遺跡群では在自下ノ原遺跡で竪穴住居SC015から6世紀中頃の須恵器土師器とともに出ており(第34図2)，土壙SK103から有田ⅡB期の土師器と共伴し，ほかにも溝や包含層から数点出た。在自小田遺跡の2点は包含層で時期は決まらない。また，宗像氏冨地原河原田遺跡でも鳥足文叩き目の陶質土器片が2点出た。SB14例(第33図8)の須恵器は5世紀後半と6世紀末の二者があり，土師器からすれば6世紀末の可能性が高い。SB32は5世紀後半と6世紀の土師器が伴出する。いっぽう糸島地域では御床松原遺跡で27号住居で陶質土器片が5世紀後半の須恵

器杯蓋と共伴している(志摩町教育委員会 1987)。

このほか福岡県三井郡大刀洗町西森田遺跡(大刀洗町教育委員会 2000)では5世紀後半代の土器を中心とする3号溝から，百済中心部系の陶質土器低脚高杯や須恵器直口平底壺とともに湖南地域系の広口長頸壺が出ている(第34図5~8)。

この時期で最も注目されるのが，熊本県北部の菊池川流域にある玉名市江田船山古墳である。この古墳は前方後円墳で，主体部の横口式家形石棺(追葬のための横口部を設けた家形の石棺)からは，銅鏡，金銅製の冠類・沓・帯金具，金製の垂飾付耳飾，甲冑類，馬具類，鉄製武器類，須恵器・陶質土器など，豪華で豊富な副葬品が出土した。とくに，鉄刀のうちの1点は棟の部分に75字の銀象嵌銘文もち，「獲加多支鹵大王」(雄略天皇と見られる)や「典曹人」の名前である「无利弖」などが記されて，古くから有名である。この古墳に葬られた人は，こうした銘文や甲冑類などから見ると，近畿の大和政権に出仕していた可能性が高い。また，福岡県や佐賀県に多い横口式家形石棺は，筑紫政権の一員でもあったことを示す。

遺物の中で今回注目されるのは，冠帽や垂飾付耳飾，陶質土器蓋坏・壺である(第36図6~16)。

冠帽は龍文を透かし彫りにして周縁を火炎文で囲み，後方に管状の蛇行状飾金具が伸びて半球形の飾玉が付く。同様な飾金具をもつ冠帽は全羅北道笠店里1号墳にある。

垂飾付耳飾は，大加耶系の長鎖式と，百済系の無鎖式がある。

陶質土器蓋坏は，扁平で，回転板を使用しないヘラケズリが多用されている。錦江流域産あるいは須恵器との声もあるが，蓋の天井部や

坏身の体部が分厚いことや色調なども含めると，筆者はやはり全南地域産の可能性が高いと考えている。このほか，縦方向の平行叩き目を持つ平底壺の下半部が出ており，湖南・湖西地域の製品ではないかと見られる。近年の墳丘の調査で，ここからは5世紀後半の須恵器や円筒埴輪が出て築造年代を示しており，副葬遺物の検討では5世紀後半(江田船山1期)と6世紀前半(江田船山2期)の2時期に分かれるから，最低でも1回の追葬が考えられる。江田船山1期には，長鎖式垂飾付耳飾や帯金具，金銅製馬具，銀象嵌大刀などが含まれる。冠帽もこの時期という。江田船山2期は，冠や沓，無鎖式の垂飾付耳飾(第35図)，陶質土器蓋坏などで，百済系の様相が強く，全南地域と関わる時期である。

　6世紀前半(江田船山2期)の北部九州の垂飾付耳飾には，新羅系，百済系，大加耶系があり，大加耶系はさらに山梔子式と他型式に分かれる。その分布は，福岡県域と佐賀県域が新羅系と大加耶系山梔子式，熊本県域が百済系と大加耶系他型式であるという。この時期は，『日本書紀』が新羅と結んだと伝える磐井が活躍した時期であり，その勢力の中核である福岡県域を中心に新羅系と加耶系の垂飾付耳飾が分布するのは当然であろう。これに対して，火の君の中核地域(熊本県域)は百済系と大加耶系他型式だから，初期筑紫政権の中にありながら，火の君一族は独自の対外交流の回路を持っていた。しかも，火の君の本貫地である氷川流域の竜北町野津古墳群では大加耶系や小加耶系の土器が出て加耶との結びつきが強く，これに対して菊池川流域の首長層は火の君の本家とは異なって，全南地域を介した百済との交流が強い。

　江田船山古墳の被葬者は，大和政権や筑紫政権と密接な関係を持ちながら，同時に加耶や百済とも密接に交流していた。これは，古墳時

代中期から後期前半にかけて,他の地域政権でも同様であったと見られる。大和政権がこうした地域政権を抑圧した背景には,外交権の統一もあったと見られる。

いっぽう近畿地域でも6世紀初頭の星塚1号墳(第29図)で鳥足文叩き目をもつ陶質土器壺が出ており,湖南地域との交流は継続していた。

また大阪湾沿岸では5世紀後半になっても赤焼き(軟質)土器の搬入ないし忠実再現品がみられるとともに,福岡市吉武遺跡のように,平底鉢が丸底化し,刷毛目仕上げになって土師器化する現象がみられる。これは5世紀前半代に渡来した集団が定着して,韓半島との交流回路を開設し継続的に交流しさらに渡来人を受け入れていた証拠とみられる。先述の大県遺跡では,そうした動きの中で5世紀後半以降に鉄素材や鉄器生産に関わる炉が盛行している。この時期の近畿地域は,先述の竈焚口枠が引き続くとともに,やはり百済に類例が多い大壁建物も日本列島の中で集中し,全時期よりもさらに百済に傾斜する。これを象徴するのが,大阪府高井田山古墳である(第30図)。高井田山古墳は大県遺跡群のすぐ横にあり,近畿では初期に属する横穴式石室に木棺を2基並べ,武寧王陵に類例のある熨斗や金層ガラス玉が出て,百済系の王族級の人物の墓とされる。武寧王陵の棺材が日本産のコウヤマキで,王妃の殯所とされる艇止山遺跡で同時期の須恵器・土師器が出ていることも,ヤマト政権が百済いっそう傾斜したという推定を支えてくれる。

3. 全南地域の倭系資料

全南地域で倭系資料が多量に見られるのは,5世紀後半から6世紀前

牛で，百済の熊津時代である。すでに多くの論考があり，近年では徐賢珠が総括した(徐賢珠2004)。具体的な資料は，遺物では銅鏡をはじめとした金属器，須恵器系や土師器系の土器，埴輪系の墳周土器・木器，子持勾玉などがある。そして何よりの問題は，前方後円形墳(長鼓墳)とその主体部である横穴式石室である。

　土器は，搬入されたと見られる須恵器が増えており，有孔広口小壺や蓋坏が多く，九州須恵器編年のⅠB期とⅡ期のものである。具体的には全南大谷里ハンシルA－1号住居跡(第40図5)の体部を薄くつくった杯身(須恵器Ⅱ期)があり，同時期の全南地域の杯身とは異なる。全南麥浦里の有孔広口小壺は須恵器ⅠB期であり，伏岩里3号墳からはⅠB期と2期の有孔広口小壺が出ている(第40図1～4)。これらの有孔広口小壺は日本の須恵器有孔広口小壺と酷似し，全南地域の有孔広口小壺に比べて全体に角張った印象を与え，肩部に沈線をめぐらす。さらに麥浦里例は孔の下にも沈線をめぐらす。光州市月田里遺跡の高杯も脚端部のつくりがⅠB期の須恵器に酷似し，1号竪穴の坏身も同様である(第40図15・16)。これらはいずれも日本列島からの搬入品とみられる。ほかにも須恵器系と見られる土器があり，これまでの資料を見直せば，さらに増えるであろう。また，6世紀の全南地域の在地の有孔広口小壺の頸部が，日本のこの時期の須恵器と同様に頸部が長くなっていく点と，やはり6世紀の全南地域の在地の蓋杯が，形態的には異なるにせよ，全体的に扁平化して立ち上がりが低くなるという点では，日本列島の同時期の須恵器蓋杯の変化と同じである。これらの現象は，この時期の全南地域と日本列島に連動する部分があったことを推測させる。このほかに伏岩里2号墳や新村里9号墳で土師器もみられる(第40図

8・9)。

　ただし，倭人の集団的居住遺跡はまだ無い。銅鏡はすべて小型品である(第40図11~14)。全羅南道新徳古墳では倭系の半球形装飾金具と二山式広帯冠が出ているようだが，この地域の古墳では一般的に百済系の威信財が質・量とも多くて，上位の倭系威信財は少ない。

　近年の最大の成果は，全羅北道での前方後円形墳の確認で，これで海の祭祀遺跡である全羅北道扶安郡竹幕洞遺跡と長鼓墳をあわせて考えることができ，また，日本列島の福岡県宗像市沖ノ島遺跡とも有機的につながる。

　沖ノ島遺跡は玄界灘に浮かぶ小さな島で，4世紀後半から9世紀まで，対外交渉のための国家的な航海安全祭祀が行なわれた島として有名である。その祭祀は，岩上祭祀(4~5世紀)，岩陰祭祀(5世紀後半~7世紀)，半岩陰・半露天祭祀(7~8世紀)，露天祭祀(8~9世紀)の4段階に分かれる。なかでも岩陰祭祀の段階では，近畿系と共に，豊富な韓半島系の威信財が見られる。

　いっぽう，竹幕洞遺跡でも札甲や透かし彫りの馬具をはじめ豊富で質の高い遺物が出ており，国家的な祭祀遺跡と見られる。そして，その中には，5世紀後半から6世紀前半の須恵器・土師器やその系統の土器(第37図1~5)があり，日本列島で主に祭祀に用いる滑石製模造品(有孔円板，剣形，鎌形，鏡形，刀子，短甲など)も多い(第37図7~37)。ここでは，南朝の青磁も見られるから，中国南部—韓半島南部—日本列島という国家的な対外交渉の回路上の祭祀に，倭人も参加したと見られる。

　確実に北部九州と結びつく全羅南道の資料には，まず海南郡月松里

造山古墳出土の貝輪(日本の琉球列島で採集されるゴホウラ貝製)がある(第40図10)。琉球列島から九州を経由して貝がもちこまれ、全南地域で作られたと考えられている。また、造山古墳や新徳古墳などの栄山江式石室は、九州の石室を祖形に出現するとも考えられている。全羅南道で先行する石室が本当に無いのか、今後も検討が必要だが、たとえ九州→全羅南道という矢印が反対になったとしても、両地域の結びつきを示す点は変わらない。したがって、全羅南道で見られる倭系遺物の多くは九州系の可能性が高く、湖南地域の前方後円形墳も九州との関係が深いとみてよいであろう。北部九州でのこの時期の鳥足文叩き目をもつ土器の多さもこれを裏付ける。また、宗像地域の集落遺跡での多さは、沖ノ島から竹幕洞へとつながる国家的な「海の祭祀」にこの地域の人々や湖南系渡来人が大きく関わったことを示している。

しかし墳周木器は、既に指摘のとおり近畿系の可能性が高い資料である。全南地域に展開した地域政権もまた、各地の地域政権と交流したと見られる。

第5節 おわりに

以上、北部九州を中心に日本列島と栄山江流域の弥生・古墳時代の交流について概観した。弥生時代では、両地域の交流は間接的だが、古墳時代になると直接的になる。特に古墳時代前期は、西新町遺跡に栄山江流域の人々の集団的居住が考えられた。中期前半までの矢印は、圧倒的に栄山江流域→日本列島である。そして日本列島の古墳時代中期の大変革に栄山江流域の人々も関わったことは確実である。とくに、北部九州や近畿に鳥足文叩き目土器が集中することは、この両地域が栄山江流

域ともっとも深い関係にあったことを暗示する。

　いっぽう古墳時代中期後半から後期には，北部九州→栄山江流域の流れがかなりみられるようになる。この時期の交流は，地域政権相互の公的な通交が主体であり，韓半島の他の地域国家や，日本列島の大和政権の事情も，複雑に絡み合う中で行なわれたと見られる。その中で大和政権は栄山江流域とももちろん関係をもつが，交流対象の主体は百済中央部へと変化したようである。

　いずれにせよこうした相互交流の実態の解明には栄山江流域，特に沿岸部での調査研究が重要になる。今後の進展と，重要遺跡の報告書を楽しみに待ちたい。

【引用・参考文献】

- 日文 -

甘木市教育委員会, 1979,『池ノ上墳墓群』(甘木市文化財調査報告第5集)

甘木市教育委員会, 1982,『古寺墳墓群』(甘木市文化財調査報告第14集)

伊都国歴史博物館, 2004,『開館記念特別展 海を越えたメッセージ-楽浪交流展-』(伊都国歴史博物館図録1)

今津啓子, 1994,「渡来人の土器-朝鮮系軟質土器を中心にして-」『ヤマト王権と交流の諸相』古代王権と交流5(名著出版)

上野祥史, 2004,「韓半島南部出土鏡について」『国立歴史民俗博物館研究報告』第110集

大阪府教育委員会・(財)大阪府埋蔵文化財協会, 1990,『陶邑伏尾遺跡』

大阪府教育委員会・(財)大阪府埋蔵文化財協会, 1995,『陶邑大庭寺遺跡Ⅳ』

大阪府教育委員会・(財)大阪府埋蔵文化財協会, 1996,『陶邑大庭寺遺跡Ⅴ』

大阪府立弥生文化博物館, 2004,『大和王権と渡来人-3・4世紀の倭人社会-』(平成16年度秋季特別展)

大塚初重・石野博信ほか, 1998,『シンポジウム日本の考古学3 弥生時代の考古学』(学生社)

岡崎敬, 1968,「「夫租薉君」銀印をめぐる諸問題」『朝鮮学報』46

岡山県教育委員会ほか, 2000,『高塚遺跡・三手遺跡2』(岡山県埋蔵文化財発掘調査報告書150)

岡山県教育委員会, 2001,『下庄遺跡・上東遺跡』(岡山県埋蔵文化財発掘調査報告書157)

小田富士雄, 1960,「佐賀県唐津市相賀の古墳」『九州考古学』9

小田富士雄, 1982, 「山口県沖ノ山発見の漢代銅銭内蔵土器」『古文化談叢』第9集

小田富士雄, 1988, 「韓国古墳出土の倭鏡」『考古学叢考』上巻

小田富士雄・韓炳三編, 1991, 『日韓交渉の考古学 弥生時代篇』(六興出版)

小田富士雄, 2000, 「海の祭祀と日韓交渉－古代航海祭祀にみる国際交流－」『福岡大学総合研究所報』第240号

香川県教育委員会, 2002, 『原間遺跡Ⅱ』(四国横断自動車道建設に伴う埋蔵文化財発掘調査報告書第42冊)

角田徳幸, 2008, 「山陰における弥生・古墳時代の鍛冶遺構」『日韓集落の研究－生産遺跡と集落遺跡－』日韓集落研究会第4回合同研究会

柏原市教育委員会, 1986, 『大県・大県南遺跡－下水道管暗渠埋設工事に伴う』(柏原市文化財概報1985－Ⅲ)

柏原市教育委員会, 1988, 『大県遺跡－竪下小学校屋内運動場に伴う－』(柏原市文化財概報1988－Ⅱ)

柏原市教育委員会, 1996a, 『大県の鉄－発掘調査15年－』

柏原市教育委員会, 1996b, 『高井田山古墳』(柏原市文化財概報1995－Ⅱ)

片岡宏二, 1999, 『弥生時代渡来人と土器・青銅器』(雄山閣考古学選書)

片岡宏二, 2005, 「稲作のはじまりと渡来文化」『別冊太陽 古代九州』(平凡社)

鎌木義昌・亀田修一, 1987, 「播磨出合遺跡出土の'陶質土器'・朝鮮系軟質土器・初期須恵器」『古文化談叢』第18集

亀田修一, 1989, 「陶製無文当て具考－播磨出合遺跡出土例－」『横山浩一先生退官記念論文集Ⅰ 生産と流通の考古学』

亀田修一, 2005a, 「出雲・石見・隠岐の朝鮮系土器」『蟹谷遺跡・上沢Ⅲ遺跡・古志本郷遺跡』(斐伊川放水路建設予定地内埋蔵文化財調査報告

書Ⅶ)

亀田修一, 2005b, 「古墳時代の日韓交流」『一衣帯水の世界―古の日韓交流』(下関市立考古博物館)

亀田修一, 2005c, 「百済の考古学と倭」『古代を考える 日本と朝鮮』(吉川弘文館)

岸和田市教育委員会, 1993, 『久米田古墳群発掘調査概要』Ⅰ

木下尚子, 2002, 「韓半島の琉球列島産貝製品-1〜7世紀を対象に-」『韓半島考古学論叢』

九州大学文学部考古学研究室, 1993, 『番塚古墳』

熊本市教育委員会, 2005, 『八ノ坪遺跡Ⅰ』

洪潽植, 2004, 「釜山東莱貝塚出土の土師器系土器」『福岡大学考古学論集-小田富士雄先生退職記念-』

国立歴史民俗博物館, 1983, 『国立歴史民俗博物館』(常設展示図録)

酒井清治, 1998, 「日韓の甑の系譜からみた渡来人」『楢崎彰一先生古稀記念論文集』

櫻井久之, 1998, 「鳥足文タタキメのある土器の一群」『大阪市文化財協会研究紀要』創刊号

佐賀県教育委員会, 1992, 『吉野ヶ里(本文編)』(佐賀県文化財調査報告書第113集)

定森秀夫, 1994, 「'陶邑'成立に関する予察」『加耶および日本の古墳出土遺物の比較研究』

定森秀夫, 1996, 「陶質土器と渡来人」『韓式系土器と渡来文化(4・5世紀の日韓交渉)』

佐原眞編, 2003, 『週刊朝日百科37日本の歴史 原始・古代-7稲と金属

器-』(朝日新聞社)

志摩町教育委員会, 1987a,『御床松原遺跡』(志摩町文化財調査報告書第3集)

志摩町教育委員会, 1987b,『新町遺跡』(志摩町文化財調査報告書第7集)

下條信行, 1989,「弥生社会の形成」『古代史復元4 弥生農村の誕生』(講談社)

白井克也, 2000,「日本出土の朝鮮産土器・陶器-新石器時代から統一新羅時代まで-」『日本出土の舶載陶磁-朝鮮・渤海・ベトナム・タイ・ラオス』

白井克也, 2001,「百済土器・馬韓土器と倭」『枚方歴史フォーラム 検証古代の河内と百済』

白石太一郎編, 2003,『週刊朝日百科38日本の歴史 原始・古代-8倭国誕生と大王の時代-』(朝日新聞社)

新宮町教育委員会, 1994,『夜臼・三代遺跡群第4分冊』(新宮町埋蔵文化財調査報告書第9集)

吹田市立博物館, 1993,『特別展-海を渡ってきた陶人たち』

杉井 健, 1994,「甑形土器の基礎的研究」『待兼山論叢』28号史学篇

第5回播磨考古学研究集会実行委員会, 2003,『渡来系文物からみた古墳時代の播磨』

高田貫太, 1999,「瀬戸内における渡来文化の受容と展開-5世紀代の墓制を中心として」『渡来文化の受容と展開-5世紀における政治的・社会的変化の具体相(2)-』

高田貫太, 2002,「垂飾付耳飾をめぐる地域間交渉-九州地域を中心に-」『古墳時代の日韓交流-熊本の古墳文化を探る-』(肥後考古学会・熊本古墳研究会)

高田貫太, 2006,「5・6世紀の日朝交渉と地域社会」『考古学研究』53-2

武末純一, 1991,『土器からみた日韓交渉』(学生社)

武末純一, 1999,「霊岩土器の韓日交流」『霊岩陶器文化センター第1回学術大会 霊岩の土器伝統』

武末純一, 2000,「北部九州の百済系土器－4・5世紀を中心に－」『福岡大学総合研究所報』第240号

武末純一, 2001,「遼寧式銅剣墓と国の形成－積良洞遺跡と松菊里遺跡を中心に－」『福岡大学人文論叢』第34巻第2号

武末純一, 2002a,「加耶と倭の交流－古墳時代前・中期の土器と集落－」『第5回歴博国際シンポジウム－古代東アジアにおける倭と加耶の交流－』

武末純一, 2002b,「日本の九州および近畿地域における韓国系遺物－土器・鉄器生産関係を中心に－」『2002年度福泉博物館国際学術大会・古代東アジアと三韓・三国の交渉』

武末純一, 2004,「加耶と倭の交流－古墳時代前・中期の土器と集落－」『国立歴史民俗博物館研究報告』第110集

武末純一, 2005a,「三韓と倭の考古学」『古代を考える 日本と朝鮮』(吉川弘文館)

武末純一, 2005b,「考古学から見た栄山江流域と日本九州地域－弥生・古墳時代を中心に－」『栄山江古代文化圏の歴史的性格』

武末純一, 2006,「韓国の鋳造梯形鉄斧－原三国時代以前を中心に－」『七隈史学』第7号

武末純一, 2007a,「韓人と倭人の移動－弥生時代と古墳時代中期－」『ユーラシアと日本－境界の形成と認識－』

武末純一, 2007b,「海を渡る弥生人」『海と弥生人』

大刀洗町教育委員会,2000,『西森田遺跡2』(大刀洗町文化財調査報告書第19集)

田中清美,1994,「鳥足文タタキと百済系土器」『韓式系土器研究』Ⅴ

田中清美,1996,「加美遺跡1号方形周溝墓の陶質土器」『韓式系土器研究』Ⅵ

田辺昭三,1981,『須恵器大成』(角川書店)

朝鮮学会編,2002,『前方後円墳と古代日朝関係』(同成社)

都出比呂志,1992,「墳丘の型式」『古墳時代の研究』7

津屋崎町教育委員会,1994,『在自遺跡群Ⅰ』(津屋崎町文化財調査報告書第9集)

津屋崎町教育委員会,1995a,『在自遺跡群Ⅱ』(津屋崎町文化財調査報告書第10集)

津屋崎町教育委員会,1995b,『在自遺跡群Ⅲ』(津屋崎町文化財調査報告書第11集)

寺井 誠,2001,「古墳出現前後の韓半島系土器」『3・4世紀日韓土器の諸問題』

天理市教育委員会,1990,『星塚・小路遺跡の調査』

(財)鳥取県教育文化財団,2002,『青谷上寺地遺跡4』(鳥取県教育文化財団調査報告書74)

鳥取県埋蔵文化財センター,2006,『青谷上寺地遺跡8』(鳥取県埋蔵文化財センター発掘調査報告10)

虎間英喜,1993,「久米田古墳群の初期須恵器」『韓式系土器研究』Ⅳ

虎間英喜,1994,「久米田古墳群の初期須恵器・2」『韓式系土器研究』Ⅴ

中野 咲,2007,「畿内地域・韓式系土器集成」『渡来遺物からみた古代日韓交流の考古学的研究』

中原幹彦,2002,「熊本における陶質土器の分布」『古墳時代の日韓交流－

　　　　熊本の古墳文化を探るー』(肥後考古学会·熊本古墳研究会)
長崎県教育委員会, 1995,『原の辻遺跡』(長崎県文化財調査報告書第124集)
長崎県教育委員会, 2005,『原の辻遺跡総集編Ⅰ』(原の辻遺跡調査事務所
　　　調査報告書第30集)
長崎県田平町教育委員会, 2003,『里田原遺跡』(田平町文化財調査報告書
　　　第9集)
二丈町教育委員会, 1994,『深江伊牟田遺跡』(二丈町文化財調査報告書第
　　　8集)
濱田延充, 2004,「U字形板状土製品考」『古代学研究』167
花田勝広, 1999,「手工業生産の展開と渡来人－鉄器生産工房を中心に－」
　　　『第46回埋蔵文化財研究集会渡来文化の受容と展開－5世紀にお
　　　ける政治的·社会的変化の具体相(2)－』
姫路市教育委員会, 1970a,『宮山古墳発掘調査概報』
姫路市教育委員会, 1970b,『宮山古墳第2次発掘調査概報』
福岡県教育委員会, 1979,『九州縦貫自動車道関係埋蔵文化財調査報告
　　　XXXI』
福岡県教育委員会, 1985a,『三雲遺跡－南小路地区－』(福岡県文化財調査
　　　報告書第69集)
福岡県教育委員会, 1985b,『西新町遺跡』(福岡県文化財調査報告書第72集)
福岡県教育委員会, 1985c,『塚堂遺跡Ⅳ』(一般国道210号線浮羽バイパス
　　　関係埋蔵文化財調査報告第4集)
福岡県教育委員会, 2000,『西新町遺跡Ⅱ』(福岡県文化財調査報告書第
　　　154集)
福岡県教育委員会, 2001,『西新町遺跡Ⅲ』(福岡県文化財調査報告書第

157集)

福岡県教育委員会, 2002,『西新町遺跡Ⅳ』(福岡県文化財調査報告書第158集)

福岡県教育委員会, 2003,『西新町遺跡Ⅴ』(福岡県文化財調査報告書第178集)

福岡県教育委員会, 2005,『西新町遺跡Ⅵ』(福岡県文化財調査報告書第200集)

福岡県教育委員会, 2006,『西新町遺跡Ⅶ』(福岡県文化財調査報告書第208集)

福岡市教育委員会, 1975,『板付周辺遺跡調査報告書(2)』(福岡市埋蔵文化財調査報告書第31集)

福岡市教育委員会, 1982,『西新町遺跡』(福岡市埋蔵文化財調査報告書第79集)

福岡市教育委員会, 1986,『吉武遺跡群Ⅰ』(福岡市埋蔵文化財調査報告書第127集)

福岡市教育委員会, 1989a,『吉武遺跡群Ⅳ』(福岡市埋蔵文化財調査報告書第194集)

福岡市教育委員会, 1989b,『西新町遺跡』(福岡市埋蔵文化財調査報告書第203集)

福岡市教育委員会, 1989c,『老司古墳』(福岡市埋蔵文化財調査報告書第209集)

福岡市教育委員会, 1991,『梅林古墳』(福岡市埋蔵文化財調査報告書第240集)

福岡市教育委員会, 1993a,『博多36-第59次調査-』(福岡市埋蔵文化財

　　　　調査報告書第328集)

福岡市教育委員会, 1993b,『博多37－博多遺跡群第65次発掘調査概報－』
　　　　(福岡市埋蔵文化財調査報告書第329集)

福岡市教育委員会, 1994,『西新町遺跡3』(福岡市埋蔵文化財調査報告書第
　　　　375集)

福岡市教育委員会, 1996,『吉武遺跡群Ⅷ』(福岡市埋蔵文化財調査報告書
　　　　第461集)

福岡市教育委員会, 2001,『吉武遺跡群ⅩⅢ』(福岡市埋蔵文化財調査報告
　　　　書第675集)

福岡市教育委員会, 2002,『鋤崎古墳』(福岡市埋蔵文化財調査報告書第
　　　　730集)

福岡市教育委員会, 2003,『元岡・桑原遺跡群2－桑原石ヶ元古墳群調査の
　　　　報告』(福岡市埋蔵文化財調査報告書第744集)

福岡市立歴史資料館, 1984,『特設展図録「漢委奴国王」金印展』

朴天秀, 2001,「三国・古墳時代における韓日交渉」『渡来文化の波－5～6
　　　　世紀の紀伊国を探る－』(和歌山市立博物館)

朴天秀, 2002,「栄山江流域と加耶地域における倭系古墳の出現過程とそ
　　　　の背景」『古墳時代の日韓交流－熊本の古墳文化を探る－』(肥後
　　　　考古学会・熊本古墳研究会)

朴天秀, 2005,「三国・古墳時代の日本列島と環半島における渡来人」『第8
　　　　回九州前方後円墳研究会 九州における渡来人の受容と展開』

朴天秀, 2006,「3～6世紀の韓半島と日本列島の交渉」『九州考古学会・嶺
　　　　南考古学会第7回合同考古学大会・日韓新時代の考古学』

埋蔵文化財研究会・大阪府埋蔵文化財協会, 1987,『弥生古墳時代の大陸

　　　　系土器の諸問題」
前原市教育委員会, 1994,『井ノ浦古墳・辻ノ田古墳群』(前原市文化財調査
　　　　報告書第53集)
前原市教育委員会, 2002,『三雲・井原遺跡Ⅱ－南小路地区編－』(前原市文
　　　　化財調査報告書第78集)
前原町教育委員会, 1987a,『井原遺跡群』(前原町文化財調査報告書第25集)
前原町教育委員会, 1987b,『井原塚廻遺跡』(前原町文化財調査報告書第
　　　　38集)
増田孝彦, 1996,「奈具岡北古墳群の発掘調査」『京都府埋蔵文化財情報』第
　　　　60号
三辻利一・虎間英喜, 1994,「久米田古墳群の初期須恵器・3」『韓式系土器研
　　　　究』Ⅴ
宗像市教育委員会, 1994,『冨地原川原田Ⅰ』(宗像市文化財調査報告書第
　　　　39集)
宗像大社復興期成会, 1976,『宗像沖ノ島』
森貞次郎, 1983,『九州の古代文化』(六興出版)
本村豪章, 1990,「古墳時代の基礎研究稿－資料篇(Ⅱ)」『東京国立博物館
　　　　紀要』第26号
行橋市教育委員会, 1999,『鬼熊遺跡』(行橋市文化財調査報告書第27集)
吉井秀夫, 1999,「日本近畿地方における百済系考古資料をめぐる諸問
　　　　題－5・6世紀を中心として－」『日本所在百済文化財調査報告書
　　　　Ⅰ－近畿地方－』(国立光州博物館研究叢書第9冊)
和歌山市教育委員会, 1972,『和歌山市における古墳文化』

- 韓文 -

権五栄, 2007,「住居構造と炊事文化を通じてみた百済移住民の日本畿内定着とその意味」『韓国上古史学報』第56号

慶南考古学研究所, 2006,『勒島貝塚』(Ⅱ~Ⅵ)

洪潽植, 2006,「韓半島南部地域物質資料の倭系要素」『韓国古代史学会第8回セミナー·韓国古代史の中の異邦人』

国立慶州博物館, 2007,『永川龍田里遺跡』(国立慶州博物館学術調査報告書第19冊)

国立光州博物館, 2003,『光州新昌洞低湿地遺跡Ⅴ』(国立光州博物館学術叢書第40冊)

国立光州博物館·光州広域市, 1996,『光州明花洞古墳』(国立光州博物館学術叢書第29冊)

国立光州博物館·百済文化開発研究院, 1984,『海南月松里造山古墳』(国立光州博物館学術叢書第4冊)

国立光州博物館·全羅南道·咸平郡, 1988,『咸平草浦里遺跡』(国立光州博物館学術叢書第14冊)

国立全州博物館, 1994,『扶安竹幕洞祭祀遺跡』(国立全州博物館学術調査報告第4輯)

国立中央博物館, 1999,『百済』

国立中央博物館, 2001,『楽浪』

国立文化財研究所, 2001a,『羅州新村里9号墳』

国立文化財研究所, 2001b,『羅州伏岩里3号墳』

崔夢龍, 1976,「潭陽斉月里古墳とその出土遺物」『文化財』第10号

順天大学校博物館, 2002,『麗水禾長洞遺跡Ⅱ』(麗水大博物館地方文化叢

書第41冊)

徐賢珠, 2004,「遺物を通じてみた百済地域と日本列島の関係-4～6世紀を中心に-」『第9回湖西考古学会学術大会 百済時代の対外関係』

申敬澈, 2006,「大阪市加美·慶州月城路出土土器の評価」『石軒鄭澄元教授停年退任記念論叢』

全南大学校博物館·全羅南道, 1989,『住岩ダム水没地域文化遺跡発掘調査報告書Ⅵ』

全南大学校博物館·全羅南道, 1990a,『住岩ダム水没地域文化遺跡発掘調査報告書Ⅶ』

全南大学校博物館, 1990b,『長城鈴泉里横穴式石室墳』

全南大学校博物館·光州広域市, 1996,『光州月田洞遺蹟』

全南大学校博物館·韓国土地公社, 1999a,『光州楓岩洞·金湖洞遺跡』

全南大学校博物館·羅州市, 1999b,『伏岩里古墳群』

全南大学校博物館, 2003,『咸平昭明住居址』(全南大学校博物館学術叢書第82冊)

全南文化財研究院, 2006,『羅州郎洞遺跡』(全南文化財研究院学術叢書第20冊)

全羅北道長水郡·全北大学校博物館, 2000,『南陽里発掘調査報告書』(全北大学校博物館叢書17)

池健吉, 1990,「南海岸地方漢代貨幣」『昌山金正基博士華甲記念論叢』

朝鮮大学校博物館·韓国道路公社, 2003,『霊光マジョン·群洞·ウォンダン·スドン遺跡』

福泉博物館, 2002,『福泉博物館特別企画展示 古代アジア文物交流』

木浦大学校博物館, 1987,『海南郡谷里貝塚』(木浦大学校博物館学術叢書

第8冊)

木浦大学校博物館, 2003,『咸平チュンナン遺跡Ⅰ』(木浦大学校博物館学術叢書第98冊)

木浦大学校博物館, 2003,『咸平チュンナン遺跡Ⅱ』(木浦大学校博物館学術叢書第99冊)

木浦大学校博物館・韓国道路公社, 2001,『霊光群洞遺跡』(木浦大学校博物館学術叢書第87冊)

李健茂, 1982,「茶戸里出土の筆について」『考古学誌』第4輯

李健茂ほか, 1989,「義昌茶戸里遺跡発掘進展報告書」『考古学誌』第1輯

李東注, 2004,「泗川勒島貝塚C地区の調査成果」『嶺南考古学20年の歩み』(麗南考古学会第13回定期学術発表会)

林永珍, 1994,「光州月桂洞の長鼓墳2基」『韓国考古学報』31

【出 典】

第1図・第8図：小田富士雄・韓炳三編 1991

第2図右：下條信行 1989

第3図・第4図：全羅北道長水郡・全北大学校博物館 2000, 福岡市教育委員会 1996, 佐賀県教育委員会 1992

第5図：福岡市教育委員会 1975, 片岡宏二 1999より作成

第6図・第7図・第11図・第17図・第23図：各文献より武末作成

第9図：小田富士雄・韓炳三編 1991, 長崎県教育委員会 1995, 国立光州博物館 2003, 朝鮮大学校博物館・韓国道路公社 2003, 全南大学校博物館・全羅南道 1989

第10図：小田富士雄・韓炳三編 1991, 全南文化財研究院 2006, 志摩町教育委員会 1987a・b, 岡山県教育委員会ほか 2000, 国立中央博物館 2001, 鳥取県教育文化財団 2002

第12図：酒井清治 1998

第13図：福岡県教育委員会 2006

第14図：福岡県教育委員会 1982

第15図：杉井健 1994

第16図：福岡市教育委員会 1994, 福岡県教育委員会 2000・2006

第18図・第19図：福岡県教育委員会 2003

第20図：福岡県教育委員会 2005

第21図：福岡県教育委員会 2006

第22図：福岡市教育委員会 1993a・b, 白井克也 2000

第24図：亀田修一 2005d

第25図：櫻井久之 1998

第26図：柏原市教育委員会 1986·1988, 第5回播磨考古学研究集会実行委員会 2003

第27図：武末純一 1999, 濱田延充 2004

第28図：吉井秀夫 1999, 和歌山市教育委員会 1972, 田辺昭三 1981

第29図：天理市教育委員会 1990

第30図：柏原市教育委員会 1996b

第31図：大阪府教育委員会·(財)大阪府埋蔵文化財協会 1995·1996, 甘木市教育委員会 1979

第32図：福岡市教育委員会 1986·1987a·2001

第33図：前原町教育委員会 1987a·b, 前原市教育委員会 1994·2002, 福岡市教育委員会 1991·2003, 新宮町教育委員会 1994, 宗像市教育委員会 1994

第34図：津屋崎町教育委員会 1995b, 大刀洗町教育委員会 2000

第35図：高田貫太 2002

第36図：武末純一 1999

第37図：国立全州博物館 1994, 九州大学文学部考古学研究室 1993

第38図·第39図：武末純一 2005b

第40図：武末純一 2005b, 全南大学校博物館·光州広域市 1996

第41図：福岡市教育委員会 2002

第42図：福岡県教育委員会 1985c

第43図：第5回播磨考古学研究集会実行委員会 2003

第44図：香川県教育委員会 2002

北部九州

縄紋土器	弥　生　土　器									古　式土師器
晩期	早期	前　期			中　期		後　期			
広田式	黒川式	山ノ寺式	夜臼式	板付Ⅰ式	板付Ⅱ式 a b c	城ノ越式	須玖Ⅰ式	須玖Ⅱ式	高三潴式	下大隈式	西新式	宮の前式
渓沙里式(突帯文)	欣岩里式 可楽里式	先松菊里	松菊里式	水石里式		勒島式	古 / 中 / 新			古式新羅加耶土器 古式百済土器
早期	前期	中　期		後　期		前　期		後　期		三国土器
無　文　土　器						三　韓　土　器				

韓半島南部

〈第1表〉 彌生時代の北部九州と韓半島の併行關係

1　全南滄浪里4号支石墓
2　全南滄浪里7号支石墓
3　(伝) 全南
4　佐賀県唐津市菜畑遺跡

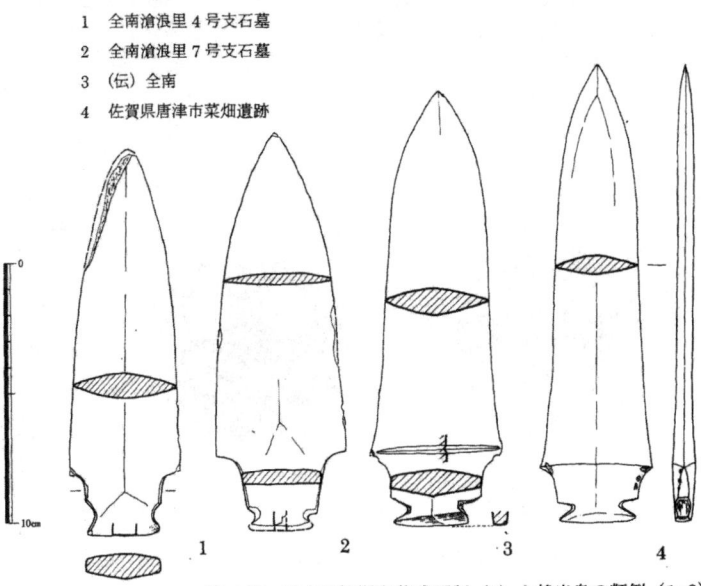

第1図　日本の初期有茎式石剣 (4) と韓半島の類例 (1~3)

日本出土栄山江流域関連考古学資料の性格　469

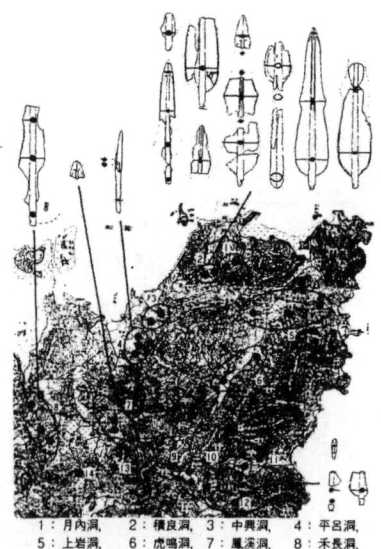
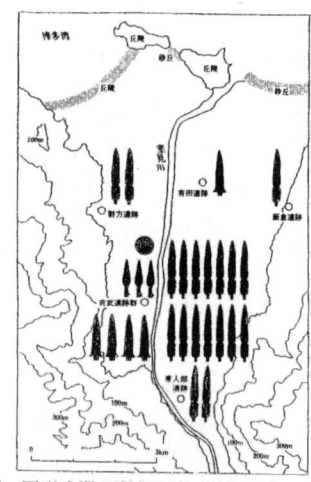

第2図　国形成期の麗水半島（左）と
　　　　早良平野（右）の青銅器保有状況

1：月内洞、2：積良洞、3：中興洞、4：平呂洞、
5：上岩洞、6：虎鳴洞、7：鳳渓洞、8：禾長洞、
9：屯徳洞、10：美坪洞、11：万興洞、12：五林洞、
13：麗川洞、14：仙源洞

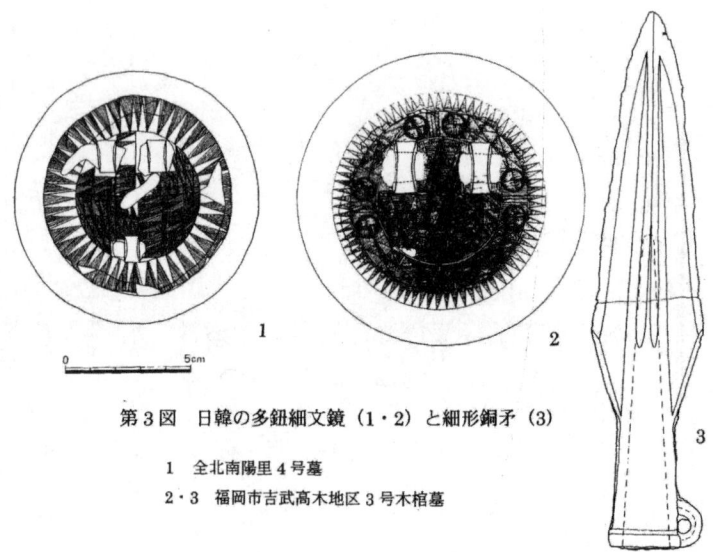

第3図　日韓の多鈕細文鏡（1・2）と細形銅矛（3）

　1　全北南陽里4号墓
　2・3　福岡市吉武高木地区3号木棺墓

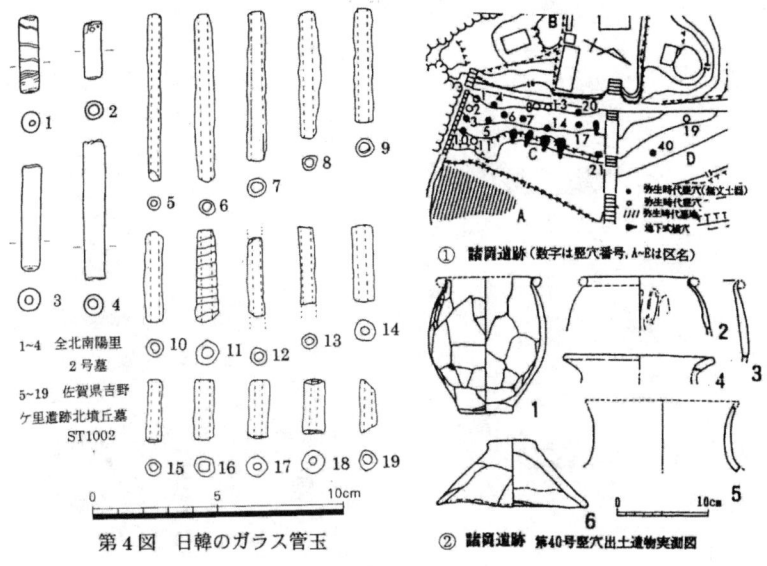

第4図 日韓のガラス管玉

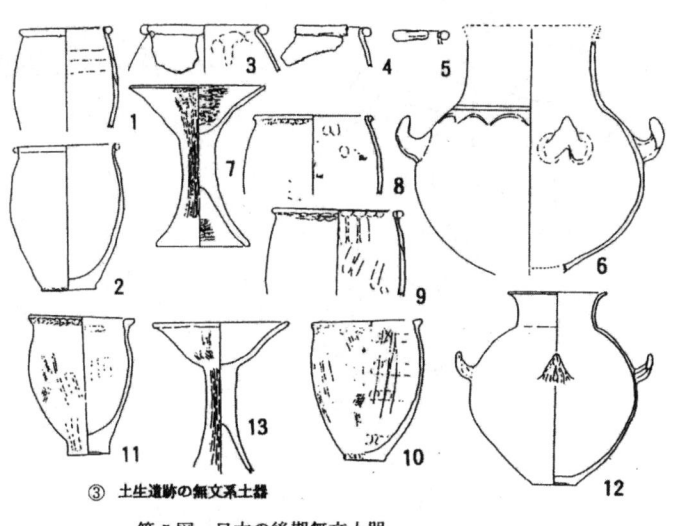

第5図 日本の後期無文土器

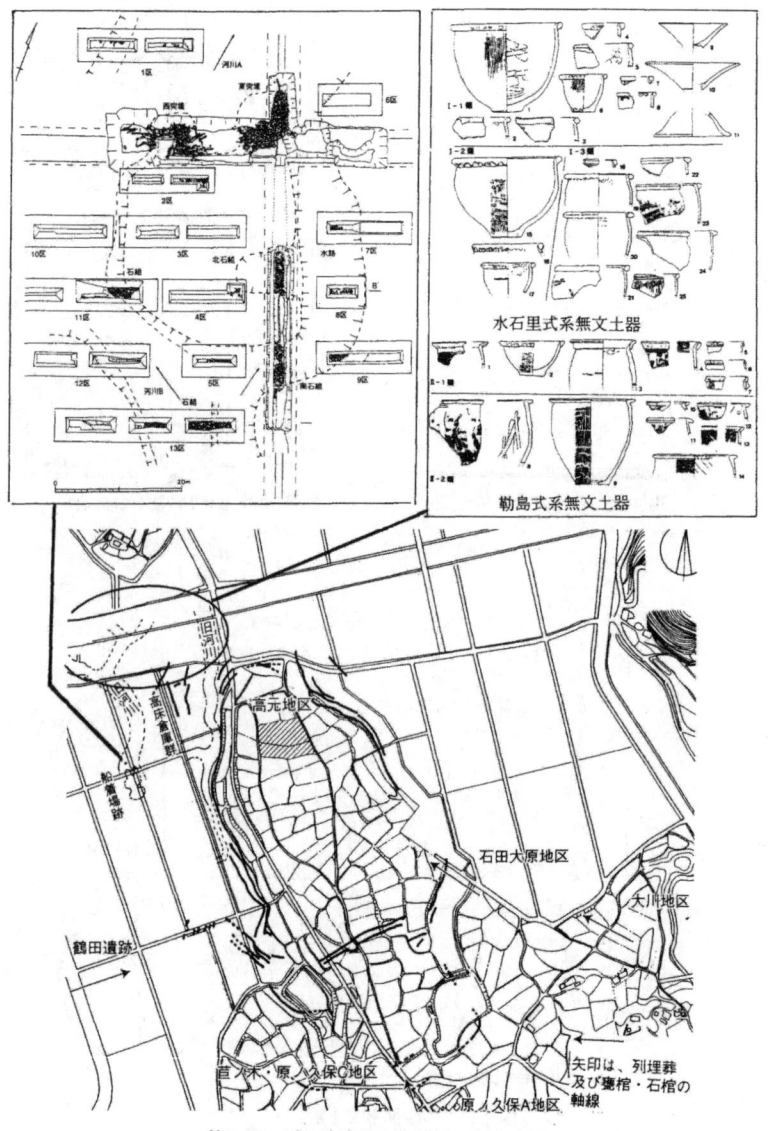

第6図　原の辻遺跡の船着場と無文土器

472　왕인박사 연구

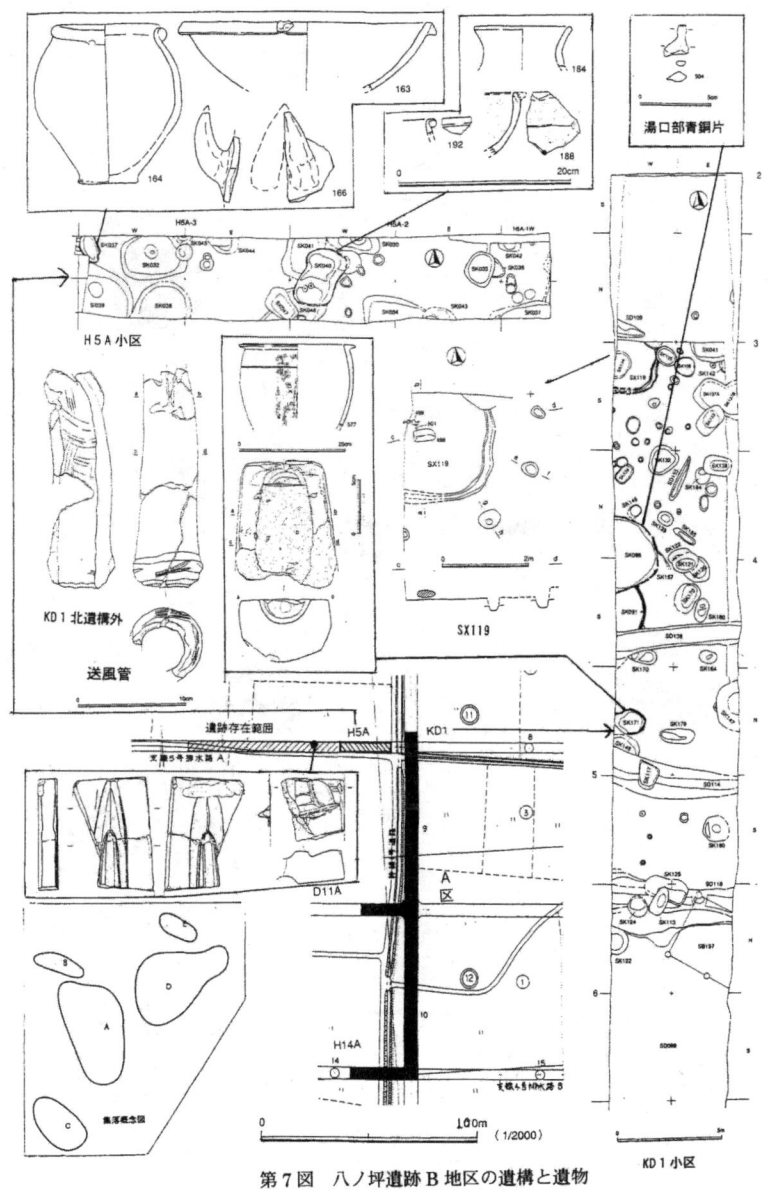

第7図 八ノ坪遺跡B地区の遺構と遺物

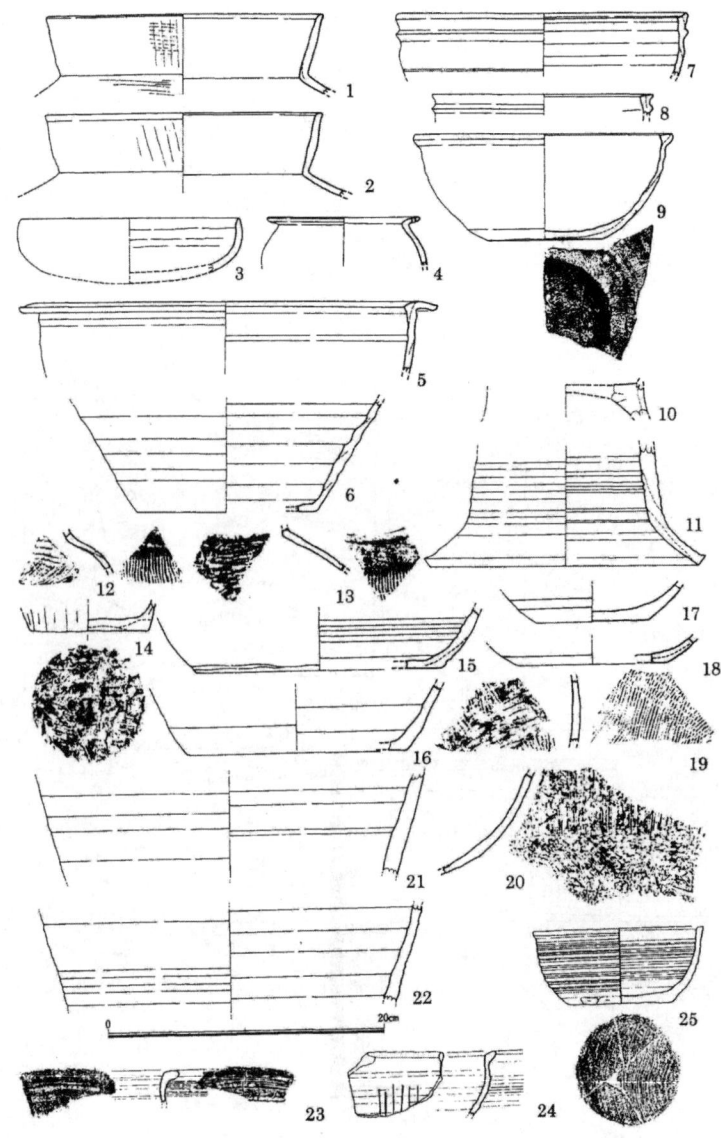

第 8 図　日本出土の楽浪土器 (1)

1~20　三雲番上地区　21・22 御床松原　23~25　深江井牟田

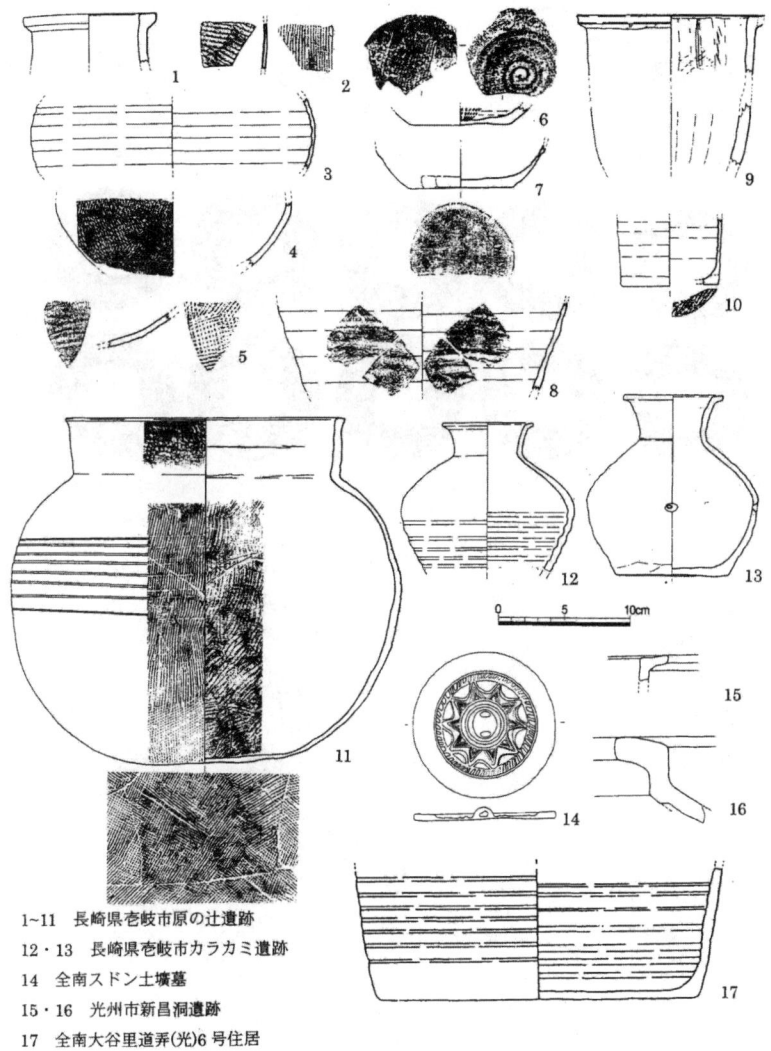

1~11 長崎県壱岐市原の辻遺跡
12・13 長崎県壱岐市カラカミ遺跡
14 全南スドン土壙墓
15・16 光州市新昌洞遺跡
17 全南大谷里道弄(光)6号住居

第9図 日本出土の楽浪土器と全南地域の小形仿製鏡(14)・弥生系土器(15)・楽浪系土器(16・17)

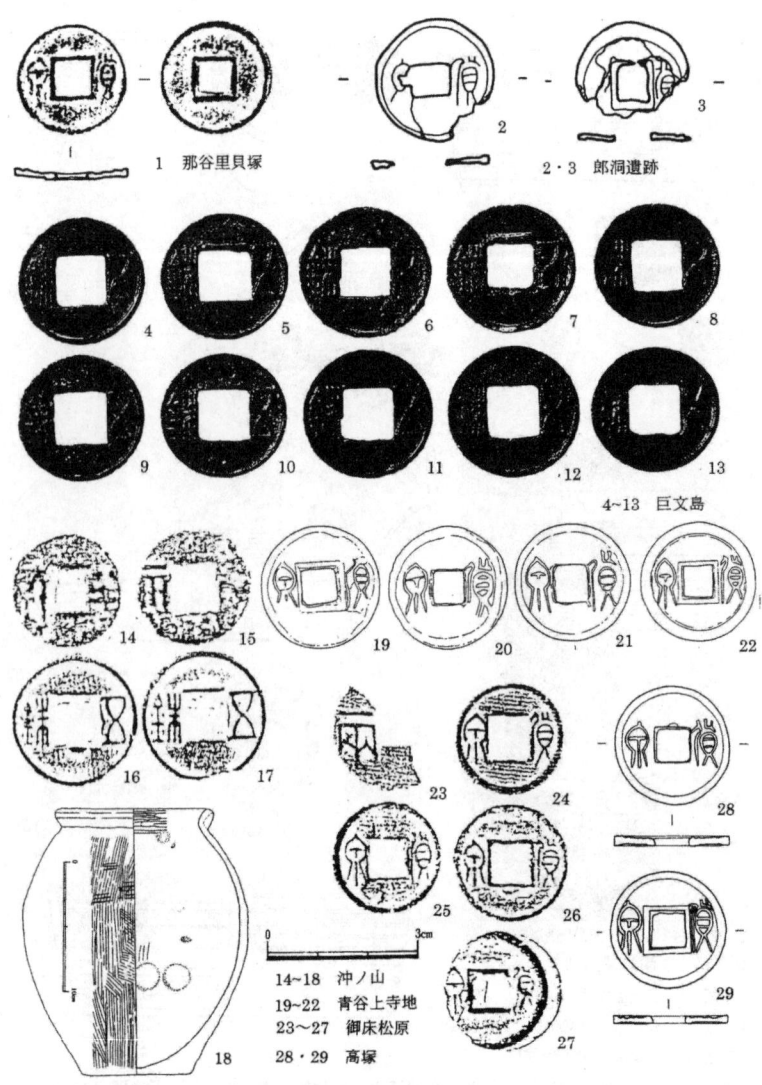

第10図 全南地域(1~13)と日本列島(14~29)の中国銭貨

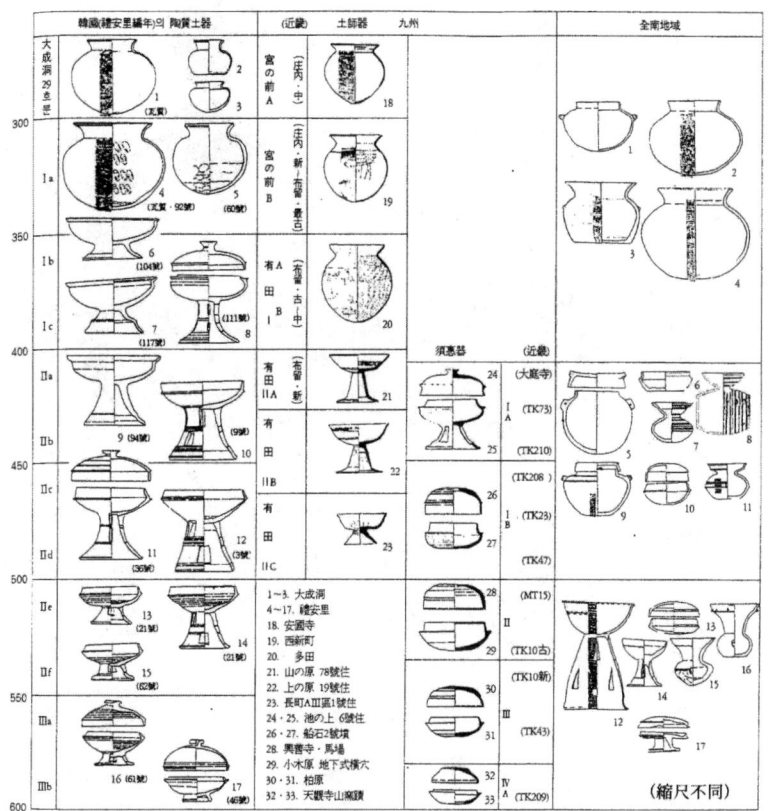

第11図　古墳時代の北部九州と加耶および全南地域の土器の併行関係

* 陶邑の窯跡は地区ごとに番号がつけられたため、各地区の頭2文字を英語表記したときのアルファベットを用いて地区の略号とする。陶邑編年ではこの窯番号を用いて、様式名としている。したがって、

高蔵寺（TaKakuraji）＝TK，光明池（KouMyouike）＝KM，大野池（OoNoike）＝ON，栂（ToGa）＝TG，谷山（TaNiyama）＝TN

となる。ただし、陶器山はMount Toukiの略号でMTとなる。

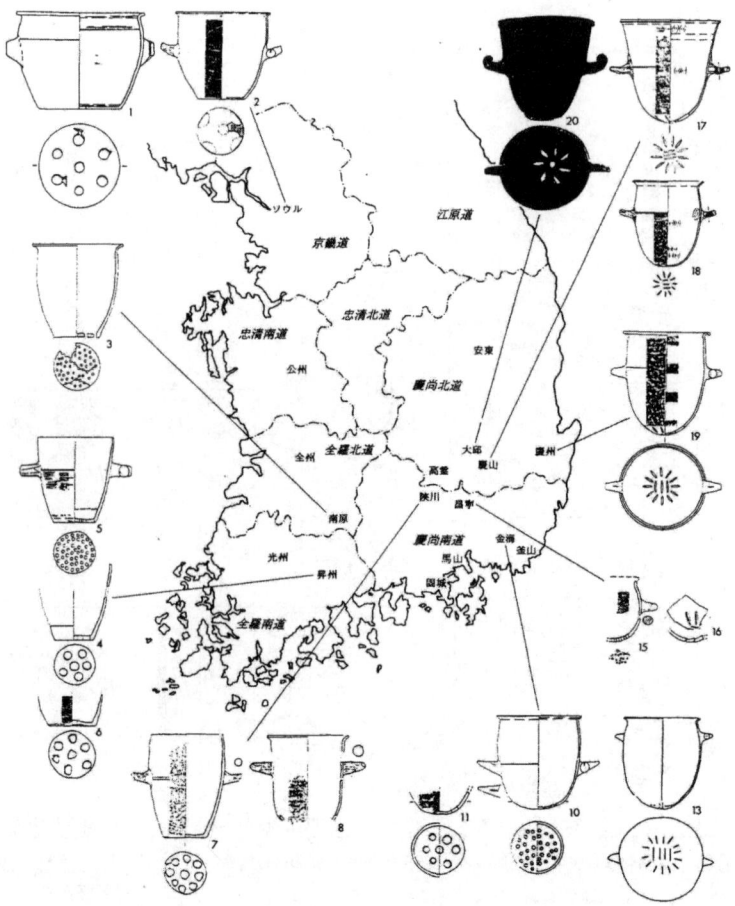

第12図　韓半島出土甑の地域色

1・2 ソウル市夢村土城　3 南原郡斗洛里3号墳外部竪穴　4 寶城郡竹山里ナ地区　5 昇州郡大谷里トロン遺跡20号住居跡　6 同ハンシル遺跡A地区　7・8 居昌郡大也里遺跡12号住居跡　9・10 金海郡府院洞遺跡A地区Ⅲ層　11 同Ⅱ層　12 同Ⅴ層　13 金海郡退來里遺跡カ地区11号甕棺墓　14～16 昌寧郡余草里窯跡　17 慶山市林堂地域古墳群造永1A地域12号墳　18 同15号墳　19 慶州市味鄒王陵第7地区4号墳　20 大邱市達西面50号墳第1石槨

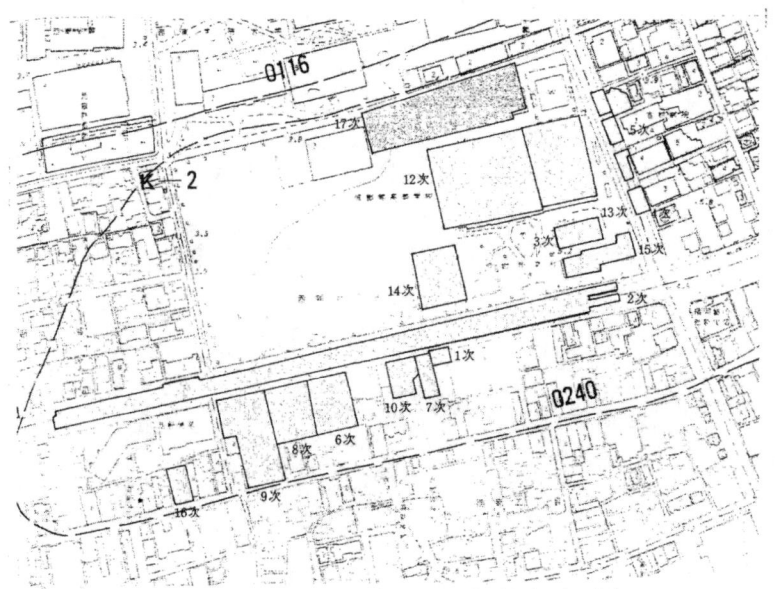

第13図 発掘調査区の位置と周辺調査地 (1/4,000)

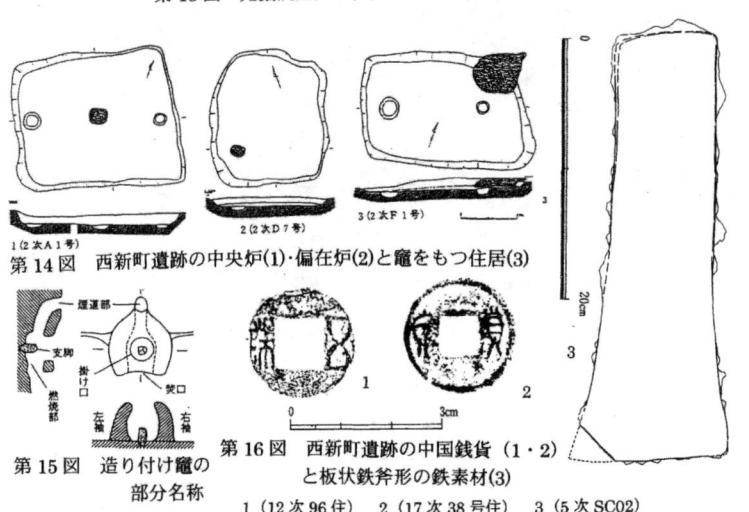

第14図 西新町遺跡の中央炉(1)・偏在炉(2)と竈をもつ住居(3)
1 (2次A1号) 2 (2次D7号) 3 (2次F1号)

第15図 造り付け竈の部分名称

第16図 西新町遺跡の中国銭貨 (1・2) と板状鉄斧形の鉄素材(3)
1 (12次96住) 2 (17次38号住) 3 (5次SC02)

日本出土栄山江流域関連考古学資料の性格 479

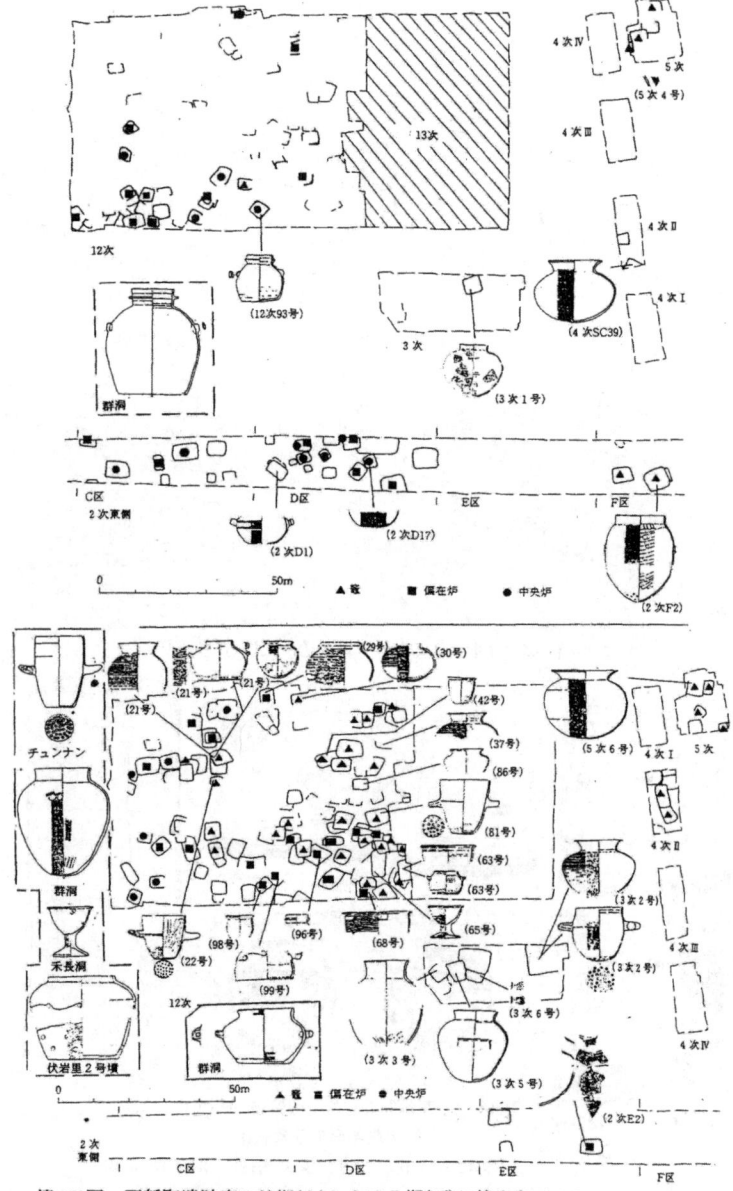

第17図 西新町遺跡宮の前期(上)と有田Ⅰ期(下)の韓半島系土器と
全南地域の類似例(四角囲み)

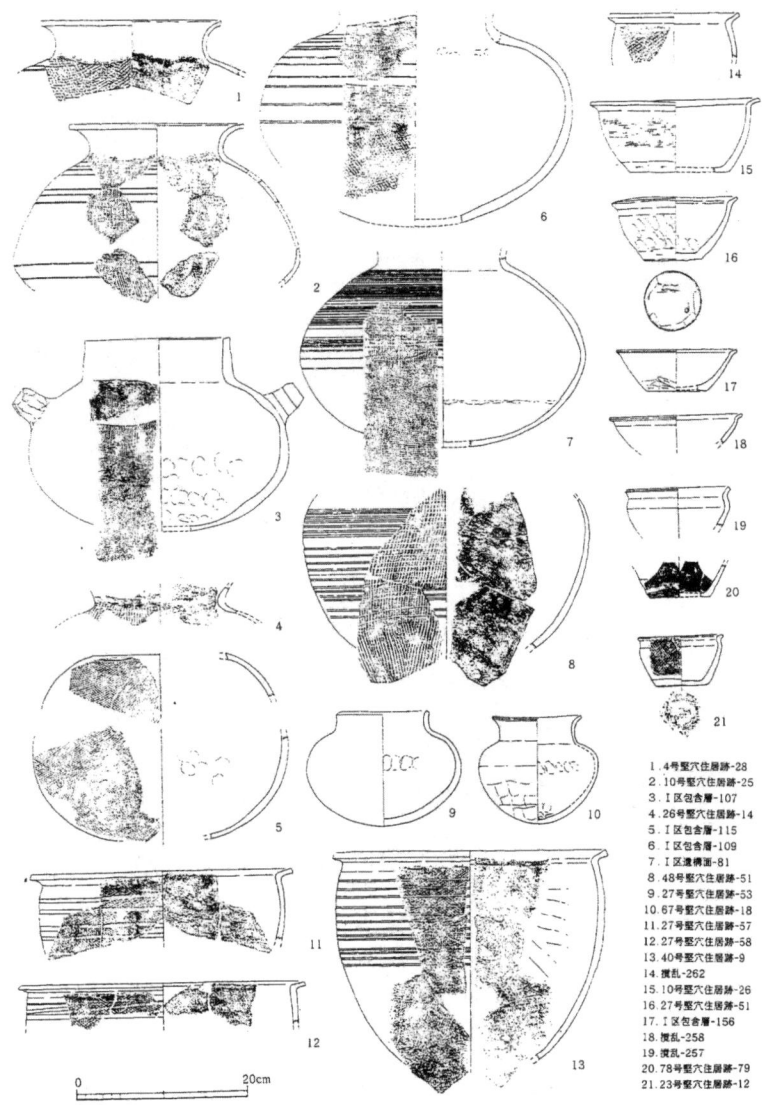

第18図 西新町遺跡第13次調査区出土半島系土器①(1/6)

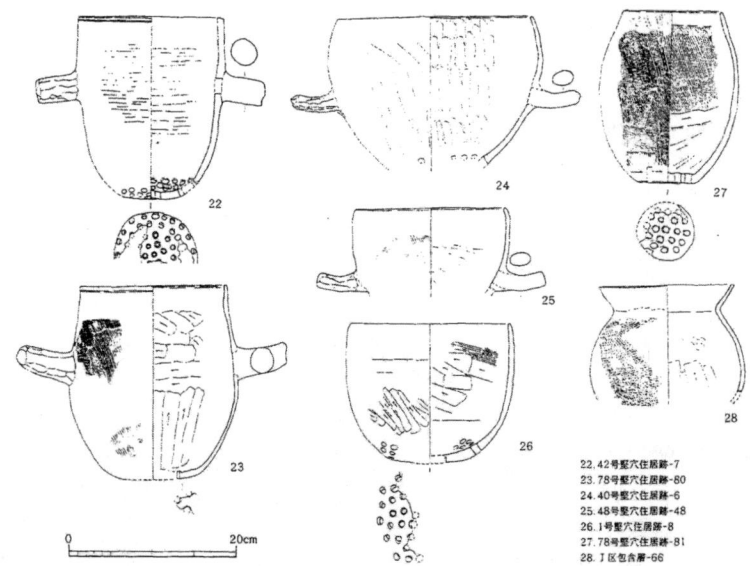

第19図　西新町遺跡第13次調査区出土半島系土器②(1/6)

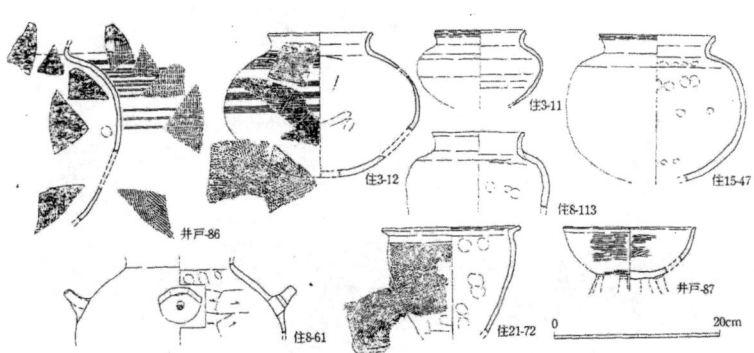

第20図　西新町遺跡第14次調査区出土半島系土器実測図(1/6)

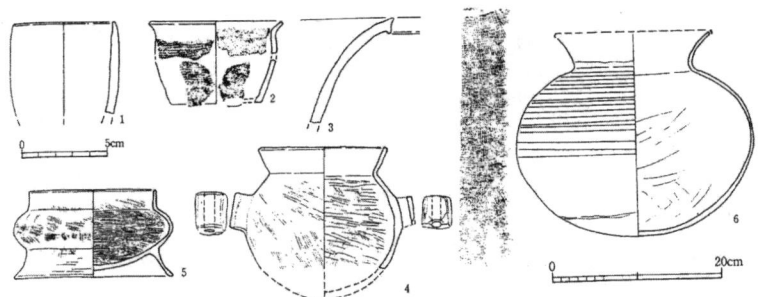

第21図　西新町遺跡第17次調査区出土半島系土器実測図(1/6)

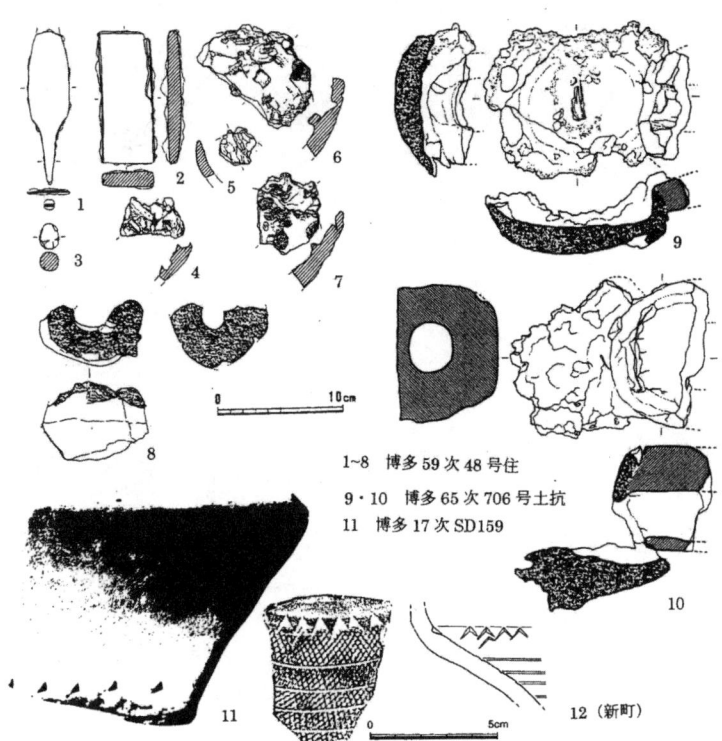

第22図　古墳時代前期の冶鉄資料(1~10)および百済(馬韓)土器

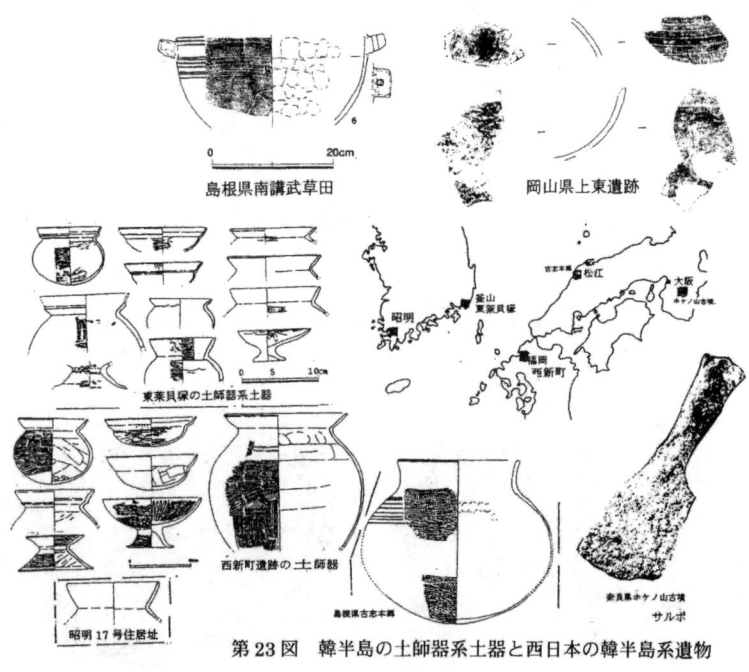

第23図　韓半島の土師器系土器と西日本の韓半島系遺物

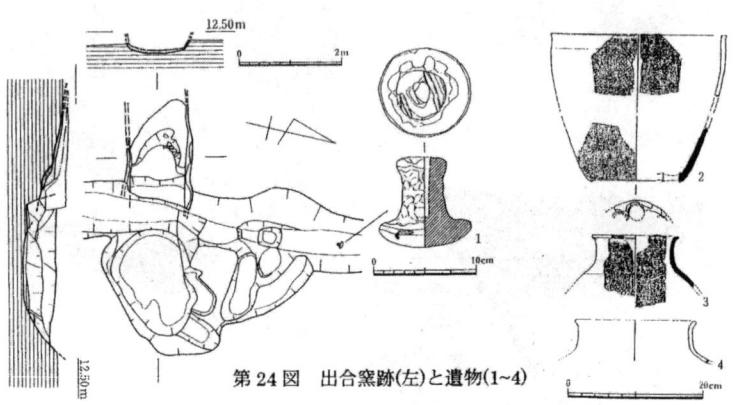

第24図　出合窯跡(左)と遺物(1~4)

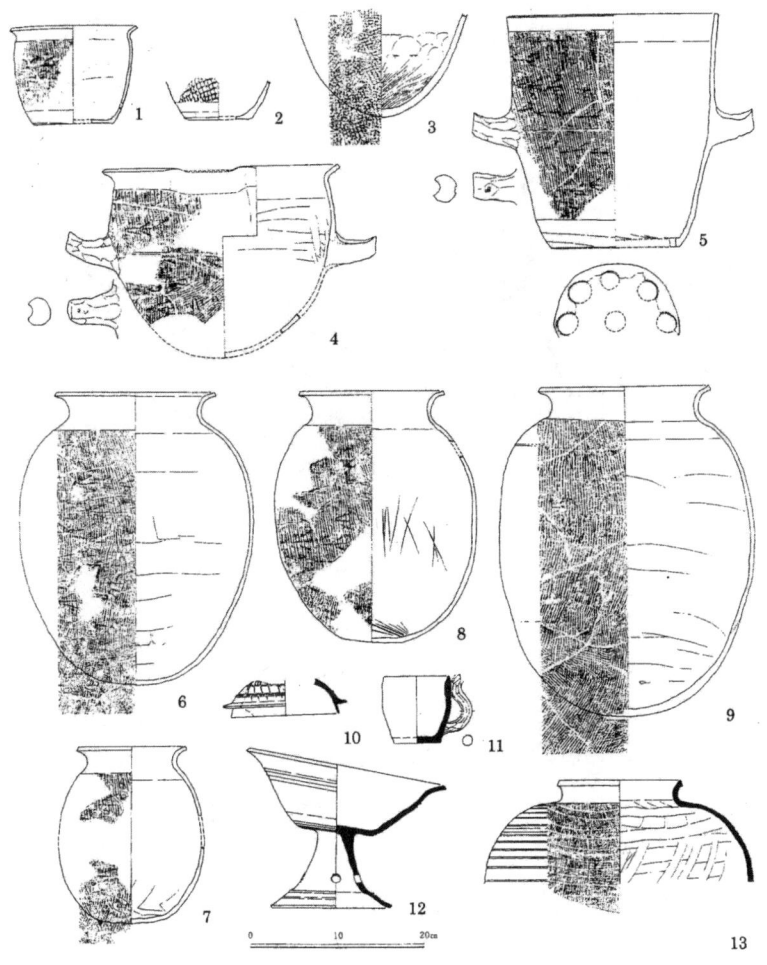

第25図 長原遺跡 NG95・36次出土韓半島系土器
1~9 赤焼(軟質)　10~13 陶質系

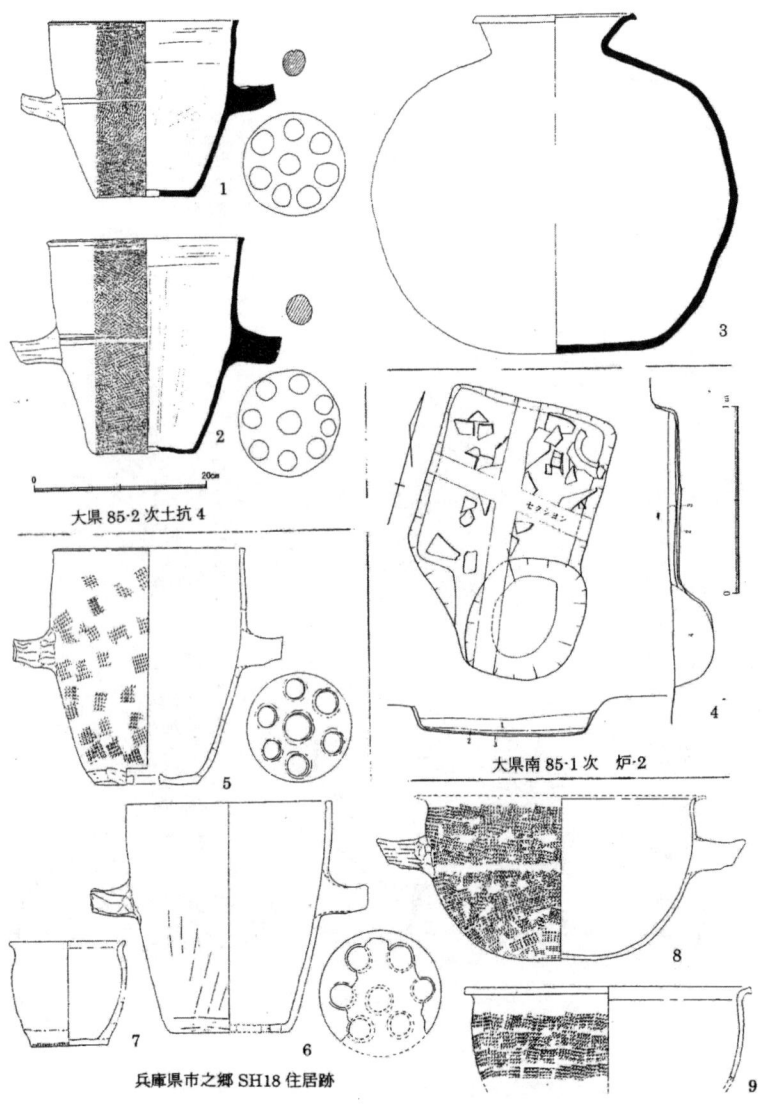

第26図 近畿の平底直口の甑と共伴遺物

486 왕인박사 연구

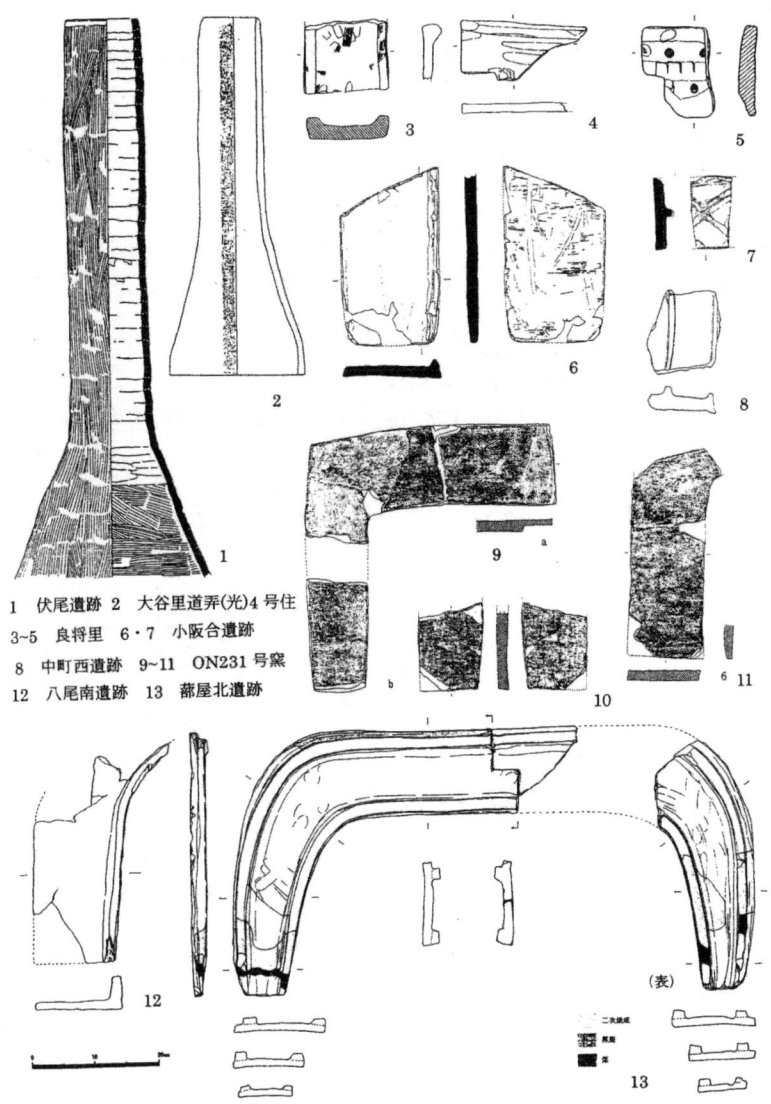

1 伏尾遺跡 2 大谷里道弄(光)4号住
3~5 良将里 6・7 小阪合遺跡
8 中町西遺跡 9~11 ON231号窯
12 八尾南遺跡 13 蔀屋北遺跡

第27図 日本(1・6~13)と韓国(2~5)の円筒形土器(1・2)および竈焚口枠(3~13)

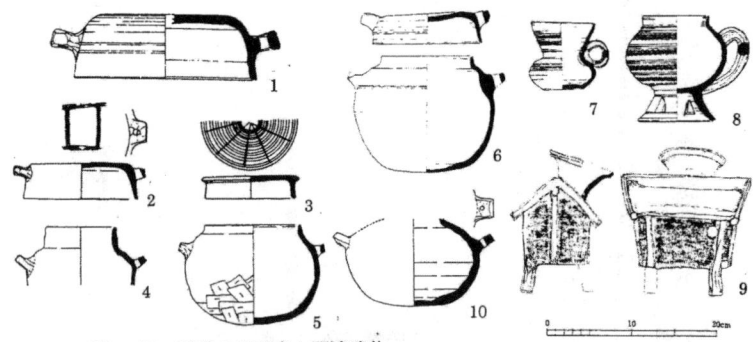

第28図　近畿の双耳壺と関連遺物
1　伏尾　2　小阪　3　久宝寺北　4・5　四ツ池　6~9　六十谷　10　陶邑TK216

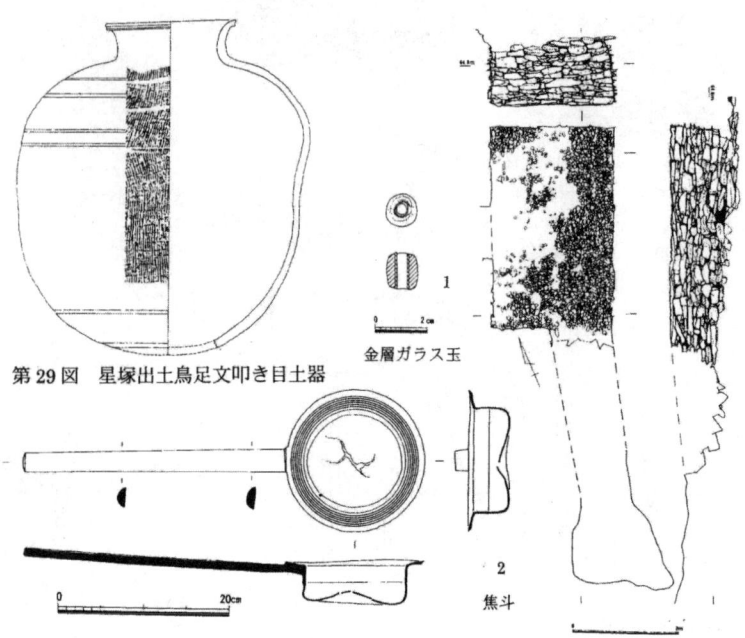

第29図　星塚出土鳥足文叩き目土器

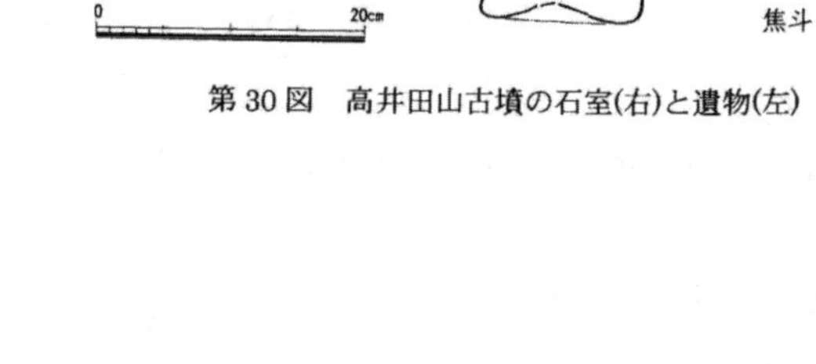

第30図　高井田山古墳の石室(右)と遺物(左)

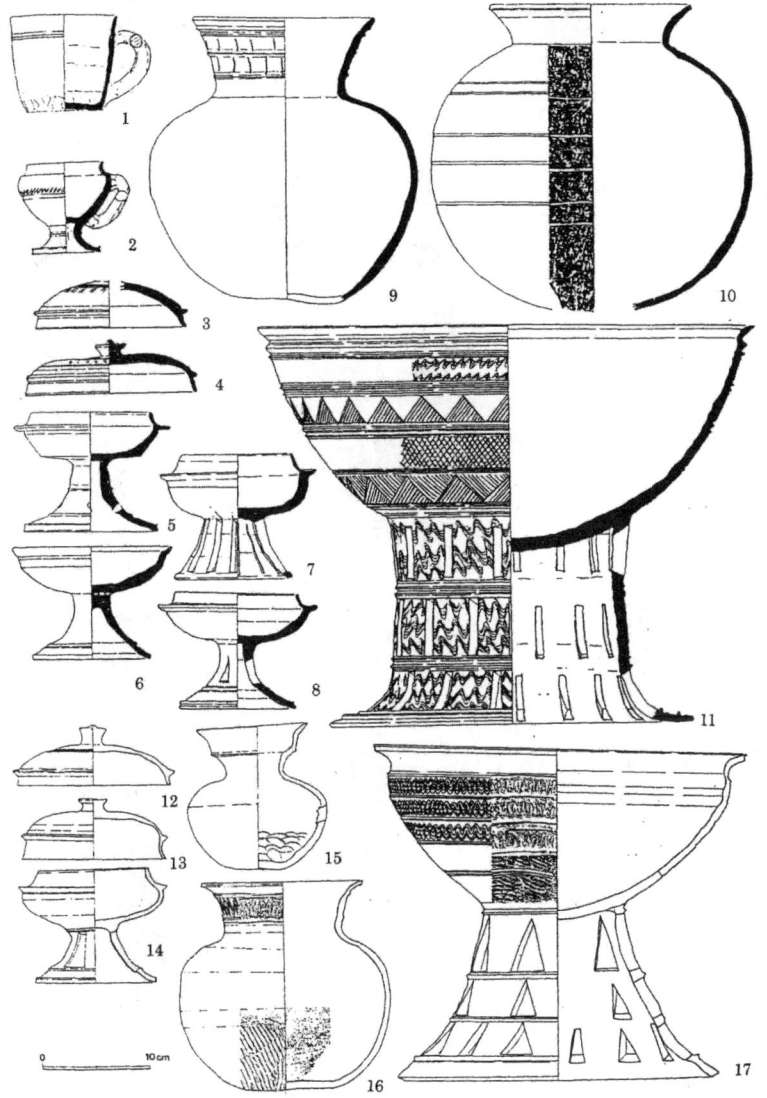

第31図 大庭寺遺跡の初期須恵器(1~11)と朝倉窯跡群産の初期須恵器(12~17 池の上6号)

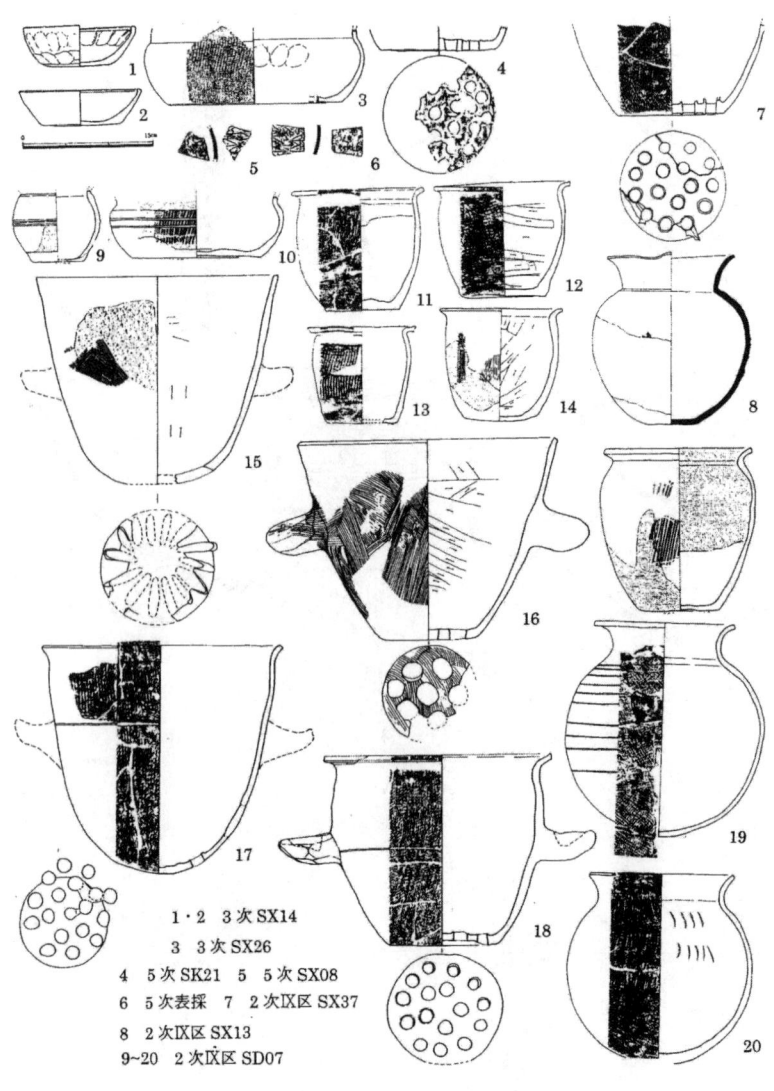

第32図　吉武遺跡群の百済(馬韓)系土器を中心とした韓半島系土器
5・6・8　陶質土器　1~4・7・9・20　赤焼土器

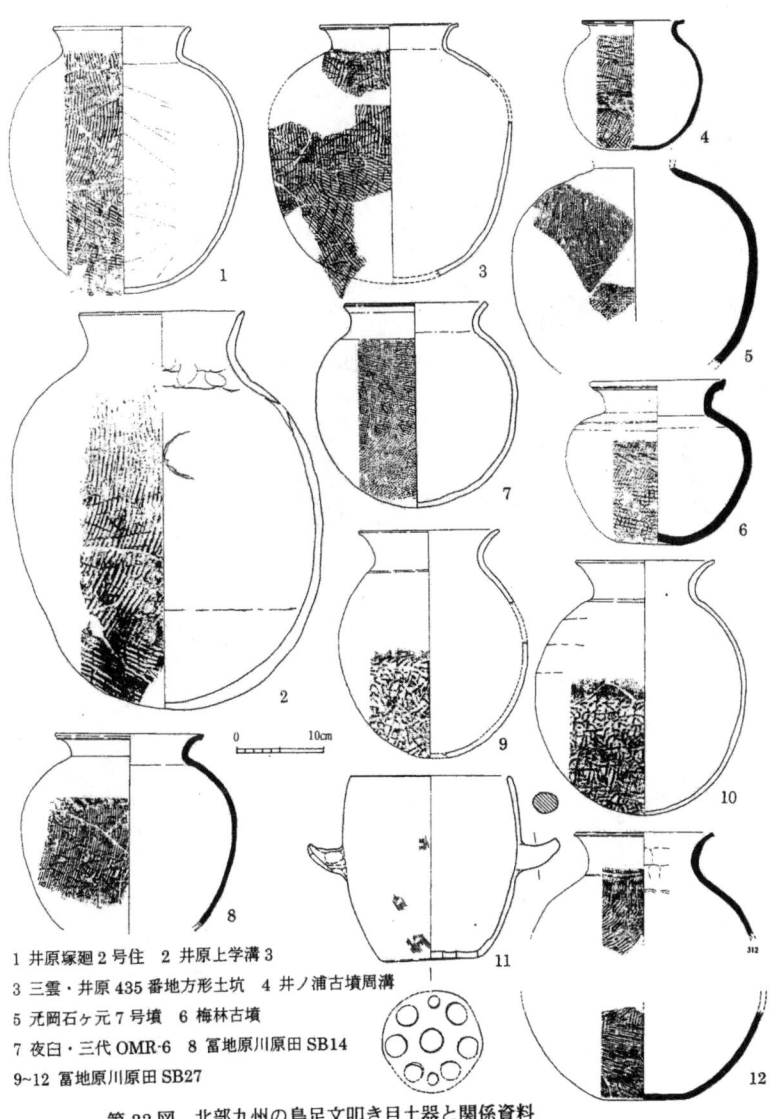

1 井原塚廻2号住　2 井原上学溝
3 三雲・井原435番地方形土坑　4 井ノ浦古墳周溝
5 元岡石ヶ元7号墳　6 梅林古墳
7 夜臼・三代OMR-6　8 冨地原川原田SB14
9~12 冨地原川原田SB27

第33図　北部九州の鳥足文叩き目土器と関係資料

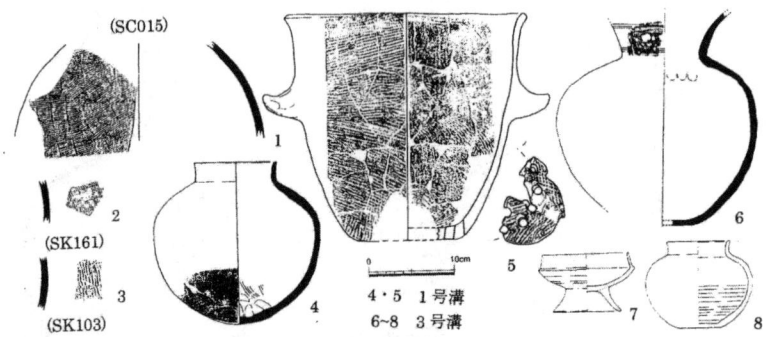

第34図　在自下ノ原遺跡(1~3)および西森田遺跡の百済および百済(馬韓)系土器

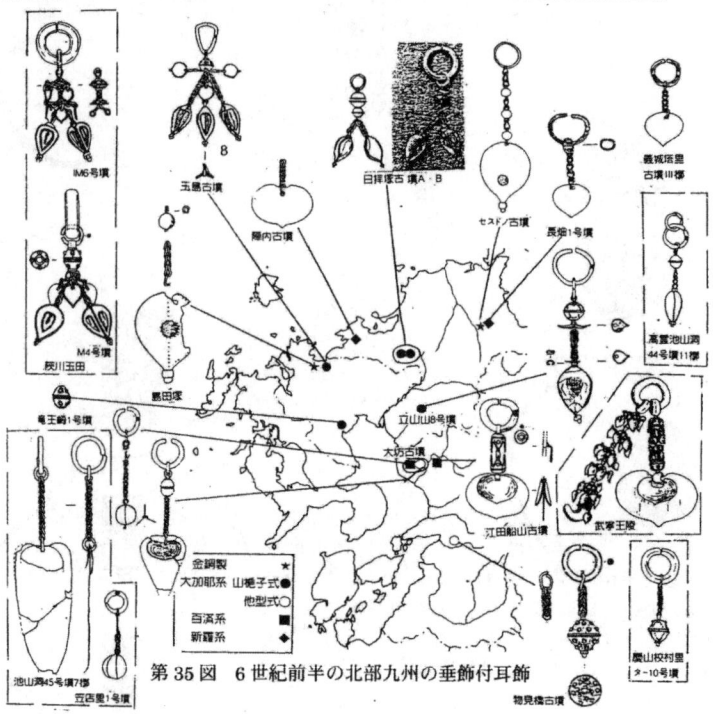

第35図　6世紀前半の北部九州の垂飾付耳飾

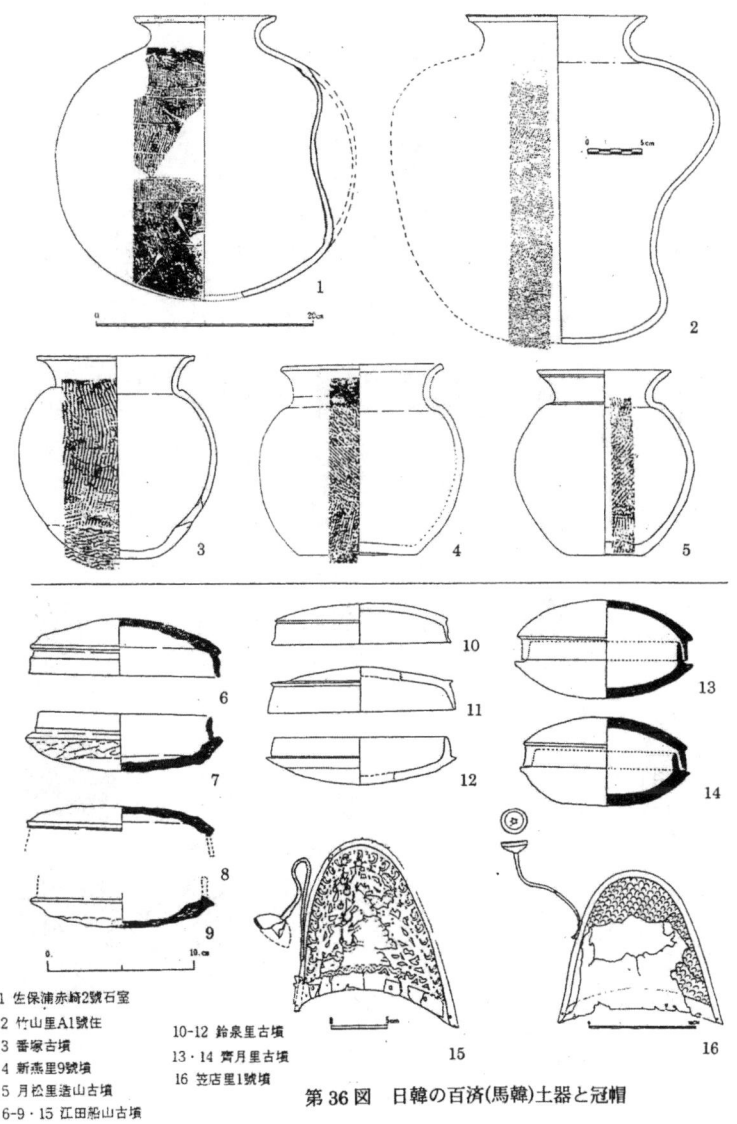

1 佐保浦赤崎2號石室
2 竹山里A1號住
3 番塚古墳
4 新燕里9號墳
5 月松里造山古墳
6-9・15 江田船山古墳
10-12 鈴泉里古墳
13・14 齊月里古墳
16 笠店里1號墳

第36図 日韓の百済(馬韓)土器と冠帽

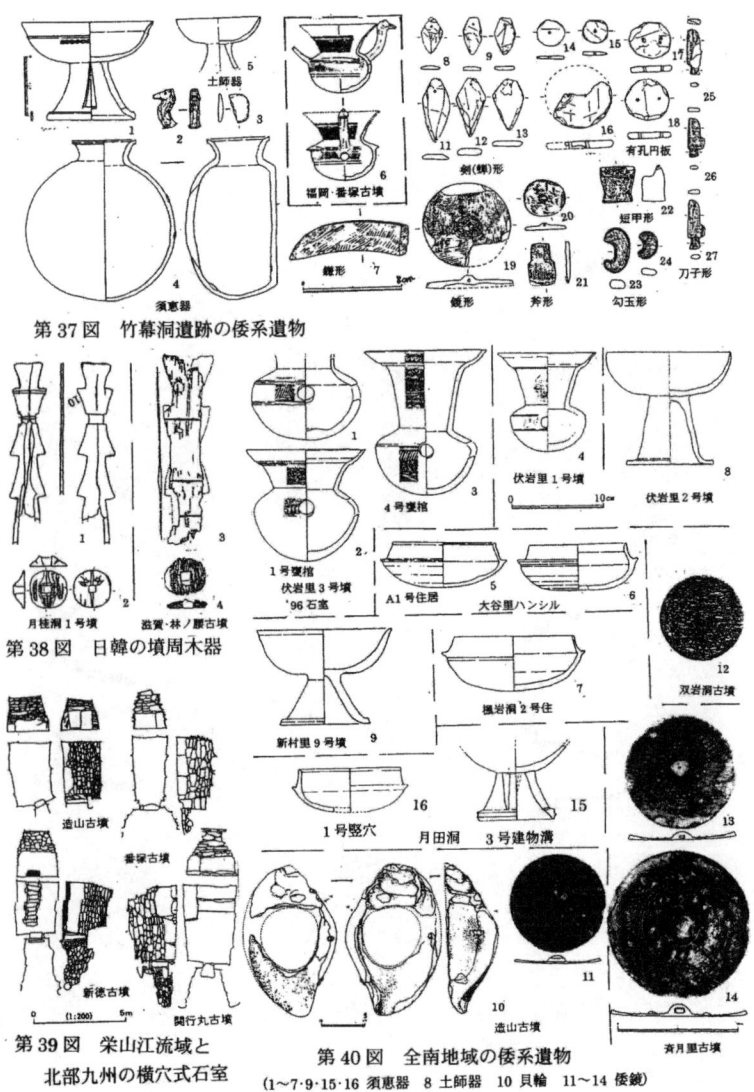

第37図　竹幕洞遺跡の倭系遺物

第38図　日韓の墳周木器

第39図　栄山江流域と
　　　　北部九州の横穴式石室

第40図　全南地域の倭系遺物
(1〜7・9・15・16 須恵器　8 土師器　10 貝輪　11〜14 倭鏡)

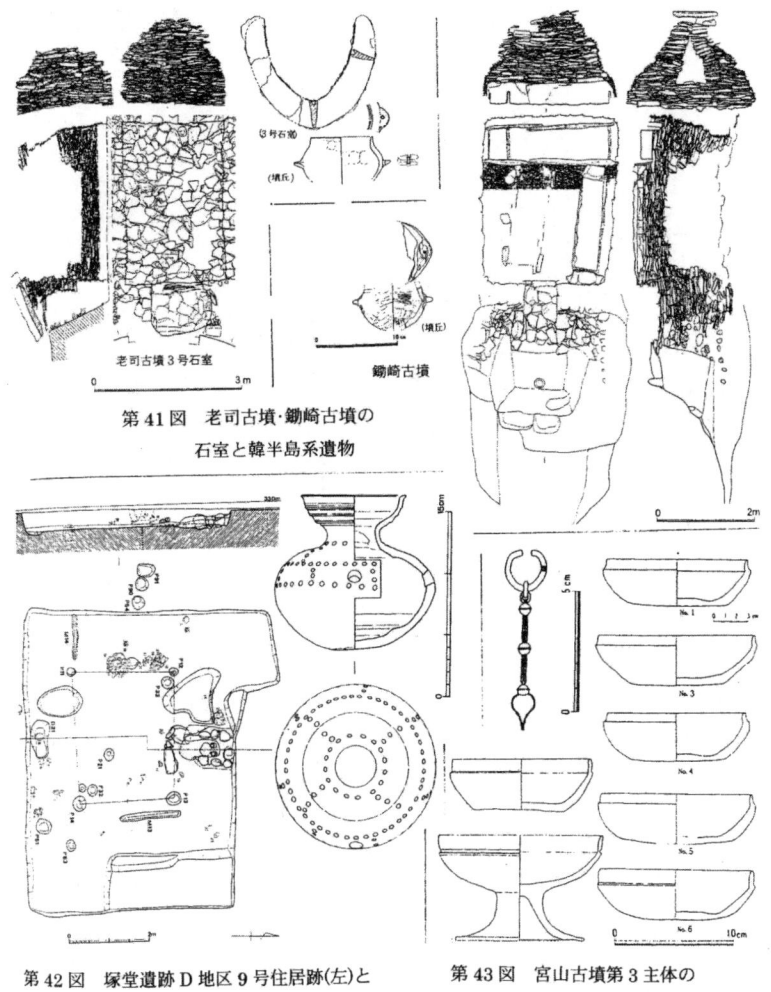

第41図 老司古墳・鋤崎古墳の
石室と韓半島系遺物

第42図 塚堂遺跡D地区9号住居跡(左)と
陶質土器(右)

第43図 宮山古墳第3主体の
垂飾付耳飾と韓半島系土器

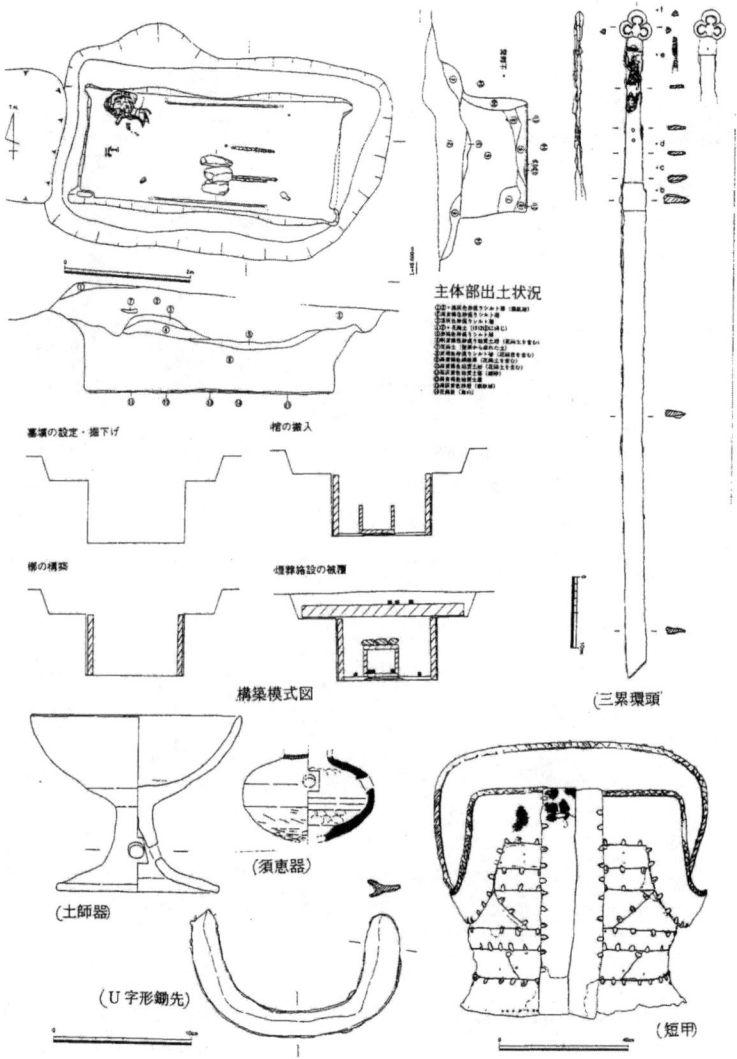

第44図 香川県原間6号墳の木榔と遺物

1・2 鋳型　3 銅滴付着土器　4〜6 銅滓

7(無文土器)　　　　　　　8(楽浪土器)

写真1　八ノ坪遺跡の青銅器鋳造関係資料(1〜6)と原の辻遺跡の韓半島系土器(7・8)

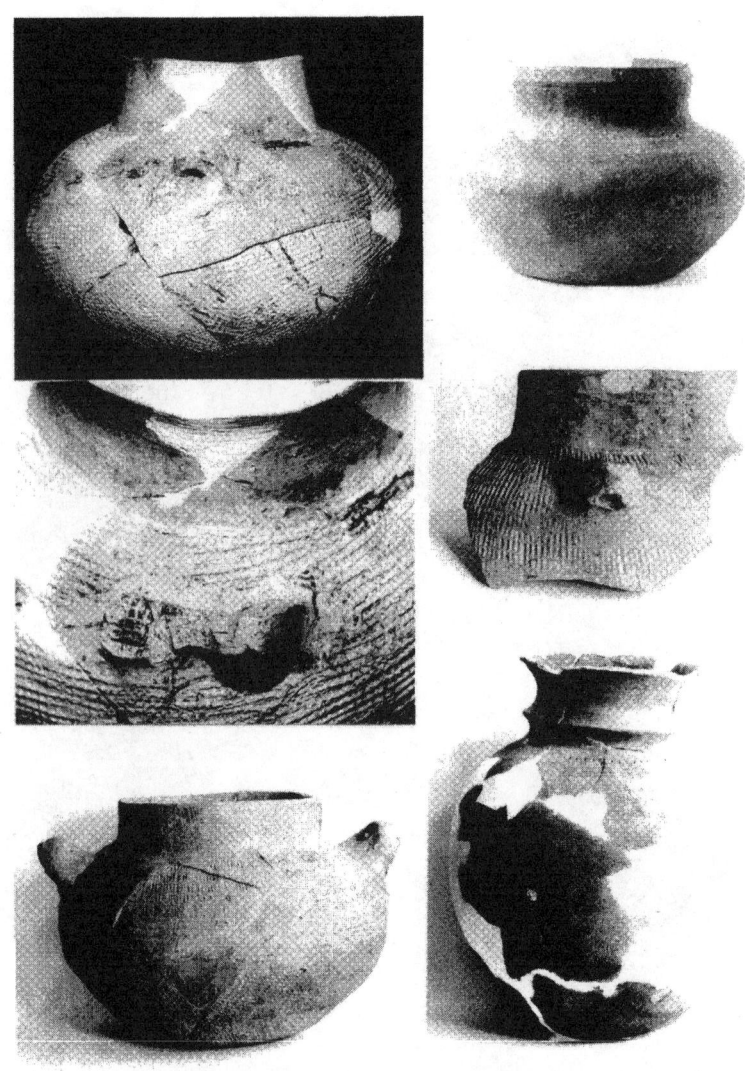

写真 2　原の辻遺跡出土百済(馬韓)系土器

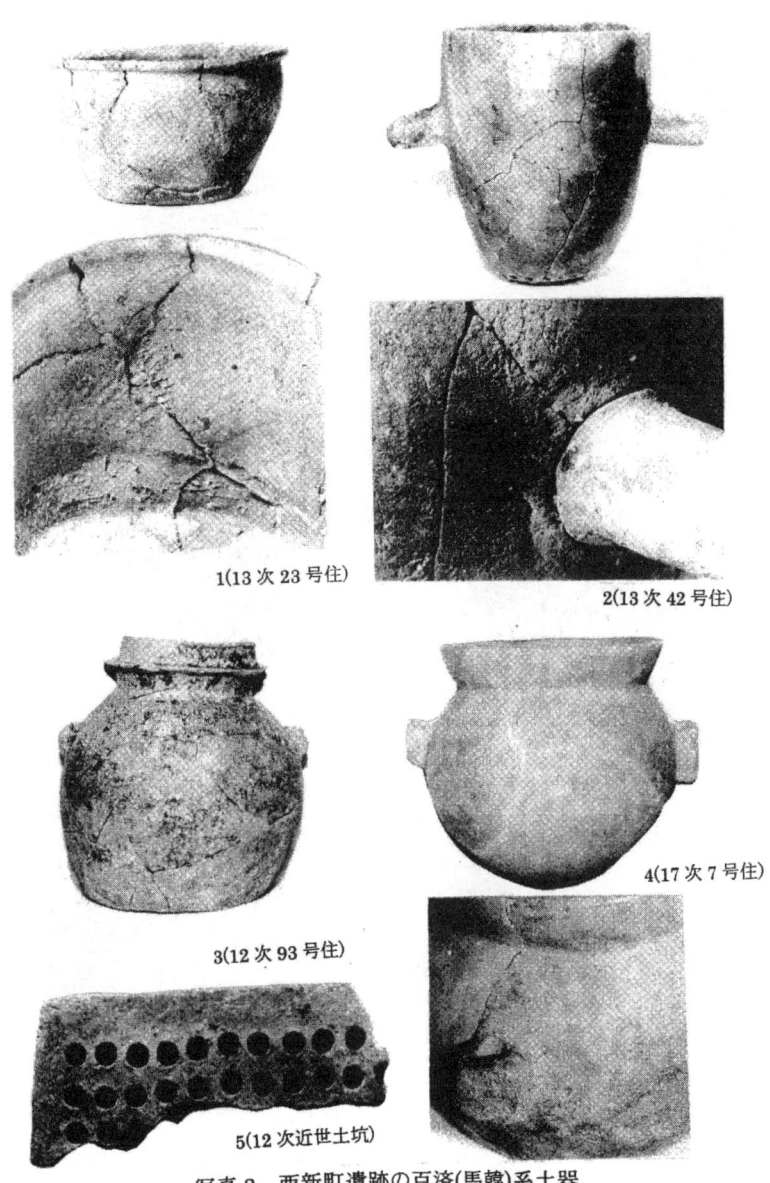

1(13次23号住) 2(13次42号住) 3(12次93号住) 4(17次7号住) 5(12次近世土坑)

写真3　西新町遺跡の百済(馬韓)系土器

日本出土栄山江流域関連考古学資料の性格　499

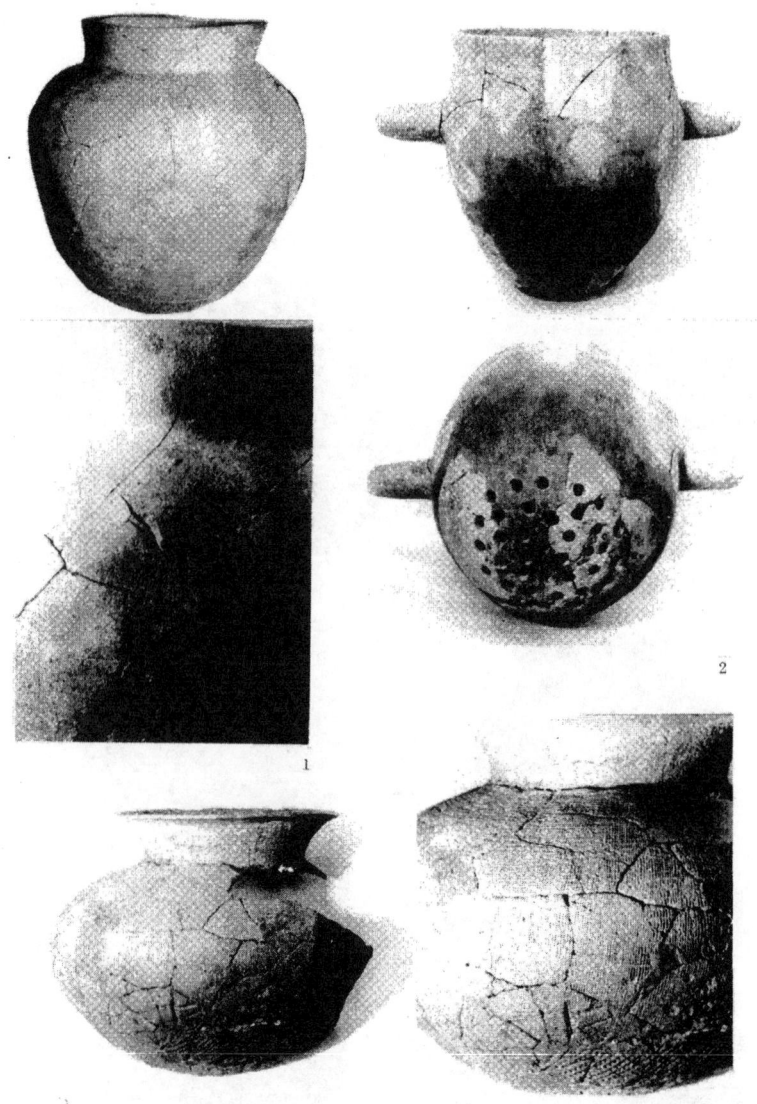

写真4　西新町遺跡2次2号住居跡出土百済(馬韓)系土器(1・3)と加耶系甑(2)

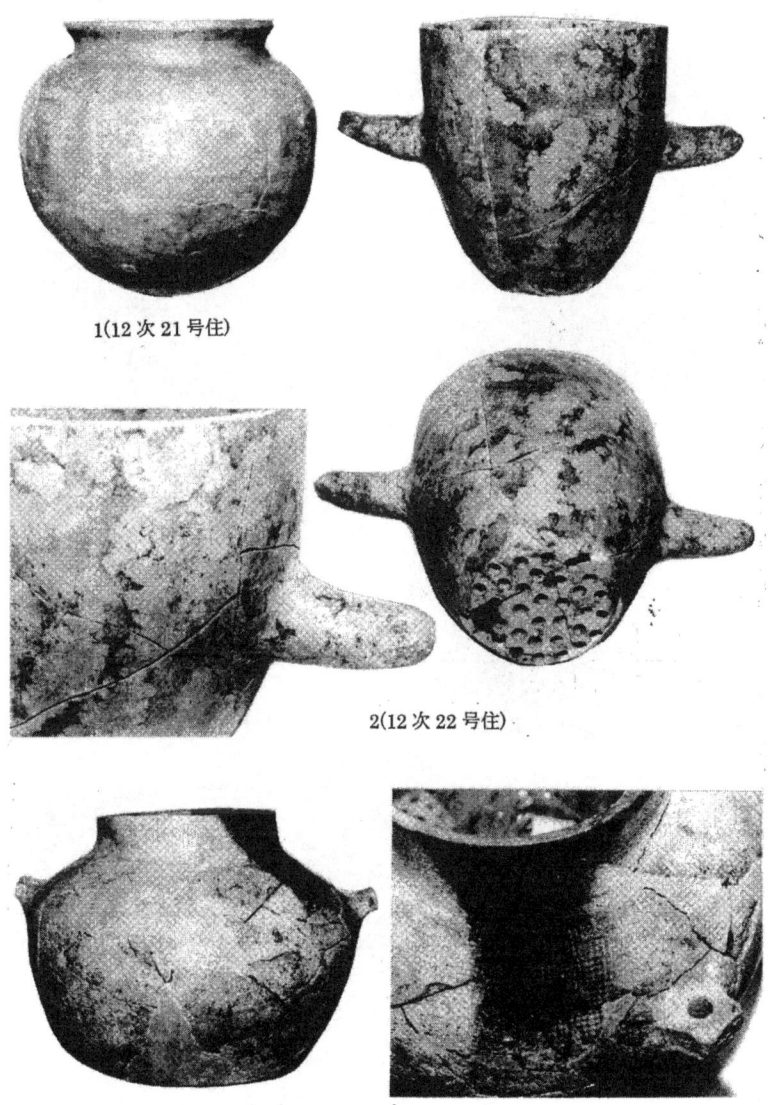

1(12次21号住)

2(12次22号住)

3(12次21号住)

写真5　西新町遺跡の百済(馬韓)系および加耶系土器

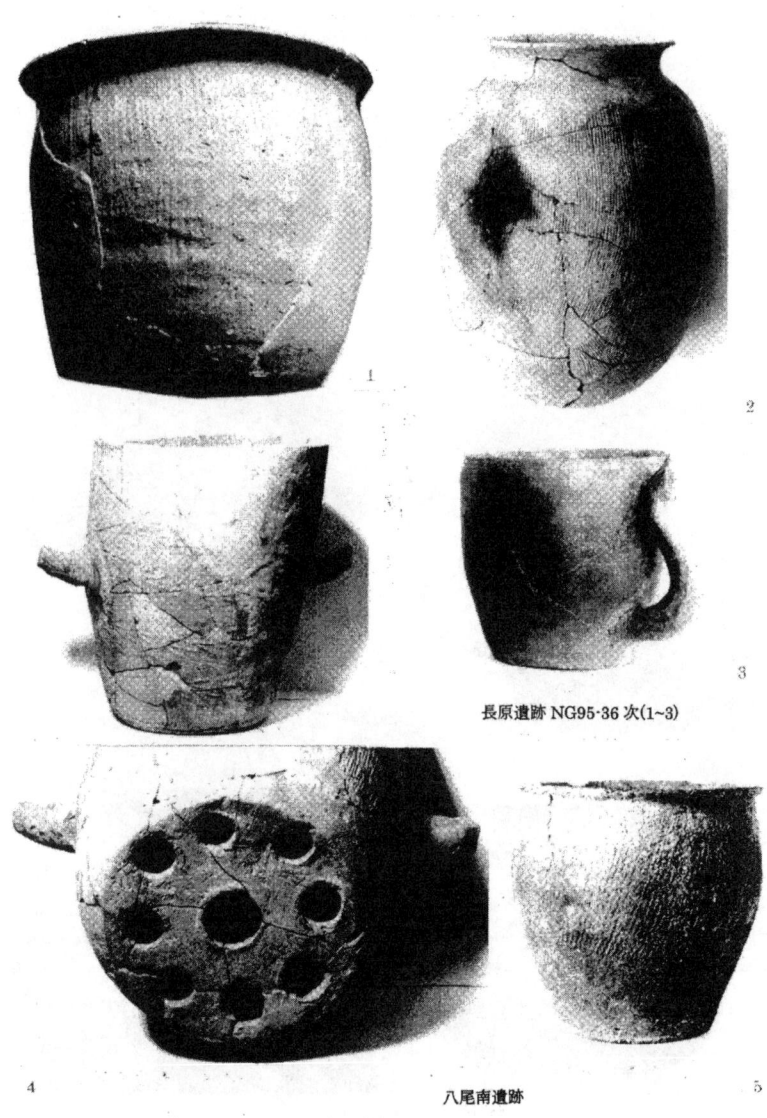

長原遺跡 NG95-36 次(1~3)

八尾南遺跡

写真 6　近畿の古墳時代中期鳥足文叩き目土器関係資料

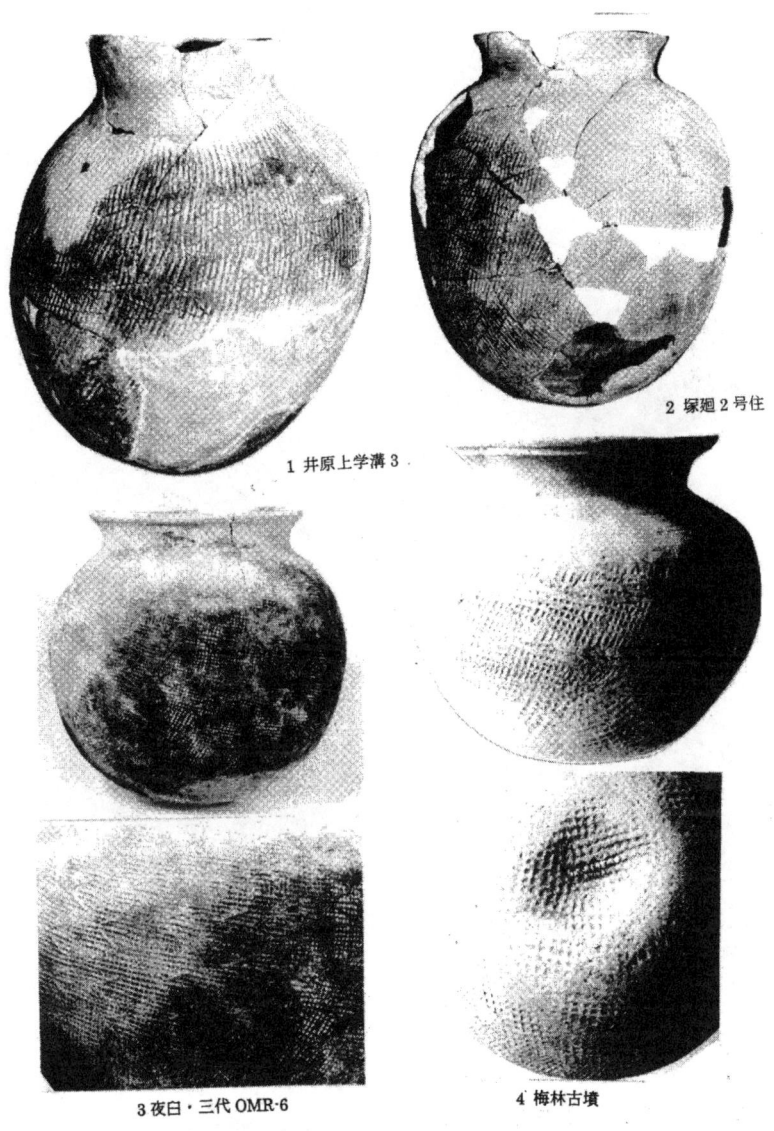

写真7　北部九州の鳥足文叩き目土器

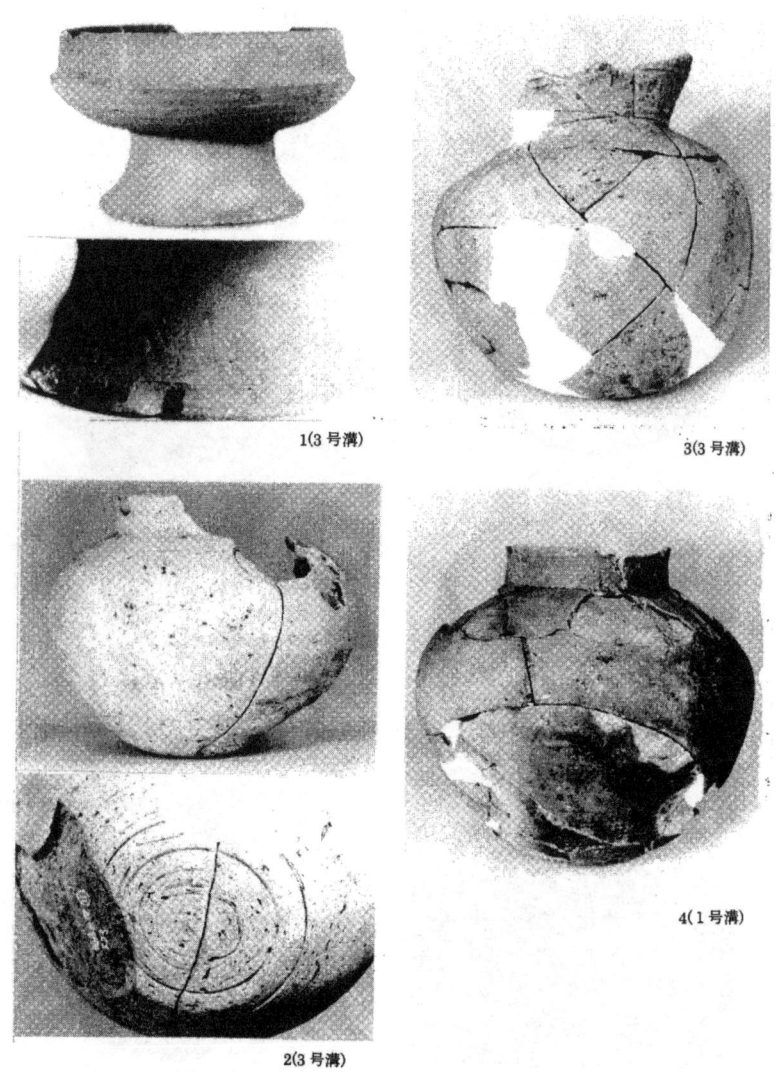

1(3号溝)　　　　　　　　　　3(3号溝)

2(3号溝)　　　　　　　　　　4(1号溝)

写真 8　西森田遺跡の百済系須恵器および陶質土器

5. 일본 畿內지역 마한계 고고학 자료의 성격

I. 머리말

일본 畿內지역에서는 마한·백제 관련 고분, 장신구나 마구 등의 금속유물, 토기, 토제품 등의 자료가 많이 발견된다. 그중에서 가장 많은 수를 차지하고 마한계 자료의 특징이 뚜렷한 것은 토기와 토제품이다. 따라서 畿內지역의 마한계 자료에 대한 연구는 토기를 중심으로 이루어져 왔다. 마한계 토기 연구는 양이부 호나 개, 조족문이 타날된 토기를 중심으로 일본 연구자들에 의해 마한계 토기와의 관련성이 제기[1]된 이래, 유물의 시기적인 변화와 함께 한반도 관련 지역에 대해서도 구체적인 접근이 이루어지기도 하였다.[2] 최근에는 일본열도에서 출토되는 마한·백제계 토기를 기종별

---

1) 吉井秀夫, 1999, 「일본 속의 백제」, 『백제』, 특별전 도록, 국립중앙박물관. 白井克也, 2001, 「百濟土器·馬韓土器と倭」, 『檢證 古代の河內と百濟』, 枚方歷史フォーラム實行委員會.

2) 吉井秀夫, 2003, 「土器資料를 통해서 본 3~5세기 百濟와 倭의 交涉關係」, 『漢城期 百濟의 物流시스템과 對外交涉』, 한신대학교 학술원 제1회 국제 학술대회; 徐賢珠, 2004, 「4~6世紀 百濟地域과 日本列島의 關係」, 『湖西考古學』 11; 朴天秀, 2005, 「日本列島における6世紀の榮山江流域産の土器が提起する諸問題」, 『待兼山

로 집성하는 작업이 이루어지기도 하였다.[3] 또한 토제품 중 마한계 요소가 강한 토제 연통, 토제 아궁이틀에 대한 연구도 이루어졌다. 이에 비해 장신구나 마구 등 대해서는 백제계 자료를 언급하는 과정에서 약간 다뤄지는 정도이다. 유구 또한 백제계의 횡혈식석실이나 벽주건물을 제외하면 구체적인 연구는 많지 않은 편이다.

이 글에서는 일본 畿內지역에서 출토되는 마한계와 일부 백제계 고고학 자료들을 유구와 유물로 나누어 정리하고, 마한계 고고학 자료의 양상과 성격에 대해 살펴보고자 한다. 대상 지역은 畿內지역 중에서도 유물 출토량이 비교적 많은 大阪府과 奈良縣을 중심으로 살펴보고자 한다. 대상 시기는 마한계 요소들이 비교적 잘 확인되는 4~6세기대이다.

Ⅱ. 일본 畿內지역 마한·백제계 유구 자료

1. 고분

일본 畿內지역의 마한계 고분 자료는 현재까지 그다지 뚜렷하지 않다. 한반도와 관련되는 유물이 출토되는 유적이라 하더라도 관련 고분의 양상은 잘 밝혀져 있지 않다. 마한계 고분으로는 大阪府 長原유적에서 주로 확인되는 낮은 분구의 방형 고분이 대표적이다. 이 유적에서는 200여기가 넘

考古學論集-都出比呂志先生退任記念」; 朴天秀, 2008, 「近畿地域 出土 三國時代 土器를 통해 본 韓·日關係」, 『韓國古代史研究』 49; 金鍾萬, 2008, 「日本出土百濟系土器の研究」, 『朝鮮古代研究』 9, 朝鮮古代研究刊行會.

3) 土田純子, 2011, 「日本 出土 百濟(系)土器: 出現과 變遷」, 『百濟研究』 54.

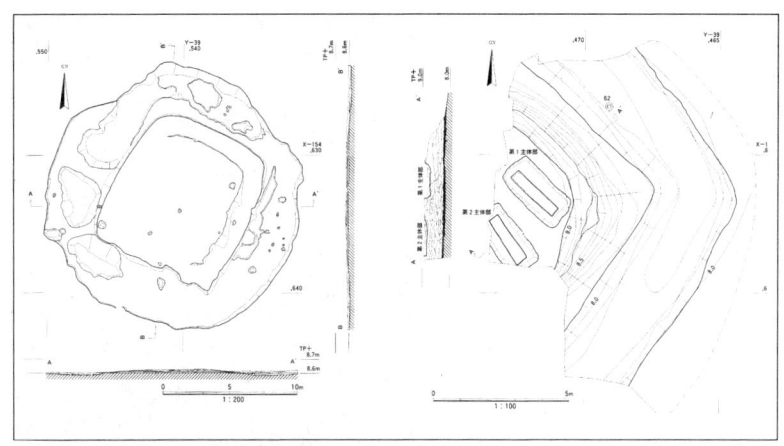

〈그림 1〉 大阪府 長原유적 방분(좌:NG84-25차 117호분, 우:NG86-91차 166호분)

는 고분이 발굴조사되었고, 18기의 고분에서 매장주체부가 확인되었는데 주로 목관이 확인되며 하나의 분구에서 2기의 목관이 확인되기도 하였다(그림 1). 이 고분들에서는 한반도와 관련되는 토기들, 철검, 철제 모형품 등이 출토되었는데 조영 시기는 대체로 5세기대이다. 한반도에서 5세기대까지 방형(장방형 포함)의 분구에 목관의 매장시설이 주류를 이루는 무덤이 발견되는 지역은 충청-전라지역인데,[4] 특히, 서산 부장리, 완주 상운리, 전주 장동 유적 등으로 충청 서해안과 전북 지역에 분포하고 있다.

이외에 백제 중앙과 관련되는 고분 자료로는 5세기 후반경으로 추정되는 大阪府 高井田山고분이 있다. 이 고분에서는 장방형 현실에 우편재 연도의 평면형태, 할석의 눕혀쌓기, 현실 입구에 문시설이 없는 구조, 관정을

---

4) 權五榮, 2008, 「壁柱建物에 나타난 백제계 이주민의 일본 畿內지역 정착」, 『韓國古代史硏究』 49, 12~15쪽.

이용한 목관 2기 등이 확인된 다(그림 2). 이와 유사한 석실묘는 하남 광암동, 성남 판교동, 원주 법천리 고분군 등 백제 한성기 후반에 중앙에서 가까운 곳에서 발견된다. 따라서 이 고분은 석실 구조의 유사성과 함께 후술할 동제다리미 등 백제계 위세품이 출토되는 점에서 일찍부터 백제와 관련이 깊은 것으로 알려졌으며, 특히 백제 왕족급의 무덤으로 이해되고 있다.[5]

〈그림 2〉 大阪府 高井田山고분 석실

2. 주거와 생활유적

일본의 고분시대 주거지는 수혈주거와 굴립지건물지라고 불리는 고상가옥이 나타나는데, 수혈주거지 중 방형계이며 내부에 4주공이 배치되고, 특히 한쪽 벽에 흙으로 만든 부뚜막이 설치된 것(그림 3-상좌)은 마한계 주거지와 관련이 있을 것으로 추정된다. 이러한 주거지는 한반도에서도 원삼국시대 이래 호서, 호남 지역에서 발견되고 있다. 구체적인 연결관계를 밝히기는 어렵지만, 후술할 마한계 유물이 많이 출토된 大阪府 蔀屋北유적에 부뚜막이 설치된 수혈주거지의 비중이 높은 점에서 한반도에서 이주한

---

5) 柏原市教育委員會, 1996, 『高井田山古墳』.

사람들은 주로 이러한 수혈주거지에서 거주했을 것이다.

그리고 백제 중앙과 관련되는 주거로 벽주건물지가 있다. 벽주건물지는 수혈을 파서 만든 것이 아니라 방형의 얕은 구가 돌아가고 구 안에 주공들이 배치되어 여기에 세워진 기둥과 이를 감싸는 토벽으로 둘러진 건물로, 일본에서는 대벽건물지로 부르고 있다. 일본에서 벽주건물지는 奈良縣 南鄕유적군(그림 4-좌)에서 5세기대 전반부터 나타나며 점차 淸水谷, 觀覺寺 유적에서 돌을 이용한 온돌도 갖추면서 畿內의 여러 유적에서 발견된다.[6] 한반도에서 벽주건물지는 백제에서 발견되는데 현재까지는 공주 정지산유적 등 웅진·사비기 도성과 완주 배매산유적 등 지방의 중요 지점에서 발견되고 있다. 이러한 건물지에 대해서는 벽주건물지의 존재와 온돌도 확인되는 점에서 백제에서 이주한 사람들과 관련시켜 이해하고 있다.[7] 5세기대 大阪府 長原유적에서도 수혈주거지와 함께 SB011과 같은 주구가 확인되지 않지만 소주공이 방형으로 배치된 추정 벽주건물이 확인되고 있으며, 京都府 森桓外유적 등에도 벽주건물이 확인되고 있어서[8] 소수이지만 상당수의 유적에서 포함된 모습으로 확인된다.

그리고 奈良縣 南鄕유적군의 도수(導水)시설이나 大阪府 蔀屋北유적의 말 사육 목장 등 특수한 시설이나 유적도 마한계를 포함한 백제지역과 관련되는 것으로 보고 있다. 먼저 南鄕유적은 고분시대 중기에 가장 피크를 이루는 유적으로, 중앙부에 벽주건물지, 굴립건물지, 수혈주거지가 존재하

---

6) 靑柳泰介, 2002, 「『大壁建物』考」, 『百濟硏究』 35.

7) 靑柳泰介, 2002, 「『大壁建物』考」, 『百濟硏究』 35; 權五榮, 2008, 「壁柱建物에 나타난 백제계 이주민의 일본 畿內지역 정착」, 『韓國古代史硏究』 49.

8) 權五榮, 2008, 「壁柱建物에 나타난 백제계 이주민의 일본 畿內지역 정착」, 『韓國古代史硏究』 49, 12~15쪽.

는 중간층의 거주역이 있고, 북부에 수혈주거지가 주로 보이는 일반층 거주역, 그리고 서단과 동단에 철기 등 공방이 집중되는 생산구역이 분포하는 것으로 추정되고 있다. 남단에는 도수시설을 포함한 제사구역이 형성되어 있다. 도수시설은 자연 수로를 여과하는 목통, 이 위쪽에 기둥들과 지붕으로 이루어진 건축물로 이루어졌으며 제사유물도 출토되는 점에서 이 유구 일대에서 물과 관련되는 제사가 실시된 것으로 보고 있다(그림 4-우). 한반도에서도 이와 유사한 시설은 거점취락인 광주 동림동유적에서 확인되는데 100호 구 내부에서 발견된 목통(木槽)으로 관련이 있는 것으로 보고 있다.[9]

蔀屋北유적에서 2006년까지 조사된 고분시대 유구는 대체로 5~6세기에 해당하며, 수혈주거지

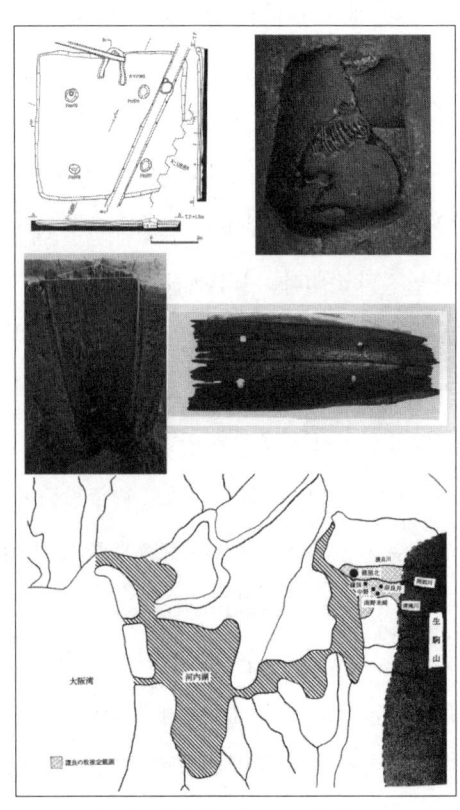

〈그림 3〉 大阪府 蔀屋北유적
(상좌:수혈주거F2, 상우:A940말매장토갱, 중:B131000우물과 틀로 사용된 배 부재, 하:유적 일대 말목장 추정 범위)

---

9) 權五榮, 2008, 「壁柱建物에 나타난 백제계 이주민의 일본 畿內지역 정착」, 『韓國古代史硏究』 49, 19~21쪽.

73기, 굴립주건물지 84기, 우물 27기, 다수의 토갱과 구, 그리고 주구묘 2기 등이 보고되었다. 토갱에서는 말뼈들이 많이 출토되는데, 그중에는 1개체분의 말뼈가 그대로 남아있는 것들이 확인되는데 말을 매장하거나 매납한 것으로 보고 있다(그림 3-상우). 이와 함께 목제 윤등과 안장, 철제 재갈(표비) 등 마구도 출토되며 말 사육에 꼭 필요한 소금을 만드는 제염토기도 1600여점이 출토되었다. 그리고 우물 중에는 배의 부재가 우물틀로 이용되기도 하였는데, 배는 준구조선의 배로 추정되었다(그림 3-중). 따라서 이 유적은 河內湖에 인접한 입지와 규모, 말 관련 유구와 유물, 도질토기와 연질 韓式系土器(토제품 포함) 등으로 보아 한반도의 이주민 집단을 수용했던 말 사육 기술자의 취락이자 거점취락으로 보고 있다. 인근의 長保寺유적도 수혈주거지, 굴립주건물지, 우물, 구상유구 등이 확인되었고 말뼈, 제염토기, 한식계토기, 배의 부재 등이 확인되어 유사한 양상을 보인

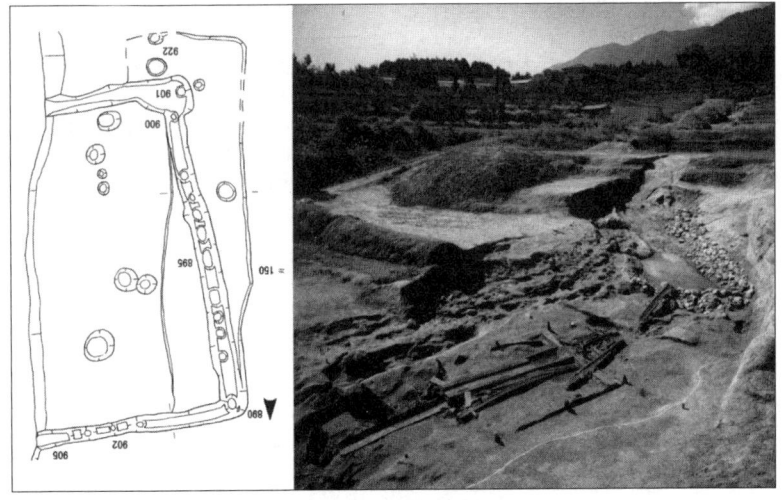

〈그림 4〉 奈良縣 南鄕유적군
(좌: 佐田유적 SB18벽주건물지, 우: 大東유적 도수시설)

다. 그리고 이 일대의 다른 유적들에서도 말과 관련되는 유구나 유물이 확인되고 있다. 따라서 이 유적들이 포함된 四條畷市 전역과 寢屋川市의 남부 일대에는 고분시대 중기에서 후기에 걸쳐 말의 생산과 사육이 이루어졌던 목장이 있었을 것이며, 구체적으로는 日本書紀에 기록된 가와치(河內)의 말 목장으로 추정되고 있다(그림 3-하). 특히, 蔀屋北유적은 河內湖에 가까운 입지와 함께 배의 부재들이 여러 유구에서 출토되는 점에서 배를 타고 온 말이 가장 먼저 육상하는 지점이었을 가능성이 제기되고 있는데, 후술할 마구나 토기, 토제품 등으로 보아 마한계를 포함한 백제에서 이주해온 사람일 것으로 추정되고 있다.[10]

Ⅲ. 일본 畿內지역 마한·백제계 유물 자료

1. 장신구

일본 畿內지역에서 출토되는 금속제의 장신구 중 금동 관모와 관식, 금동신발, 금제이식, 금박유리옥, 대금구, 그리고 장식대도 등이 백제계로 지적되고 있다. 그리고 동곳, 동제 다리미 등도 백제와 관련되는 것으로 보고 있다.

먼저 금동관모는 大阪府 峰ヶ塚고분 출토품(그림 5-1)이 대표적인데, 고깔형의 관모에 반구형의 입식이 달린 점이 특징이다. 이와 유사한 관모는 천안 용원리, 공주 수촌리 등 백제의 여러 지역 고분에서 출토되었는데, 특히 문양이 투조가 베풀어진 점에서 공주 수촌리고분군 출토품과 유사하

---

10) 大阪府敎育委員會, 2009, 『蔀屋北遺蹟Ⅰ』(總括·分析 編).

다. 금동신발 중 大阪府 一須賀 WA1호분, 奈良縣 藤ノ木고분, 그리고 滋賀縣 鴨稻荷山고분 등의 자료(그림 5-2·3)는 발등쪽과 발뒤쿰치쪽에서 측판 2매가 결합되고, 주로 귀갑문이 시문되고 측면, 바닥면에 원형의 영락장식이 달려 있는 것이다. 鴨稻荷山고분과 藤ノ木고분 출토품에는 물고기장식도 달려있다. 백제의 무령왕릉과 나주 복암리 3호분 96석실 출토품에 귀갑문이 시문되고, 특히 복암리 출토품에 물고기장식이 달려 있어서 그 계통을 백제에서 구할 수 있다.[11]

그리고 장식대도 중 용봉문환두대도와 원두대도, 상감장식대도 등은 백제와 관련되는 것이다. 용봉문환두대도 중에서 백제의 무령왕릉처럼 용문이 장식된 것은 大阪府 海北塚고분(그림 5-4)과 一須賀WA1호분 출토품이 대표적이다. 특히, 海北塚고분 출토품은 제작기법에서는 약간 차이가 있지만 문양과 재질에서 무령왕릉 출토품을 충실하게 모방한 것이다(朴敬道 2002). 원두대도는 한반도에서 무령왕릉 등 백제와 가야지역에서 출토되고 있는데 가야 유물도 상감기법 등에서 백제에서 계보를 구하고 있어서 일본 출토 초기 자료들도 백제계로 보고 있다.[12]

동곳은 은제, 금동제, 동제의 유물이 발견되는데, 각각 大阪府 一須賀 I 19호분(그림 5-5), D-44호분, 奈良縣 倉橋고분 등 畿內의 여러 고분에서 출토되었다. 이제까지 동곳은 한반도에서 그다지 발견되지 않아 일본 출토품은 중국계 이주민과 관련되는 것으로 보았지만, 최근 한성기의 성남

---

11) 김낙중, 2009, 「榮山江流域政治體와 百濟王權의 關係變化」, 『百濟研究』 50, 96~97쪽.
12) 김낙중, 2007, 「6세기 영산강유역의 장식대도와 왜」, 『영산강 유역 고대문화의 성립과 발전』, 학연문화사(국립나주문화재연구소 엮음, 179~181쪽.

판교동 석실묘(은제와 동제), 웅진기의 서천 추동리 석실묘 등 백제지역에서 자료가 늘어나면서 백제와 관련있는 유물로 추정되고 있다. 즉, 畿內지역의 동곶 고분 출토 피장자는 백제계일 가능성이 언급된 바 있다.[13]

그리고 동제다리미(熨斗)는 畿內지역에서 奈良縣 新澤千塚 126호분과 大阪府 高井田山고분(그림 5-6)에서 출토되었는데, 두 고분 모두 5세기대로 보고 있다. 현재까지 한반도에서는 백제에서 출토되었는데, 무령왕릉 왕비 부장품이 대표적이다. 新澤千塚 126호분 출토품은 손잡이 길이 등에서 차이가 나지만, 高井田山고분 출토품은 제작기법과 손잡이 길이를 포함한 형태에서 상당히 유사하다. 이 유물들은 중국에서 백제를 거쳐 반입되

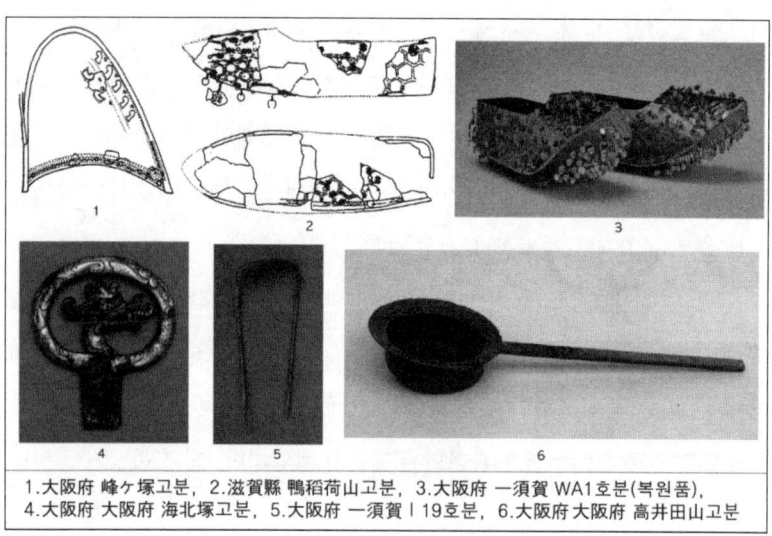

1.大阪府 峰ヶ塚고분, 2.滋賀縣 鴨稻荷山고분, 3.大阪府 一須賀 WA1호분(복원품),
4.大阪府 大阪府 海北塚고분, 5.大阪府 一須賀 I 19호분, 6.大阪府 大阪府 高井田山고분

〈그림 5〉 일본 畿內지역 출토 금동관모, 금동신발, 장식대도, 동곶, 동제다리미

---

13) 권오영, 2007, 「住居構造와 炊事文化를 통해 본 百濟系 移住民의 日本 畿內地域 정착과 그 의미」, 『韓國上古史學報』 56, 88쪽.

었을 것으로 추정되고 있다.

2. 마구

마구는 표비와 판비의 재갈, 행엽, 호등에서 백제 자료와의 유사성이 확인된다.

먼저 재갈 중 大阪府 小倉東 E1호분 주구 출토 표비는 녹각제로 추정되는 표(鑣)를 사용하였는데(그림 6-1), 兵庫縣 宮山고분의 표비와 마찬가지로 외환이 굽어있는 1조선의 긴 인수를 사용하는 특징을 보인다. 이 유물이 출토된 고분은 5세기 1/4분기 정도로 보고 있는데 청주 신봉동고분군 등에서 보여지는 백제 한성기 재갈의 전형화된 특징도 보이므로 백제 마구와의 친연성이 인정된다.[14] 말 목장으로 추정되고 있는 大阪府 蔀屋北유적의 大溝E090001에서 출토된 표비도 녹각제 표가 사용된 것인데(그림 6-2) 유환의 존재와 전체적인 형태에서 청주 신봉동고분군 출토 표비와 유사하므로 반입품 또는 이를 모방한 것으로 보고 있다.[15] 이 유적에서는 목제윤등과 칠이 된 목제안장도 출토되었다.

그리고 장식마구 중 滋賀縣 鴨稻荷山고분 출토 금동제의 판비와 행엽은 나주 복암리 3호분 96석실 출토 판비, 행엽과 전체적인 형태는 다르지만 십자문이나 삼엽문 등 문양이 거의 유사하여 같은 계통이고 형식적으로 퇴화된 것으로 볼 수 있다.[16] 등자 중 호등은 장식성이 큰 것으로, 5세기 후

---

14) 成正鏞, 2008, 「近畿地域 出土 韓半島系 初期 馬具」, 『韓國古代史硏究』 49, 95~102쪽.
15) 宮崎泰史, 2010, 「키나이(畿內)에 정착한 백제계 馬飼집단 —오사카 시토미야기타유적(大阪 蔀屋北遺蹟)을 중심으로—」, 『馬韓·百濟 사람들의 일본열도의 이주와 교류』, 국립공주박물관·중앙문화재연구원·백제학회, 214쪽.

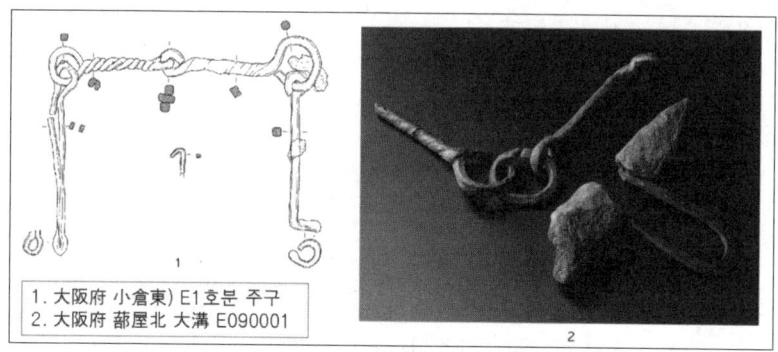

1. 大阪府 小倉東) E1호분 주구
2. 大阪府 蓆屋北 大溝 E090001

〈그림 6〉 일본 畿內지역 출토 재갈

〈그림 7〉 奈良縣 芝塚 2호분 출토 호등

반 이후 奈良縣 芝塚 2호분과 巨勢山 75호분, 藤ノ木고분, 和歌山縣 大谷고분, 大阪府 峰ケ塚 고분 등 畿內의 여러 고분에서 출토되었다(그림 7). 호등 중에서도 국자형만 보이는 한반도와 달리 일본에서는 점차 삼각추형 등 형식이 다양화된다. 삼국시대 호등은 백제에서 이른 자료로 한성기 공주 수촌리 3호분 출토품이 있으며, 웅진기 나주 복암리 3호분 96석실, 함평 신덕 1호분 등에서도 출토되고 있다. 따라서 일본의 호등은 그 계보를 백제에서 구하고 있으며, 기술적으로는 백제와 가야의 기술이 복합된 것으로 보고 있다. 특히 복암리 3호분 출토품 등은 제작기법상 후지노키고분 등 장식성이 강한 호등과 연결될 가능성이 있다.[17]

---

16) 김낙중, 2010,「榮山江流域 古墳 出土 馬具 硏究」,『韓國上古史學報』69, 109~110쪽.

3. 토기와 토제품[18]

일본에서 출토되는 한반도 관련 토기는 크게 도질(경질)토기와 연질토기를 중심으로 하는 한식계토기(韓式系土器)로 나눌 수 있다. 도질토기는 대체로 회색계의 단단한 경질이며[19] 한반도에서 제작된 것이 유입된 것이 많고, 한식계토기는 기형이나 제작기법이 한반도 남부지역의 적갈색 연질토기와 유사한 것으로 한반도에서 들어온 사람들이 일본 내에서 제작한 토기를 통칭하고 있다.

畿內지역에서 출토되는 마한·백제계의 도질토기는 단경호가 가장 많으며, 양이부 호나 개, 고배, 완, 배부병, 병, 광구장경호 등을 들 수 있다. 물론 이 중에는 마한·백제지역에서 유입된 것도 있고, 일본 내에서 제작된 것도 있다. 그리고 마한·백제계의 한식계토기는 심발형토기, 장동옹(장란형토기), 시루, 동이 등이 있으며, 전달린 장동옹(羽釜)이나 토제의 이동식 부뚜막, 연통, 아궁이틀 등이 포함된다. 한식계토기는 취사 관련 유물이 주류를 이루고 있다. 이러한 마한·백제계 토기들은 일본의 다른 토기와 달리 외면에 타날이 이루어진 것이 많은데, 타날문양은 격자문, 승문, 수직집선문(평행선문), 조족과 단선횡주 수직집선문 등 다양하게 나타나고 있다. 여기에서는 마한·백제계 토기와 토제품 중 주로 마한지역과 관련이 깊은 토기와 토제품을 도질토기, 한식계토기, 토제품으로 나누어 살펴보고자 한다.

---

17) 김낙중, 2010, 「榮山江流域 古墳 出土 馬具 硏究」, 『韓國上古史學報』 69, 117~121쪽.
18) 서현주, 2011, 「日本 畿內지역 마한 관련 토기에 대한 연구」, 『日本 畿內地域 馬韓 관련 資料의 集成과 硏究』, (사)왕인박사현창협회·전라남도.의 내용을 상당부분 참조하여 정리하였다.
19) 주로 회색계 토기로 도질(경질)이지만, 연질 토기도 포함되어 있다.

1) 도질토기

(1) 양이부호·개

일본 畿內지역에서 양이부호는 大阪府 四ッ池 제100지구 자연하천, 陶邑 TK216호 요지, 大庭寺 1-OL 곡퇴적층 상층, 難波宮 難波宮 하층, 長原 84-25차 117호분, 大阪府立大手前高敎지점 제7층, 一須賀古墳群 Ⅰ6호분(횡혈식석실묘), 和歌山縣 六十谷大同寺유적(채집) 등에서 출토되었다(그림 8-1~3). 大庭寺와 一須賀 Ⅰ6호분, 六十谷大同寺 유적에서는 양이부개와 공반되었다. 畿內지역의 양이부호는 대체로 원저에 가까우며 평저의 분위기가 있는 것도 있고, 六十谷大同寺과 長原 출토품처럼 동체 상부쪽에 횡침선이 시문되기도 하였다.

한반도에서 귀가 가로로 달린 소형이나 중형의 양이부호·개는 대표적인 마한 토기이다. 이 토기는 마한·백제지역에서 대체로 3~5세기에 사용되었는데 충남서부지역에서 시작되었지만 4세기경에는 경질화되며 이 때부터 고창과 영산강유역, 보성강유역 등이 중심권역이 된 것으로 보고 있다.[20] 한반도에서도 5세기대 자료는 원저화된 것들이 많다. 畿內지역에서 양이부호는 5세기를 전후한 때부터 나타나며 5세기 전반이나 중엽경의 자료가 많은 편이다. 이 중에는 기형이나 태토, 소성상태 등으로 보아 반입품도 있지만, 모방품들도 상당수 보인다. 長原유적 출토품은 기형이나 횡침선의 요소로 보아 한성기 충청지역에서 보이는 단경소호에 가까운데[21] 한반도에 이러한 양이부호의 출토 사례가 거의 없어 일본에서 제작된 것으로

---

20) 金鍾萬, 1999, 「馬韓圈域出土 兩耳附壺 小考」, 『考古學誌』 10, 韓國考古美術硏究所.
21) 土田純子, 2011, 「日本 出土 百濟(系)土器: 出現과 變遷」, 『百濟硏究』 54, 6쪽.

추정된다. 六十谷大同寺 채집품처럼 횡침선이 들어가는 것도 일본에서의 제작 가능성이 크다. 그리고 6세기대 전반대로 보는 一須賀 Ⅰ6호분 출토품은 기형도 작아지고, 공반된 양이부개도 상면이 불룩하고 이부도 상면에 있는 특이한 모습이어서 일본에서 변형된 것으로 추정된다. 따라서 이 토기는 마한·백제지역에서의 분포 양상으로 보아 대체로 영산강유역을 포함한 호남 서부지역과 관련되지만, 일본 출토품, 특히 제작품의 경우 기형 등으로 보아 호서지역까지 관련되는 부분이 있다.

양이부개는 大阪府 久寶寺 24차 NR-31002 대하천, 久寶寺北 NR-5001 대하천, 堺市 小阪유적 C지구 하천1유적군, 堺市 伏尾유적 제Ⅰ지구 1766-00 대형토광, 寝屋川市 楠 Ⅰ區 구6 등에서 출토되었다(그림 8-4~5). 4세기대로 보는 久寶寺 출토품은 신부가 낮고 직경이 큰 편인데 고창 남산리유적 등 호남지역 출토품과 유사하고,[22] 久寶寺北 출토품은 상면에 횡침선을 촘촘히 돌린 것으로 무안 사창리 옹관묘 출토품과 유사하다. 마한·백제지역 출토 양이부개는 대부분 상면과 드림부의 연결부분이 각지게 만들어졌으며 상면에 연결하여 귀를 붙인 것들이다. 전체적으로 신부는 낮은 편이다. 따라서 久寶寺와 久寶寺北 출토품은 한반도 반입품일 가능성이 높다. 그런데 일본 출토품 중에는 상면에서 드림부의 연결부분이 말각으로 처리된 것들이 여러 점 확인되는데 이 토기의 귀는 따로 붙여 만들었다. 이러한 유물들은 드림부도 높고 토기의 크기에 비해 귀도 큰 편이다. 따라서 이러한 유물은 대체로 일본에서 제작한 것으로 추정된다. 그리고 楠유적 출토품은 상면이 불룩한 것으로, 한쪽에 구멍이 2개씩 가로로 뚫린 것이다. 이러한 유물은 양이부호를 포함하여 귀의 구멍이 횡방향으로 뚫린

---

22) 土田純子, 2011, 「日本 出土 百濟(系)土器: 出現과 變遷」, 『百濟研究』 54, 5~6쪽.

것이나 귀에 종방향의 구멍이 2개씩 뚫린 것이 광주 월전동유적 등에서 확인되므로 영산강유역과 관련될 것으로 추정된다.

(2) 완

일본에서는 신부가 낮은 배형의 완들이 여러점 확인되는데, 畿內지역에서는 외반구연의 완이 많은 편이다. 먼저 외반구연의 완은 大阪府 大阪城蹟 곡지형 제5b층, 大阪府 蔀屋北의 大溝 E0900001유적, 鎌田유적, 兵庫縣 龍野市 尾崎유적 출토품 등이 있으며 이 중에는 동체부에 격자문이 타날된 것도 포함되어 있다(그림 8-7·8). 그리고 직립구연의 완은 奈良縣 明日香村 山田道 SD-2570 하천 상층과 大阪府 長原 YS92-18 SD-101 구상유구에서 출토되었다. 이 유물들은 대체로 5세기 전반 또는 중엽의 유물로 보고 있다.[23]

한반도에서 완은 높이에 따라 발형과 배형으로 구분하는데, 4세기 이후에는 배형이 나타나며 5세기대에는 배형이 영산강유역권을 포함한 백제의 여러 지역에서 주류를 이룬다. 배형 완 중에서 직립구연과 함께 외반구연의 완이 성행하는 곳은 호서와 호남 지역이며, 특히 영산강유역권에서 상당히 성행하고 있다.[24] 따라서 일본에서 출토된 외반구연의 완은 영산강유역과 관련될 가능성이 높으며, 鎌田유적 출토품은 암적색의 색조와 소성상태로 보아 영산강유역[25]에서 반입된 것으로 추정된다. 그런데 외반구연 중

---

23) 土田純子, 2011, 「日本 出土 百濟(系)土器: 出現과 變遷」, 『百濟研究』 54, 16쪽.
24) 徐賢珠, 2010, 「완형토기로 본 영산강유역과 백제」, 『湖南考古學報』 34.
25) 朴天秀, 2005, 「日本列島における6世紀の榮山江流域産の土器が提起する諸問題」, 『待兼山考古學論集 -都出比呂志先生退任記念』.

에서도 신부가 높거나 격자문이 시문된 외반구연 완은 아산 갈매리유적 등 에서도 출토된 바 있고, 長原유적 출토품처럼 직립구연이지만 신부가 높은 편이고 벌어짐이 크지 않는 것은 용인 구갈리나 아산 갈매리 유적 등 경기 남부와 호서북부지역에서 확인된다. 따라서 일본 畿內지역 출토 배형의 완은 영산강유역뿐 아니라 경기남부나 호서지역까지 관련되는 유물로 추정되며, 특히 5세기대에서도 이른 자료로 보는 長原유적 출토품은 호서지역과 관련될 가능성이 높다.

(3) 배부병

배부병은 畿內지역에서 大阪府 鬼虎川 大溝(2점)(그림8-6)와 奈良縣 外山古墳(추정) 횡혈식석실묘 등에서 출토되었다. 일본에서의 공반유물로 보아 鬼虎川 출토품은 5세기 후반, 外山고분(추정) 출토품은 6세기 후반으로 보고 있다.[26] 마한·백제지역에서 배부병은 주로 5세기대에 천안 용원리, 청원 주성리, 완주 상운리, 부안 죽막동, 고창 석교리와 봉덕 유적 등에서 출토된 바 있다.[27] 따라서 畿內지역 배부병은 호서나 전북 지역과 관련되는 것으로 추정된다.

(4) 단경호·광구장경호

일본 畿內지역의 단경호는 도질(경질)이 많지만 연질도 보이며, 파편들을 포함하여 많은 자료들이 발견되고 있다. 그 중에서도 완형을 중심으로 살펴보면, 단경호는 大阪府의 楠 I 區 제5층, 木間池北方·城과 四條畷小學

---

26) 土田純子, 2011, 「日本 出土 百濟(系)土器: 出現과 變遷」, 『百濟研究』 54, 25~26쪽.
27) 박순발, 2006, 『백제토기 탐구』, 주류성, 194쪽.

校內 유적, 蔀屋北유적, 利倉西 2區 南 구하도, 京都府의 中臣 79차 墓1, 奈良縣의 南鄕유적군, 唐古·健 84차 ST-101 방분(주구), 中町西유적과 布留仙之內지구 赤坂支群 14호분, 星塚 1호분(주구, 2점) 등에서 출토되었다(그림 8-9~15).

먼저 南鄕유적 출토품은 연질이 많은 편인데 타날문양은 승문+횡침선, 단선횡주수직집선문, 격자문, 사격자문(하부) 등이 확인된다. 단경호 중에는 동체부가 옆으로 퍼진 구형도 있지만, 동체부가 약간 긴 구형이나 구경이 동체부에 비해 작은 것들이 확인된다. 唐古·健유적 출토품 또한 동체부가 약간 긴 구형이고 단선횡주수직집선문이 타날되어 청주 신봉동고분군 출토 단경호들과 유사한 모습이다. 中町西유적의 단경호도 동체부 형태가 비슷하며 수직집선문이 타날되었다. 그리고 木間池北方·城유적 출토품에는 승문이나 격자문 타날 후 횡침선을 돌린 것, 굵은 수직집선문을 타날한 것 등이 보이는데 대체로 동체최대경이 상부에 있고 저부 중앙을 편평하게 처리한 것들이다. 四條畷小學校內 출토품은 동체부가 상당히 부풀어 구형에 가깝고, 소성시 눌린 부분도 확인되며 수직집선문 타날 후 횡침선을 돌리고 중부에서 넓은 횡침선도 확인된다. 利倉西유적 출토품도 비슷한 형태로 승문 타날 후 횡침선을 돌린 것이다. 楠유적 출토품은 동체부가 옆으로 퍼진 구형으로 추정되는데, 조족수직집선문 타날 후 횡침선을 돌린 것이다.

마한·백제지역의 도질(경질) 단경호 중 영산강유역의 출토품은 다른 지역에 비해 동체부가 옆으로 퍼진 구형이고 동체최대경이 상부에 있는 것이 많은 편이다. 5세기를 전후하여 가야의 승문타날 단경호의 영향을 받아 저부가 원저에 가까우며 승문 타날 후 횡침선이 돌려진 것이 나타난다. 5세기 중엽경의 단경호는 하부쪽이 좁아들면서 저부 중앙이 편평해지는 것들이 나타나기 시작하는데 타날문양은 (세)승문, 수직집선문, 격자문, 조족수직집선문 등이 확인된다. 6세기대에는 타날문양으로 변형조족수직집선문 등이 추가되기도 한다. 이에 비해 5세기대 청주 신봉동고분군 등 호서지역의 단경호는 동체부가 약간 긴 구형이며, 동체최대경은 중상이나 중부에 있고 타날문양은 격자문, 수직집선문, 단선횡주수직집선문이 많은 편이며 일부 조족수직집선문도 포함되어 있다. 이러한 한반도의 단경호 양상을 참고한다면, 南鄕유적, 唐古·健과 中町西 유적 출토품들은 호서지역 관련 토기로 추정된다. 楠유적과 木間池北方·城유적, 四條畷小學校內유적, 利倉西유적 출토품은 영산강유역 유물과 문양이나 형태, 색조나 소성상태 등에서 상당히 유사한데, 그 중에서도 四條畷小學校內유적, 利倉西 출토품은 5세기 전엽경으로 추정되는 비교적 이른 자료들이다.

그리고 蔀屋北유적 출토품은 1期(報告書 分期)에는 동체최대경이 중하부쪽에 있으며 수직집선문 타날 후 횡침선을 돌린 것이 있고, 약간 늦은 시기부터는 동체최대경이 상부쪽에 있고 저부 중앙이 편평하게 처리되거나 조족수직집선문을 타날한 것이 포함된다. 따라서 1期 자료는 호서지역을 중심으로 하는 지역과 관련되고, 다음 단계에는 영산강유역과 관련되는 자료가 포함되는 것으로 추정된다.

그리고 畿內지역 단경호 중에는 타날문양으로 변형조족수직집선문이 보이는 것들도 있다. 中臣유적(79차)墓1 출토품은 변형조족수직집선문(최하부선이 4~6줄인 것), 布留 仙之內지구 출토품은 변형조족수직집선문(조족문 상하에 횡선이 1줄씩 더 있음)이 타날되었다. 星塚 1호분 출토품에도 布留 仙之內지구 출토품과 유사한 문양이 타날되었는데, 1호분은 공반되는 須惠器(陶邑 TK43단계)로 보아 6세기 후반경[28]으로 보고 있다. 특히 布留 仙之內지구와 星塚 1호분 출토품은 동일한 문양을 확인하지는 못했지만, 형태나 문양으로 보아 6세기대 변형조족수직집선문이 주로 발견되는 영산강유역과 관련될 것으로 추정된다.

그리고 단경호에 비해 소수이지만 광구장경호도 확인되는데, 大阪府 利倉西유적 출토품이 대표적이다. 광구장경호는 백제 한성기에 주로 호서, 전북지역을 중심으로 성행했던 유물이다. 利倉西유적 광구장경호는 5세기를 전후한 시기의 금산, 대전, 논산 등 금강 내륙지역의 광구장경호가 이입된 것으로 추정되고 있다.[29]

2) 한식계토기

한식계토기 중 마한·백제계 토기는 畿內의 여러 유적에서 출토되는데 여러 기종들이 보이고 출토량이 많은 유적으로는 大阪府 長原유적, 大阪府 木間池北方·城유적, 大阪府 蔀屋北유적, 奈良縣 南鄕유적군 등이 있다.

먼저 大阪府 長原유적은 고분시대에 취락과 함께 고분이 발견되는 유적이다. 유적 내에서 한식계토기가 가장 집중된 곳은 동북지구이며, 공반유물에 의해 5세기 전엽~중엽으로 추정하고 있다. 한식계토기는 심발형토기, 장동옹, 동이, 시루 등이 출토되었고, 이동식부뚜막도 소수 보인다.[30] 심발형토기는 평저이며 격자문, 수직집선문이 타날된 것이 많다. 장동옹은 장란형과 장동형이 보이는데, 승문, 격자문, 수직집선문, 조족수직집선문 등이 타날되었다. 시루는 모두 평저이며 심발형과 동이형으로 구분

---

28) 土田純子, 2011, 「日本 出土 百濟(系)土器: 出現과 變遷」, 『百濟研究』 54.
29) 成正鏞, 2008, 「近畿地域 出土 韓半島系 初期 馬具」, 『韓國古代史研究』 49, 103쪽.
30) 田中淸美, 2010, 「長原遺蹟出土の韓式系土器」, 『韓式系土器研究』 XI, 韓式系土器研究會.

되고, 수직집선문, 승문, 조족수직집선문 등이 타날되었다. 시루공은 대부분 대원공+중원공인 것이 많다. 동이는 파수가 달린 주구토기로, 수직집선문, 조족수직집선문 등이 타날되었다(그림 9-상). 따라서 이 유적의 한식계토기는 타날문양 중 상대적으로 격자문이 많지 않은 편이고, 시루는 동이형, 장동옹은 폭이 약간 넓은 장동형이 포함되어 있어서 호서와 호남지역, 특히 호서지역과 관련이 많았던 것으로 추정된다.

　大阪府 木間池北方·城유적의 고분시대 유구는 중기~후기에 해당하는데, 중기의 고분이나 구하천 등에서 도질토기와 함께 한식계토기가 출토되었다. 한식계토기는 심발형토기나 장동옹, 동이, 시루, 전달린 장동옹(羽釜), 장고형토제품 등이 출토되었다. 심발형토기나 장동옹, 동이의 타날문양은 대체로 격자문, 수직집선문 등이 확인되었다. 장동옹은 대부분 장란형이고, 시루는 모두 심발형으로 격자문, 수직집선문 등이 타날되었다. 시루공은 중앙과 가장자리 모두 중원공인 것이 확인되었다(도면 10-상). 이 유적의 한식계토기는 타날문양 중 격자문이 많은 점이나 장동옹과 시루의 형태로 보아 영산강유역과 관련되는 것으로 추정된다.

　大阪府 部屋北유적에서도 고분시대의 대규모의 취락이 확인되었는데, 유구는 공반되는 須惠器에 따라 5期로 구분하고 있으며 대체로 5세기~6세기 후반에 해당한다.[31] 한식계토기는 특히 남서거주역에 많은 편이며, 도질토기들과 함께 대체로 5세기대에 속하는 것으로 보고되었다. 한식계토기 중 타날문 심발형토기는 주로 1·2期(보고서 分期)에 확인되는데, 격자문, 조족과 다선횡주 수직집선문, 승문 등도 보이고, 3期가 되면 대부분

---

31) 보고서에서는 공반된 須惠器에 따라 1期 5세기 전엽, 2期 5세기 중엽, 3期 5세기 후반, 5期 6세기 후반경으로 보고 있다.

무문화된다. 장동옹은 장란형과 장동형이 보이는데 1期에 장동형(격자문), 2期부터 장란형이 확인되고 격자문, 승문 등이 타날되다가 3期 이후 수직집선문이나 문양이 문질러 지워진 것들이 보인다. 시루도 1期에 동이형(격자문), 2期에 심발형(수직집선문)이 나타나며, 3期에는 심발형이 이어지지만 수직집선문이 문질러 지워진 것이 주류를 이룬다. 시루공은 동이형의 경우 대원공+중원공이고, 심발형은 가장자리 시루공이 중원공이다가 3期 이후 타원형이 확인된다. 동이도 2期에 나타나며 3期가 되면 동체부가 약간 불룩해지는데 이 유물은 광주 동림동 60호 구 출토품과 유사하다. 즉, 3期가 되면 대체로 한식계토기는 수직집선문이 타날되거나 약하게 남아있는 모습인데, 태토에 있어서도 가까운 生駒山 서록의 흙을 이용하는 변화가 나타난다. 그리고 4期부터는 한식계토기의 일부 기종이 사라지거나 줄어들면서 하지키(土師器)화되고 있다. 전 달린 장동옹(羽釜)와 이동식부뚜막도 4期부터 나타나기 시작한다. 후술할 토제 아궁이틀 또한 90% 이상이 3期에 출토되며 4期에는 수량이 격감하고 있다(그림 10-하).

따라서 蔀屋北의 유물은 1期에는 시루 형태 등으로 보아 호서지역과 관련되며, 2期부터는 심발형 시루와 장란형의 장동옹으로 보아 보고서에 지적된 것처럼 영산강유역과 관련되는 것으로 추정된다. 그리고 3期에 나타나는 변화 양상은 기본적으로 2期에서 이어지는 것이지만 이 지역에서의 정형화가 이루진 것으로 추정되는데 토제 아궁이틀의 내용으로 본다면 영산강유역을 중심으로 한 지역과 관련될 것이다.

奈良縣 南鄕유적군은 奈良분지의 서남부에 위치하며 유적의 범위는 사방 1km에 걸쳐 있다. 한식계토기는 유적군의 남단에 위치한 大東유적과 동단에 위치한 下茶屋カマ田유적을 중심으로 많이 출토되었는데, 심발형토기, 장동옹, 시루, 동이 등이 확인된다. 심발형토기는 평저이며 격자문, 단

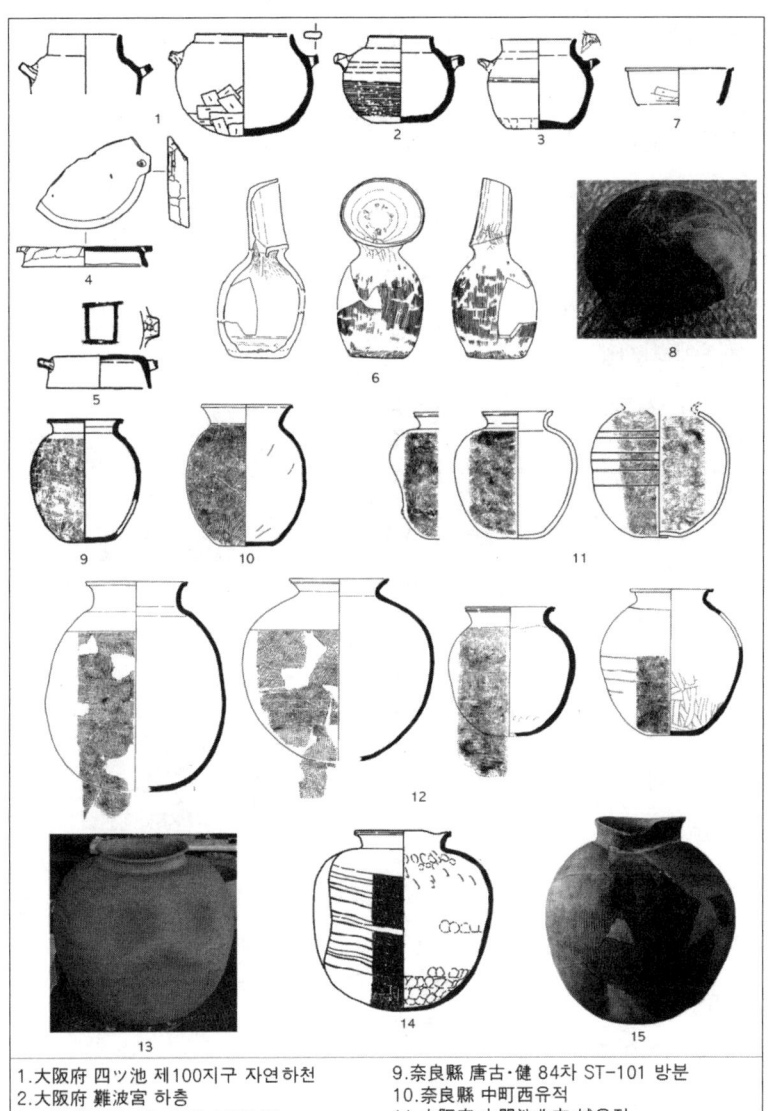

〈그림 8〉 일본 畿內지역 출토 양이부호·개, 완, 배부병, 단경호

1. 大阪府 四ツ池 제100지구 자연하천
2. 大阪府 難波宮 하층
3. 大阪府 長原 84-25차 117호분
4. 大阪府 久寶寺 24차 NR-31002 대하천
5. 大阪府 小阪 C지구 하천 1유적군
6. 大阪府 鬼虎川 大溝
7. 大阪府 蔀屋北 大溝 E0900001
8. 大阪府 鎌田유적
9. 奈良縣 唐古·健 84차 ST-101 방분
10. 奈良縣 中町西유적
11. 大阪府 木間池北方·城유적
12. 大阪府 蔀屋北유적
13. 大阪府 四條畷 小學校內유적
14. 大阪府 利倉西 2區 南 구하도
15. 奈良縣 布留 仙之內지구 赤坂支群 14호분

선횡주(또는 조족) 수직집선문이 타날된 것이 확인된다. 시루와 동이, 장동옹은 주로 격자문과 수직집선문 등이 타날되었다. 장동옹은 장동형에 가까운 것이 확인된다. 시루는 대부분 평저이며 심발형과 동이형이 있는데 시루공은 중앙과 가장자리 모두 중원공인 것이 확인되었다(그림 9-하). 동이는 파수와 주구가 확인되지 않는다. 따라서 이 유적의 한식계토기는 대체로 동이의 전체적인 형태, 시루 중 동이형의 존재 등으로 보아 호서지역과 관련되는 것으로 추정된다.

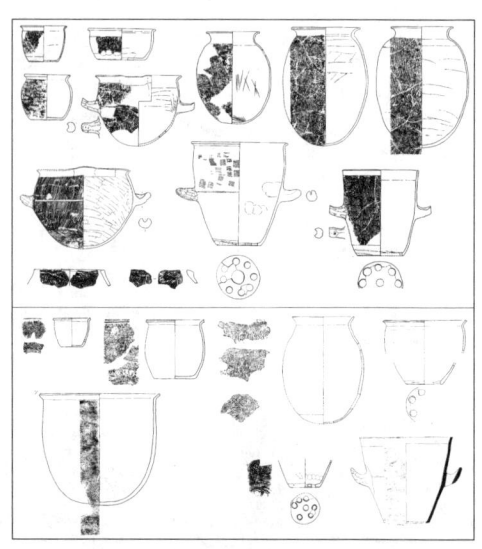

〈그림 9〉 일본 畿內지역 출토 한식계토기1
(상:大阪府 長原유적 동북지구, 하:奈良縣 南鄕유적)

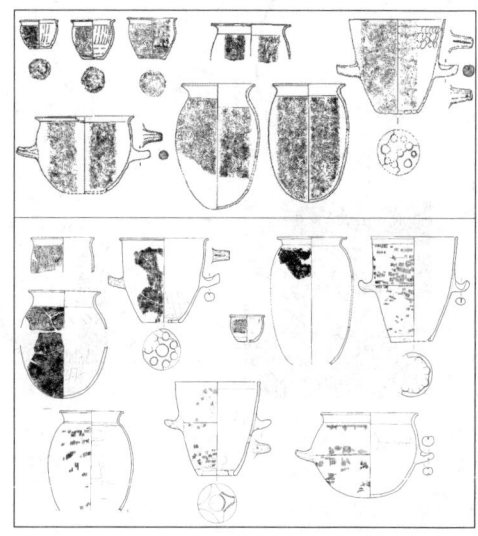

〈그림 10〉 일본 畿內지역 출토 한식계토기2
(상:大阪府 木間池北方·城유적, 하:大阪府 蔀屋北유적)

3) 토제 연통과 아궁이틀

畿內지역에서는 한식계토기에 포함되는 토제품 중 마한·백제지역에 자주 보이는 주거 내 취사 시설과 관련되는 토제 연통과 아궁이틀이 여러점 출토되었다.

(1) 토제 연통

토제 연통은 일본의 여러 지역에서 출토되었는데[32] 畿內지역 출토품은 많지 않지만 지역과 시기에 따라 형태적으로 차이를 보인다. 먼저 大阪府 伏尾 A지구 구 280와 B지구 구08(그림 11-1), 楠유적 토갱2 출토품은 상당히 긴 원통형으로, 중부까지는 좁게 내려오다가 하부에서 넓게 벌어지는 형태이다. 楠유적 출토품에는 양쪽에 고리파수가 세로로 길게 달려있다. 그리고 가까운 北木田유적에서 출토된 파편도 비슷한 형태의 원통형으로 추정된다. 이러한 형태의 토제 연통은 5세기대로 자료로 보고 있다. 마한·백제지역의 토제 연통은 호서와 호남 지역에서 4세기를 전후하여 보이기 시작하는 유물로 외면에 타날이 이루어진 것이 많다. 일본에서도 여러 지역에서 출토되는데, 타날이 남아있는 것은 거의 없다. 伏尾나 楠 유적 출토품은 전체적인 형태나 파수 형태에서 4~5세기대 순천 대곡리와 덕암동 유적, 고흥 방사유적 출토품과 유사하며 다른 지역의 유물에 비해 유사도가 큰 편이다. 伏尾 출토품에는 타날문양이 남아있기도 하다.

그리고 奈良縣 南鄕 茶屋カマ田 SX02 수혈 출토품은 2단으로 조합된 것으로, 1단부와 2단부[33]의 상부쪽에 돌대를 붙여 턱을 만들었고 1단부의

---

32) 崔榮柱, 2009, 「三國時代 土製煙筒 硏究 -韓半島와 日本列島를 中心으로-」, 『湖南考古學報』 31.

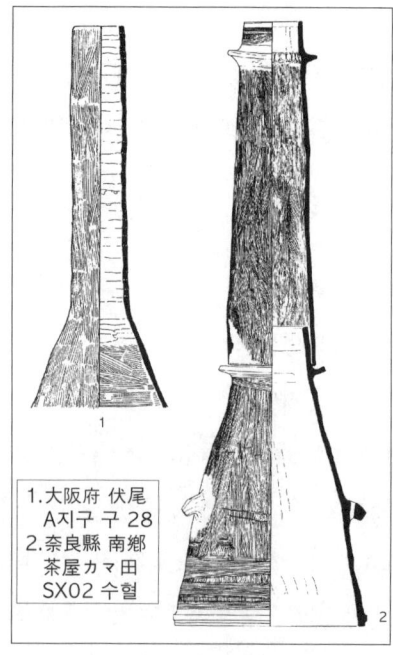

1. 大阪府 伏尾 A지구 구 28
2. 奈良縣 南鄉 茶屋カマ田 SX02 수혈

〈그림 11〉 일본 畿內지역 출토 토제 연통

하부쪽에 우각형파수가 달려 있다(그림 11-2). 高市郡 高取町 イノヲク 12호분 출토품은 상부에서 하부로 갈수록 벌어져 내려가는 원통형으로 전체적으로 폭이 넓은 편이다. 2단부와의 조합 여부는 불분명하며 하부쪽에 우각형파수가 달린 것이다. 奈良縣 桜井市 城島 수혈에서도 이와 비슷한 유물이 출토되었다. 茶屋カマ田 유적 출토품은 일괄 폐기된 유물로 보아 6세기 후반, イノヲク 12호분 출토품은 관으로 이용된 것으로 추정하며 6세기 중엽경으로 보고 있다.[34] 茶屋カマ田 출토품은 돌대로 턱을 만든 점에서 일본에서 변형된 것으로 추정되지만, 1단부의 전체적인 형태나 우각형파수는 호남지역 자료와 관련될 가능성이 높다. 부여나 익산 등 백제 중앙에서는 연가형이 보이고, 비슷한 시기에 비교할 수 있는 자료는 거의 없지만, 마한·백제지역의 토제 연통은 일찍부터 우각형파수나 고리파수가 달린 것이 보이기 때문이다.

---

33) 토제 연통의 1단부와 2단부 구분은 崔榮柱(2009)의 분류를 따랐다.
34) 木下亘, 2006, 「大和地域 出土 煙筒土器에 대하여」, 『釜山史學』 30, 釜山大學校史學會.

(2) 토제 아궁이틀

토제 아궁이틀은 현재까지 일본에서 畿內지역에서만 출토되는 유물로, 大阪府 북부지역인 四條畷市 蔀屋北유적 출토품(그림 12)

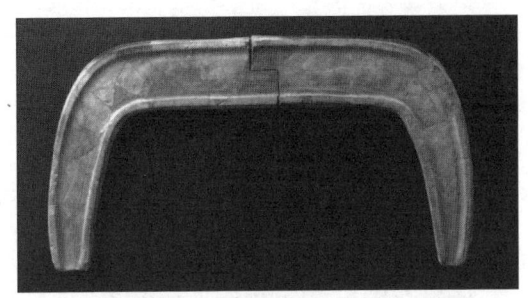

〈그림 12〉 大阪府 蔀屋北유적 출토 토제 아궁이틀

이 대표적이다. 인근의 長保寺유적과 高宮八丁유적, 溝咋유적에서도 출토되었고 陶邑 ON231호 요지, 小阪合유적, 池島·福万寺유적, 一須賀古墳群 등에서 출토되었다. 그리고 奈良縣 中町西유적에서도 2점의 파편이 출토되었다.[35] 일본 畿內지역에서는 현재까지 내·외곽 돌대가 없는 것 중 중간 돌대 장식이 없는 A1식(陶邑 ON231호 요지), 내·외곽 돌대가 있는 것 중 중간 돌대 장식이 없는 B1식(中町西, 蔀屋北, 長保寺), 1줄의 중간 돌대 장식이 있는 B2-2식(中町西) 등이 출토되었다. 그중에서 B1식이 가장 많으며, B1식과 B2-1식은 돌대가 한쪽에만 있는 것도 있다. 일본에서도 이른 단계에는 A1식이 나타나며, 점차 B2-2식과 B1식, A1식이 보이며 내·외곽 돌대 중 한쪽만 있는 B1식이 늦게까지 이어진다.

한반도 자료와 비교해보면, 가장 이른 단계(5세기 전반)에 陶邑 ON231호 요지에서 보이는 A1식은 모서리가 각지게 만들어진 것인데, 돌대가 없는 점이나 격자문이 타날된 점에서 용인 죽전동 등 서울·경기지역과 진천

---

[35] 일본 畿內지역에서는 한반도와 달리 주로 구상유구 등 주거지 내부가 아닌 곳에서 출토되고 있다.

산수리 토기요지 등36) 호서북부지역 자료와 관련된다. 그리고 小阪合 등 여러 유적에서 확인되는 돌대가 내·외곽 중 한쪽만 있는 B1식은 진천 산수리 토기요지 등에서 확인되므로 호서지역과 관련될 가능성이 높다. 小阪合 유적에서는 내·외곽 돌대 중 한쪽만 있고 중간 돌대 장식으로 X형이 조합된 B2-1식도 확인되는데 진천 송두리유적(중간 돌대 장식 산형) 등에서 유사한 유물이 확인된다.

5세기 중엽부터 후반에는 B2-2식이나 B1식이 中町西, 蔀屋北, 長保寺 유적에서 확인되는데 돌대의 형식과 함께 전체적으로 모서리가 둥근 U자형이 많고 돌대가 비교적 큰 점에서 호서지역보다는 영산강유역을 중심으로 하는 호남지역 자료와 관련되는 것으로 추정된다. 특히 현재까지 가장 많은 수량이 확인된 蔀屋北유적에서는 A1식, B1식, 내·외곽 돌대 중 한쪽만 있는 B1식 등 다양한 형식들이 비슷한 시기에 확인된다. 이 중에서 외곽 돌대가 한쪽만 있는 B1식은 돌대를 접어서 만들기도 하였다. 따라서 蔀屋北유적 등에서 주류를 이루는 B1식은 수량도 많고 정형화되는 점에서 5세기 후반대 大阪 북부지역의 대표적인 아궁이틀 형식으로 보아도 좋을 듯하다. 그리고 내·외곽 돌대 중 한쪽만 있는 B1식 중 돌대를 접어서 만든 것 또한 이 지역에서 주로 보이는 것이다. 이 시기에 大阪 북부지역의 B1식과 유사한 것들이 광주, 나주 등 영산강상류지역을 중심으로 발견되는 점에서 토제 아궁이틀은 蔀屋北유적을 중심으로 하는 大阪 북부지역과 영산강유역의 관계를 단적으로 보여주는 유물이라 할 수 있을 것이다.37)

---

36) 권오영, 2007, 「住居構造와 炊事文化를 통해 본 百濟系 移住民의 日本 畿內地域 정착과 그 의미」, 『韓國上古史學報』 56, 80쪽.

37) 徐賢珠, 2003, 「三國時代 아궁이틀에 대한 考察」, 『韓國考古學報』 50, 89~92쪽.

Ⅳ. 일본 畿內지역 마한계 고고학 자료의 성격

역사시대의 고고학 자료들은 문헌에 기록된 당시 상황을 반영하기도 하고, 문헌기록으로 남겨지지 않은 당시 상황을 설명해주기도 한다. 외래계의 고고학 자료는 자료의 종류, 내용에 따라 해석에서 차이를 보인다. 일본 畿內지역의 5세기경 이후 마한계·백제계 자료의 양상은 출토 유구, 유물 종류에 따라 크게 2가지로 정리할 수 있다.

먼저 하나의 양상은 畿內지역에서 고분(횡혈식석실묘)이나 고분 출토 장신구를 중심으로 나타나는 백제적인 요소가 뚜렷한 유물로, 백제 중앙이나 그 가까운 곳에 계보를 두고 있는 것들이다. 이러한 유물들은 5세기대, 대체로 중엽 이후부터 나타나며 초기에는 백제로부터의 반입품, 또는 백제 석실묘와 거의 흡사한 것이 나타나다가 점차 변형되면서 일본 내에서 정착되고 있다. 다만, 지속적으로 영향을 받기도 하여 좀더 늦게까지 백제계 요소가 잔존하는 양상도 나타난다. 백제계 장신구들은 일본에서도 위계가 높은 고분에서 출토되는데, 백제와의 교섭을 통해, 또는 백제의 공인이 들어와 만들기 시작한 것으로 보고 있다. 그 과정에서 백제 웅진기 이후에는 나주 복암리 3호분 등 영산강유역에서 출토된 장신구들과도 계보 관계를 추정할 수 있는 것들이 확인된다. 즉, 장신구에 있어서 영산강유역과 관련되는 자료들이 일본 畿內지역에 보이는 것은 백제계 장신구들이 영산강유역에 나타나면서 부터이다. 백제계 고분이나 장신구 자료들은 일본 내에서도 畿內지역에 많은 편이지만, 九州나 關東 지역 등 다른 지역의 중요 고분들에서도 확인되어 상당히 넓은 분포를 보인다. 이러한 고분의 피장자는 大阪府 高井田山고분의 횡혈식석실묘처럼 피장자가 한반도에서 들어온 사람인 경우도 일부 있겠지만, 상당수는 한반도와 관련이 있었던 왜인일 가능성이 크다.

다른 하나의 양상은 주로 특수한 성격의 유적을 포함한 생활유적에서 발견되는 것으로, 고분보다는 주거 관련 유구나 유물이 주류를 이룬다. 관련 자료는 畿內지역에서 5세기 전반대부터 두드러지기 시작하며 주로 호서나 호남 지역의 마한계 유구나 유물들이 포함되고 있다. 이 때의 유물은 토기나 토제품이 중심으로 이루고 있으며, 일부 초기 마구, 즉 실용적인 마구도 포함된다. 관련 유구는 부뚜막이 있는 수혈주거지, 고분은 목관이 매장된 낮은 분구의 고분으로 일본 기존의 자료들과 차별성이 그다지 뚜렷하지 않다.

토기들에서는 관련 지역과 연결되는 특징이 잘 드러난다. 도질(경질)토기의 경우 백제 중앙과 관련되는 유개고배, 삼족토기, 병은 다소 늦은 시기에 나타나지만, 좀더 일찍부터 나타나는 자료는 양이부호·개, 외반구연의 완, 타날문 단경호 등 마한계 요소가 강하며 늦은 시기까지 잔존하기도 한다. 마한계 도질토기는 반입된 것으로 볼 수 있는 것도 있지만 제작기법을 약간 달리하는 부분도 있어서 일본에서 제작된 것들도 상당수 보인다. 이 유물들은 기종이나 제작기법에서 마한계, 특히 호서와 호남지역의 이주민들에 의해 반입되거나 일본에서 제작되었던 것으로 추정된다. 그리고 연질의 한식계토기도 심발형토기, 장동옹(장란형토기), 시루, 동이 등의 취사용 토기들로, 기종 구성이나 형식, 타날문양(수직집선문계, 격자문) 등에서 마한계, 특히 호서나 호남 지역의 유물 모습이 잘 나타난다. 마한계 토기들은 6세기대가 되면 기종이 점차 사라지거나 일본 내에서 지역화가 이루어지면서 일본 고분시대의 연질토기인 하지키(土師器)화가 이루어진다. 그 과정에서 한반도와는 다른 형식의 유물이 성행하기도 하는데, 과도기적인 유물이 蔀屋北유적에서 많이 출토되는 B1식의 토제 아궁이틀, 그 이후의 전달린 장동옹(羽釜)와 이동식부뚜막 등이다.

이러한 토기, 토제품 자료들의 한반도 관련 지역으로 보아 일본 畿內지역에는 한반도 호서나 호남 지역의 이주민들이 많이 거주했던 것으로 추정되며, 이주민들은 유적의 성격으로 볼 때 토기나 철기의 생산, 말 사육 등 기술자의 역할을 담당했던 것으로 추정된다. 이러한 유물의 분포 양상은 앞에서 살펴본 백제계 장신구와 마찬가지로 여러 지역에서 출토되지만, 그 규모나 존속 시기로 보아 다른 지역보다 특히, 畿內지역의 양상이 상당히 두드러진다. 따라서 그 배경에는 일본 畿內정권과 백제 중앙이 개입되어 있을 것으로 추정된다. 그 이전 단계부터 마한지역과 교류가 많았던 九州지역보다 오히려 畿內지역에 집중되고, 다른 지역과 달리 상당수의 유적에서 벽주건물이 포함된 경우가 많은 점에서 백제 중앙과 무관한 것으로 보기 어렵다고 판단되기 때문이다. 다만, 유적이나 지역에 따라 호서나 호남 지역 등 지역색들이 뚜렷하기도 하여 여러 지역의 사람들이 혼재되었을 수도 있지만 이주의 초기에는 지역 집단이 일정 지역에 정착되었을 가능성도 크다고 판단된다.

이와 관련된 역사적 사실로는 백제 아신왕 6년(A.D. 397) 5월 왜국과 우호를 맺고 태자 腆支를 볼모로 파견했다는 『三國史記』百濟本紀와 『日本書紀』기사 등이 참고된다. 한성 백제는 고구려를 견제하기 위한 외교의 일환으로 왕족을 倭에 파견하고 더불어 여러 분야의 기술자 집단들을 보냈던 것으로 이해된다. 이들은 河內를 중심으로 기반을 구축해간 것으로 생각되며 그 과정에서 상당수의 마한계 유물이 河內 등 일본 畿內지역에 등장하게 된 것으로 추정된다.[38] 5세기 이후 백제의 여러 지역 주민들이 畿內지역을 중심으로 집단적으로 이주한 계기에 대해서는 고구려와의 사이에서 벌

---

38) 徐賢珠, 2004, 「4~6世紀 百濟地域과 日本列島의 關係」, 『湖西考古學』11, 61쪽.

어진 군사적 긴장, 한성 함락이 결정적이었던 것으로 보기도 하며, 영산강 유역 주민 외에도 이를 리드하는 백제 중앙 또는 중앙과 긴밀한 관계를 가진 집단을 상정하는 견해도 제시되었다.[39] 따라서 마한계 토기나 토제품 등에 잘 반영된 5세기 이후의 호서, 호남지역, 특히 영산강유역과 일본 畿內지역의 관계는 독자적인 부분도 있었겠지만 백제 중앙과의 관련 속에서 이루어진 부분이 상당히 컸던 것으로 추정된다.

V. 맺음말

일본 畿內지역에서 발견되는 마한·백제 관련 고분, 장신구나 마구 등의 금속유물, 토기, 토제품 등의 자료에 대해 대략적으로 살펴보았다. 그 중 토기나 토제품 등을 중심으로 한 마한계 자료에 대해서는 좀더 자세한 검토를 실시해 보았다.

그 결과 일본 畿內지역의 마한계 자료는 백제계 자료와는 달리 토기나 토제품, 특수한 생산이나 말 사육 유적에서처럼 수량은 많지만 위계는 다소 떨어지는 실용적인 것들이 주류를 이룬다. 그런데 주로 이러한 유물이 출토되는 유적들에서 벽주건물 등 백제계 유구가 포함된 경우도 상당수인 점으로 볼 때, 畿內지역의 마한계 고고학 자료는 畿內지역과 호서, 호남지역, 특히 영산강유역과의 관계도 있었겠지만 백제 중앙과의 관련 속에서 이루어진 부분이 컸던 것으로 추정된다. 즉, 마한계 고고학 자료는 백제와

---

39) 권오영, 2007, 「住居構造와 炊事文化를 통해 본 百濟系 移住民의 日本 畿內地域 정착과 그 의미」, 『韓國上古史學報』 56, 89쪽.

일본의 대외관계에서 마한단계부터 일본과 교류가 활발했던 마한지역의 역할이 상당히 컸음을 보여주는 것이다.

V. 왕인박사의 업적과 위상

1. 왕인박사가 전수한 『천자문』 등에 관하여 • 박광순

2. 왕인박사의 업적과 일본에서의 위상 • 정성일

3. 왕인박사에 대한 국내에서의 관심과 위상 • 김정호

1. 왕인박사가 전수한 『천자문』 등에 관하여 *

Ⅰ. 머리말

수년 전 성기동(聖基洞) 왕인박사 유적지에는 속칭 「천인천자문탑(千人千字文塔)」이라 불리는 조형물이 설치되었다. 아마도 설립자는 왕인박사가 일본에 전한 여러 가지 문화와 기술 중에서도 『논어(論語)』와 함께 『천자문(千字文)』이 대표적인 것이므로 그 상징물을 만들어 박사가 일본문화에 끼친 업적을 선양함과 동시에 천자문의 중요성을 알리고자 하는 의도가 아니었나 생각한다.

그런데 일부에서는 아직도 왕인의 도일(도왜)사실을 믿지 않고 꾸며진 이야기로 치부하고자 하는 이가 없지 않다. 그분들이 왕인의 도일을 믿지 않으려는 데는 여러 가지 이유가 있겠으나, 가장 중요한 이유의 하나는 왕인의 도일사실에 관한 우리 측의 신빙성 있는 문헌이 아직 발견되지 않고, 일본 측 문헌에 의존하고 있는데 그것들마저 서로 일치하지 않는 데서 연유하는 자료의 신빙성이 그 하나의 이유요, 다른 하나는 왕인이 전했다는

---

* 이 글은 필자가 2012년 5월, 〈성기동 제5호 별책〉에 발표한 '왕인이 전수한 천자문 등에 관하여'를 보완한 것이다.

『천자문』이 처음 만들어진 시기 때문이 아닌가 한다. 다시 말하면 천자문은 남조(南朝)의 양(梁)나라 무제(武帝, 502~549)의 명을 받아 주흥사(周興嗣, 470?~521)가 6세기 초에 글을 짓고 그걸 왕희지(王羲之, 307~365)의 필적을 모아 만든 것으로, 그것은 대체로 5세기 말~6세기 초에 이루어진 일로 추정하고 있는데, 그보다 거의 100년 전에 도일한 왕인이 어떻게 그 천자문을 가지고 갈 수 있었겠느냐며, 왕인의 천자문 전수를 부인함은 물론, 나아가서 왕인 자체의 존재마저 인정하려하지 않는 형편이다.

필자는 이러한 주장은 천자문이 '천지현황 우주홍황(天地玄黃 宇宙洪荒)'으로 시작하는 6세기 초 주흥사의 것만이 존재하는 것으로 잘못 알고 있거나, 아니면 천자문은 복수가 존재한다는 것을 알면서도 어떤 의도에서인지, 그것을 잘못 구전된 가공의 사실쯤으로 곡해하려는 데서 연유하는 것이라 생각한다. 중국에 천자문은 주흥사의 것만이 존재하는 것이 아니고 수종이 있었으며, 그중에서 위(魏)나라의 종요(鍾繇,151~230)가 3세기 초 무렵(왕인의 도일보다 거의 200년 전)에 지은 천자문(二儀日月 雲露嚴霜으로 시작)은 백제와 가장 활발하게 교류했던 동진(東晋)에서 왕희지가 황제(元帝)의 명을 받아 봉칙서(奉勅書)함으로써 오늘날까지 그 전문(全文)이 전해오고 있다.[1]

본장에서는 종요의 천자문을 소개함과 동시에, 그 편찬과 전래에 관한 기록 등을 고찰함으로써 왕인이 도일(도왜)할 시기에는 천자문이 없었다고 하는 오해를 불식하는데 조금이라도 도움을 주고자 한다.

---

1) 박광순 외, 2008, 『왕인과 천자문』〈자료 1〉 참조, 영암군·(사)왕인박사현창협회 부설 왕인문화연구소.

Ⅱ. 왕인의 도일 사실에 관한 문헌

　왕인이『논어』(경전)와『천자문』(문자 교본) 등을 가지고 일본에 건너가 교화함으로써 일본의 학문(문학)의 시조가 되었다고 하는 사실을 전해주는 문헌은 우리나라에서는 17세기 통신사의 종사관 남용익이 남긴『부상록』「문견별록」을 최초로 하여, 18세기 후반, 이덕리의『청령국지(蜻蛉國志)』와 19세기 초, 한치윤의『해동역사(海東繹史 권67, '王仁附 阿直岐')』가 초기의 문헌이라 할 수 있다. 그러나 유감스럽게도 통신사의「문견록」등은 전거(典據)가 불분명한 견문답이었고,『청령국지』나『해동역사』의 해당기사는 편자 자신이 말하고 있는 바와 같이 일본의『화한삼재도회』(『和漢三才圖會』, 1712. 寺島良安이 저술한『도해 백과사전』)에서 옮겨 적은 것이다. 다만 추사의『완당전집』제8권「잡지」에 실린『상서』의 검증에 관한 글은 주목할 만하다. 또한 왕인박사의 영암탄생을 명기한 이병연의『조선환여승람(朝鮮寰輿勝覽)』은 20세기에 들어 발간된 것이어서 그 신뢰성에 의문을 제기하는 이들이 없지 않는 형편이다. 따라서 우리는 안타깝게도 주로 일본 측 사료인『고사기(古事記)』(712)와『일본서기(日本書紀)』(720) 등에 의존하는 수밖에 없는 실정이다. 그러면『기기(記紀)』는 왕인의 도일을 어떻게 전하고 있는 것일까. 먼저『고사기』의 관련 구절부터 보기로 하자.

　　　"또한 천황이 현인이 있거든 보내달라고 청하였다. 그리하여
　　　백제에서는 화이길사(和邇吉師. 와니기시)란 사람으로 하여금
　　　『논어』10권과『천자문』1권, 제11권을 보내왔다 〈이 화이길사가
　　　文首 등의 선조이다〉. 또 공예기술자로서 야공 탁소와 직조공 서
　　　소를 보내왔다." (又科賜百濟國 若有賢人者貢上 故受命以貢上

人 名和邇吉師 卽論語十卷千字文一卷幷十一卷 付是人卽貢進
〈此和邇吉師者 文首等祖〉 又貢上 手人 韓鍛名卓素 亦吳服西
素二人也 -『古事記』應神條)

한편,『일본서기』응신15년 조에는,

"15년 가을 임술 삭 정묘에 백제왕이 아직기를 보내어 양마 2
필을 증여하자 아직기로 하여금 그 사육을 맡게 하고, 그 사육처
를 우마야언덕이라 하였다. 아직기는 경서에도 능하므로 태자 우
찌노와기이랏꼬의 스승이 되었다. 이에 천황이 아직기에게 묻기를
그대보다 더 나은 박사가 있느냐고 하자, 왕인이란 사람이 있는데
아주 우수하다고 대답하였다. 그래서 가미스께노기미의 시조인
아라다와께2)와 가무나와께를 백제로 보내 왕인을 초빙하였다."
(十五年秋八月壬戌朔丁卯 百濟王遣阿直岐 貢良馬二匹 卽養於
輕坂上廐 因以阿直岐令掌飼 故號其養馬之處 曰廐坂也 阿直岐
亦能讀經典 卽太子菟道稚郎子師焉 於是 天皇問 阿直岐 曰 如
勝汝博士亦有耶, 對曰 有王仁者 是秀也 時遣 上毛野君祖 荒田
別 巫別於百濟 仍 徵王仁也---)

또한 16년 조에는,

"16년 봄 2월, 왕인이 왔다. 바로 태자 우찌노와기이랏꼬의 스

---

2) 초빙사로 백제에 온 아라다와께(荒田別)는 도래인계 장군으로 대신 급의 원로였
다고 전해진다.

승으로 삼아 왕인으로 부터 여러 전적을 배우게 하였다. 통달하지 못하는 바가 없었다. 그리하여 왕인은 후미노오비도(書首)의 시조가 되었다."(十六年春二月 王仁來之 卽太子菟道稚郞子師之 習諸典籍於王仁 莫不通達 故所謂王仁者 是書首等之始祖也)

"이 해에 백제 아화(신)왕이 서거하자 천황이 직지왕을 불러 그대가 돌아가 왕위를 계승하라 말하고 동한의 땅을 사하여 돌아가게 하였다(동한이란 감라성 고난성 이림성을 이름이다)." (是歲 百濟阿花王薨 天皇召直支王 謂之曰, 汝返於國而嗣位 仍且賜 東韓之地 而遣之〈東韓者 甘羅城 高難城 爾林城是也〉).

이상의 두 기록은 그 내용이 반드시 일치하지는 않으나, 왕인박사가 『논어』와 『천자문』을 가지고 오진천황(應神天皇) 16년 2월에 일본(왜)으로 건너가 그의 태자 우찌노와기이랏꼬(菟道稚郞子)의 스승이 되어 널리 교학을 펼쳐 일본의 문학의 시조(『日本書紀』에서는 書首, 『古事記』에서는 文首)가 되었다는 사실에는 거의 일치하고 있다. 이와 같은 사실은 일본, 특히 기내지방(畿內地方)에 남아 있는 왕인관련 유적들이 잘 방증해주고 있을 뿐 아니라, 그 후에 발간된 『속일본기(續日本記, 797)』나 『신찬성씨록(新撰姓氏錄, 815)』 등에서도 읽을 수 있다.

또한 이러한 사실은 비단 고문헌에만 기록되어 있는 것이 아니고, 오늘날 일본의 여러 문헌에도 적혀 있는데, 그중 대표적인 것 하나만을 들어 보면, 1995년에 출간된 이토미쓰하루(伊東光晴) 등이 편 『일본사(日本史)를 만든 101人』(講談社)을 들 수 있지 않을가 한다.

한편 우리나라에서도 위에 든 한치윤의 『해동역사』 이전에 통신사들이

나 실학자 이덕무가 한치윤과 같은 『화한삼재도해』를 바탕으로 왕인을 거명하고 있음은 위에서 잠깐 언급한 바 있거니와, 20세기 초엔 현채(玄采)도 그가 역술한『반만년조선역사(半萬年朝鮮歷史)』에서 박사왕인이 『논어』와 함께『천자문』, 특히 「종요의 천자문」을 전수하였음을 다음과 같이 말하고 있다. "백제의 유교는 근초고왕 29년, 거금 1532년 전(光武 10년 丙午, 단군 2707년. 서력 375)에 고흥(高興)으로서 박사를 배하고 그 후에 또 박사 왕인으로 하여금 『논어』와『천자문』(魏 鍾繇撰)을 재(齎)하고 일본에 견(遣)하니 일본의 문화가 자차(自此)로 시행(始行)하고 운운"[3]이라 말하고 있다. 여기에서 우리는 현채가 왕인이 가지고 간 천자문이 종요의 천자문이었음을 밝히고 있다는 사실을 더욱 주목해야 할 것이다.

이 밖에도 이병연(李秉延)의『조선환여승람(朝鮮寰與勝覽)』을 비롯하여 『호남지』,『영암군지』등 많은 문헌에서 왕인의 도왜 사실을 밝히고 있으며, 특히 지난 해에는 학술원의 류승국(柳承國)선생이 왕인의 실존과 그 도일(渡東)연대 등을 밝히고 있어 주목을 끌고 있다.[4]

Ⅲ. 왕인이 전수한『천자문』과『논어』의 내용

다음에는 왕인이 지참한『천자문』과『논어』의 내용(종류)에 대해서 살펴보자.

---

3) 玄采,『半萬年朝鮮歷史』, 德興書林, 36~37쪽 및 安春根, 1991, 「王仁博士日本傳授 千字文考究_ 周興嗣의 天地玄黃이 아닌 二儀日月 千字文_」, 9쪽.
4)『大韓民國 學術院論文集 人文社會科學篇』제50집 1호 및, 이 책 제3장 참고.

첫째, 왕인이 가지고 갔다는 『천자문』이 양나라 주흥사가 차운(次韻)한 『천자문』인지, 아니면 그보다 약 300년 앞선 위나라의 종요가 찬(撰)한 『천자문』인지를 살펴보자. 이 문제는 왕인의 도일연대와 어울리기 때문에 필자가 서두에서 잠깐 언급한대로 매우 중요한 문제가 아닐 수 없다.

둘째, 왕인이 지참한 『논어』가 후한대의 『정현주해(鄭玄註解)』인지, 아니면 위나라의 『하안집해(何晏集解)』인지, 또는 양나라 황간(皇侃)이 소를 붙인 『논어의소(論語義疏)』인지 등도 밝혀져야 할 문제라 하지 않을 수 없다. 이 절에서는 위의 두 문제에 관해서 검토해보고자 하거니와, 특히 첫 번째 문제(천자문의 내용·종류)에 중점을 두고자 한다.

먼저 첫 번째 문제, 즉 왕인이 지참한 『천자문』이 주흥사의 『천자문』인지, 아니면 종요가 지은 것인지, 아니면 또 다른 천자문인지에 관해서 살펴보자. 중국에서 저술된 '천자문'이라는 책은 수종이 있었다[5]고 하며, 일설에는 25종을 헤아린다고 한다.[6] 이러한 사실을 모르거나, 혹은 알면서도 왕인의 도일(5세기 초)이전에 만들어진 종요의 천자문을 어떤 의도에서인지 그 존재 자체를 부인할 뿐 아니라, 심지어 왕인의 존재 자체를 부인하려는 사람들이 없지 않다. 이러한 입장을 취하는 학자들은 물론 일본에도 있고 우리나라에도 있다. 다만 일본의 경우는 그러한 부정적인 입장은 한 세대 이전에는 보였으나, 근자에는 왕인문제에 관한 관심이 줄어든 탓인지, 별로 눈에 띠지 않고, 오히려 왕인을 일본에 문자를 전수하고 그걸 이용하여 일본의 문자(万葉假名)를 만드는 기틀을 닦은 이로 규정하고 있는 게 오늘날의 실정이다.[7] 이와는 달리 우리나라에선 왕인자체를 부인하려는 연

---

5) 李敦柱 편저, 1981, 『註解 千字文』, 博英文庫, 머리말.
6) 洪相圭, 1989, 『王仁, 傳說과 그 時代』, 韓日文化親善協會, 473쪽.

구자가 오늘날에도 없지 않다. 이는 근자에 역사연구가 활성화된 사실의 한 반영이라고 보이나, 다른 한편 자학의 산물이 아닌가 하는 생각도 없지 않다.

　왕인의『천자문』전수(傳授)를 부인하는 입장을 취하는 사람들은 중국에 여러 가지 천자문이 존재한다는 것은 인정하면서도, 어떤 까닭인지, 유독 종요의『천자문』은 인정하지 않으려 한다. 그들의 얘기를 간추리면 아래와 같다. 종요의『천자문』은 편찬사실에 대한 당시의 기록이나 전래과정 등이 분명하지 않는 형편이다. 주흥사의 것이 종요의『천자문』을 가지고 차운(次韻)한 것이라는 말도 있는데, 이것이 명필로 알려진 종요의 필체 중에서 1,000자를 뽑아 배열했다는 뜻일 수는 있으나, 종요가 천자문을 지었다는 사실을 확인하게 하는 내용은 아니다. (중략) 종요가 정치가이자 서도가일지는 모르지만, 문장가는 아니기 때문에, 주흥사가 그의『천자문』을 가지고 순서를 바꾸어 편찬할 수밖에 없었을 정도로 독창적이고 완성도 높은『천자문』을 주흥사보다도 300년 전에 편찬하였다는 것도 설득력이 없다는 것이다.

　그런가 하면, 다른 글에서는 설령 종요의『천자문』이 있었다 하더라도, 그것이 곧 왕인이 일본에 종요의『천자문』을 전했다는 사실을 입증하는 것은 아니다. 다른 관련 자료들에 대한 전체적인 검토 속에서 판단할 일이라고 하여, 종요『천자문』의 존재에 대해서는 어느 정도 시인 하는 듯한 입장을 보이는 반면, 왕인의 일본전수에 관해서는 완강히 부인하고 있다. 그러면서 그는 왕인전승을 6세기에 활동한 왕진이(王辰爾, 혹은 王智仁)를 모델로 해서 꾸며진 것이라 한다.

---

7) 伊藤光晴 他, 1995,『日本歷史をつくった101人』, 講談社.

진손왕(辰孫王)의 후손이라고 하는 왕진이가 비다쓰시대(敏達時代, 572~585)에 유학과 문학으로써 그 시대 문운에 이바지한 바 커서 비다쓰 천황의 총애를 받은 것은 사실이다. 그러나 다음 기록에서도 알수 있는바 와 같이 대다수의 일본인은 왕인과 왕진이는 별개의 사람이라 믿고 있다. 즉 일본에서 가장 오래 된 한시집인 『회풍조 서(懷風藻 序, 751년)』의 첫 장 에 "왕인이 오진조에 몽매한 섬나라를 깨우치기 시작하여, 진이가 비다쓰 조에 가르침을 베푸는 일을 마치었다(王仁始導蒙於輕島—應神朝, 辰爾終 敷敎於譯田—敏達朝)"고 적고 있음이 그 한 예라 할 것이다.[8] 이 자료는 그 (왕인을 부인하는 연구자)도 인용하고 있다. 그런데 같은 자료의 앞에 적힌 왕인은 부인하고 뒷부분의 왕진이는 인정하며, 왕인은 그를 모델로 꾸민 것이라는 것은 너무 자의적(恣意的)인 해석이 아닌가 한다. "오히려 이러한 억측을 낳게 한 津連眞道가 간무(桓武) 천황에게 제출한 상표문(上表文)에 서 진손왕(辰孫王)이 서적과 유풍(儒風)을 초전(初伝)했다고 한 것은 왕인 박사의 소전(所伝)을 교묘하게 도절(盜竊)한 것"이라는 일본학계의 최근의 동향을 감안할 때 더욱 그러하다 할 것이다.[9]

이러한 우리의 주장을 뒷받침해주는 것이 바로 『본조학원낭화초(本朝 學原浪華鈔)』(松下見林)의 다음 기사이다. 즉, 그 책의 서두에는 "한음은 응 신 천황 때 시작되었다(漢音者 応神天皇之時始矣)"라고 말한 뒤, 그 주(註) 에서는 "한자(음)로 일본말을 맞춰 쓰기 시작한 것은 왕인이요, 그것을 정 립한 것은 왕진이 이다(倭訓者 自王仁始 定王辰爾也)"라고 기술함으로써 왕인과 왕진이이가 딴 사람이요, 동시에 일본에 처음 한자(음)를 전한 것은

---

8) 李丙燾, 1983, 『韓國古代史硏究』, 博英社, 584쪽.
9) 前田晴人, 2009, 『古代の人物① 日出づる國の誕生』, 淸文堂, 36~36쪽.

왕인이라는 사실을 분명하게 적고 있는 것이다.

이러한 사실은 오늘날의 저명한 학자들도 재확인하고 있다. 즉 북해도 대학 명예교수이며 권위 있는 중국어학자인 오시마쇼지(大島正二)는 2006년 발간한 『한자전래(漢字傳來: 岩波新書)』에서 일본에 한자가 언제 전해졌는지에 관한 여러 가지 학설을 검토한 후에, "즉 4세기 말 내지 5세기 초 무렵에는 아지기(阿直岐)나 왕인과 같은 백제에서 온 학자에 의해서, 이미 백제에 전해져 있던 한적(漢籍)이 일본에도 전수되어 일부 상층계급의 사람들에 의해서 본격적인 한자·한문의 학습이 이루어지기 시작하였다고 추측해도 큰 잘못이 없을 것이라"[10] 말하고 있다.

다시 본 주제로 돌아가자. 종요의 천자문을 부인하는 쪽에선, 종요가 주흥사보다 300여 년 전에 천자문을 편찬하였다는 것도 설득력이 없다고 한다. 과연 그럴까. 중국에서 한자가 사용된 것은 언제부터인지 명확하지는 않지만 지금까지 알려진 가장 오래된 문자는 은의 만기(BC 1300~BC 1000)에 사용된 것으로 추정하는 갑골문자(甲骨文字)라 하였으나, 지난 1993년에 산동성 추평현 정공촌(山東省 鄒平縣 丁公村) 용산문화유적에서 발견된, 11자가 새겨진 도편(陶片)이 위품이 아니라면, 한자의 역사는 거금 4~5천 년 전으로 소급될 수 있을 것이요,[11] 왕인이 도일한 5세기 초로부터 계산해도 2,500여 년 전의 일이다. 그 긴 사이에 『논어』를 비롯한 많은 전적들이 만들어져 중국의 문화가 꽃 피고 있었는데, 6세기 초 주흥사의 시기까지 문자의 교습을 위한 텍스트가 만들어지지 않았다면 그게 오히려 이상하지 않을까?

---

10) 大島正二, 2006, 『漢字傳來』, 岩波新書, 23쪽.
11) 阿辻哲次, 2000, 『漢字の文化史』, NHK 북스, 10쪽.

그렇다. 중국에서는 오래전부터 사용빈도가 높은 일상용어나 독서에 필수적인 한자, 또한 문장을 만드는데 기초적인 문자를 골라 학습교본을 만들어 왔었다. 더구나 한대(漢代)에는 문자의 기록과 문서의 작성을 담당하는 서기(書記)라는 관리가 있어, 그들은 17세 이상의 남자 중에서 한자의 받아쓰기시험을 통해서 선발·채용하였었다. 이러한 제도가 시작되자, 민간에서는 수험준비를 위해 서관(書館: 서당)이 생기게 된 것이다.

이와 같은 수요가 있었기 때문에 진(秦)에서 한(漢)에 이르는 시기에 한자교습용 식자교과서(識字敎科書)가 많이 만들어지게 되었던 것이다.[12] 즉, 주대(周代) 선왕 때 사주(史籀)는 「사주편(史籀篇)」을 지었고, 진대의 이사(李斯)는 「창힐편(蒼頡篇 五十五章)」을, 전한 무제 때 사마상여(司馬相如)는 「범장편(凡將篇)」, 원제 때(BC 48~33)의 사유(史游)는 「급취편(急就篇, 혹은 급취장)」, 성제(成帝) 때 이장(李長)은 「원상편(元尙篇)」을 지었으며, 후한시대 가방(賈魴)은 「방희편(滂喜篇)」을 짓는 등, 무려 11종이 편찬되었다고 하나, 아쉽게도 그중 전해진 것은 사유의 「급취편(急就篇)」뿐이다.

아무튼, 그것들은 모두 위나라보다 훨씬 이전의 일이었음은 더 말할 나위가 없다. 이와 같은 일련의 흐름 속에서 위나라에 이르러 종요가 1천자를 골라 천자문을 만들었다고 하는 일은 조금도 무리가 없는 발전의 흐름 속에서 자연스럽게 태어난 하나의 소산이었다고 추론되는 것이다.

그러면 이제부터 우리들이 왜 위나라 「종요의 천자문」을 주목하는지, 그 까닭을 간추려 보자. 첫째, 그리고 무엇보다도 중요한 사실은 「종요의 천자문」 전문이 지금도 엄존하여 중국과 일본에서는 쉽게 접할 수 있으며, 우리나라에서도 볼 수 있다는 점이다. 더구나 현재 중국에 보존되어 있는 「위태

---

12) 阿辻哲次, 2000, 위의 책, 177~178쪽.

위 종요(魏太尉 鍾繇)의 천자문」은 동진의 우군장군이요 서성(書聖)이라 일컫는 왕희지(王羲之, 307?~365?)가 황제(東晋의 元帝, 317~322)의 명을 받아서 봉 칙서(奉 勅書)한 것임은 위에서 지적한 바와 같다. 일본에도 그것이 남아 "동대사헌물장(東大寺獻物帳)에서 왕희지가 쓴 진초천자문을 볼 수 있다"(黑川眞賴, 『眞草千字文』)고 한다. 또한 종요의 천자문은 오가다히로야스(尾形裕康)의 『아국에서의 천자문의 교육사적 연구』를 비롯하여 여러 책에 등재되어 있는데, 필자 등도 2008년 여름, 우마스기지로(馬杉次郎)라는 서예가가 필사해서 『왕인총』이라는 책(大阪府史跡指定50周年記念誌 『王仁塚』, 1989)에 수록한 것을 채집한 바 있다.[13]

이들 자료들은 왕희지가 평소에 종요를 존경하여 그의 글씨를 임서하는 등, 많은 영향을 받았다는 사실과도 잘 들어맞는다. 바꿔 말하면 「종요의 천자문」이 엄존하고 있음을 우리 연구팀의 일원인 임 영진 교수에 의해서 재확인된 바 있다. 임 교수는 2008년 9월 초, 남경대학(南京大學) 고고학연구실에서 『중국고대서화도목』(中國古代書畫圖目, 中國古代書畫鑑定組편, 文物出版社, 1986)에 실려 있는 「종요의 천자문」 전문을 발견하고, 그 원본의 소재 여부를 추적한 결과, 원본은 현재 북경 고궁박물관(故宮博物館)에 보관되어 있으며, 그것은 폭 26.3cm, 전체 길이 322cm의 종이 두루마리로 되어 있다는 사실을 확인하였다.

또한 그 첫머리에는 졸저 『왕인과 천자문』의 〈자료 편〉에서 보는 바와 같이 "진국새장(晉國璽章)"이라는 도장이 또렷이 찍혀 있어, 이 유품이 애초에 진(晉)의 왕실에서 소장하였거나, 적어도 왕이 친견한 적이 있었음을 말해주고 있다. 아무튼 왕희지가 황제의 명을 받아 쓴(奉 勅書)것이니 "진

---

13) 박광순, 2012, 『왕인과 천자문(증보판)』, (사)왕인박사현창협회 〈자료편〉.

"국새장"이란 도장이 찍혀 있는 것이 당연한 일이라 하지 않을 수 없을 것이다. 그런데 이 왕희지의 글씨에 대해서는 진위를 의심하는 사람들이 없지 않으나, 그것이 위품이 아니라는 사실에 관해서는 유명한 서지학자 안춘근(安春根)씨가 이미 지적하고 있으므로(安春根,「위의 논문」, 13~14쪽) 여기에서는 줄이고자 한다. 설령 왕희지의 글씨가 위작이라고 하드래도, 그것이「종요 천자문」의 존재여부에는 아무런 영향이 없다는 사실만은 지적해 두지 않을 수 없다. 글씨가 진품이든 위작이든 그걸 보고 쓴 텍스트(「종요 천자문」)만은 있었을 것이기 때문이다.

　이『도목』은 1994년에 재판이 나왔고, 2000년에는 다시 3판이 나와, 뜻만 있으면 중국에서 쉽게 구할 수 있다. 우리들이 입수한 '일본의 필사본'도 아마 이 책을 보고 필사한 것이 아닌가하는 생각이 든다.

　다음에는 종요의『천자문』은 편찬사실에 대한 기록이나 전래과정 등이 분명하지 않는 형편이라 말하는 논자의 주장을 검토해보자.『송사 열전 이십오 이지전(宋史 列傳二五 李至傳)』에는 "천자문은 양 무제가 파비에 새겨 있는 종요의 글씨를 구하여 주흥사로 하여금 차운케 해서 완성된 것이라"는 송 태종의 말이 실려 있다(宋史 卷二一六〈烈傳 第二五. 元脫脫 等撰 宋史 第二六册 中華書局, 9, 176쪽). 이와 같은 얘기는『송사』에 머물지 않고 석문영(釋文瑩)의『옥호청치(玉壺淸治)』(1078)와 남송 왕응린(王應麟)의『옥해(玉海)』에도 실려 있는 등, 송대에는 널리 알리진 사실이라는 것이다. 더욱 주목을 끄는 것은 돈황에서 출토된 사본(寫本)『잡초(雜抄)』에도 이런 사실이 명기되어 있다.『잡초』란 당대에 만들어진 일반적인 사전(?)인데, 그 책의 천자문을 설명하는 항목에 '종요의 찬, 이섬의 주, 주흥사의 차운'이라 적혀 있다."[14] 이와 같이 주흥사의『천자문』은 종요가 찬(撰)한 것을 바탕으로 해서 차운(次韻)했다고 보는 것이 합당하다고 생각한다.

이어서 「종요 천자문」이 어떻게 전래되었는가에 관한 기록을 살펴보자. 「홍안본이서(弘安本李序)」에 실려 있는 이섬(李暹, 6세기 후반의 사람)의 설명에 의하면, "종요의 필적은 서진 말까지 낙양의 도성 안에 잘 보존되어 있었으나, 이른바 '영가(永嘉, 307~313)의 난'을 피하여 남경으로 옮길 때 운반 도중에 무더위와 비로 인하여 크게 훼손되었다. 그리하여 동진의 원제(재위 317~322)는 왕희지에게 명하여 다시 쓰게 하였으나 이미 원본이 크게 훼손되어 결자 등이 있어 문장은 흐트러지고 운도 맞지 않게 된 것이다. 그리하여 양 무제 때에 주흥사에게 명하여 문장이 이해하기 쉽고 일관되게 하며 운(韻)도 맞추게 하였다." 이상이 『홍안본이서』의 개요인데, 그에 의하면, "종요야말로 천자문의 원작자이며, 진의 왕희지는 그 사본의 필자요, 그 문자를 중복되지 않도록 운문을 다시 지은 것은 주흥사라 할 수 있다."[15] 여기에서 우리는 현존하는 「종요의 천자문」이 233구, 932자(결자 68) 밖에 되지 않는 까닭을 비로소 알 수가 있는 것이다.

이와 같은 이섬의 설을 뒷받침하는 것이 명나라의 왕긍당(王肯堂, 16세기)의 『울강제묵묘(鬱岡齋墨妙) 권4』라는 법첩이다. 거기에는 "위의 태위 종요의 천자문, 우군장군 왕희지 칙명을 받들어 쓰다."고 적혀 있는데, 이것은 오늘날 전해오는 「종요 천자문」의 원본 첫머리와 완전히 일치하고 있다.

한편, 일본에도 이와 같은 내용의 문헌이 적지 않다. 여기에서는 지면 관계로 기무라세이지(木村正辭, 1827~1913)의 『백제공헌의 천자문』 중의 일절만을 소개하고자 한다. 기무라는, "백제로부터 가져 온 천자문은 주흥사가 차운한 것 이전의 것으로, 종요가 천자를 모아 쓴 것이다.--- 그 후,

---

14) 洪相圭, 1989, 『王仁 傳說とその時代』, 韓日親善文化協會, 486쪽에서 재인용.
15) 洪相圭, 위의 책, 486~487쪽.

양 무제 때에 주흥사에게 명하여 차운케 하였던 바, 그것이 편리하여 세간에서 일반적으로 사용하게 되자 마침내 종요의 천자문은 점차 아는 사람이 없게 되었다. 그러나 그 이전에 이미 종요의 천자문이 백제까지 전파되어 그 무렵 세간에서 평판이 좋아 『논어』에 첨부해서 특히 이 책을 가져 온 것이다.--- 생각건대 오진천황 때, 백제로부터 가져온 천자문은 바로 이 종요의 천자문으로 주흥사가 차운하기, 이전의 것이었다."[16]

이렇게 사실이 명백한데도 왕인의 천자문 전수에 관하여 이견을 가진 쪽은 이에 관해서는 아무런 언급함이 없이, 「종요천자문」을 부인하는 쪽의 얘기(예컨대, 일본의 嶋田重禮의 「百濟所獻千字文考」, 중국의 『南史』 列傳 등)만을 들어 "종요의 천자문은 편찬사실에 대한 기록이나 전래과정 등이 분명하지 않는 형편"이라 말하고 있다. 아마도 이러한 주장을 펴는 사람들은 아직 종요의 천자문 전문(實体)을 보지 못하였거나, 보았더라도 일부러 그에 대해서는 눈을 돌리는 것으로 밖에 생각되지 않는다. 만일 종요의 『천자문』이 없었다고 한다면, 후대에 누가, 무슨 목적으로 그걸 작문했으며, 또한 역대의 많은 사람들은 그걸 보고서 자신의 낙관을 찍었는지, 도무지 이해가 되지 않는 것이다.

더구나 졸저의 〈자료 3〉에서 보는 것처럼 오늘날 남아 있는 주흥사의 천자문 중 대표적인 것이라 할 수 있는 「왕지영(王智永)의 진초천자문(眞草千字文)」의 머리에는 분명히 "□□시랑 주흥사 차운"이라 뚜렷이 적혀 있으며, 「회소(懷素)의 초서천자문」 및 일본에 전하는 모든 주흥사의 천자문에는 대부분 "주흥사 차운"이라 쓰여 있다. 왜 "주흥사 찬"이라 쓰여 있지 않았는가를 음미할 필요가 있다고 하겠다. 이와 같이 주흥사의 천자문은 종

---

16) 洪相圭, 위의 책, 484쪽.

요의 천자문을 차운하여, 왕희지가 봉 칙서한 글씨 중에서 골라 자신의 천자문을 편찬하였으며, 그것을 그의 7대손인 왕지영이 임서하여 1109년 석각함으로써 오랜 세월 동안에도 잘 보존되어 오늘날 우리에게까지 전해진 것이라 믿어진다.

 우리가 왕인이 가지고 간『천자문』이 '종요의 것'이라고 생각하는 두 번째 이유를 말해보자. 주지하는 바와 같이 백제가 주로 교류한 중국 쪽 나라는 동진이었고, 동진은 위나라의 문화를 숭상하여 대부분 답습하였었다고 하는 사실이다. 그런데 동진시대의 한자교본은 위에서 살펴온 대로 동진의 우군장군이던 왕희지가 봉칙서한「종요의 천자문」이었으리라 생각한다. 따라서 동진과 국교를 맺고 자주 내왕한 백제가 당시 동진에서 상용하는「종요의 천자문」을 전수받았을 것임은 너무나도 자연스러운 일이라 추단된다. 그러나 종요의 천자문을 부인하는 쪽은, 백제와 양과의 관계는 중시하면서도, 백제가 처음으로 '백제'라는 국호로 사신을 파견한 것이 동진이요, 근초고왕(近肖古王)이 동진으로부터 관호(官号)를 받을 만큼, 양국의 관계가 긴밀했었다는 사실에 대해서는 왜 침묵하고 있는지 모르겠다.

 우리나라에 언제 한자가 들어왔는지는 명확치 않다. 일설에는 신라 법흥왕 8년(521), 중국남조의 승려 왕표가 사신으로 오면서 많은 불경과 함께 천자문을 처음 가지고 왔다고 하나, 고구려와 백제에는 이보다 훨씬 앞서 한자가 들어왔었을 것임은 여러 사실로 미루어보아 짐작할 수 있다. 즉, 고구려에선 372년(고구려 소수림왕 2)에 태학(太學)이 세워져 유교적 교육이 행해졌으니, 그 이전에 이미 한자가 들어 왔었을 것임은 의문의 여지가 없다. 또한 고구려에 한자가 일찍이 들어 왔다는 사실은『삼국사기』권13 고구려본기 제1에 실려 있는 유리왕(BC 19~AD 18)의 작이라 전하는 한시 「황조가」(黃鳥歌 : 翩翩黃鳥 雌雄相依 念我之獨 誰其與歸)를 보아도 알 수

있다.[17]

한편, 백제에는 3세기 중엽 이전에 한자가 들어 왔을 것임이 다음 사실로 미루어보아 명백하다고 할 것이다. 『삼국사기』 백제본기 제2를 보면 고이왕(古爾王, 234~285) 때에 「십육관계(十六官階)」와 「육좌평제(六佐平制)」를 시행하는 등, 중앙집권적인 관제가 정비된다. 이는 「주례(周禮)」의 관제를 바탕으로 한 것이었으니, 이러한 관제와 함께 한자가 전해졌을 것임은 짐작하기에 어렵지 않다 할 것이다.[18]

또한 백제는 375년에 박사 고흥(高興)으로 하여금 『서기(書記)』를 편찬케 하였고, 그보다 앞서 백제로부터 60여자의 명문(銘文)을 적어 일본에 보낸 칠지도(七支刀)가 만들어진 것이 369년경으로 추정되고 있다.

한편 고고학 쪽에서는 일찍이 이건무(李健茂) 박사가 한반도 내륙의 오수전(五銖錢) 부장지대와 남해안의 해안지대가 접하는 곳에 위치하는 다호리(茶戶里) 1호묘에서 발굴된 붓과 문방구계 유물에 대해서, 붓이 필기 용구라는 사실을 논증한 바 있으며,[19] 『또한 2008년 가을에 왕인문화연구소가 주관한 『고대 영산강유역과 일본의 문물교류』의 조사연구에 참여한 후쿠오카대학의 다께스에(武末純一) 교수는 "---이런 점으로 보아 전라남도의 연안부 어민도 낙랑(BC 108~AD 313 -인용자)·대방군(204~313)에서 왜로 이어지는 통교회로(通交回路) 안에서 문자를 사용하며 활약했을 가능성이 있다"[20]고 말하고 있다. 이상의 여러 상황 등을 감안할 때, 우리나라에 한

---

17) 김부식/신호열 역해, 2007, 『삼국사기』, 동서문화사, 298쪽.
18) 김부식/신호열 역해, 위의 책, 470~471쪽.
19) 李健武, 1992, 「茶戶里 出土 筆에 대하여」, 『考古學誌』 제4집.
20) 武末純一, 2008, 「日本出土榮山江流域關連考古學資料の性格」, 『고대 영산강유역과 일본의 문물교류』, 전라남도·(사)왕인박사현창협회, 44쪽.

자가 들어 온 시기는 훨씬 앞당겨질 수 있을 것으로 생각된다. 그리하여 "4세기 중엽 이후에 백제는 한자를 잘 소화하여 이른바 '백제식 이두문자(?)'를 개발해서 토착의 언어를 표기하기에 이른 것이라는 단재(丹齋)의 추론은 이러한 사실들을 종합적으로 고찰한 결과 나오게 된 것이라 생각한다.[21]

요컨대, 4세기 말~5세기 초의 왕인 당시, 백제에서 쓰인 한자의 교본은 동진에서 널리 활용되던「종요의 천자문」이라고 추정해도 무리가 없다 할 것이다.

셋째, 일본의 저명한 일본사학자(五味文彦)와 경제학자(伊東光晴), 문예평론가·소설가(丸谷才一), 수학자(森 毅), 극작가(山崎正和) 등, 다섯 사람이 논의를 거듭하여 일본역사를 만드는데 기여한 '백 한 사람'을 골라 1995년에 발간한『일본사를 만든 101인』이라는 책을 보면, 왕인이 그 필두에 자리하고 있다. 그러면 이들이 왕인을 일본의 역사를 만든 101명 중, 그 첫머리에 세운 이유는 무엇일까? 그들이 내세운 업적의 요지를 간추리면 아래와 같다. "아지기시(阿知吉師. 阿直岐)가 칠지도를 가지고 369년(泰和 4년) 일본으로 내조했다.『일본서기』에 의하면 아지기시는 경전에 능통하여 태자의 사부가 되었다고 한다. 이 사람들의 도래·정주는 태화 4년이라는 칠지도의 명문(銘文)에 의해서 알 수 있는 바와 같이 369년경을 중심으로 하고 있다. 즉 4세기 후반, 중국으로 치면 남경에 수도를 둔 동진시대이다. 이 아지기시가 왕인을 천거해 대려 왔다. 왕인의 자손이 가와치(河內)에 자리잡고 가와치후미노오비도(西文首)로서 번창했다. (중략) 이들의 유산(남긴 업적-인용자)으로서 중요한 것은 이 사람들이 위진시대의 중국어의 발음을 일본에 전한 사실과 또한 한자로 일본어를 기록하는 방법을 실

---

21) 洪相圭, 위의 책, 478쪽.

행한 일이다."[22]

　다시 말하면 왕인 등이 일본문화에 끼친 업적은 두 가지로 요약할 수 있는데, 그 하나는 "위진시대의 중국어의 발음을 일본에 전했다"는 사실이요, 다른 하나는 아직 문자가 없던 일본에 "한자로써 일본말을 기록하는 방법을 실행했다"고 하는 것이다. 즉, 일본문자(萬葉仮名-草仮名-片仮名-平仮名)를 발명케 하는 단초를 마련하였다는 것이다. 아마도 이토 등의 이러한 추론은, 위에서도 인용한 바 있는 『본조학원낭화초(本朝學原浪華鈔)』의 다음 기사가 입증해주는 것으로 생각된다. 즉, 그 책의 서두에는 "한음은 응신천황 때에 시작되었다(漢音者 應神天皇之時始矣)"고 말한 뒤, 그 주(註)에서 "한자(음)로 일본말을 맞춰 쓰기 시작한 것은 왕인이요, 그것을 정립한 것은 왕진이이다(倭訓者 自王仁始 定王辰爾也)"라고 하여 『회풍조(懷風藻)』에서 "왕인이 오진조에 몽매한 섬나라를 깨우치기 시작하여, 진이가 비다쓰조에 가르침을 베푸는 일을 마치었다"고 한 것과 비슷한 내용을 담고 있는 것이다.

　또한 왕인이 한자로써 일본말을 기록하기 시작하였다고 하는 사실은 『고금화가집(古今和歌集)』에 실려 있는 다음 화가(和歌)에서도 읽을 수 있다. 즉, 우리가 왕인이 처음 일본의 난파진(難波津 나니와쓰)에서 지었다고 알고 있는 "나니와쓰니 사구(難波津に咲く)----"의 화가(和歌)는 본래는 현대적인 표기법이 아닌 아래와 같이 만요가나 식으로 표기되었다는 것이다.

　　　나니하쓰니(奈爾波都爾)　　　　　(難波津に)
　　　사구야고노하나(佐久夜己能波奈)　(咲くやこの花)

---

22) 伊東光晴 他, 1995, 『日本史をつくった101人』, 講談社, 21~22쪽.

후유고모리(布由許母理)　　　　　(冬ごもり)

이마하하루베도(伊麻波波流幣止)　　(今は春べと)

사구야고노하나(佐久夜己能波奈)　　(咲くやこの花)

(洪相圭, 위의 책, 301~302쪽)

    그것(假名의 원초형)으로 일본어를 기록하기 시작하였다고 하는 사실은 앞에서도 언급한 바와 같이 "단재 신채호 선생이 백제는 일찍부터 한자를 잘 소화해서 토착의 언어를 표현키 위하여 '백제식 이두문자(?)'를 가지고 있었을 것이며, 그것이 일본으로 건너가「만요(萬葉)가나」를 만드는 바탕이 되었다"[23]고 추론한 것과도 잘 일치하는 것이다. 그런데 여기에서 우리들이 주목하지 않을 수 없는 사실은 위진 시대의 중국어 발음을 일본에 전했다는 것은 바로 위진 시대에 만들어진 문자(천자문), 즉『종요의 천자문』을 전했다는 사실을 반증하는 것이라고 하는 점이다.

    넷째, 일본에 왕인이 종요의 천자문을 전수하였음을 주장하는 학자는 위에서 말한 기무라(木村正辭)씨에 국한되지 않는다. 대표적인 몇 사람만을 더 소개해보자.「동대사헌물장」에 왕희지의 천자문이 실려 있음을 소개한 구로가와신라이(黑川眞賴, 1829~1906)는 "--- 이 옛 천자문은 위, 종요의 작으로, 진대에 이르러 왕희지가 황제의 명을 받들어 써서 책으로 만든 것이며, 그것을 찍어 만든 것(摺書)이 우리나라에 전하여 조정의 비고(秘庫)에 수장되었던 것이다. --- 오진천왕의 어우(御宇, 치세기간)에 와니(和邇, 왕인)가 가져온 천자문은 위의 종요가 술작(述作)한 것으로 누가 쓴 것인지는 알 수 없다고 하나, 아마도 백제인이 접서한 것을 받쳤을 것이

---

23) 홍상규, 위의 책, 478쪽.

다"라고 추정하고 있다.[24]

　이 밖에도 다니가와(谷川士清)는 그의 저『일본서기통증』에서 "천자문(주흥사 차운)은 위의 종요가 원본이다."라고 단정하고 있으며, 18세기 중엽에 활약한 구리하라(栗原信充, 1794~1870)도 같은 의견을 말하고 있다
　그런데 중요한 사실은 왕인으로부터 천자문을 받아 비로소 문자를 얻어 그걸 바탕으로 일본어를 표기할 수 있게 되었을 뿐 아니라 학문을 열개 되었다고 해서 그걸 처음 전수한 왕인을「서수(書首, 후미노오비도)」, 혹은「문수(文首, 후미노오비도)」라 숭모하는 일본에선 그들이 왕인으로부터 전수받은 천자문은 종요의 것이라 믿고 있음은 학자들뿐만이 아니라, 현대의 일반인들도 믿고, 축제 등에서도 '종요의 천자문'을 사용하고 있는 실정이다. 예컨데 왕인박사의 묘소가 있는 오사카부 하라가다시(枚方市) 사람들은 축제 때, 초롱(提燈)을 만들면서 일부러 창에「종요천자문」이라 적고 있는 형편이다.[25] 이러한 현상은 왕인이 전수한 천자문은 종요의 천자문이었음을 오래도록 믿어 내려 온 서민들의 의식이 반영된 것이라 생각된다.
　다섯째, 종요가 천자문을 만들게 된 것은 위왕 조비(조조의 아들)에게 충언을 하다가 미움을 사 옥에 갇혀 하루 밤 사이에 만들었다고 하니, 주흥사가 양 무제의 명을 받아 하루 밤 사이에 만들었다는 전설과 너무나도 흡사하다. 하룻밤 사이에 만드느라 머리가 하얗게 세어 백수문(白首文)이라 불리운다는 점도 동일하다. 또한 사자일구(四字一句), 총 250구로 구성되어 있으며, 자연과 인륜 등을 주제로 하고 있는 점도 같다. 다만 주흥사가 차운한 것이 운(韻)이 더 잘 맞아 읽기 쉽고 외우기 쉽다는 점이 다르다고

---

24) 홍상규, 위의 책, 484~485쪽.
25) 박광순, 2012, 위의 책, 142쪽 〈자료2〉.

할 것이다.

결국 이 두 전설 중 하나는 다른 쪽을 차용했다고 밖에 볼 수가 없는데, 이와 같은 경우 대체로 후자(시기적으로)가 전자의 전설을 덮어씌우는 경우가 흔하다는 사실을 감안한다면. 여기에서도 우리는 주흥사의 천자문이 종요의 그것을 차운했다는 '앞의 기록들'이 틀림이 없다는 것을 믿지 않을 수 없다. 필자가 이렇게 주장하는 까닭은, 위에서도 이미 지적한 것처럼 왕지영이 써서 1109년에 석각한「진초천자문(眞草千字文)」의 탁본을 보면 그 머리에 "칙원외□□시랑주흥사차운(勅員外□□侍郎周興嗣次韻)"이라 뚜렷이 적혀 있으며, 그보다 앞서(799년) 회소(懷素)가 쓴「초서천자문(草書千字文)」의 서두에도 분명히 "칙원외□□시랑주흥사차운(勅員外□□侍郎周興嗣次韻)"이라 적혀 있다.[26]

차운(次韻)이 무슨 뜻인가? 이희승 선생의『국어대사전』에 따르면, "남의 시문을 써서 시를 지움"이라 풀이하고 있다"(2754 쪽). 이 경우 '남의 시'란 바로 '종요가 찬한 천자문'임에 틀림이 없을 것이다. 요컨대, 위나라 제일의 서예가요, 특히 해서(楷書)에 능한 종요가 주흥사에 앞서 천자문을 만들었다고 하는 사실은 명백하다고 생각된다. 오히려 주흥사는 종요의 천자문 중에서 차운하여 글을 만들고 왕희지가 쓴 글씨(천자문)를 집자하여 자신의 천자문을 완성한 것이라는 사실은 위에서 여러 가지로 검증한 바와 같다.

이러한 우리의 추단을 뒷받침해주는 것이 무엇보다도 위에서 살펴온 바와 같이『종요의 천자문』이 현제 중국과 일본에 엄존하고 있다는 사실이다. 우리나라에서도 이미 서지학자 안춘근 씨가「1991년의 논문」(「王仁博士 日

---

26) 박광순, 위의 책,〈자료 3〉참조.

本傳授 千字文考究_周興嗣의 天地玄黃이 아닌 二儀日月 千字文_」(『출판학연구』 33-10)에서 왕희지가 쓴 종요의 천자문을 소개한 바 있으며, 얼마 전까지는 우리나라 옥편의 뒷면에도 실려 있었다는 게 노유(老儒)들의 이야기이다. 심지어 최근에 『종요의 대서사시 천자문 역해(鍾繇의 大敍事詩 千字文易解)』라는 큰 책을 낸 이윤숙 씨는 "천자문('天地玄黃'으로 시작되는 천자문-인용자)의 저자는 , 속설로 전해지는 주흥사(周興嗣 : 470?~521?)가 아니라 종요(鍾繇 : 151~230)이다"[27]라고 말하기까지 한다.

요컨대, 「종요의 천자문」, 그것도 왕희지가 봉 칙서한 「위태위 종요의 천자문」이 엄존하고 있어 뜻만 있다면 누구나 쉽게 접할 수 있는 게 현실이다.

사실이 이러하기 때문에 오늘날 일본의 중국어학 관계 전공학자들도 왕인의 한자전수를 인정하고 있는 것이다. 즉 일본의 중국어학 관계의 권위자의 한 사람인 홋가이도대학의 오시마(大島正二) 명예교수는 그의 근저, 『한자전래』(漢字傳來)에서 『고사기』나 『일본서기』의 관련기사를 살핀 후에 다음과 같이 말하고 있다. "4세기 말~5세기 초에 아직기(阿直岐)나 왕인(王仁)과 같은 백제의 학자들에 의해서, 이미 조선반도(백제-인용자)에 전해져 있던 한적(漢籍: 논어와 천자문-인용자)이 일본에 전해져, 일부 상층계급의 사람들에 의해서 본격적인 한자·한문의 학습이 이루어지기 시작했다고 추측해도 크게 잘못이 없을 것이다"[28]라고.

그러면 사실이 이렇게 명백한데도 왜 일부 사람들은 천자문하면 주흥사의 것만을 생각하는 것일까? 그것은 주흥사의 천자문이 종요의 것에 비하여 주제(車相轅 교수 17주제로 분류)별로 잘 분류 정리되어 뜻이 알기 쉽

---

27) 이윤숙, 2008, 『鍾繇의 大敍事詩 千字文易解』, 경연학당, 6쪽.
28) 大島正二, 2006, 『漢字傳來』, 岩波新書, 23쪽.

고 운문으로 되어 있어 외우기 쉽게 되어 있다는 점이 첫 번째 이유요, 둘째로, 그의 천자문은 희대의 명필 왕희지의 글씨를 집자하여 구성함으로써 비단 문자교본의 역할뿐 아니라 습자교본으로서 훌륭한 교본의 구실을 할 수 있는데, 더욱 그것을 왕희지의 7대손(王智永)이 임서하여 돌에 새김으로써 후일까지도 잘 보존되고 있다는 게 두 번째 이유라 생각된다. 우리나라에서도 천자문하면 한호(石峰)의 천자문을 생각하는데, 바로 그는 우리나라 제일의 서가로서(특히 楷書=眞書부문), 우리는 그의 천자문을 통해서 문자와 함께 습자를 공부하였던 옛일을 상기하면 저간의 사정이 이해될 수 있을 것으로 믿는다.

세 번째 이유는 주흥사의 천자문이 편찬된 이후에는 그 이전의 천자문은 차츰 그 자취를 감추게 된다는 점이다. 즉 당대에 들어오면, 주흥사의 천자문은 그 장점으로 말미암아 빠른 속도로 보급되어 여러 사람에 의해서 이본(異本)들이 편찬되기도 하였으나, 그중 제일 유명한 것이 왕희지의 7대손인 왕지영(王智永)의 「진초천자문(眞草千字文)」이다. 이 「천자문」은 1109년에 돌에 새겨짐으로써 영구히 보존될 수 있었음은 위에서 지적한 바와 같다. 그것은 송대에 이르면 더욱 널리 보급·정착되어 그 자순을 이용하여 문서 따위의 순서를 매기는데 이용할 정도였다. 바꿔 말하면 송대(11세기 이후)에는 주흥사의 천자문이 정착되는 반면 그 밖의 천자문들은 차츰 자취를 감추게 된 것이다.

우리나라가 중국으로부터 가장 많은 문물을 도입·수용한 시기가 바로 이 당송(唐宋)시대라 할 수 있다. 그런데 위에서 말한 대로 이 무렵에는 중국에서도 이미 주흥사의 천자문 이외에는 거의 활용되지 않았었다. 지금도 우리가 천자문하면 주흥사의 천자문만을 생각하는 것은 그것이 잘 보존되어 있을 뿐 아니라, 중국문화=당송문화라는 의식이 깊이 박혀 있는데서 연

유하는 것이 아닌가 생각한다. 이것이 어쩌면 천자문하면 주흥사의 『천자
문』을 생각케 하는 가장 중요한 이유인지도 모르겠다.

다음에는 주제를 바꾸어 왕인이 지참한 논어가 후한의 『정현주해(鄭玄
註解)』인지, 위나라의 『하안집해(何晏集解)』인지, 아니면 양나라 황간(皇侃)
이 소(疏)를 붙인 『논어의소(論語義疏)』인지에 관해서 간단히 살펴보기로
하자. 다 아는 바와 같이 논어는 공자의 언행을 비롯하여, 안연(顏淵), 증자
(曾子), 자로(子路) 등의 문답을 문인들이 논찬(論纂)한 것으로 중국 최초의
어록(語錄)이다. 그것은 처음부터 완성된 형태의 저서가 아니고, 여러 사람
의「논(論)」이 교합(交合)되어 오늘의 모습을 갖추게 된 것이다. 즉「제론(齊
論)」,「노론(魯論)」, 한나라 장우(張禹)의「장후론(張侯論)」에 공자의 옛집 벽
속에서 나왔다는「고론(古論)」등을 교합하여 만들어진 것이 정현(鄭玄, 127
~200)의 『정현주해(鄭玄註解)』이며, 거기에 위나라의 하안(何晏, 195~249)
이 주석을 붙여 만든 것이 바로 하안의 『논어집해(論語集解 10권)』로서 현
존본의 원본이라 할 수 있는데, 이 하안의 『논어집해』는 주희의 『논어집주』
를 신주라 칭하는 것에 대비하여 고주라 하여 오래도록 『논어』의 가장 권위
있는 주석서였다는 사실은 주지하는 바와 같다. 다시 말하면 『논어』, 또한
위나라 때 제대로 정비되어 동진대에는 그것이(『何晏集解』) 널리 활용되었
던 것이다. 따라서 우리나라의 이병도 박사나 일본의 학자들도 왕인이 지
참한 논어는 하안의 『논어집해』라 단정하고 있는 것이다.[29] 이와는 달리 홍
상규 씨는 왕인은 하안의 『논어집해』는 물론 『정현주해』 등, 복수의 『논어』
를 가져갔으리라 추론하고 있다.[30]

---

29) 李丙燾, 1973, 「王仁と日本文化」, 『アジア公論』, 제2권 제12호, 및 大阪府史跡指
定50周年記念, 『王仁塚』, 1989.

그러나 일부의 사람들은 백제에서 일본으로 전수된 논어가 양의 황간 (488~545)이 소를 붙인 주석서, 『논어의소(論語義疏)』라 주장한다. 모든 것을 6세기에 활동한 왕진이에게 초점을 맞춰, 백제에서 일본으로 전적들이 건너간 것이 6세기 이후의 일이라는 입장을 취하는 쪽으로선 당연한 주장이라 하지 않을 수 없을 것이다. 이 책은 남송 때 중국에서는 망실된 것을 당나라 전후에 일본으로 전래된 『당초본(唐抄本)』을 청나라 때 다시 중국으로 역수출된 일화를 가지고 있는 책이기도 하다. 그러나 일본이 보관했다가 중국으로 역수출한 것은 『당초본』이었으니 5세기 초의 「왕인의 사실」과는 직접적인 관련이 없다 할 것이다.

여기에서 하나의 사족을 붙여 본다면, 일본 사람들은 평소에 크고 작은 일들을 꼼꼼히 기록하고 그것을 철저하게 보존하는 것이 습관화 되어 있고, 그러한 습관이 왕희지가 봉칙서한 「종요의 천자문」을 지금껏 잘 보존하게 만든 것이 아닌가 한다. 가까운 예를 하나 들어 보면, 한석봉이 1583년(선조 16)에 선조의 명을 받아 칙서한 '석봉천자문(石峰千字文)'의 초간본에 관한 이야기이다. 그 초간본은 불행스럽게도 오래도록 국내에서는 찾기가 힘들었다. 그러든 차에 1968년 서울대 이기문(李基文) 교수가 일본 내각문고(현 국립공문서관)에서 발견하여 마이크로필름으로 담아 온 것을 단국대학교 동양학연구소에서 다른 이본(異本)과 함께 『천자문』이라는 이름으로 영인 간행하여 오늘날, 우리 한국에서도 널리 알려지게 된 것이다.[31] 우리가 수출한 천자문이 역수입된 경우라 할 것이다.

다시 왕인이 지참했으리라 생각되는 『논어』에 대한 얘기로 돌아가자. 위

---

30) 洪相圭, 1989, 위의 책, 459쪽.
31) 李敦柱, 위의 책, 5쪽.

에서도 잠간 언급한 바와 같이 백제의 근초고왕에서 아신왕(阿莘王)에 이르는 치세는 백제의 전기 번성시대로서 동진의 애제(哀帝)~안제(安帝)대에 상당하는 데, 이때 백제와 동진과는 활발한 교류가 이루어지고 있었음은 위에서 이미 언급한 바와 같다. 즉, 근초고왕 27년(AD 372)과 28년(373)에는 직접 사신을 보내 국교를 굳히고 동진의 관호를 받았을 뿐 아니라, 한자를 들여옴과 동시에 박사 고흥(高興)으로 하여금 『서기』를 편찬케 하였음은 위에서 언급한 바와 같다. 또한 384년(枕流王 원년)에는 동진의 호승(서역 승) 마라난타(麻羅難陀)가 백제에 불교를 전수하기도 하였다. 이상의 정황 등으로 미루어 볼 때, 왕인이 가져간 논어는 당시 동진에서 일반적으로 활용하던 『하안집해』라 보는 것이 합당할 것이다.

또한 앞에 든 종요의 천자문을 부인하는 논자는 왕인이 전래했다는 논어 10권은 현재 전하는 논어보다 그 권수가 많은 것으로 보아, 본문만이 아니라 주석서를 포함한 내용임을 알 수 있다고 하면서, 『고사기』의 '논어십권(論語十卷---)'을 '논어 열권'으로 해석하지 않고, '논어 십편(?)'으로 해석하고 있는 것처럼 보인다. 그렇게 되면 바로 이어지는 "---천자문1권병11권(千字文一卷倂十一卷)"의 "합쳐서 11권(倂11卷)"을 어떻게 해석해야 할까? 이에 관해서는 아무런 설명이 없다. 어떻게 해석하든 왕인이 전수한 논어가 『하안집해』로 해석하는 데는 별로 지장이 없을 것이다. 앞의 논자도 말하고 있는 것처럼 『하안집해』는 주석부분을 포함하고 있기 때문이다.

요컨대, 4세기 후반에 "백제는 『논어』의 『하안집해』와 『종요의 천자문』을 일종의 신서(新書)로서 수입하여 요긴하게 활용하였었고, 왕인이 일본으로 건너가면서 그러한 새로운 양서를 지참했으리라"는 이병도 박사의 추단[32]은 온당하다고 믿는다.

Ⅳ. 맺음말

위에서 우리는 왕인이 일본에 전한 『천자문』은 위나라의 종요가 찬한 『천자문』이요, 『논어』는 하안이 집주한 『하안집해』라는 사실을 여러 문헌과 자료들을 통해서 구명해보았다. 동시에 그에 관한 다른 의견들에 관해서도 살펴보았다. 요컨대, 종요의 『천자문』은 왕인의 도일(도왜)보다 거의 2백년 이전에 만들어졌으므로, 그 사실을 곡해해서 왕인의 실존을 부인할 수는 없다고 생각한다.

그러면 여기에서 우리는 왜 왕인은 많은 전적 중에서 『논어』와 『천자문』만을 가져갔다고 『고사기』는 적고 있는 것일까. 이에 관하여 한 마디 함으로써 맺음말에 가름하고자 한다. 『논어』는 더 말할 나위도 없이 유교의 경전 중 가장 기본적이요 중요한 경전이다. 따라서 그것을 가지고 갔다는 사실은 유교적 치정(治政)의 도(道), 즉 제왕학(帝王學)을 전하기 위해서였다고 이해된다. 왕인을 초청한 응신대왕(천황)은 기내(畿內)에 새로운 대국(문명화된 대국)을 건설하는데 있어 무엇보다도 치정(治政)의 도(道)를 일깨워 줄 『논어』가 필요했고, 동시에 문자가 필요했던 것이다. 특히 중국과 외교문서를 주고받기 위해서는 한자가 절대적으로 필요했을 것이다. 그가 왕인박사와 같은 대학자를 초빙한 첫 번째 이유가 바로 여기에 있었던 것이다. 동시에 『천자문』은 문자 교습에 사용되는 가장 기본적인 텍스트로서 그것을 지참한 것은 문서의 기록과 일반대중의 교화(문명화)를 위해서도 필요했을 것이다. 다시 말하면 왕인이 가져간 『논어』와 『천자문』은 유교와 교학의 일체를 상징하는 것으로 해석하는 것이 타당할 것이며, 그래야

---

32) 李丙燾, 1973, 「王仁と百濟文化」, 『アジア公論』 제2권 제12호.

만 일본사람들이 왕인을 단순한 '문자의 전수자'라 하지 않고 '학문(문학)의 시조(文首, 書首)'로 받드는 까닭이 이해되지 않을까 생각한다.

　마지막으로『고사기』와『일본서기』는 불확실한 점도 있고 틀린 곳도 적지 않으며, 서로 일치하지 않는 곳도 있다고 보여진다. 그렇다고 해서 모두가 전설이요 신화라고만 할 수는 없을 것이다. 따라서『고사기』나『일본서기』를 읽을 때는 그러한 사정 등을 감안하여 그저 문면만 읽을 것이 아니라, 전후사정을 음미하면서 읽는 해독(解讀)이 필요하다고 생각한다.

2. 왕인박사의 업적과 일본에서의 위상

I. 머리말

왕인박사의 업적은 주로 일본 사회와 관련하여 언급되는 경우가 많다. 그것은 왕인박사가 일본으로 건너가기 전의 활동에 대해서 문헌으로 뒷받침할 만한 것이 거의 없는 점과 무관하지 않다. 그래서 이 글에서도 왕인박사의 업적을 일본과 관련지어 서술하게 될 것이다.

왕인박사의 업적과 위상에 대한 평가는 한국과 일본에서 다르게 나타나고 있다. 한국 측은 왕인박사가 일본 사회에 끼친 영향을 적극적으로 평가하여 고대의 한반도 문화수준이 일본보다 높았다는 것을 강조하는 경향이 있다. 여기에는 문화우월주의가 바탕에 깔려 있다고 말할 수 있다. 그것을 받아들인 일본 측은 일반적으로 왕인박사의 활동을 소극적으로 평가하는 경향이 짙다. 이것은 일본이 중국대륙에 대해서는 우위를 인정하면서 한반도에 대해서는 열위로 보거나 멸시에 가까운 시선으로 바라보려는 시각과 깊게 결부되어 있다. 그런가 하면 왕인박사의 업적과 위상에 대한 평가는 시간이 흐르면서 변화해 왔다. 가령 일제 강점기와 현재 일본의 왕인박사 인식에는 커다란 격차가 있다.

이 글은 왕인박사의 업적과 위상을 일본인의 시각을 중심으로 시간의 흐름을 고려하면서 서술한 것이다. 일본인이 왕인박사를 지금까지 어떻게 보아 왔는가? 일본 사회에서 왕인박사의 업적과 위상에 대한 평가가 어떻게 변천되어 왔는가? 이 물음에 대한 답을 제시하고자 하는 것이 이 글의 목적이다.

Ⅱ. 왕인박사의 업적

고대부터 현대까지 일본의 역사 속에서 차지하는 왕인박사의 업적은 문학과 문화 분야에서 찾을 수 있다. 글을 쓰고 읽으며 학문을 닦기 위해서는 글자가 반드시 필요한데, 현대 일본인이 쓰는 그 글자를 처음으로 일본에 전한 사람이 왕인박사라고 하는 점이 그중 하나이다. 다른 하나는 일본 고대 건축술을 비롯한 각종 기술과 불교와 학문 등 사상 분야에서 보여준 왕인박사 후예들의 활약상이 그것이다.

1. 천자문과 논어의 전래와 일본 고대 문학

왕인박사가 일본에 갈 때 천자문과 논어를 가지고 갔다고 하는 것은 일본의 고문헌을 통해 이미 밝혀진 사실이다. 『일본서기(日本書紀)』와 『고사기(古事記)』의 기록이 그것을 증명한다. 그런데 이 사실을 20세기 초 사람들은 어떻게 받아들이고 있었을까? 먼저 【사료 1】의 내용을 살펴보기로 하자.

【사료 1】 1908년 8월 19일 『공립신보』 기사[1]

△ 왕인이 일본 태자에게 글을 가르침

백제 고이왕 때(거금 천 육백여 년 전)에 왕인이 일본에 사신으로 갈 때 ㉠ 논어와 천자문을 가져가니 일본 태자가 왕인을 스승으로 섬기고 일본이 이로부터 문화가 이에서 시작된지라. 일본이 우리나라의 각종 문화와 농사 장사 공장 법과 지어[심지어-인용자] 불법까지 다 우리나라에서 배워 갔으므로 ㉡ 일본이 우리나라를 칭하되 선진국이라 하고 ㉢ 일본서 쓰는 ㉣㉤㉥도 왕인이 지어 그 국문이 된 고로 ㉦ 평가명(정자로 쓰는 것이니 일어로 가다가나)은 한문 글자의 변을 따서 쓰고 ㉧ 평가명(초서로 쓰는 것이니 일어로 히라가나)은 한문 글자의 초서를 모방 하였더라.

이것은 1908년 8월 19일 『공립신보』라는 신문에 실린 기사 중 하나이다(인용문의 밑줄은 인용자, 이하 같음). 기사의 원문 내용이 훼손되지 않는 범위에서 현대 한글 맞춤법에 맞게 그것을 일부 고쳐서 옮겼다. 이 기사는 '동국' 즉 한국의 역사 이야기라는 뜻의 「동국사담(東國史譚)」 시리즈로 연재된 글이다. '왕인이 일본 태자에게 학문을 가르쳤다(王仁授學日本太子)'는 제목이 보여주듯이, 이 기사는 한국의 고대 문화 수준이 당시 일본보다 한 수 위였다는 것을 말하려는 것이다.

다만 ㉠처럼 왕인박사가 일본에 사신으로 갈 때 논어와 천자문을 가지고 갔다고 쓴 것은 이 글의 필자가 『일본서기』와 『고사기』의 내용을 잘 알고서 그것을 인용한 것으로 보인다. 그리고 ㉢처럼 일본에서 쓰는 '이로하'-영어 알파벳 ABC에 해당하는 일본어 47자-를 왕인이 지었다고 쓴 것도 주목할 만하다. 그런데 ㉦도 ㉧도 모두 '평가나'라고 되어 있다. 다만 기사의

---

1) 국사편찬위원회 한국사데이터베이스 참조.

필자가 괄호 안에 적어 놓은 내용으로 미루어보면, ㉣은 편가나(片假名, 가타카나)를 잘못 적은 것으로 보이며, ㉤은 평가나(平假名, 히라가나)를 말하는 것으로 짐작된다.

이 신문 기사보다 2년 전인 1906년에 윤효정(尹孝定)이 한 잡지에 실은 글이 있는데, 그도 "왕인이 천자문과 논어를 가지고 가서 일본의 황자(皇子)를 가르쳤다"고 적었다.[2] 그리고 1908년 3월 1일『서우』제16호에 일성자(一惺子)라는 필명을 가진 이가 '한국의 교육 역사(我韓敎育歷史)'라는 제목의 글에서, "왕인박사가 논어와 천자문을 가지고 가서 일본 황자를 가르쳤으며, 그때부터 일본의 문자가 시작되었다"[3]고 썼다. 뿐만 아니라 1909년에 추성자(秋醒子)는 '우리 고대문명의 유출(我國古代文明의 流出)'이라는 글에서, "왕인박사가 논어 10권과 천자문 1권을 가지고 가서 일본 조정과 황족에게 교수하였으며, 조정과 황족이 왕인을 스승의 예로 대하니, 일본의 문학이 여기에서 비롯되었다 한다"고 서술하였다.[4]

이것을 보면 1910년 이전부터 이미 "왕인박사가 일본 문학의 시조이며, 일본의 문자가 왕인박사로부터 비롯되었다"는 인식이 널리 확산되어 있었음을 알 수 있다. 다만【사료 1】기사의 필자는 '논어와 천자문의 전래'에서

---

2) "王仁이 千字文 論語를 齎ᄒᆞ야 日本皇子에게 敎授ᄒᆞᆷ익 韓語로써 漢文을 通譯ᄒᆞᆫ 貌樣이니"(『대한자강회월보』제2호의「본회회보(本會會報)」, 1906. 8. 25).
3) "又百濟博士王仁은 一國의 秀士라. 日皇의 延聘을 被ᄒᆞ야 論語와 千字文으로 日皇子의 師가 되야 敎授ᄒᆞ니 自是로 日本의 文字가 始有ᄒᆞᆯ지라"(『서우』제16호, 1908. 3. 1).
4) "距今 一千六百十三年 前 (日本 應神天皇十六年)에 百濟 王仁이 論語 十卷과 千字文 一卷을 日本에 帶往ᄒᆞ야 朝廷과 皇族에게 敎授ᄒᆞᆷ익 朝廷과 皇族이 王仁을 對ᄒᆞ야 師禮로 事ᄒᆞ니 日本의 文學이 自此로 始有ᄒᆞᆯ지라"(『서북학회월보』제17호, 1909. 11. 1).

한 걸음을 더 나아가서, 일본이 농업과 상업과 공업을 모두 배워갔고, 심지어 불법(佛法)까지도 한반도에서 전래되었다고 적었다. 그런데 "일본이 우리나라를 칭하되 선진국이라 한다"(ⓒ)고 쓴 것처럼, 과연 일본인들이 정말로 그렇게 생각하고 있었던 것일까?

【사료 2】 1940년 9월 1일 『삼천리』 기사[5]

△ 박사왕인(博士王仁)의 위적(偉績)

왕인박사(王仁博士)가 일본(日本) 문화에 끼친 바 공적이 얼마나 위대하였든가는 다시금 새삼스럽게 논의할 것이 없소이다. 박사는 그 옛날 1천여 년 전 백제시대(百濟時代)에 벌서 멀리 바다를 건너 ㉠-① 「논어(論語)」와 「천자문(千字文)」을 일본(日本)에 소개하여 일본 문화에 새로운 싹을 낳게 한 공적은 실로 크며 또한 빛난 일로 생각합니다.

오늘날 우리가 한자(漢字)를 사용하여 「신체발부 수지부모(身體髮膚受之父母)」와 같이 맹자(孔孟)의 도(道)를 말하게 된 것도 왕인박사(王仁博士)의 주신 것이라 생각할 때에 감개 깊습니다. 이런 점으로 상고시대(上古時代)의 일을 회상할 때마다 ㉠-② 우리들은 조선(朝鮮)에 많은 사랑[愛]과 존경(尊敬)을 가지지 않아서는 안 될 것입니다.

그와 동시에 ⓒ-① 조선(朝鮮)의 여러분도 또한 내지(內地)에

---

5) 국사편찬위원회 한국사데이터베이스 참조.

대하여 좀 더 깊은 이해와 친애(親愛)를 가질 바이라고 생각합니다.

그 옛날 우리들의 조상[祖先]이 선편(先鞭)을 지은 수어(水魚)의 교(交)를 현대의 우리 자손들이 답습하는 것은 당연 이상의 당연한 일로 생각합니다.

지금에 와서 왕인박사(王仁博士)의 기념상(紀念像)을 세운다고 하는 것은 생각건대 퍽이나 뒤늦은 감(感)이 많습니다만 그 반면에 금일(今日) 아직도 고(故) 박사의 유적(遺蹟)을 사모(思慕)하는 사람이 적지 않고, 그것이 금후(今後) 더욱더욱 증가하리라 함이 무엇보다 기쁜 일이외다.

㉠-③ 이것을 계기로 하여 내지(內地)와 조선(朝鮮)과의 문화적 교류가 일층 긴밀케 되고 나아가서 ㉡-② 신동아(新東亞)를 건설하는 우에도 크게 공(貢)이 될 것이외다.

㉠-④ 왕인박사(王仁博士)의 공적을 찬하(讚賀)함과 동시에 ㉡-③ 조선(朝鮮) 출신의 청년 여러분[諸子]에 일층의 분기(奮起)를 바라는 바이외다.

【사료 2】도 마찬가지로 원문 내용이 훼손되지 않는 범위에서 현대 한글 맞춤법에 맞게 조금 수정을 한 것이다. 이 글은 1940년 9월 1일 발간된 『삼천리』라는 잡지의 제12권 제8호에 실린 것이다. 기사의 제목은 '왕인박사의 위대한 업적'으로 되어 있는데, 이것은 당시 일본의 경제연맹 총재(經濟聯盟總裁)를 맡고 있던 공작(公爵) 이치죠 사네다카[一條實孝]의 연설문을 옮겨 실은 것이다.

1940년이라고 하는 시점, 그리고 공작 신분의 사회 저명인사라는 점에서 볼 때, 그의 말을 액면 그대로 받아들이기는 어려울 것이다. 그렇기는 하지만 ㉠-①에서 알 수 있는 것처럼, 왕인박사가 "논어와 천자문을 일본에 소개하였고, 그로 말미암아 일본 문화에 새로운 싹이 생겨나게 한 공적"을 그가 인정하였다. 그래서 일본인들이 "조선에 대하여 많은 사랑과 존경의 마음을 가져야"(㉠-②) 한다고까지 그는 주장하였다. 그러면서 그는 왕인박사 기념비 건립을 계기로 하여, "일본과 조선의 문화 교류가 더욱 긴밀해지고(㉠-③), 더 나아가 신동아 건설에 크게 공헌할 것(㉡-②)"을 희망하였다. 또 그는 "왕인박사의 공적을 높이 평가하면서도(㉠-④), 조선 청년들이 더욱 몸과 마음을 바칠 것"을 역설하였다(㉡-③).

그의 본심이 앞쪽(㉠)보다는 뒤쪽 말(㉡)에 기울어져 있었음을 알아차리는 것은 결코 어렵지 않다. 그것이 비록 전시체제(戰時體制)라고 하는 사회 분위기 속에서 일본의 침략전쟁에 조선의 청년들을 끌어들이기 위한 입바름에서 나온 것이었다고는 하지만, '논어와 천자문의 일본 전래'를 왕인박사의 위업으로 인정한 것은 움직일 수 없는 사실이었다.

2. 기술의 전수와 일본 고대 문화

왕인박사가 일본으로 건너갈 때 논어와 천자문만 가지고 간 것이 아니었다. 왕인박사 외에 여러 분야의 기술자도 동행하였다. 『고사기』에 따르면 왕인박사가 대장장이와 길쌈 기술자를 데리고 갔다고 한다. 또 『속일본기』에는 여러 기술자들과 함께 왕인박사가 일본으로 건너갔다고 되어 있다.

이러한 사실이 일제 강점기에는 어떻게 받아들여지고 있었을까? 이것을 보여주는 것이 【사례 3】이다. 신태악(辛泰嶽)은 1941년 『삼천리』에 발표한 글에서 한반도와 일본의 관계를 설명하는 가운데, 다음과 같이 썼다(한글 괄호 표기는 인용자).

【사료 3】1941년 11월 1일 『삼천리』 기사[6]

　　"… 일례(一例)를 들 것 같으면 일본문화(日本文化)의 조(租) - 祖의 誤記인 듯, 인용자 - 라고 하는 「왕인전사(王仁傳士)」- 왕인박사의 오기인듯, 인용자 - 의 묘는 오사카부 관내[大阪府下]에 있는데, ㉠ 이 어른이 천자문(千字文)과 논어(論語)를 가지고 조선(朝鮮)에서 간 것이 분명하고, ㉡ 일본 고대 건축미술(日本古代建築美術)의 최고봉이라고 하는 법륭사(法隆寺)가 교토[京都]와 나라[奈良] 사이에 있는데, 이 고찰(古刹)이 고대(古代) 고려인(高麗人)의 손으로 되었다고 하며, 더욱 그 가운데 있는 벽화는 현재 일본(日本)의 최고 미술품으로 국보로 지정된 것인데 그것이 고려승(高麗僧)「돈죠」라고 하는 이의 손으로 되었고, 오사카[大阪] 천왕사구(天王寺區)에 있는 사천왕사(四天王寺)는 신라(新羅)의 고승들의 손으로 영조(營造)되어 그 금당 내(金堂內)에 모신 천황사주(天王寺柱)만은 서향하여 놓았는데 이것은 당시부터 신라(新羅) 즉 조선(朝鮮)을 향하여 앉게 하노라고 그리 하였다고 합니다. … "

　신태악은 일본 고대 문화가 한반도의 영향을 강하게 받았다는 것을 설명하면서, '일본 문화의 시조'로 일컬어지는 왕인박사를 예로 들었다. 그러면서 그는 '왕인박사의 천자문과 논어의 일본 전래'를 구체적인 업적으로

---

[6] 申泰嶽,「臨戰愛國者의 大獅子吼!!, 東京, 大阪은 이렇다」,『삼천리』 제13권 제11호, 1941. 11. 1).

제시하였다(㉠). 이어서 그는 '일본 고대 건축미술의 최고봉이라고 하는 호류지[法隆寺]가 고대 한반도에서 건너간 사람들의 손으로 만들어졌다'고 했다(㉡). 그러면서 그는 "이들 선인이 우리보다 먼저 일본에 왔고, 그 자손들이 황실을 중심으로 하여 면면히 오늘에 이르렀으니, 우리도 그들과 마찬가지로 자자손손 이 땅에서 번영을 누릴 수 있을 것"이라고 말을 이었다. 이것은 일본에서 살아가는 이른바 재일한국(조선)인에게 자부심과 긍지를 심어 주기 위한 것이지만, 왕인박사의 논어·한자 전래와 함께 일본 고대 문화의 발전에 끼친 왕인 후손의 영향을 지적한 점이 흥미롭다.

왕인박사가 일본 문화에 미친 공적에 대해서는 1973년 이병도가 발표한 글에 잘 정리되어 있다. 그는 "일본이 자랑하는 아스카문화[飛鳥文化]와 야마토문화[大和文化]가 '백제문화의 이식'이라고 말할 수 있을 정도로 한반도의 영향을 많이 받았다"고 주장하였다. 그리고 그는 왕인박사가 일본으로 가져 간 천자문은 주흥사(周興嗣)의 것이 아니라 종요(鍾繇)의 천자문일 것이며, 논어는 정현주해(鄭玄注解)보다는 하안집해(何晏集解)로 보는 것이 타당하다고 주장하였다. 그러면서 그는 천자문과 논어 외에도, 왕인박사와 함께 일본으로 건너났던 봉녀(재봉사), 야공(冶工), 양주자(釀酒者), 직공(織工), 사응사(飼鷹師), 약사(藥師) 등 여러 방면의 기술자들이 상대(上代) 일본의 생활문화와 물질문명을 개화시켰다고 평가하였다.[7]

왕인박사가 일본에 가져간 논어는 고대국가로 성장해 나가려던 일본이 유교이념을 정치적으로 실현하기 위해서 필요했고, 천자문은 일반대중의 교화를 위해서 일본 사회에서 절대적으로 요구되었다. 한 마디로 말해서

---

7) 李丙燾, 1973. 12,「王仁と日本文化: 韓國文化の比較硏究」,『アジア公論』제2권 제12호, 現代評論社.

왕인박사에 의해서 일본에 전해진 논어와 천자문은 유교와 교학 자체를 상징하는 것으로 해석할 수 있다. 왕인박사를 단순한 '문자의 전수자'가 아니라 '학문(문학)의 시조(文首, 書首)'로 보는 시각은 바로 여기에서 비롯된 것이다.[8]

Ⅲ. 일본에서의 왕인박사 위상

1. 근대 이전 : 고대부터 에도시대[江戶時代]까지

일본에서 말하는 에도시대는 대략 한국의 조선 후기에 해당한다. 즉 고대부터 메이지[明治] 이전까지 일본에서 왕인박사가 어떻게 인식되고 있었는지를 살펴보기로 하자.

1) 한자 전래와 가나(仮名)·와카(和歌) 창시자로서의 왕인박사

일본에서 가장 오래된 한시집인『회풍조(懷風藻 가이후소)』가 완성된 것이 751년이다.[9] 이것은 왕인박사의 도일 후 약 350년이 지난 뒤의 일이다. 그런데 이 책의 서문에 문자를 일본에 전한 왕인박사의 공적이 서술되어 있다.

---

8) 박광순·정성일, 2012,『왕인과 천자문―성기동 제5호 별책―』, 영암군·왕인박사현창협회, 24쪽.
9) 大木衛, 1991,「日本文化に貢獻した韓國文化の軌跡―百濟の先進文化を導入した王仁博士とその周邊」,『季刊コリアナ』91-夏, 韓國國際文化協會, 20쪽; 大木衛, 1992,「日本古代文化に貢獻した韓國文化の軌跡―百濟の先進文化を導入した王仁博士とその周邊」,『日本研究』3호, 명지대 일본문제연구소, 224쪽.

왕인은 "왜어(倭語)의 특질을 훼손하지 않고서 한자를 이용하여 왜어를 표현하는 방법을 개발했다. 왕인은 두 가지 원칙을 가지고 그것을 이루었다. 첫 번째 원칙은 왜어의 아메, 쓰치, 히, 쓰키 … 와 같은 낱말에 어울리는 한자-天, 土, 日, 月 …-를 찾아내서 각각에 적용하는 것이었다. 두 번째 원칙은 왜어에 딱 들어맞는 한자가 없을 때는 한자의 한 글자 한 음을 빌려서 가나[假名]로 쓰는 것이다." 이러한 내용이『회풍조(가이후소)』의 서문에 실려 있다고 한다.[10]

한자를 이용하여 일본어의 가나(仮名)를 만든 왕인박사의 공적은『고금화가집(古今和歌集 고킨와카슈)』의 서문에도 잘 나타나 있다. 이 책은 905년에 헤이안시대(平安時代)의 와카(和歌) 시인(歌人 우타비토)이었던 기노 쓰라유키(紀貫之)가 펴낸 것이다. 일본에서 가장 오래 된 와카슈(和歌集)는 만엽집(万葉集 만요슈)이지만, 덴노(天皇)나 죠코(上皇)의 명에 의해 편찬된 칙찬화가집(勅撰和歌集 쵸쿠센와카슈) 중에서는『고금화가집(고킨와카슈)』이 최고(最古)의 역사를 자랑한다.

『고금화가집(고킨와카슈)』서문에 왕인박사가 지은 시가 소개되어 있다. 왕인박사의 '나니와즈노 우타(難波津之歌)'를 비롯하여, 기노 쓰라유키의 '아사카야마노 고토바(安積山之辭)'를 함께 소개하면서, 이 두 수가 일본 '와카(和歌)의 부모'라고 그는 평가하였다(此二歌者, 猶歌之親). 왕인박사를 일본 '와카의 아버지'라든가 '와카의 창시자'로 보는 시각은 바로 여기에서 비롯된 것이다.[11]

---

10) 太田哲二, 2001,「第七話 王仁―日本に文字をもたらした百済一の学者―」,『韓國偉人傳』(梁東準・太田哲二・全順子, 明石書店), 215쪽.
11) 太田哲二, 위의 논문, 215~216쪽.

한편 에도시대(江戶時代) 유학자이자 역사가인 마쓰시타 겐린(松下見林, 1637~1703)도 왕인박사가 일본 고대 문학에 끼친 업적을 높이 평가하였다. 그는 "왕인(王仁)과 왕진이(王辰爾)가 한자를 이용하여 한자와 한자어에 일본어를 새겨 넣는 일" 즉 와쿤(和訓, 倭訓)에 큰 업적을 남겼으며, 그것이 후세까지 이어졌다고 보았다.[12]

마쓰시타 겐린은 그가 쓴 『본조학원낭화초(本朝學原浪華鈔)』란 책에서 '나니와쓰의 노래(難波津の歌)는 왕인이 지은 것'이라고 하면서, 왕인이 홍매화도 가져왔을 것으로 보았다. 한반도 사람들이 중국 한자로 자신들의 언어를 표현하기 위해 이두(吏頭)를 창안했듯이, 왕인은 일본에 건너가 한국식 이두라 할 수 있는 일본의 가나(仮名)를 창안했다고 보는 일본 학자들도 있다. 바로 위에 소개한 '나니와쓰의 노래' 원문은 '나니하쓰니(奈爾波都爾) 사쿠야고노하나(佐久夜己能波奈) 후유고모리(布由許母理) 이마하하루베토(伊麻波波流幣止) 사쿠야고노하나(佐久夜己能波奈)'와 같이 만요가나식으로 기록되었다.[13] 이것을 현대어로 옮기면 다음과 같다.

"나니와의 포구(難波津)에 / 피었네 나무의 꽃 / 겨울엔 꼼짝 않고 있다가 / 지금은 봄철이라 / 피는구나 나무의 꽃(難波津に / 咲く この花 / 冬ごもり / 今は春べくと / 咲くやこの花)"

---

12) 大木衛, 앞의 논문(1991), 21쪽.
13) 박광순·형광석·정성일, 2008, 『왕인과 천자문』, 영암군·(사)왕인박사현창협회 부설 왕인문화연구소, 7~8쪽, 16쪽.

2) 왕인 묘와 관련된 전승과 신앙

니시무라 도슌[西村道俊]이라는 승려가 1682년(天和 2)에「왕인분묘래조기(王仁墳墓來朝記)」라는 기록물을 남겼다.[14] 1908년 데라지마 히코사부로(寺嶋彦三郎)가『박사왕인(博士王仁)』에 수록한 이 고문서에는 왕인박사의 묘와 관련된 언급이 있다. 즉 "묘를 만들어서 가와치국(河內國) 가타노현(交野縣) 후지사카촌(藤阪村)[15]에 장사지냈다"고 하여, 왕인박사의 묘가 있는 위치가 '후지사카'임을 명시하고 있다. 그러면서 이 문서는 "후지사카 촌민들이 이곳 마을 이름을 오하카노다니(御墓谷)라고 불렀으며(藤阪村民東北稱字御墓谷), 그곳 사람들 사이에서는 '오니의 묘(於爾墓)'로 잘못 알려지게 되었다(土俗於爾墓誤訛)"고 적었다. 왕인박사의 묘를 일본어로 하면 '와니'의 묘가 되는데, 이것을 그곳 주민들이 '오니'의 묘로 잘못 부르고 있었다는 것이다. 시간이 흐르면서 '와니'(王仁)가 '오니'(鬼)로 바뀌게 되었다는 것이다.

이것은 세월이 흐르면서 일본 사람들의 머릿속에서 '왕인(王仁)'으로서의 '와니'가 점점 지워지고, 그 자리에 영험 있는 '귀신'을 뜻하는 '오니'가 자리를 잡아가는 전와(轉訛)의 과정을 말하는 것이다. '와니'와 '오니'는 서로

---

14) 이 고문서의 원문은 다음 글에도 소개되어 있다. 박광순, 1986,「부록 자료목록」,『영암왕인유적의 현황』(왕인문화연구소·전라남도·영암군, 도서출판 삼화문화사), 118쪽; 大木衛, 앞의 논문(1991), 21쪽.

15) 후지사카촌(藤阪村)은 쓰타쵸(津田町)에서 분리되면서 시작되었는데, 7세기 중반부터 이 지명이 등장한다. 그 뒤 에도시대[江戸時代]를 거쳐 메이지[明治] 초기 행정구역 개편(町村制 시행)에 따라 스가와라촌(菅原村)으로 합병되었다. 그 후 이곳이 쓰타쵸(津田町)로 합병되었다가, 1955년에는 다시 히라카타시(枚方市)에 합병되었다. '전왕인묘(傳王仁墓)'는 오사카부 사적(大阪府史跡)으로 지정되어 있다.

발음이 비슷해서 일본 사람들은 그것을 같은 것으로 받아들이게 된다. 이러한 사례는 히라카타[枚方]뿐만 아니라 일본의 여러 곳에서 발견된다. 가령 '와니'가 처음에는 왕인(王仁)으로 적혀 있었는데, 그것이 나중에는 악어(鰐)를 뜻하는 한자로 바뀌게 되는 것이 좋은 예이다. 사가현[佐賀縣] 간자키시[神崎市]에 왕인박사를 신으로 모시는 신사가 있는데, 그곳을 일본어로 '와니진자'라 부른다. 그런데 이곳을 가리키는 안내 표지판에 한자로 '왕인신사(王仁神社)'라 적힌 것이 있는가 하면, 그것이 '악신사(鰐神社)'로 되어 있는 것이 있다. 여기에서 한 가지 주의할 점은 히라카타의 '귀(鬼)'나 간자키의 '악(鰐)'이라는 한자가 본디 '귀신'이나 '악어'를 뜻하는 표의문자(表意文字)로 쓰인 것이 아니라, 각각 '오니'와 '와니'라는 일본 발음(發音)을 한자로 표기한 가차(假借)로 사용되었다는 것이다.[16]

현재 일본의 히라카타[枚方] 유적지 가운데 '왕인 묘'로 알려진 곳이 사적으로 지정되어 있다. 이것을 '왕인 묘'로 비정(比定)한 문헌 근거는 나미카와 세이쇼[並河誠所]가 펴낸 『고기나이시(五畿內志)』라는 책이다.

먼저 나미카와 세이쇼는 어떤 인물일까? 그는 일본 에도시대 중기 교토[京都]의 유학자이자 금석학의 선구자이다. 그가 에도시대의 오사카쵸[大坂町] 봉행소(奉行所)의 후원을 받아서 1729년(享保 14)부터 6년에 걸쳐서 직접 각지를 돌며 고서와 고지도를 조사하였다. 그 결과를 바탕으로 하여

---

16) 김사엽은 오사카시의 지명 가운데 '오니(大仁)'라는 동명(洞名)이 있는데, 이것은 "왕인(王仁)을 오니(大仁)로 읽은 것"이라고 하면서, "지리사전에 『大仁마을 바깥에 王仁墓라 일컫는 묘가 있으나 확실치 않다』고 기재돼 있는데 이 또한 王仁의 연고지였음을 말해준다"고 주장하였다(金思燁, 1989, 「日本近畿南部地域의 韓文化」, 『日本學』 8·9, 동국대 일본학연구소, 280). 이것은 '와니(王仁)'가 '오니(大仁)'로 읽힌 사례인데 눈여겨 볼 만하다.

그가 주도면밀하게 고증을 하여 펴낸 것이 『고기나이시』였다. 왕인묘 외에도 여러 왕인 관련 유적지가 이 문헌에 근거를 두고 있다.[17]

나미카와 세이쇼가 히라카타 지역에서 구전으로 전해오던 묘를 '왕인묘'로 비정한 근거는 무엇이었을까? 그것은 바로 도슌[道俊]이라는 승려가 쓴 기록물이다. 도슌이 필사해 둔 고문서의 내용을 바탕으로 하여 나미카와 세이쇼는 '왕인의 묘로 전해져 온 묘'라는 뜻에서 이곳을 '전왕인묘(傳王仁墓)'라고 명명하였다. 그런데 이것을 비판하는 사람들은 위의 고문서 내용을 거꾸로 해석하기도 한다. "이 지방에는 옛날부터 '오니의 묘'라 불린 자연석의 묘표(墓標)가 있었는데, 마을 사람들이 치통(齒痛)이나 학질이 생겼을 때 이곳을 찾아가면 영험(靈驗)이 있다고 믿었다"[18]는 이야기가 더 먼저라고 보는 것이다. 말하자면 오래 전부터 '오니(鬼)의 묘로 불리던 것을 나중에 와니(王仁)의 묘로 둔갑시켜 버렸다'는 것이 비판론의 요지이다. 이것은 마치 영암 구림의 왕인박사 유적을 후대 사람인 도선국사의 유적으로 생각했던 한국의 사례와 매우 비슷하다.[19] 그러나 시기적으로 보더라도 한국의 영암과 일본의 히라카타 모두 왕인박사에 관한 전승이 더 먼저였다고 생각한다.

---

18) 大木衛, 앞의 논문, 21쪽.
19) 김영달은 '왕인이 영암 구림에서 태어났다'는 주장이 그 근거가 매우 희박하다고 비판을 제기하였다. 그에 따르면 "영암에 왕인에 관한 전설이 전해지고 있을 뿐이지, 과학적 실증성이 전혀 없다"는 것이다. "그것은 신라 말의 명승 도선국사(道詵國師)의 전설이라든가 현지의 유적을 억지로 짜 맞춘 것인데, 일본 히라카타(枚方)의 왕인묘(史跡 傳王仁墓)를 훨씬 뛰어넘는 대대적인 역사 날조가 공공연하게 이루어지고 있다"고 신랄하게 비판을 하고 있다(金英達, 2000,「僞史朝鮮：王仁の墓地と誕生地—並河誠所と金昌洙」,『むくげ通信』제181호).

3) 『대일본사』 속의 왕인박사

『대일본사(大日本史 다이니혼시)』는 일본의 역사서이다. 이것은 미토번(水戶藩)의 제2대 번주(藩主)였던 도쿠가와 미쓰쿠니(德川光圀, 1628~1701)가 처음 간행을 시작하였다. 그가 죽은 뒤에도 미토번의 사업으로 계속되어 메이지시대에 이 책이 완성되었다. 미쓰쿠니의 생존 때는 이 역사서가 『본조사기(本朝史記)』라든가 『국사(國史)』, 『왜사(倭史)』로 불리고 있었다. 그가 죽은 뒤인 1715년에 제3대 번주 도쿠가와 쓰나에다(德川綱條)의 명령에 의해 『대일본사(大日本史)』란 서명(書名)이 지어졌다고 한다. 기사는 한문체로 쓰여 있으며 출전을 밝힐 뿐만 아니라 고증에도 힘을 쏟았다.

1851년 간행된 『대일본사』 88권 가운데 왕인(王仁)부터 사카이노 미노마로[栄井蓑麻呂]까지(自王仁至栄井蓑麻呂)를 다룬 부분에 왕인박사에 관한 서술이 들어 있다. 나라시대[奈良時代] 관리를 지낸 사카이노 미노마로(704-?)는 774년(宝龜 5) 대학두(大学頭)를 역임하였다. 학문과 인품이 뛰어나 후배의 모범이 된 인물로 알려져 있다. 그는 왕인박사가 일본으로 건너간 지 270년이 지난 뒤의 인물이다. 아무튼 왕인박사가 『대일본사』 속의 주요 인물로 포함됨으로써, 근대 이후의 역사서에도 왕인박사가 소개될 수 있었음은 더 말할 나위가 없다.

2. 근대 이후 : 제1기(메이지[明治] 시기부터 1945년 이전까지)

1) 역사서와 교과서에 등장하는 왕인박사

(1) 일반 역사서

호리 다쓰노스케(堀達之助, 1823~1894)가 1881년에 펴낸 『역사문답작문(歷史問答作文)』이 메이지 시기 일본에서 간행된 역사서 중에서는 왕인 박사에 관하여 처음으로 언급한 것으로 보인다.[20] 이 책은 일본 역사에서 중요한 위치를 차지하고 있는 사항을 문답 형식으로 알기 쉽게 정리한 것인데 주로 아동들을 대상으로 쓰여진 것이다. 이 가운데 왕인은 아홉 번째 항목에서 "천자문과 논어를 바쳐 중국 문물을 일본에 전한 사람"으로 소개되었다.[21]

한학자(漢學者)이자 일본의 고등보통사범학교(高等普通師範學校) 교수를 지낸 하야시 다이스케(林泰輔, 1854~1922)는 메이지 시기 일본에서 조선사(朝鮮史)를 연구한 선구자였다. 그는 1892년 『조선사(朝鮮史)』를 간행하였다. 이 책은 근대적 역사연구 성과를 적용한 최초의 조선사 연구서로 평가받고 있다. 이 책에서 그는 "백제의 왕인과 논어를 일본에 조공하게 하였다"거나 "박사 왕인과 논어를 일본에 전하였다"고 하여, 왕인을 논어와 함께 '헌상된 대상'으로 보았다.[22] 하야시 다이스케는 그 뒤로도 여러 종류의 조선 역사에 관한 저술을 간행하였다.[23] 하야시 다이스케의 조선사 연구는 김택영과 현채 등 조선 사학자들에게 영향을 미쳤다고 알려져 있으며,[24] 그의 조선사 연구를 집중적으로 분석한 것도 있다.[25]

---

20) 堀達之助, 1881, 『歷史問答作文』, 東京: 出雲寺万次郎.
21) 김선희, 2012, 「근대 왕인 전승의 변용양상에 대한 고찰」, 『일본문화연구』 41, 동아시아일본학회, 41쪽.
22) 김선희, 위의 논문, 41~42쪽.
23) 林泰輔, 1901, 『朝鮮近世史要』(上·下), 東京: 吉川半七; 林泰輔, 1911, 『朝鮮通史』, 東京: 冨山房; 林泰輔, 1944, 『朝鮮通史』, 岡崎: 進光社.
24) 김선희, 앞의 논문(2012), 41쪽.
25) 權 純哲, 2008, 「林泰輔の「朝鮮史」研究」, 『埼玉大学紀要』 44-2, 埼玉大学教養学部; 權 純哲, 2009, 「林泰輔の「朝鮮史」研究の内容と意義」, 『埼玉大学紀要』 45-

일제 강점기인 1910년에 우에다 가즈토시(上田万年, 1867~1937)가 『일본역사화담(日本歷史画譚)』을 간행하였다.[26] 이 책을 쓴 우에다는 일본의 국어학자이자 언어학자로 도쿄제국대학 국어연구실의 초대 주임교수, 문과대학장과 문학부장을 지낸 사람으로 알려져 있다. 그는 이 책에서 200개의 사건과 인물을 알기 쉽게 소개하면서 아직기와 왕인에 대하여 언급하였다. "논어 10권과 천자문 1권을 헌상한" 인물로 왕인을 소개하면서, 그는 "일본에 한자가 전해진 것이 이때부터로 문명의 빛이 한층 강해지게 되었다"고 평가하였다.[27]

그런데 시이카와 가메고로(椎川龜五郎)처럼 색다른 주장을 하는 사람도 있었다. 그는 1910년에 『일한상고사의 이면(日韓上古史ノ裏面)』이라는 책을 펴냈는데,[28] 이 책에서 그는 "아직기와 왕인이 명백하게 한실의 왕족"이라고 하여 아직기와 왕인이 백제인이라는 기존 학설을 부정하였다. 그러면서 이 두 사람이 "백제왕의 억류를 벗어나서 일본 덴노(天皇)의 크나큰 위력 아래 투화(投化)하였다"고 주장하였다.[29]

2, 埼玉大学教養学部; 權 純哲, 2010, 「林泰輔『朝鮮史』の玄采訳著『東国史略』研究」, 『埼玉大学紀要』 46-1, 埼玉大学教養学部; 金仙熙, 2010, 「韓国における「歴史叙述」の問題-林泰輔『朝鮮史』の受容を中心に-」, 『東アジア文化交渉研究-伝統的精神文化からみた東アジア-』 3, 関西大学文化交渉学教育研究拠点.
26) 上田万年 解説, 1910, 『日本歷史画譚』, 東京: 文王閣.
27) 김선희, 앞의 논문(2012), 43~44쪽.
28) 椎川亀五郎, 1910, 『日韓上古史ノ裏面』 下巻, 東京: 偕行社.
29) 김선희, 앞의 논문(2012), 45쪽.

(2) 역사 교과서

한편 일본의 초·중등학교 교과서에도 왕인박사가 소개되었다. 가미야 요시미치(神谷由道)가 편집하고 일본 문부성이 교정한 『고등소학역사(高等小學歷史)』가 1891년에 심상과 아동용 교과서로 간행되었다. 이 책에서는 "왕인이 논어 10권과 천자문 1권을 헌상하였다"고 하면서, "황태자가 그를 스승으로 삼았다"고 적었다. 이전 시대인 에도시대(江戸時代)의 유학자들이 '문물 전래의 시조'로 숭앙했던 것과 같은 적극적인 평가는 여기에서는 보이지 않는다.[30]

아마노 다메유키(天野爲之, 1861~1938)가 1893년 『일본소역사(日本小歷史)』를 출간하였다. 그는 법학박사를 취득한 경제학자이자 교육자, 정치가였다. 중의원(衆議院) 의원과 동양경제신보사(東洋經濟新報社) 주간, 와세다대학(早稻田大学) 학장과 와세다실업학교(早稻田実業学校) 교장을 지내는 등 그는 여러 분야에서 활동하였다. 그가 쓴 『일본소역사』는 고등소학교용 교과서였는데, 그 책에서 그는 "왕인이 논어 10권과 천자문 1권을 헌상하였다"고 썼다. 그러면서 "이내 문교(文教)가 점차 일어났다"고 하여, 가미야 요시미치의 『고등소학역사』보다는 왕인에 대하여 좀 더 적극적으로 평가하였다.[31]

이 밖에도 역사 부교재와 참고서에 왕인박사와 관련된 내용이 소개되기도 하였다. 화가 오카구라 슈스이(岡倉秋水, 1869~1950?)가 펴낸 『역사괘도설명서(歷史掛図説明書)』라든가,[32] 노다 기요히사(野田清寿)의 『교사

---

30) 김선희, 위의 논문, 45~46쪽.
31) 김선희, 위의 논문, 46~47쪽.
32) 岡倉秋水, 1893, 『大日本歷史掛図説明書』, 東京: 目黒書房.

용서삽회해설(教師用書插絵解説)』,[33] 그리고 일본사학자이자 히로시마대학(広島大学) 명예교수를 지낸 바 있는 우오즈미 소고로(魚澄惣五郎, 1889~1959)의 『삽도해설(插図解説)』이 그것이다.[34]

2) 고적 조사와 기념사업 대상으로서의 왕인박사 유적

구로카와 마미치(黑川眞道, 1866~1925)가 1903년에 「박사왕인 길사의 수수께끼(博士王仁吉士の謎)」라는 논문을 『고적(古蹟)』에 발표하였다.[35] 그리고 일찍이 오사카의 후지사카촌(藤阪村)에서 촌장을 지내고 왕인묘역(王仁墓域) 정화사업에 앞장섰던 데라지마 히코사부로(寺嶋彦三郎)는 1908년에 『박사왕인(博士王仁)』이란 제목의 30쪽짜리 책을 낸 바 있다.[36] 이 책의 서문을 쓴 기자키 요시히사(木崎好尙)는 "왕인은 일본에 논어와 천자문을 가져왔다. 논어로 인간의 도리를 배우고 천자문으로 문자를 익힌 일본국민으로서 어찌 존경하고 숭앙하지 않을 수 있겠는가. 이 큰 은인의 유적이 가와치노구니(河內國) 후지사카(藤阪)라는 마을에 남아 있다. 이곳 사회는 데라지마(寺島) 군이 박사 왕인을 널리 알리면서 이를 등한히 하는 이들에게 주의를 환기시키는 뜻에 감동했다."고 하면서, 그가 왕인묘역의 정화 사업에 동참한 이유를 밝히고 있다. 물론 데라지마는 이 책의 서두에서 이 책을 쓰는 것은 '일본문학의 시조'로 일본국민의 큰 은인이므로 그 공적과 무덤의 소재지를 알고 찾아오는 데 도움이 되도록 하기 위함이라고 했다.

---

33) 野田清寿, 1933, 『文部省編小学国史教師用書插絵解説』, 高知: 野田清寿.
34) 魚澄惣五郎, 1938, 『新修日本史插図解説 第1分冊』, 京都: 星野書店.
35) 黑川眞道, 1903, 「博士王仁吉士の謎」, 『古蹟』 1-1.
36) 寺島彦三郎 편, 明治 41(1908), 『博士王仁 : 文學始祖』, 特志發行事務所.

일제의 대륙침략 야욕이 노골적으로 드러나는 1930년대 말에서 40년대 초에 들어오자 상황은 급변하고 말았다. 왕인박사를 추모하고 기리는 사업이 정치색을 띠게 되면서 순수성이 퇴색하였다.[37] 그것을 상징적으로 보여주는 대표적인 사례가 1940년 도쿄(東京) 우에노(上野) 공원에 세워진 '박사왕인비(博士王仁碑)'이다. 이 비를 세울 때 간다신사(神田神社)의 히라타 모리타네(平田盛胤, 1863~1945) 대교정(大敎正)은 제사 축관을 맡았다. 당시 그는 왕인박사를 '일본유교의 조신(祖神)'이라고 추앙하였고, '일본유교의 기초를 닦고 일본 국민의 사상계를 확립한 분'이라고 찬사를 보낸 바 있다. 한편 오사카부(大阪府)에서는 1942년에 『오사카부의 사적과 명승(大阪府の史蹟と名勝)』을 간행하였다.[38]

물론 왕인비(王仁碑) 건립을 위한 기금을 모금할 때 일본에 강제로 끌려간 조선인들이 심리적 위로 삼아 피동적으로 거기에 동참한 사람도 없지 않을 것이다. 그렇지만 무엇보다도 당시 총독부가 내선일체(內鮮一體)의 통치전략에 도움이 된다는 따위의 언사를 하여 그 순수성을 흐리게 한 불행한 일화를 남기고 있음은 부인할 수 없는 사실이다.

3) 학술 연구 대상으로서의 왕인박사

순수한 학술연구의 대상으로 왕인박사의 활동에 대하여 연구한 일본인들도 있었다. 먼저 언어학과 서도(書道) 측면의 연구를 소개하면 다음과 같

---

37) 先賢王仁建碑後援會 編, 1938, (博士王仁)建碑記念誌 上編, 東京: 先賢王仁建碑後援會(한국 국립중앙도서관 디지털열람실 청구기호 : 朝57-140); 渡邊秀雄, 1940,「博士王仁の碑に就て」『海を超えて』; 先賢王仁建碑後援會, 昭和 15(1940), 『博士王仁碑』.
38) 大阪府, 1942, 『大阪府の史蹟と名勝』, 大阪府.

다. 시모다 우타코(下田歌子, 1854~1936)는 1903년에 『명치재원가집(明治才媛歌集)』을 발표하였다.[39] 그의 본명은 히라오 세키(平尾鉐)이다. 그는 메이지(明治)에서 다이쇼(大正) 시기에 활약한 여성 교육의 선각자이자 가인(歌人)이었다. 한편 1935년에 간행된 『국어과학강좌(国語科学講座)』 등도 한자를 일본에 처음으로 전래한 것을 왕인박사의 공적으로 보았다.[40]

이노우에 미쓰사다(井上光貞, 1917~1983)는 불교 전래와 발흥을 왕인박사의 업적으로 꼽았다. 그는 일본 도쿄대학 명예교수를 지냈고 일본 국립역사민속박물관 초대 관장을 역임하였다. 일본 근대 정치가인 이노우에 가오루[井上馨]의 손자이기도 한 그는 일본 고대 불교사상사 연구의 대가 중 한 사람이었다. 이노우에 미쓰사다는 1943년에 『사학잡지(史學雜誌)』에 「왕인 후예씨족과 그의 불교」라는 논문을 실었다. 그 논문에서 그는 왕인의 후예씨족들이 일본의 법상종과 화엄종 등 일본의 상대(上代) 불교와 깊은 관련을 지니고 있다고 주장하였다.[41]

나카야마 히사시로(中山久四郎)는 1933년에 「왕인박사에 대하여」라는 논문을 『역사교육(歷史敎育)』에 발표하였다.[42] 그는 동양사학을 전공한 문학박사로서 우에노공원의 '박사왕인비(博士王仁碑)' 건립을 주창한 사람 중

---

39) 下田歌子 編, 1903, 『明治才媛歌集 : 附·今様』, 東京: 広文堂.

40) 明治書院, 1935, 『国語科学講座―国語学·朝鮮語と日本語―』, 東京: 明治書院; 書之友編輯局, 1938, 『書道学び方叢書』, 東京: 雄山閣.

41) 井上光貞, 1943, 「王仁の後裔氏族と其の佛敎-上代佛敎と歸化人の關係に就ての一考察-」, 『史學雜誌』 54-9, 東京大學文學部內史學會.

42) 中山久四郎, 1933, 「博士王仁につきて」, 『歷史敎育』 8-2, 歷史敎育研究會; 中山久四郎, 1933, 「博士王仁の功績を回顧追念して」, 『読史広記』, 東京: 章華社; 中山久四郎, 1933, 『読史広記』, 東京: 章華社; 中山久四郎, 1935, 『日本文化と儒敎』, 東京: 刀江書院.

한 명이다.[43]

3. 근대 이후 : 제2기(1945년부터 1980년대까지)

제2차 세계대전이 일본의 패전으로 끝나자 한동안 일본에서 왕인박사에 관한 연구는 잠잠해졌다. 그러다가 1965년 한일국교정상화가 이루어지면서 왕인 연구가 다시 시작되었다. 1970년대에 들어와 왕인 관련 연구가 활기를 띠게 되는데, 일본에서는 재일교포 김달수, 그리고 한국에서는 이병도와 김영원, 이은창, 김창수 등을 들 수 있다. 그중에서도 김창수의 『박사왕인―일본에 심은 한국문화―(博士王仁―日本に植えつけた韓國文化―)』는 왕인박사의 공적을 일본에 알리는 데 크게 기여하였다.[44]

1) 일본 속의 한반도 문화와 왕인박사

왕인박사와 직접 관련된 연구에서 좀 더 폭 넓게 일본 고대문화 형성에 기여한 한반도에서 건너간 사람들과 그들의 의해 전래된 기술 등을 언급한 것에 이르기까지 다양하다. 이것을 크게 네 가지로 나누어 보면 다음과 같다.

㉠ 일본에 남아 있는 한반도 관련 유적에 관한 것으로는 김달수의 연구를 들 수 있다. 그는 1973년에 후루이치(古市) 고분군을 설명하면서 그것을 왕인박사와 연결 짓고 있다.[45] 고고학자이자 도시샤대학(同志社大學) 명예교수를 지낸 모리 고이치는 일본의 고대 고분문화가 한반도의 영향을 받은

---

43) 박광순, 2008, 「왕인연구의 현황과 과제」, 190쪽.
44) 박광순, 위의 논문, 190~191쪽.
45) 金達壽, 1973, 「王仁と古市古墳群の謎」, 『現代の眼』, 現代評論社; 金達壽, 1973, 「王仁と古市古墳群の謎」, 『日本古代文化の成立』(江上波夫, 上田正昭 編), 每日新聞社.

것으로 보았다.[46]

ⓒ 일본의 고대문화 형성에 미친 도래인(渡來人)의 기술에 관한 것으로는 1954년에 간행된 『일본 문화를 만든 외국인』을 들 수 있다.[47] 스기야마 노부조(杉山信三)는 일본에 불교가 전래되면서 전해진 건축기술에 관한 논문을 1963년에 발표하였다.[48]

ⓒ 왕인의 후손에 관한 연구는 1963년에 발표된 가미오카(上岡友泉)의 「다카이시신사와 왕인·행기(高石神社と王仁·行基)」이후 70년대와 80년대로 이어졌다. 1973년 하기와라 도시히코(萩原俊彦)의 「와니(王仁)와 백제왕씨」, 1985년 요시다 야스오(吉田靖雄)의 『왕인의 계보에 대하여』 등이 있다.[49]

ⓒ 일본 속의 한국문화에 관한 것으로는 1963년 김정주(金正柱)가 편집한 『한래문화의 후영(韓来文化の後栄)』이 가장 빠르다. 그 뒤 『일본 속의 조선문화 2』(1972), 『일본문화와 조선』(1973), 『일본고대문화의 성립』(1973), 『오사카의 조선문화』(1982) 등이 발표되었다.[50]

---

46) 森浩一 외, 1989, 『古代における古墳文化と朝鮮半島』, 學生社.
47) 小西四郎 等 編, 菱田青完 絵, 1954, 『日本の文化につくした外國人』, 毎日新聞社.
48) 杉山信三, 1963, 「佛敎渡來當初にへもたられた建築技術」, 『韓來文化の後榮』 下, 韓國資料硏究所.
49) 上岡友泉, 1963, 「高石神社と王仁·行基」, 『韓來文化の後榮』 下, 韓國資料硏究所; 萩原俊彦, 1973, 「王仁(와니)과 百濟王氏」, 『日本問題』 夏, 일본문제연구소; アジア公論社, 1974, 「王仁博士の直孫 阿刀弘文氏, 誇らしくも歸化人の後裔たち: 日本の中の韓國」, 『アジア公論』 3-5, 1974년 5월호, アジア公論社; 吉田靖雄, 1985, 「王仁の系譜について」, 續日本紀研究会.
50) 金正柱 編, 1963, 『韓来文化の後栄』 下卷, 東京: 韓国資料研究所; 金達壽, 1972, 『日本の中の朝鮮文化 2』, 講談社; 朝鮮文化社 編, 1973, 『日本文化と朝鮮』, 新人物往来社; 江上波夫·上田正昭 編, 1973, 『日本古代文化の成立』, 毎日新聞社; 段熙隣, 1982, 『大阪における朝鮮文化』, 松籟社.

2) 일본 문학사와 교육사 속의 왕인박사

일본어의 역사, 한자의 역사, 어학 교육의 역사 등을 연구하면서 왕인박사의 공적을 높이 평가하는 연구가 1950년대 초반부터 발표되었다. 『국어연구』(1953)와 『나라(奈良)와 헤이안(平安) 양조(兩朝)의 한학사(漢学史) 연구』(1953)가 그것이다.[51] 1960년대에는 김정주의 「일본에 문자를 전래한 한한인(韓漢人)」(1963)을 비롯하여, 오가타 고레기요(緒方惟精)의 『일본한문학사강의』(1961)와 오가타 히로야스(尾形裕康)의 『일본 천자문의 교육사적 연구』(1966)가 간행되었다.[52] 그리고 1971년에는 『일본교육사』가 출판되었다. 여기에서도 일본에 한자가 전래된 이후부터 비로소 일본의 교육이 시작될 수 있었다고 하여 왕인박사의 업적을 높이 평가하고 있다.[53]

3) 왕인박사 유적 보존

1930~40년대처럼 '내선일체'를 기치로 내건 왕인박사 띄우기는 1945년 일본의 패전으로 종지부를 찍었다. 그 뒤 한동안 일본인의 기억 속에서 왕인박사가 사라지는 듯했다. 그렇지만 1980년대에 들어오자 왕인박사 유적지 보존을 위한 노력이 재개되었다. 왕인박사를 기리는 자생적인 모임이 결성되어 활동하기도 하고, 왕인박사를 매개로 한 한일 친선교류도 점차

---

51) 千葉県国語国文学研究会, 1953, 『国語研究』, 千葉県国語国文学研究会; 緒方惟精, 1953, 『奈良平安両朝に於ける漢学史の研究』, 千葉 緒方惟精.

52) 金正柱, 1963, 「日本に文字を傳來した韓漢人」, 『韓來文化の後榮』 下, 韓國資料研究所; 緒方惟精 著, 1961, 『日本漢文学史講義』, 評論社; 尾形裕康, 1966, 『我國における千字文の教育史的研究』, 校倉書房.

53) 梅根悟 監修, 世界教育史研究會 編, 1976, 『世界教育史大系1—日本教育史Ⅰ』, 講談社.

활발해지기 시작했다.

1983년 박사왕인회(博士王仁會)가 『왕인』을 간행하였다. 일본문화시조왕인박사현창회는 1984년에 『일본문화시조왕인박사현창회』를, 그리고 왕인총환경수호회(王仁塚環境守護會)는 1989년에 『왕인총(王仁塚)』을 오사카부 사적 지정 50주년 기념호로 편찬하였다.

지금까지 살펴본 것처럼 일제 강점기는 물론이고, 일본이 제2차 세계대전 이후부터 1980년대까지도, 일본의 학교 현장에서 왕인박사가 백제에서 일본으로 한자와 『논어』를 가져왔다고 가르치고 있었다. 그것은 교과서나 교사의 교육지침서 등에 잘 나타나 있다. 뿐만 아니라 일본의 어학사나 교육사 연구자들도 왕인박사의 공적을 적극적으로 평가하였다. 왕인박사의 업적을 기리는 민간 기념사업회가 1980년대에도 활동을 하고 있었다. 그런데 일본 사회에서 우익세력이 더욱 기승을 부리기 시작한 1990년대 이후부터 왕인에 대한 기술이 점점 줄어들게 된다.

4. 근대 이후 : 제3기(1990년대 이후)

1) 영산강 유역에 관한 고고학 연구와 왕인박사

1990년대 후반에서 2000년대에 들어오면서 새롭게 나타난 현상 가운데 하나는 왕인박사에 관한 연구의 지평이 넓어지고 있다는 점이다. 비록 왕인박사 문제를 정면으로 다루는 것은 아니지만, 간접적이나마 영산강 유역에 초점을 맞춘 고고학적 분석이 이루어지고 있는 것이 그것이다. 백제의 중심지와는 별개로 영산강 유역에서 출토된 유물을 근거로 하여 영산강 유역과 고대 일본 사이의 문화적 공통성과 교류상이 밝혀지고 있다.

그러는 가운데 고대 영산강 유역이 교류의 중요한 관문이었으며, 왕인을 탄생시킬 수 있는 높은 문화수준을 지니고 있었음을 간접적으로 말해주고 있는 점은 한국의 경우와 비슷하다. 대표적인 연구자로는 다케스에 쥰이치(武末純一 1991, 1999, 2000, 2001, 2002), 이마쓰 게이코(今津啓子 1994), 아즈마 우시오(東潮 1995), 오카우치(岡內三眞 1996), 오타 히로유키(太田博之 1996), 하부타 요시유키(土生田純之 1996), 오다 후지오(小田富士雄 1998), 야나기자와(柳澤一男 2001), 시라이 가쓰야(白井克也 2001), 야마오 유키히사(山尾幸久 2001), 오다케 히로유키(大竹弘之 2002) 등이 있다.[54]

2) 왕인박사 연구에 대한 비판론

'잃어버린 10년'으로 표현되는 1990년대 일본 경제의 거품붕괴와 장기 불황 이후 일본 사회는 급속하게 우경화 쪽으로 기울어지고 있음은 이미 잘 알려진 사실이다. 이러한 사회경제의 흐름 속에서 왕인박사의 위상에 대한 일본 사회의 평가가 달려져 가고 있음은 부인할 수 없는 사실이다. 그 중에서도 왕인의 '영암 출생설'에 비판이 집중되고 있는 경향을 보인다.

이 비판론은 2000년대에 들어와 일본에서는 김영달이, 그리고 한국에서는 김병인(2001)이 발표한 글에서 제시되기 시작했다. 김영달은 2000년에 자신이 쓴 글에서 나미카와 세이쇼가 히라카타의 '왕인묘'를, 그리고 한국의 김창수가 영암의 '왕인유적지'를 역사적 근거 없이 '날조'하였다고 비판하였다.[55]

---

54) 박광순, 앞의 논문(2008), 191~192쪽.
55) 金英達, 2000. 7. 30,「偽史朝鮮：王仁の墓地と誕生地—並河誠所と金昌洙」,「む

이자와 모토히코(井澤元彦)는 영암의 왕인박사유적지를 직접 다녀간 뒤 2003년에 쓴 르포 형식의 글을 통해서 왕인박사가 "일본에 한자를 전한 것까지도 부정"하고 있다.[56] 또 오이시 가즈요(大石和世)는 2004년에 발표한 글에서 1970년대 한국의 정치 동향을 설명하면서, "식민지주의 유산인 언설(言說)이 현재의 정치적 맥락에서 이용되고 있다"는 주장을 폈다.[57] 여기에서 '식민지주의 언설'이란 '내선일체' 입장에서 일제 강점기에 왕인박사 기념비 건립 운동을 펼쳤던 사람들의 말을 가리킨다.

미즈노 슌페이(水野俊平)는 노히라 슌스이(野平俊水)라는 필명으로 2002년에 발표한 『한국인의 일본위사(日本僞史)』라는 책에서[58] "왕인박사의 생가가 전라남도 영암이라고 하는 것은 역사의 정치 이용이자, 그것을 위한 날조"라는 주장을 폈다. 그러면서 그는 김병인의 연구(2001)를 자기 주장의 근거로 들었다. "1932년에 전라남도 나주 영산포의 혼간지(本願寺)라는 절의 주지였던 아오키 게이쇼(青木惠昇)가 왕인박사 동상을 세우기 위해 모금활동을 벌인 적이 있는데, 이것은 '내선일체(內鮮一體)'를 호소하며 조선인을 회유할 목적"이었다고 주장한다. 그러면서 일본 도쿄의 우에노공원(上野公園)이라든가 오사카의 히라카타시(枚方市)에 있는 왕인무덤

くげ通信』제181호; 정성일·형광석, 앞의 논문(2008), 213쪽.

56) 井澤元彦, 2003, 「逆說のアジア史紀行(4) 韓國發『日本に漢字と儒敎を傳えた』? 疑惑の人物 王仁博士の記念館は『虛構と僞史のテーマパーク』だった', 『sapio』 15-21(통권 330).

57) 大石和世, 2004, 「伝説を通して表象される日韓関係――ポスト・コロニアル状況下における王仁博士顕彰運動について」, 福岡発・アジア太平洋研究報告: アジア太平洋センター若手研究者助成報告書.

58) 野平俊水, 2002, 『(日本人はビックリ!)韓國人の日本僞史』, 小學館.

(王仁塚)도 마찬가지로 선무재료(宣撫材料)로서 만들어진 것이라고 했다. 김영달과 마찬가지로 미즈노 역시 왕인박사 자체를 부정한다기보다는, 왕인박사의 '무덤'이나 왕인박사를 기리는 '유적지' 사업을 '역사 날조'라고 비판하고 있는 것이다.

3) 일본 교육사(敎育史) 연구와 왕인박사

위에서 본 '비판론'에도 불구하고 일본에서 왕인에 대한 긍정적인 평가와 존경심이 아주 사라진 것은 아니다. 21세기에 접어들기 직전인 1995년에 출판된 『일본사를 만든 101인』이라는 제목의 책에서 그 첫 번째 인물이 왕인(王仁)이다. 일본 교토대학 명예교수인 이토 미쓰하루(伊東光晴) 씨 등 5명이 편집한 이 책은 비교적 학자적 양식을 가지고 인물을 선정하였으며 객관성에 바탕을 두고 기술한 책이다. 이 책에서 왕인박사는 중국 위진(魏晉)시대의 중국발음을 일본에 전하였을 뿐만 아니라, 한자로 일본어를 기록하는 방법을 가르친 '학문의 시조'로 평가하고 있다.[59]

김광철도 1996년에 쓴 글에서 난파진가(難波津の歌)를 왕인과 결부시켜서 분석하였다. 왕인박사노래비건립위원회(王仁博士歌碑建立委員會)도 2011년에 『王仁博士"難波津"の歌と猪飼野』라는 책을 간행하였다.[60]

한편 오키 마모루(大木衛)가 1991년과 92년에 발표한 글에서 일본문화에 미친 한반도의 영향을 추적하였다.[61] 야나기다 도시지(柳田敏司)와 모

---

59) 伊藤晴光 외, 1995, 『日本史をつくった101人』, 講談社; 박광순, 앞의 논문(2008), 191쪽.
60) 金光哲, 1996. 9, 「難波津の歌と王仁」, 『鷹陵史學』 22호, 佛敎大學鷹陵史學會; 王仁博士歌碑建立委員會, 2011, 『王仁博士"難波津"の歌と猪飼野』, アットワークス.
61) 大木衛, 1991, 「日本文化に貢獻した韓國文化の軌跡―百濟の先進文化を導入した

리 고이치(森浩一)는 각각 1994년과 97년에 도래인(渡來人)에 관한 책을 출판하였다.[62] 우에다 마사아키(上田正昭)와 쓰쿠다 오사무(佃 收) 역시 일본의 고대문화를 설명하는 가운데 왕인박사의 공적에 대하여 높이 평가하고 있다.[63] 마에다 하루토(前田晴人)도 2009년에 쓴 글에서 왕인을 아직기와 함께 일본의 위대한 고대 인물 중 한 사람으로 꼽았다.[64]

4) 왕인박사를 신으로 모신 신사와 그 밖의 유적

국가 권력과 크게 상관없는 민간에서는 왕인이 여전히 신적인 존재로서 위상을 유지하고 있다. 일본의 여러 곳에서 왕인을 여전히 신으로 받들고 있다.

규슈(九州) 북부 사가현(佐賀縣) 간자키시(神崎市)에 있는 와니다이묘신사(鰐大明神社)를 비롯하여, 오사카(大阪) 야사카신사(八坂神社) 경내의 와니신사(王仁神社), 마쓰하라의 와니성당지(王仁聖堂址), 사카이의 다카이시신사(高石神社 다카시노진자) 등에서는 직접 왕인을 신으로 받들고 제사지낸다. 와니(和邇)까지 모두 왕인박사로 본다면 그 수는 훨씬 많아질 것이다. 그 밖에 교토(京都)의 오니오카축제(鬼岡祭)에서 와니(王仁)를 신체

王仁博士とその周邊」, 『季刊コリアナ』91-夏, 韓國國際文化協會; 大木衛, 1992, 「日本古代文化に貢獻した韓國文化の軌跡─百濟の先進文化を導入した王仁博士とその周邊」, 『日本研究』 3호, 명지대 일본문제연구소.

62) 柳田敏司 外, 1994, 『渡來人と佛敎信仰』, 雄山閣; 森浩一 外, 1997, 『渡來人』, 大巧社.

63) 上田正昭, 2006, 『古代日本のこころとかたち』, 角川書店; 佃 收, 2009, 「貴國の歷史─鵲が日本の歷史を變える」, 『古代文化を考える』, 東アジアの古代文化を考える會.

64) 前田晴人, 2009, 「阿直岐・阿知使主・王仁・弓月君」, 『古代の人物 1: 日出づる国の誕生』(鎌田元一 編, 石上英一・鎌田元一・栄原永遠男 監修), 清文堂出版.

로 모시기도 한다.

　일본의 신사(神社 진자)는 본래 씨족들이 그들의 조상을 모시는 한국의 제각이나 사당으로 출발했으나 15세기에 접어들면서 씨족을 떠나 동네당 집과 같은 성격으로 변했다. 그렇지만 여전히 왕인은 지역신으로 그 위치를 계속 유지하고 학문의 신으로 합격을 축원하는 기도처로도 사랑을 받고 있다. 하카다의 왕인묘가 있는 산은 와니야마(王仁山)라고 부르기도 하고 인접한 곳에 와니고엔(王仁公園)이 조성되어 있으며 스가와라(管原)소학교는 와니(王仁)소학교라 했던 학교인데 교가의 첫머리에 와니를 넣고 있다.

　왕인의 무덤이 있다는 전설만으로 지역궁지로 여기며 '와니'(王仁, 和邇 和爾 등)라는 발음만 같아도 왕인박사가 자신들의 선조라고 주장하는 것을 보면, 왕인의 위상은 여전히 절대적이고 숭앙의 대상임을 알 수 있다.

　1990년대에 들어와서도 일본에서 왕인박사를 '문화의 시조'로 높이 평가하면서 기리는 사업이 추진되고 있다.[65] 그리고 히라카타의 왕인총환경수호회(王仁塚環境守護會)는 1998년에 오사카부 사적 지정 60주년을 기념하여 『속 왕인총』을 간행하였다.[66] 그 밖에도 왕인박사를 매개로 한 히라카타와 영암군 사이의 교류를 모색하는 움직임도 지속되고 있다.[67] 사가현

---

65) 島田豊, 1992, 『日本文化始祖博士王仁』, 王仁博士顯彰会; 島田豊 編, 1995, 『博士王仁 : 日本文化始祖』, 王仁博士顯彰会; 島田豊 編, 1995, 『日本 文化 始祖 博士 王仁』, 名古屋 王仁博士顯彰会.

66) 王仁塚環境守護會, 1998, 『續 王仁塚 - 大阪府史跡指定六十周年記念』.

67) 後藤耕二, 1994. 7, 「傳王仁墓を介した大韓民國全羅南道靈巖郡との友好都市問題をめぐって」 『在日朝鮮人の歷史―枚方での掘り起しのために』, 枚方市敎育委員會; 枚方市史編纂委員會, 1995, 「王仁の渡來說話と傳王仁墓」, 『枚方市史』 別卷, 枚方市史編纂委員會; 福山昭, 1999, 「傳王仁墓の成立と展開」, 『枚方市史』; 枚方歷史フォーラム 實行委員會, 2001, 『檢證 古代の河內と百濟』; 姜信英, 2012,

간자키시와 영암군의 교류도 왕인박사를 매개로 하고 있음은 더 말할 나위가 없다.

Ⅳ. 맺음말

한국의 『삼국사기』 등에는 왕인박사에 관한 기술이 남아 있지 않다. 그런데 왕인박사에 관한 문헌 기록은 『일본서기』라든가 『고사기』와 같은 일본의 고문헌에 보인다. 이런 까닭에 일본에서는 일찍이 8세기 중엽부터 왕인박사를 '학문의 시조', '와카의 아버지' 등이라 적은 기록물이 있었다. 그런데 한국에서는 15세기 후반의 『해동제국기』에 이르기까지도 고문헌에서 왕인박사에 관한 언급이 없었다. 그러다가 임진왜란이 끝난 뒤 통신사(通信使)가 일본을 왕복하게 되면서 일본을 통해 왕인박사와 아직기의 존재가 조선에 알려지게 되었다.

지금까지는 1810년대에 한치윤이 저술한 『해동역사』를 왕인박사에 관한 최초의 기록물로 간주해 왔다. 그런데 김선희가 17세기 중엽 통신사의 사행록에서 왕인박사에 관한 기술을 발견하였다. 1655~56년 남용익의 『해사록』(下 附見聞雜錄), 1719~20년 신유한의 『해유록』(聞見雜錄), 1763~64년 조엄의 『해사일기』 등이 그것이다.[68] 뿐만 아니라 백과사전류인 이덕무의 『청장관전서』(淸脾錄, 蜻蛉國志)에도 "왕인이 천자문을 일본으로 가지

『王仁博士追っかけ吟行ガイド』, 大阪 新風書房.
68) 김선희, 2011, 「전근대 왕인(王仁)전승의 형성과 수용」, 『日本文化硏究』 39, 동아시아일본학회, 43~48쪽.

고 가고, 난파진가(難波津歌)를 지었으며, 황태자의 스승이 되었다"는 내용을 싣고 있다. 이를 통해 "왕인이 왜시(倭詩) 즉 와카(和歌)의 시조"라든가 "왕인이 관상을 잘 봤다"는 '사실'이 조선에 전해지게 되었다. 말하자면 일본에서 오랜 세월에 걸쳐 이어진 왕인 전승이 통신사행을 통해서 조선에 유입되기에 이르렀던 것이다.[69]

근대에 와서도 마찬가지로 일본에서 만들어진 왕인박사에 관한 연구가 조선으로 수입되었다. 하야시 다이스케의 조선사 연구 성과가 현채와 같은 조선인 역사가에게 영향을 미쳤다. '박사왕인비' 건립 운동 역시 언론을 통해 일본과 조선 전역에 퍼지게 되었다. 영산포 혼간지(本願寺) 승려 아오키 게이쇼(青木惠昇)가 왕인박사 동상 건립을 추진했던 것도 그런 맥락에서 풀이할 수 있다.

다만 일본 오사카 히라카타의 '왕인묘' 즉 '와니(王仁)의 묘'와 '오니(鬼)의 묘'를 둘러싼 논쟁, 영암 '왕인박사' 유적과 '도선국사'의 유적을 둘러싼 갈등에서 보듯이, 아직도 풀리지 않은 과제가 적지 않게 남아 있음은 물론이다. 이와 관련하여 한 가지 고려할 것은 고대의 기록물을 해석할 때 현재의 관점이 아닌 당시 상황을 먼저 고려하는 것이 중요하다고 생각한다. 가령 왕인(王仁)의 일본 발음인 '와니'를 일본인들이 나중에 와니(鰐)로 적는다든지, '와니'가 '오니'(鬼)로 전와(轉訛)되는 과정을 밟게 되는데, 이것은 단지 소리(音)만 빌려 쓴 것일 뿐 뜻(訓)과는 전혀 상관이 없다. 그런데도 악어를 뜻하는 일본어 와니(鰐)나 귀신을 의미하는 오니(鬼)를 그대로 과거에 적용하여 그것이 본디 와니(王仁) 즉 왕인박사와 무관하다고 주장하는 것은 옳지 않다.

---

69) 김선희, 위의 논문, 49~53쪽.

아무튼 왕인연구(王仁硏究)에 관한 새로운 문제제기는 올바른 해답을 찾기 위한 또 하나의 시발점이 될 수도 있다. 이것을 왕인박사에 대한 무관심에서 벗어나 적극적인 분석과 연구에 몰두할 수 있는 계기로 삼는다면 더 없이 좋은 기회가 될 것으로 생각한다.

3. 왕인박사에 대한 국내에서의 관심과 위상

Ⅰ. 왕인박사에 대한 한국내 관심의 시발

한반도 출신 왕인(王仁)이 일본에 천자문과 논어를 전하고 일본 왕자를 가르쳤다는 일본 기록이 한국의 문헌에 나온 첫 기록은 효종대의 문신 남용익(南龍翼)의 『부상록』「문견별록』을 비롯하여 신유한(申維翰)의 『해유록』, 조엄(趙曮)의 『해사일기』 등에 보인다. 18세기 말에 들어서면 실학자 이덕무(李德懋, 1741~1793)가 쓴 『청장관전서』 중의 「청비록」 및 「청령국지」에서도 보인다. '청령국'이란 일본의 지형이 잠자리모양을 하고 있다 해서 붙인 별칭이다. 일본나라 지리지인 셈인데 이 책에 1712년 데라지마(寺島良安)에 의하여 일본에서 간행된 『화한삼재도(和漢三才圖)』에 실린 「王仁付阿直岐」의 내용을 인용하고 있다. 또한 1810년께 한치윤(1765~1814)이 쓴 『해동역사(海東繹史)』도 이덕무의 글과 내용이 거의 비슷하다. 그는 1789년 진사시험에 합격한 뒤 대과시험에 응하지 않고 학문에 정진하다가 말년에 『해동역사』 70권을 지었다. 이 책은 한국내 여러 역사책은 물론 중국, 일본 등지의 역사책 545종을 참고해 엮은 것이다. 추사 김정희(秋史 金正喜 1785~1856)는 일본 "목리대학(足利學所)에 보존되어 있는 고경(古經)은 당나라 이전의 구적(舊蹟)이다. 그중 『상서(尚書)』를 번조(飜雕)한 것을 얻어 보았는데, 제·양(齊·梁)의 금석과 더불어 글자의 체가 서로 같으며, 또 신라 진흥왕비의 글자와도 같으니, 이는 필시 왕인시대에 얻어갔던 것으로서, 지금 천년이 지난 나머지에도 고스란히 수장되어 있다. 이는 진실로 천하에 없는 것이다."(김정희 저, 신호열 편역, 『왕당전집』卷八「雜識」, (재) 민족문화진흥회, 36쪽)라고 말하여 왕인이 실존인물임을 간접적으로 입증하고 있다.

왕인이 영암 출신이란 기록은 공주 출신인 이병연(李秉延, 1894~1977)이 1937년에 써 모은 『조선환여승람(朝鮮寰與勝覽)』이다. 향토사학자라고 할 수 있는 그는 지방의 유식가 1백여명을 동원해 전국 229개군 중 절반이 조금 넘는 129 개 군의 향토자료를 16년간에 걸쳐 모았다. 당시 일본식민지가 된 국내에서는 지방 곳곳에서 조선시대의 기록화가 유행을 이뤄, 옛 읍지류를 본 딴 여러 종류의 군·읍지나 권역을 묶은 호남읍지 따위가 간행되던 때이다.

일제식민시절 향토지들은 간행비 때문에 대부분 구읍지류 그대로 전재한 뒤 일제강점기 이후의 새 변화를 덧붙이고, 주요 인물난에 치중하고 수록된 인물이나 후손들에게 제작비를 부담시키는 형식을 취하고 있었다. 이병연은 이 방법을 쓰지 않고 비교적 향토자료에 치중했던 탓으로 간행비를 마련하지 못했던지 독지가가 있는 26군편만을 간행하고 나머지는 원고를 남겨두었다. 특히 당시 범람했던 지방지지류와 다른 점은 중국의 일통지류(一統志類)를 본받아 국지적인 지방지를 만든 것이 아니라 전국 규모의 여지(與誌)를 시도한 점이 달랐다. 그 전에 만들어진 여지류인 『동국여지승람(東國與地勝覽)』이나 『여지도서(與地圖書)』, 『대동지지(大東地志)』 등 여지류 형식을 취하고 항목수도 49개 항목으로 늘려잡은 점에서 방대한 정보를 제공하고 있다. 다만 관찬사료가 아니라 사찬자료라는 점 때문에 공인

받지 못하는 약점을 지녔다. 다행히 영암군편은 당시 현준호(玄俊鎬, 호남은행장)라는 재정후원자가 있어서 1937년 간행이 가능했다. 이 책 영암군「명신(名臣)」항목에는 최지몽(崔知夢), 현옥량(玄玉亮) 두 사람의 이름이 나오고 이어「명환(名宦)」편에 왕인(王仁)과 최덕지(崔德之)가 소개되어 있다(『조선환여승람』, 336쪽).

이 책「명소(名所)」항목에는 '聖基洞 郡西 二十里, 百濟古爾王時 博士 王仁生於此'라는 새로운 정보도 있다. 내용으로 보아 왕인의 일본내 유적이 정확한 것을 보면 영암군편 자료 수집자가 일본의 근황 정보에 상당한 지식을 가진 사람이었다. 이때 이미 영암군내에 정착해 있던 성기동 왕인 탄생설을 반영하고 있다.

왕인에 대한 일본내 정보가 국내에 유입되고 일반화된 것은 일본의 한국민 동화정책에 영향을 받았다고 할 수 있다. 1908년 8월 19일자 국내 공립신보는「동국사담(東國史譚)」이란 연재 때 왕인이 일본 태자에게 학문을 전수한 내용을 실었다. 식민시절 국내 심상소학교(1938년~1941년, 초등학교) 유년 필독서에는 "고이왕 때에는 왕인이 일본에 가서『논어』라 하는 책과『천자문』을 보내니, 일본이 차후로부터 문명하야 아국(我國)을 선진국이라 하더라"라는 내용과 함께 정자관을 쓴 한국 노인이 일본 왕자를

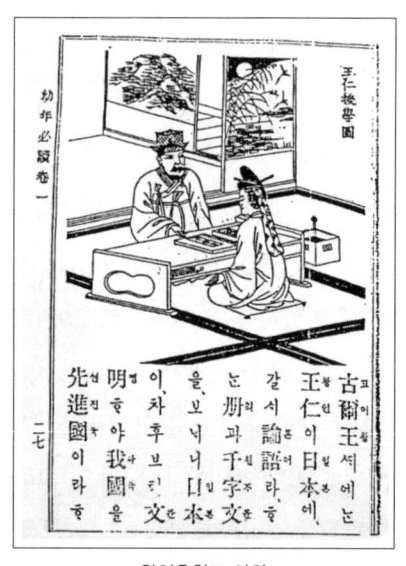

왕인후학도 삽화

가르치는 「왕인후학도(王仁後學圖)」라는 삽화를 실었다.

이같은 교과서 간행이 가능했던 것은 식민시절 일본이 원했던 내선일체(內鮮一體) 동화 정책을 역이용한 식민지 국민의 자존심의 한 단면이었다고 생각된다. 3.1만세운동이 일어났던 1919년, '3.1만세' 직후 매일신보는 3월 28일자 신문에 일본에 있는 왕인의 무덤에 대한 기사를 싣고 있다. 10년 뒤인 1929년 10월에는 같은 신문인 매일신보가 일본에 왕인신사를 짓기로 했다는 내용을 보도하고 있다. 물론 같은 해 9월 29일에는 중외일보가 매일신문에 앞서 왕인신사건설계획을 보도한 바 있다.

이 시기를 지나 1932년 일본 스님으로 영산포 혼간지(本願寺) 주지였던 아오끼(靑木惠昇)는 영암에 왕인박사 동상건립운동을 시작했다. 그는 「박사왕인동상건립목론견(目論見)」이란 글에서 '영암 구림에는 기록은 없지만 구전되기로는 배를 타고 떠난 석별의 자리와 옷을 벗어두고 간 바위가 있다. 이곳에 1만 엔의 기금으로 기초석 2발 5자, 1발 5자짜리 동상을 세우려 한다'는 취지와 함께 간단한 설계도면을 싣고 모금운동에 나섰다. 아오끼는 당시 아직 『조선환여승람』이 간행되기 전이라 이 기록은 보지 못했던 듯 싶지만 나주·영암 일대에 구전되고 있던 영암 구림 왕인전설을 듣고 지금의 군서면 백암동 백의암에 동상을 세우려 했던 것을 알 수 있다.

광복후 1972년 영암군이 간행한 『영암군향토지(靈巖郡鄕土誌)』에 비로소 「명환·절의」 항목(336쪽)에 왕인에 대해 비교적 자세한 현장과 전설을 기록하고 있다.

"백제 고이왕 때 사람 왕인은 일본에 처음으로 한학과 서산(書算)을 전하여 일본 문학의 시조라 숭앙을 받았다. 왕인은 구림 성기동에서 출생하였다. 지금의 문산재에서 학문을 닦고 남달리 재지가 명철하여 일찍이 사경박사로 등용되었다. 당시 백제와 일본은 문물의 교역이 빈번하였고 서로 친선 관계를 맺고져 한 터에 일본에서 사신의 초빙이 있어 왕인은 사절로서 일본에 건너갔으며, 갈 때 천자문 한권과 논어 10권을 지참하여 일본에 처음으로 펼치었다. 황태자 우지노와키아랏코(菟道稚郞子)의 스승이 되어 일본 조야의 극진한 대우와 존경을 받아 오다가 귀국하지 못하고 이국에서 세상을 떠났다. 박사의 묘지가 지금 오사카(大坂府) 북 기다카와치(北河内郡)에 안치되어 있다. 박사의 탄생지인 구림에는 이렇다 할 유적이 없고 단지 문산재의 배틀굴에 박사가 사용했다는 석제 책함이 있다. 희미하게 전하여 오는 전설에 의하면 도일(渡日)하려고 서호강으로 가는 길에 지금의 고산마을 뒷등에서 성기동을 보았다 해서 '돌정자'라 부르고 있다 한다."(『영암군향토지』 제18절 명환 및 절의 항목편 336쪽)

이 책은 제7절에 「왕인박사와 구림」이란 항목으로 다음과 같은 내용을 싣고 있다.

"지금은 세계 일등국으로 등장하고 있는 일본인에게 학문을 전습하여 그 나라의 경제문화 사회발전의 시조가 된 왕인박사는 구림 성기동에서 태어났다고 한다. 우리나라에는 믿을만한 문헌이 없으나 일본인들은 1937년부터 1941년 사이에 여러 차례에 걸쳐 사학가를 구림에 파견하여 왕인박사의 행적과 자료를 수집해간 일이 있었다. 일본 사학자들은 박사가 출생했다는 성기동과 박사가 수학한 곳으로 전해오는 월출산 남쪽 죽봉산 밑의 옛 절 문수암

(文殊庵)을 토대로 자세한 것을 조사했다. 문수암에는 세칭 '배틀굴'이라 칭하는 박사의 서고가 있는데 그들은 이 서고를 유심히 들여다보고 어루만지면서 '마찌가이나이(틀림없다)'를 연발했다는 것이다."(당시「구림산악회장」박찬우 제공)

이 글을 보면 일본 사람들이 구림을 찾아와 왕인의 행적과 자료를 조사해갔다는 1937년과 1941년 사이는 일본이 오사카에 왕인신사 건설을 추진하던 때이고, 1940년 4월 우에노공원(上野公園)에 기념비를 세운 시기이다. 이와 더불어 일본은 왕인이 백제 사람이었다는 기록만을 이유로 백제 패망 때의 수도였던 부여 신궁 안에 '박사왕인비'를 세우기로 한 때이다. 일본의 조선총독부는 1943년 4월 부여에 세우기로 한 왕인박사비 건립을 위한 지진제(地鎭祭)를 지내기까지 하였으나(매일신문 4월 당일자 보도) 주춤거리다가 패망과 더불어 중지되고 말았다. 이 같은 일본의 움직임 때문에 영암 연고지에 세우려던 나주 혼간지 주지의 영암 백의암 왕인동상 건립마저 위축되어 흐지부지되고 말았다. 식민시절 부여에 세우려했던 왕인비도 전쟁 말기 혼란도 있었겠지만 영암 탄생설을 외면할 수 없었던 사정도 작용했던 것으로 짐작된다. 왜냐하면 역사 지식이 부족한 일본인들은 백제라 하면 지금의 부여를 떠올린다. 부여 백제 시절 일본은 가장 문화적 교류가 많았을 뿐 아니라 부여 백제 망명자가 많이 건너갔기 때문이다. 백제는 기원전 18년 서울에서 개국한 뒤 지금의 공주인 웅진으로 천도한 것은 22대왕인 문주왕(文周王, 475~477) 1년인 서기 475년이므로 백제왕실에서 왕인박사를 보냈다면 한성 백제 시절의 일이다. 그러므로 왕인은 부여와 연고가 없다.

백제는 475년부터 4명의 왕이 웅진에서 지낸 뒤 26대 성왕(聖王,

523~554)이 재위 16년만인 서기 538년에야 당시의 사비인 지금의 부여로 궁실을 옮겨갔다. 부여 백제 125년만인 660년 망했으므로 부여는 패망 백제의 상징 도시일 뿐 백제의 본터 자리가 아니다. 뿐만 아니라 왕인이 일본에 건너간 시기는 백제의 치정 중심이 지금의 서울이었고 한반도 남쪽인 전남의 마한 세력을 완전히 장악하기 전이다.

그러므로 『일본서기』나 『고사기』를 쓴 8세기 때는 마한도 백제도 이미 한반도에서 없어진 옛 나라들이다. 일본과 깊은 관계가 있던 백제라는 나라 이름은 7세기 이전, 마한이 엄연히 존재했지만 한반도 서남부쪽마저 백제로 통칭되었던지 『일본서기』나 『고사기』에는 마한에 대한 언급이 없다. 오늘날 세계적으로 한국을 부를 때 나라 이름을 Korea라 부른다. 이 이름은 조선왕조 이전에 존재했던 고려를 영어로 표기한 낱말이지 조선왕조나 대한민국을 구분해 쓰는 나라 이름은 아니다. 마찬가지로 중국을 차이나(China)라고 하는 것은 중국의 옛날 통일국가였던 진(秦)나라 이름이 널리 알려졌던 탓으로 중화인민공화국이 된 오늘날까지도 중국의 이름으로 쓰인다.

이처럼 땅이름은 사실 관계나 시대에 따라 변하기도 하지만 대외적으로 가장 널리 알려진 이름이 시대를 뛰어 넘어 계속 통칭되는 속성이 있다. 이런 현상은 국내 기록에서도 얼마든지 찾아볼 수 있다. 국내 사찰의 창건이나 귀화 인물의 귀화 시기를 기술할 때 백제 때 창건한 사찰이라면 백제 ○○왕 ○년이라고 기술해야 옳지만, 대부분 신라 ○○왕 때라고 기술되어 있는 경우가 많다. 인물에 있어서 가까운 보기를 들자면 남평 문씨 시조 문다성은 백제시절 남평(南平)에서 태어났지만 모든 기록은 신라 자비왕때(慈悲王 15년)인 472년에 남평에서 태어났다고 적고 있다. 이 점은 왕인의 영암 출생설을 설명하는데 기억해야 할 사례이다. 700년대 일본 역사책을 쓴 사람의 입장에서는 백제통합 전의 마한에 대한 존재를 알았다 할지라도 한반도의 서남부에서 건너온 사람을 백제로 통칭했을 가능성이 많다는 점이다.

특히 『일본서기』나 『고사기』는 말 한 필, 큰 거울 하나를 보내와도 자랑삼아 백제왕 ○○가 보냈다고 기술하고 있으면서도 왕인박사는 백제왕을 통한 정식 채널이 아닌 사적인 지면을 가지고 데려갔다고 기술하고 있는 점이다. 왕인을 황태자의 스승으로 천거한 아직기(阿直岐)는 백제왕이 보낸 것처럼 기술했으면서도 왕인은 일본 왕이 아직기의 천거를 받아 사신 두 사람을 백제에 파견해 사적으로 모셔간 점이 다르다. 이 점이 백제의 정치 중심에서 멀리 떨어져 있는 영암에서도 일본의 초청을 받았을 가능성이 있었음을 유념해야 한다. 그래야 한성 백제 때 어째서 백제 치정 중심에서 먼 영암 사람이 일본에 건너갔다고 하는가에 대한 의문이 풀릴 수 있다.

Ⅱ. 한·일 국교 정상화 이후의 왕인에 대한 관심

내선일체를 내세우면서 왕인을 내세워 한국민들을 끌어안으려던 일본이 패망해 떠난 뒤 국내에서 왕인은 잊혀졌다. 거센 반대 운동에도 불구하고 1965년 6월 22일 한·일국교협상이 타결되었다. 두 나라는 서로 선린친교의 필요성을 역설하기에 이르렀다.

1970년 전후 부여지방의 향토사학자로 백제연구소를 운영하고 있던 홍사준(洪思俊, 후에 초대 부여박물관장 역임) 소장이 영암 구림을 찾아왔다 (『성기동』 2호, 111쪽; 강학룡 글, 「왕인박사 유적지의 어제와 오늘」, 98쪽; 박창재 글, 「아버님과 왕인박사현창사업」). 그의 방문은 일제식민시절 논의

되었던 왕인의 구림 탄생설을 확인하기 위해서였다고 한다. 물론 그는 부여 출신으로 한·일 회담의 주인공이었으며 공화당과 정보부의 실세였던 김종필씨의 당부도 있었던 것으로 알려져 있다. 일제 말엽 일본인들이 추진하다가 중지한 부여 왕인박사비의 재추진을 검토하기 위해서였다. 일본인 스님의 주선으로 구림에 세우려했던 왕인동상 추진으로 이 지방에는 왕인탄생 전설이 일반화되어 있었다. 이 사실은 동네 출신들의 자부심이기도 했다. 이런 분위기를 전하는 기록이 최재율 전남대교수 등 당시 군서면 출신 학생들이 중심이 되어 만든 『詩의 마을, 鳩林』(1953년)이다. 최재율(崔在律) 교수는 이 책에 구림동네는 일본에 건너가 문자와 유학을 가르친 왕인박사를 배출한 시와 전통의 마을이라는 내용의 글을 썼다. 1972년 『영암군 향토지』에 「왕인박사와 구림」에 대한 내용을 제공한 사람도 이 동네 출신 박찬우(朴燦宇) 씨이다. 그는 이 해 7월 왕인묘가 있다는 오사까 사적지를 찾아가 참배하고 귀국했을 만큼 왕인박사를 배출한 구림에 대해 자부심을 가지고 있었다.

이 무렵 한국과 일본에서는 새로운 한·일 관계 수립에 도움을 줄만한 논문과 신문 연재들이 시작되었다. 재일교포 김달수(金達洙) 씨는 일본 아사이신문에 「일본 속의 조선문화(日本の中の朝鮮文化)」를 장기 연재하면서 왕인을 언급했다. 이 연재들은 일본 講談社에서 단행본을 냈으며 뒤에 한국어 번역판도 나왔다. 당시 국회의원이었던 김창수(金昌洙) 씨는 1972년 8월, 무려 15회에 걸쳐 중앙일보에 「일본에 심은 한국의 얼」을 연재한 뒤 1975년 단행본으로 『박사왕인』(彰明社 간행)을 냈다. 그는 1973년 6월 동아일보에 「영암은 왕인박사의 탄생지」라는 글을 투고하기도 하였다. 1971년 이병도박사는 충남대학교 백제연구소가 낸 『백제연구』 2호에 「백제학술 및 기술의 전파」라는 글을 실었다.

이같은 일련의 움직임은 비록 36년간 일본의 식민기를 거쳤지만 일본을 문명시킨 것은 옛날에는 한반도 사람들이었다는 자긍심을 가지고 극일(克日)하자는 숨은 뜻이 있었다. 아울러 일본에 새로운 선린 관계를 강조했던 시대 분위기였다고 할 수 있다. 한편으로 일본 국민들에게 고마움을 깨달아야 한다는메시지를 전달하려는 의도도 담겨 있었다. 특히 이 무렵 『아시아 공론(アジア公論)』은 왕인에 대한 글을 집중적으로 게재해 당시의 분위기를 잘 보여주고 있다.

- 1973년 9월호: 金昌洙, 「왕인박사의 출생지를 찾아(王仁博士の出生地を訪ねて)」
- 1973년 12월호: 李丙燾, 「왕인과 일본문화(王仁と日本文化)」
- 1974년 5월호: 阿刀弘文, 「일본 속의 조선문화-귀화인의 후예(日本の中の朝鮮文化-歸化人の後裔)」
- 1974년 12월호: 李殷昌, 「박사 왕인의 연구-(王仁博士の研究-靈岩の王仁遺跡地調査を中心に)」
- 1974년 12월호: 金永元, 「박사왕인에 관한 고찰-구비전설을 중심으로(博士王仁に關する考察-口碑傳說を中心に)」

이처럼 1970년대는 국교정상화 이후 5~6년의 세월이 흐르자 일본 관광객들이 몰려오기 시작했다. 일본 사람들이 연민의 정을 가지고 찾는 첫 번째 방문지는 백제 유적·유물이 있다는 곳들이었다. 부여는 백제를 대표하는 유적지였지만 이 무렵 그 흔적이라고는 백제 정림사탑에 당나라의 침략 내용을 담은 속칭 평제탑(平濟塔) 이외에는 낙화암, 백마강 등 패망한 나라의 전설 지명뿐 일본 관광객을 충족시킬 만한 유적 하나 복원된 것이 없었을 때이다. 이런 판국에 한일 교류사의 상징적 인물인 '왕인비'나 '왕인공원' 조성 재추진은 그 지역의 가장 손쉬운 볼거리 사업이 될 수밖에 없었다. 이 때문에 당시 이 지역을 대표했던 백제문화연구 소장이었던 홍사준 씨 등 일행이 구림유적지의 사실성 여부를 살피기 위해 영암을 찾아왔던 셈이다. 그러나 현지 주민들의 주장이 확고했으므로 부여박물관 신축사업으로 전환했으며 이 박물관마저 외형이 일본 관광객을 너무 의식한 나머지 일본식 건축과 닮았다는 비판을 받는 빌미를 제공하였다. 이 건물은 결국 철거되고 말았다.

III. 전라남도의 대응

이 같은 분위기를 전해들은 전라남도는 1973년 당시 문화재보호협회장이었던 이선근(李瑄根) 박사에게 영암 왕인박사 유적지에 관한 사실 검토를 요청하였다. 이 조사에는 이은창(李殷昌), 유승국(柳承國), 박찬우(朴燦宇, 현지 산악회장), 임해림(林海琳, 도문화재전문위원), 김영원(金永元, 조선대 교수), 이정업(李正業, 조선대 교수), 임영배(林永培, 전남대 교수) 등이 참여하였다. 1973년 10월 25일 창립한 사단법인 왕인박사현창협회는 회장에 이선근, 이사장에 김신근(金信謹, 숭의학원이사장) 씨가 추대되었다. 이해 12월 말, 동 협회는 『조사보고서』를 전남도에 제출하였다. 1974년 5월 18일 왕인박사현창협회는 광주 YWCA 강당에서 지난 연말 전남도에 제출한 영암유적지조사결과를 공개했다.

• 이선근; 종합보고의 의의

- 이은창; 영암 왕인 유적지를 중심으로
- 김영원; 구비전설과 고증을 중심으로
- 박찬우; 왕인박사유적지 정립을 위한 유적개관
- 유승국; 왕인박사 사적에 관하여
- 김정업; 영암 문화권과 왕인전설
- 임해림; 구림 석인상과 문산재(고고학적 측면)

　이때 조사 결과는 1974년 5월 30일 한국역사학협회의 이름을 빌려 성균관대학교 강당에서 왕인박사고증학술발표회란 이름으로 다시 공개했다. 이때 발표 겸 인사에 성균관대 대학원 유홍열(柳洪烈) 원장이 참여하여 왕인박사 구림 탄생설의 여론 형성에 도움을 주었다.

　이 해 7월 4일 일본 측 왕인박사현창협회장 武島和仁 일행 4명이 구림을 방문, 왕인박사가 일본에 전했다는 매화묘목 50주를 성기동 유적지에 심고 추모행사를 가졌다. 8월 5일에는 도쿄의 왕인박사현창협회 회장 田尻容基 등 일행 4명이 구림 성기동을 찾아와 경배 추모 행사를 가졌다. 이 해 서울 창명(彰明) 출판사는 김창수 씨가 쓴 『박사왕인; 일본에 심은 한국』을 출판했다.

　1975년 8월 20일 전라남도교육위원회는 도내교육자들을 상대로 월출산 산장 관광호텔에서 「왕인박사유적학술세니마」를 열어 왕인박사탄생지와 일본에 끼친 영향에 대한 교육계의 인식을 높였다. 곧 이어 8월 25일 부산에 있던 재부산 일본총영사관은 전남북문화원장들을 월출산산장관광호텔에 초청해 「왕인박사유적학술세미나」를 열었다. 한·일 교류의 상징 인물로 떠오른 왕인박사 유적인 구림 성기동을 찾는 탐방객을 위해 도갑사 곁에 산장호텔이 세워진 것도 이 해였다.

전남도는 이 해 전남대학교박물관에 구림 성기동 일대의 도문화재지정 조사를 의뢰했다. 이듬해 9월 보고서가 제출되자 곧 바로 도문화재위원회를 소집, 9월 30일 도문화재기념물 제20호로 지정할 것을 의결했다.

1976년 11월 11일 성기동에 노산 이은상(李殷相) 씨가 짓고 서예가 경암 김상필(金相筆) 씨가 쓴「백제왕인박사유허비」가 제막되었다. 1940년대를 전후해 일본 사람들이 추진해온 한국내에서의 왕인박사비가 40여년이 지나 광복 후, 일본 사람들이 아닌 한국 사람들에 의해 비로소 세워진 것이다. 그 비문의 내용은 다음과 같다.

○ 碑前面
    百濟王仁博士遺墟碑

○ 碑左側面 11열로 새겨져 있음
    百濟王仁博士遺墟碑銘 序文

    은혜 중에서도 물질의 은혜보다는 사상과 학문과 문화를 깨우쳐준 은혜가 더 크고 고귀한 것이며 또 받는 것보다 주는 것이 더 거룩하고 자랑스런 것이니,

    그러므로 일찍 日本 민족에게 학문의 은혜를 끼쳐 그들의 역사상에 큰 획기를 지어준 百濟의 王仁博士야말로 거룩하고 자랑스러운 인물이 아닐 수 없다.

    日本 최고의 역사기록인 古事記 中卷 應神天皇條에 百濟 照古王이 阿知吉師를 시켜 牡馬와 牝馬 한 필씩을 보내오고 橫刀와 大鏡도 가져왔다고 했으며, 또 天皇의 청함을 입어 百濟의 和邇吉師가 論語 十卷과 千字文 一卷을 가져

왔을 뿐더러 冶工 卓素와 吳服工 西素와 釀酒人 人番 등도 따라왔다고 했다.

그리고 日本書紀 卷十 應神條에는 十五年에 百濟王이 阿直岐에게 良馬 二匹을 주어 보냈고 또 그가 經典에 능하므로 太子菟道稚郎子의 스승이 되고,

다시 阿直岐의 推薦으로 王仁博士를 모셔다가 太子의 스승을 삼았다 했으며 續日本紀에는 이것을 百濟 近仇首王 日本 仁德天皇 때의 일로 적혀 있다.

위의 기록들에서 百濟의 阿直吉師는 腆支太子를 이름이요, 和邇吉師는 王仁과 같은 이름이거니와 다만 日本과 百濟의 王代가 서로 착오되어 있으니,

應神天皇은 百濟 古爾王代요, 百濟 照古王은 近肖古王이라 日本 仁德天皇때요, 百濟 阿莘王의 太子 腆支가 日本에서 돌아온 것은 日本 履中天皇 때다.

위와 같이 王仁博士가 日本에 건너간 연대에 있어서 日本 기록들에 혹은 應神天皇 十六年, 百濟 古爾王 五十二年, 西紀二八五年으로 적혀 있기도 하고,

혹은 百濟 近仇首王 四 年, 日本 仁德天皇 六十六年, 西紀三七八年으로 혹은 百濟 腆支王 元年, 日本 履中天皇 六年, 西紀 四〇五년으로 적혀 있어,

○ 碑後面 17열로 새겨져 있음

연대가 혼동되어 있음을 보지마는 王仁博士가 日本으로 건너가 한문을 전수한 것만은 그들의 문화사상에 부정할 수

없는 정확한 사실이었을 것이다.

그래서 日本문화의 시조가 된 王仁博士는 옛 河內國 交野郡 藤坂村 동북 御墓谷에 그의 묘소가 있고, 또 大阪府 泉北郡에 그를 모신 泉石神社가 있으며,

우리나라에서도 正祖때의 實學派 史學者 韓致奫의 海東繹史에 王仁의 사적을 밝힌 바 있거니와 실상 진작부터 모든 사람들의 상식이 되어온 것이다.

그럼에도 불구하고 정작 王仁博士의 탄생지가 어디였느냐는 것은 지금껏 연구되어 있지 않아 뜻있는 이들이 매양 개탄스러움을 금치 못하던 나머지,

마침내 學界의 관심이 집중되어 鄕土誌 實興勝覽의 기록과 전설을 종합하여 그의 탄생지가 全南 靈巖郡 鳩林 東南 聖基洞인 것을 확인하게된 것이다.

王仁 탄생지의 전설이 百濟의 옛 땅 중에서도 오직 한군데 靈巖고을에서만 대대로 전해올 뿐 아니라 그의 유적이 鳩林一帶에 산재한 것을 볼 수 있으니,

月出山 朱芝峰 一名 文筆峰 아래 아늑하게 둘러쌓인 골짜기가 聖基洞이요. 이 앞을 흐르는 물이 聖川인데 여기가 바로 王仁博士의 나고 자란 곳이더니,

뒷날 道先國師가 여기서 났기 때문에 어머니의 성을 따라 崔氏園이라고도 했고 또 그에게 관계된 전설로 인하여 鳩林이니 鶴林이니라고 불렀으니,

道岬寺 道先國師碑銘에 의하면 道先 이전의 이곳 본명은 聖基洞이었음을 알 수 있고 또 王仁의 후손들이 살던 곳

이라 하여 王富者터라고도 일렀었다.

 月出山 竹筍峰을 향하여 올라가면 옛 성터가 있고 성터를 지나면 왼편 바위 돌 속에 王仁이 글을 읽었다는 冊窟이 있고 冊窟 앞에는 옛 石人像이 섰으며,

 그 아래 편평한 골짜기에 文山齋와 養士齋터가 있어 역대를 통하여 많은 학자들이 배출되었을 뿐더러 王仁을 사모하는 선비들의 大同契도 전해왔고,

 王仁이 집을 떠나가다 되돌아보았다는 돌정고개와 배에 올라 출항했던 上臺浦가 지금은 바다를 막아 농지가 되었으나 전설만은 그대로 남아 전하며,

 더욱이 鳩林里 돌정고개 一帶는 百濟시대 陶窯地로서 지금도 陶器의 파편들이 출토되는 만큼 王仁이 陶藝工들을 데리고 갔음을 증거 하기에 족하다.

 물론 이곳이 王仁의 탄생지라는 명확한 기록이나 유물을 가지지 못했기 때문에 定說로 단정하기에는 부족하다는 학자들의 異論도 없는 바는 아니다.

 王仁이 百濟사람이라 百濟의 옛 땅에서 그의 유적지를 찾을 수밖에 없고 또 비록 口碑傳說일망정 그것을 채록해 놓으면 새 문헌이 될 수도 있는 것이다.

 이를 전공한 여러 학자들의 현지답사에 의한 새로운 연구 결과와 이 고장 원로들의 증언을 따라 나 또한 鳩林의 聖基洞一帶를 몇 번이나 거듭 답사하며,

 기록과 전설을 대조하여 이곳이 王仁의 유적지인 것을 비석에 새겨 거룩한 이를 기념함과 아울러 뒷사람들의 보다 더

깊은 연구에 이바지하는 것이다.

○ 碑右側面 3열 詩로 새겨지 있음

　　月出山 朱芝峰이여 높고도 빼어났도다
　　그 정기 타고남이여 맑고도 아름답도다
　　내님을 그려봄이여 그 모습 또렷이 나타나도다
　　東南海 푸른 물이여 멀고도 아득하도다
　　큰 뜻을 품고 감이여 장하고 거룩하도다
　　千秋에 드리움이여 그 이름 그 공덕 영원하도다
　　鳩林의 聖基洞이여 깊고도 아득하도다
　　발자국 보이심이여 숨소리 들리시도다
　　옛터에 비를 세움이여 만인의 예찬 받으옵소서

　　西紀 一九七六年 三月一日
　　文學博士 鷺山 李殷相 짓고
　　景巖 金相筆 쓰고
　　王仁博士 顯彰協會 세움

　　1985년 영암 출신 전석홍(全錫洪, 현 현창협회회장) 씨가 전남지사로 부임한 뒤, 그동안 기념물로 지정했을 뿐 거의 방치해둔 유적지정화사업이 본격화하기 시작했다. 1985년 8월 16일 기공식을 가지고 1987년 9월 20일 오늘날 볼 수 있는 왕인묘나 문산재, 양사재 등의 복원사업이 끝났다. 1985년 9월 일본 오사카 재일교민은행인「大阪興銀」이 동행 창사 20주년기념사업의 일환으로 실시한 '왕인박사 도일경로 릴레이' 발대식이 영암 구림(성기동)에서 이루어져, 그곳을 출발하여 오사카에 이르는 대장정이 시작됨으로써 구림 탄생설은 국내·외에 확고해졌다.

Ⅳ. 왕인유적사업에 대한 시각

1981년 7월 25일 월출산 산장 관광호텔에서 사단법인 왕인박사현창협회 산하 왕인문화연구소(소장 이을호 국립광주박물관장) 주최로 왕인박사 유적과 위업에 관한 학술대회가 열렸다. 이 모임은 기왕에 도문화재기념물로 지정한 구림 성기동유적을 국가지정문화재로 격상시켜 국가적 관심과 지원을 유도할 뜻이 담겨 있었다. 이 학술회의에는 국가문화재위원회에 가장 영향력이 있다는 김철준(金哲俊) 서울대 교수, 대동고전연구소 임창순(任昌淳) 소장, 동국대 김정학(金廷鶴) 교수, 최영희(崔永禧) 국사편찬위원장, 황수영(黃壽永) 국가문화재위원장, 김삼룡(金三龍) 원광대부총장, 진홍섭(秦弘燮) 이화여대 교수, 윤무병(尹武炳) 충남대 교수, 정양모(鄭良模) 국립박물관 학예실장 등이 초청되었다. 주최자인 이을호(李乙浩) 국립광주박물관장이 「왕인유적지로서의 구림」이란 발제로 현황 설명을 하고 김정학 교수는 「백제 남부지역의 사적과 일본 문화와의 관계」라는 주제로 긍정적인 견해를 밝혔다. 이 자리에서 임창순 씨는 영암지역의 고문화 독립성은 인정하는 터이지만 당시 일본에 오경(五經) 박사급도 아닌 논어(論語)박사급을 보냈던 것으로 보이는데 일본 문화에 큰 보탬이 되었다고 해서 선양사업을 할 것인가는 생각해 볼 일이라고 유보적 의견을 나타냈다. 김철준 서울대 교수도 선양 사업을 먼저 서두를 것이 아니라 백제와 영암지역과의 상관관계의 연구가 선행되어야 한다는 의견을 내놓았다.

김 박사는 1985년 「영암 왕인 유적설에 대한 비판 −왕인 유적지 사적지 지정에 대한 소견문」을 문화재위원회에 제출해 반대 의사를 분명히 했다. 회의 장소에서 김삼룡 박사는 일본 사람들이 가르침을 받았다고 고마워하는데 한국 사람들이 왕인박사의 배경을 설명할 수 없다면 부끄러운 일이라면서 한국학계의 연구를 촉구했다. 참석 청중 중에서 한 사람이 이 고장은 도선국사를 배출한 고장인데 풍수지리설과 도선에 대한 연구는 제쳐두고 일본 사람들을 깨우쳐주었다는 왕인박사 연구의 선양에 열을 올리는 것은 선후가 잘못되었다고 항의성 발언을 하였다. 이같은 학술회의 분위기를 파악한 왕인박사현창협회는 국가사적지정추진을 유보하고 어떻게 하면 학계가 동의하는 국민적 공감대를 형성할 수 있을 것인가 고민하게 되었다.

1986년 2월 23일 전석홍 지사는 광주 남도예술회관에서 「제1회 전남고 문화심포지엄」이란 행사를 기획한 뒤, 서울에서 이름이 있는 원로 문화재 전문가 30여명을 초청, 분위기 조성에 힘썼다. 이때 김철준 교수에게는 「전남지방의 역사적 배경」이란 제목으로 주제발표를 부탁해 우호적 감정을 유도하였다.

왕인박사의 구림탄생설이나 일본에서의 왕인박사 역할에 대해 부정적인 시각만 있었던 것은 아니다. 1981년 월출산 관광호텔 학술회의 때 황수영 박사는 왕인박사의 이름이나 일본에 건너가 끼친 공적이 우리 역사기록에 없다고 해서 그 자체를 부정하거나 우리 국민의 긍지로 여기지 않을 이유가 없다. 부여박물관장 홍사준 씨는 부소산 돌무더기 속에서 사택지적(砂宅智積)이란 단비를 발견한 바 있다. 우리 역사 기록에는 없지만 砂씨가 백제 8대 성의 하나인 것에 착안해 일본 문헌을 찾은 결과 역사기록에 두 차례나 나오고 의자왕 때 대좌평(大佐平)을 지냈음을 찾아낸 일이 있다. 중국의 문헌에는 없지만 중국인 쌍기(雙冀)는 광종7년에 한반도에 건너와 귀화, 과거제도의 시행과 왕권의 강화에 크게 기여했다는 사실이 한국의 역사 기록에 나온다. 마찬가지로 우리 역사 기록에 없는 사실들이 일본의 여러 문헌들에 나올 수도 있다. 하물며 일본의 여러 문헌들에 나와 있는 왕인박사는 우리 자존심을 위해서라도 연구가 필요하다고 역설했다.

영암군은 이 학술회의 이후 도갑사 중건사업과 함께 1988년 동국대 김지견 교수에게 의뢰해『도선의 신 연구』를 내놓았다. 1986년 7월 31일 광주 남도문화예술회관에서 제12회 국제불교학술회의를 열어 도선국사에 대한 여러 연구 결과를 발표했다. 이를 계기로 그동안 구림왕인전설을 도선국사 전설의 변용이란 지역의 일부 오해를 불식하고 왕인전설과 도선전설이 혼재한 사정을 현지 주민들이 이해하게 되었다.

그동안 도쿄의「박사왕인회」에서는『王仁』(1987년 간행)이란 단행본을 냈고, 한일문화친선협회(회장 尹在明)는『소설 왕인박사』(1986년 三省出版社)를 냈다. 소설가 한승원의『왕인의 땅』, 재일동포 홍상규(洪相奎) 씨의『왕인-전설과 그 시대』(1989년),『王仁』(1991년 웅진문화), 향토문화진흥원의『왕인과 도선의 마을 鳩林』(1992년) 등이 간행되어 왕인박사 선양사업이 탄력을 받게 되었다.

영암군은 1994년 4월 5일 제1회 왕인문화축제를 연 다음 1995년 3월 왕인박사탄생의 고증 등 문제점 보완을 위한 활동을 결의했다. 이때 전남대 박광순(朴光淳, 현 연구소장) 교수를 위원장으로 추대하고 단국대 정영호(鄭永鎬) 교수, 소설가 최인호(崔仁鎬) 씨, 동신대 박종열(朴鐘烈) 교수, 성춘경(成春慶) 옥과미술관장, 남석환(南碩煥) 재일교포 왕인연구가, 김정호(金井昊) 전남도농업박물관장 등을 위원으로 위촉했다. 위원회는 1997년 일본을 방문, 일본 유적지와 공적을 조사한 뒤 11월『왕인전설과 영산강문화』라는 보고서를 간행, 일본내 왕인유적과 영산강문화의 상관관계를 보고

하였다.

이처럼 학계에서 의문을 품거나 반신반의하는 여러 문제에 대한 실마리를 풀고자 노력했으나 역사 인식에 대한 치기와 질시의 시각을 완전히 불식시킬 만큼 가시적이며 확실한 성과를 거두지는 못하고 있다. 한편, 역사 인식에 대한 성숙도를 의심케 하는 질시 어린 시비, 상식과 진실을 구분 못하고 소영웅심으로 엮은 감정적인 논설들을 펴는 일부 사학도들이 아직도 종종 나타나고 있어서 안타까움을 금할 수 없다. 한일관계정립을 위해 정립해야 할 국가적 소명을 '지역이기주의', '콤플렉스의 역사왜곡', '지역영웅화 과정의 검토', '왕인은 천자문을 전했는가', '확인되지 않은 과거' 등, 부정적인 시각이 우리 사학계에 남아 있는 것도 사실이다. 역사란 상상과 추론의 선택이 아니라 인문과학적 실증에 의해 증명되는 진실 규명이 되어야한다. 왕인 연구는 편견과 아집에 사로잡힌 문헌 중심의 권위에 순종함으로써 결정되는 것이 아니라 현장 접근을 통해 묻혀 진 진실들을 보석처럼 발굴하고 다듬어야 빛나는 법이다. 역사란 상식과 상상의 학문이 아니라 실증의 학문이다.

V.「왕인문화연구소」의 활동

2007년 사단법인 왕인박사현창협회는 그동안 유명무실했던 왕인문화연구소의 활동을 강화하기 위해 연구소 규정을 마련하였다. 학술원회원 박광순 박사를 연구소장으로 추대하고 7명의 연구위원도 위촉했다. 2008년 4월 연구위원 5명이 일본을 방문, 왕인시대 유물유적에 대한 조사와 영산강유역 유물과의 상관관계를 답사·연구하였다. 6월 들어 5명의 조사단을 재차 파견하고 12월 들어『왕인-그 자취와 업적』,『왕인과 천자문』을 간행하였으며, 동시에 일본사람들이 쉽게 접할 수 있도록 일본어 번역판도 냈다. 왕인이 일본에 가져간『천자문』은 이미 중국에 정착해 있던 '이의일월(二儀日月)'로 시작되는 종요(鍾繇)의 천자문이었음을 이미 일본에서는 오랜 논란 끝에 1966년 오가다(尾形啓康)에 의해 일반화되어 있음을 확인했다. 국내에서도 1991년 출판인 안춘근(安春根)에 의해 소개되었음(『출판학연구』33호)을 재차 확인하고 상세한 내용을 박광순 소장의 집필로 간행하였다.『천자문』이라 하면 우리는 흔히 6세기 때 주흥사(周興嗣)가 차운(次韻)한 '천지현황(天地玄黃)'으로 시작되는『천자문』밖에 모르고 객기를 부리는 사람들의 오해를 교정하는데 공헌했다.

두 번째로 왕인의 주된 활동무대였던 일본 기나이(畿內)지방의 유물과 영산강유역 유물과의 사이에 깊은 관계가 있음을 확인했다. 1990년대 들어 영산강유역에서 발굴된 장고형 고분과 대형옹관묘, 이 때 발굴된 유물들은 바로 일본에서의 왕인 활동 지역 유적유물과 직접적인 관련이 있다는데 양국 학자 간에 일치된 견해가 있음도 확인했다. 1995년 이후 이 분야 일본학자들의 논문만도 20여 편에 달하고 있다(2009년 간행『聖基洞』제2호 132~133쪽).

2009년 왕인문화연구소는 왕인박사가 영암에서 일본에 갔다면 어느 경로로 갔을 것인가에 대한 각종 자료와 현장을 점검하였다. 국내 남해안의 고대 포구와 교류 유적지를 찾아 영암 구림의 상대포에서 경남 거제도의 지세포까지 현장을 답사하고 역사 자료들을 모았다. 이 작업은 일본에서의 포구와 고대 항로도 포함되었다. 이 답사에는 현대적 해양기상과 부구시험 결과, 쓰레기의 이동, 조류와 해류의 이동, 한·일 간에 일어난 표류기록, 문헌에 기록된 남해안 항해기록들이 포함되었다. 이 답사 연구 결과는「고대 서남해안-일본 간의 항로와 왕인 뱃길 연구」라는 제목으로 보고되었다.

2010년 왕인문화연구소는 일본에서의 한·일 고대 교류경로에 대한 조사연구를 심화시키기로 결정하고 한반도 남해안과 교섭이 잦았거나 표류가 많았던 북부큐슈 일대에 대한 유적 답사에 치중했다. 이때 나가사끼 서북부 외딴 섬들(五島列島)에서 영산강유역 유물로 판정할 만한 많은 유물들을 확인했다. 여러 곳에 '와니'라고 발음되는 지명을 수집했으며 이곳을 거쳐 아리아께해 쪽으로 항해한 옛길도 확인했다. 사가(佐賀)와 간사끼(神崎) 유적도 영산강 고대세력과 왕인 활동무대였을 가능성을 검토했다. 이곳, 사가현의 학예관 시부야(澁谷格) 씨는 2006년 『日韓交流史理解促進事業調査報告書』에 「有明海와 榮山江」이란 글을 통해 영산강과 아리아께해가 지형과 지세가 비슷하다는 글을 기고하여, 아리아께해의 습지를 개척·개간한 도래인들은 이곳과 자연환경이 비슷한 현 전라도 사람들이었을 가능성을 강하게 시사한 바 있다. 이 같은 조사활동을 통해 왕인이 대마도나 이끼섬을 경유하지 않고 표류항법을 이용해 일본에 건너갔다면 북큐슈쪽이 아닌 나가사끼 서북쪽 오도열도를 경유해 사가 쪽 뱃길을 이용했을 가능성을 제시하였으며 그 결과 최근 간사끼시의 왕인신사(王仁天滿宮) 경내에 「王仁博士上陸傳承地」기념비가 세워지기도 하였다.

2011년 연구소는 일본 기내지방의 마한 관련 자료의 수집과 확인 작업을 벌였다. 영산강유역의 유적발굴과 고고학의 성과가 커지면서 일본 기내(畿內)지역 고고학에도 영향을 미쳐, 그간 한반도 서남부의 유물을 모두 백제의 것으로 일괄해 다루던 것을 이제는 백제계와 마한계로 나누고 그것을 다시 A, B로 세분하기에 이르렀으며, 왕인박사의 주활동 무대였던 가와찌(河內)일대의 유적의 발굴과 그 유물의 수집·정리·보관을 주 임무로 하고 있는 '지가쓰아스카박물관(近っ飛鳥博物館)」은 이곳에 마한계 유물을 남긴 도래인들의 고향은 현 전라도라는 사실을 명기하고 있다(권두 화보 참조). 왕인의 영산강유역 탄생설을 부정적으로 보는 사람들이 일람해 주었으면 하는 마음 간절하다. 특히 영산강 고대 유물에 특히 많은 연구 실적을 쌓고 있는 일본 후꾸오까대학 다께쓰에(武末純一) 교수의 연구 참여는 다행스럽고 고마운 일이라 하지 않을 수 없다.

이 같은 실적에도 불구하고 보고서들이 일반화되지 못해 2012년에는 이 보고서들의 주요 내용들을 축약한 간행물을 준비하기로 하였다. 왕인박사보다 늦게 시작된 청해진 장보고대사에 대한 연구와 선양사업이 오늘날 정설로 뼈대를 갖추고 국민 모두의 교양으로 일반화된 것은 국가적 관심 때문이다. 비록 적은 수의 일본인들이라 할지라도 그들이 옛 은혜를 기억케 하는 지속적인 노력이야말로 미래 한·일 관계를 순화시킬 수 있는 지름길임을 인식해야 한다.

Ⅵ. 최근 국내에서의 왕인의 위상

다음에는 국내에서의 왕인에 대한 관심과 그 위상을 간단히 살펴보자. 국내에서는 정한론의 방편으로 일본인들이 이용한 왕인박사라는 선입견 때문에 연구의 대상이 아니라는 극단론을 펴는 사람들이 있는가 하면, 일본에 대한 열등의식의 극복을 위해서라도 왕인과 일본 고대문화와 한반도 문화의 상관성은 심화시킬 필요가 있다는 선양론이 맞서고 있는 셈이다. 이와 더불어 왕인의 탄생지 성역화사업이 관광소득을 위한 지역개발의 방편이라는 오해마저 겹쳐 질시의 대상이 되고만 결함이 없지 않다.

국내 교과서는 일찍이 일본 식민기 말엽 심상소학교 교과서에 비록 압

제받던 민족의 자존심을 어루만진 왕인 이야기가 짧게 소개된 바 있음은 위에서 잠깐 언급한 바와 같다. 2000년대 국정교과서『사회』5-1에 왕인박사의 이야기가 짧게 소개되고 있다. 교과서가 검정제로 바뀐 뒤 중학교 역사교재에 8개 출판사 중 4개 출판사가 '삼국시대 일본에 문화를 전파했다'는 내용이 실리다가 2013년 9개 회사 교과서 중 6개 회사가 거의 같은 내용을 싣고 있을 뿐 왕인이 일본에 끼친 공적에 대해서는 언급한 책이 없다. 왕인은 독도 못지않게 일본 사람들의 도덕과 양심을 일깨우는 중요한 역사라는 인식이 부족하기 때문이다. 이처럼 합일되지 못한 분위기 때문에 왕인 연구는 합리적 명분에도 불구하고 거국적인 관심사에서 벗어나 국지적인 지역사의 틀을 벗어나지 못하고 있다. '역사란 실재했던 진실보다 역사가의 선택이 좌우 한다'는 말은 시대에 따라 역사는 시대적 요구를 반영하는 속성이 있기 때문이다.

다행스럽게도 문화관광부가 역사 인물에 대한 주민의 교양을 높이기 위해 마련한 이 달의 인물로 1997년 11월은 '왕인의 달'로 채택되어 대한지방행정공제회가「일본에 유학과 한문을 전파하고 한국문화를 전한 왕인」이란 작은 간행물을 만들어 배포하고 영암을 중심으로 작은 행사를 가졌다. 이 달에 손해일이 쓴『王仁의 달』이 시문학사(詩文學社)에서 나왔다. 일본 오사카 히라가타에 있는 왕인묘 제사마저도 1979년 재일 오사까 거류민단이 중심이 되어 지내다가 1985년 이 동네 사람들로 구성된「왕인총 환경수호회」에 의해 명맥을 잇고 있다.

1984년 9월 전두환 대통령이 일본에 가게 되자 이를 기념하기 위해 오사카일한친선협회가 주최가 되어 왕인 제사를 지내 한·일 양국 언론들의 관심을 끌었다. 11월 3일 열린 제사 때는 서울여자상고 학생들이 농악공연으로 축하하고 무궁화 1백 그루를 심었다. 매년 영암군민들은 이 제사에 참여해왔다. 2006년에는 사단법인 한일문화친선협회 주선으로 묘역 앞에 「백제문」을 세웠다.

1998년 5월 9일에는 왕인묘가 오사카부(大阪府) 사적 제13호(1938년 지정) 60주년 기념행사가 열리자, 이를 축하하는 뜻으로 당시 김대중 대통령이 친서로 쓴 축하문을 보냈다. 우리나라 국가 원수(元首)가 왕인에 보낸 최초의 관심이었다고 할 수 있다(권두 화보 참조).

2011년 3월 들어 한국조폐공사가 한국의 인물로 왕인박사의 초상화와 종요『천자문』 일부를 양각한 금메달(권두 화보 참조)을 제작, 반포한 것, 또한 국가적 관심사의 일부분이라 할 수 있을 것이다. 한편 특기할 사실은 2011년 8월에 발간된 대한민국『학술원 논문집』 인문 사회과학편, 제50집 1호에는 유승국(柳承國) 박사의 「百濟博士 王仁 渡東에 관한 文獻的 考證과 그 意義」가 게재되었다. 이 글은 『학술원 논문집』에 왕인박사를 다룬 글이 처음 게재되었다는 데 그 의의를 찾을 수 있을 것이다. 그런가하면 최근 (2012. 11. 4.) 일본 사가현 간사끼시에서는 왕인박사가 처음 상륙했다고 전해지는 간사끼시 다가와라지구(竹原地區: 吉野ヶ里의 서북 약 1km 지점)에 「王仁博士上陸傳承地」라는 기념비를 세워, 관민이 함께 모여 제막식을 가진바 있음은 위에서 언급한 바와 같다. 제막식에는 영암군에서 부군수를 비롯해 다수가 참여하여 제막을 즐기며 한일 간의 우호친선을 다졌다. 이 행사는 요즘 양국 간에 분위기가 경색되고 있는 가운데서 이루어졌다는 점에서 더욱 의의가 크다고 할 것이다. 왕인박사에 대한 관심은 차츰 고조되고, 그에 따라 그 위상도 조금씩도 높아가고 있는 게 현실이 아닌가 한다.

<부록> 왕인박사 관련 연구자료 목록

정성일

【왕인박사 관련 연구자료 목록】

A. 한국어 자료

㈎ 단행본

남용익, 1655-1656, 「聞見別錄」, 『扶桑錄』.

신유한, 1719-1720, 「附聞見雜錄」, 『海游錄』.

신유한, 미상, 「海游聞見雜錄」, 『青泉集』.

조엄, 1763-1764, 『海槎日記』.

이덕무, 미상, 「倭詩之始」, 「蜻蛉國志」, 『青莊館全書』.

한치윤, 1810년대, 「交聘志」, 「藝文志」, 「人物考」, 『海東繹史』.

이규경, 19세기 중엽, 「箕子朝鮮本尙書辨證說」, 『五洲衍文長箋散稿』.

김정희, 1867, 「雜識」, 『阮堂全集』.

이유원, 1871, 「文獻指掌編」, 『林下筆記』.

김기수, 1877, 「學術」, 『日東記游』.

이헌영, 1881, 「散錄 中田武雄書」, 『日槎集略』.

玄采 역술, 1928, 『半萬年 朝鮮歷史』, 德興書林.

大韓傷痍勇士會忠南支部, 檀紀4288(1955), 『忠南道誌』.

전라남도·왕인박사현창협회, 1974, 『왕인박사유적지종합보고서』.

金昌洙, 1975,『博士 王仁; 日本에 심은 韓國』, 彰明社.

이병도, 1976,『한국 고대사 연구』, 박영사.

국　회, 1978,『국회공보』제100회 제20호.

宋志英, 1979,『그 山河 그 人傑』, 培英社.

千寬宇, 1982,『人物로 본 韓國古代史』, 正音文化社.

정영호, 1985,『백제왕인박사사적연구』, 한국교원대학교박물관·영암군.

김달수, 1986,『일본 속의 한국문화』, 조선일보사.

목포대학 박물관, 1986,『靈岩郡의 文化遺蹟』, 木浦大學 博物館.

成殷九 역주, 1986,『日本書紀』, 정음사.

왕인문화연구소·전라남도·영암군, 1986,『靈巖王仁遺蹟의 現況』.

왕인박사현창협회, 1986,『聖基洞』창간호, 사단법인 왕인박사현창협회.

韓日文化親善協會, 1986,『(小說)王仁博士』, 삼성출판사.

전라남도, 1988,『豊饒로운 先進全南 : 全錫洪知事 演說文集』.

한승원, 1989,『왕인의 땅』, 동광출판사.

洪相圭, 1989. 4,『왕인-전설과 그 시대』, 한일문화친선협회.

三峰金永元敎授史學論叢刊行委員會 편, 1990,『三峰金永元敎授史學論叢』, 同刊行委員會.

홍상규, 1991,『王仁』, 웅진문화.

향토문화진흥원, 1992,『마을시리즈 1 왕인과 도선의 마을 鳩林』, 鄕土文化振興院.

김창수, 1993,『박사왕인 : 일본에 심은 한국의 얼』, 영암군.

호남향사회, 1993,『全南地方의 鄕土史 硏究』, 호남향사회보 제3집.

安春根, 1994,『韓國書誌의 展開過程』, 汎友社.

충청남도, 1994,『百濟의 宗敎와 思想』.

국립전주박물관, 1995, 『특별전 바다와 제사』(특별전도록).

홍윤기, 1995, 『한국인이 만든 일본 국보』, 문학세계사.

朴仲煥, 1996, 『光州 明花洞古墳』, 國立光州博物館·光州廣域市.

전라남도 영암교육청, 1996, 『왕인박사탐구』.

한국인물유학사편찬위원회, 1996, 『한국인물유학사』 1, 한길사.

김정호 집필·정영호 감수, 1997, 『王仁傳說과 榮山江文化』, 영암군·왕인박사탄생지고증위원회.

대한지방행정공제회, 1997, 『이달의 문화인물; 일본에 유학과 한문을 전파하고 한국문화를 전한 왕인』.

삼한역사문화연구회, 1997, 『삼한의 역사와 문화』(마한편), 자유지성사.

손해일, 1997, 『王仁의 달』, 詩文學社.

한국관광공사, 1997, 『전설속의 관광지』.

임춘택, 1998, 『왕인박사 일대기와 후기 마한사』, 영암문화원.

장도빈, 1998, 『한국의 魂』, 경학사.

한일관계사학회, 1998, 『한국과 일본, 왜곡과 콤플렉스의 역사』 1·2, 자작나무.

전라남도, 1998, 『文化財圖錄, 1998, 1-3』.

국립공주박물관, 1999, 『일본 소재 백제문화재 조사보고서 Ⅰ』.

이해준, 1999, 『역사속의 전라도』, 多知里.

林永珍·趙鎭先·徐賢珠, 1999, 『伏岩里古墳群』, 全南大學校博物館·羅州市.

국립공주박물관, 2000, 『일본 소재 백제문화재 조사보고서 Ⅱ』.

林永珍·趙鎭先, 2000, 『全南地域 古墳測量報告書』, 全南大博物館.

문화관광부, 2000, 『문화관광축제』.

文化財廳, 2000, 『文化財修理報告書, 1997, 上·下; 지방지정문화재』.

殷和秀·崔相宗, 2001, 『海南 方山里 長鼓峰古墳 試掘調査報告書』, 國立光州博物館.

박현미 글, 유효종 원화, 2001, 『왕인』, 유리카 한국위인특대전집 5, 학원출판공사.

韓日文化親善協會, 2001, 『學聖 王仁博士』, 弘益齋.

국립공주박물관, 2002, 『일본 소재 백제문화재 조사보고서 Ⅲ』.

김종현, 2002, 『지방자치단체 성공사례; 전라남도 영암군의 왕인문화축제』, 한국지방행정연구원.

靈岩郡 鄕土文化祭 推進委員會, 2002, 『(2002)「王仁文化祝祭」評價調査 報告書』, (國立)木浦大學校 文化觀光産業硏究所 硏究結果 報告書.

손해일, 2002, 『왕인의 달』(한국현역문인 2000작품 특별선, 컴퓨터파일), 윤시스템.

이시와타리 신이치로 저, 안희탁 역, 2002, 『백제에서 건너간 일본천황』, 지식여행.

해양수산부, 2002, 『한국의 해양문화 1, 서남해역(上, 下)』.

영암군 향토축제 추진위원회, 2003, 『2003년 영암 왕인문화축제 : 문화관광축제 평가 및 방문객 분석』.

윤명철, 2003, 『한국 해양사』, 학연문화사.

관광정보연구원, 2004, 『떼배항해기』.

국립공주박물관, 2004, 『일본 소재 백제문화재 조사보고서 Ⅳ』.

국립부여박물관, 2004, 『백제의 문물교류』(특별전도록).

김병인, 2004, 『역사의 지역축제적 재해석 : 지역축제의 재창조와 문화활용』, 민속원.

대한지방행정공제회, 2004, 『지역축제를 찾아서; 소통(疏通)과 상생(相生),

구림에서 아스카로 부는 바람 - 벚꽃속의 향연』.

엄기표, 2004,『정말 거기에 백제가 있었을까』, 고래실.

영암군 왕인박사유적지관리사무소, 2004, 第十四回 王仁博士 追慕漢詩集 : 甲申年.

영암군 향토축제추진위원회, 2004,『2004영암왕인 문화축제 관광홍보 프로모션 결과보고서』.

주니어 김영사 그림, 2004,『삼국시대 : 광개토대왕, 을지문덕, 왕인, 계백, 김유신, 김대성, 장보고, 대조영; 고려시대 : 왕건, 서희, 윤관, 강감찬, 문익전, 최무선, 정몽주』, 아하! 그땐 이런 인물이 있었군요 (애니메이션으로 보는 우리나라 인물사) 1[전자자료], 와우엠지.

한국문화콘텐츠진흥원, 2004,『일본지역의 우리 문화원형 기초연구』.

강봉룡, 2005,『바다에 새겨진 한국사』, 한얼미디어.

이도학, 2005,『백제 인물사』, 주류성.

서현주, 2006,『영산강유역 고분 토기 연구』, 학연문화사.

윤희진, 2006,『교과서에 나오는 한국사 인물 이야기』, 책과함께.

이근우, 2006,『고대 왕국의 풍경 그리고 새로운 시선』, 인물과 사상사.

임영진, 2006,『백제의 영역 변천』, 주류성.

한일관계사학회, 2006,『한일관계사 2천년-보이는 역사, 보이지 않는 역사-』고중세편, 경인문화사.

박은봉, 2007,『한국사 상식 바로잡기』, 책과함께.

왕인문학협회, 2007,『왕인, 문학과 역사』창간호.

이명기 외, 2007,『한민족 문화허브 설립을 위한 기본 구상』, 충남발전연구원.

고운기, 2008,『동궐과 오렌지』, 샘터.

이윤숙, 2008,『鍾繇의 大敍事詩 千字文 易解』, 경연학당.

임영진·武末純一·강봉룡·박광순·형광석·정성일, 2008, 『고대 영산강유역과 일본의 문물교류』, 전라남도·왕인박사현창협회.

왕인문화연구소, 2008, 『왕인 : 그 자취와 업적』, 영암군·왕인박사현창협회.

박광순·형광석·정성일, 2008, 『왕인과 천자문 (부) 왕인관련 연구자료 목록』, 영암군·(사)왕인박사현창협회 부설 왕인문화연구소.

이이화, 2008, 『한국사의 아웃사이더 : 누가 역사의 진정한 주역인가!』, 김영사.

홍성화, 2008, 『한일고대사유적답사기 : 영산강에서 교토까지, 역사의 질문을 찾는 여행』, 삼인.

홍윤기, 2008, 『일본 속의 백제 구다라(百濟) : 오사카 백제, 아스카 백제』, 한누리미디어.

박광순·김정호·임영진·강봉룡·정성일·형광석, 2009, 동아시아의 고대 포구와 상대포(上臺浦), (주)한출판.

문화체육관광부, 2009, 『문화관광축제 종합평가보고서』, 문화체육관광부.

사단법인 왕인박사현창협회, 2009, 『聖基洞』제2호, ㈜한출판.

송은일, 2010, 『왕인』 1·2·3, Human & Books.

사단법인 왕인박사현창협회, 2010, 『聖基洞』제3호, (주)한출판.

정근식·김민영·김철홍·정호기, 2010, 『근현대 형성과정의 재인식 2』, 중원문화사.

유종현, 2010, 『통신사의 길을 따라가다-외교를 빛낸 인물 李藝 일본 使行 답사 기행-』, 새로운사람들.

고미숙·백현미·임형택·진경환·최공호·홍선표·박노자·조인수, 2010, 『전통, 근대가 만들어낸 또 하나의 권력』, 인물과사상사.

남신웅, 2011, 『옛 일본은 백제고을』(전2권), 제이앤씨.

김영조·이윤옥, 2011,『신 일본 속의 한국문화답사기』, 바보새.

호미 편집부, 2011,『백제의 길, 백제의 향기-서울에서 교토까지-』, 호미.

사단법인 왕인박사현창협회, 2011,『聖基洞』제4호, (주)한출판.

노성태, 2012,『남도의 기억을 걷다-노성태의 시대와 소통하는 인물역사 기행-』, 살림터.

박광순·정성일, 2012,『왕인과 천자문-성기동 제5호 별책-』, 영암군·왕인 박사현창협회.

사단법인 왕인박사현창협회, 2012,『聖基洞』제5호, (주)한출판.

(나) 논문(수상, 논평, 신문기사, 비도서 포함)

대한자강회, 1906. 08. 25,「大垣丈夫氏가 外國人의 誤解란 問題로 演說 日」,『대한자강회월보』제2호, 대한자강회.

一惺子, 1908. 03. 01,「我韓敎育歷史」,『서우』제16호, 서우학회.

李東初, 1908. 03. 25,「變遷」,『대한학회월보』제2호, 대한학회.

대한협회, 1908. 04. 25,「祝辭 玄檗」,『대한협회회보』제1호, 대한협회.

三島毅, 1908. 04. 25,「兩鶴提携似一家苑梅呈喜發春葩千秋鄰好君湏記此 是王仁舊詠花」,『대동학회월보』제3호, 대동학회.

李東初, 1908. 05. 25,「韓半島文化大觀(續)」,『대한학회월보』제4호, 대한 학회.

공립신보, 1908. 08. 19, 王仁授學日本太子, 공립신보사.

秋醒子, 1909. 11. 01,「我國古代文明의 流出」,『서북학회월보』제17호, 서 북학회.

夜雷, 1920. 06. 25,「人乃天의 硏究」,『개벽』제1호, 개벽사.

朴達成, 1920. 07. 25,「急激히 向上되는 朝鮮靑年의 思想界, 可賀할 朝鮮

青年의 知識熱」,『개벽』제2호, 개벽사.

개벽, 1921. 08. 01,「世界中 最初의 物質不滅論者 徐敬德先生, 朝鮮 十大 偉人 紹介의 其一」,『개벽』제14호, 개벽사.

朴鍾鴻, 1922. 11. 01,「百濟의 特色을 具備한 百濟의 美術, 朝鮮美術의 史的 考察 -(其八)-」,『개벽』제29호, 개벽사.

차돌이, 1928. 05. 01,「上下半萬年의 우리 歷史-縱으로 본 朝鮮의 자랑」,『별건곤』제12·13호.

삼천리, 1929. 11. 13,「世界的으로 活躍하는 이들」,『삼천리』제3호.

太虛, 1932,「放浪의 一片(6), 大阪의 工場生活과 朝鮮人 勞働者의 慘狀, 阿片中毒과 各種의 會合」,『동광』제7호, 동광사.

太虛, 1932. 01. 25,「醫師評判記(其二)」,『동광』제30호, 동광사.

朴永壽, 1933. 04. 01,「王仁博士의 墓, 大阪管原村에 잇는 百濟博士의 墓로」,『삼천리』제5권 제4호.

李學仁, 1935. 01. 01,「「高麗村」訪問記, 東京市外의 光景」,『삼천리』제7권 제1호.

李學仁, 1935. 02. 01,「「高麗村」訪問記, 東京市外의 光景」,『삼천리』제7권 제2호.

동아일보, 1938. 05. 09, 百濟의 學者 王仁 大阪에서 神社建設, 동아일보사.

삼천리, 1939. 04. 01,「機密室, 우리 社會의 諸內幕」,『삼천리』제11권 제4호.

金漢卿, 1940. 03. 01,「共同運命에의 結合과 그 還元論」,『삼천리』제12권 제3호.

東京 江戶學人, 1940. 03. 01,「內地에 나마잇는 百濟 遺跡」,『삼천리』제12권 제3호.

삼천리, 1940. 09. 01,「機密室, 우리 社會의 諸內幕」,『삼천리』제12권 제8호.

經濟聯盟總裁 公爵 一條實孝, 1940. 09. 01,「王仁博士의 偉績」,『삼천리』
　　제12권 제8호.

辛泰嶽, 1941. 11. 01,「臨戰愛國者의 大獅子吼!!, 東京, 大阪은 이렇다」,『삼
　　천리』제13권 제11호.

每日申報, 1919. 03. 29, 百濟王仁博士墓, 每日申報社.

每日申報, 1929. 10. 06, 博士王仁의 神社를 建設計劃, 每日申報社.

每日申報, 1940. 04. 17, 內鮮一體의 記念塔 博士王仁碑除幕式, 每日申報社.

每日申報, 1940. 08. 08, 王仁博士碑建立, 每日申報社.

每日申報, 1942. 07. 17, 王仁博士의 故鄕인 夫餘에 頌德碑建立, 每日申報社.

每日申報, 1942. 07. 25, 王仁과 日本文化, 每日申報社.

每日申報, 1942. 08. 05, 王仁公園과 頌德碑, 每日申報社.

每日申報, 1943. 03. 05, 夫餘에 王仁碑, 每日申報社.

每日申報, 1943. 04. 26, 王仁博士碑地鎭祭, 每日申報社.

최재율, 1953,「鳩林과 王仁」,『詩의 마을』鳩林(鄕土誌)』제1집, 군서학생
　　동지회.

이병도, 1971,「백제학술 및 기술의 일본전파」,『백제연구』2, 충남대학교
　　백제연구소.

김영원, 1974,「박사 왕인에 대한 고찰-구비전설과 고증을 중심으로」,『왕
　　인박사 유적지 종합조사보고서』.

李殷昌, 1974,「王仁博士의 硏究-靈巖 王仁 遺蹟地調査를 中心으로-」,『月
　　刊文化財』1974년 5월호, 월간문화재사.

李殷昌, 1974,「王仁博士의 硏究」,『왕인박사유적지 종합조사보고서』, 전라
　　남도·왕인박사현창협회.

박찬우, 1974,「왕인박사 유적지 정립을 위한 개괄적 유적고찰」,『왕인박사

유적지 종합조사보고서』, 전라남도·왕인박사현창협회.

유승국, 1974, 「왕인박사 사적에 관한 연구-문헌을 중심으로」, 『왕인박사 유적지 종합조사보고서』, 전라남도·왕인박사현창협회.

金永元, 1975, 「博士 王仁의 渡日 年代考 : 韓日兩國의 文獻을 中心으로」, 『文理大學報』 2, 朝鮮大學校 文理科大學 學徒護國團.

金正業, 1975, 「王仁傳承考 : 傳說의 歷史性을 中心으로」, 文理大學報 2, 朝鮮大學校 文理科大學 學徒護國團.

이병도, 1976, 「백제 학술 및 기술의 일본전파」, 『한국고대사연구』, 박영사.

金正業, 1976, 「王仁傳承의 歷史性考察」, 『새全南』 99, 全南公論社.

金正業, 1976, 「王仁傳承의 歷史性考察」, 『새全南』 100, 全南公論社.

성락준, 1983, 「영산강유역의 옹관묘연구」, 『백제문화』 15.

서성훈·성락준, 1984, 「영암 만수리 고분군」, 『광주박물관 학술총서』 3집.

姜仁求, 1985, 「海南 長鼓山古墳調査」, 『千寬宇先生還曆紀念韓國史學論叢』.

김철준, 1985, 「영암왕인유적설에 대한 비판-왕인유적지 사적 지정에 대한 문화재위원회 제출 소견문」.

이을호, 1985, 「시급한 古代文化의 발굴·정리; 王仁博士考」, 『藝鄕』 5, 光州日報社.

박광순, 1986, 「'땅끝', 上野, 그리고 枚方」, 『聖基洞』 창간호.

박광순, 1986, 「附錄·資料目錄」, 왕인문화연구소·전라남도·영암군」, 『靈巖王仁遺蹟의 現況』.

박찬우, 1986, 「사단법인 왕인박사현창협회 연혁」, 『聖基洞』 창간호.

성충경, 1986, 「왕인박사유적 문화재지정 경위」, 『성기동』 창간호.

이을호, 1986, 「王仁文化의 歷史的 背景」, 왕인문화연구소·전라남도·영암군, 『靈巖王仁遺蹟의 現況』.

임영배, 1986,「王仁博士 遺蹟址 調査報告-遺蹟址와 建築的 遺構를 中心으로-」, 왕인문화연구소·전라남도·영암군,『靈巖王仁遺蹟의 現況』.

최몽룡, 1986,「月出山地區의 文化遺蹟」, 왕인문화연구소·전라남도·영암군,『靈巖王仁遺蹟의 現況』.

최계원, 1986,「경계해야 할 한일고대사의 새로운 왜곡」,『향토문화보』11호, 광주일보사 부설 향토문화연구소.

서성훈 외, 1986,「영암지방의 고분」,『영암군의 문화유적』, 목포대학교 박물관.

서성훈·성락준, 1986,「영암 내동리 초분골 고분」,『광주박물관 학술총서』11집.

이해준, 1986,「영암군의 연혁」,『영암군의 문화유적』, 목포대학교 박물관.

최성락, 1986,「영암지방의 선사유적」,『영암군의 문화유적』, 목포대학교 박물관.

최성락, 1987,「전남지방 무문토기 문화의 성격」,『삼불 김원룡교수 정년퇴임기념논총 Ⅰ』.

임병태, 1987,「영암출토 청동기용범에 대하여」,『삼불 김원룡교수 정년퇴임기념논총 Ⅰ』.

서성훈, 1987,「영산강유역의 옹관묘를 통해 본 전남지방의 고분문화」,『전남고문화의 현황과 전망』.

金東秀, 1987,「「古事記」에 나타난 韓半島人의 役割에 관하여 : 渡來文化欄을 中心으로」,『同大論叢』17, 同德女子大學.

金思燁, 1989,「日本近畿南部地域의 韓文化」,『日本學』8·9, 동국대 일본학연구소.

閔俊植, 1989,「日本문화와 박사 王仁」,『통일로』15, 안보문제연구원.

金京七, 1990, 「고고학적 자료를 통해 본 왕인집단의 성격」, 『호남향사회보』 창간호, 호남향사회.

金永元, 1990, 「鳩林 출생설은 근거 있다-林光圭 교수의 王仁論을 駁함」, 『三峰金永元敎授史學論叢』, 三峰金永元敎授史學論叢 刊行委員會.

金永元, 1990, 「博士 王仁에 대한 考察-口碑傳說과 考證을 中心으로-」, 『三峰金永元敎授史學論叢』, 三峰金永元敎授史學論叢 刊行委員會.

金永元, 1990, 「博士 王仁에 대한 문헌적 고찰-渡日 연대를 중심으로」, 『三峰金永元敎授史學論叢』, 三峰金永元敎授史學論叢 刊行委員會.

金永元, 1990, 「博士 王仁의 鳩林 出生說」, 『三峰金永元敎授史學論叢』, 三峰金永元敎授史學論叢 刊行委員會.

金煐泰, 1990, 「百濟의 對日本 文字·佛經 初傳과 그 始期; 求得佛經 始有文字를 중심으로」, 『如山柳炳德博士華甲紀念 韓國哲學宗敎思想史』, 동기념논문집간행위원회.

안춘근, 1991, 「王仁博士 日本傳受 千字文 考究-周興嗣의 天地玄黃이 아닌 二儀日月 千字文-」, 『출판학연구』 33-10.

成洛俊, 1992, 「咸平 禮德里 新德古墳 緊急收拾調査 略報」, 『第35回 全國歷史學大會 發表要旨』.

成洛俊, 1993, 「全南地方 長鼓形古墳의 築造企劃에 대하여」, 『歷史學硏究』 12, 全南大史學會.

林永珍·趙鎭先, 1993, 「靈光郡의 考古學遺蹟 Ⅱ」, 『靈光郡 文化遺蹟 學術調査』, 全南大博物館.

정경성, 1993, 「왕인과 도선의 마을 구림」, 『전남지방의 향토사 연구-호남향사회보』 3, 향지사.

李殷昌, 1994, 「王仁 博士의 硏究; 靈巖 王仁 遺蹟址 調査를 중심으로」, 『百

濟의 宗敎와 思想』, 忠淸南道.

徐海吉, 1994, 「百濟의 忠孝思想과 開拓精神(1·2)」, 『百濟의 宗敎와 思想』, 忠淸南道.

林永珍, 1994, 「光州 月桂洞의 長鼓墳 2基」, 『韓國考古學報』 31, 韓國考古學會.

林永珍·趙鎭先, 1995, 「潭陽郡의 考古學遺蹟」, 『潭陽郡 文化遺蹟 學術調査』, 全南大博物館.

李閏守, 1996, 「高峯의 經世思想에 대한 小考」, 『傳統과 現實』 第7號, 재단법인 고봉학원.

홍윤기, 1996, 「7·5조 詩歌에 대한 고찰 : 한국 근대시와 왕인 박사의 와카(和歌)」, 『일본근대문학산책』 4, 한국외국어대학교 대학원 일본근대문학회.

金井昊, 1996, 「鳩林地域의 王仁時代 遺蹟」, 『文化史學』 제5호, 韓國文化史學會.

南碩煥, 1996, 「日本國內의 王仁博士關連遺跡について =일본국내의 王仁博士 관련유적에 관하여」, 『文化史學』 제5호, 韓國文化史學會.

崔永禧, 1996, 「百濟 王仁博士에 대한 文獻考察」, 『文化史學』 제5호, 韓國文化史學會.

김주성, 1997, 「영산강유역 대형옹관묘 사회의 성장에 대한 시론」, 『백제연구』 27, 충남대 백제연구소.

林永珍, 1997, 「全南地域 石室封土墳의 百濟系統論 再考」, 『湖南考古學報』 6.

金向洙, 1997, 「"총리는 몰라도 王仁은 안다" : 아남그룹 명예회장 金向洙의 한일 문화유적 탐방기 (中)」, 『新東亞』 452, 東亞日報社.

홍윤기, 1997, 「일본 와카(和歌)를 창시한 왕인(王仁) 박사와 한신가(韓神歌)」, 『現代文學』 506, 현대문학.

朴淳發, 1998,「4-6世紀 榮山江流域의 動向」,『제9회 百濟研究國際學術大會 發表論文輯』, 忠南大.

李鍾宣, 1998,「羅州 潘南面 金銅冠의 性格과 背景」,『羅州地域 古代社會의 性格』, 羅州市·木浦大.

순국선열유족회 편집부, 1999,「백제문화를 전파한 일본문화의 시조 : 왕인」,『殉國』97, 殉國先烈遺族會.

홍윤기, 1999,「왕인 박사가 일본 와카(和歌)의 창시자」,『殉國』97, 殉國先烈遺族會.

金舜哲, 1999,「백제의 왕인(王仁)이 일본에 논어와 천자문을 전달한 것은 405년」,『製紙界』317, 한국제지공업연합회.

金洛中, 2000,「5-6世紀 榮山江流域 政治体의 性格」,『百濟研究』32.

小栗明彦, 2000,「全南地方 出土 埴輪의 意義」,『百濟研究』32.

林永珍, 2000,「馬韓의 消滅過程에 대한 考古學的 考察」,『湖南考古學報』12.

田中俊明, 2000,「榮山江流域에서의 前方後圓形古墳의 性格」,『榮山江流域 古代社會의 새로운 照明』, 歷史文化學會.

朱甫暾, 2000,「百濟의 榮山江流域支配方式과 前方後圓墳 被葬者의 性格」,『韓國의 前方後圓墳』, 忠南大.

박광순, 2000,「남기고 싶은 이야기」,『바람처럼 스쳐가는 시간』, 전남대학교 출판부.

박광순, 2000,「'가교'가 탄생되기까지」,『바람처럼 스쳐가는 시간』, 전남대학교 출판부.

박광순, 2000,「모든 건 귀국에서 왔으니까요」,『바람처럼 스쳐가는 시간』, 전남대학교 출판부.

김동원, 2000,「문화관광 축제 이미지 평가에 관한 연구 : 영암 왕인문화축제를 중심으로」, 목포대학교 대학원 석사학위논문.
강해상, 2001, 「관광이벤트상품 활성화방안에 관한 연구 : 영암 왕인문화축제 사례를 중심으로」, 경기대학교 관광전문대학원 석사학위논문.
金秉仁, 2001, 「王仁의 '지역 영웅화'과정에 대한 문헌사적 검토」, 『韓國史硏究』115, 韓國史硏究會.
金一相, 2001, 「日本內 王仁系 氏族과 遺跡」, 『海洋戰略』 제113호, 海軍大學.
김준, 2001, 「농촌마을의 조직과 공간구조의 변동-구림마을을 중심으로」, 『호남문화연구』28, 호남문화연구소.
정근식, 2001, 「지역사회의 장기구조사의 구상 : 구림을 중심으로」, 『호남문화연구 제28집』, 전남대학교 호남문화연구소.
추명희, 2001, 「지역전통의 활성화와 이벤트관광 : 영암 구림리 왕인문화축제를 사례로」, 『한국지역지리학회지』 7-1, 한국지역지리학회.
홍성흡, 2001, 「역사마을 만들기의 지역정치 -전라남도 영암군 군서면 鳩林마을의 사례-」, 『호남문화연구』28, 호남문화연구소.
武末純一, 2002, 「日本 九州 및 近畿地域의 韓國系 遺物」, 『古代 동아시아와 三韓 三國의 交涉』, 복천박물관.
송은하, 2002, 「문화관광자원의 가치제고 방안에 관한 연구 : 왕인박사유적지를 중심으로」, 목포대학교 대학원 석사학위논문.
우재병, 2002, 「4-5세기 왜에서 가야·백제로의 교역루트와 고대 항로」, 『호서고고학』6·7.
전동평, 2002, 「지역축제 활성화를 위한 연구」, 전남대학교 행정대학원 석사학위논문.
추명희, 2002, 「역사적 인물을 이용한 지역의 상징성과 정체성 형성 전략 : 영암 구림리의 도기문화마을 만들기를 사례로」, 『한국지역지리학회지」제8권 제3호 통권19호, 한국지역지리학회.

吉井秀夫, 2003,「土器資料를 통해 본 3-5世紀 百濟와 倭의 交流關係」,『漢城期 百濟의 物流 시스템과 對外交流』, 韓神大學校.

木下亘, 2003,「한반도 출토 수혜기(계) 토기에 대하여」,『백제연구』37, 충남대백제연구소.

문안식, 2003,「왕인의 渡倭와 상대포의 해양교류사적 위상」,『韓國古代史硏究』31, 韓國古代史學會.

박경섭, 2003,「지방의 문화적 정체성의 생산과 경합 : 군서청년회와 왕인문화축제를 중심으로」, 전남대학교 대학원 석사학위논문.

정근식, 2003,「구림권의 장기구조사의 구상」,『구림연구』, 경인문화사.

추명희, 2003,「문화마을 만들기, 현실과 전망」,『구림연구』, 경인문화사.

김병인, 2004,「지역축제에 활용된 역사적 소재에 관한 재검토-장성「홍길동축제」와 영암「왕인문화축제」를 중심으로-」,『지방사와 지방문화』7-2.

미술저널社, 2004,「초상화 : 조선조 최후의 어진화가 以堂 金殷鎬 선생 사사한 : 雅泉 金永哲 화백, 세종대왕, 왕인박사 등 영정으로 화맥이어」,『古美術저널』통권 제20호.

민정식, 2004,「지역축제의 관광상품화 방안에 관한 연구 : 산청군 지리산한방약초축제를 중심으로」, 경상대학교 행정대학원 석사학위논문.

徐賢珠, 2004,「遺物을 통해서 본 百濟地域과 日本列島의 關係-4~6世紀를 中心으로-」,『第9回 湖西考古學會 學術大會 百濟時代의 對外關係』

서현주, 2004,「4-6세기 백제지역과 일본열도와의 관계」,『호서고고학』11.

이근우, 2004,「왕인의」,『천자문』·」,『논어』일본전수설 재검토」,『역사비평』69, 역사문제연구소.

한명환, 2004,「고대일본의 철학사상 발전에 준 조선민족의 영향」,『退溪學과 韓國文化』제35호 2권, 慶北大學校退溪硏究所.

김희태, 2005,「왕인 백제문 상량문」, 일본 오사카부 히라가타시 왕인묘.

武末純一, 2005,「考古學으로 본 榮山江流域과 日本 九州地域」,『榮山江流域 古代文化圈의 歷史的 性格』, 광주전남발전연구원 영산강연구센터.

송종철, 2005,「그린투어리즘의 발전방안에 관한 연구 : 영암군 농촌체험관광을 중심으로」, 전남대학교 행정대학원 석사학위논문.

안재호, 2005,「한반도에서 출토된 왜 관련 유물」,『한일관계사연구논집』, 편찬위원회.

林永珍, 2005,「古代 榮山江流域 馬韓文化의 特性」,『榮山江流域 古代文化圈의 歷史的 性格』, 광주전남발전연구원 영산강연구센터.

표인주, 2005,「인물전설의 전승양상과 축제적 활용 : 왕인박사전설과 도선국사전설을 중심으로」,『韓國民俗學』제41권, 한국민속학회.

洪潤基, 2005,「일본 詩歌의 7·5조는 한국의 律調이다 : 한국인 王仁은 일본 와카(和歌)를 創始」,『自由文學』제15권 2호 통권56호, 自由文學.

김병인, 2006,「축제를 통한 지역 정체성의 재구성-영암·장성·화순을 중심으로-」,『호남문화연구』제39집, 호남문화연구소.

방연실, 2006,「일본어와 한국어」, 계명대학교 국제학대학원 석사학위논문.

백승충, 2006,「왕인 박사는 일본에서 무엇을 했나」,『한일관계사 2천년-보이는 역사, 보이지 않는 역사-』고중세편, 한일관계사학회 편, 경인문화사.

유상종, 2006,「일본에 빛나는 도래(渡來) 문화」,『自由』통권393호, 성우회.

李根雨, 2006,「왕인(王仁)은 천자문을 전했는가?」, 동북아시아문화학회.

林永珍, 2006,「墳周土器를 통해 본 5-6世紀 韓日關係 一面」,『古文化』67,

한국대학박물관협회.

홍윤기, 2006,「고대 한국인이 말을 몰고 가서 지배한 왜땅」,『殉國』통권 189호, 대한민국순국선열유족회.

홍윤기, 2006,「한반도에서 건너간 백제인왕과 왕인박사」,『殉國』통권190호, 대한민국순국선열유족회.

이근우, 2007,「비판적으로 읽는 백제와 왜의 교류 : 왕인은 실존 인물일까?」, 삼성문화재단,『문화와 나』, 2007, 여름호.

이정호, 2007,「축제관광객의 방문동기요인과 만족요인의 상관성에 관한 연구 : 영암군 왕인축제를 사례로」,『문화관광연구』제9권 제1호 통권31호, 문화관광연구학회.

林永珍, 2007,「長鼓墳(前方後圓形古墳)」,『百濟의 建築과 土木』, 백제문화사대계 연구총서 15.

鄭永鎬, 2007,「百濟王仁博士의 日本對馬鰐浦寄着 小考」,『文化史學』제27호, 韓國文化史學會.

홍윤기, 2007,「구다라스(百濟洲)의 王仁博士의 빛나는 발자취 : 韓國 傳統時調와 日本 '와카(和歌)' 고찰」,『時調生活』통권 제71호, 시조생활사.

홍윤기, 2007,「일본 오사카(大阪)의 본래 지명은 '구다라스(百濟洲·くだらす)'였다」,『殉國』통권193호, 대한민국순국선열유족회.

上田正昭, 2007,「王仁傳承의 虛實-〈피는구나 이 꽃이〉를 중심으로」,『왕인, 문학과 역사』창간호, 왕인문학협회.

井上滿郎, 2007,「왕인(王仁)과 고대 일본」,『왕인, 문학과 역사』창간호, 왕인문학협회.

스나구찌 다이스케, 2008,「확인되지 않은 과거에 대한 현대인들의 기억 만들기 : 한일 양국의 왕인현창 사례를 중심으로」, 연세대학교 대학원 석사학위논문.

정성일·형광석, 2008, 「왕인 관련 논저의 분석」(임영진·武末純一·강봉룡·박광순·형광석·정성일, 『고대 영산강유역과 일본의 문물교류』, 전라남도·사단법인 왕인박사현창협회), (주)한출판.

김일태; 최복섭, 2009, 「김일태 영암군수는 말한다 : 우리 문화 일본에 전수 교훈 기리고 받드는 축제(인터뷰)」, 『자치평론』 통권 제2호, 전남매일.

도수희, 2009, 「王仁 박사에 관한 여러 문제」, 『韓日言語文化研究』 제13집, 한·일언어문화연구소.

안영진, 2009, 「대왜 문화교류와 백제」, 『충청학과 충청문화』 8, 충청남도역사문화연구원.

우에다 마사아키, 2009, 「왕인 전승의 허실(王仁傳承の虛實)」: 〈피는구나 이 꽃이〉를 중심으로, 『한국현대시문학』 통권 2호(2009년 여름), 한국현대시문학연구소.

이노우에 미쓰오, 2009, 「왕인(王仁)과 고대 일본」, 『한국현대시문학』 통권 2호(2009년 여름), 한국현대시문학연구소.

홍윤기, 2009, 「일본 속의 백제 구다라 2」, 『한국현대시문학』 통권 2호(2009년 여름), 한국현대시문학연구소.

마유리, 2010, 「현대 축제의 백제복식 재현 양상과 원형에 관한 연구」, 전남대학교 대학원 박사학위논문.

문정영 저 〈書評〉 / 김석준 [평], 2010, 「길에 관한 두 단상 : 「왕인의 수염」, 문효치 저 / 「잉크」」, 『불교문예』 제16권 3호 통권50호, 불교문예출판부.

문효치 저 〈書評〉 / 김후영 [평], 2010, 「우주를 관통하는 언어, 그리움 : 「왕인의 수염」」, 『문예연구』 제17권 제3호 통권 66호, 문예연구사.

柳承國, 2011,「百濟 博士 王仁 渡東에 관한 문헌적 고증과 그 의의」,『학술원논문집-인문사회과학편-』50-1, 대한민국학술원.

丁泰旭, 2011,「근세의 왕인(王仁)전승 : 가모노 마부치와 모토오리 노리나가를 중심으로」,『日本研究』제30집, 中央大學校 日本研究所.

김선희, 2011,「전근대 왕인(王仁)전승의 형성과 수용」,『日本文化研究』39, 동아시아일본학회.

김선희, 2012,「근대 왕인 전승의 변용양상에 대한 고찰」,『日本文化研究』41, 동아시아일본학회.

B. 일본어 자료

⑺ 단행본

神史王仁解, 享保3(1718), 주기사항 冊末 : 享保三戊戌(1718)正月日祇園社 (국립중앙도서관 분류기호 조선총독부고서분류표 古6-11, 고전운영실 원문정보이용코너).

源 光圀 編, 1851,『大日本史-自王仁至栄井蓑麻呂 自石上宅嗣至紀安雄-』, 出版社 出版者 不明.

堀達之助, 1881,『歴史問答作文』, 東京 出雲寺万次郎.

博文館, 1893,『少年学術共進会』, 東京 博文館.

岡倉秋水, 1893,『大日本歴史掛図説明書』, 東京 目黒書房.

下田歌子 編, 1903,『明治才媛歌集 : 附·今様』, 東京 広文堂.

菊池容斎(武保), 1903,『前賢故実 巻之1』, 東京 東陽堂.

帝国古蹟取調会, 1903,『古蹟』, 大久保村 (東京府).

寺島彦三郎 편, 明治 41(1908), 『博士王仁：文學始祖』, 特志發行事務所.

椎川亀五郎, 1910, 『日韓上古史ノ裏面』下卷, 東京 偕行社.

上田万年 解説, 1910, 『日本歷史画譚』, 東京 文王閣.

福田東作, 明治44(1911), 『韓國併合紀念史』全, 大日本實業協會.

矢野竜渓, 1911, 『竜渓随筆』, 東京 東亜堂.

鷲尾順敬 編, 1931, 『国文東方仏教叢書』第2輯 第7巻, 東京 東方書院.

奈良文化学会, 1932, 『奈良文化』, 畝傍町 (奈良県).

中山久四郎, 1933, 『読史広記』, 東京 章華社.

野田清寿, 1933, 『文部省編小学国史教師用書挿絵解説』, 高知 野田清寿.

中山久四郎, 1935, 『日本文化と儒教』, 東京 刀江書院.

明治書院, 1935, 『国語科学講座-国語学・朝鮮語と日本語-』, 東京: 明治書院.

先賢王仁建碑後援會 編, 1938, (博士王仁)建碑記念誌 上編, 東京: 先賢王仁建碑後援會(국립중앙도서관 디지털열람실 청구기호：朝57-140).

魚澄惣五郎, 1938, 『新修日本史挿図解説 第1分冊』, 京都 星野書店.

書之友編輯局, 1938, 『書道学び方叢書』, 東京 雄山閣.

先賢王仁建碑後援會, 昭和 15(1940), 『博士王仁碑』.

国立国会図書館, 1940, 『詩林』, 東京 詩林社.

安藤政直, 1941, 『征韓役を基点とする日本書紀の年代改訂』, 東京 安藤政直.

大阪府, 1942, 『大阪府の史蹟と名勝』, 大阪府.

平山瑩鐵, 康德10(1943), 『半島史話と樂土滿洲』, 滿鮮學海社.

高須芳次郎, 1943, 『物語大日本史 中巻』, 東京 誠文堂新光社.

古屋芳雄, 1944, 『日本民族渾成誌：特に大陸との関係について』, 東京: 日新書院.

발행처 미상, 발행년 미상, 『博士王仁の碑』(대한민국 국회도서관 청구기호

920 ㅇ355, 영인본의 복사본임).

中学講習会, 연도 불명,『尋常中学科講義録-肖像及伝記-』, 東京: 中学講習会.

平凡社, 1949,『世界歷史大年表』.

緒方惟精, 1953,『奈良平安両朝に於ける漢学史の研究』, 千葉 緒方惟精.

千葉県国語国文学研究会, 1953,『国語研究』, 千葉県国語国文学研究会.

小西四郎 等 編, 菱田青完 絵, 1954,『日本の文化につくした外国人』, 毎日新聞社.

水藤春夫 等編, 1955,『日本のこころ 6年生』, 東京: 小峰書店.

豊島寬彰, 1956,『上野公園の歷史と史跡』, 東京: 綜合出版社.

緒方惟精 著, 1961,『日本漢文学史講義』, 評論社.

金正柱 編, 1963,『韓来文化の後栄』下卷, 東京: 韓国資料研究所.

尾形裕康, 1966,『我國における千字文の敎育史的研究』, 校倉書房.

今西龍,『百濟史研究』, 圖書刊行會.

金達壽, 1972,『日本の中の朝鮮文化 2』, 講談社.

江上波夫·上田正昭 編, 1973,『日本古代文化の成立』, 毎日新聞社.

朝鮮文化社 編, 1973,『日本文化と朝鮮』, 新人物往来社.

大和王権·原島礼二 編, 豊田武·児玉幸多·大久保利謙 監修, 1973,『論集日本歷史 1』, 有精堂出版.

金昌洙, 1975,『博士王仁』, 博士王仁研究所.

金昌洙, 1975,『博士 王仁; 日本에 심은 韓國』, 일본: 彰明社.

金昌洙, 1978,『博士王仁-日本に植えつけた韓國文化』, 成甲書房.

梅根悟 監修, 世界敎育史研究會 編, 1976,『世界敎育史大系1-日本敎育史Ⅰ』, 講談社.

段熙隣, 1982, 『大阪における朝鮮文化』, 松籟社.

博士王仁會, 1983, 『王仁』.

金谷一 編, 1984, 『王仁』, 東京 : 博士王仁會.

日本文化始祖王仁博士顯彰会, 1984, 『日本文化始祖王仁博士顕彰会』.

吉田靖雄, 1985, 『王仁の系譜について』, 續日本紀研究会.

森浩一 外, 1989, 『古代における古墳文化と朝鮮半島』, 學生社.

王仁塚環境守護會, 1989, 『王仁塚- 大阪府史跡指定五十周年記念』.

韓日文化親善協會, 1991, 『小說王仁博士』.

韓日文化親善協會, 1991, 『王仁 : 傳說とその時代』.

武末純一, 1991, 『土器からみた日韓交涉』, 學生社.

島田豊, 1992, 『日本文化始祖博士王仁』, 王仁博士顕彰会.

柳田敏司 外, 1994, 『渡來人と佛敎信仰』, 雄山閣.

洪相圭, 1994, 『王仁 : 伝說とその時代』, 新東洋出版社.

伊藤晴光 외, 1995, 『日本史をつくった101人』, 講談社.

島田豊 編, 1995, 『博士王仁 : 日本文化始祖』, 王仁博士顕彰会.

島田豊 編, 1995, 『日本 文化 始祖 博士 王仁』, 名古屋 王仁博士顕彰会.

森浩一 外, 1997, 『渡來人』, 大巧社.

佃 收, 1997~2010, 『古代史の復元』 (1)~(8), 星運社.

王仁塚環境守護會, 1998, 『續 王仁塚- 大阪府史跡指定六十周年記念』.

枚方歷史フォーラム 實行委員會, 2001, 『檢證 古代の河內と百濟』.

梁東準·太田哲二·全順子, 2001, 『韓國偉人傳』, 明石書店.

森浩一 外, 2002, 『古代日本と百濟』, 大巧社.

韓日文化親善協會, 2002, 『博士王仁と日本文化』, 弘益齋.

野平俊水, 2002, 『(日本人はビックリ!)韓國人の日本僞史』, 小學館.

上田正昭, 2006, 『古代日本のこころとかたち』, 角川書店.

韓登, 2007, 『博士王仁の実像 : 韓流の古代史』, 新風書房.

王仁文化研究所 編, 朴光淳·鄭成一 譯, 2008, 『王仁 そのなごりと業績』, 靈
　　　岩郡·(社)王仁博士顯彰協會.

鎌田元一 編, 石上英一·鎌田元一·栄原永遠男 監修, 2009, 『古代の人物 1 :
　　　日出づる国の誕生』, 清文堂出版.

王仁博士歌碑建立委員会, 2011, 『王仁博士「難波津」の歌と猪飼野』, アット
　　　ワークス.

姜信英, 2012, 『王仁博士追っかけ吟行ガイド』, 大阪: 新風書房.

(나) 논문

黑川眞道, 1903, 「博士王仁吉士の謎」, 『古蹟』1-1.

稲葉君山, 1926, 「樂浪王氏の由來」, 『朝鮮史學』1-1.

中山久四郎, 1933, 「博士王仁につきて」, 『歴史教育』8-2, 歴史教育研究會.

中山久四郎, 1933, 「博士王仁の功績を回顧追念して」, 『読史広記』, 東京: 章
　　　華社.

室賀信夫, 1936, 「並河誠所の五畿內志に就いて」, 『史林』제21권 3·4호, 京
　　　都大學史學研究會.

兵庫縣, 1939, 「並河誠所の古社建碑」, 『兵庫縣史跡名勝天然記念物調査報
　　　告 第14集』.

渡邊秀雄, 1940, 「博士王仁の碑に就て」, 『海を超えて』.

井上光貞, 1943, 「王仁の後裔氏族と其の佛教－上代佛教と歸化人の關係に
　　　就ての一考察－」, 『史學雜誌』54-9, 東京大學文學部內史學會.

今井 啓一, 1961, 「奈爾波都爾佐久夜己」をめぐって」, 『樟蔭文学』13, 大阪

樟蔭女子大学国文学会.

金正柱, 1963,「日本に文字を傳來した韓漢人」,『韓來文化の後榮』下, 韓國資料研究所.

杉山信三, 1963,「佛敎渡來當初にへもたらされた建築技術」,『韓來文化の後榮』下, 韓國資料研究所.

上岡友泉, 1963,「高石神社と王仁·行基」,『韓來文化の後榮』下, 韓國資料研究所.

丸龜金作, 1972,「日本上代史の紀年に關する諸問題」,『朝鮮學報』63집.

金達壽, 1973,「王仁と古市古墳群の謎」,『現代の眼』, 現代評論社.

金達壽, 1973,「王仁と古市古墳群の謎」,『日本古代文化の成立』(江上波夫, 上田正昭 編), 毎日新聞社.

井上光貞, 1973,「王仁の後裔氏族と其の仏教―上代仏教と帰化人の関係に就いての一考察」,『論集日本歷史』(大和王権·原島礼二 編, 豊田武·児玉幸多·大久保利謙 監修, 有精堂出版).

金昌洙, 1973,「王仁博士の出生地を訪ねて」,『アジア公論』2-9, 1973년 9월호, アジア公論社.

李丙燾, 1973. 12,「王仁と日本文化:韓國文化の比較硏究」,『アジア公論』2-12, 現代評論社.

萩原俊彦, 1973,「王仁(와니)과 百濟王氏」,『日本問題』夏, 일본문제연구소.

金永元, 1974,「博士王仁に關する考察―口碑傳說を中心に」,『アジア公論』3-12, 1974년 12월호, アジア公論社.

李殷昌, 1974,「王仁博士の硏究―靈巖の王仁遺跡地調査を中心に」,『アジア公論』3-12, 1974년 12월호, アジア公論社.

アジア公論社, 1974,「王仁博士の直孫 阿刀弘文氏, 誇らしくも歸化人の後

裔たち：日本の中の韓國」,『アジア公論』3-5, 1974년 5월호, アジア公論社.

徐萬基, 1985, 「王仁博士遺跡; 記紀に見る渡來の歷史」, 『韓國文化』69, 駐日大韓民國大使館.

大木衛, 1991, 「日本文化に貢獻した韓國文化の軌跡-百濟の先進文化を導入した王仁博士とその周邊」, 『季刊コリアナ』91-夏, 韓國國際文化協會.

大木衛, 1992, 「日本古代文化に貢獻した韓國文化の軌跡-百濟の先進文化を導入した王仁博士とその周邊」, 『日本研究』3호, 명지대 일본문제연구소.

後藤耕二, 1994. 7, 「傳王仁墓を介した大韓民國全羅南道靈巖郡との友好都市問題をめぐって」, 『在日朝鮮人の歷史-枚方での掘り起こしのために』, 枚方市敎育委員會.

今津啓子, 1994, 「渡來人の土器-朝鮮系軟質土器を中心にして-」, 『ヤマト王國と交流の諸相』(古代王國と交流 5), 名著出版.

枚方市史編纂委員會, 1995, 「王仁の渡來說話と傳王仁墓」, 『枚方市史』別卷, 枚方市史編纂委員會.

東潮, 1995, 「榮山江流域と慕韓」, 『展望考古學』, 考古學硏究會.

岡內三眞, 1996, 「前方後圓墳土の築造モデル」, 『韓國の前方後圓墳』, 雄山閣.

金光哲, 1996. 9, 「難波津の歌と王仁」, 『鷹陵史學』22, 佛敎大學鷹陵史學會.

太田博之, 1996, 「韓國出土の圓筒形土器と埴輪形土製品」, 『韓國の前方後圓墳』, 雄山閣.

土生田純之, 1996, 「朝鮮半島の前方後圓墳」, 『專修大學人文科學年報』26, 專修大學人文科學硏究所.

小田富士雄, 1998,「韓國の前方後圓形墳-研究史的展望と課題-」,『福岡大學人文論叢』28-4.

福山昭, 1999,「傳王仁墓の成立と展開」,『枚方市史』.

武末純一, 1999,「靈岩土器の韓日交流」,『靈岩陶器文化センター第1回學術大會 靈岩の土器傳統』.

武末純一, 2000,「北部九州の百濟系土器-4·5世紀を中心に-」,『福岡大學總合研究所報』240.

金英達, 2000. 7. 30,「僞史朝鮮：王仁の墓地と誕生地-並河誠所と金昌洙」,『むくげ通信』181.

柳澤一男, 2001,「全南地域の榮山江型横穴式石室の系譜と前方後圓墳」,『朝鮮學報』179.

白井克也, 2001,「百濟土器·馬韓土器と倭」,『檢證古代の河內と百濟』, 枚方歷史フォーラム.

山尾幸久, 2001,「5·6世紀の日朝關係-韓國の前方後圓形古墳の一解釋-」,『朝鮮學報』179, 朝鮮學會.

申大坤, 2001,「榮山江流域の前方後圓墳」,『飛鳥の王權とカガの渡來人』, 石川縣立歷史博物館.

林永珍, 2001,「百濟の成長と馬韓勢力, そして倭」,『檢證古代の河內と百濟』, 枚方歷史フォーラム.

武末純一, 2001,「遼寧式銅劍墓と國の形成-積良洞遺跡と松菊里遺跡を中心に-」,『福岡大學人文論叢』34-2.

朴天秀, 2001,「三國·古墳時代における韓日交渉」,『渡來文化の波-5~6世紀の紀伊國を探る-』(和歌山市立博物館).

朴天秀, 2002,「榮山江流域と加耶地域における倭系古墳の出現過程とその

背景」,『古墳時代の日韓交流-熊本の古墳文化を探る-』(肥後考古學會·熊本古墳研究會).

武末純一, 2002,「日本の九州および近畿地域における韓國系遺物-土器·鐵器生産關係を中心に-」,『2002年度福泉博物館國際學術大會·古代東アジアと三韓·三國の交渉』.

大竹弘之, 2002,「韓國全羅南道の圓筒形土器」,『前方後圓墳と古代日朝關係』, 同成社.

朴天秀, 2002,「榮山江流域における前方後圓墳の被葬者の出自とその性格」,『考古學研究』49-2.

朴飛雲, 2003,「朝鮮民譚 新編·王仁小傳」(上·下),『統一評論』, 統一評論新社.

井澤元彥, 2003,「逆說のアジア史紀行(4) 韓國發『日本に漢字と儒敎を傳えた』? 疑惑の人物 王仁博士の記念館は『虛構と僞史のテーマパーク』だった'」,『sapio』15-21(통권 330), 小學館.

上野祥史, 2004,「韓半島南部出土鏡について」,『國立歷史民俗博物館研究報告』110.

大石和世, 2004,「伝説を通して表象される日韓関係--ポスト·コロニアル状況下における王仁博士顕彰運動について」, 福岡発·アジア太平洋研究報告:アジア太平洋センター若手研究者助成報告書.

林永珍, 2005,「韓國長鼓墳(前方後圓形古墳)の被葬者と築造背景」,『考古學雜誌』89-1, 日本考古學會.

坂靖, 2005,「韓國の前方後圓墳と埴輪」,『古代學研究』170, 古代學研究會.

武末純一, 2005,「三韓と倭の考古學」,『古代を考える 日本と朝鮮』, 吉川弘文館.

武末純一, 2005,「考古學から見た榮山江流域と日本九州地域-彌生·古墳

時代を中心に-」,『榮山江古代文化圏の歴史的性格』.

朴天秀, 2005,「三國・古墳時代の日本列島と環半島における渡來人」,『第8回九州前方後円墳研究會 九州における渡來人の受容と展開』.

朴天秀, 2006,「3~6世紀の韓半島と日本列島の交渉」,『九州考古學會・嶺南考古學會第7回合同考古學大會・日韓新時代の考古學』.

武末純一, 2006,「韓國の鑄造梯形鐵斧-原三國時代以前を中心に-」,『七隈史學』7.

武末純一, 2007,「韓人と倭人の移動-彌生時代と古墳時代中期-」,『ユーラシアと日本-境界の形成と認識-』.

武末純一, 2007,「海を渡る彌生人」,『海と彌生人』.

前田晴人, 2009,「阿直岐・阿知使主・王仁・弓月君」,『古代の人物 1』: 日出づる国の誕生』(鎌田元一 編, 石上英一・鎌田元一・栄原永遠男 監修), 清文堂出版.

佃 收, 2009,「貴國の歴史-鵲が日本の歴史を變える」,『古代文化を考える』, 東アジアの古代文化を考える會.

집필진

이을호 (李乙浩, 1910~1998) 서울대학교 철학박사
전남대학교 문리과대학 학장, 국립광주박물관장
『다산 경학사상 연구』, 을유문화사, 1996.
『다산학의 이해』, 현암사, 1975.

김영원 (金永元, 1920~ ?) 일본 九州帝國大學 법학부
조선대학교 교수, 전남문화재보전위원회 위원
『영역 중국어』, 대학인서관, 1972.
『세계문화사』, 범일사, 1974.

류승국 (柳承國, 1923~2011) 성균관대학교 철학박사
성균관대학교 명예교수, 학술원 회원
『한국의 유교』, 세종대왕기념사업회, 1980.
『한국유학사』, 성균관대학교 출판부, 2008.

박광순 (朴光淳, 1935~) 전남대학교 경제학박사
전남대학교 명예교수, 학술원 회원
일본 도쿄대학 객원교수, 사가 및 구루메 대학 교수 역임
『한국 어업경제사 연구』, 유풍출판사, 1981.

김정호 (金井昊, 1937~) 조선대학교 법학과
전라남도 농업박물관장, 광주, 전라남도 문화재위원 역임
『호남문화입문』, 호남문화사, 1992.
『한국의 귀화성씨』, 지식산업사, 2002.

다케스에쥰이치 (武末純一, 1950~) 일본 九州大學 문학석사(고고학)
일본 福岡大學 교수
『土器からみた日韓交渉』, 學生社, 1991.
『古代を考える 日本と朝鮮』(공저), 吉川弘文館(일본), 2005.

임영진 (林永珍, 1955~) 서울대학교 문학박사(고고학)
전남대학교 교수, (재)호남문화재연구원 이사장
『古代日本と百濟』(공저), 大巧社, 2002.
『백제의 영역 변천』, 주류성, 2006.

형광석 (邢光錫, 1958~) 전남대학교 경제학박사
목포과학대학교 교수, 한국도서(섬)학회 회원
전남지방노동위원회 공익위원(심판담당) 역임
「영암의 매향비와 주요 포구를 통해서 본 고대의 상대포에 관한 연구」(『한국도서연구』), 2010.

김경수 (金京洙, 1959~) 전남대학교 문학박사(지리학)
향토지리연구소장, 전라남도 문화재전문위원, 광주광역시 지명위원
『영산강삼백오십리』, 향지사, 1995.
『광주땅이야기』, 향지사, 2005.

강봉룡 (姜鳳龍, 1960~) 서울대학교 문학박사(한국사)
목포대학교 교수, 도서문화연구원장
『장보고 -한국사의 미아 해상왕 장보고의 진실』, 한얼미디어, 2004.
『바다에 새겨진 한국사』, 한얼미디어, 2005.

정성일 (鄭成一, 1961~) 전남대학교 경제학박사
광주여자대학교 교수
『조선후기 대일무역』, 신서원, 2000.
『전라도와 일본-조선시대 해난사고 분석-』, 경인문화사, 2013.

서현주 (徐賢珠, 1969~) 서울대학교 문학박사(고고학)
한국전통문화대학교 교수
『영산강유역 고분 토기 연구』, 학연문화사, 2006.
『유공소호』(공저), 진인진, 2011.

王仁博士 研究

엮은이 | 박광순·임영진·정성일
펴낸날 | 2013년 5월 27일
펴낸이 | 최병식
펴낸곳 | 주류성출판사
　　　　　 서울특별시 서초구 강남대로 435
e-mail | juluesung@daum.net
TEL | 02-3481-1024(대표전화) • FAX | 02-3482-0656
www.juluesung.co.kr

값 35,000원

잘못된 책은 교환해드립니다.

ISBN　978-89-6246-098-8　93900